中国工业经济学会
知名学者学术概览

主　编　郑新立　江小涓
副主编　吕　政　史　丹

中国社会科学出版社

图书在版编目（CIP）数据

中国工业经济学会知名学者学术概览/郑新立，江小涓主编．—北京：中国社会科学出版社，2018.9
ISBN 978 - 7 - 5203 - 2778 - 7

Ⅰ.①中…　Ⅱ.①郑…②江…　Ⅲ.①工业经济—中国—文集
Ⅳ.①F42 - 53

中国版本图书馆 CIP 数据核字（2018）第 156586 号

出　版　人	赵剑英
责任编辑	王　衡
责任校对	石春梅
责任印制	王　超

出　　版	中国社会科学出版社
社　　址	北京鼓楼西大街甲 158 号
邮　　编	100720
网　　址	http://www.csspw.cn
发 行 部	010 - 84083685
门 市 部	010 - 84029450
经　　销	新华书店及其他书店

印刷装订	北京君升印刷有限公司
版　　次	2018 年 9 月第 1 版
印　　次	2018 年 9 月第 1 次印刷

开　　本	787 × 1092　1/16
印　　张	40
字　　数	596 千字
定　　价	358.00 元

凡购买中国社会科学出版社图书，如有质量问题请与本社营销中心联系调换
电话：010 - 84083683

编　委　会

序

中国工业经济学会于 1978 年 10 月在北京成立，主要由国内高等院校和研究机构从事工业经济学教学与研究的团队组成。学会的定位和宗旨是研究新时期工业经济发展、运行和管理问题，为实现社会主义工业化和现代化提供理论支持，完善工业经济学学科体系，加强工业经济学的教材建设，培养从事工业经济管理、理论研究和教学的专门人才。中国工业经济学会成立后，在马洪、吴家骏、戴伯勋等老一代工业经济学家的带领下，首先对计划经济条件下的《工业经济学》教材结构和内容进行修改，编写了新的工业经济学教材，探讨了新的学科体系。学会成立以来，各会员单位的专家学者积极参与产业经济发展和改革的重大现实研究，培养硕士和博士研究生，促进了学科发展，壮大了学科队伍。

在转向社会主义市场经济后，中国的资源配置和经济运行方式发生了深刻变化。在这一背景下，以研究社会再生产规律的经济学的学科分类也进行了重大调整。在新的学科分类中，把产业经济学作为应用经济学的二级学科，工业经济学归类于产业经济学。因此，中国工业经济学会的学科范围在坚持以工业经济学为主体的同时，拓展到相关的产业经济领域。中国工业经济学会坚持与时俱进，在继续研究工业经济理论与实际问题的同时，以高校为主体的会员单位普遍进行了学科调整，从传统的部门经济学转向综合性的产业经济学的教学和研究。经过 40 年的努力，产业经济学界形成了梯队结构合理、队伍不断发展壮大的教学与研究力量。他们坚持理论与实际相结合、教学与研究相结合，积极参与产业经济政策的研究和咨询，不断创新和发展产业经济学的理论。

　　为了记录中国工业经济学会的理论研究与教学成果，展示学会知名学者的理论贡献，2017 年 2 月，中国工业经济学会会长会议决定编写和出版《中国工业经济学会知名学者学术概览》（以下简称《概览》）。《概览》选编了中国工业经济学会具有较高学术造诣的资深学者学术传记。入选者既有健在的产业经济学界的老同志，更多的是工作在教学和研究第一线的学者。他们的学术成就涵盖了产业经济学的主要学科领域，代表了改革开放以来我国产业经济学前沿性的理论和政策研究成就。《概览》以阐述学术研究成果和代表性的理论观点为主，从不同的方向和层次反映了改革开放以来中国产业经济学理论研究的进展。《概览》的内容包括中国新型工业化道路问题，社会主义市场经济条件下资源配置方式问题，政府和市场在产业发展和运行中的不同作用问题，建立现代产业体系问题，工业化与信息化的融合问题，产业组织与市场结构问题，产业规制问题，产业的区域分布与空间转移问题，产业结构调整与升级的目标、任务和机制问题，反垄断和竞争政策问题，产业的国际分工与产业竞争力问题，产业技术创新问题，资源节约与环境友好问题，能源供求关系与能源利用效率问题，生产性服务业的发展问题，产能过剩的治理问题，产业经济学科体系建设问题。

　　入选学者研究成果的特点，一是坚持理论与实际相结合，以研究新时期产业发展和改革的重大现实问题为主导；二是努力探索，不断创新，其真知灼见和对策研究对经济改革和发展的实践发挥了理论指导作用；三是借鉴和吸收了国外关于产业经济学的理论研究成果，丰富和完善了产业经济学的学科体系。编辑出版《概览》，既是对中国改革开放以来产业经济学理论研究成果的检阅，也是对中国工业经济学会成立四十周年的纪念。

郑新立

目　　录

目　录

吴岐山
Wu Qishan

吴岐山，男，汉族，1919 年 9 月出生，重庆市璧山县人，中国共产党党员，西南财经大学教授，现已退休。

1940—1944 年，在重庆大学商学院就读，获得商学学士学位；1945—1952 年在重庆大学商学院任教，历任助教和讲师；其中，1950—1952 年在中国人民大学工业经济系读研究生；1952—1990 年在西南财经大学任教，先后任讲师、副教授、教授，并兼任工业经济教研室主任；1990 年退休。

任教期间，先后出版专著和教材 20 余部，在《中国工业经济研究》等期刊上发表论文 60 余篇。

一 对于工业经济结构运行规律的探索

工业经济结构是各个工业部门组成的经济方式。各个工业部门不仅不是孤立、杂乱无章的，而且是密切联系、相互制约和具有一定数量比例、协调发展的整个体系。

工业经济结构的产生、形成和发展，并不是由人主观任意决定的，是有其发展规律性的，要正确认识并运用其规律性，才能调整原来不合理的工业经济结构，建立起合理的工业经济结构。为此，以下对于工业经济结构运动的规律进行一些探索。

第一，从工业经济结构的整体看，是一个复杂的、多元的、多层次的系统，如有工业生产系统、流通系统、消费系统；各个部门，如重工业、轻工业、加工业、原材料工业、上游工业、中游工业、下游工业等。各个企业（国有企业、私有企业，大型企业、小型企业等），在整个系统和分支系统中都是密切联系的，都有一定的数量关系，才能够顺利发展。例如，在社会主义有计划商品经济条件下，从所有制构成的经济成分看，不可能是单一的全民所有制工业，还有集体所有制工业、个体工业和私营工业等。虽然全民所有制工业在社会经济中起主导作用，这并不是要限制和排斥其他经济成分工业的发展。相反，集体所有制工业应有大量发展，个体工业和私营工业，也应有一定的发展作为有益的补充，这样才符合社会生产力发展水平和不同程度的需要。这是一定阶段社会主义经济发展的客观要求。可见，社会主义工业经济结构的多层次和多样化的规律性，不仅对于中国，而且，对于一切处在社会主义初级阶段的国家，都是有普遍性的。

第二，从工业经济结构的要素看，工业经济结构是由各种要素所组成的，各种要素并不是随意组成的，而是有其数量比例关系的。只要按照其客观规律的要求，才能顺利地、合理地进行生产，其中劳动者是主导的，故首先要不断提高劳动者素质，包括思想文化技能的不断提高，还要适应科学技术的需要，尤其是要适应世界新技术革命的新要求。新

兴工业不断崛起，新的机器设备，尤其是自动化设备的广泛应用，新材料的大量推广，不断地改变工业部门结构、企业构成方式和数量比例关系，才能实现工业经济结构合理化和现代化的客观要求。

第三，从工业经济运动过程看，工业经济活动是由生产、分配、交换和消费等环节构成的总体运动，各个环节都是有机的连接和配合，并保持一定数量比例关系，才能顺利地实现扩大再生产，故不能片面地理解生产的决定作用，而忽视流通和消费的作用，应重视流通和消费结构的研究，建立起适合中国四化要求的工业经济结构体系。

二　工业经济结构合理化标志的研究

工业经济效益是衡量工业经济合理化的重要标志，但并不是唯一的标志，因为工业经济结构合理化不仅有经济的，还有技术的、环保的和社会的等方面的要求。工业经济结构合理化和建立现代化工业体系是一致的，没有工业经济结构合理化，就没有工业的现代化，所以它是工业发展的基本途径和方向。

工业经济结构合理化标志，既不是主观思想的产物，也不是先验的模式，它要随社会生产力的发展和现代化过程而决定，主要包括以下几个方面。

第一，合理的工业经济结构，应当能充分利用人力、物力和自然资源，扬长避短，发挥优势。社会化大生产是人的因素、物质因素和组织结构因素有机结合的社会生产，虽然人的因素是主导的，但是如果无物质因素，巧妇难为无米之炊，也不可能有社会生产。可见，物质因素主要是自然资源，是十分重要的。虽然中国号称"地大物博"，但实际上，物并不博，缺乏许多原料和能源资源，制约中国社会化大生产的发展，故如何利用有限的物力和自然资源，是衡量工业经济结构合理化的重要标志。

第二，合理的工业经济结构，能促进各个工业部门之间和各个工业部门之内的协调发展，既保持一定增长速度，又有经济效益和社会效益的不断提高。

工业经济的速度增长和工业经济的发展，是两个不同的概念。前者是指产量和产值的增长，后者则是既有产量又有产值的增长，又有包括工业生产所提供的最终产品，能有效地带来国民收入的增长、就业机会的增加、生态环境的改善等。最佳的速度来自最佳比例关系和工业的最佳组合结构。故要实现这个目标，只有在合理的比例关系下才能实现，达到工业经济结构合理化的目的。

第三，合理的工业经济结构，应该尽快吸收并消化当代最新科学技术成果，促进工业技术的不断进步。

工业经济结构的现代化要求最快、最有效地吸收最新科学技术的成果，在工业生产中应用新材料、新能源和最新生产设备、电子技术，生物技术和各种自动化技术，在工业部门机构和企业结构要增大新兴产业的比重，向技术和知识密集型产业发展，要尽快完善工业生产组织形式，按专业化和协作化原则改组工业，要实现工业与科学研究部门和大专院校的密切合作，加快科学技术成果的转化。可见，工业经济结构合理化反映了科学技术进步的规律，是社会生产力发展的必然趋势。

第四，合理的工业经济结构应当不断提高经济效益，不断提高人民生活水平。

这一标志是反映工业经济结构合理化的最终目的。人民生活是否能得到逐步改善是衡量工业经济结构是否合理的综合标志，也是社会主义国家追求的根本目标。故在衡量工业经济结构是否合理时，应该高度重视和认真考核。

吴岐山：《建立健全期货市场的经营管理系统》，《中国工业经济研究》1994 年第 9 期。

【摘要】中国从 1990 年 10 月建立郑州粮食市场并引入期货机制开始，虽然不过短短 3 年多时间，但期货市场已经得到迅速发展。据目前粗略统计，到 1993 年年底全国各地已有各种形式的期货交易所 30 多家、参加期货交易的企业和金融机构达 3 万家，期货交易商品近百种，1993

年年底成交的交易合约由 1992 年的 20 万张，猛增至 100 多万张，现有期货经纪商 100 多家，期货从业人员达 13.5 万人左右。期货市场的迅速发展，是中国社会主义市场经济发展的客观需要。

吴岐山：《工业由粗放经营向集约经营的转变》，《财经科学》1991年第 2 期。

【摘要】中国工业正面临由粗放经营向集约经营的转变。粗放经营是在低生产力水平下出现的一种落后的生产经营方式。它的主要特征是：主体上的小生产者的经营方式；目标上的自给自足，自我循环；决策上的封闭性和主观自我决策；生产规模上是分散的、孤立的小规模经营；生产组织上的"小而全"的组织形式；经营上为生产而生产，不重流通、与市场脱节。

代表性著作

1. 《中国工业经济结构研究》，西南财经大学出版社 1987 年版。

2. 《技术经济学》，四川大学出版社 1988 年版。

3. 《工业由粗放经营向集约经营的转变》，《财经科学》1991 年第 2 期。

4. 《四川产业模式与发展战略研究》，西南财经大学出版社 1991 年版。

5. 《〈孙子兵法〉与经济发展战略》，西南财经大学出版社 1994 年版。

6. 《建立健全期货市场的经营管理系统》，《中国工业经济研究》1994 年第9 期。

戴伯勋

Dai Boxun

戴伯勋，男，1930 年出生，湖南湘乡人，1954 年加入中国共产党。

1937 年 2 月至 1940 年 12 月，本村读初小。1941 年 2 月至 1942 年 12 月，湘乡县（现湘乡市）攸叙小学读高小。1943—1944 年，日军入侵逃难。1944 年 6 月至 1947 年 12 月，湘乡县中华中学读初中。1948 年 2 月至 1950 年 12 月，长沙市文艺中学读高中。1951 年 2 月至 1953 年 2 月，长春市东北工业会计统计专科学校就读。1953 年 9 月至 1956 年 8 月，北京中国人民大学统计学专业读研究生。1953 年 3 月至 1953 年 8 月，长春市东北工业会计统计专科学校助教。1956 年 9 月至 1958 年 8 月，任沈阳东北财经学院统计系助教。1958 年 9 月至 1980 年 9 月，任沈阳辽宁大学经济系助教、讲师。1981 年 9 月至 1984 年 8 月，任辽宁大学经济系副教授、副系主任、主任。1984 年 9 月至 1988 年 8 月，任辽宁大学经济管理学院（副校级单位）副教授、教授、副院长。1988 年 9 月至 1995 年 9 月，任辽宁大学经济管理学院教授、副院长（主持工作），博士生导师。1995 年 10 月至 2000 年 12 月，任辽宁大学工商管理学院教授、博士生导师。1978 年 10 月起中国工业经济管理研究会（中国工业经济学会前身）发起创建人之一，两届理事长，多届副会长，现为顾问。1983 年起多届辽宁省委、省政府经济咨询委员。1983 年起多届沈阳市政府科技顾问。1988 年起两届全国统计教材编委会委员。中国劳动学会、中国社会

主义市场经济学会理事。辽宁省财政、税务、体改委、国资委、劳动、计划等学会多届副理事长、常务理事等职。1985 年起两届沈阳金杯汽车公司顾问。1987 年起一届辽宁抚顺钢厂经济顾问。1988 年曾赴美国科罗拉多州立大学、丹佛大学短期讲学。1992、1993 年曾赴俄罗斯莫斯科国立管理大学、远东大学短期讲学和参加科学讨论会。1992 年《中国工业经济管理》获国家"光明杯"荣誉奖。1995 年《经济联合、企业集团、企业兼并》获全国普通高等学校首届人文社科成果二等奖。1998 年《老工业基地的新生——中国老工业基地的改造与振兴研究》获全国普通高等学校第二届人文社科成果一等奖。1992 年起获国务院政府特殊津贴。

戴伯勋学术功底深厚，知识广博，勇于探索，学术成果较多，社会影响较大。他的主要研究领域和学术观点有以下几个方面。

一 在中国工业经济管理学科建设方面

1978年秋，戴伯勋作为主要发起人之一，在著名经济学家、时任中国社会科学院工业经济研究所所长马洪以及副所长陆裴文的指导和帮助下，创建了"中国工业经济管理研究会"。这是首次把全国高校工业经济学科的教师和专业工业经济研究所的科研人员联系和组织起来，成为全国最早的、第一批学术团体。该研究会成立后，组织编写了《中国工业经济管理》一书。这是党的十一届三中全会以后全国该专业的第一本教材，解决了当时全国恢复高考后学生无书可读的问题。

接着，在马洪的领导下，又组织人员开展了工业经济专题调查研究。1983年由中国社会科学出版社出版了《中国工业经济问题研究》一书，这也是改革开放后较早的一本工业经济问题的专著。

后来在媒体上又开展了《中国工业经济管理》教材的大讨论。戴伯勋等撰写了《关于加强工业经济管理学科建设的几个问题》和《中国工业经济管理学科体系的初步设计》等论文。通过这次讨论，进一步解决了中国工业经济教材长期借鉴苏联工业经济教科书和以产品经济为指导思想的问题，编写出了适应中国经济体制改革开放需要和指导工业经济管理实践的专业教材。这部教材为国家教育部审定该专业的第一本全国高校文科教材。从1979年起由中国社会科学出版社和经济管理出版社印出四版，发行总量达30多万册，1992年该书获得国家"光明杯"荣誉奖。

在上述过程中，戴伯勋两届连任理事长，作为主编马洪的助手（副主编之一），发挥了重要的作用。

二 对老工业基地改造与振兴问题的研究

戴伯勋主持完成的国家社科基金"八五"重点项目"中国老工业基地改造与振兴研究"是一次跨地区、跨部门、组织 60 多人的大协作。他主编的《老工业基地的新生——中国老工业基地改造与振兴研究》是这一项目的最终成果，内容包括总报告，上海、天津、沈阳、武汉、重庆、哈尔滨 6 个老工业基地的分报告和 15 个专题报告，由经济管理出版社于1995 年出版发行。

该项研究首先阐明了老工业基地的内涵和作用，分析了它的历史发展及其特点，研究了它的现状和面临的挑战。在此基础上，提出了老工业基地改造与振兴的远期（2050 年）目标是建成多功能的、开放的现代化城市；中期（2010 年）目标是建成技术先进、结构高度化、整体功能完善、经济效益高的现代工业基地。并提出了根据不同情况可供选择的"综合型""技术先导型""结构优化型"和"推老出新型"4 种改造模式。第一次建立了一套评价改造与振兴成果的标准和指标体系。

该项研究认为老工业基地改造与振兴的途径主要是两条，一是改革，二是改造。并且首次提出了"由谁改造"的问题，分析和论证了中央、地方和企业在不同时期的任务和职责。比较全面和具体地提出了资金、技术进步、培育新的经济增长点、工业结构优化、工业组织创新、完善城市功能等对策。

该成果还指出，随着国内外形势的发展，改革开放实践的不断深入，老工业基地也面临着新的机遇和挑战，因此，对老工业基地的改造与振兴，需要进行跟踪调查和滚动研究。

该项研究成果完成后，在社会上产生了热烈反响。时任国务院社会经济发展研究中心主任的马洪和时任国家计委主任的房维中为该书撰写了序言。该成果鉴定委员会主任宋则行在《中国工业经济》上发表了评介。全国社科规划办撰写了《成果要报》报送中央主管领导，及有关国家和地方领导部门。在全国性的报刊上发表了评介和部分内容，在《光明日报》发表了《书讯》和《老工业基地改造的有益探索》，在《中国工业经济》发表了《老工业基地改造与振兴的目标和模式》，在《经济改革与发展》上发表了《中国老工业基地改造的进程与启示》，在《经济学消息报》上发表了《由谁来改造老工业基地》等。

本成果也得到实际部门的重视，成果中不少对策为沈阳等有关地区制定"十五"规划和远景规划所采纳，课题组部分成员应邀参加规划制定和政策设计。此外，戴伯勋应邀出席联合国开发署与国家计委在北京联合召开的"老工业基地改造"国际研讨会，在会上作了专题发言。还应邀参加了国家经贸委召开的"八五"老工业基地技术改造工作总结会议。

这项研究成果《老工业基地的新生——中国老工业基地改造与振兴研究》获得全国普通高校第二届人文社科成果一等奖。

三　在工业组织理论方面

戴伯勋与沈宏达、万振茂主编的《经济联合、企业集团、企业兼并》（曾获得全国普通高校首届人文社科成果二等奖），以及先后发表的《联合催化改革，改革促进联合》《让企业组织更加合理——横向经济联合系列谈》等论文中，对经济联合、企业集团、企业兼并的基本理论进行了具有特色的系统概述；以较大的历史跨度，考察了国内外经济联合的发展实践，得出一些可贵的启示。从理论与实践的结合上分析了改革开放以来中国经济联合发展中出现的新情况和新问题，并相应提出了解决这些问题的原则和对策；具体探讨了经济联合体的宏观管理和微观管理等问题。特别是在经济联合的可操作性上，不仅着力于理论概括，而且在方法上开辟了新的思路。

四　在企业体制改革的某些领域，
　　他也进行了积极的探索

工业企业租赁经营责任制 1985 年在沈阳诞生后，戴伯勋较早地发表

了《试论小型企业租赁经营》《搞好小型工业企业的有效途径——沈阳汽车工业公司租赁企业考察》，以及在其他报刊发表的《租赁经营与承包经营的联系与区别》《关于租赁经营的几个问题》等论文，比较集中地反映他对工业企业租赁经营的实质和作用、租赁企业的性质和形式、承租者的收入、租赁经营的租金等理论和实际问题，进行了较系统的深入探讨，对于在全国宣传和推行租赁经营责任制发挥了积极的作用。

五 在国有资产管理方面，戴伯勋 也是颇有建树的

戴伯勋发表了《关于加强国有资产管理的几个问题》《试论国有资产产权界定问题》《国有资产管理体制的探讨》等一系列文章，比较深入地论述了中国当时强化国有资产统一管理的必要性；从理论和实践的结合上，探讨了国有资产的保值问题，以及从合理调整存量资产和优化配置资产的角度，研究了国有资产的增值问题。此外，他认为产权界定是加强国有资产管理，建立新的产权和管理体制的基础和前提；阐述了国有资产产权界定的理论基础和基本原则，提出了实行宏观管理权职能与国有资产所有权职能的分离，实行法律所有权职能与经济所有权的分离，实行经济所有权与经营权的分离等观点。

六 在搞活经济，搞活大中型企业方面

戴伯勋着力分析了辽宁企业不活、经济发展滞缓的一个重要原因，就是长期以来形成的商品经济观念不强。这主要表现为市场观念、竞争观念、风险观念和效率观念差。关于如何培育和增强企业商品经济观念，他主张：一是给条件，就是要进一步落实企业法，使企业真正成为"四自"（自主经营、自负盈亏、自我发展、自我约束）的商品生产者和经营者；二是断后路，逐步减少政府"母爱主义"的保护办法，将企业推向市场，迫使其自力更生，自我奋斗（即使企业死一个，活一批，死一批，

活全局）；三是造舆论，加强宣传，创造发展商品经济的舆论环境和文化氛围。这些建议得到了省委、省政府领导的重视，这些观点也在此后为学术界所认同和国家政策所参考。

七　戴伯勋在临近退休之前，还带病组织教师编写了《现代产业经济学》

在这本教材中，戴伯勋较系统、全面地考察了西方产业经济学的源流，特别是他首次系统地整理了中国改革开放前后产业经济理论研究的状况，概述了中国产业经济学的形成和兴起。在产业经济学的研究对象方面，他分析了中国学术界存在的所谓宽派和窄派的分歧，并且指出对这些分歧的探讨，正是有利于中国特色产业经济学的建设。对产业经济学科的性质，他从具体分析产业经济学与微观经济学、宏观经济学，以及政治经济学和部门经济学的区别和联系中，明确论证了产业经济学是一门独立的、应用性的经济学。

还应指出，《现代产业经济学》这本教材明确主要是为硕士研究生而编写的。在理论框架和篇章设计上，该书分导读、基础理论、产业组织、产业结构和产业分布4篇，共17章。在基础理论篇，阐述和分析了厂商理论、产业成长理论和产业政策一般理论。设立这一篇，有利于发挥其对下面各篇章的指导作用。产业分布是指国民经济中各个产业及产业内部各个企业在一定空间地域范围内的分布和组合，实际上是从空间角度研究产业结构的问题。建立产业分布这一篇，是研究产业结构的自然延伸，是完善产业经济学理论体系的必然要求。因此，内容较全，知识量较大，体例也便于自学。这在当时已出版的教材中，是颇具创意的。

学术感悟

"书山有路勤为径，学海无涯苦作舟"，戴伯勋笃信"天道酬勤"的人生格言。他认为勤能补拙，业精于勤。他一生有所成就，就是与他勤奋不懈、刻苦钻研分不开的。他认为，要做到勤奋有为，并不容易。一方面要注意珍惜时间，运筹时间，不论是工作，还是学习，他都制定目标，安排计划，用以约束自己，力图实现预期要求；另一方面，他讲究学习知识的方法和效果，注意保持时间的弹性，发挥单位时间内的最大效率。并且，要科学处理好教学、科研和行政工作的关系，以及工作、家庭生活和身体健康的关系。

"莫道一日难再晨，年逾古稀志犹存；半路出家学书画，勇创人生第二春"，这是戴伯勋的自勉诗。他不仅勤奋了大半生，还要勤勉终生。在颐养天年的岁月中，为了怡心养性，陶冶情操，排遣寂寞，强身健体，他又拿起笔来，勤奋学习书画艺术。现在他是辽宁省和中国老年书画研究会会员，许多书画作品多次在省市和全国参展，并获得各种奖项，也入编多种书画集和报刊。他现年八十有八，身体健康，仍笔耕不辍，奋斗不息，争取在书画艺术领域，再为他人生的第二个春天添色加彩。

代表性著作

1. 《中国工业经济管理》（1—4 版），中国社会科学出版社 1979 年版。

2. 《老工业基地的新生——中国老工业基地的改造与振兴研究》，经济管理出版社 1995 年版。

3. 《经济联合、企业集团、企业兼并》，辽宁大学出版社 1990 年版。

4. 《租赁经营实践与理论》，机械工业出版社 1986 年版。

5. 《企业租赁经营管理初探——沈阳汽车工业公司租赁企业考察》，辽宁大学出版社 1986 年版。

6. 《国有资产产权界定问题研究》，经济科技出版社 1991 年版。

7. 《现代产业经济学》，经济管理出版社 2001 年版。

8. 《社会主义企业民主》，《工人日报》1979 年 1 月 9 日。

9. 《对提高工业生产经济效益途径的探讨》，《辽宁大学学报》1981 年第 6 期。

10. 《正确发挥国家机构的经济职能》，《辽宁大学学报》1985 年第 3 期。

11. 《关于加强工业经济管理学科建设的几个问题》，《中国工业经济学报》1986 年第 4 期。

12. 《试论实现经济决策的科学化与民主化》，《辽宁省委咨询文摘》1989 年第 2 期。

13. 《租赁经营与承包的联系和区别》，《经济学周报》1987 年 8 月 16 日。

14. 《联合催化改革、改革促进联合》，《辽宁大学学报》1987 年第 2 期。

15. 《中国工业经济管理学学科体系的初步设计》，《中国工业经济研究》1988 年第 1 期。

16. 《加速实现"两个转变"积极推进辽宁老工业基地改造》，《辽宁日报》1988 年 8 月 29 日。

17. 《我国企业产权制度改革的途径》，《辽宁大学学报》1994 年第 3 期。

18. 《老基地，谱新篇——谈我省第二次创业与老工业基地改造》，《辽宁日报》1993 年 5 月 13 日。

19. 《论辽宁老工业基地的"第二次创业"》，《中国工业经济研究》1993 年第 10 期。

20. 《试论国有资产的产权界定问题》，《浙江财经学院学报》1991 年第 2 期。

21. 《国有大中型企业的出路在哪里》，《经济与法》1995 年第 4 期。

22. 《论经济结构的调整与优化》，《辽宁经济》1997 年第 5 期。

23. 《资本经营是企业改革与发展的大趋势》，《社会科学辑刊》1998 年第 2 期。

24. 《通过资产重组实现企业集团化——辽河化工集团资产重组的成功启示》，《当代财经》1998 年第 2 期。

25. 《知识经济与管理创新》，《首都经贸大学学报》1999 年第 2 期。

张一民

Zhang Yimin

　　张一民，男，东北财经大学教授、博士生导师、享受国家级政府特殊津贴。

　　1930 年 10 月出生，辽宁锦州人。1938—1943 年在锦州黄氏和向阳学校读小学。1944—1946 年在锦州中学读初中。1947 年至 1949 年 5 月在沈阳中山中学读高中（高二起随校到北平、北安上课和政治学习）。1949 年 6 月至 11 月在克山县农业学校土木科学习。1950 年 2 月至 1951 年 7 月在吉林大学（原东北人民大学）财政系学习。1951 年至 1953 年 7 月由吉林大学选送到北京中国人民大学读工业经济专业研究生直到毕业。

　　1953 年回母校吉林大学经济系任助教并开始讲授"工业经济学"课程。1954 年因院校专业调整被调到辽宁大学（原东北财经学院）工业经济系，1956 年被提升为讲师。1959 年调入抚顺市劳动局从事人力资源、劳动工资方面的调研工作，并被任命为调研组长。

张一民的研究主要是围绕中国工业化这个中心展开的，包括中国工业化前后以及成为"世界工厂"之后的一些理论和实际问题的探讨。

一　对康乾盛世没有抓住世界工业革命机遇原因的探讨

1760年代的世界工业革命（工业化的开端）为什么只有800多万人口、国土面积24万平方千米的英国抓住先机，最先完成工业化，成为世界工厂，称霸世界百年？而当时经济总量世界第一，土地辽阔，有两亿多人口，长期对外贸易出超，处于鼎盛时期的清朝却未能抓住世界工业革命的机遇，并从此由盛而衰，原因何在？这是中外学术界探讨百年，直至当下已完成清史初稿的中国史学家和研究中国早期工业化的学者们一直在探讨和争论的问题。张一民的基本观点如下。

第一，当时的清朝，仍属于中国两千年来王朝更替的封建专制家天下，甚至朕即天下，主宰一切权力并将国家的一切利益归为己有，完全没有民族国家的概念，更谈不上对国家、民族和人民命运的关怀和整体利益的追求。这与已实现君主立宪、代表新型资产阶级利益的英国政权完全不同。

第二，代替明朝，扫平内外敌对势力，实现了拥有广阔疆域、众多人口的清朝一统江山后，满足于在花花世界里的尽情享受，已失去当年发愤图强的锐气，成为一个不思进取、闭关自守、闭目塞听、不明世界潮流和大势，拒绝接受一切新生事物的执迷不悟的顽固集团。远不如为了王朝利益尚能向西方学习、稍后抢抓机遇的德国、俄国和日本。

第三，不进则退，尤其正值世界工业革命当口的乾隆晚期，清朝统治集团贪腐加剧，形成上下一体的官僚搜刮体制。乾隆本人作为代表，六下江南、巡游无度、土木繁兴、吃喝玩乐，诸多大小官僚和豪绅巨贾

曲意逢迎，致使国库空虚，时人有"三岔河干筑帝家，金钱滥用如泥沙"之叹，哪顾得上抓世界工业革命的机遇。

第四，除上述政权、政策和指导思想完全不能适应抓机遇的要求外，仍有些可供抓机遇的其他社会经济条件，包括经济、市场和人力资源规模等，但仍缺乏发达的农业和工场手工业基础，以及作为必要条件的资本投入和能满足机械化生产需要的科学技术水平。而这正是能否抓住世界工业革命机遇的关键。

二 1949 年以前工业化不成功的主要经验教训

从鸦片战争到中华人民共和国成立百余年间，中国是个丧失独立主权的世界上最大的半封建半殖民地国家。但在时代需要的战乱间隙中也在小步零散、时干时停地进行着工业化。但其工业化成果不但与发达国家难以相比，也低于作为英国殖民地的印度。印度 1947 年独立时 14 种主要工业品产量与中华人民共和国成立时相比，有 1 种持平，有 9 种高于中国，最多的高出 7.67 倍，只有 4 种产品产量低于中国。如果按人均产量比较，由于中国人口多，比印度差距更大。在百年工业化后的国民收入中工业只占 12.6%，在全社会劳动者中工业职工占 2.0%。可以认定，1949 年以前中国百年工业化是不成功的，仍属于二元经济结构的落后农业国。这不成功的主要经验教训，张一民认为主要是：第一，必须推翻压在中国人民头上的帝国主义、封建主义和官僚买办三座大山，争得国家和民族的独立和主权。否则，就不可能发展和保护本国的工业化事业。第二，这个独立自主的国家，必须是民主、自由、法制和崇尚科学的国家，上有决心和能力为人民办好事、大事（含工业化事业）的领导集体与强有力的政府，下有较高素质民众和可组织的社会力量，用好各种资源，久久为功，方能奏效。

三 中国工业化的道路选择，改革开放与发展成世界工厂

中国工业化的道路选择，是指中华人民共和国成立后经过 3 年经济恢复和改造后，工业化开始所选定的优先发展重工业的方针（或称道路）。选择的依据是当时国内外形势发展的需要，同时也借鉴了苏联工业化的经验，目的在于对农业、手工业、轻工业和国防工业的发展和技术改造。中国第一个五年计划（1953—1957 年）就是执行这个方针并提前完成各项指标的。其后则受连续 20 年政治运动的干扰和破坏，使整个国民经济和工业走到崩溃的边缘，直到"文化大革命"结束后才又重回正常的发展轨道。改革开放至今的 40 年间，使国家成为世界工厂和仅次于美国的世界第二大经济体，综合国力和国际地位大为提高，受到国内外人士的广泛关注和赞扬。应该怎样认识这一伟大成就？作为此项事业近 70 年全过程的参与者、亲历者和见证人，张一民的初步认识有以下几个方面。

第一，开头执行优先发展重工业的道路选择和第一个五年计划的执行是正确的，效果显著，可以说初步建立起一个大国较为完整的工业和国民经济体系的基础。记得当年张一民在课堂上讲授此项成就时底气十足，对学生很有感染力。

第二，改革开放后也非一帆风顺，现在人民知道在政策方面上边有分歧，但主流和人民大众是坚定的。而改革是件伤筋动骨的事，首先国企人浮于事，不适应市场经济竞争，不久落败下马。亿万农民工进城进入工厂和工地，吃苦耐劳，大显神威，但也造成部分农村土地荒芜和很多农村增加空巢老人和留守儿童。从大局决策上看也犯有"大水浸灌"，使地方和企业债务过重的失误。好在这都是前进中的过错，有时是难免的，且均在可控和改正之中，对大局发展影响不大。

四 对工业化与城市化结合与同步发展理论的论证

从理论上看，工业化与城市化是个相辅相成的辩证关系。其一，表现为内容与形式的相互适应和需要。工业化大生产与农业占用大片土地不同，要求集中大量人口和设备于城市以利于协作和降低成本。这就需要相应的基础设施和公共设施投资，而这也是城市建设和发展所必需的。如此一举两得，工业有了其存在形式的城市依托，城市获得了新兴产业和大量人口，壮大了城市的内容和规模，共生共建各得其利。其二，工业化及其所带动发展的产业与城市建设是同一个过程的两个不同方面，不同就会有矛盾。这就要进一步认识两者在建设速度的快慢与同步发展效益之间的矛盾关系，尤其在宏观大局上的正确把握是很重要的。由于国情，城市与工业发展的起步以及利益或决策机制的诸多不同，发生工厂建得快城市发展慢或者相反的情况都存在，有时甚至是难免的。但有个相辅相成的利益驱动机制存在，经过协调是不会相互拖欠太久的，是能取得大致同步发展效益的。这有历史和现实的众多实践可以证实。

从历史上看，除英国城市化完成期比工业化完成期早30年外，法、美、德、日4国都是工业化比城市化提前完成9—25年。这4国平均工业化比城市化提前18年。由于英国工业革命前已是世界最发达的经济体，也是城市人口比重最高的国家之一，作为世界第一个工业化国家，工业化耗时最长也是可以理解的。如果同工业革命前几千年农耕社会的城市发展相比，更可以得出工业化与城市化结合并大体同步发展的结论。

从现实来看，当代中国是个加速工业化城市化结合与同步发展的典型。十几年前张一民到欧洲、北美、日本和韩国等发达国家旅游，举目所见城乡都比较平静安详，显现出一种发展饱和的状态。反观我们这个发展中的大国，到处是工厂同时也是全世界最大的建筑工地，到处机械轰鸣，反映出中国工业化与城市化同时并进的壮观图景。举个突出例子，改革开放还不到40年的2016年深圳，从一个小渔村发展成GDP超过2万亿元，继上海、北京之后位居全国第3的中国大城市，相当于4个瑞典或波兰的经济总量。被英国《经济学人》评价为"全世界超过4000个经济特区，头号成功典范莫过于深圳奇迹"。再举个反面例子，建于沈阳与抚顺之间、被称为"鬼城"的沈抚新城。前几年张一民曾顺便去做过探访，一片高楼大厦的新城区除看管人员外没有企业和居民入住，成为地方当局和社会的一大包袱。可见工业化城市化，产业与城市同步建设发展观点之可贵和重要。

五　建立健全城乡融合发展的体制机制，
　　促进全民的共富和共享

这是中国经过40年改革开放进入新时代发展的一个新的战略目标。此前，我们都把工业化、城市化、建设社会主义新农村分开讲，分别进行，当然也讲结合，如前面谈的工业化与城市化结合，但都没有超出城市经济的范围。而这里讲的城乡融合发展就不同了，标志着我们的发展达到了一个新的高度、水平和实力，有条件、有能力将城乡各类产业和基础设施加以整合，使城乡经济融为一体，优势互补，壮大社会生产力，实现城乡居民都能在共富共享中过上美好生活。

第一，这当然不是另起炉灶，而是将其纳入建设国家现代化经济体系中，重在建立健全城乡融合发展的体制机制和政策，整合城乡三大产业和基础设施，使之优势互补，融合为实力壮大的统一体，目的在于发展社会生产力，使城乡居民都能实实在在地增加收入。

第二，城乡融合发展，不是吃城乡合一的大锅饭，不是抽城市之肥补农村之瘦，不是搞城乡的平均主义。宪法规定所有制和分配制度不能违反，城乡两利的条件成熟也要自愿参加，照章办事，不能强迫命令，否则应视为非法。

第三，要在工作中或院校中培养出一支懂农业并会在农村经营第二、第三产业，爱农村、爱农民能留在农村帮农民致富，善于沟通城乡关系的干部、企业家和返乡创业的农民工队伍来从事相关的工作。

第四，还应指出的是，农业农村以及城乡融合发展问题对我们这个大国来说的特殊重要性。其一，现在有近 14 亿人口，以后学者们估计将稳定在 15 亿人左右。这么多人的饭碗必须端在中国人自己的手里，全世界没有那么多余粮供给 15 亿中国人。其二，虽然城市化率近年来都有提高，但按学者们的估算，较为合理的中国城市化率为 70% 左右，农村占 30% 的人口也有 4 亿—5 亿人口。就较长时期看来即或农村人口按人均年收入 2300 元标准全部脱贫，农民也还是生活在不平衡不充分发展的软肋一边。所以我们应当充分理解中央提出的"优先发展"农业农村以及城乡融合发展的意义。

六 坚持"大众创业，万众创新"方针，办好企业，抓好就业

张一民很认同近年提出来的"大众创业，万众创新"这个口号或方针，这是落实国家发展任务，解决民生问题的根本环节，同时也提出办好企业和提高广大员工素质的希望和要求。

第一，应正确理解这个口号，当然不是指可以离开宏观大局和具体经营环境去妄谈创业创新。正相反，首先要求执政当局要积极创造适于"大众创业，万众创新"的环境，包括公平竞争的秩序法治保障等。

第二，处于新科学技术革命和产业变革的当代企业，必须注重新产品开发，保证质量，不断提高技术水平。否则就经不起市场激烈竞争的考验，必遭淘汰。创新是保持企业活力和企业发展的第一推动力，使企业效益、质量方面不断提高，国家多得税收，员工多得福利，良性互动，相得益彰。

第三，员工大众，作为社会主体的每一个人都想找到一份适合自己的好工作，实现个人的人生价值。关键在于必须有相应的知识和技能，最好能在从事的专业中有发明、创造和创新，但只有这个愿望是不行的。要脚踏实地地接受教育，善于学习、刻苦钻研、练好本领，方能在各自的专业领域有所发明创造和创新，自然也会有职务提升或贡献增加可能，也利于实现个人的人生价值。

七　坚持和完善基本经济制度、制定实施长短期规划是发展经济和企业的法宝

中国改革开放前后 70 年的历史经验和现实经济实践证明，坚持和完善宪法规定"坚持公有制为主体，多种所有制经济共同发展的基本经济制度"（期间还有许多完善和具体实现形式的补充，如党的十六大提出的"毫不动摇地巩固和发展公有制经济，毫不动摇地鼓励、支持和引导非公有制经济发展"；党的十九大提出深化国有企业改革，发展混合所有制经济，培育具有全球竞争力的世界一流企业等）经济和企业就会欣欣向荣地发展，否则就会遭到破坏。

但只有这制度力量和依托还不够，还要有办法、有手段利用好人、财、物各种资源，使其在经济大舞台上演出一场场、一幕幕精彩的话剧来，才能取得经济发展的实效。这就是张一民说的制定和实施科学的顶层设计和长短期规划的另一个法宝。

第一，所有制问题，基本经济制度问题体现着生产关系对生产力发展的制约。解决问题的办法不是去找书本、找语录而是靠经济实践的检验。张一民认为这一点是中共对马克思主义、社会主义经济理论的最大贡献之一，可称为发展社会主义经济、发展生产力的一大法宝。

第二，讲谋略、讲顶层设计、讲战略规划是我们古已有之的优良传统，这方面的智慧多多，有的家喻户晓。中国共产党人的老一辈革命家、军事家更有其独到的表现和贡献。当代中国发展战略的决策和规划处于极端复杂和多变的情况，其制定和实施的难度不比以往，除珍惜已有的成果外，更多的应注重决策的科学性和民主性，多谋善断。

代表性著作

1. 《论中国的新型工业化与城市化》，东北财经大学出版社 2004 年版。

2. 《企业战略管理》，大连理工大学出版社 1991 年版。

3. 《辽宁大中型工业企业技术进步工作模式研究》（参写），东北财经大学出版

社 1989 年版。

4.《辽宁国土资源》（参写，副主编），辽宁人民出版社 1987 年版。

5.《关于大连市总体发展战略构想的几点意见》（张一民等 3 人合写），大连市科技协会 1985 年版。

6.《从世界新技术革命看大连产业结构的变动趋势》，大连市科技协会 1985 年版。

7.《当代中国的经济管理》（参写），中国社会科学出版社 1985 年版。

8.《产业结构问题研究》（参写），中国人民大学出版社 1997 年版。

9.《中国工业经济管理》（全国统编教材，参写），中国社会科学出版社 1983 年版。

10.《工业经济管理学》（校编教材，参写，主编），东北财经大学出版社 1989 年版。

11.《大连的城市定位与开发区工业的可持续发展》，大连市委托的 1999 年调研报告。

12.《大连化学工业公司发展战略研究》，该公司委托的 1995 年完成调研报告。

13.《强化经营管理的对策研究》，瓦房店轴承厂委托 1995 年完成的企业调研报告。

14. 散见于《财经问题研究》等学术刊物上的 20 世纪八九十年代的论文多篇，其中较有代表性的有《知识经济与中国工业化》《创利互惠是发展企业经济联合的关键》。

金祖钧
Jin Zujun

金祖钧，男，1930年10月出生于浙江杭州一个知识分子家庭。1950年的上半年，金祖钧报考了三所院校：四川医学院、由梁漱溟先生为院长的四川乡村建设学院和由上海复旦大学在重庆没有离川的教师主办的相辉学院，都被录取了。由于身体不好，只能就读相辉学院，与后来的"水稻之父"袁隆平同级，就这样，金祖钧穿着厚重的钢背心进入了大学生活。当时所使用的《国民经济计划原理》《工业统计学》和《政治经济学》，也都是苏联教材和苏联专家编写的教材。1951年5月，金祖钧加入中国新民主主义青年团，不久被选为团支部宣传委员。1951年下半年，金祖钧被调去参加四川省的土地改革，分配到川南行署（当时没有成立四川省，而是分为川南、川东、川西、川北四个行署和重庆市）纳溪县（现四川省泸州市纳溪区），为期8个月。1953年暑假他就读的学校并入四川财经学校（现为西南财经大学），直至1954年暑假毕业，在此期间，金祖钧担任校学生会副主席和学校团委唯一的学生委员。

1954年7月，金祖钧大学毕业由国家统一分配到南昌国营洪都机械厂（国防军工厂，又名320厂，现为洪都航空工业集团，创建于1951年，为中国"一五"时期苏联援建的156项重点建设项目之一，中华人民共和国第一架飞机就是这个厂生产的），曾任劳动工资科计划员、劳动组织组长，1956年5月加入中国共产党。1959年任厂党委秘书。1971年由组织安排调至江西水利设备厂任办公室主任、政治处副主任、副厂长。1976 年"文化大革命"结束，调回航空部 512 厂任党委宣传科科长。1978 年 8 月江西财经学院（现江西财经大学）复校，1979 年 5 月调入江西财经学院，曾任工业经济教研室主任、工业经济系主任、工业经济学硕士导师组组长、台湾经济研究所所长、校政咨询委员会副主任。1992 年评为教授，同年享受国务院政府特殊津贴。主要研究和讲授工业经济学、产业经济学、管理学、企业管理等课程。曾任社会兼职有：中国工业经济学会理事、顾问，中央电大主讲教师，江西经济学会常务理事，江西工业经济协会常务理事，江西港澳台经济研究会常务理事、江西经济管理干部教育研究会常务理事等。

　　金祖钧这个从 12 岁直到 20 岁和石膏床、钢背心打了 8 年交道的病孩子，凭借着顽强毅力、自强不息的拼搏精神，克服重重困难，在企业工作 25 年，坚守教学岗位 23 年，这些经历为金祖钧从事产业经济、经济发展战略、涉外经济、企业管理、教学管理等理论与实践研究打下了坚实的基础，成为管理的求实学者。

一 改革开放初中期中国企业管理的理论与实践研究

中国改革开放初期，企业管理的各项理论都是借鉴国外的管理经验，在实践运用中存在许多问题。为此，金祖钧认为，中国企业管理应当将中国灿烂的传统文化与国外先进的管理经验进行有机的结合，充分发挥中国传统管理思想的理论精髓。而实践证明，海尔、华为、联想等国内著名企业，正是在这种思想与经验的有机结合下得到发展壮大。为了将马列主义政治经济学实践运用在中国的企业管理中，金祖钧较早地提出《政治与经济的统一是社会主义企业管理的基本原则》，主要内容包括：首先，政治与经济的统一是马列主义的基本观点；其次，政治与经济的统一是社会主义企业管理二重性的反映；最后，政治与经济的统一是根本的领导方法。为了帮助国有企业实现跨越发展，金祖钧在2000年就提出"坚持艰苦创业、继续深化改革、加强战略新思维"的管理理论，建设性地提出"目标创新、组织创新、技术创新、人力资源开发创新"的新思路。

二 区域产业经济结构发展理论的探索与研究

从计划经济向社会主义市场经济过渡时期，中国的产业结构严重不合理和低质化，为解决这一发展中的重点问题，金祖钧提出"计划经济与市场调节相结合的产业结构调整方式"的理论，从尽早明确主导产业、改革中国的价格体系、改革现行的财政体制和改革现行的金融体制四个方面，提供了促进中国产业结构逐步合理化、高级化的有效路径。

在解决地区经济发展规划中产业结构高效化的一些认识和理论问题时，金祖钧提出，产业结构高效化的关键是重点战略产业的择定、规划各产业的均衡发展、重视第三产业的地位和作用、研究生产性投资和社会性投资的比例、推动对产业结构理论的研究、制定产业政策等理论方向。

"七五"期间，中国的区域经济产业结构和产品结构还不够合理，工

业经济基础理论研究落后于实践，当市场机制引入中国的经济运行后，这种落后在经济分析中表现得尤为明显。因此，金祖钧对江西省工业结构合理化进行了积极的探讨与研究，分析了地区工业结构合理化的标准和影响地区结构的因素，提出了地区工业结构合理化的中长期发展目标，并进一步研究了地区工业结构的综合治理和合理化。

为了解决中国经济发展过程中促进信息产业与传统产业的融合与互动这一重要课题，金祖钧深入研究了当时中国信息产业与传统产业的竞争、融合与互动关系，建设性地提出实现中国信息产业与传统产业互动融合的多项措施。

三　中国经济体制改革进程中的理论研究与探索

经济体制改革的任务是在坚持四项基本原则的前提下，改革生产关系和上层建筑中不适应生产力发展的一系列相互联系的环节和方面，以建立具有中国特色的、充满生机和活力的社会主义经济体制。金祖钧在《试论经济体制改革的目标模式》一文中提出：实现新体制的框架和达到改革的目标模式，要以增强企业的活力这一中心环节为前提和基础，还应该看到，由旧体制转变到符合有计划的商品经济要求的新体制，是要经历一个相当长的过程的。

1996 年，金祖钧在《经济体制转变和经济增长方式转变的相关性和一致性》一文中阐述：经济增长方式转变，应同经济体制转变同步，并从实际出发，有序地、有层次地、渐进式地推进；经济增长方式转变的主要障碍，是市场调节和政府调控两方面机制的欠缺，从而不断提高国民经济的总体素质和总体效益。同时撰写了《正确认识加强社会主义精神文明建设的战略意义》，具有重大的现实意义。

四　香港、台湾地区经济研究

1992 年始，金祖钧从事了较长一段时间香港、台湾地区经济的理论研究，并成立了江西财经大学台湾经济研究所。1995 年在《中国工业经济》上发表的《台湾地区近年来产业结构与产业政策的变化》中详细阐述了台湾地区三大产业结构的变化、台湾地区对产业政策的评估研究以及台湾地区当前的产业政策。在香港还未回归时，金祖钧就对香港经济的特征与前景作了全面分析。并结合江西省实际情况，实事求是地分析了"江西省引进台资的前景与对策""两岸经贸对台湾地区产业结构发生的影响""克服体制障碍，促进赣港经济发展""赣港经济对接的战略与对策"，为港台经济研究提供了翔实的资料依据。

五　教研管理与实践

（一）复校伊始，编写教材

1979 年 5 月，江西财经学院复校后的 10 个月，江西财经学院党委决定增设工业经济专业，筹建工业经济系，当时只有 5 名教师，金祖钧是唯一的中共党员，是江西财经学院工业经济系的首批"拓荒者"。中华人民共和国成立以来经济管理学教材一直沿用由苏联编制的教材译本，20 世纪 60 年代才开始使用中国自主编制的教材。1979 年 10 月，中国社会科学院工业经济研究所召集的工业经济学第一次年会决定由各校共同负责《中国工业经济学》教材的编写，以满足教学需要，但编写、校稿、审订需要相当长的时间，各高校要面临一段时期内无教材可用的情况，江财工经系也面临着没有教材的尴尬境地。为解决这一问题，金祖钧和同事梅家麟到湖北财经学院、陕西财经学院、四川财经学院、上海财经学院等高校调研取经，与兄弟高校就教材编写工作相互借鉴，相互探讨，最终于 1979 年年底编制了《中国工业经济管理》（共两册）讲义，供 78 级工业统计班使用。刚成立的工业经济系还没有招收学生，工业经济系成立后开设的第一门课程是由金祖钧以工业经济系教师身份为 78 级工业统计专业学生讲授"工业经济学"，同时面向全校开设这一个课程，从而为工业经济系的教学建设打下了坚实基础。1979 年 9 月，工业经济系招收第一届本科新生，当年共计招生 50 人，这是工业经济系的第一批学

生，由金祖钧讲授"中国工业经济管理学"这一课程。

（二）培养人才，发展壮大师资队伍

建系初期的师资队伍匮乏，为保证师资储备力量，金祖钧在担任工业经济教研室主任和系主任期间，选拔了一批优秀毕业生留校任教，鼓励青年教师去外校研修、考研，同时也推荐提拔了一批青年教师走向管理岗位，并高度重视对他们的培养，使之成为江西财经大学未来的磐石。如今，他们已经成长为具有高级职称的教学科研人才，有的走上了重要行政管理岗位。

1984 年，国家从计划经济体制逐步向市场经济体制转变，财经类院校作为国家经济管理类人才的培育机构，如何保证输送的人才符合国家经济社会发展的客观需求，各大高校都开始了自己的探索。1980 年 4 月 23 日，中美双方在北京举行会谈，正式确定中美两国在工业科学技术管理领域内合作举办管理培训项目，"中国工业科技管理大连培训中心"（以下简称大连培训中心），成为邓小平同志 1979 年访美、两国签署的具有里程碑意义的《中华人民共和国和美利坚合众国政府科学技术合作协定》中的一个子项目得以成功实施，由此打开了中国与西方国家现代管理教育的大门。时任工业经济系教研室主任的金祖钧在 1984—1985 年参加了中国工业科技管理大连培训中心的培训，系统地学习了美国的市场经济学和管理科学等知识，为工业经济系的课程改革创新奠定了专业理论基础。

（三）改革开放之初，服务地方经济

1979 年正值改革开放之初，随着中美建交，中国同西方各国在政治、经济、教育、文化等领域开展了多层次交流，西方经济管理学知识开始被国内企业所接受，国有企业迫切需要强化市场经济理论知识和实务训练。江西财经学院作为省内首屈一指的经管院校，承担了大量的培训任务，金祖钧多次应邀到江西省经济委员会、江西省国防科工办组织的处级干部、厂长培训班上课，讲授"企业管理学概论""工业经济学""管

理学原理""生产管理""计划管理"等课程。并撰写了论文《对管理内涵的探索》《怎样当好厂长》《试论厂长素质与领导艺术》《厂长（经理）日常工作经验谈》[此文在全国报刊索引（上海图书馆）哲社版 1985 年 7 月介绍]。

1980 年，为理顺江西经济发展格局，时任江西省省长吴官正指定金祖钧所在学校集中力量开展专项课题研究，以供省委、省政府作决策依据，这一重任落在了工经系教师金祖钧肩上。当年，以金祖钧为课程组长的课题"理顺江西经济关系"获得重大省级课题立项，他从全校挑选骨干教师组成课题组共同研究，分设多项子课题，并于当年顺利结题，形成课题报告，获得省委、省政府的高度认可。

为进一步强化实践的重要性，将理论运用于实践，并通过实践检验成果，积累经验，再反馈到教学和科研之中，实现知行合一。1996—1997 年，金祖钧亲自带领青年老师深入江西企业蹲点调研（如江西民星集团、江西星火化工厂、江西万安水力发电厂、南昌卷烟厂等），形成调研报告和咨询意见，为企业排忧解难，为案例教学提供了大量资料。

（四）首批研究生招生，进入成长期

1986 年，为适应当时社会主义市场经济对人才的需求，工业经济系增设工业企业管理专业，并于当年 9 月开始招生，对考生实行文理兼收，第一批工业企业管理专业共计招生 50 人。同年，为提高办学水平和办学层次，经过工业经济系全体人员的努力，成功申报了工业经济专业硕士学位授权点，并在当年开始研究生招生，开启了工业经济系的研究生教育。由金祖钧负责指导录取首批研究生，并为研究生专门开设了"工业战略管理""工业经济学专题""管理经济学专题"等核心课程。

1987 年，金祖钧取得工经系首批研究生导师资格，担任工业经济学硕士导师组组长。工业经济系自此开始自行招收研究生，之后又设立企业管理专业硕士学位授予点。金祖钧从 1987 年到 2002 年退休，指导硕士研究生 23 名，这些学生大部分都在各自岗位上做出了突出贡献。

（五）教学科研硕果累累

历经时代的变迁和 25 年的企业历练，金祖钧自 1979 年以来，长期从事经济管理的教学和研究工作，理论联系实际，在产业经济、经济发展战略、涉外经济、企业管理、教学管理等研究方面均有丰富的成果。1988 年以金祖钧为课题负责人的"国有大中型企业激励机制研究"课题项目获财政部课题立项，此为江西财经学院首个部级课题。曾获江西省社会科学优秀成果二等奖、三等奖，江西省科学技术进步奖三等奖。1986 年在中央电大主讲《涉外企业经营管理》（是当时江西财院唯一上中央电视台的教师），并主编教材《涉外企业经营管理》，全国电大发行。金祖钧任主编的著作有《社会主义财政、税收与信贷》《管理经济学》《西方企业管理比较》《国际承包与租赁》；任副主编的著作有《工业经济管理新编》《市场经济知识大全》。在各类期刊上发表论文 50 余篇，如《中国工业经济》期刊上发表论文《对产业组织理论 SCP 范型的简析与借鉴》（1989 年第 6 期）和《台湾地区近年来产业结构与产业政策的变化》（1995 年第 3 期）、在《南京大学学报》发表《试论经济体制改革的目标模式》（1986 年增刊）等，所发表论文曾入选中国"八五"科学技术成果选、中国领导科学文库等。

1985 年中国第一个教师节之际，金祖钧被评为"江西省优秀教师"，2000 年经财政部批准 70 岁退休，后因研究生教育需要，又返聘两年，于 72 岁正式退休。2002 年退休后，金祖钧仍关注国家经济改革发展和学术前沿动态，思考多年来教书育人对管理的认识、研究和实践的过程，归纳总结，提出"管理力求务实"的理念，并将多年来的科研成果提炼整理，并于 2005 年汇编《管理的求实思维——金祖钧文集》由经济管理出版社出版。大体记录了金祖钧对中国管理理论和实践的过程和主要见解，并从一个侧面反映了改革开放以来中国管理理论和实践的发展轨迹。

（六）推动工业经济学科迈上新台阶

1978 年工业经济系建立，1979 年 10 月，由工经系欧阳荣辉代表江西财经大学参加中国社会科学院工业经济研究所召集的工业经济学第一次年会，随后金祖钧自 1981 年随后的 20 年间每年都参加中国工业经济学会年会活动，经常在会上发言，为江西财经大学工业经济专业打下坚实的基础。1992 年工经系更名为工商管理系，1998 年建立工商管理学院，随后的江西财经大学工商管理学院不断发展，在学界的地位不断提升，部分优秀科研教学骨干活跃在各个学科领域，提升了参与程度和密切程度。工商管理学院作为一个团队积极参与中国工业经济学会的组织工作，从一个普通参会者转变为积极的参与者，并有不少科研成果被吸收发表。自此，江西财经大学工商管理学院在全国有了自己的一席之地。

代表性著作

1. 《理论工作要说真话》，《江西日报》1979 年 6 月。

2. 《资本主义先进的经济管理可供借鉴》，《江西日报》1980 年 12 月。

3. 《政治与经济的统一是社会主义企业管理的基本原则》，《江西财经学院学报》1981 年第 3 期。

4. 《合理确定工业企业规模的依据与方法》，《江西财经学院学报》1982 年第 4 期。

5. 《改进评价基本建设经济效果指标的建议》，《基建优化》1983 年第 6 期。

6. 《投资效益递减规律初探》，《基建优化》1984 年第 6 期。

7. 《厂长（经理）日常工作经验谈》，《管理者》1985 年第 3 期，全国报刊索引（上海图书馆）哲社版，1985 年 7 月。

8. 《试论经济体制改革的目标模式》，《南京大学学报》1986 年增刊。

9. 《管理经济学》，中国商业出版社 1988 年版。

10. 《社会主义财政税务与信贷》，江西人民出版社 1989 年版。

11. 《对产业组织理论 SCP 范型的简析与借鉴》，《中国工业经济研究》1989 年第 6 期。

12. 《计划经济与市场调节相结合的产业结构调整方式》，《企业经济》1991 年第 7 期。

13. 《江西省引进台资的前景与对策》，《当代财经》1991 年第 3 期。

14. 《涉外企业经营管理》，中央广播电视大学出版社 1992 年版。

15. 《西方企业管理比较》，企业管理出版社 1994 年版。

16. 《现代企业制度若干问题探索》，《中央电大经济》1995 年第 8 期。

17. 《坚持在实践中发展马克思主义》，《当代财经》1995 年，全文收录《邓小平理论研究文库》第四卷，中共中央党校出版社。

18. 《台湾地区近年来产业结构与产业政策的变化》，《中国工业经济》1995 年第 3 期。

19. 《正确认识加强社会主义精神文明建设的战略意义》，《当代财经》1996 年第 11 期。

20. 《赣港经济对接的战略与对策》，《当代财经》1998 年第 6 期。

21. 《国有企业改革发展的机遇与挑战》，《江西财经大学学报》1999 年 12 月。

22. 《对管理内涵的探索》，《当代财经》2000 年第 6 期。

23. 《试论促进信息产业与传统产业的融合与互动》，《企业经济》2000 年专辑。

24. 《产业经济学的形成、发展与任务》，《江西财经大学学报》2001 年第 2 期。

25. 《重视生物技术的应用》，《江西日报》2002 年 1 月。

26. 《管理的求实思维》，经济管理出版社 2005 年版。

27. 《诗·管理》，江西人民出版社 2008 年版。

28. 《从民国时期的三次币制变革看当时的通货膨胀》，《江西财经大学学报》2011 年第 4 期。

29. 《晚清、民国时期的钞票与银行》，上海电子出版社 2011 年版。

30. 《文艺名作与会计》，《新会计》2014 年第 7 期。

邬义钧
Wu Yijun

邬义钧，男，1931 年 10 月出生在湖北省武汉市一个中学教师的家庭。

1949 年 5 月 16 日武汉解放。当时我在读"高商三（上）"年级，只差一个学期就毕业。但是我未继续读"高商"，而是一门心思参军参干。1949 年 7 月 26 日，我被随解放军南下武汉的中原大学录取了。这是我一生中的重大转折。我怀着对党的一股知识分子的革命热情进入这所革命熔炉，过着供给制生活。1949 年 12 月，我经过 4 个月的思想改造后，转入中原大学财经学院工商管理系继续学习专业。用今天的眼光来看，工商管理系的学制还不如专修科，只有短短的 10 个月时间。可是，中华人民共和国成立初期革命和建设的客观形势是多么急切地需要大批干部呀！我们在最短的时间内学到了工商管理最基本的知识和本领。老师都是当时国内的名流大师，如我党理论界老前辈、著名哲学家潘梓年，回国不久的经济学家谭崇台，武汉著名的财会大师傅光培等。

1950 年 10 月，我从工商管理系毕业。党组织找我谈话，要我留校当教师。我无条件地服从组织分配，但内心并不想当教师，因为我怕吃粉笔灰得肺病重走父亲不幸路。而理智终究战胜自我，我逐渐安下心来当教师。

1950 年 11 月初，学校老师奉命全部参加安陆县土改。这年我 19 岁，担任乡土改工作组组长，与贫雇农实行"三同"（同吃、同住、同劳动）。1951 年秋季，土改运动胜利结束后，我被安排到中原大学财经学院工业经济教研室学习和工作，开始有计划地自学马克思主义基础课程，主要是政治经济学；还自修了"苏联工业经济""苏联劳动组织与技术定额制定原理"。1952 年，我开始参加本科生教学辅导工作；同时还参加工业经济方面的社会调查研究工作，曾参加赴湖南邵阳的中南区地方工业调查团，深入到邵东牛马司煤矿、隆回铅锌锌矿等企业调查。此后学校又派我带领教学实习小分队深入到湘潭电机厂，参加劳动组织与技术定额测定工作。这些活动为我后来系统学习和掌握工业经济课程打下了较好的实践基础。

1953 年是我人生道路上的一个重大转折。一是我于该年光荣地加入了中国共产党，实现了我参加革命工作以后一直追求的政治抱负和革命向往。二是我被中南财经学院（刚组建完成）派送到中国人民大学工业经济系读研究生。3 年研究生系统学习奠定了我终身从事高校教师工作的理论和专业基础。

1956 年 7 月，我愉快地返回中南财经学院。回校前夕，教研室主任就通知我要讲工业经济专修科（干部班）的课，心理压力很大。加上酷暑炎热，我全力以赴地备课，一丝不苟地写手稿。这是我第一次系统地讲课。我开始体会到教学生涯的艰辛和乐趣。

1987 年，我被评为正教授，参与博士点的部分工作。

1993 年 12 月，国务院学位委员会批准我为工业经济博士生导师。

1995 年 10 月 1 日，享受国务院颁发政府特殊津贴第（95）3180008 号。

2005 年 3 月，我 74 岁，享受离休待遇。

一 关于产业结构理论与政策

在产业结构理论与政策研究方面，邬义钧通过对中华人民共和国成立后30多年来经济建设与发展走过的道路进行分析，认为中国这30多年的经济建设与发展，成就是巨大的，但也形成了不合理的经济结构。其原因是复杂的，既有客观原因，也有主观原因。从指导思想上看，它是长时期经济工作中"左"的错误造成的。多年来，我们走的是一条重基建、轻生产，重生产资料、轻消费资料生产，高积累、低效率的道路。根本问题是没有很好地从中国国情出发，真正按照社会主义生产的目的来安排生产，进而探求合理的农、轻、重结构和合理的工业结构。

在合理的农、轻、重结构研究方面，邬义钧认为，符合中国国情的合理的农、轻、重结构和适度的积累率，总体来说，应该是一个能比较充分和有效地利用中国人力、物力、自然资源，使再生产的各个环节、国民经济各部门能够协调发展，实现经济活动的良性循环的结构，即生产持续稳定增长，积累多，效果好，人民生活不断改善，财政经济稳定。合理的农、轻、重结构是相对一定的时间、地点、条件而言的，因此决不能把某种数量界限看成僵死不变的模式，而应随着客观形势和条件的变化，做出相应的调整。

在合理配置工业生产力研究方面，邬义钧认为，全国是一个统一的经济体系，各个省没有必要不顾条件地都建立所谓独立完整的工业体系，各个省的自然条件和经济条件都有差别，应当因地制宜地发展自己的经济，发挥自己的优势，扬长避短。

在产业升级与调整研究方面，邬义钧认为，产业升级即产业结构的优化升级，是指产业结构的高度化过程，也是一个永不停息的过程。产业升级从价值增值角度来看，就是产业的附加值不断增加和升高的过程，而产业升级之所以能够带来更高的附加值，是因为产业内部对劳动对象的加工深度表现出一种有序的深化过程，即从采掘业向原料工业、初加工工业再向加工工业演进的过程中，先进技术代替落后技术，更先进的技术代替原有的先进技术，从而使技术密集型产业和知识密集型产业不断涌现。

在信息化带动工业化研究方面，邬义钧认为，从产业发展要求看，一方面要积极发展高新技术产业，实现高新技术产业化，形成新的比较优势；另一方面，要用高新技术和适用技术有重点地强化改造传统产业，进一步发挥劳动密集型产业的比较优势。而无论发展高新技术产业，还是改造传统产业，最根本的是要以信息化带动工业化，以工业化促进信息化。

在产业政策理论研究方面，邬义钧认为，产业政策是国家为了促进市场机制的发育，纠正市场机制的缺陷及其失败，对特定产业活动以干预和引导的方式施加影响，进而促进国民经济快速协调增长的、带有宏观性和中长期性的经济政策。其中，产业结构政策是政府根据一定时期社会经济结构的内在联系而揭示的产业结构发展趋势及过程，并按照产业结构高度化的演变规律，规定各产业在国民经济发展中的地位和作用，确定产业结构协调发展的比例关系，以及保证为促使这种结构变化应采取的政策措施。产业组织政策是政府为解决产业内企业间的矛盾，为实现规模经济效益和开展有效竞争而制定的一系列政策的总和，如鼓励企业联合、发展企业集团的政策，反垄断法与反不正当竞争法等。产业发展政策是指围绕产业发展旨在实现一定的产业发展目标，而使用多种手段所制定的一系列具体政策的总称，产业发展政策与产业结构政策、产业组织政策共同构成产业政策体系，产业发展政策包括产业技术政策、产业布局政策、产业环保政策、产业外贸政策、产业金融政策、产业财税政策和产业收入分配政策。

二　关于经济效益的理论

在评价工业经济效益的基本原理中，邬义钧认为，工业经济效益是指在合理利用自然资源和保护生态环境的条件下，能够以尽量少的活劳动消耗和物质消耗以及劳动占用，生产出更多的符合社会需要的产品。

提高经济效益是"时间的节约，以及劳动时间在不同的生产部门之间有计划的分配"规律的客观要求，是社会主义基本经济规律的客观要求。速度与经济效益的辩证关系，即速度是经济发展中的量的方面，经济效益是表明经济发展中的质的方面，二者是质与量的辩证统一关系，速度不等于经济效益，经济效益也不能代替速度，高速度并不一定是高效益，低速度也并不一定是低效益，但速度与效益存在一定的依存关系。而针对什么是适当的发展速度，邬义钧认为，第一，适当的速度是指适合国情国力的速度，不能过高或者过低；第二，速度要相对稳定，要以一定时期的原材料、能源和交通运输的承受点为底线，不应大起大落；第三，速度要实在，不含水分，即在提高经济效益前提下的扎扎实实的速度。

在企业经济效益学研究中，邬义钧认为，经济增长实质上是速度、结构、效益三者的有机结合过程，任何经济增长都存在着速度是否适当、结构是否合理、效益是否优化这样三个紧密相连的问题。因此，研究经济发展战略和企业发展目标，绝对不能离开速度和效益的内容而言其他。要掌握评价、考核、分析企业经济效益的基本理论、基本方法与操作技巧，提高企业的管理水平。

在关于评价基本建设投资经济效果研究方面，邬义钧认为，投资回收期是评价基本建设投资经济效果的综合指标。因为根据择优分配原理，不同的投资分配方案将产生不同的经济效果，使投资的各个部门和企业具有不同的生产效率。投资回收期指标把建设过程和投产后的生产过程两个阶段的经济效果紧密结合起来。这符合马克思所揭示的一切活动和物化劳动的节约，归根结底是时间节约的基本原理。

在评价工业企业经济效益指标体系研究方面，邬义钧提出，设置工业企业经济效益指标体系的原则，应当能体现社会主义基本经济规律的要求，既有价值指标，又要有使用价值指标；既要有综合指标，又要有个体指标；既要有相对数指标，又要有绝对数指标；既要科学、全面，又要切实可行，通俗易懂，还要把企业经济效益与社会经济效益结合起来，促进企业技术进步。进一步，邬义钧提出了一套比较完整的评价工业企业经济效益的指标体系，这套指标体系从五个方面设置六个效益指标，即：（1）反映符合社会需要方面的产品生产销售率指标；（2）反映劳动占用方面的投资净产值率、流动资金净产值率指标；（3）反映劳动消耗方面的单位产品成本指标；（4）反映生产经营成果方面的单位产品净产值指标；（5）综合反映工业企业经济效益的综合经济效益系数指标。这五个方面的关系是：（1）社会需要是评价经济效益的关键；（2）劳动占用、劳动消耗和经营成果是评价经济效益的核心；（3）综合反映经济效益是比较经济效益大小的标准。

三 关于地区产业经济发展研究

在世界新技术革命与湖北省经济发展的研究方面，邬义钧指出，在当前世界面临着以电脑和微电子技术为中心，包括生物工程、新材料、新能源、激光和光纤通信、空间工程和海洋工程在内的新技术、新产业的发展的新技术革命背景下，湖北省迎接挑战的产业结构对策应该是：充分利用国内外新技术革命的成熟技术，有选择地建立和发展若干新兴产业，重点放在用新兴技术逐步改造传统产业上，把建立新兴产业和改造传统产业更好地结合起来，逐步实现我省产业结构向技术、知识密集化方向过渡，其有选择地建立和发展若干新兴产业为电子计算机工业、激光工业、光纤通信、遗传工程。

在用新兴技术改造传统工业研究方面，邬义钧认为，所谓传统工业，主要是指劳动和机械比较集中的工业，即通常讲的劳动密集型工业和资金密集型工业；所谓新兴工业是指主要靠高度的科学技术完成传统工业无法完成的生产活动的工业，即通常所讲的技术、知识密集型工业。从湖北省传统工业现状出发，应从四个方面着手，即首先抓当前经济效益比较高的行业和产品，如冶金工业中的薄板，轻工、纺织、食品中的名牌产品、出口产品、某些出口机电产品；其次，抓住能源工业的技术改造；再次，抓机械、电子工业的技术改造；最后是其他各行业都面临的紧迫的技术改造任务，要在各行业中建立起完备的生产系统、设计系统、管理系统等，组织为各个行业使用的计算机外围设备，自动控制与监控、执行系统及软件的生产。

在湖北省工业合理布局研究方面，邬义钧指出，在中国从沿海到中部，然后向西部展开纵向顺序推移的战略布局基础上，湖北省工业长远布局应采取以下对策：（1）在全国工业总体布局和规划下，有计划、有步骤、分阶段地逐步实现湖北省工业由东向西的顺序转移；（2）合理安排传统工业与新兴工业的布局与衔接；（3）全省应该有计划、有步骤地建设若干经济区域，把工业布局规划纳入各经济区域规划中统一考虑。

在武汉产业结构调整与升级研究方面，邬义钧指出，武汉产业结构的基本特征是重工业发展快于轻工业、加工工业快于原料工业、行业门类齐全但支撑点单一、工业结构向重化工倾斜、新兴工业与高技术产业有所发展，以及工业企业组织规模结构形成新格局。并且从优势对比分析、产业关联分析、结构效益分析、技术构成分析和劳动素质分析方面分析武汉工业产业结构的现状，指出武汉市工业产业结构存在工业产业结构分散重复、支撑单一的结构缺陷和产业结构层次偏低与产品结构不合理并存以及能源、原材料等基础工业发展滞后问题。武汉支柱产业选择的一般标准，是生产率增长标准、收入弹性标准、产业关联度标准。并且对武汉市支柱产业发展的相关因素，即人口素质和技术创新能力、基础产业条件、资金、市场需求、现有产业优势等几个因素进行分析。通过生产率增长率、收入弹性分析、产业关联度分析以及武汉市现有产业优势分析，最终确定20世纪最后十多年武汉市支柱产业为钢铁工业、汽车工业、机械工业、电子及通信设备制造业。

四 关于行业管理

在行业管理的基础性理论研究方面，邬义钧指出，从经济管理的角度看，行业是工业与企业的中介，行业管理是站在全社会的角度，从组织社会化大生产的要求出发，根据国民经济的中、长期计划，对全社会该种行业的企业或生产经济活动实行宏观的计划、决策、组织、指挥和监督。而城市如同行业一样，是社会分工、专业化和商品经济的产物，中心城市管理是指除了铁道、航空、邮电、军工企业及矿山、能源、原材料部门少数关系到国民经济全局的大型骨干企业由国务院各部门直接管理外，大量的企业由所在的城市进行宏观的、行业的全国性（城市内）管理。而如何把工业的行业管理和城市管理二者正确地结合起来，邬义钧给出了以下建议：（1）从规划上结合，全国行政规划和中心城市的规划应当协调一致。行业规划主要是明确各重点企业的主导产品方向及其发展规模，同时，还应明确各个城市为中心的经济区域发挥什么特长，形成什么优势。中心城市规划中的行业内容，应当是全国行业规划的一个组成部分，但全行业的规划又必须由中心城市做起，充分听取地方政府的意见，使行业规划对城市的要求得到实施保证。（2）从协调、监督上结合，行业规划的执行阶段，要依靠归口部门（或称行业管理部门）和中心城市在协调、监督方面结合起来。（3）从管理目标和管理内容上结合，中央行业管理部门与地方、城市政府的行业管理部门，管理目标上是一致的，只是管理对象的范围不同。从管理目标看，应当以提高经济效益为中心；从行业管理内容上看，中央和省两级政府的行业管理内容可以粗一些，城市政府的行业管理内容相对细一些。

在中国行业管理模式研究方面，邬义钧分析了四种行业管理模式，即公司型行业管理、主管部门型行业管理、职能部门型行业管理和协会型行业管理。公司型行业管理是国家通过组建全国性行业总公司实施全行业统一集中管理的一种模式，其特点是国家与行业总公司实行政企分开，赋予行业总公司对全行业经济活动实行统一经营管理的权利。主管部门型行业管理模式具有产品单一、行业生产集中度高、国有企业比重大、对国民经济发展具有战略意义等特点。职能部门型行业管理模式，是由政府设置行业管理部门来统管全行业经济活动的一种管理模式，其特点是行业管理部门不直接管企业，而只作为政府的职能部门。协会型行业管理模式，是以行业协会作为管理主体的行业管理模式，其特点是行业经济的发展，主要是通过同行业企业自愿组织的行业协会的自律管理，以适应市场经济的需要，政府行业管理部门与综合经济部门对企业实施宏观调控与间接管理。针对这四种模式，邬义钧认为，采用何种行业管理模式不是一项孤立的改革，它直接关系到现代企业制度的建立与政府职能的转变。其中公司型行业管理模式是过渡性的，主管部门型模式只限于垄断行业，而协会型与职能部门型二者的结合将是行业管理的理想模式，而且职能部门型将逐渐弱化，协会型将日益强化。

在行业管理与市场中介组织关系研究方面，邬义钧认为，行业管理的内容主要有：（1）制定行业发展规划；（2）研究和制定行业的技术经济政策；（3）开展行业市场调查，建立健全行业资料情报网络，向社会提供情报；（4）协调行业内外的各种关系，促进行业结构的合理化；（5）培训行业和企业的各种人才。市场中介组织是指社会主义市场经济运行机制下，专门为企业、居民和政府等市场主体提供服务和维护其合法权益的中间组织，它主要包括会计事务所、审计事务所、律师事务所、职业介绍所、商会、行业协会等。市场中介组织主要发挥充当交易媒介、提供专业知识和信息服务、创造交易手段和工具以及减少交易风险的作用。而根据不同的市场，有不同的市场中介组织，现分为金融市场及其中介组织、消费品市场及其中介组织、生产资料市场及其中介组织、劳动力市场及其中介组织、技术市场及其中介组织、产权交易市场及其中介组织以及市场公共服务的中介组织。二者的关系，可以总体上概括为中介组织是根据市场规则向企业提供决策咨询和第三方监督职能，但不提供带有一定行政属性的管理职能（包括指导、规划等）。而行业管理除了可以提供咨询、监督外，还可以根据政府授权的范围，行使指导、规划、检查等职能。

吴家骏

Wu Jiajun

吴家骏，男，1932 年 8 月 10 日生于北京。1944 年小学毕业到北京西直门火车站做童工，1947 年到北京盛新中学复读。1950 年考入中央税务学校（中央财经大学前身），毕业分配到轻工业部制盐工业局计划处工作。

1956 年考入中国人民大学工业经济系，1960 年毕业留校任教，随即被借调到中国科学院经济研究所参加马洪主持的起草《工业七十条》企业调研，赴京西煤矿蹲点，为制定《工业七十条》提供基础资料。

1962 年被正式调入经济研究所工业组参加马洪主编的《中国社会主义国营工业企业管理》的写作，并协助马洪完成了全书的统改、定稿。在此期间，他还曾随所长孙冶方、工业组组长陆斐文赴大庆油田、长春第一汽车制造厂、吉林化工厂、丰满水电站、富拉尔基重型机械厂、大兴安岭林业局等多家大型企业调研。

1977 年，中国社会科学院成立，吴家骏协助马洪、陆斐文在工业组的基础上筹建了工业经济研究所并长期担任该所副所长。

1978 年秋，马洪所长委派陆斐文、曾延伟、吴家骏组成三人小组，负责主考、选拔，招收了工经所首届研究生。

同年，马洪委派陆斐文、吴家骏代表工经所和高等财经院校共同发起创建了"中国工业经济管理研究会"（1993 年更名为"中国工业经济研究与开发促进会"，2006 年更名为"中国工业经济学会"）。吴家骏作为副主编之一，参加了研究会组织编写、由马洪担任主编的第一部《中国工业经济管理》的写作和统改定稿；他还参加了马洪主编的专著《中国工业经济问题研究》的写作并和陆斐文一起负责组织编辑小组完成了全书的修改和统纂。

十一届三中全会前夕，吴家骏参加了由袁宝华为团长、邓力群为顾问的中国第一个大型高层专业考察团，于1978年10月出访日本，考察企业时间长达一个多月，掌握了日本企业经营管理的大量第一手材料。回国后，邓力群、马洪、孙尚清、吴家骏合著了《访日归来的思索》，该著作由中国社会科学出版社出版，产生了广泛的社会影响，被誉为"改革开放初期中国工业领域和现代管理领域的开山之作"。

1982年吴家骏作为副主编，协助主编马洪组织中日双方数十位经济专家共同编写了《现代中日经济事典》。在此基础上，1983—2001年他代表中方出面组织了7次"中日经济学术讨论会"，对中日经济学术交流起了重要的推动作用。吴家骏曾十余次赴日进行学术访问，先后在日本亚洲经济研究所和东京大学做客座研究员，1997年受日本文部省聘任为东京大学客座教授。他一直致力于企业管理与国企改革研究，特别在研究、借鉴日本企业经营管理经验方面做出了很多努力，结合中国实际提出过很多建设性意见。

1984年国务院对全国全民所有制企业经理、厂（矿）长进行了一次统考，国家考试指导委员会委托工经所负责"十一届三中全会以来经济建设方针政策"考试科目的全部工作，工经所委派吴家骏牵头，和李鑫、马泉山一起拟订考试大纲，组织全国各省市经济管理干部学院教师来京办培训班，编写出版了考试辅导教材。他还到各地为厂长经理考前集训班作辅导报告，顺利完成了这项任务，得到国家考试指导委员会的充分肯定。

吴家骏曾任中华全国总工会第十一届执行委员会委员、中国青年企业家协会副会长、中国工业经济学会常务副会长兼理事长（法定代表人）。1987年12月受聘担任国家经委经济干部培训中心兼职教授。1997年退休后，继续担任中国工业经济学会理事长（2008年卸任，改任名誉理事长）、工业经济研究所研究员、博士生导师。1992年起享受政府特殊津贴，2006年当选为中国社会科学院首届荣誉学部委员。

吴家骏的学术研究深受孙冶方、马洪的影响。从孙冶方、马洪治学精神中，使他深深体会到：深入实际调查研究，是经济学研究的必由之路。

吴家骏的研究工作始于1960年10月，而1964年年初中国社会科学院经济研究所就开始了"四清"运动，研究工作中断，这中间只有3年多时间。其间，他随孙冶方、马洪作了大量的企业调查，使他对中国国营工业企业的优势、劣势和运行情况有了比较系统、深入的了解。"文化大革命"结束后，1977年恢复研究工作伊始，他又随马洪对国务院经济领导部门作了系统的调查，对计划经济体制下宏观经济的运行有了比较全面的了解。这就奠定了他进行理论研究的实践基础，使他在改革开放初期，能以当时的热点、难点问题为导向，进行有针对性的理论研究。下面列举几个案例介绍他的学术研究历程。

一 十一届三中全会前夕，著文提出"要承认企业在客观上所具有的独立性，赋予企业一定的自主权"，"真正把企业经营好坏同每个人的经济利益挂起钩来"的改革主张

1978年9月9日，吴家骏在《光明日报》发表了题为《充分发挥企业的主动性》的长文（与马洪合作，署名"马中骏"）。文章对国有企业改革明确提出了以下几个观点：第一，"解决经济管理体制问题，应当把充分发挥企业的主动性作为基本的出发点"。针对长期以来解决经济管理体制问题主要在中央和地方条块分工上变来变去，反复出现"一统就死，一死就叫，一叫就放，一放就乱，一乱又统……"的团团转现象，指出："无论企业归谁管，无论国家机关的条、块怎样分工，都需要按照客观规律的要求，处理好国家和企业的经济关系，尤其要承认企业在客观上所

具有的独立性，赋予企业一定的自主权。"第二，"正确处理国家和企业的关系是实现国家、企业和劳动者个人三者利益统一的关键"。针对当时企业只是行政机关附属物毫无自主权的状况，指出："在社会主义经济中，国家和企业之间，应当建立严格的经济核算关系。企业要有独立的资金，要对自己经营的成果负责。"第三，"明确国家和企业双方的经济责任，才能更好地发挥企业的主动性"。针对当时国家只下达指令性计划任务而不能提供物质保证的混乱局面，指出："企业为完成计划任务所需要的条件国家也应当给予保证。在经济上必须明确国家和企业双方的责任。这种责任应当落实到人，真正把企业经营好坏同每个人的经济利益挂起钩来。"这是一篇较早触及企业性质、地位和自主权，强调把充分发挥企业的主动性作为解决经济管理体制问题基本出发点的文章，对推进国企改革产生了一定的影响。

二 针对当时中国企业管理极端混乱的局面，研究管理落后的原因，提出改变落后面貌的对策

1977 年 7 月 18 日，他在《光明日报》发表了《社会主义经济核算不容否定》，1979 年在《经济管理》第 12 期发表了《我国工业企业管理为什么落后?》，分析并提出了中国企业管理存在的问题和具体对策，指出：民主革命时期，解放区的工业是在革命战争中、在农村环境中成长起来的，存在着供给制思想和受小生产习惯势力的影响。中华人民共和国成立后，不但没有摆脱传统习惯的束缚，而且还搞了许多错误的批判运动，如批判一长制，否定了专家的作用和严格的责任制度；批判《工业七十条》，否定了科学的管理体系；批判"管、卡、压"，否定了一切规章制度；批判"洋奴哲学"，否定了学习国外经验；等等。这是中国企业管理落后的根本原因，他在《企业管理漫谈》一书中明确提出了七条措施："1. 发扬革命传统，恢复被'文化大革命'否定了的行之有效的管理办法并在新条件下加以发展；2. 扩大企业自主权，使企

业能够放开手脚发挥主动性；3. 加强管理教育，努力提高企业领导和管理人员的技术、业务水平；4. 实行民主管理，加强群众监督；5. 采用科学的管理方法；6. 加强国家对宏观经济的调控和对企业经营管理的计划指导；7. 根除供给制思想的影响，改变小生产的习惯势力和自给自足的自然经济思想。"

三　研究现代管理的特点，探讨中国企业管理现代化的道路

改革开放初期，在长期封闭环境下的中国企业，管理水平低下，与国外企业差距极大，在企业领导和管理人员中存在着畏难情绪和消极等待思想，为此 1980 年他在《红旗》杂志等刊物发表了《探索我国企业管理现代化的道路》《论管理科学的发展和现代管理的特点》等文章，指出："实现管理现代化，必须从中国的实际出发，走我们自己的道路。"他在《我国企业管理理论和实践的几个问题》的文章中指出："实现管理现代化，至少应当包括三个方面的内容：第一，管理组织的现代化，即采用科学的合理的组织形式和组织方法，如合理的企业组织、劳动组织、生产过程组织、供产销衔接的组织，等等。第二，管理方法的现代化，特别是数学方法、统计分析方法、系统分析方法和基础管理工作中的科学方法的运用，等等。第三，管理手段的现代化，即采用电子计算机和自动控制装置，等等。"并强调指出："必须充分认识，在无力普遍采用电子计算机的条件下，实现管理科学化、现代化还是有大量事情可做的。认为管理现代化可望而不可即，暂时没有电子计算机就无能为力的消极等待思想是不正确的。"这些文章对当时中国国有企业领导和管理人员积极面对基础落后、手段落后的困难局面，从现有条件出发，脚踏实地努力提高管理水平，产生了一定的促进作用。

四　研究、借鉴日本企业的组织结构和动力机制，
探索中国国有企业改革的路径，比较早地提
出在国有企业公司化改造中，通过企业法人
相互持股实现股权多元化、分散化的主张

1990 年，吴家骏应邀到日本亚洲经济研究所做了 10 个月的客座研究员，当时国内正酝酿建立证券市场和对企业实行公司化改造，而且对此存在很多不同认识，对国有企业能否做到自负盈亏也存在疑问，他带着这些问题对日本股份制企业和证券市场进行考察，完成了《中日企业比较研究》的报告。回国后发表了"访日归来话改革"系列文章，分析了日本股份制企业组织结构和动力机制的特点，披露了日本证券交易所的第一手资料，结合中国实际，对国有企业改革提出了总体构想。马洪在为《吴家骏文集》（经济管理出版社 2001 年版）写的序言中指出：他的文章"比较早地提出了在国有企业公司化改造过程中，通过企业法人相互持股实现股权多元化、分散化的主张，同时提出了利用多元法人相互持股的'架空机制'，实现企业自主经营；建立合理的利益结构，构筑'利益防线'，实现企业自负盈亏；增强企业凝聚力，通过企业内部'适度竞争'，提高企业对外竞争力，使企业成为'自主经营、自负盈亏、有竞争力的经济实体'的改革思路"。这是较早提出股权多元化、分散化、法人化主张的文章，也是较早提出并论证国有企业可以通过调整利益关系结构、构筑"利益防线"实现自负盈亏理论的文章，《中国社会科学院要报》和《人民日报》（内部参阅）以"日本的股份公司及对我国实行股份制的建议"为题，连续多期向上反映，对中国国有企业改革决策有一定参考价值。

五　研究现代企业制度，提出有限责任是现代企业制度最本质特征的观点，强调"有限责任是两权分离的根本前提，是现代企业一系列制度特征的总根子"，主张"深化国企改革要在有限责任上下功夫"

　　1993 年党的十四届三中全会提出建立现代企业制度的任务后，在很长一段时间里，学术界和企业界对什么是现代企业制度众说纷纭，有一种主流观点说现代企业制度就是公司法人制度。吴家骏认为，笼统讲公司法人制度就是现代企业制度是不确切的。公司法人是依法设立的，由于各国法律体系不同，公司法人是各种各样的，既有有限责任公司，也有无限责任公司，还有中国特色的"翻牌公司"，它们都是"公司法人"，但并不全是现代企业制度。他在《建立现代企业制度的若干理论问题》等文章中指出："我们的国有企业实际上是由政府承担无限责任的企业法人，它们同现代企业制度在本质上的差别并不在公司的名义和法人的地位，而在有限责任。我们建立现代企业制度的目的和要解决的根本问题，就是要把由国家承担无限责任的国有企业转变为以公司法人财产承担有限责任的法人企业。"他反复强调："无限责任公司的业主须承担无限责任，对他来说，这是生死攸关的大事，必然要亲自控制企业，很难想象在无限责任企业制度下会产生专家治理结构。"而"有限责任公司制度的出现，使企业的经营发生了质的变化。出资者以实出资本金承担有限责任，不再是无底洞，只有在这时，所有者才有可能把企业委托给专门的经营者去经营"，"这时所有者才有可能超脱出来，把经营大权交给他人掌握，所有权和经营权才有可能真正分离"，因此，"有限责任是关键，是两权分离的根本前提，是现代企业一系列制度特征的总根子"。他强调：在旧体制下中国的国有企业实际上是无限责任制的企业。因此，国有企业的改革必须首先在有限责任上下功夫，解决了这个问题，才能做到两权分离，使企业按照规范的有限责任的体制来运转。这些论述在当时产生了比较广泛的影响。

六　研究如何增强企业活力，提出"企业活力的源泉主要不在所有制形式而在合理的利益结构"的观点

吴家骏认为，"在研究和探索企业活力源泉问题时，不宜把企业所有制问题的地位和作用看得过重、过高。所有制之所以重要，是因为它是经济利益关系的决定因素，即在利益关系的结构中居于核心的地位。然而，这种利益关系的结构并不是一成不变的"。他通过对各国现代企业实态的分析，在《论企业活力源泉同企业所有制的关系》等文章中分析了现代企业产权关系的三个变化：（1）股东承担有限责任，所有者的风险和利益都随之分散了，具有独立利益的经营者集团也随之形成和壮大了；（2）法人股东持股率高，个人股东持股率低，企业承担的有限责任量化到个人产权上的部分已不占主要地位；（3）个人股权极为分散，个人产权对企业经营的影响越来越弱。他认为这些变化必然引起企业内部利益关系结构的变化，指出："利益结构的核心或焦点已有所转移。如果看不到这种变化，单纯从企业的所有制形式上去寻找企业活力的动因，就有可能产生两种错误倾向：一种是像以前那样，认为只有'一大二公好'，必须限制集体，打击和取缔个体，城镇集体企业急于向单一的全民所有制过渡；另一种是把全民所有制看得一无是处，认为必须私有化才能产生活力。"进而他得出结论说："由于现代企业产权关系的变化，企业内部的利益结构多元化、复杂化了，个人产权在利益结构中的位置已不像以往那样绝对，现代企业的风险和利益机制源于个人产权的因素已在逐步淡化。"因此认为，研究企业活力的源泉，最重要的是利益结构而不是所有制。"企业利益结构合理，就能够把企业经营者和全体职工的积极性调动起来，无论企业所有制形式如何，都能使企业充满生机和活力。如果利益结构不合理，比如所有者'竭泽而渔'，给企业经营者和职工的利益过少；或者利益结构向经营者过于倾斜，出资人或职工群众利益遭忽视；或者过于看重职工眼前的、局部的

利益，'分光吃净'，挫伤企业的后劲，等等，都不能把企业的活力调动起来。"为此他提出"需要对所有制的认识进一步解放思想"，要"从利益关系上寻找企业活力的动因"，"要把侧重点从所有制问题转移到利益关系调整上来"。

七　针对民营化和私有化的关系以及股份制企业"姓资"还是"姓社"问题的争论，提出"在多数情况下民营化和所有制的变化无关、股份制是企业法律形态问题并非所有制概念，因此，不能笼统讲它是公有还是私有"的观点

他在《国有企业的民营化与民营企业的发展》《促进非公有制经济健康发展》等文章中指出：在研究民营经济和股份经济的时候，必须运用企业形态分类理论，至少要涉及三个方面企业形态的划分：一是企业的经济形态，指所有制形式；二是企业的经营形态，指经营方式；三是企业的法律形态，指企业的法人类别。这是从三个不同侧面对企业进行的类别划分，它们之间既有联系又有区别，不能混淆。民营化是经营形态范畴的问题，股份制是法律形态范畴的问题，而私有化是经济形态范畴的问题，三者并不是一回事情。从国际经验看，国有企业民营化的形式也是多种多样的，有的可以伴随所有权的改变，但在多数情况下和所有制的变化无关；股份制既可以是私有的，还可以是混合所有的，也可以是公有的。把民营化和私有化等同的观点是把经营形态与经济形态混淆了；说股份制"姓资"还是"姓社"，是把法律形态与经济形态混淆了。他提出的这些观点对于解决当时困扰我们的关于民营化和私有化的关系问题较有参考价值。

八　1997 年年初，针对当时市场不振、商品销售不畅给企业生产带来的困难，提出"抓消费、促生产""向低收入者倾斜加大资金投入"的建议

当时中国经济潜伏着许多矛盾和不稳定因素，企业负担重，效益差，产品滞销，开工不足，致使大量人员下岗、收入减少，这就直接影响到居民购买力，使市场商品销售不畅，反过来又加剧了企业开工不足，急需采取措施，使经济转入良性循环。吴家骏在《抓消费　促生产》《向低收入者倾斜，加大资金投入——增加有效需求以启动市场》等文章中指出，"这次的比例失调同改革初期那次失调不同，不是中间产品大量积压，而是更多地表现为最终产品的过剩积压"。认为"目前消费品的积压并非绝对过剩，也不完全是产品结构问题，而是有支付能力的需求不足的结果。根据消费品积压和物价涨幅回落的状况分析判断，近期内拿出数百亿甚至上千亿资金来启动市场是可行的。但资金的投向十分重要。投向高收入者，只会增加银行存款，不能形成现实购买力，如果能够确保投向低收入者，就可以扩大有支付能力的需求，从而启动市场"。进而他提出了五条措施："1. 提高最低生活保障线；2. 给建立养老保险基金以资金支持；3. 给建立医疗保险基金以资金支持；4. 给建立再就业基金以资金支持；5. 给住房困难户购房以资金支持。"当时中国尚未采取这样的措施，最低生活保障线刚刚在部分城市建立但起点很低；养老金仍由企业发放，由于企业效益差而发不出养老金的实例处处可见；大量困难企业由职工垫付的医药费报销难的现象很普遍；政府预算的再就业基金远远满足不了实际需要；住宅大量积压而职工无力买房的矛盾极为突出；等等。这些都是造成有支付能力需求不足的重要因素。加大这些方面的资金投入，既可以有效地启动市场又可以促进社会保障制度的完善，实属一举两得。后来的实践表明，这些主张是可行的。

代表性著作

（一）著作

1. 邓力群、马洪、孙尚清、吴家骏：《访日归来的思索》，中国社会科学出版社1979年版。

2. 马洪、吴家骏、陈伯林：《漫谈经济管理》，河北人民出版社1980年版。

3. 吴家骏：《企业管理漫谈》，辽宁人民出版社1981年版。

4. 马洪主编、吴家骏副主编：《现代中日经济事典》，中国社会科学出版社1982年版。

5.《工业企业亏损调查研究》（中国哲学社会科学研究"七五"计划重点课题，吴家骏为第一负责人），经济管理出版社1989年版。

6.《中国企业制度改革研究》（国家社会科学基金资助项目，吴家骏为第一负责人），经济管理出版社1993年版。

7. 吴家骏：《日本的股份公司与中国的企业改革》，经济管理出版社1994年版。

8. 吴家骏、郑海航：《日本企业透视》，经济管理出版社1996年版。

9. 吴家骏：《管理与改革——中国企业问题研究》，中国社会科学出版社2013年版。

（二）论文

1.《在巩固中央统一领导的前提下，发挥中央与地方两个积极性》，《经济研究》1977年第7期。

2.《社会主义经济核算不容否定》，《光明日报》1977年7月18日。

3.《充分发挥企业的主动性》，《光明日报》1978年9月9日。

4.《我国工业企业管理为什么落后？》，《经济管理》1979年第12期。

5.《探索我国企业管理现代化的道路》，《红旗》1980年第20期。

6.《论健全和完善企业领导制度的标准》，《中国工业经济学报》1984年第1期。

7.《关于企业领导制度改革问题的理论探讨》，（1985年1月5日在中央党校经济管理师资班作的报告），《管理世界》1985年第4期。

8.《论企业自负盈亏》，《中国工业经济研究》1992年第5期。

9.《论企业法人相互持股》，《经济研究》1992年第7期。

10.《论我国企业改革的难点和对策》，《中国社会科学院研究生院学报》1993年第1期。

11. 《论企业内部职工持股制度》，《改革》1992 年第 5 期。

12. 《努力突破企业改革的难点》，《财贸经济》1992 年第 5 期。

13. 《日本股份制企业值得注意的一些特点》，《中国工业经济研究》1992 年第 9 期。

14. 《论企业内部竞争的适度性》，《改革》1993 年第 4 期。

15. 《中国企业制度的改革》，《经济与管理研究》1994 年第 2 期。

16. 《公司化改革要运用法人持股的"架空机制"》，《中国工业经济研究》1994 年第 3 期。

17. 《建立现代企业制度的若干理论问题》，《中国社会科学院研究生院学报》1994 年第 1 期。

18. 《论现代企业制度的特征》，《求是》1994 年第 20 期。

19. 《有限责任——现代企业制度的本质特征》，《新视野》1994 年第 5 期。

20. 《研究管理科学，加强企业管理》，《新视野》1995 年第 3 期。

21. 《树立正确的产权观》，《中国社会科学院研究生院学报》1995 年第 5 期。

22. 《树立正确的社会保障观》，《中国工业经济》1995 年第 6 期。

23. 《现代企业制度与企业法人财产权》，《经济研究》1996 年第 2 期。

24. 《日本社会保障及其对我们的启示》，《新视野》1996 年第 2 期。

25. 《深化企业改革的重点应转移到利益结构调整上来》，《中国社会科学院要报》1996 年 11 月 10 日。

26. 《企业活力不足与企业所有制有关吗》，《深圳特区报》1997 年 3 月 18 日。

27. 《向低收入者倾斜，加大资金投入——增加有效需求以启动市场》，《经济管理》1997 年第 9 期。

28. 《论企业活力源泉同企业所有制的关系》，《中国工业经济》1997 年第 2 期。

29. 《抓消费　促生产》，《厂长经理日报》1998 年 8 月 24 日。

30. 《国有企业的民营化与民营企业的发展》，《中国工业经济》1999 年第 4 期。

31. 《深化企业改革要在有限责任上下功夫》，《当代财经》2000 年第 3 期。

32. 《如何建立和健全企业经营者的激励与约束机制》，《经济管理》2000 年第 6 期。

33. 《国有企业脱困的进展和今后的课题》，《中国工业经济》2001 年第 2 期。

34. 《完善公司治理结构与企业制度创新》，《中国工业经济》2002 年第 2 期。

35. 《公司治理结构研究中三种值得注意的倾向》，《当代财经》2003 年第 1 期。

李 悦
Li Yue

　　李悦，男，1932年8月16日出生，天津宝坻人。管理学家和经济学家。现任中国人民大学商学院教授、博士生导师，中国工业经济研究与开发促进会高级顾问，中国生产力学会学术委员会委员，中国工业经济联合会学术委员会委员。研究方向为产业结构学、工业经济学和产业经济学。他的代表作《中国工业部门结构》是中国学者撰写的第一本中国工业结构理论专著。与蒋映光合作论文《斯大林对雅罗申柯为生产而生产观点的批评》为全国性生产目的大讨论开了头。他作为一名为中国高等教育事业做出了突出贡献的专家，享受国务院颁发的政府特殊津贴。他先后指导硕士研究生25名、博士生45名。撰写出版专著、教材18部，参编论著16部，发表论文200多篇。其中获全国"光明杯"优秀哲学社会科学学术著作二等奖1项，第六届和第九届全国优秀生产力理论与实践著作特等奖2项，全国生产力优秀著作一等奖2项，北京市哲学社会科学和政策科研成果二等奖4项，中国人民大学优秀研究成果奖4项。

一　成长经历

李悦，作为一个农民的儿子，他 14 岁参加革命，在党和人民的哺育下，走上了从参加革命军队到走入大学，最终成为一名管理学家和经济学家的成才之路。

他曾是获得军功章的解放军小战士；曾是获得"三好学生"证书的中国人民大学首届毕业研究生；他手握教鞭为共和国经济教育事业整整奋斗 60 多年；他的论文《斯大林对雅罗申柯为生产而生产观点的批评》掀起了全国思想大讨论。

他 1949 年加入中国共产党，60 多年来最值得自豪的：一是少小离家，投身革命；另一个就是热爱讲台，一生忠诚于党的教育事业。他的成长历程与国家、民族在革命和建设时期的不同时代任务紧密相连。

抗日战争结束后，国民党政府发动了内战，大敌当前，乌云滚滚。1946 年 7 月的一天，14 岁的他和同村一位小伙伴，在华北平原青纱帐里穿行了一天，来到了解放军冀察热辽军区军工部在河北迁南县金场峪的一个军工厂报到入伍，成了一名"小八路"。

然而，工作环境的艰苦程度，远远超出了这位第一次出远门的农家少年的想象。第一个岗位是制作硫酸，第二个岗位是将几种不同的原料配比成炸药。这里的危险来源于不恰当的配比可能导致手中的炸药当场爆炸。当时的他斗志昂扬，意气风发，工作干得又快又好，还经常琢磨出一些操作技巧和诀窍。解放河北昌黎时，就用了他那里生产的土炸药。1948 年，16 岁的少年军人因为工作成绩，光荣获得了冀察热辽军区军工部颁发的一枚军功章。

后来的一件事引发了他的深思。由于工厂全体战士最多只有中学、小学文化，他们在给炸药配比中存在一定的盲目性。遗憾的是有一天，一位年轻的战士在配炸药时，不慎引发爆炸并炸瞎了双眼。由此，引发了他强烈的求知欲，见缝插针读报、学习、求教。

1949 年，中华人民共和国成立。他所在的部队开进辽宁沈阳，这时他已成为一位助理绘图工程师。中华人民共和国成立初期百废待兴，1949 年中国人民大学成立，面向部队招生。部队推荐了热爱学习的他参加考试。高小毕业的他，把握机会，考上了中国人民大学。1950 年 2 月，18 岁的他脱下戎装，来到北京，走进了张自忠路铁狮子胡同一号中国人民大学的校园，成为工厂管理系的一名本科生。

上大学对只有高小文化的他来说是个不小的挑战，但是他勤奋刻苦，"笨鸟先飞"，经过一段时期摸索，在学习中注意"劳逸结合"。最终，他不光学习好，体育成绩也十分出色，是国家田径二级运动员，成为品学兼优的三好学生。

1953 年，他大学毕业后，继续坚持学习，上了研究生。3 年后毕业，当时国家部委和政府机构都欢迎高学历人才。但他没有选择部委机关，而是提出留校任教。他考虑的是，革命任务已经完成，建设的需要才刚刚开始，需要大批建设人才，党把他培养成一名研究生，就应该发挥所长，当一名人民教师为培养新中国建设者发挥积极作用。

1956 年 9 月，24 岁的他走上了中国人民大学的讲台，从此再没有离开过，一干就是 60 年。离休之后，他不愿休息，又被返聘继续指导博士生。他抱着自己天伦之乐的"多伦理论"：第一伦是一家三代九口，相亲相爱；第二伦是教过的学生们，桃李满天下；第三伦是亲朋故旧、同学同事，共经风雨，共享人生。

60 多年来，他主要讲授"中国工业经济""中国工业部门结构""产业经济学""企业组织结构""生产力经济学"等课程。1970—1978 年中国人民大学停办的 8 年间，他在北京市卫生局干部读书班和北京大学讲授政治经济学和哲学原著课程。

二 主要研究领域和学术成就

李悦撰写出版了许多专著和论文，其中最为重要的是两篇论文和 6 部专著。

第一篇论文是《斯大林对雅罗申柯为生产而生产观点的批评》，该文章得到时任中央政治局委员、中央宣传部部长的批注和批示,从而引发出有关生产目的的全国性大讨论。

此文发表在全国冲破思想理论束缚举步维艰的 1979 年。他当时只是中国人民大学的一名经济学讲师,但在长期的教学和科研工作中,他深刻地认识到,长期以来中国经济工作中存在着一种只顾生产而不问人民生活,只追求产品数量而不管产品质量和品种,只追求发展的高速度而不讲究经济效益等一系列"为生产而生产"的错误倾向。这种倾向严重地阻碍了中国经济快速持续健康发展和人民生活的改善与提高。为引起党和国家领导人及广大经济工作者的关注,尽早地纠正中国当时的"为生产而生产"的错误倾向,他与时任《人民日报》理论部副主任的蒋映光合作写出了《斯大林对雅罗申柯为生产而生产观点的批评》一文,发表在 1979 年 9 月 8 日《人民日报》编印的内部刊物《理论宣传动态》(第 113 期)上。时任中央政治局委员、中央宣传部部长对此文非常重视,于第 3 天即 9 月 10 日就对该文做出重要批示,他指出:"这两位同志提出了一个很重要的问题。"批示要求中央党校《理论动态》杂志,根据李悦、蒋映光文章提出的思想,精心讨论几次,写出一篇文章,并希望在党的四中全会前完成。他和蒋映光的文章于 1979 年 10 月 19 日在《工人日报》和《财贸战线》上同时公开发表,后被多种刊物转载。1979 年 10 月 20 日,《理论动态》上以"要真正弄清楚社会主义生产的目的"为标题的文章,在《人民日报》上以"特约评论员"名义公开发表。他相继又在全国社会主义生产目的讨论会上和《光明日报》理论版上发表《什么是为生产而生产》《关于生产目的讨论的性质与意义》和《社会主义基本经济规律和国民经济调整》等文章。

"很快,这个问题得到了经济战线上的同志和广大读者的普遍注意,纷纷来信来稿,参加讨论。北京、上海、天津、辽宁、陕西、山西、四川、河南、河北、广东、黑龙江、内蒙古、甘肃、青海、新疆、吉林、山东、湖南、湖北、江苏等 20 多个省市同时展开了讨论。认为生产目的的讨论不但是现实经济工作的客观需要,也是人们普遍关心

的问题。"① 这场全国社会主义生产目的大讨论，对于纠正当时"为生产而生产"的错误倾向，贯彻党的十一届三中全会精神，促进国民经济快速持续健康发展，起到了推动作用。

47 岁，他发表了《斯大林对雅罗申柯为生产而生产观点的批评》这篇文章，同时也开启了此后十多年的科研成果密集发布期。

第二篇论文是《产业经济学学科定位与理论框架》。该文发表于《人民日报》2007 年 2 月 9 日，其重要意义在于三点：第一，该文重申了党中央关于繁荣发展哲学社会科学的指导思想只能是马克思主义，在指导思想上决不能搞多元化。第二，重申了国务院关于产业经济学涵盖七个学科领域的规定，即产业经济学涵盖工业经济、农业经济、商业经济、交通运输经济、企业经济、消费经济和信息经济。第三，该文表达了他对有中国特色社会主义产业经济学的学科定位和研究思路、理论框架的设计原则和基本特征等的基本看法。这是他对产业经济学繁荣发展做出的突出贡献。

第一部著作是《中国工业部门结构》。在工业经济的教学和科研工作中，他深刻地认识到工业部门结构是工业经济质的规定性，它对工业经济和整个国民经济发展起主导作用。为了提示工业部门结构发展规律性，为调整和优化工业部门结构提供理论依据，他立志撰写《中国工业部门结构》专著。此书稿于 1983 年年初完成，第一版 30 万字，1983 年由中国人民大学出版社出版；第二版 40 万字，1988 年出版。《中国工业部门结构》是中国学者撰写的第一部中国工业结构专著。

第二部著作是《产业经济研究》。在党的十一届三中全会精神鼓舞下，他开始在《人民日报》《光明日报》和各类经济报刊上连续发表了大批文章。在此基础上他又写了《产业经济研究》一书，2004 年由中国社会出版社出版。

这部近 90 万字的著作，还精选了他 2003 年前发表的 100 多篇文章，其中发表在《人民日报》和《光明日报》理论版的文章有 26 篇，发表

---

① 满妹：《思念依然无尽——回忆父亲胡耀邦》，北京出版社、北京出版集团出版社 2011 年版。

在《中国社会科学》杂志上 1 篇。书中文章的排列是以产业经济学的学科体系为框架的。《产业经济研究》以产业规律、产业结构和产业组织这三部分为核心和重点，以生产目的（人民和国家的需要）和宏观理论两部分为指导，立足于微观基础和学科建设。《产业经济研究》与研究生教材《产业经济学》是姊妹篇。

第三部著作是《产业经济学》教材。1998 年 2 月，中国人民大学出版社出版了给研究生编写的《产业经济学》（第一版），全书除导论外，设增长理论、产业结构、产业组织、增长方式和运行机制 5 篇 29 章，近 60 万字。该书出版后，经济学家方生、宋涛、卫兴华分别在《人民日报》《光明日报》和《经济日报》上发表书评。2008 年 4 月，《产业经济学》（第二版）出版。全书除序言、导论外，共 5 篇 36 章，近 75 万字。2013 年修订出版了第三版。2015 年 1 月第四版出版。

全书包括序言、导论和 4 篇 55 章内容。一是新增了 6 章内容，即交通运输业、战略性新兴产业、第三次工业革命、互联网产业、海洋产业和创意产业。二是删除 6 章，即本不属于本学科研究对象的市场机制与宏观调控、企业转机与建制、重点产业、乡镇企业、老工业基地、基础产业与支柱产业。三是改错补漏 37 处。四是调整了篇幅结构，更新资料数据。五是压缩各章篇幅，以减轻学生负担。

该书导论包括指导思想、两类经济学与"一化两关键"、学科定位与理论框架、产业发展与最终目的。

第一篇，理论篇。这部分主要讨论和阐明经济发展理论与发展方式，速度与结构、质量、效益，新型工业化道路，第三次工业革命，互联网产业，战略性新兴产业，创意产业，科技进步与创新驱动，高新技术产业、传统产业，信息产业，要素配置与素质提高，生态文明与可持续发展，循环经济，环保与环保产业，文化与经济 16 个专题。

第二篇，规律篇。这部分主要讨论和阐明产业形成与分类，产业经济发展主要规律，民用产业与国防产业，工与农和城与乡城乡良性互动战略，农业结构与趋势，交通运输业，能源产业，海洋产业和老龄产业等 10 个专题。

第三篇，结构篇。这部分主要讨论和阐明结构理论与趋势，结构分析方法，产业结构新趋势与优化升级，产业结构优化升级标准与方法论，消费与投资，三大产业，采掘与加工和原料与制造，文化产业，旅游产业，流通产业，商业零售业，建筑业，制造业，汽车制造业，轨道交通装备制造业，船舶制造业，航空运输装备制造业，数控机床产业，第三产业，食品产业，饲料产业，轻工业和纺织产业23个专题。

第四篇，组织篇。这部分主要讨论和阐明产业组织理论与趋势，集中与集中度，专业化与协作，企业规模与企业规模结构，经济联合与企业集团和企业国际化与跨国公司6个专题。

第四版出版后，经济学家郑新立于2015年3月18日在《人民日报》上发表题为《中国产业经济发展规律新概括》的书评。

第四部著作是本科生适用教材《产业经济学》第一版。2001年年底由东北财经大学出版社出版，该书是中国著名学者胡代光和高鸿业受高等教育部委托，组织编写的《21世纪全国高等院校经济学系列教材》之一。2004年6月第二版修订出版。2013年6月第三版出版。2017年11月，再次修订出版了第四版。

第四版是由导言和3篇33章构成。导言包括：产业经济学面临新形势和新任务；产业经济学学科性质；产业经济学指导思想和研究对象；本书的建设历程。

第一篇产业发展。本篇主要讨论产业形成与分类，产业经济发展规律，生态文明与可持续发展，战略新兴产业，创意产业，文化产业，新型工业化道路，交通运输业，第三次工业革命和第四次工业革命，互联网产业，流通产业，旅游产业，海洋产业，健康产业，老龄产业，应急产业，机器人暨人工智能产业等18个专题。

第二篇产业结构。本篇讨论产业结构理论，产业结构演变与优化升级，供给制结构性改革，现代产业体系，三次产业发展趋势，高新技术产业发展与传统产业改造，工与农和城与乡，城乡良性互动战略，农业结构与趋势，投入产出，产业关联11个专题。

第三篇产业组织。本篇由产业组织理论，规模经济与范围经济，企业国际化与跨国公司，企业文化四章构成。

第五部著作。与孙彤共同主编《企业家成功之路——中国百名优秀企业家案例研究》。1998 年 1 月由企业管理出版社出版。企业家在社会主义现代化建设和社会主义市场经济发展中的重要地位和作用，日益引起社会各界的广泛关注。实践反复证明，企业家是企业的舵手，每个成功的企业背后都有成功企业家的身影。企业家队伍的素质在很大程度上决定着企业的兴衰和国家综合国力的强弱。此书获得国家自然科学基金委员会批准资助的"九五"国家级科研项目——"中国百名成功企业家素质与成长环境案例研究"的最终科研成果。

该书的特点有四点。一是科学地总结了成功企业家所具备的基本素质及其成长所需的环境，提出培养中国企业家的建议，为经营管理者、企业家及国家领导层决策提供参考；二是推广优秀企业家的成功经验，继而提高入选企业家及其企业在国内和国际上的知名度，为其今后更好发展创造条件，进而推进中国职业化企业家队伍的成长和壮大；三是该书汇集了在中国企业家协会荣获金球奖和金马奖，在中国青年企业家协会荣获"十杰百优"称号，以及在全国其他领域荣获"优秀企业家"称号的优秀企业家共 105 篇成功经验；四是该书设总论和京沪津渝、东部、中部、西部和港澳台 5 篇，共 110 万字。

总论阐述客观要求和基本总结，即从整体上概括了中国百名优秀企业家和众多优秀企业家的成功经验。总论包括下列几个要点：市场经济的客观要求；企业家的综合素质；经营之道与做人之道的辩证统一；切实加强企业文化建设；实现由传统管理向现代化管理转变；企业家的成长历程；现代企业家的成长机制；现代企业家的成长环境。

该书在京沪津渝、东部、中部、西部和港澳台 5 篇，依次逐个介绍了百名优秀企业家的成功经验。每位优秀企业家的成功经验各具特色，在同类企业家中又具有典型性，为各行各业的经营管理者和企业家提供了学习样板，为国家领导层培养和造就中国宏大的职业化企业家队伍提供了参考模式。

该书的出版适应了中国经济发展方式和经济体制两个根本转变的客

观要求，满足了实现社会主义现代化和跨世纪宏伟目标的宣传需要。它为经营管理者和企业家提供了一本必读得好教材，为经济理论工作者和广大实际工作者提供了一本颇具价值的参考书。

第六部著作是《20世纪中国工业经济的研究》。在20世纪近百年里，中国工业经济研究取得了丰硕成果。该书在概论这些成果的基础上，对中国工业发展战略研究，工业部门结构研究，老工业基地改造与振兴研究，工业经济效益研究，工业改革与发展研究和工业经济学与工业管理学之争等专题，进行了分别简介。

20世纪中国工业经济学的研究分为相互交叉的横向研究与纵向研究两个方面。横向研究又称专题研究，主要包括中国工业发展战略问题研究，中国工业部门结构研究，老工业基地改造与振兴研究，中国工业经济效益研究，中国工业经济改革与发展研究，工业经济学与工业管理学之争等。纵向研究又称分阶段研究，主要以党的十一届三中全会为界，划分为两个阶段的研究。研究活动和所取得科研成果，最突出的是党的十一届三中全会以来的这一阶段。

三　教书育人

60多年来，李悦教授过中国人民大学和北京大学众多学生，都是值得老师骄傲的芬芳桃李，其中最让他牵挂，并倾注更多心血的是先后指导过的25名硕士生，45名博士生（含8名研修博士生）。他指导的已获学位的研究生中，在政府部门工作的有1位中共中央政治局领导，两位正副部级干部、9位司局长和9位处长，还有不少国家栋梁之材；目前从事教学科研的毕业研究生中，有1位高校副校长，1位民办实验中学校长，7位博士生导师，以及一大批教授、副教授；从事实业的研究生中，也成长起两位大企业董事长、总经理。

代表性著作

1. 李悦、董守才：《工业生产的专业化与协作》，河北人民出版社1981年版。

2. 李悦：《中国工业部门结构》（第一版、第二版），中国人民大学出版社 1983 年、1988 年版。

3. 李悦：《工业经济》，经济科学出版社 1987 年版。

4. 刘方域、李悦、聂德林：《生产力经济学教程》，北京大学出版社 1988 年版。

5. 孙彤、李悦：《现代组织学》，中国物资出版社 1989 年版。

6. 孙彤、李悦：《管理心理学》，中国人事出版社 1993 年版。

7. 孙彤、李悦：《职业设计与优选人才》，山东人民出版社 1995 年版。

8. 孙彤、李悦：《企业家成功之路——中国百名优秀企业家案例研究》，企业管理出版社 1998 年版。

9. 李悦：《产业经济学》（第一至四版），东北财经大学出版社 1998 年、2004 年、2013 年、2017 年版。

10. 李悦：《产业经济学》（第一至四版），21 世纪中国高等院校经济学系列教材，东北财经大学出版社 2001 年、2004 年、2013 年、2017 年版。

11. 李悦：《产业经济研究》，中国社会出版社 2004 年版。

12. 李悦：《20 世纪中国工业经济学研究》，福建教育出版社 2005 年版。

13. 李悦：《学问艺术论》，中国财政经济出版社 2009 年版。

赵国良
Zhao Guoliang

赵国良,男,1936年12月24日出生,湖北汉口人,1959年毕业于四川财经学院工业经济系,毕业留校任教至今。

赵国良,西南财经大学工商管理学院教授,博士生导师,产业经济研究所名誉所长,中国工业经济学会顾问。主要从事工业经济管理、工业经济体制改革、工业经济结构合理化及产业经济学教学与科研工作。曾获国家教委全国普通高校优秀教学成果国家级二等奖,中宣部"五个一工程"学术专著奖,四川省委、省政府首届创新人才奖,四川省哲学社会科学优秀成果一等奖等奖项,中国人民银行总行有突出贡献的中青年专家,享受国务院特殊津贴,四川省学术与技术带头人,曾任四川省科技顾问团顾问,宏观经济组组长,成都市科技顾问团顾问,经济组组长等。国家二级教授。

赵国良主持参与了多项国家重点研究课题,长期深入基层、企业、公司进行调查研究。在论著中提出了不少有创新意义的观点。他认为,国有企业改革的根本问题不在于简单地否定"国有制"本身,而在于改革国有经济的管理监督体制,体制决定机制,机制决定活力;不赞成一般的"国有经济从竞争性领域中退出",认为关键是要真正实现"政企分开""政资分开",走一条在市场平等公正竞争中,"有死有活""优胜劣淘"的"国企发展之路";在应对"金融危机"的对策建议中,明确指出，不能长期实行以政府投资为主的"保增长"政策，重点和难点在于抓住机遇，深化改革，尽快启动民间资本，打造投资主体多元化格局，中国民间资本复苏之日，才是中国经济可持续发展之时。在保增长中要注意区分"两种增长"，即粗放型增长与集约型增长，要把发展高新技术产业同加快传统产业的技术改造结合起来，形成"稳增长"中的双动力。从传统产业的改造提升中，形成一批新的高新技术产业，是高新技术产业形成的基本途径之一。

赵国良的一些著作和论文在社会上有较大影响，受到好评。其主编的学术专著《现代企业制度论》，是被选送中央政治局同志阅读的全国十大优秀社会科学著作之一。1999 年 7 月在《经济参考报》上发表的关于国有企业改革的论文，被全国 11 个省市报刊转载。

赵国良的学术思想，主要集中在中国工业经济体制改革与产业结构合理化方面，重点是国有工业企业的改革与发展问题。在他被授予"四川首届创新人才奖"的评语中，突出他"为国有企业改革倾尽心血"的努力，是国有企业"改革的闯将"。

赵国良在经济体制改革，主要是国有企业改革方面的学术思想，主要有以下几个方面。

第一，他始终坚定地认为，社会主义国家的经济基石，是国有及国有控股企业。中国经济体制改革的最终成败，决定于在国有企业改革上能否取得决定性胜利。2014年10月，在中央全面深化改革领导小组四川国有企业改革专题调研专家座谈会上，赵国良说："国有企业改革的难点在哪里？难就难在我们研究的，不是一般企业，而是'国有的'企业。难就难在既要坚持发展和壮大国有经济，坚持国家所有制，又要搞活国有企业，实现国有企业治理结构的现代化。"

怎样才能真正搞活国有企业，这是一个历史难题，也是一个世界性难题。

如果认为国有企业改革的方向，就是取消"国有"这两个字，把所有国有企业都搞成非国有企业，那就已经不是在研究怎样才能搞活国有企业，那就从根本上取消了深化国企改革这个历史性、世界性的艰巨任务，也不需要制订深化国有企业改革的方案。因为国有企业已经被取消了，或者说，已经通通服从行政命令，从"竞争性领域退出去了"！

所以，深化国有企业改革，首先要弄清改革的目标是什么？是针对国有企业的哪些弊端？说得具体点，国企改革的目标，是取消国有企业的垄断地位，是取消政府给予国有企业的各种特权，取消政府给予国有企业的各种特殊的优惠政策，而不是取消国有企业本身。

只有首先做到破除垄断，取消特权这两点，才能真正开始国有企业的改革，才能真正深化国有企业的改革，才能使改革成为国有企业自身的迫切要求，因为这个时候，国有企业已经不得不改革，不敢不改革了。

第二，赵国良认为，经济改革的核心是正确处理政府与市场的关系。其中一个最重要的问题就是正确处理政府与企业的相互关系。正确处理政府与一般非国有企业的关系，相对说来较为容易，比较单纯。而正确处理政府与国有企业的相互关系，则复杂得多，难度也大得多。不仅涉及多方面经济利益，而且在资产运营管理上，存在许多难题，真的是"剪不断，理还乱"。因此为了正确处理政府与国有企业的相互关系，首先要正确处理政府与国有资产的相互关系。如果政资没有分开，政府与国有企业就很难分开，这至少会从两个方面干预国有企业，不利于深化国有企业改革，不利于搞活国有企业。

1. 政府会以国有资产所有者代表身份运用手中的行政权力，从多方面干预国有企业的经营决策和日常经营管理活动，从而使国有企业很难成为真正的独立的市场经济主体，很难搞活。体制决定机制，机制决定活力。

2. 政府会以国有资产所有者代表身份运用手中的行政权力，维护国有企业在市场竞争中的垄断地位，给予国有企业各种特殊优惠政策，这同样不利于深化国有企业改革，使国有企业失去深化改革的压力和动力。而压力加动力，就形成活力。

3. 赵国良在理论研究和参加国有企业改革实践过程中，特别重视国有企业产权制度改革。他认为，国有企业改革的"突破口"，关键环节是要"明晰产权"。在《现代企业制度论》一书中，他全面论述了"产权明晰"在现代企业制度四个基本特征中的基础性核心作用。他说，在现代企业制度的四个基本特征中，具有决定性意义的是"产权明晰。"如果说建立现代企业制度是建立社会主义市场经济体制的基础，那么产权清晰则是建立现代企业制度的基础。

因为按照建立现代企业制度四个基本特征之间的内在联系，没有产权清晰这个基础、这个前提、这个必要条件，便不可能做到"权责明确"，便无法实现"政企分开"，也不可能有真正现代的科学管理。不仅如此，产权清晰同样是整个经济体制改革的一般基础与一般前提。很难

设想，在产权不清的情况下，能够进行拍卖企业的操作，能够实现兼并，能够搞租赁、联合，能够利用外资进行"嫁接"，能够组建混合所有制企业，能够推行资产经营责任制，能够实现由产品经营向资本经营的转变，等等。

4. 赵国良非常重视国有企业领导人员的收入制度改革问题。他在给中央全国深化改革领导小组来川开展国有企业改革调研组的建议中，对这一敏感问题，提出了自己独特的"建议"。他说，"我不赞成把国企高管的收入改革问题，特别是央企高管的收入改革问题，作为当前深化国有企业改革的重点，更不赞成以此作为深化国有企业改革的'突破口'"。

在政企没有真正分开，政资没有真正分开的条件下，在国有企业特别是央企还没有真正建立起企业法人治理结构的情况下，过急地去改革现行国有企业高管们的收入分配制度，并且把它固定化，很有可能出现"一刀切"的现象，甚至产生新的收入分配不公，不利于调动国企高管经营管理创新的积极性。

国企高管，特别是央企高管的年薪，到底应当多少？应当区别不同产业、不同企业，甚至不同人的具体情况，实事求是地解决。这是一个涉及许多方面的精细工作，需要有多方面的同步改革，不能简单地把"限高"作为央企收入分配制度改革的"方向"。

大体说来，国有企业特别是央企高管收入制度的改革，应考虑以下三个方面。（1）要区别企业的性质。是垄断性企业，还是竞争性企业，这里特别要注意，随着国有企业改革的深入，原来是垄断性的国有企业，可能其中部分领域、部分机构、部分业务，已经市场化了。就是说判断企业性质的过程，是一个可变的动态过程。（2）要区别国企高管，特别是央企高管产生的机制。是公开招聘，在竞争机制中产生的？还是由行政部门任命的？就是说，要注意国有企业高管，是否同时具有政府官员的身份。（3）总的来说，国有企业的高管收入问题，特别是央企高管的收入问题，还是应当服从市场经济的客观规律，即"风险与利益对等，收益与贡献挂钩"。

5. 赵国良在国有企业改革研究方面的代表作之一是《脊梁：国有企

业的机遇与挑战》一书。在他为这本书所写的"序言"中，他说，"我想利用主编《脊梁：国有企业的机遇与挑战》这本书的机会，认真地清理一下自己在国有企业改革方面的主要思路，这就是下面对深化国有企业改革的五点思考。这'五点思考'，也许能大体上道出我的'国有企业改革观'"。

第一点思考：为了对整个国有资产进行战略性重组，从根本上提高国有企业的整体运行质量，必须适当减少国有企业的数量，使所有制结构符合社会主义初级阶段社会生产力发展的客观要求。

适当减少国有企业数量，有其客观必然性。其一，现存的国有企业，多数是在计划经济体制下建立起来的，是条块分割的产物。在条块分割状态下，为了追求部门、地区的局部利益，也为了完成上缴财政的硬任务，总是盲目争投资、争项目，由此导致重复生产、重复布点、重复建设。各部门、地区，都要建立自己的"完整工业体系"，搞"大而全""小而全"，这就必然出现低水平基础上的"同构现象"。就是说，针对市场需求来说，这种脱离市场的、分散的、低水平的国有企业，确实"多"了，应当适当减少。

其二，在计划经济体制下相对过多的国有企业，能够生存下来，靠的是产品上的"统购包销"，分配上的"统收统支"，而这些，又是以工业经济效益低下、粗放型的经济增长方式、人民生活长期得不到实质性改善为代价的。现在，当实行改革开放，认真搞市场经济的时候，这种不分良莠，不辨优劣，挤在一起吃大锅饭的局面，再也无法维持下去了。就是说，部分国有企业被"减少"、被淘汰，这绝不是某种理论推导的产物，更不是行政命令的结果，而是市场经济发展的必然，是不以人的意志为转移的客观规律。

市场经济，是竞争经济；竞争经济，是有死有活的经济。从这个意义上说，在激烈的市场竞争中，部分国有企业不断扩张，茁壮成长，部分国有企业被无情淘汰，这是完全正常的，合乎规律的现象。反对国有企业在深化改革的过程中走出一条"有生有死"的道路，就堵死了对国有企业进行战略重组的道路，就不可能从根本上克服国有企业管理体制

中存在的"优不胜而劣不汰"这个最大弊端。

其三，适当减少国有企业的数量，是把有限的资源，集中使用在效益高的企业，获取规模经济效益的需要。用一句思辨色彩较浓的话来说，叫作用数量的减少，换取质量的提高，这也是使经济增长从粗放型向集约型转化的一种表现形式。

其四，适当减少国有企业的数量是减少财政负担，把国家从无限责任中解脱出来的必要办法。

面对一大批在激烈的市场竞争中本来应当被淘汰的国有企业，如果国家硬要把它们全"保"下来，并要使之无限期地"活"下去，唯一的办法就是对它们提供无限供给，而这对财政的有限供给能力来说，是不可能的。于是政府只能充当"梁山泊的好汉"，劫富济贫，抽肥补瘦。对经营好的企业，合法地拿走其绝大部分盈余，然后用"公平"办法，或者以维护稳定的名义，再分配给这些"该死不应活"的国有企业。结果是什么呢？该死的企业，死不了；优势企业，永远无法自我积累，自我发展，注定了无法"潇洒走一回"。不死不活，缺乏活力的源泉，缺乏优胜劣汰的铁的手段，这正是旧的经济体制的最大弊端。这样下去，国有企业只生不死，只作加法，不准作减法，不能进行企业组织结构的战略性重组，怎么可能会有我们自己高品质企业呢！

其五，如果说"适当减少国有企业的数量"，其最重要的理论依据在于这是社会主义市场经济发展的客观要求，是市场竞争的必然产物。那么，"适当减少国有企业的数量"的最大作用是什么呢？或者说，它的最大的必要性是什么呢？

应当明确回答，在于切实转变国有企业的经营机制。

从"适当减少国有企业的数量"，到切实转变国有企业的经营机制，这是认识上的一次重大飞跃。因为，如果我们一方面"动员"国有企业转变经营机制，苦口婆心地"劝说"国有企业转变经营机制；而另一方面，又限制竞争，保护落后，甚至鼓励（优惠）企业吃国有资产的大锅饭，瓜分优势企业创造的"剩余价值"。那么，长此下去，不仅不可能促成国有企业经营机制的转变，甚至会使本来先进的国有企业，经营机制发生"逆转",即倒退到计划经济体制上去。

第二点思考:关于公有制实现形式的多样性问题。

其一,所有制,包括私有制、公有制(国有制是公有制的一种),采取多种实现形式的原始的、本质的原因,在于所有者对自身经济利益的追求,是所有者为了实现自身最佳经济利益,或者说,"利润最大化"所选择的一种行为方式。

多种实现形式,或者说,公有制实现形式的多样性,是公有制与其适应形式这对矛盾运动的必然结果,是这对矛盾的普遍性与特殊性辩证统一的表现。

其二,任何一种所有制,都必然会有多种实现形式,是因为所有制的实在内容——资本,是处在普遍联系和运动变化之中的。

任何一种资本,只要它处于运动之中,就必然会同别的资本发生一种相互联系、相互作用、相互渗透,以及在一定条件下相互转化的关系。这其中的任何一种"联系",都表现为这种资本的一种实现形式,联系的普遍性、多样性,决定了实现形式的多样性。

其三,社会生产力的性质和发展水平,特别是生产力发展水平参差不齐及其多层次性,不仅决定了多种所有制并存,而且同样决定了所有制实现形式的多样性。

在公有制实现形式问题上的重大突破,特别是关于国有制应当、也可能采取多种实现形式的论断,对深化国有企业改革,调整(优化)全社会的所有制结构,从整体上提高国有经济的控制力和支配力,更好地发挥国有经济在国民经济发展中的主导作用,具有重大的理论与实践意义。

1. 确认国有制实现形式的多样性,这就从根本上突破了国有制实现形式的单一性,特别是突破了那种把国有经济仅仅理解为国有独资企业的传统观念,解放了思想,能够大胆地采用人类社会在经济发展过程中共同创造的各种好形式。只要有利于国有资本的保值增值,就都可以拿过来,为我所用,这是使所有制形式适合所有制发展要求的一次飞跃:完善形式,充实内容。

2. 确认国有制可以有多种实现形式，这实质上是拓宽了国有经济的运动空间，扩大了国有资本的活动能力、支配能力，为国有资本增值，创造了广阔的多样化的途径。

确认国有制可以有多种实现形式，鼓励、引导国有经济进入各种不同的所有制经济实体之中，组成各种不同的混合所有制，既是把国有经济的优势扩大到更多方面，充分发挥国有经济的主导作用，同时，又反过来吸取、消化各种不同所有制经济的特有优势，形成一种优势互补的发展趋势。

第三点思考：在"股份制"这个"大家族"中，股份合作制是一种特殊的形式。要特别重视和认真研究股份合作制这种形式，是因为对于具有中国特色的社会主义国有企业改革来说，股份合作制有"三个特别"，即特别适合中国国情，适合处在社会主义初级阶段的中国的社会生产力性质和发展水平；特别适宜于在较大范围内推广；最后，之所以它具有上述两个"特别"的原因，在于股份合作制这种新的经济组织形式，具有特别大的灵活性。

股份合作制，单纯从它的名称上即可看出，它的特别大的灵活性，来源于它性质上的二重性。从"股份制"来说，它体现着资本之间的相互联系与相互渗透，是一种资本的联合，联合可以产生一种新的生产力。资本的联合，不仅仅是资本在量上的扩张，更为深刻，更为主要的是，资本联合所产生的一种资本保值与增值的驱动力，将引导企业行为向着投资回报率更高，经营盈利最大化方向转化（这实质上也是经济体制与经济增长方式两个根本转变的微观基础）；从"合作制"来说，它体现着劳动的联合，这种联合更有可能形成一种新的生产力。劳动的联合，是任何分工与协作的组织前提，从而是社会化大生产的一般要求。在"股份合作制"企业中成长起来的这种劳动联合，不仅最直观地体现了社会主义企业管理的民主性，而且，它没有排斥，而是为一部分职工依靠诚实高效劳动先富起来开拓了前进的道路，找到了可靠的实现形式。

第四点思考：如果说，增强企业活力，搞好国有企业，是整个社会主义经济体制改革的中心环节，是整个社会主义经济体制改革的重点和难点，那么，国有企业改革本身的重点和难点在哪里呢？或者说，自始至终贯穿国有企业改革全过程的基本线索是什么呢？应当说，是经济利益关系。说得准确一点，就是要正确处理在深化国有企业改革过程中，必然会碰上的各个利益主体相互之间的利害关系。

我们现在十分重视，要转换国有企业的经营机制；十分重视，要发挥市场机制的作用，实现资源的优化配置；十分重视，要运用经济杠杆，用经济办法管理经济……其实仔细研究一下会发现，所谓"经济机制"，所谓"经济杠杆"，其实质是什么呢？实质是指"通过经济利益的调整，来引导市场各个主体的行为的各种方法、手段的总和"。适应社会主义市场经济发展要求的经济机制，它对市场主体行为的影响方式，绝不可能是行政命令方式，而只能是一种"引导"，而这种"引导"之所以能够发生作用，甚至极为灵敏、极为有效的作用，是因为它通过经济利益关系的调整，给予市场主体以内在动力和压力，使市场主体有直接的、直观的、现实的盈亏得失之感，因而，各个市场主体能够迅速做出反应，主动调整行为方式，主动适应经济机制的要求。

我们正在努力加快实现"两个根本转变"，其中一个根本性转变，即由计划经济体制向社会主义市场经济体制的转变。在计划经济体制存在的五大弊端（即政企职责不分、条块分割、企业缺乏活力、忽视市场机制作用，以及分配中平均主义与分配不公并存）中，政企职责不分是一个"老大难"问题。在实践中，政企职责应当是"易"于分开的，但为什么却老是分不开，而且越来越分不开呢？说到这里，又必须回到我们在前面提出的那个基本观点上，即国有企业改革的难点之一，贯穿国有企业改革全过程的一条基本线索，就是经济利益关系。对改革中的许多阻力，许多难点，以及改革的艰巨性、复杂性，甚至风险性，都要坚持历史唯物主义的一个根本方法论，即"经济动因分析法""经济利益分析法"。当一项改革措施出台的时候，应当预见到这项改革措施可能引起经济利益关系的何种变化，特别是通过对既存经济利益关系格局的变革，将会有哪些层面的人，因而得到实惠；又有哪些层面的人，会丧失已有的既得利益……由此，才可能寻求到消除（化解）改革阻力的正确途径，

从而加快改革的进程。

按照上述马克思主义历史唯物主义的"经济动因—经济利益分析法"，不难看出，政企职责长期不能分开，其矛盾的主要方面，不在国有企业，而在政府。在于政府部分官员对自身既得利益的"保护"和追求。如果说，随着经济体制改革的不断深化，特别是随着由计划经济体制向社会主义市场经济体制转变步伐的加快，过去在计划经济体制下建立起来的政府机构及其旧的职能，正逐渐成为改革的对象。那么，这场改革的内容，必然包括原有的经济利益分配格局，就是说，旧的经济关系连同其利益基础，同样处于改革、改变过程中。这正是政企职责难以分开，政府职能难以转变，新的适应社会主义市场经济发展要求的，经济体制难以建立起来的最深层原因之一。

社会主义经济体制改革，特别是国有企业改革，所要解决的一个深层次矛盾，就是既要坚持国有制，即实质上的全民所有制，又要使所有者、经营者及生产者，对资产经营的后果有一种真实的"自负盈亏"感，构建出一种新的、同自身经济利益联系起来的动力机制和压力机制，从而对自己企业的资本经营状况，资本能否增值，产生一种内在的紧迫感，甚至危机感。这就是从经济利益关系来看的，转换国有企业经营机制的实质，也是真正的难点。

在深化国有企业改革过程中，怎样使国有资本的经营同国有企业的经营者、生产者的切身利益联结起来，至少有三种思路。第一种，是假定在不变更所有制前提下的思路，即加大国有企业内部分配制度改革的力度，加大到足以"引导"国有企业内部各个利益主体行为的程度。这就是继续坚持并不断完善各种形式的资本经营责任制。这种思路的特点，是强化"在资本经营中所做贡献大小"这个指标的作用。从这里，不仅能够引申出对经营者实行年薪制等重大改革措施，而且必将合理合法地冲掉对经营者正当收益的种种人为的限制。经营者年薪的多少，不应当由政府主管部门行政决定，而应当是市场评估的结果，是市场竞争的产物，服从于资本增值的客观需要。第二种，这种思路可以明确地称为"改制"的思路，即对国有制本身进行的改革，其实质是实现"工者有其股"，允许国有企业的经营者和生产者，全部或部分地持有本企业的股份。所谓持有本企业的全部股份，即全企业职工共同拥有本企业的全部产权，这样，国有企业就变成股份合作制企业了。所谓职工持有本企业部分股份，说明原有的国有企业，已经在所有制上发生了部分变化，不再是国有独资企业，而是国家控股、参股的混合所有制企业了。第三种思路，是在国有资产的增值上做文章，在资产增值运动中，实现"工者有其股"的思路。即在由于职工的出色经营劳动所创造的新增价值中，划出一部分股权，或直接量化给职工个人，或以职工持股形式，共同持有，其分红所得，用于解决本企业职工的退休、养老、社会保险及医疗补贴等。这种思路在理论上（即劳动价值论）有所依据，在实践中，对于认真走出一条为社会保障体系积累资金的道路，有重大意义。

第五点思考：研究中国的国有企业改革，必须把它放在建设有中国特色社会主义这个伟大的事业中来加以考察；必须立足在社会主义初级阶段这个现实的土壤上来加以考察。从这里出发，就必须正确地处理好改革、发展与稳定的相互关系，就是说，中国国有企业改革的成败，决定于正确把握三个"度"，即改革的力度、发展的速度，以及社会的承受度。

一定要搞好国有企业，这是时代的要求，人民的愿望，是包括全体国有企业职工在内的我们这一代人的光荣历史革命。

国有企业改革的新高潮已经到来。改革呼唤着新的观念，新的思路，新的对策。

学术感悟

赵国良在长达半个多世纪的时间中，一直从事工业经济教学与科研工作，先后担任四川工业经济学会副会长，四川省机械工业协会名誉会长，中国工业经济学会顾问等。对工业经济学，有着深厚的感情。在一次中国工业经济学会年会的发言中，他对当时做出的，把工业经济学名称改为产业经济学名称的决定，以及用产业经济学博士点名称，取代工业经济学博士点的决定，提出了反对意见。他认为，产业经济学研究的，是产业经济发展的一般规律，它不能代替工业经济发展的特殊规律。中国现在依然是一个发展中国家，发展工业仍然是产业发展中的重中之重，工业现代化，仍然是一切产业现代化的物质技术基础和主导者。当前中国产业发展中的"不平衡"，发展中的"短板"，不是第三产业，而是工业；脱离现存工业的发展，去追求"创新"，追求产业结构升级，不仅会失去动力和依托，而且会造成新的"不平衡"。赵国良说，中国工业经济真正受到重视之日，就是中国经济加速现代化之时。

代表性著作

1. 《论社会主义国家与国营企业关系的二重性》（合作），《中国社会科学》1985 年第 1 期。

2. 《对四川省建立现代企业制度的考察》（合作），《中国社会科学》1995 年第 3 期。

3. 《论政治与经济是对立的统一》，《经济研究》1979 年第 6 期。

4. 《再论政治与经济是对立的统一》，《经济研究》1980 年第 7 期。

5. 《高新技术产业化的几个理论问题》，《经济学家》2003 年第 3 期。

6. 《当前，要把稳增长放在首位》，《经济学家》2016 年第 3 期。

7. 《现代企业制度论》（主编），西南财经大学出版社 1996 年版。

8. 《中国工业经济管理》（主编），中国社会科学出版社 1982 年版。

9. 《脊梁：国有企业机遇与挑战》（主编），四川人民出版社 1998 年版。

10. 《市场经济与国有企业活力》（合作），西南财经大学出版社 1997 年版。

11. 《中国工业经济结构研究》（合作），西南财经大学出版社 1987 年版。

刘荔娟
Liu Lijuan

刘荔娟，女，1938 年 10 月出生在一个知识分子家庭。良好的生活环境和浓厚的书香氛围，让她从小养成了好学上进、坦诚实在的性格，非常顺利地从小学一直读到研究生毕业。

1956 年高中毕业，她被保送进了中国人民大学，分配在工业经济系机械专业学习。4 年本科既系统学习了工业经济管理理论，又到校外大工厂参观实习。特别是在校办工厂，学会了根据图纸要求，进行金属机械加工的技术，使她深深爱上了工业经济管理这个专业。

1960 年她以优异成绩本科毕业，直升本校工业经济系研究生。4 年本科加 3 年全日制工业经济专业研究生的学习，为她奠定了扎实的理论基础和科研能力。

1963 年研究生毕业，分配到上海财经学院工业经济系任教。从此，一直在高校工作，度过了长达半个多世纪的教学、科研生涯。1964—1972 年在上海财经学院任助教。1972—1978 年在复旦大学任专职教师。1978 年上海恢复职称评定被评为讲师。1978 年年底上海财经学院复校，她回归到工业经济系工作。1986 年评为副教授、1992 年评为正教授。

1978—1990 年她一直为本科生、研究生开设"工业经济管理""工业结构"等专业课程，指导工业经济方向研究生。同时应交通大学、苏州大学、同济大学、福州大学等学校邀请，讲授工业经济管理理论和

方法。

20世纪90年代全国开始以考代评，实施中级、初级职称考试，各地方自行培训、全国统一命题考试。刘荔娟先被上海市工业经济联合会聘请为培训师，负责工业经济方向考生的培训和总复习。1993—1995年连续3年被国家人事部和中国工业经济联合会聘请，担任编写中级班、初级班培训教材、考试大纲以及全国统一考试的命题、审题工作。

1985—1992年3次参加世界银行举办的项目管理培训班、师训班，系统学习了先进的项目管理理论、方法和技巧。1990年以后，逐步将工作重点转向项目管理。在指导全日制研究生的同时，指导MBA／EMBA研究生，为研究生主讲"现代项目管理"。

2001年被国际项目管理协会（PMRA）聘请为中国地区首批国际项目经理资质认证评估师（Ipmp）。评估师是一个全国选拔的精英团队，14年来刘荔娟一直为培养中国各行业的项目经理、发展中国项目管理事业而努力。先后到宝钢集团、南方电网、上海现代建筑设计院、广州电力设计院、苏州城市重建公司、中国商飞集团上海设计院等几十个大集团公司进行资质认证。2013年被中国认证委员会请去给新评估师培训，主题为"如何当一名合格的评估师"，被同行公认为良师益友！

改革开放以后，提倡校际交流、互聘教师。2009年以来，先后被清华大学、浙江大学、复旦大学、同济大学、华东理工大学等聘请，为他们的高级经理班、干部培训班、工程硕士班上课、作专题报告、资质认证和论文答辩。为江西、江苏、云南等省份干部研修班作"现代项目管理""投资决策与可行性研究"等专题讲座。

刘荔娟以自己深厚的专业造诣和真诚的敬业精神，赢得了学校内外学员以及各应聘单位的好评和尊重。

刘荔娟学术研究的主要领域，大致分为两个阶段：1990 年以前主要是工业经济领域；1991 年以后主要是项目管理领域，并且努力探索将工业经济理论与项目管理实践相结合。

一　关于工业经济管理

1983 年参加国家经济委员会干部教育局委托复旦大学等单位联合编写的《工业经济管理》，1986 年再版。作为工业企业、工业部门各级领导干部和其他经济管理干部学习工业经济管理的教材。

工业生产专业化协作是刘荔娟的研究生毕业论文主题，毕业后继续是她研究的主要方向。刘荔娟在《工业经济管理》等多本著作中详细分析了工业部门的形成和分类；工业部门之间的经济联系和比例关系；衡量工业部门结构的指标体系及其合理化约束条件和对策。对工业企业规模的界定、发展趋势，中国企业规模结构的发展和调整，工业生产专业化协作的客观必然性及其经济效益，都提出了自己的观点和分析。

二　关于工业结构

1988 年参加《工业结构》（副主编）的组织编写工作。国内外现代工业发展历史表明，一个国家工业发展的历程，同时也是工业结构不断演变、逐步合理化的过程。三大产业比例及工业结构合理化，是实现四个现代化的重要基础。学习和研究工业结构既关系到当前经济改革，又关系到中国经济的长远发展。

《工业结构》一书，综合论述了工业结构演变规律和合理化的一般理论；分别阐述了工业产业结构的发展模式与战略产业的选择、企业规模结构的变动趋势及优化理论、工业地区结构对经济发展的影响和发展模

式、工业能源结构工业所有制结构的改革方向。

此书指出了中国工业结构中的若干重大问题，并且力求做到理论论证和实际概括相结合，提出了比较可行的对策建议，收到了良好的社会效应。1992 年荣获财政部优秀著作二等奖。

三　关于中国老工业基地改造与振兴研究

1995 年参加有关中国老工业基地改造与振兴研究。该课题是中国工业经济研究与发展促进会的重点课题。马洪、房维中担任顾问，在辽宁大学戴伯勋的主持下，联合中国七所大学和研究所的研究人员、六大城市的有关经济管理部门的专业人员，共同完成。刘荔娟作为上海分课题组的负责人，参加了"上海老工业基地改造与振兴研究"专题调查、课题报告的策划、组织、修改、定稿等全过程的工作。在完成总课题任务的同时，还递交了一份专题报告"上海基础设施的现状与发展研究"。

课题报告是在深入调查，掌握大量数据基础上形成的。概要分析了上海老工业基地的发展历史和现状，详细论述上海改造振兴的条件与目标，提出了针对上海实际的改造与振兴的对策思路、措施和建议。特别在建议完善技术进步政策，建立技术创新机制，增强企业自我改造能力，树立人才资源观念，加强人力资源投资，上海基础设施的发展目标和对策等方面，都有很强的前瞻性和参考价值。

该课题成果形成专著《老工业基地的新生》（戴伯勋主编）荣获教育部优秀著作一等奖。

四　关于城市人力资源再开发研究

20 世纪 90 年代先后通过公开投标，获得并且负责完成多项重要课题，例如上海市科委的课题"上海市耗能耗材大户挖潜增效对策"；国家财政部"九五"科研规划课题"城市人力资源再开发研究"等。课题研究中得到上海市机电局、冶金局、化工局等部门大力支持。课题报告针对国内耗能耗材大户实际问题，寻找原因，提出解决方案。在《城市人力资源再开发研究》论文中，就中国人力资源的特点、开发利用现状、城市人力资源过剩与不足并存的形成原因、再开发的壁垒与难点等现实问题，进行了深刻的分析，对比国外经验，提出适合中国国情的总体思路，引起社会及有关部门的关注和重视。

五　关于现代项目管理

现代项目从论证、决策、筹资、组织、实施，直至建成运行后评价，是一个系统过程。如何实施有效的项目管理，以提高项目的经济效益和社会效益，是世界各国共同关注的现实问题。随着经济形势发展，人们对项目管理理论和技巧提出越来越高的要求，如何加强管理，提高投资效益，已经成为一项迫切需求。

早在 1990 年 6 月，国内项目管理书籍尚少的条件下，刘荔娟主编《项目管理概论》（上海人民出版社出版）。2007 年主编《现代项目管理（第三版）》全国普通高校"十一五"国家级规划教材，被评为财经大学和上海市优秀教材。2016 年又主编出版了《现代项目管理（第四版）》（教育部重点推荐教材），该书近 10 年连续加印，在全国许多大学、培训机构、企事业单位广泛应用，对推广现代项目管理新理论、新方法产生深刻的影响。

在刘荔娟主编的一系列著作中，特别强调项目的前期认证（可行性研究）和后期评价；强调必须坚持经济效益、社会效益、环境效益的统一；不求单项最优，但求质量、时间、成本整体最合理，让项目的利益相关方都满意。

六　关于新型城镇化的思考（2014 年）

党的十六大提出了"走中国特色的城镇化道路"。党的十七大进一步补充为"按照统筹城乡、布局合理、节约土地、功能完善、以大带小的

原则，促进大中小城市和小城镇协调发展"。党的十八大提出"新型城镇化"，是在未来城镇化发展方向上释放出了"转型"的"新信号"。

（1）"新型城镇化"新在哪里？主要有四个方面新内涵，即与工业化、农业现代化协调发展的城镇化；人口、经济、资源和环境相协调的城镇化；大、中、小城市与小城镇协调发展的城镇化；人口积聚、"市民化"和公共服务协调发展的城镇化。

（2）城镇化水平的指标——城镇化率。

（3）推进城镇化的意义（国内外对比数据——省略）。坚持走中国特色、以人为核心的新型城镇化道路意义重大。可以推动大、中、小城市和小城镇协调发展、产业和城镇融合发展，促进城镇化和新农村建设协调推进。优化城市空间结构和管理格局，增强城市综合承载能力。推进城市建设管理创新。推进农业转移人口市民化，逐步把符合条件的农业转移人口转为城镇居民。

（4）新型城镇化建设必须重视的问题。推进城镇化健康发展，必须深化体制机制改革。其中涉及户籍制度改革问题，使农民工变为城市居民并享受相应权益，实行按居住地管理的户籍制度，要增加很多财政支出，中国社会科学院发布2013年《城市蓝皮书》指出，到2020年前和2030年前全国需要市民化的农业转移人口总量将分别达到3.0亿和3.9亿。转变市民需公共成本51万亿元，钱从哪里来？涉及城市基础设施建设问题；涉及数以亿计农民工变为城市居民后的长期就业、子女教育问题。

总之，城镇化问题涉及社会、财政、投资、城市规划等一系列制度问题，而其核心应是鼓励发展中小城市、鼓励民间投资、正确的城镇化道路应该是稳步发展特大城市和大城市，积极发展中、小城市，有重点地发展小城镇，这样才能使大、中、小城市和小城镇协调发展。必须高度重视城市生态环境的保护与建设。重视城乡发展的一体化。建立以工促农、以城带乡、工农互惠、城乡一体的新型工农城乡关系，是新型城镇化的重要任务。

七 关于供给侧结构性改革

（1）国民经济的发展就是供给与需求的平衡。增加有效供给是进一步启动内需，保证持续发展的重要动力。如何增加有效供给呢？就是要启动新兴产业发展与改造老产业结合。如果不能有效地增加有效的供给，内需和出口是无法持续发展的。

（2）2015年年底召开的中央经济工作会议上，去产能被列为供给侧结构性改革任务之首位。去产能态度要坚决、方法要科学、步骤要稳妥。调整产业结构，淘汰落后产能，合力推动产业迈向中高端。

2016年年初，习近平总书记在重庆调研期间强调"要加大供给侧结构性改革力度，重点是促进产能过剩有效化解"。

去产能，20世纪80年代是压纺织、轻工、仪表；现在是压/降煤炭、水泥、钢铁，以钢铁生产大省河北为例：钢铁产量占全国1/4以上。近年生产能力过剩导致利润断崖式下跌，吨钢利润一度只有0.43元，连一根冰棍都买不到。供给侧结构性改革必须推动新技术、新产业、新业态。河钢集团生产的高端面板钢厚度只有A4纸的1/4，压普通钢的同时，可以发展高端特种钢。

（3）着重解决哪些问题？有五大重点任务：去产能、去库存、去杠杆、降成本、补短板。

（4）中国GDP总量世界第二，国家创新能力世界排名第18位，500强企业浩浩荡荡，但中国的世界创新企业、世界品牌离我们国家的发展以及世界的要求仍有很大距离。这就是供给侧结构性改革的要点，需要有效供给，思考分层消费该如何满足。供给侧结构性改革应以创新为首，创新才能满足日益增长、目前实际和未来的分层需求。

（5）政府工作报告中，李克强总理提出：鼓励企业开展个性化定制、柔性化生产，培育精益求精的工匠精神，增品种、提品质、创品牌。弘扬工匠精神，使认真、敬业、创新成为更多人的职业追求，成为现代产业发展的新高地，全体国人的精神内涵。

（6）"十三五"提出的首要理念就是创新，"十三五"规划区别以往五年规划的最大不同也在于突出创新驱动发展。未来经济增长的重心和供给侧结构性改革都应该从中国制造走向中国创造。

（7）在推进供给侧结构性改革时，必须坚持五位一体，加强生态文明建设。加大环境保护力度、减少资源浪费，强化职业道德教育，建立健全监督检查制度，提高全民关注生态文明的意识。

近几年刘荔娟每年都会选择一两个热点问题，承接课题、展开调查研究，形成专题报告。图文并茂的 PPT 和紧扣形势的内容，受到与会者的很高评价。究其原因，主要是能够认真学习贯彻习近平主席"空谈误国、实干兴邦"教导，运用新时代的新思想、新理论，分析实际问题，努力探索工业经济理论与现代项目管理实践相结合，以求做出一点微薄贡献。

代表性著作

1. 《工业经济管理》，上海人民出版社 1983 年版，1986 年再版。

2. 《工业结构》，中国财政经济出版社 1988 年版。

3. 《老工业基地的新生——中国老工业基地改造与振兴研究》，经济管理出版社 1995 年版。

4. 《国有企业制度改革探讨》，1992 年《新华文摘》全文转载。

5. 《城市人力资源再开发研究》，《财经研究》1999 年第 10 期。

6. 《项目管理概论》，上海人民出版社 1990 年版。

7. 《现代项目管理学》，天津大学出版社 1996 年版。

8. 《现代项目管理》，上海财经大学出版社 1999 年版。

9. 《现代采购管理》，上海财经大学出版社 2005 年版。

10. 《现代项目管理》（第三版、第四版），"十一五"国家级规划教材、普通高等教育商学院精品教材，上海财经大学出版社 2007 年版、2016 年版。

王述英

Wang Shuying

王述英，女，1943 年生，籍贯山东龙口市，1958—1964 年在山东黄县一中读初中和高中，1964 年考入南开大学经济学系，专业为政治经济学，1969 年毕业留校，在经济学系和经济学院工作。1988—1993 年副教授，1993 年晋升为教授，1999 年聘为博士生导师。1984—1986 年莫斯科大学经济学系访问学者，主攻非生产领域经济学，即第三产业，回国后开设"第三产业与城市经济"等课程并研究第三产业。

自 20 世纪 80 年代开始，从第三产业切入，开始研究并不断拓展产业经济学的系列问题，致力于第三产业、产业结构、产业组织、产业布局、产业政策、现代物流、政府规制、信息化与工业化、产业全球化等现代产业经济理论研究与实践。并在国内比较早地招收和指导产业经济学方向的硕士生（1992 年）和博士研究生（1999 年），开设相关课程。该专业一直是南开大学重点发展的学科及学生报考的热点专业。近 50 年培养了大批学生，其中许多人已成为一些行业和单位特别是高校的领军人才。

她曾是南开大学产业经济学学科带头人，南开大学产业经济研究中心主任、现代物流研究中心副主任、产业经济学教研室主任、中国工业经济学会常务副理事长。兼河南工业大学等多所学校兼职教授；黑龙江科技学院专家咨询委员会专家；天津工业大学专业指导委员会委员；天津市规划重大研究课题评审委员会委员等。

　　她为本科生、硕士生、博士生开设的课程主要有政治经济学、产业经济学、现代产业经济理论和政策、中国经济、名著选读、物流学导论、物流管理、专题讲座等。王述英始终在教学第一线，把教学作为自己的本职，把培养人才放在第一位。

　　王述英的科学研究大致可分为两个阶段：1990 年前主要研究和教学政治经济学，主编《政治经济学原理》《政治经济学社会主义部分》《政治经济学教学大纲》《政治经济学学习指导》等多部教材；1990 年后主要研究和教学产业经济学和物流产业。

　　在科研方面一是紧跟经济学学科发展前沿，不断拓宽研究领域；二是形成了产业经济理论和政策的主攻研究方向并形成系列研究成果。其中，获奖部分包括：（1）曾获得国家级优秀教学成果一等奖（参与人之一）。（2）获天津市社科优秀成果二等奖、三等奖，多次获南开大学科研成果优秀奖，获天津市教学楷模、南开大学优秀教师称号。（3）主持的"政治经济学"课程 2003 年被评为天津市精品课，2004 年被评为国家级精品课。主持并完成的国家级和教育部课题包括：（1）国家社科基金"信息经济时代的新工业化和产业结构跨越式升级"，重点项目，2002 年6 月立项。（2）教育部社会科学博士点基金项目"第三产业发展的国内外比较和中国第三产业发展战略选择"，1990 年立项。（3）教育部社会科学博士点基金项目"产业结构优化目标和机制"，1996 年立项。（4）教育部社会科学博士点基金项目"第三方物流与中国物流配送体系现代化"，2003 年立项。

一 提出信息化、工业化和产业结构
升级内在关联的理论分析框架

王述英将现有的工业化归结为宽定义和窄定义两大类，通过比较宽窄定义，指出二者共同点是均强调工业化是一个长期过程，并引致产业结构的变化；不同之处是，窄定义只是限于研究工业本身，而宽定义将研究范围扩展至整个三大产业，乃至经济的现代化。并且，窄定义只是描述了工业化过程中变化的渐进性以及结构的变化，而宽定义则明确指出应进一步深入分析工业化过程中突破性的变革。

发达国家是在实现工业化后进入信息化，今日中国没有必要，也不可能再走传统工业化的老路。王述英认为中国传统的工业化战略，导致工业化进程缓慢和产业结构低度化。在信息时代，通过信息技术创新和发挥后发优势，不仅可以实现工业化和信息化并行和相互促进，还可以在产业发展顺序、产业转移和结构转换中，使某些技术和产业突破式发展，打破产业结构常规的渐进式演变，实现产业结构的跨越式升级。这就需要把着力点放在攻克超前的先进信息技术和关键性的战略产业上。这是一种创新发展思路，在信息化和信息经济时代，这种发展战略是可行的。显然，研究信息化时代的新工业化与产业结构升级问题，不论从世界发展趋势，还是从中国现实出发都具有重要的理论和实际意义。

提出将三者融为一体，通过信息化带动工业化，促进产业结构升级；以新工业化和产业结构升级来培育和推进经济信息化的理论框架，这才是今日中国实现跨越式发展的方向和正确选择。

二 信息化、工业化与产业结构
升级研究的国外比较和启示

英国是历史上第一个工业化国家，它的工业化发展模式一般被称为"内生型"，它只能在探索中一步一步积累经验，并在失败与挫折中进行

调整。应当说英国是在量的逐步积累基础上才达到了质的飞越，经历了一个相当漫长的过程。然而，从 20 世纪初开始，被更多的后来者追上并赶超，逐渐失去世界领先者的地位，成为历史上第一个衰落的工业化国家。它的衰落留给世人很多的启示。

自从 19 世纪末 20 世纪初始，美国经济持续增长。美国在雄厚的工业化基础上，通过制定科学合理的经济发展战略，采取切实可行的政策措施，紧紧抓住信息化这一历史机遇，运用信息技术对传统产业进行彻底改造，同时积极推进信息产业的发展，使其成为美国经济中的第一大支柱产业，从而使美国的综合国力雄踞世界首位，成为当今世界最强大的工业化国家。

第二次世界大战后的日本作为战败国，在战争的废墟上开始其经济重建和发展，仅用 20 多年的时间就实现了明治维新以来赶超西方列强的宏愿，创造了举世瞩目的经济奇迹，其国民生产总值先后超过英国、法国、德国（原西德）、加拿大和苏联，成为仅次于美国的世界第二经济大国。日本的发展经历给后起工业化国家以更多的启示与经验。

20 世纪 60 年代中期以来，"巴西模式"和"四小龙模式"相继成为发展中国家和地区具有广泛参照价值的"样板"。在发展道路上它们分属于不同的发展模式：亚洲"四小龙"属于"出口外向型发展模式"即"四小龙模式"，巴西属于"替代进口型发展模式"即"巴西模式"。在发展时间上，"巴西模式"在国际上的传扬及影响要比"四小龙模式"早一些。但经过近半个世纪的发展，"四小龙模式"显然要比"巴西模式"强韧且具有持久生命力。应该说"四小龙模式"给我们更多的是经验，而"巴西模式"给我们更多的是教训。

三　信息化时代新工业化和产业
结构跨越式升级战略构建

主要内容有新工业化和产业结构跨越式升级战略的含义、目标、重点、机制和途径，实施这一战略的必要性、可能性及其政策建议。通过信息技术的创新、后发优势和比较优势，突破产业结构常规的渐进式演进，快速带动产业结构的跨越式升级。经济全球化和以信息技术为代表的新技术创新为实施这一战略提供了历史机遇和现实可能。实施这一战略，必须同时处理好几个方面的问题：新工业化与产业空间布局的关系、新工业化与可持续发展的关系、新工业化与以人为本的发展理念的关系、新工业化与产业全球化的关系、发展劳动密集型产业与产业结构跨越式升级的关系等。

王述英提出了"新工业化"和"产业结构跨越式升级"的概念和新思路，主要创新和价值在于：提出并充分论证信息化条件下的"新工业化"和"产业结构跨越式升级"的理论以及为实现中国产业结构跨越式升级所提出的战略构建。

第一，构建了基于产业结构升级视角的综合分析理论，建立与研究命题相适应的逻辑分析结构体系。工业化、信息化和新工业化的"化"者，即为事物从一种状态转变为另一种状态的过程，是指一种趋势、一种进程，也可以指由一种特定的力量（包括技术、观念、文化和自然气候等）引起的持续的改造状态，实质上是一个动态的、连续的演进过程，进一步地研究是如何分析该过程的机制。从起源上看，工业化和信息化都与产业革命密切相关；从进程上看，都表现为主导产业的更迭，而新工业化则可以视作工业产业和信息产业两种主导产业更迭时一种交叠状态；从本质上看，工业化、信息化和新工业化实际上体现了产业结构升级中的某个阶段性的特征。

从这一逻辑假定和抽象前提出发，将产业结构升级视作一个连续的动态过程，而将工业化、信息化和新工业化都纳入产业结构升级这一平台之上来理解。在产业结构升级的常态中，作为产业结构渐进式升级时前后相连的工业化时段和信息化时段，两个不同"化"时段的产业结构特征是不同的，通过比较影响二者产业结构特征的主要因素、运行机制的差异，可以有利于更深入地理解产业结构跨越式升级时的特殊时段——新工业化。这样，基于产业结构升级视角的工业化、信息化和新工业化，均可视作产业结构升级平台上的一系列历史的、逻辑的变化过

程和时段，从而能够共享一个统一的一般性理论分析框架。

第二，提出并论证了"产业结构跨越式升级"的概念和理论。产业结构跨越式升级是王述英提出的一个核心观点，也是个创新点。以往讲到的跨越，一般是指生产力或社会生产，也有的用于技术跨越上，而用在产业结构升级上，从我们掌握的资料看是王述英首先使用和论证的。首先分析了语义学上的跨越、技术跨越的两个模型，然后基于上述分析框架，推导出产业结构跨越式升级是在产业结构升级中通过系统外变量进行扰动而打破产业结构演化规律进行压缩推进的模式，即采取超前配置产业资源或是几个发展阶段同时推进的发展模式，它是与产业结构渐进式升级的演进方式相比较而存在的一种特殊升级方式。同时，王述英还从要素投入角度、工业化发展阶段、产业重点选择及更替规律、产业组织 5 个方面论述了产业结构跨越式升级的内涵。

四　提出并论证了"新工业化"的本质，尝试性设计一套测度和评价新工业化的指标体系和"新工业化综合指数"计算公式

王述英提出的新工业化就其基本内涵与党的十六大提出的新型工业化是一致的，只是在党的十六大之前王述英申报课题时就提出了新工业化概念，两个概念在内涵上可以共用。但在外延上，二者还是有所差异的：新型工业化起源于中国信息化带动工业化的路径选择，有所特指。新工业化较之新型工业化的提法更加具有普遍性和一般意义，其内涵更丰富和深刻。明确新工业化的本质，即在工业化中引入信息化，实现工业化与信息化的良性互动，从而顺利完成产业结构的跨越式升级。

王述英尝试性地提出一套测度和评价新工业化的指标体系和"新工业化综合指数"计算公式。工业化和信息化各自均有相对成熟的衡量指标来测度其发展水平，但有关定量研究新工业化水平的指标研究几近空白。根据对新工业化的定性描述，王述英尝试性地提出一套测度和评价新工业化的指标体系，包括指标体系的设计原则和选取依据、基本指标

和衍生指标的分类、新工业化综合指数计算公式的运用，并通过提供可做参考的指标的标准值和权数，说明了计算新工业化综合指数的基本思路。其中的衡量指标包括反映经济增长的衡量指标、反映产业结构的衡量指标、反映劳动力结构的衡量指标、反映信息化程度的衡量指标、反映技术创新的衡量指标、反映经济效益的衡量指标、反映环境和可持续发展的衡量指标、反映人力资源利用的衡量指标 8 类指标。上述 8 类指标中，前 3 类主要作为衡量工业化水平的指标，后 5 类主要反映工业化之所以是"新"的指标。分别确定上述 8 个指标中的基本指标的标准值，计算出个体指数，赋予一定的权数，再综合计算总指数，可以得到"新工业化综合指数"，其计算公式为：

$$新工业化综合指数 = \frac{\Sigma 指标值/标准值 \times 权数}{\Sigma 权数}$$

五 采用多项指标较为系统和全面地分析和测度了中国当前的信息化水平及信息化和工业化的互动发展

国际上对信息化水平测算的方法和指标主要有马克卢普法、波拉特法、日本信息化指数法、国际电信联盟法、"七国会议"法、信息社会坐标法、世界银行法、加拿大"信息技术与电信分类"法等，中国的国家统计局亦制定了一套指标体系和方法。对中国信息化水平进行测算的工作量极大，国内不少学者进行过相关研究，尤其是国家统计局和国家信息化测评中心的研究最具代表性。总体而言，可以得出以下结论：中国信息化水平逐步提高，自 20 世纪 90 年代以来尤其是"九五"以来，中国信息化水平提高迅速，然而，与发达国家相比，中国信息化水平还相对低，仅相当于发展中国家的中下水平，处于信息化的初级阶段，即次准信息阶段，要步入信息化的中级阶段，跨入准信息阶段乃至现代信息阶段，还需要较长一段时期的努力与奋斗。

王述英从 6 个不同方面测算出来的结果是：中国在 20 世纪 80 年代的

信息化水平相当低，达不到发展中国家的平均水平；90 年代以来，信息化水平提高极其迅速，这是世界所罕见的。不过，毕竟中国的信息化底子薄，我们得出的结论是中国目前处于信息化的初级阶段，即次准信息经济阶段，要步入信息化的中级阶段（准信息经济阶段和现代信息阶段），还需要较长一段时间的努力。

从整合的角度来看，工业化和信息化综合性互动，包括三个层次，一是微观层面的个别互动，二是中观层面的局部互动，三是宏观层面的全面互动，这三个层次的互动构成了缺一不可的完整体系，其中中观产业层面的互动是信息化与工业化全面交汇的结合点，将不断促进产业结构升级。工业化与信息化的互动既不是一种并列关系，也不是二者简单组合，而是要以信息化主导着新时期工业化的方向，即信息化带动工业化，其带动不仅是信息技术带动工业化发展，更是一种产业结构的全面带动，信息化通过促进企业运营集成系统的高效率、高增长和高效益而形成带动工业化的微观机制，通过生产、竞争、组织和管理全面对传统产业改造，形成带动产业升级的宏观机制。

六 揭示产业结构演进规律和升级机制

国内外学者对产业结构动态变化规律进行了大量的考察和研究，总结出了许多经验性结论或称"经验法则"，包括封闭经济下论述产业结构之间变动的配第—克拉克定理、库茨涅茨法则，论述产业结构（主要是工业结构）内部变动的钱纳里标准产业结构、工业结构的演变规律，以及阐明开放经济下产业结构演进的赤松要雁形发展形态说和弗农产品循环说。但是这些研究多数囿于对现象进行描述性的一般统计归纳，所得出来的结论多属于发达国家统计型规律，且并没有从理论上做出进一步的合理阐释。上述产业结构演进统计规律以及产业结构演进的立论基础所提出的若干解说，其中比较流行的理论分析包括需求收入弹性和生产率解说、新制度经济学以及演进经济学的解释，前一种解释属于新古典经济学的传统解释，后二者则属于经济学新流派的现代解释。

王述英认为产业结构渐进变迁过程中孕育着突变，突变是渐变的积累，突变也为新的渐变开辟了广阔空间，产业结构演进是渐进和突变的统一。在渐进变迁过程中，技术和产业的不同阶段之间的不可间断性，决定了后进国在选择和确定主导产业及其群体并进行主导产业及主导产业群的发展时，一方面必须循序渐进，遵循产业结构升级的一般规律；另一方面也可以综合几个主导产业及其群体的优势，在整个产业的某些阶段或者领域发挥后发优势。可以直接吸收、引进和模仿先行国的成熟技术和制度，没有技术经济范式和制度路径依赖的制约，从而逐步提升本国的比较优势，转换成竞争优势，缩短产业结构升级的某些发展阶段所持续的时间，在比先行国通常更短的时间内完成该阶段的产业结构升级；后进国还可以通过同时完成相互衔接的两个阶段的任务，超常规发展，追赶、逼近乃至超过先行国，实现产业结构升级。需要注意的是，后发优势只是产业结构的跨越式升级的必要条件，而非充分条件。

七　设计了现代商贸物流配送组织体系的理论依据和基本框架

商贸物流配送是物流体系中最具活力的组成部分，是商贸流通的一种现代组织形式，代表了现代市场营销的主方向。商贸物流配送体系从配送的组织系统讲，主要包括作业系统和信息系统，二者融为一体，而物流配送组织系统的构建又要以科学的理论为指导。现代商贸物流配送组织体系的理论依据主要包括系统理论和供应链理论，商贸物流配送组织体系框架由物流作业系统和物流信息系统两个分系统组成。同时，构建物流联盟基础上的现代物流配送。物流配送是物流系统中最接近消费者的重要环节，它通过运用先进的信息技术和管理来优化配送系统，提高物流服务水平和竞争力。目前，中国物流配送发展中还存在不少问题，应通过建立物流联盟，来降低企业交易费用，发挥资源互补优势，增强供应链竞争力，提高物流配送服务水平。

八 提出劳动价值论应从物质生产领域拓展到服务，即第三产业领域

王述英提出生产劳动和劳动价值论应从物质生产领域拓展到服务经济领域，是劳动价值论的深化，服务劳动是生产性劳动，是社会财富和价值的源泉，这是服务价值论的新概念。服务的劳动过程和价值创造过程有其特殊性，服务生产与消费同时进行，产品以活动形态存在。深化对劳动价值论的认识，首先要深化对劳动的认识。认为只有物质生产领域的劳动是生产性劳动的理论有局限性，但如何认识和说明服务业的劳动是生产性劳动，学界则论证不充分，或有歧义。生产劳动实践引发理论演变需要重新定义生产劳动，劳动价值论从物质领域拓展到服务领域是经济学的一场革命。服务劳动价值创造过程有其自身特点：第一，有些产品的价值量由个别劳动时间决定。有些产品的生产具有单件性和创新性，不能重复生产和多家生产，如科研成果、著作、绘画、工艺品、音乐等。第二，在价值形成中，脑力劳动和手工体力劳动创造的价值比重大。第三，产品的价值形成具有风险性和不确定性。在精神产品生产中，有些劳动对象和劳动手段是非实体的，有些生产过程与消费过程是同时进行的，有些是对各种自然、社会规律和现象的认识，而认识是有很大差异的。第四，有些产品的价值创造是一次性的，价值实现却具有多次性的特点。

学术感悟

作为从事产业经济学教学和研究近50年的感悟：一是始终要把培养学生放在第一位，教书育人是教师的第一要务和本职工作。二是作为学者必须有深厚的专业基础和科研能力及水平，始终坚持探索国内外学界前沿问题，不断充实自己，老师让学生多读书首先自己要多读书，并指导他们多出研究成果。三是要注重解决中国的现实问题，不论是讲课、还是写论文著书或做课题，都要紧密联系中国经济和社会的现实和需要，这样的研究才有价值。既然你选择了产业经济学这一重要研究领域就要尽心尽力在这片沃土上辛勤耕耘。

代表性著作

（一）论文，大部分是作者独著，部分合著。在《中国工业经济》《经济学动态》《世界经济与政治》《经济学家》《学术研究》《南开学报》《南开经济研究》等刊物上发表论文 130 余篇，其中 CSSCI 66 篇，20 余篇被《人大复印资料》《新华文摘》转摘和摘录

1. 《论我国三大地带经济发展的战略布局》，《南开学报》1990 年第 2 期。

2. 《切实深化经济体制改革，增强大中型企业活力》，《南开经济研究》1990年第 5 期。

3. 《论企业经营的资金市场环境》，《南开学报》1991 年第 6 期。

4. 《我国第三产业发展滞后性浅析》，《南开经济研究》1992 年第 5 期。

5. 《论我国第三产业发展目标和重点》，《南开学报》1992 年第 3 期。

6. 《论第三产业劳动的性质和特点》，《南开学报》1993 年第 6 期。

7. 《当前我国宏观经济态势和调控政策取向》，《南开学报》1995 年第 1 期。

8. 《论体制转轨时期如何健全和完善宏观调控体系》，《南开经济研究》1995年第 1 期。

9. 《论产业结构优化和政府政策选择》，《南开经济研究》1996 年第 2 期。

10. 《股份合作制是集体所有制新的实现形式》，《南开学报》1998 年第 1 期。

11. 《股份合作制是国有小企业改制的有效选择》，《南开经济研究》1998 年第 6 期。

12. 《扩大需求：当前政策选择与政策效应分析》，《天津社会科学》2000 年第 2 期。

13. 《当前全球产业结构调整的特点和趋势及中国产业结构调整对策》，《南开经济研究》2001 年第 6 期。

14. 《服务劳动也是生产性劳动》，《经济学家》2002 年第 1 期。

15. 《世界农业发展新特点与提高我国农业竞争力》，《南开学报》2002 年第 2 期。

16. 《我国产业劳动生产率与产业利润率的国际比较》，《学术研究》2003 年第 7 期。

17. 《美国信息化水平及其对经济的影响》，《世界经济与政治》2003 年第 7 期。

18. 《论信息化条件下的产业结构跨越式升级》，《社会科学辑刊》2004 年第 1 期。

19. 《西方物流理论发展与比较》，《南开经济研究》2004 年第 2 期。

20. 《我国物流产业跨越式升级的实现路径》，《中国流通经济》2004 年第 9 期。

21. 《外包生产模式及其对市场结构的影响分析》，《中国工业经济》2005 年第 6 期。

22. 《模块化生产网络：一种新产业组织形态研究》，《中国工业经济》2007 年第 8 期。

（二）主要著作，先后主编著作 11 部，副主编、参编、翻译著作 10 部

1. 《第三产业：历史、理论、发展》，南开大学出版社 1994 年版。

2. 《现代产业经济理论与政策》，山西经济出版社 1999 年版。

3. 《新工业化与产业结构跨越式升级》，中国财政经济出版社 2005 年版。

4. 《物流运输组织与管理》，电子工业出版社 2006 年版。

5. 《产业经济学》，经济科学出版社 2006 年版。

史忠良
Shi Zhongliang

　　史忠良，男，1944 年 1 月 13 日出生，江西上饶人，中共党员，产业经济学教授、博士生导师，江西财经大学原校长，现任中国工业经济学会顾问，曾任中国工业经济学会副会长。

　　史忠良在人杰地灵的南昌开始求学之途，1956 年小学毕业后进入著名的南昌三中。

　　1962 年进入复旦大学。在复旦经济系 5 年求学，得众多名师悉心教导，渐渐进入经济学殿堂，学习经国济世的知识。史忠良钻进了校图书馆，阅读了在当时历史条件下允许学习的书籍，诸如《马克思恩格斯全集》《列宁全集》《斯大林全集》《毛泽东选集》《鲁迅全集》，等等，经典著作卷帙浩繁、内容博大精深，即使囫囵吞枣、不求甚解，倒也有所收获，不枉虚度光阴。

　　1969 年 3 月，在两年等待毕业分配之后，史忠良奉命来到钱塘江畔的乔司军垦农场接受"再教育"。一年又三个月之后，又回到复旦大学，这次掌管学校大权的工宣队将他分配到长江边的安徽省安庆市任中学教师。从此，史忠良开始了终生从教生涯。

　　1970—1978 年，史忠良在安庆四中和安庆二中教书，主讲政治课兼授语文课，当时的政治课内容繁多，涉及哲学、经济、中共党史、科学社会主义，还有紧跟形势的时事政治，面对一班稚气未消的孩子，要将深奥的道理深入浅出地讲出来，确实压力很大，他琢磨着采用"讲故事"

的方式讲政治课，寓思想性于趣味性之中，较好地完成了教学任务。同时，担任班主任和年级组长，成天与数十位教师和几百名学生打交道，锻炼了他的组织能力。

1978 年 5 月，史忠良调回南昌，任职中共南昌市委党校。从普通中学到党校，授课对象由中学生转为党政干部，史忠良面临新的挑战，唯一的办法是勤能补拙。一方面，他搬出藏诸高阁多年的《资本论》与政治经济学课本，同时大量阅读《经济研究》等学术刊物，恶补知识。另一方面，上门向学员求教，请他们介绍党的十一届三中全会以来农村与工业企业改革和发展的新情况，弥补自己未从事经济实际工作的先天不足。

1981—1986 年，史忠良在中共江西省委党校工作，在更高、更大的平台上得到更多的锻炼，在老同志的指导帮助下，多次到农村和工业、企业调研，积极参加各种学术活动，教学与科研能力有了明显的提高。在此期间，职称评为副教授，担任政经教研室副主任、教务处长，当选江西省社联常务理事。

1986 年 11 月，史忠良被任命为江西省社会科学院副院长，从此开始了长达 7 年的经济学研究工作。主要研究领域涉及产业经济、资源经济和区域经济。1992 年 6 月被评为研究员。

1993 年 6 月，史忠良调任江西财经学院副院长，1 年后任院长。1993 年 10 月，获国务院政府特殊津贴。1996 年 7 月至 2004 年 10 月，任江西财经大学首任校长。1998 年 12 月，新增为产业经济学博士生导师。2012 年退休。

史忠良从到江西财经大学工作开始，从事产业经济学研究与教学工作，并且积极参与中国工业经济研究与开发促进会、中国工业经济学会的活动，担任副会长。

一 主要学术研究与咨询工作情况

在中共南昌市委党校和中共江西省委党校工作期间，着重研究中国改革开放以来出现的新情况、新问题，针对引进国外先进技术和先进管理经验如何与中国国情相结合的问题，撰写了《论技术的先进性与经济的合理性》一文，发表于《经济研究》1980 年第 11 期（与卢泰宏合作）。针对矿产资源合理开发利用和工业企业转型升级问题，撰写了《论江西矿产资源开发利用模式的转移》，发表于《赣江经济》1981 年第 1 期（与卢泰宏合作）。

到江西省社会科学院工作后，主要从事区域经济、产业经济和资源经济学以及加快开放深化改革的新问题研究。这一阶段的科研成果主要有以下几个方面。

1. 咨询研究报告《关贸总协定对江西经济发展影响的分析与对策》，研究报告得到省政府主要领导同志的充分肯定，为使广大干部了解和熟悉关贸总协定、掌握参与国际化经营的理念、推进社会主义市场经济体制的建立，吴官正省长专门召开包括省委常委和省政府领导同志参加的专题报告会，由史忠良汇报研究成果讲解有关知识。此后，史忠良又在包括省政府各厅局和各地市负责同志、大型企业干部和高等院校师生参加的数十次报告会上汇报与讲解，历时 1 年之久。

2. 主编出版《走向"经济联合国"——中国与关贸总协定》一书（江西人民出版社 1992 年版）。1992 年 12 月 8 日，时任江西省长吴官正致信史忠良："读了您主编的《走向"经济联合国"——中国与关贸总协定》一书，很受启发。自恢复中国关贸总协定缔约国地位问题提上议事日程以来，我常常在想：我们应该早做准备，既享受权利，又承担义务；既抓住机遇，又迎接挑战。江西省社会科学院组织力量，很快编出此书，这对于我们贯彻十四大精神、了解和熟悉关贸总协定、掌握参与国际化经营的知识、引起大家思考如何推进社会主义市场经济体制的建立将会起到有益的作用。"

史忠良作为省政府智囊的江西省政府决策咨询委员会常委兼综合组组长，受命从事"井冈冲水电站可行性研究""庐山管理体制研究"等项工作，并且参加了沿长江8省市社会科学院联合进行的"浦东开发与长江中下游经济发展研究"。作为省经济学会副会长，参与组织了多项学术交流会议和调研活动。

到江西财经大学工作以后，在担任行政管理和教学工作的同时，继续从事研究和咨询活动。

1. 1994年中国开始进行分税制财税体制改革。史忠良组织课题组提前进行研究，1993年11月向江西省政府递交了《分税制对江西财政的影响及政策建议》专呈省长内部研究报告。吴官正省长阅后批示："很有参考价值。"

2. 随着改革的深入，保险业的重要性日益凸显。史忠良组织"江西省人保公司改革与发展研究"课题组进行研究，朱英培副省长阅读研究报告后于1996年3月26日批示："我以为这是一份很好的研究报告。它贴近江西人保和经济发展的实际，有很强的针对性；'八点建议'符合改革的方向，具有指导性；所提的办法、措施大多可操作，具有可行性。"

3. 江西企业绝大多数是中小企业，如何使中小企业健康快速发展，是关系江西经济发展的大问题。史忠良组织课题组，写出《理顺江西中小企业管理体制，促进江西中小企业健康发展》研究报告，引起省政府领导同志高度重视，舒圣佑省长阅后批示"这篇文章值得引起高度重视"，要求组织有关部门领导同志阅读研究。

4. 江西经济要大发展，关键在于创新，高新技术至关重要。1999年史忠良组织课题组进行研究。舒圣佑省长在看了《集中力量办好南昌国家高新技术开发区是促进江西产业升级的突破口》研究报告后于11月8日批示："这个材料很好，有针对性、可操作性。先请南昌市政府议一议，再开省科教领导小组（会）议，今年就议。"12月30日，舒圣佑省长主持召开省科教领导小组会议第二次会议，就有关问题做出决定，其中采纳了研究报告的多条对策建议。

5. 主持完成多项国家社科基金项目，包括"地方财税体制改革跟踪研究"（1994年），"国有企业战略性改组研究"（1997年），"促进小企业发展的政策研究"（1999年），"国有企业改组与改革中的国有资产管理研究"（2001年），"中央与地方之间国有资产产权关系研究"（2004年）。其中"地方财税体制改革跟踪研究"和"中央与地方之间国有资产产权关系研究"的主要内容，由全国哲学社会科学规划办公室以《成果要报》呈报中共中央、国务院、全国人大和全国政协领导同志。

6. 主持完成国务院国资委委托研究课题。2005年主持完成"中央企业战略性重组研究"课题研究。国务院国资委评价："该报告是理论与实践紧密结合的优秀作品，理论上有创新、有突破，有不少新颖内容；实践上有切实可行、有效且具创新性的措施。这些研究成果对我们推进中央企业重组很有启发、很有帮助，有的措施可直接用于我们的工作。"

2006年主持完成"部分国家国有及国有控股公司治理比较研究"课题研究。国务院国资委对研究报告高度评价，认为："该课题研究资料翔实、思路清晰、观点明确、见解独到，研究思路和方法具有一定的理论创新意义，是目前国内比较全面系统地研究外国国有股东行为和国有及国有控股公司治理问题较高水平的研究成果。该成果对于国资委规范和完善中国国有股东行为和国有及国有控股公司法人治理结构的政策制定工作具有重要参考价值。"

二 高校教学与教育管理工作

史忠良1993年到江西财经大学工作后，主要从事教学和教育管理工作。

他在教学中重视理论创新，不断运用理论研究的新观点、新材料充实教学内容；重视并推行理论联系实际开放式教学，不仅在课堂教学中大量采用实际案例，而且经常组织和指导学生到企业调研；重视学术交流，吸纳各种学术流派观点，鼓励和支持研究生出席全国或行业性学术研讨会，博采众长，增长才干；重视互动式、启发式教学，发挥学生的主观能动性和积极性；经常给学生做学术报告，介绍新知识、新观点，开拓学生视野。

在史忠良指导的研究生中，有多名硕士生分别考取复旦大学、中国社会科学院、上海社会科学院、上海财经大学、美国肯特大学、东北财经大学、暨南大学、南京航空航天大学、中央财经大学博士研究生。指导的博士研究生，有的成为高校教授、博士生导师，有的成为商界翘楚，有的成长为党政高级干部。

史忠良任江西财经大学（财院）校长（院长）十年，在校党委的正确领导下，团结学校领导班子，遵循"信、敏、廉、毅"校训，依靠全校师生员工，齐心协力，创新创业，锐意改革，以教学为中心，以教师为主体，全心全意为学生服务，教学工作重视理论联系实际，以培养创新创业型人才为办学特色，重视培养提高学生综合素质。教育管理工作科学规范，重视苦练内功力求实效。立足江西、面向全国和世界进行开放办学，重视国际化交流，在培养创新型人才、重点学科建设、优化办学结构和提高办学层次、建设高素质师资队伍等方面取得显著成绩，实现了建设"在江西有优势，在华东有特色，在全国有影响"的全国一流高等财经学府的目标，为学校今后快速可持续发展迈上新台阶奠定了坚实的基础。

三　学术观点

1. 制定技术政策的基础包括三个方面，即技术评价、经济评价和危害评价。与此相适应，技术政策的决策目标也有三个，即技术的先进性、经济的合理性与后果的无害性。技术评价衡量技术的先进性，经济评价衡量技术的经济合理性，危害评价衡量技术是否带来危害及其危害的程度。

技术是经济发展的手段，其基本着眼点应该是经济效果。技术的先进性评价与技术后果的危害性评价，都是围绕着技术的经济评价而展开并为其服务的。经济合理性是技术政策的基本决策目标。

从技术和经济的双重考虑，我们可以把技术分为四种类型：第一类，技术落后，经济代价高。第二类，技术上是中间的，经济上有利可图。第三类，技术上先进，但成本高、代价大。第四类，技术上先进，经济上也合算。四种类型技术中，以采用第二类和第四类技术为佳；在技术发展四阶段中，以采用成长阶段和成熟阶段的技术为好。这些技术就是我们通常所说的"适用技术"。

——《论技术的先进性与经济的合理性》，《经济研究》1980年第11期

2. 在社会主义商品经济条件下，劳动力是不是商品？我认为，仍然是商品。因为，社会主义商品经济条件下的劳动力，具有一般商品经济条件下劳动力商品的一般属性。然而，由于社会经济制度根本性质的不同，生产资料所有制根本性质的差异，所以，社会主义商品经济条件下的商品，又是与资本主义商品经济条件下的劳动力商品性质根本不同的商品，即具有不同性质的社会性。

既然社会主义经济是商品经济，那么，开放劳动力市场，承认劳动力是商品，就是顺理成章的事情。只有这样，才符合逻辑的一致性。

众所周知，劳动力和生产资料结合的方式，是由经济形式决定的。中国现阶段的生产资料所有制结构，是以公有制经济为主体的多种经济形式并存的所有制结构。与此相适应，应当允许劳动力和生产资料的结合采取多种的方式。具体来说，就是计划分配、招聘、集资合股和雇佣等方式。

——《社会主义条件下的劳动力商品和劳动力市场》，《争鸣》1986年第3期

3. 资金市场是社会主义市场体系的龙头和枢纽。

必须有步骤地实现社会主义资金市场的全面开放。在这个市场里：应允许多种经济形式并存，既有全民的、集体的，也有外资的、中外合资的和侨资的各种金融机构。在金融体系中，全民金融机构居于主导地

位，其他金融机构居于辅助地位；既有间接信用，也有直接信用，多种融资方式并存，即存在银行贷款、企业发行股票和公司债券、举借外债等多种形式。

——《对社会主义资金市场的几点思考》，《金融与经济》1986 年第 11 期

4. 老区的贫困，是一个"综合征"，要全面诊断，综合治理。

振兴老区经济，从根本上说，是要依靠人民发扬自力更生、艰苦奋斗的精神，围绕着发展商品经济这个关键，从老区实际出发，以改革促发展，以开放促开发。这应该成为老区脱贫致富的指导思想。

——《开放与开发：老区经济起飞之路》，江西人民出版社 1989 年版

5. 资本主义已有几百年的历史，各国人民在资本主义制度下所创造和发展的先进的科学技术、有益的文化知识和经验、科学的管理方式和经营方式，是人类共同的文明成果。

社会主义作为一种崭新的社会制度，只有在继承和利用资本主义社会已经创造出来的全部社会生产力和优秀文化成果的基础上，并结合新的实际进行新的创造，才能建设成功。我们不能将资本主义社会存在的一切，都看成是资本主义独有而与社会主义断然不相容的东西。对于资本主义先进的、有用的东西，我们应像鲁迅先生曾经主张过的那样，采取"拿来主义"，要敢于、善于利用和借鉴资本主义于我有用的东西。当然，对于资本主义腐朽没落丑恶的东西，我们则应坚决抵制和打击。

——《借鉴和利用资本主义的经济手段》，《江西体改》1992 年第 8 期

6. 现代经济社会的一切管理问题，几乎都可以归结为资源的合理配置问题。企业管理，实质是通过有效地配置企业拥有的各种资源（人、财、物），实现最大化的企业经营目标（利润、市场及其他）。国家经济社会的管理则是如何通过一定的调控手段，来实现全社会资源的合理配置，取得最大的经济社会福利（或其他政府目标）。因而，从有经济组织

开始，就有了资源合理配置的问题。

现代经济学区别于古典政治经济学的重要标志，是从纯粹理论走向实际应用。而在经济学实用化的过程中，资源合理配置就成了经济科学的永恒的主题。

——《资源经济学》，北京出版社 1993 年版

7. 商品经济是与自然经济、产品经济相对应的经济形态，三者是人类社会经济发展的不同阶段。而"计划经济"和市场经济是商品经济阶段的两种不同的经济体制，是人们在发展商品经济时可供选择的两种配置资源的方式。

——《"计划经济"质疑》，《当代财经》1993 年第 10 期

8. 中国企业在与外国企业迈出合资的第一步后，应着眼于从低级的合作形态转向具有战略意义的高级企业联盟形态，从单向的技术、资金的吸纳转向双向、多向的水平式的信息、技术交流。把握中国在国际分工的优势所在，力争在加入 WTO 后继续保持比较优势，允许尚处于起步阶段的信息产业和高新技术产业参与跨国并购。

——《网络经济环境下产业结构演进探析》，《中国工业经济》2002 年第 7 期

9. 国家经济安全是指在经济全球化的条件下，一国经济发展和经济利益不受外来势力根本威胁的状态。具体体现在国家经济主权独立，经济发展所依赖的资源供给得到有效保障，经济的发展进程能够经受国际市场动荡的冲击等。国家经济安全最基本的内容就是一国对于关键性经济资源控制和支配的方式、手段及途径。

关键性经济资源就是指对保障经济安全至关重要的资源，包括自然资源、信息资源、资本和人才等。

国家经济安全的基础是产业安全，而产业安全的核心问题是产业竞争力。

——《经济全球化与中国经济安全》，经济管理出版社 2003 年版

10. 市场经济从本质上说就是信用经济，当代商业社会就是一个契约社会，诚实和守信既是商业伦理的基本要求和维系市场经济的基石，也

是一种无形资产和稀缺资源，更是市场经济的一个基本准则。

一个社会能否具有健全的信用体系，关键要看它是否建立了完整的信用监管体系。首先，要建立政府的监管体系。其次，要建立行业监管体系。最后，要建立强有力的社会中介监管体系。

坚持德治与法治相结合的矫治原则，通过提高全社会整体素质和强化有效的监管体系，诚信就会扎根于人们的心中，人类真善美的画卷就会合乎逻辑地展现。

——《市场经济条件下经济主体诚信问题的思考》，《当代财经》2003 年第 3 期

11. 产业兴衰与转化具有以下特征：（1）周期性。产业兴衰与转化过程有自身的生命周期规律。一般经历形成期、成长期、成熟期和衰退期四个阶段。有些产业会在技术创新等因素的作用下向其他产业转化，开始经历新一轮产业演化过程，如此循环反复、周而复始。（2）特殊性。有的产业在兴衰与转化过程中，不一定周期性全过程，而是只经历其中若干阶段。特殊性是周期性特征的补充。（3）反复性。某些产业在同一个运动周期中的各个阶段之间出现逆转，不是按正常的形成、成长、成熟和衰退的顺序依次发展，而是从某一阶段向后倒退。（4）区域差异性。在同一时期，同一产业在不同国家，或是在同一国家内的不同区域，往往处于不同的发展阶段。（5）互动性。产业发展全过程的产业兴起、衰退和转化的各个阶段之间是紧密联系、互为促动的，产业兴衰必然引起产业转化，产业转化促进产业兴起。

——《产业兴衰与转化规律》，经济管理出版社 2004 年版

12. 国家应该继续把先进制造业作为未来主导产业来抓，大力发展信息、生物、新材料、新能源、环境保护、航空航天等产业，着力优化制造业结构。

制造业除了利用低成本优势外，更重要的是要提升在国际制造链的位置，走"高科技 + 信息化 + 完善服务"的路子。充分运用高新技术、信息网络技术，在产品和工艺技术研究、开发、生产以及品牌、市场销售服务、企业组织制度、决策方法上加强自主创新和提升水平，推进高

技术化、信息化和集群化以及产业升级，提高效率和效益，增强综合竞争力，做强制造业实力。实施"走出去"发展战略，应对资源、环境和市场瓶颈。

——《全球化背景下我国制造业发展回顾与展望》，《理论视野》2009 年第 3 期

学术感悟

珍惜光阴，学无止境。

代表性著作

1. 《资源经济学》（与肖四如合著），北京出版社 1993 年版，该书为我国第一部资源经济学专著。

2. 《工业资源配置》，经济管理出版社 1997 年版。

3. 《中国经济资源配置的理论与实践》（与肖四如合著），中国财政经济出版社 1998 年版。

4. 《国有企业战略性改组研究》（与吴家骏合作），经济管理出版社 1998 年版。

5. 《经济发展战略与布局》，经济管理出版社 1999 年版。

6. 《小企业发展研究》，经济管理出版社 2001 年版。

7. 《国有资产管理体制改革新探》，经济管理出版社 2002 年版。

8. 《经济全球化与中国经济安全》，经济管理出版社 2003 年版。

9. 《产业兴衰与转化规律》（与何维达合作），经济管理出版社 2004 年版。

10. 《产业经济学》，经济管理出版社 1998 年版。

11. 《产业经济学》（第 2 版），经济管理出版社 2005 年版。

12. 《新编产业经济学》，中国社会科学出版社 2007 年版。

郑新立
Zheng Xinli

　　郑新立，男，1945 年 2 月 12 日出生在河南省唐河县上屯乡褚庄村一个普通农民家庭。在他出生后 4 个多月，父亲就因病去世，主要靠祖父和叔叔种地维持生计。1952 年进入草寺小学上初小，1956 年到距家 6 里的丁岗小学读高小，1958 年被保送到唐河九中读初中，1961 年升入唐河一中读高中，1964 年进入北京钢铁学院采矿系学习，1978 年恢复研究生招生，考入中国社会科学院研究生院工业经济专业学习，1981 年获经济学硕士学位。

　　1970 年大学毕业后被分配到邯郸市冶金矿山管理局工作，在企业的 9 年先后做过工人、技术员、理论教员、宣传部理论教育科副科长、党委办公室副主任。1981 年研究生毕业后进入中共中央书记处研究室工作，开始了经济研究生涯，1987 年任经济组副组长。1987 年书记处研究室撤销后被分配到国家计划委员会，先在国家信息中心任副总经济师，后到计委研究室，先后任副主任、主任、副秘书长兼新闻发言人。2000 年又回到中央政策研究室任副主任直到 2013 年退休。2009 年，协助曾培炎创办了一家社会智库——中国国际经济交流中心，继续从事经济研究和国际交流工作。社会兼职除担任过中国工业经济学会会长外，还曾经担任中国政策科学研究会执行会长、中国城镇化促进会常务副主席。郑新立自己用"两进北京，两进中南海"来概括已走过的 73 年历程，集中反映了他坚持不懈的目标追求和奋斗精神。

改革开放 40 年来，郑新立绝大部分时间都在中央一级的机构从事经济理论和经济政策研究，从 20 世纪 90 年代开始，参与中央文件起草工作。从"八五""九五""十五""十一五"到"十二五"，连续参加了 5 个五年计（规）划的起草工作；从十四届三中全会关于建立社会主义市场经济体制的决定，十六届三中全会关于完善社会主义市场经济体制的决定，十七届三中全会关于农村经济体制改革决定，到十八届三中全会关于全面深化改革的决定，这四个党的重要改革文件，郑新立都是起草组成员；他还参加了党的十七大、十八大报告的起草工作。

由于工作关系，郑新立的经济研究大多围绕着中央文件的产生、阐释和贯彻落实中的问题来进行。他撰写了大量的论文和著作，论文主要发表在《人民日报》、《求是》杂志、《经济日报》、《光明日报》上。2000 年他出版了《论抑制通胀和扩大内需》《论新经济增长点》《论改革是中国的第二次革命》三部文集，收集了他自改革开放 20 年以来的主要论文，反映了这一时期对改革开放和经济发展中遇到的各种矛盾问题的思考。2011 年他出版了中英文版《郑新立经济文选》。2016 年在中国社会科学出版社出版了 16 卷本的《郑新立文集》，共 560 万字。《郑新立文集》从一个侧面真实记录了改革开放以来中国发展战略、方针政策、体制机制的演变过程，反映了各个时期遇到的困难和矛盾，以及这些困难和矛盾是如何被一一克服的。这些浩繁的文字，浸透着作者 36 年的心血和汗水，体现着一个经济研究人员的创造性劳动，以及一个个人的研究如何融入时代前进的洪流。

一 学术成果和治学精神

（一）提出把最终产品率作为评价宏观经济效益的一个主要指标

改革前的 30 年，源于生产资料优先增长理论，中国在经济上"重重轻轻"，即重视重工业，轻视轻工业，导致"重工业自我循环"，产品大量沉淀在中间生产环节，日用消费品严重匮乏，宏观效益低下，广大居民不能从经济发展中得到实惠。基于理性层面的思考，他的硕士论文以"最终产品与最终产品率"为题，主要分析改革前 30 年片面理解生产资料优先增长理论，提出把最终产品率作为评价宏观经济效益的一个主要指标，提出最终产品就是最终消费品，最终产品率即最终供居民消费的产品在整个社会产品中的比例，应当从增加最终产品即最终消费品出发制订计划，提高最终产品率，使广大居民能够从经济发展中得到更多实际利益。他提出了按生产结构将社会产品划分为初级产品、中间产品和最终产品的科学分类方法，为从最终产品出发制订计划提供了科学依据。他提出最终产品率的概念，为正确调整社会生产结构，减少中间品积压，提高宏观经济效益提供了科学的评价指标。他提出并论证了应当用最终产品法制订计划，创造性地设计了一种半动态投入产出模型，使最终产品法制订计划具有了可操作性。这些基本观点对 20 世纪 80 年代制定重视农业和优先发展轻纺工业的政策，结束短缺经济时代，具有重要意义。

（二）关于合理投资规模的界限

在计划经济体制下，由于缺乏投资的约束机制，加上急于求成的指导思想，投资规模膨胀引发通货膨胀导致经济周期性大起大落，成为国民经济中长期困扰的问题。如何把投资率控制在合理的范围之内，经济主管部门和经济学界进行了大量研究。郑新立在 1983 年写了《基本建设规模的制约因素》一文，在吸收同类研究成果的基础上，提出合理投资规模最低限度（下限）和最高限度（上限）的设想。下限即社会扩大再生产的规模应至少能保证新增劳动力的技术装备水平不低于现有社会劳动力的平均水平，而且能逐步有所提高。上限即社会扩大再生产规模应能使包括新增人口在内的居民平均消费水平不低于上一年，而且还要有所提高。根据这两个标准，他进行了实际测算，对于选择最优的投资规模，提供了计算依据。其实际意义在于：找出基本建设投资规模的两条客观警戒线，越过了它，就会给国民经济造成危害；在圈定的范围之内寻找最优的投资规模，可以大大减少盲目性，从而避免在主观意志决定下使投资规模大上大下，以保证人民生活和经济建设的稳步提高和健康发展。这项研究对医治投资饥渴症，实现投资总规模调控科学化，具有开创意义。

（三）在改善宏观调控中确立新的计划职能

1993—1998 年，经济运行中要解决的主要矛盾是抑制通胀。当时中国正处于从传统计划经济体制向社会主义市场经济体制转轨的过程中，市场经济还要不要计划，如何转变计划职能，这是郑新立当时思考的主要问题。他的观点是，市场经济需要宏观管理，但是这种管理与计划经济时代的管理应有所不同。1993 年，他发表了《社会主义市场经济需要强有力的宏观调控体系》一文，提出，由于中国生产力发展水平比较低，处于二元结构状态，经济发展面临着工业化和现代化的双重任务，为了在 21 世纪中叶使人均国民生产总值达到中等发达国家水平，必须实行赶超战略。与此同时，必须建立起宏观经济调控体系。宏观调控的主要任务应当是：保持经济总量的平衡；优化产业结构和地区生产力布局；培育具有国际竞争能力的企业集团；在国际交流中保护国家和企业的利益。

他提出宏观调控体系应是计划、财税、金融互相配合、高效灵活的有机整体。宏观调控应有利于市场机制发挥作用，使每一个生产经营者都充分发挥出主动性和创造性，都能根据市场需求和效益原则来选择自己的经营方向和经营方式。各个生产要素能根据价格的高低，集中到最需要也是效益最好的地方。要明确企业是市场的主体，维护市场秩序，保护合理竞争。

从传统计划经济体制向社会主义市场经济体制转变，是中国经济体制的根本转变。如何转变计划职能？1994 年，他发表了《改革计划体制，转变计划职能》一文。同年，针对通货膨胀的严峻形势，发表了《在加强和改善宏观调控中确立新的计划职能》的文章，提出计划应合理确定宏观调控的目标体系，制定实现目标的政策措施，综合协调经济杠杆的运用，运用国家直接掌握的资源平抑市场。

（四）建立与市场经济相适应的投资体制

1995 年他发表了《建立适应市场经济要求的投资体制》一文，提出通过市场竞争和产业政策引导形成投资激励机制，发挥市场在配置资源方面的基础性作用，从根本上说，就是要建立起资本和其他生产要素能够在不同行业之间和同一行业内的各个企业之间，按照价值规律和供求规律自由流动的机制。在注重发挥市场对资源配置的基础性作用的同时，还要发挥国家计划和产业政策对资源配置的引导作用。通过制定和实施产业政策，对一定时期内国家重点发展的产业，明确规定其经济规模、产品质量标准、技术工艺和布局政策，规定相应的财税、信贷、进出口优惠政策。提出通过推行项目法人责任制建立投资风险约束机制。对竞争性、基础性、公益性项目投资实行不同的管理方式，强化竞争性项目投融资的市场调节，拓宽基础性项目投融资渠道，改善公益性项目投融资制度。他提出改进对投资总规模的调控，除了依靠强化投资风险约束外，还要建立完善的投资调控体系，运用资金调控、规模调控、质量检测等经济、法律手段和必要的行政手段调节投资规模，对投资结构进行调整优化和引导，培育为投资主体服务的咨询、设计、审计、招标投标、工程监理等服务体系。这些建议对深化投资体制改革产生了重要作用。

（五）建立和完善计划、财税、金融相互协调的宏观调控体系

20 世纪 90 年代中期和后期，结合抑制通胀和扩大内需的实践，他发表了一系列文章，对宏观调控的功能、特点、运行机制进行了探讨。指出中国的宏观调控体系既不同于以美、英为代表的分散型市场经济国家，也不同于以德、日、韩为代表的协调型市场经济国家。主要体现在计划、

财税、金融三大调控杠杆的运用上，从中国现阶段的生产力发展水平、市场发育程度和追赶发达国家的要求出发，形成高效、灵活、具有中国特色的调控体系。计划是宏观调控的基本依据，财政是结构调整的重要手段，金融调控的作用主要在总量平衡。三者之间相互协调，形成合力，构成经济运行的动力机制和平衡机制，从而为国民经济的持续、快速、健康发展创造条件。

（六）振兴四大支柱产业

在制订"九五"计划时，通过研究和对需求预测，他提出应当把汽车制造、电子机械、石油化工和建筑业加快培育为国民经济的支柱产业。在《人民日报》组织了振兴支柱产业的专题讨论，编写了《中国支柱产业振兴方略》一书。从1995年到2007年党的十七大召开，中国在转变经济增长方式上取得了重大进展。一个具有标志意义的事情，就是在这12年间发生的，电子机械、石油化工、汽车制造和建筑业在国内生产总值中的比重由12%上升到20%，作为国民经济四大支柱产业的地位确立起来了。四大支柱产业的崛起，对这一时期国民经济的持续快速增长发挥了重要支撑作用。

（七）《发展计划学》成为一门崭新的学科

1999年，郑新立主编了《发展计划学》一书。在书中，他用发展的视角，总结了改革的成果。在更新计划观念、转变计划职能、探讨计划理论和普及计划知识方面，该书都做了全新的阐释。《发展计划学》使计划学彻底摆脱了传统计划经济的影响，成为一门崭新的学科。

（八）混合所有的股份制是公有制的主要实现形式

2002年在党的十六大召开之前，郑新立率调研组赴浙江省调查所有制结构问题，他从浙江的实践得出结论：浙江经济的崛起关键在于坚持以公有制为主体、各种所有制经济共同发展；混合所有的股份制经济是与现阶段生产力发展要求相适应、富有活力的经济形式；由公众所有的股份制是社会主义公有制的一种新的实现形式。在调研报告中，他提出，社会主义条件下的股份制是对私有制的积极扬弃，劳动者的劳动、技术和资本联合为主的经济应属于公有制经济；企业职工持股使雇佣劳动者变为名副其实的主人，实现了劳动者与生产资料的直接结合；劳动者持股使生产者变为有产者，有利于劳动人民走上富裕道路；股份制使劳动者有了投资自主权，适应了社会主义市场经济发展的要求。

（九）引导社会资金投入新农村建设和农业现代化

为了加快新农村建设，郑新立指出，一要把发展农村经济、增加农民收入作为中心环节；二要把改善农村基础设施和公共服务落后局面放到突出位置；三要通过深化农村改革建立一套有效制度。要把新农村建设和工业化、城镇化结合起来，形成良性互动。他提出通过建立六项制度，把农村改革推向深入：一是稳定和完善农村基本经营制度，明确家庭经营、统一经营的发展方向；二是建立严格规范的农村土地管理制度，鼓励、支持、规范土地流转；三是建立财政支持农业和农村发展制度，逐步实现城乡公共服务均等化，引导社会资金来增加对农村和农业的投入；四是建立现代农村金融制度，改变农村资金流出问题；五是建立城乡经济社会发展一体化制度，包括城乡规划、产业布局、基础设施、公共服务、要素市场、社会管理六个一体化；六是健全农村民主管理制度，通过村务公开，村党支部建设，以党内民主带动民主决策，进而在基层政权建设等方面建立一整套农村民主管理制度。

（十）从转变经济增长方式到转变经济发展方式

1996 年，"九五"计划提出转变经济增长方式，2007 年党的十七大报告又提出转变经济发展方式。在两个重大发展战略提出的前后，郑新立都不遗余力地撰写文章进行探讨、论证和阐释。他提出了转变增长方式的内涵及主要方向，这一政策建议被采纳。1995 年，党的十四届五中全会关于制订《第九个五年计划的建议》提出要转变经济增长方式，强调经济增长要从粗放型向集约型转变，同时提出要通过经济体制的转变推动经济增长方式的转变。为了推动转变经济增长方式的研究，郑新立以国家计委政策研究室的名义于 1996 年夏天在南戴河组织召开了全国转变经济增长方式经验交流会。国务院总理、副总理等全体领导成员接见了与会代表。会后出版了《转变经济增长方式论文集》《转变经济增长方式经验汇编》和《转变经济增长方式研究报告》。2007 年，国内经济发展的突出矛盾已经聚集在需求结构和产业结构上。投资率过高，消费率过低，经济增长过度依赖工业的增长，第三产业发展严重滞后的问题越来越突出。时任中央政策研究室副主任的郑新立认为，需求结构和产业结构这两大问题不解决，将会制约经济的持续增长。需求结构、产业结构、要素结构的转变，归结起来应该是发展方式的转变。经过集体讨论和广泛征求意见，党的十七大召开前夕，转变经济发展方式被提了出来。十七大报告提出发展方式的三个转变后，他又撰写了一系列宣传解释文章。可以毫不夸张地说，转变经济增长方式和转变经济发展方式这两个命题，从分析研究论证到宣传贯彻实施，郑新立都做出了无与伦比的贡献。

（十一）实施扩大内需的战略

1998 年，受亚洲金融危机冲击，中国投资、消费和出口增速放缓。为确保经济增长，他提出通过扩大基础设施投资带动投资需求，并为将来经济发展奠定物质基础。他指出扩大内需是一项必须长期坚持的基本政策，扩大内需应当同产业结构优化升级结合起来，扩大内需的重点要适时地从以扩大投资为主向以扩大消费为主转变。通过增加城乡居民收入，培育新的消费热点，进而拉动社会投资的增长。

（十二）从提出启动四个消费"发动机"到提出房市、车市、股市联动发展，到"双提高"议案

注重消费对经济增长的拉动作用，是郑新立长期坚持的观点。20 世纪 80 年代初，他就多次撰文论述正确处理积累与消费的关系，强调生产的根本目的是为了满足人民日益增长的物质、文化需要。在 90 年代后期

扩大内需中，他撰文强调以改善居民住、行条件为重点启动消费，之后又提出在消费领域全面开动吃穿用、住房、汽车、旅游四个"发动机"。2003—2008 年，在新一轮经济增长周期中，投资率上升到历史最高点，居民消费率则降到历史最低点。在大量数据分析的基础上，他又提出了调整收入分配结构、大幅度提高居民消费率的目标设想，他提出把房市、车市、股市联动发展作为扩大国内市场的战略，提出了三个市场联动发展的政策建议：保持房地产市场持续繁荣，充分发挥房地产业对国民经济的拉动作用；采取扩大汽车消费信贷，改善汽车使用环境，鼓励购买电动汽车、混合动力汽车和中小排量轿车等政策鼓励汽车消费；通过资本市场的稳定和繁荣支撑房市、车市的持续繁荣，努力使房地产业和汽车产业成为拉动国民经济长盛不衰的重要产业。郑新立在全国政协提出一个"双提高"的提案：提高城乡居民收入占国民总收入的比重，提高居民消费率。争取用 3—5 年的时间，把城乡居民收入占国民总收入的比重由 43% 提高到 53%，把居民消费率由 35% 提高到 50%。如果能做出这样一个大的调整，需求结构就会有一个大的变化，这就意味着老百姓的收入水平和消费水平将会有一个大幅度提高，就会显著增强消费对经济增长的拉动作用。近 30 年来郑新立不断地呼吁提高消费水平，这个观点没有人比他说得更多，所以人们亲切地尊称他为"郑消费"。

（十三）提出自主创新的途径

郑新立总结中国国内企业的经验和自主创新的各种方式，提出了提高自主创新能力的十种途径：一是引进消化吸收再创新。二是通过系统集成的方式创新。三是原始创新。四是通过技贸结合、国际招标提升自主创新能力。五是通过国际兼并拥有知识产权。六是在国外设立研发机构或委托国外研发拥有自主知识产权。七是与国外合作进行研究开发，成果共享。八是由国内设计国外制造，或者进口关键零部件在国内制造。九是通过关键零部件和关键环节的创新突破，逐渐形成完全自主知识产权。十是产学研结合。他还指出第三产业的创新，主要是业态的创新，即经营模式的创新。

（十四）提出把无形资产的增值列入对国有企业资产保值增值考核的范围之内

长期以来，在对国有企业资产保值增值的考核中，只看有形资产、不看无形资产，企业研发的专利和技术成果不计入考核范围，打压了企业研发投入的积极性，助长了企业经营决策的短期行为。郑新立为此到企业进行了调研，写了不少文章呼吁改善对国有企业的考核指标体系，还在全国政协做了专门提案。最终这件事引起国有资产管理部门的重视，制定了关于鼓励国有企业增加研发投入，发挥在自主创新中的骨干和带动作用的若干意见，把企业创造的技术专利等无形资产纳入资产保值增值的考核范围。

（十五）提出了加快"走出去"步伐的必要性和海外投资重点

他认为中国经济长远发展面临两大约束，一个是能源资源的瓶颈约束，另一个是技术的瓶颈约束。中国有高额的外汇储备，要提高外汇储备的安全性和使用效益，一个重要方向是通过扩大海外投资，把外汇储备的一部分或大部分转化为资源储备和实物储备。他提出在应对2008年国际金融危机冲击中，要把中国的巨额外汇储备和过剩生产能力结合起来，形成优势，通过资本输出带动商品、劳务输出，把优势发挥出来。扩大海外投资，有利于创造出口需求，打破能源资源瓶颈，有利于提高自主创新能力和国际经营能力，推进人民币的国际化，从而实现多重目标。他提出通过海外投资来创造出口需求，至少可以从五个方面来实现：一是通过扩大海外能源、资源的投资，带动中国勘探开发设备的出口，同时又能够满足中国对能源、资源的需要。二是通过扩大海外加工贸易，带动中国制造业"走出去"，带动零部件的出口。三是通过扩大对发展中国家的经济援助，带动中国设备和劳务出口。四是通过增加对机电产品出口的买方信贷，扩大中国机电产品的出口。五是通过扩大人民币双边互换，使那些想购买中国商品，但是又缺乏支付能力的国家，以人民币购买中国商品，以能源、资源来偿还贷款。他还提出通过扩大国际并购，

拥有国外企业的创新资源和国际营销网络，提升国内企业的国际竞争力。这些观点具有很强的现实意义和可操作性。

（十六）全球金融危机为中国经济发展带来三大机遇

2008 年下半年，全球金融危机使中国出口市场萎缩，对国民经济增长带来严重影响。如何在全球金融经济危机中化挑战为机遇，变压力为动力，2009 年年初，他撰文提出了金融危机为中国发展带来三大机遇：一是国际并购的机遇；二是扩大内需特别是扩大消费的机遇；三是人民币国际化的机遇。这些观点和建议体现了辩证思维方式，不仅起到了增强信心的作用，而且转化为宏观经济政策。

（十七）提出把通胀压力转变为产业升级动力的政策建议

进入 2011 年，经济运行面临着通货膨胀压力。如何在保持物价总水平基本稳定的前提下，引导流动性过剩的资金，实现经济平稳较快增长，是"十二五"开局之年面临的严峻挑战。在分析的基础上，郑新立提出了通过重视"菜篮子"工程以降低农产品价格，通过重视保障房建设以降低房价，通过海外投资以降低进口铁矿石价格。通过增加有效供给，抑制几类上涨过猛的商品价格是完全能做到的。同时，通过合理引导资金投向，把过剩资金引导到产业升级所需要的方向上来，包括资本市场、战略性新兴产业、公共服务、基础设施、农业现代化、第三产业和海外投资等方面。只要努力朝这个方向调控，就有可能在稳定物价的同时保持经济的较快增长。

（十八）创立了现代政策学和发展计划学两个学科

随着经济的发展，中国迫切需要新的理论体系进行支撑，需要适应市场经济的新学科，对中国计划体制改革、政策研究和发挥市场配置资源的基础性作用进行科学总结和理论指导。20 世纪 90 年代，由他主编的《现代政策研究全书》和《发展计划学》构建了中国两个新的学科，提出了富有创新的理论。政策是中国共产党夺取政权和长期执政的重要手段，是成功的法宝。尽管政策对党来说如此重要，但对政策学的研究和理论体系始终落后于实践，政策学未能像法学那样成为一个完整的学科。郑新立基于30多年从事政策研究的实践，从理论上对政策学进行思考，为推动政策学作为独立学科做出了重大贡献。郑新立组织中国从事政策研究的专家，从政策研究基本理论、政策研究方法论、政策研究基础、政策研究层次论、政策研究部门论、国内外政策研究机构概述、国内外政策研究的实践等方面进行了全方位的研究，使中国第一次有了完整的政策研究理论体系，为之后中国的政策研究奠定了坚实的理论基础。

郑新立创立的发展计划学，是社会主义市场经济下的发展计划学，是研究如何提高全社会组织程度，加快经济发展，提高全社会劳动生产率的科学，它反映发展社会主义市场经济的要求，阐述社会主义市场经济体制下经济社会发展的客观规律，论述社会主义市场经济条件下计划与市场的关系。该学科建立了中长期计划、年度计划和专项计划这一完整学科体系，特别是提出计划与市场相辅相成，以更好地发挥市场配置资源的作用和政府的作用，使"看得见的手"和"看不见的手"在经济社会发展中共同发挥作用，为实现发展生产力这一社会主义主要任务提供制度支持。

（十九）创新淮河经济带发展战略研究

为支持淮河流域发展，造福一方，郑新立组织各方力量对淮河经济带发展战略进行研究。前后共用3年时间，从淮河头到淮河尾，经过实地调研，反复论证，最终形成的研究报告《把加快淮河生态经济带建设作为我国扩大内需的重要战略支点》获得了国务院领导的重要批示。这项研究开创了多个第一：第一次对淮河全流域进行研究，提出治理建议。第一次进行综合研究，过去的研究都是分部门、分地方进行，这是第一次以民间力量把农业、水利、工业、交通、旅游各行业有效衔接，组织河南、安徽、江苏三省和流域地区发改委共同研究。针对过去主要从防汛角度来研究治理淮河，第一次从发展角度进行研究。提出把淮河建成继长江、珠江后的第三条出海黄金水道，把淮河经济带建成继珠三角、长三角、环渤海之后的第四个增长极。这些建议为淮河的开发利用和淮河经济带的发展描绘了美好蓝图，提出了切实可行的政策措施。在郑新立的积极协调下，皖豫苏三省政府联合向国务院呈送了关于淮河经济带开发建设的报告，经李克强总理批示，国家发改委正抓紧制定淮河经济带发展规划。

（二十）两个建议为中央采纳，产生了重大经济效益和国际影响

《确保今年8%增长速度存在的问题和建议》和《关于设立由我主导的亚洲基础设施投融资机构的建议》两篇报告是把研究成果转变成国家决策的重要体现。

为了应对1997年亚洲金融危机对中国经济的影响，郑新立在1998年4月写了《确保今年8%增长速度存在的问题和建议》报告，提出通过发行国债，集中用于基础设施建设，扩大内需，扭转中国经济通货紧缩的走势。报告建议经国家计划委员会呈报国务院，得到中央采纳。同年4月，国务院决定增发1000亿元十年期长期建设债券，同时银行配套贷款1000亿元。该项政策连续实行5年，做了6件大事，即农村电网改造、城市基础设施建设、高速公路建设、长江干堤加固、国家粮库建设和扩大大学生招生所需的设施建设，不仅办了多年想办而未能办成的事，支持了当期经济平稳较快发展，而且为之后10年出现高增长、低通胀的黄金发展期奠定了坚实的基础。

2009年3月，郑新立在亚洲博鳌论坛上提出建立亚洲基础设施投资银行（以下简称亚投行）和亚洲农业投资银行的建议。2013年7月郑新立又写了《关于设立由我主导的亚洲基础设施投融资机构的建议》，经中国国际经济交流中心报送党中央和国务院，得到中央领导人的高度肯定。2013年10月，习近平主席在雅加达同印度尼西亚总统苏西洛举行会谈时，宣布中方倡议筹建亚投行。建立亚投行的主要目的是援助亚太地区国家的基础设施建设，促进亚太地区互联互通建设和经济一体化进程。2014年10月24日，中国、印度、新加坡等21个首批意向创始成员国的财长和授权代表在北京签约，共同决定成立亚投行。2015 年 6 月 29 日，亚投行的 57 个意向创始成员国代表在北京出席了《亚洲基础设施投资银行协定》签署仪式。中国以 297.804 亿美元的认缴股本和 26.06% 的投票权，居现阶段亚投行第一大股东和投票权占比最高的国家。亚投行的设立，是人民币走向国际化的关键一步，改变了中国在世界经济中的地位，是中国国际地位提升的一次重要战果，是改变全球国际治理格局务实的一步。有评论认为亚投行的建立，是中国做出的最富有智慧的举动，著名经济学家斯蒂格利茨对亚投行的建立给予积极评价，认为 2015 年将开启中国金融时代元年。

（二十一）提出建立舟山群岛自由港区

在国务院批准设立舟山群岛新区后，如何使舟山的优势得到充分利用？受浙江省政府和舟山市政府委托，郑新立组织课题组对舟山群岛进行了认真调研。他认为，建立舟山群岛新区对于打造国民经济发展的新增长极、构筑中国扩大对外的新平台、为全国海洋经济科学发展提供示范、提高国家战略资源安全的保障能力具有战略意义。对舟山的建设提出分三步走，首先完善综合保税区，然后建设自由贸易园区，再借鉴中国香港、新加坡经验，建成自由港区。国务院批复的舟山群岛新区发展规划中，第一次提出建设自由港区的目标，这是中国对外开放政策的新突破，是对邓小平提出的再造几个香港设想的具体落实。研究报告还提出了建设环杭州湾第二大通道，从上海奉贤起，经舟山的大洋山、岱山、舟山，到宁波的公铁两用大桥，实现环杭州湾区域内水铁、水陆零对接，使舟山深水港优势充分发挥，把舟山建成国际物流枢纽。研究报告提出在大小余山建设大型绿色石化基地。经过进一步论证，他提出重点发展国内市场短缺石化产品以顶替进口，在绿色石化基地等项目建设中充分发挥浙江民间资本力量。这些建议都写入了国务院发展规划，有些已付诸实施。

二 治学理念和学风

（一）求真务实、严谨创新的治学精神

郑新立在研究过程中表现出求真务实、严谨创新的治学精神。他注重看书学习，但又不受书本理论的束缚。他认为，中国的改革发展是前无古人的事业，没有现成的经验可以效仿，不可能从书本上找到现成的答案。中国经济社会大变革的时代，不断有新问题出现，需要的是有什么问题就研究什么问题，解决什么问题。这就要不断解放思想，大胆创新，推动经济理论的发展。他认为，作为一名经济学者，要向孙冶方学习，敢于坚持自己认准的观点，自己经过大量研究形成的认识，一定要反复宣传，争取更多的理解和支持。他坚持作研究一定要从实践中来，这样研究的结论才能站得住脚。"不谋万世者，不足谋一时，不谋全局者，不足谋一域"。他坚持从整体上、从长远发展角度分析问题，用动态的视角观察问题，既要把中国的经济情况吃透，也要了解世界经济，把中国经济放在世界经济坐标中去观察分析。他多少年梦寐以求并为之奋斗的，就是让中国富强起来。他高瞻远瞩、心系国家、忧国忧民的情怀处处体现在他的研究成果中，也深深影响着他周围的人。

（二）从各国经济体制和发展模式比较研究中吸取经验，对中国发展提出符合实际的建议

通过对各国宏观调控体系和发展政策比较分析，借鉴国外经验教训，并针对中国实际，提出相应的对策建议。

1. 探索建立中国新型智库

郑新立在 20 世纪 90 年代曾到美国考察智库发展情况，1995 年主编出版了《美国技术市场与信息咨询市场》，介绍美国智库情况。建立世界一流智库的想法一直是他期待实现的。2008 年，郑新立率先提出了建立中国新型智库，即民间智库的设想。2009 年 3 月，中国国际经济交流中心成立，郑新立任该中心常务副理事长。同年 6 月，全球第一届智库峰

会在北京举行，国内外著名智库齐聚一堂，共商全球发展，会议取得巨大成功。美国前国务卿亨利·基辛格在会上发言时说："智库峰会这个想法非常简单，而且也非常重要，以前谁有过这个想法呢？"从学者型高官到中国新型智库负责人，郑新立一直处在中央决策、治国理政与学术研究的最前沿，退休后又致力打造中国特色的新型智库。郑新立的心愿是把中国国际经济交流中心打造成世界一流智库，为中国特色新型智库建设做出有益的探索。

2. 提出稳增长亟须货币政策支持

通过对发达国家和新兴经济体在工业化、城市化快速推进过程中 M2 与 GDP 增长关系的分析，并结合 2011 年之后中国经济发展中出现的问题，他提出 M2 增速下降是导致经济下行的根本原因。为应对经济下行压力，他撰写《稳增长亟待货币政策支持》一文，提出应推行积极的财政政策和适度宽松的货币政策，在货币政策上实施降准降息，适度扩大货币发行。他的文章于 2015 年 6 月 12 日公开发表，各个网站争相转载，引起了强烈社会反响。这个建议得到了有关部门采纳。2015 年 6 月 27 日中国人民银行宣布，从 28 日起降息并定向降准，这是央行首次使用"降息 + 定向降准"组合。8 月 26 日，央行再次宣布降准降息，以松动银根支持经济增长。

3. 提出社会主义新农村建设

为了制定好"十一五"规划，在解决"三农"问题和促进农村经济社会发展方面切实迈出步伐，中农办、财政部、建设部、人民银行和贵州省的有关同志，到韩国就"新农村运动"进行了考察。考察团团长是时任中央政策研究室副主任郑新立。回国后，考察团提交了《韩国"新村运动"考察报告》和《关于建设社会主义新农村的若干建议》两个成果，提出要抓住机遇，借鉴韩国经验，把中国社会主义新农村建设摆在国家重大战略的高度，切实有效地加以推进。他陆续发表《借鉴韩国"新村运动"经验，加快我国新农村建设》《推进新农村建设是实现全面小康的重要途径》《建设新农村需要制度设计》《全面深化农村改革，促进社会主义新农村建设》等文章，对推动新农村建设，改善农村发展状

况起到了积极作用。

（三）把对策研究放在突出地位，重点着眼于研究成果为中央制定经济政策时采纳

研究的目的是为中央决策服务，不做无用功。这是郑新立坚定的理念。在长期从事政策研究的实践中，他通过研究中国改革发展中急需解决的问题，不断产生新思想、新观点，并着眼于把研究成果转变成国家决策，着眼于把"球"踢进去。他围绕中央文件起草进行研究，围绕阐释、宣传和贯彻落实中央文件精神进行研究。郑新立的主要工作是参加中央一系列重要文件的起草，绝大部分时间他都在中央政策研究机构和国务院的综合经济部门从事经济政策研究，有机会亲历改革开放和经济发展的全过程，直接或间接地参与了改革开放以来各项重大经济决策的酝酿、出台和实施过程。他长期从事宏观经济理论和经济政策研究，在计划和投资体制改革、宏观经济调控、中长期发展政策等领域，都有较深的研究和独到见解。他坚持从中国的实际出发，绞尽脑汁、竭尽全力地提出有针对性的理论观点和政策建议。他的许多观点、主张演绎为实际实行的政策，一些预见也变成了历史事实。如对调整产业结构、转变经济增长方式、扩大内需、转变经济发展方式等问题的研究和政策建议，对解决当时经济生活中存在的问题发挥了重要作用。从建立新型智库到建立亚投行，从建立舟山群岛新区到建立淮河经济带，从观点的提出到在实践中得到落实，无不体现着郑新立把解决实际问题作为研究的着眼点。他始终坚持研究的成果和提出的政策建议必须符合中国国情。只有使研究成果在国家的发展规划、发展战略和政策措施中体现出来，这样的研究才是有意义的。

多年以来他所发表的经济文章和出版的著作，大部分都围绕着改革开放以来的宏观经济调控、中长期发展战略、重大经济政策进行理论探索，或提出政策建议，或解读中央文件，或反映调研成果。他所提出的观点具有很强的预见性和前瞻性，切中中国经济发展实际。对各个时期经济运行中的热点、难点问题抓得准，研究得透，从而使得他的研究现实性、政策性强。郑新立的思想与时俱进，一直都是站在最前沿，他所提出的各种主张和建议，未来很长一段时间内仍具有很强的理论指导和实践价值。

（四）定性与定量相结合的科学分析方法

郑新立在研究过程中，非常注重定性分析与定量分析相结合，这一特点在他写的文章中表现明显。他认为经济活动具有特殊性和复杂性，研究既要注重定性研究也要注重定量研究，要在各种纷繁复杂的现象中准确把握事物的本质，就要运用定性分析与定量分析相结合的科学方法，力求从众多现象和经济数据中揭示出其内在的经济规律，来达到对于经济现象和经济数据本质的认识。要努力揭示各类事物间的相互关系。只有在科学分析的基础上得出正确的判断，才能提出切实可行的政策建议。也许由于大学是学理工科的原因，他对数据有着特别的兴趣和敏感。在做研究时，他坚持用数据说话。在表述自己的思想、观点和研究成果时，运用了大量翔实的数据和事例，力求增强研究成果的说服力。这使得他的研究成果立论扎实，建议合理，措施得力，具有可操作性，说服力强，为经济决策提供了重要智力支持。

吕 政
LÜ Zheng

吕政，男，1945 年 7 月出生在安徽省金寨县一个亦农亦工亦商的大家庭。1951 年 9 月入县城小学开始读书。1955 年春天因国家修建梅山水库需要移民，吕政从县城小学转学到大别山腹地的金寨县吴家店小学四年级插班。中华人民共和国成立初期的金寨县还没有普及高小教育，小学四年级升高小五年级需要参加全县统考。1955 年夏天吕政以四个乡中心小学第一名的成绩升入高小。1957 年 7 月，吴家店小学十多名应届毕业生步行 105 里路参加小升初的考试，吕政作为吴家店小学唯一被录取的学生，考入金寨县南溪中学。

1963 年 7 月，吕政高中毕业，全县两所中学的 80 多名高中毕业生参加高考，文科只有两人考上大学，吕政考入合肥师范学院政治教育系。虽然没有考上名牌大学，但大学的 5 年为他走向未来开辟了一个新的起点。进入大学后，吕政在课程学习之外，大量自由支配时间是在图书馆里度过的，也奠定了较为系统的哲学社会科学的理论基础。

1968 年 9 月，吕政和来自不同高校的毕业学生被派遣到解放军第十二军农场，在解放军基层连队进行农业劳动锻炼和军事训练。一年多的军营生活，磨炼了他吃苦耐劳的意志，培养了遵守纪律和雷厉风行的作风，受到了曾经参加过上甘岭战役的团队光荣传统的教育。

1969 年 11 月，解放军总后勤部到十二军农场从 800 名大学生中挑选了 4 人到北京工作。1970 年 2 月吕政进京，到中国人民解放军总后勤部工厂管理部从事军需工业生产技术管理的调研工作。1970 年 2 月至 1978 年 8 月在总后工作的 8 年多时间里，常年到全国各地的军需工业企业和"三线"建设工地进行调查研究，获得了工业经济、企业管理以及工业技术方面的实践知识，为后来报考研究生和从事工业经济理论研究工作奠定了基础。

1978 年 9 月，吕政考取中国社会科学院研究生院工业经济系研究生，1981 年 9 月获经济学硕士学位并留在中国社会科学院工业经济研究所工作。1986 年考取中国社会科学院研究生院在职博士研究生；1987 年 3 月到 1988 年 7 月在澳大利亚阿得莱德大学经济系做访问学者；1990 年 7 月获经济学博士学位。1994 年获"国家有突出贡献的中青年专家"称号。吕政在工业经济研究所先后担任研究室副主任、主任、副所长、所党委书记，还先后兼任自负盈亏的经济管理出版社社长和总编辑、《精品购物指南》报社社长；1998—2008 年任中国社会科学院工业经济研究所所长、《中国工业经济》和《经济管理》杂志主编；2006 年被评选为中国社会科学院首届学部委员。1994 年起担任中国社会科学院研究生院博士生导师；兼任中国工业经济学会常务副会长和理事长，国家"十一五"和"十二五"国民经济与社会发展规划专家委员会委员。山东大学特聘一级教授。

吕政大学毕业后至 1978 年读研究生之前，先后在军队农场和军需工业生产管理部门锻炼和工作了 10 年。工农商学兵的生活与工作经历，积累了丰富的实际经济与生产技术工作经验，这为他后来从事工业经济理论研究工作奠定了很好的实践基础。研究生毕业后到中国社会科学院工业经济研究所从事理论研究工作，仍然坚持经常深入工矿企业进行调查研究。因此，吕政的论文和研究报告一直坚持有的放矢，不断探讨工业发展、改革和对外开放的新问题，力求透过现象揭示事物的本质和客观规律，回答建设有中国特色社会主义的重大现实问题。

吕政的研究领域主要是工业发展问题，密切结合中国经济发展和改革开放的实践，深入研究工业发展和国有企业改革的一系列重大问题，提出了许多具有独到见解的观点，为新时期党和国家工业经济政策的制定以及工业经济学理论的繁荣和发展做出了重要贡献。

一　关于中国工业化道路理论

通过对中国工业化历史进程的分析，概括了新型工业化道路与传统工业化道路的区别：第一，在所有制结构的安排上，传统工业化道路采取单一的公有制形式。新型工业化的道路坚持公有制为主体、多种经济成分并存的方针。第二，在经济运行方式上，传统工业化实行高度集中的计划经济。新型工业化的道路发挥市场机制资源配置中的基础作用。第三，传统工业化道路片面强调优先发展重工业，并以牺牲农业和消费品工业的发展为代价。新型工业化道路追求国民经济协调发展，在强调发挥劳动力资源丰富和工资成本低的比较优势的同时，努力培育各个产业的竞争优势。第四，传统工业化的道路过分强调经济增长的高速度，新型工业化的道路坚持实事求是、积极进取、量力而行的方针。实行有效的宏观调控，努力实现国民经济持续、稳定和适度的快速增长。第五，传统工业化的道路以资金的高投入和大量消耗自然资源为代价，新型工业化的道路高度重视科学技术进步，重视人力资源的开发，通过自主研究开发和引进，消化国外先进技术，努力缩小与工业先进国家的差距。第六，传统工业化的道路通过行政的手段，限制农村劳动力的流动与转移，加剧了城乡分割的二元经济结构。新型工业化的道路必须正确处理工业与农业，城市与农村的关系。第七，传统工业化道路片面强调自力更生，新型工业化的道路在发扬自力更生精神的同时，要抓住当今世界和平与发展的有利机遇，积极扩大对外开放，广泛参与国际分工、国际交换和国际竞争。

二 关于工业增长理论

吕政研究了中华人民共和国成立以来工业增长波动及其形成的原因，分析了现阶段中国工业快速增长的趋势和面临的突出矛盾，提出了保持适度与可持续增长的要求和实现途径。吕政在 1990 年的一篇论文中提出了工业适度快速增长的主要标准，即供求总量平衡；结构协调；有利于扩大就业；有利于满足适度的消费需求；避免导致通货膨胀；有利于资源的合理利用和保护环境。

吕政认为，中国经济发展条件与环境的变化对中国未来的经济发展产生重大影响，国民经济的增长速度必然从 10% 左右的高速增长转向 7% 左右的中速增长。2007 年吕政曾发表文章从 5 个方面分析了中国经济发展条件的变化：一是中国资源禀赋和人口规模所决定的资源性产品供给不足将长期制约中国经济的发展；二是中国劳动力的工资成本不断上升是必然趋势；三是大多数工业产品供给大于有效需求是经济运行的常态；四是企业社会责任成本上升主要表现在治理和减少生产过程的污染，以及生产经营和分配必须兼顾利益相关者利益，企业利润最大化是有条件的；五是国际贸易条件发生变化，贸易保护主义抬头，会直接影响到中国出口的增长速度。

三 关于必须坚持国有经济主导地位的理论

吕政认为，生产资料所有制决定着不同阶层的经济地位，制约着社会再生产的运行过程，决定着社会产品的分配方式和分配结果，因此所有制是生产关系中具有基础性的经济制度。吕政从中国的国情出发，论证了中国坚持国有经济的主导地位的必要性。他的主要理论观点包括以下几个方面。

第一，随着生产力的发展和科学技术进步，由生产力技术构成所决定的资本有机构成不断提高是经济发展的普遍规律。这一规律必然导致资本集中化和社会化，特别是在资本密集型行业，要求实现规模经济，并以资本集中为特征的大型企业为主导。单个私人资本已难以容纳和适应生产力发展的这种客观要求。

第二，国有大型军工集团是维护国家安全的根本保障。国防科技工业是资本密集和技术密集相结合的产业。在和平时期军品订货少，达不到经济批量的要求；军工的生产条件、产品质量、成本和利润，都要受有关部门的全程严格监管。军工集团必须承担不以营利为目的维护国家安全的社会责任。目前民营资本还不具备替代国有军工生产的能力和机制。如果取消国有军工企业，怎样实现国防现代化？谁来对国家安全负责？

第三，在经济全球化的今天，中国经济又面临着激烈的国际竞争，大型跨国公司以其资本和技术优势，对发展中国家形成新的竞争压力。为了改变中国工业在国际产业分工体系中主要依靠劳动密集型产业的格局，仍然需要发挥国有大型企业的主导作用，提高中国产业的国际竞争力。

第四，所有制的选择还必须兼顾效率与公平的原则。一些前社会主义国家经济转轨过程中，昔日的权贵通过合法与非法的手段，巧取豪夺，用很短的时间实现了国有资产向少数人的转移和集中，在国民经济的各个领域形成一批私人寡头，加剧了一边是财富积累，一边是贫困积累的社会矛盾。另外，私有化并没有促进技术进步和产业结构的升级，没有实现通过私有化推进结构调整和提高资源配置效率的目标，相反的在技术密集型产业领域，进一步扩大了与国际先进水平的差距。这种教训必须吸取。

四　关于发展混合所有制经济理论

吕政积极主张发展混合所有制经济。早在 2005 年就发表文章论述发展混合所有制经济的必要性和条件。他指出，混合所有制经济的出现，是社会生产力发展的要求。随着技术进步和市场竞争的加剧，在客观上要求企业必须不断地更新设备，提高资本的有机构成，扩大生产经营规模。但是单一的所有制形态缺乏资本集中的机制。混合经济通过不同所有者的共同出资，迅速实现资本的集中，加快资本有机构成的提高和规模经济的形成，同时通过产权的流转，使经营不善的企业退出市场，促进资产的重新组合与生产要素的优化配置。

混合经济的发展需要有一定的条件和环境。第一，是法律保障制度，使出资人依法享有与其出资相对应的权益。第二，要建立产权流转顺畅的运行机制，使投资者根据资本营运的效益和对未来投资收益的预期判断，资本能够及时地进入或及时顺畅地退出，以减少混合所有制企业出资人的投资风险。第三，由于混合所有制企业的所有权与经营权是分离的，因此必须按照现代企业制度的要求，建立规范的委托代理制，构造由股东大会、董事会、经营管理层以及监事会组成的治理结构，并形成对经营管理者既有激励又有约束的机制和办法。第四，混合经济是资本集中的一种形式，分散资本集中到同一个企业之后，必然要求不同的所有者之间形成一种凝聚力，要求不同的所有者及其委托代理人，都必须遵循法律规范、公司契约和章程，防止和减少内耗，以避免混合所有制企业由于人际关系的紧张而导致资本的撤出和企业的解体。

五　关于工业结构调整理论

1981 年以来，吕政对产业结构的理论和实际问题进行了长期的深入研究，他认为产业结构是由前期固定资产投资形成的，社会再生产过程是过去劳动对现在劳动的支配。其作用主要是制约社会再生产的比例关系，决定着产品的市场供求；影响一个国家或地区的经济效率，关系到国家及企业的竞争力；决定和影响着贸易条件、进出口结构和效益。产业结构一旦形成，必然具有刚性，结构调整将会影响资产存量比例关系的变动，既要解决生产力的物与物的关系，还要解决劳动力就业结构和再就业的问题。

关于结构调整的目标，吕政提出，一是消除结构性短缺或结构性过剩，实现市场供求的平衡，保证工业以及国民经济协调发展，减少和避免经济运行过程中的剧烈波动，实现经济的持续稳定增长，不断满足日益增长的社会需求；二是促进生产要素向效率更高的部门、地区和企业转移，提高资源配置效率，增强工业竞争力，但提高生产要素配置效率是结构调整的主要任务。

关于工业结构调整的方向，由于中国人口众多，就业压力大，因此还要继续坚持发展劳动密集型产业，不可能像亚洲"四小龙"那样，在结构调整过程中把劳动密集型产业转移出去。但是，必须看到依赖劳动力成本低的比较优势的局限性。现阶段中国工业应当选择"高亦成、低亦就"的产业结构。

关于结构调整的机制，吕政认为，企业是产业结构调整的主体，市场机制在生产要素配置中应发挥基础性的作用，即供求关系引导投资方向，价格杠杆和利润率调节企业行为，优胜劣汰的竞争机制决定企业的生死存亡。政府在结构调整中的作用，一是制定市场准入规则，二是提供公共产品，三是运用税收与财政政策调节投资方向，四是维护市场秩序，创造公平竞争的市场环境，五是完善社会保障体系，六是在国际经济关系中维护本国企业的合法权益。

六　关于知识经济与传统产业的关系理论

1998 年国家计划委员会和世界银行共同举办了一次关于 2020 年的中国经济论坛，世界著名未来学家托夫勒先生出席了这次会议并发表了关于后工业化与信息化问题的讲演。吕政在论坛上发表与托夫勒先生不同的观点。他认为知识经济或信息经济不是独立的经济形态。信息化与物质生产的关系是毛与皮的关系，没有农业、工业物质生产等实体经济，信息化将何以存在？因此，经济发展必须正确处理信息化与传统产业之间的关系。特别是中国工业化和城镇化的任务还没有完成，传统产业还存在继续发展的空间。知识经济、信息技术与传统产业之间的关系，不是替代与被替代的关系，而是改造与被改造的关系。

七　关于工业国际分工理论

关于工业国际分工理论。吕政对世界工厂问题进行了较为深入的研究，界定了世界工厂的内涵。他认为一个国家要成为"世界工厂"，必须是该国的工业有一系列重要生产部门的生产能力及其在世界市场上的份额位居前列，有一大批工业、企业成为世界制造业领域的排头兵，它们的生产经营活动对世界市场的供求关系和发展趋势能够产生重大影响。

吕政认为作为发展中的大国，既要发挥劳动力资源丰富的比较优势，鼓励发展劳动密集型产业，同时也要不失时机地推进产业升级，积极发展高新技术产业，在技术与知识密集型产业缩小与发达国家的差距，改变中国在国际分工体系中的地位和贸易条件。他认为必须正确认识所谓"工业无国界"的观点。在经济全球化的条件下，工业生产的产业链超出了国界，制造环节按照成本最低的原则在世界范围进行配置。但是，利益绝对是有国界的，发达国家总是控制着核心技术和关键环节，以实现利益最大化。中国在世界制造业体系中，不应长期处于产业链的底端，尤其是当生产要素成本不断上升的条件下，中国必须在高新技术产业领域实行赶超战略，实现从工业生产大国向工业强国的转变。

八　关于科技创新理论

关于科技创新规律问题研究，吕政论证和揭示了科学创新、技术创新和产业创新的联系与区别。吕政指出，科技创新分为发现、发明和科技成果产业化三个阶段。发现的目的在于揭示从宏观到微观的物质世界的存在方式及其运动规律，主要是从事基础理论研究工作的科学家的责任和工作重点。发明的任务是根据科学发现所揭示的规律，通过工程技术手段，研制成新材料、新产品或新的生产工艺流程。发明主要是在工程技术层次上的创新。发现是基础研究，发明是应用技术研究。虽然二者不可能截然分开，但在多数情况下，二者仍然是有区别的，创新的目标不同、侧重点不同，成果的表现形式自然不同。

关于技术创新的路径问题，吕政认为技术创新成果的工程化、产业化和市场化是科技创新的最终目标。技术创新必须走需求牵引、工程依托、社会化分工、企业为主体和政府支持的路径。应该发挥企业作为技术创新主体的作用。多数的技术研发中心建在企业，科技队伍的主体集中在企业。因为企业作为以营利为目的的经济组织，具有通过科技创新实现利润最大化的内在推动力；企业在生产经营活动的实践中，能够使技术创新方向和目标的选择更符合市场需求；企业具有把科技成果转化为产品的生产设备、工程技术能力以及社会化的配套能力。企业能够把科技要素、工程要素、资金要素、市场要素直接结合起来。

九　关于国防科技工业理论

20 世纪 80 年代以来，吕政一直把国防科技工业作为一个重要研究领域，并担任国防科技工业政策专家咨询委员会专家。他研究了中华人民共和国成立后国防工业发展和体制沿革，揭示了国防工业发展与国民经济的关系，论证了新时期推进中国国防工业现代化的主要任务，提出国防工业体制改革的方向和任务，分析建立寓军于民、军民结合、平战结合的体制要求、条件和产业组织形式。吕政认为国防科技工业是中国工业体系的重要组成部分，先进的国防科技工业是国防现代化的物质技术基础。历史告诉我们，落后就要挨打。经济上去了，国防现代化自然就能实现的观点是不全面的。国防现代化的前提是经济的发展，但有了钱仍然买不来国防现代化，因为先进的武器装备人家不卖给你。因此在发展经济的同时，丝毫也不能放松国防科技工业的发展。

关于国防科技工业体制，吕政分析了武器装备产品的二重性，既具有商品属性的一般特征，又具有公共产品的特殊性。这种二重性决定了现阶段中国国防科技工业既要遵循市场经济的普遍规律，又要按照军方的需求实行指令性计划。国防科技工业应形成军民结合、平战结合的企业组织结构和生产结构，逐步建立起主承包商、分系统（部件）转包商和零部件供应商这种金字塔式的产业组织体系。这种产业组织结构在和平时期有利于主承包商分散生产经营风险，降低生产经营成本。在战时，有利于迅速扩大生产规模，实现平战转换。

十　关于民营经济的转型理论

吕政认为从资本运动的趋势看，中国民营经济中一些企业将由劳动密集型产业向资本密集型产业转变。民营资本进入资本密集型产业，需要解决生产关系上的两个问题，一是从家族独资形态转向资本多元化和社会化，这样才能解决单个私人资本不足的矛盾，以适应基础产业由技术构成所决定的资本有机构成高、资本投入强度大的客观要求；二是在资本多元化、社会化的条件下，民营企业必须实行资本所有权与经营权相分离的现代企业制度，聘用和信任不具有血缘和裙带关系的专业经营管理人才，通过委托代理制，以克服家族治理资本社会化大型企业的局限；三是民营企业必须承担与社会发展和进步相适应的社会责任，在追求利润最大化的同时也必须兼顾利益相关者的利益。民营经济的生产关系也必须适应生产力发展的要求。

十一　关于房地产与国民经济发展关系的理论

2013年9月吕政发表了《论高房价对国民经济的严重危害》一文。他认为城镇商品房价格过快上涨，阻碍了国民经济的健康发展。一是高房价抑制了多数普通劳动者的刚性需求和改善性需求。二是房价上涨过快，抑制了城市大多数普通劳动者家庭的刚性需求和改善性需求，高房价加重了以居住为目的购房者的经济压力，削弱了对其他消费品的购买力，压缩了其他产业的市场空间。三是高房价抬高了工商业成本，削弱了中国经济竞争力。现阶段中国城镇的房价属于基础性价格。房价的变化直接影响到一系列商品和服务业的价格。高房价直接导致劳动力成本上升，也抬高了商业成本。四是高房价使进城务工农民难以转为市民，阻碍了城镇化的进程。农民难以承受转化为市民的经济成本。五是高房价对建设创新型国家具有颠覆性的破坏作用。高房价导致大量优秀科技人才流向国外。其次高房价导致房地产商的超额利润，削弱了积累能力和工业创新能力。另外，房地产的利润远远超出制造业的平均利润，必然诱导企业剩余资本投向房地产而不去追求技术创新。六是高房价促使社会财富向少数人集中，加剧了财富分配不公。市场机制自发作用的结果，必然出现一边是财富的积累，成为富豪，另一边出现大批无房户或房奴。高房价进一步拉大了社会的贫富差距，并在中心城市形成一批食利者阶层，割断了收入与劳动创造财富的联系。

十二　关于社会文化传统在经济发展中的作用理论

吕政在《论另一只无形的手》一文中指出，影响地区经济发展除了市场机制的作用外，还有另外一只无形的手在起作用，就是社会文化传统的因素。吕政认为，文化传统是一个国家或一个地区在长期的社会政治经济实践活动中，逐步形成的一种被普遍遵循的人文精神、价值观念、行为方式以及根深蒂固的习惯势力，是一种没有文字的历史沉淀。它不是通过制度规范和法律条文的形式来表现它的存在，而是通过潜移默化的方式因袭传承。价值法则、供求规律这只无形的手的作用方式，具有市场机制的强制性。社会人文传统这只无形的手的作用方式则是非强制性的，或者起着润物无声、催人奋进的积极作用，或者起着令人无可奈何，束手无策的消极作用。社会经济发展既要受经济规律的制约也会受到社会人文传统的影响。不同的国家、不同的地区、不同的民族有着不同的社会文化传统和历史背景，都会直接或间接地影响到政治、经济和企业制度的形成，影响到经济发展的方式和进程。

代表性著作

1. 《新中国工业经济史：1976—1985》，经济管理出版社 1986 年版。

2. 《论中国军事工业管理体制的调整与改革》，《中国工业经济研究》1986 年第 6 期。

3. 《对计划调节与市场调节的再认识》，《中国工业经济研究》1992 年第 3 期。

4. 《论毛泽东对中国工业化道路的探索》，《中国工业经济研究》1993 年第 12 期。

5. 《论提高中国工业竞争力》，《中国工业经济研究》1995 年第 12 期。

6. 《论公有制的实现形式》，《中国社会科学》1997 年第 6 期。

7. 《向军民结合转变的国防工业》，经济管理出版社 1998 年版。

8. 《正确认识知识经济与传统产业的关系》，《光明日报》2000 年第 10 期。

9. 《论另一只无形的手》，《经济管理》2000 年第 12 期。

10. 《中国能成为世界工厂吗?》，《中国工业经济研究》2001 年第 11 期。

11. 《对中国与俄罗斯经济体制改革差异的分析》，《中国工业经济》2004 年第 4 期。

12. 《工业技术创新体制与政策》，经济管理出版社 2004 年版。

13. 《我国企业生产经营条件与环境的变化》，《财经研究》2007 年第 2 期。

14. 《对"十二五"时期我国经济增长若干问题的探讨》，《国家行政学院学报》2011 年第 12 期。

15. 《适应生产力发展要求是所有制调整的出发点》，《人民日报》2012 年 5 月 23 日。

16. 《论高房价对国民经济的严重危害》，《中国经济时报》2013 年 9 月 16 日。

17. 《把握现阶段优化资源配置的着力点》，《人民日报》2015 年 10 月 29 日。

18. 《对中国经济增长动力问题的探讨》，《中国井冈山干部学院学报》2017 年第 4 期。

19. 《中国经济改革的实践丰富和发展了马克思主义政治经济学》，《中国工业经济》2017 年第 10 期。

简新华
Jian Xinhua

简新华，男，1947 年 8 月出生于湖北省武汉市，1968 年作为知识青年下乡务农，1970 年进厂做工，1977 年恢复高考后考入武汉大学经济系，1982 年 1 月毕业留校任教至今，是武汉大学经济与管理学院教授、博士生导师、珞珈杰出学者、师德标兵，享受国务院颁发政府特殊津贴专家、国家社科基金学科评审组专家。

曾经先后担任武汉大学人口研究所副所长、经济研究所执行所长、经济学院副院长、战略管理研究院副院长、教育部重点研究基地——武汉大学经济发展研究中心副主任、湖北省重点研究基地——武汉大学人口、资源、环境经济研究中心主任，兼任中国工业经济学会常务副理事长、中国《资本论》研究会副会长、中国经济规律研究会副会长、全国高校社会主义经济理论与实践研讨会领导小组成员、世界政治经济学会常务理事、中国产业经济学专业委员会委员、中国人口学科发展专业委员会委员、湖北省人口学会副会长、湖北省工业经济学会会长，国家行政学院、暨南大学、西南财经大学、北京工商大学、江西财经大学、中国地质大学、河南大学、浙江财经大学等 10 所高校兼职教授、咨询专家、学术委员，《中国工业经济》《当代经济研究》《政治经济学评论》《经济评论》《海派经济学》等重要学术期刊学术委员、编委、理事。

主要研究方向是中国经济发展和改革、社会主义经济理论、产业经济。先后承担包括国家社科基金重大和重点项目、自科基金项目、教育部的重大课题在内的科研项目十多个，其中有 3 项是国家社会科学基金重大招标项目。

独著、合著、编写出版学术著作和教材 20 多部，在包括《经济研究》《管理世界》《求是》《中国工业经济》《世界经济》《中国人口科学》，以及 *China Economist*、*Chinese Journal of Population Science*、*Studies on Socialism with Chinese Characteristics*、《人民日报》、《经济日报》、《光明日报》等权威报刊在内的刊物上发表学术论文 300 多篇，其中权威报刊 55 篇，100 多篇次被包括《新华文摘》《高等学校文科学报文摘》《中国人民大学书报资料中心文摘》在内的刊物转载。

科研成果获得 20 多项奖励，其中省部级 9 项，主要有：主编的《迈向现代化的中国经济发展丛书》获第二届中国出版政府奖图书奖提名奖，《当代中国人口流动与城镇化》获中共中央宣传部 1994 年度"五个一工程"一本好书奖，教育部第二届全国高校出版社优秀学术著作特等奖，《中国工业化和城市化过程中的农民工问题研究》获教育部第六届高等学校科学研究优秀成果奖（人文社会科学）著作二等奖，主编的《人口资源环境经济学丛书》获国家人口和计划生育委员会颁发的第四届中国人口科学优秀成果著作一等奖，《委托代理风险与国有企业改革》《中国和湖北省武汉市城镇化研究》《中国现阶段工业化研究》系列论文获湖北省社会科学优秀成果奖一等奖、二等奖，《论中国外贸增长方式的转变》获安子介国际贸易研究奖三等奖等。

一 中国工业化和新型工业化道路的深入探讨

走新型工业化道路是中国在 21 世纪新阶段提出的新战略方针，是全面建成高水平小康社会的重要保证，也是在如何更好地实现工业化问题上的重大创新，是对发展经济学理论的最新发展。近些年，简新华对中国特色工业化和新型工业化道路问题进行了创新性的深入探讨，主要贡献表现在以下几个方面。

（一）明确界定了工业化道路的具体内容，弥补了工业化道路研究的不足

简新华指出，工业化是任何国家由贫穷落后走向发达繁荣的必由之路，是发展经济学研究的主题。工业化既是一个古老的问题，又是一个崭新的课题，常研常新。从 18 世纪 60 年代英国的工业革命兴起，人类社会就开始了工业化进程，至今已有 200 多年的历史，但以工业占优势、人均 GNP 4000 美元作为标准衡量，基本实现工业化的国家按世界银行的统计，目前还只有 40 多个，世界上大多数国家仍然没有实现工业化，努力成为工业化国家依旧是世界上占多数的发展中国家面临的艰巨任务。走什么样的工业化道路，怎样实现工业化，是决定工业化快慢和成败的关键。现在世界上大多数国家之所以还没有成为工业化国家，最重要的原因是这些国家还没有找到或走上正确的工业化道路。但是，经济理论界却始终没有清楚地说明工业化道路的具体内容。简新华弥补了这方面研究的不足，根据工业化所要完成的任务、解决的问题和涉及的方面，明确提出工业化道路是指实现工业化的原则、方式和机制，所要解决的是怎样实现工业化的问题，具体内容主要包括产业的选择、技术的选择、资本筹集方式的选择、发动和推进力量的选择、实现机制的选择、工业发展方式的选择、工业空间布局的选择、工业化与城市化关系处理方式的选择、工业化与资源环境关系的处理方式选择、国际经济联系的选择。

（二）探讨了新型工业化道路的基本内容和特征，完善了对新型工业化道路的认识

新型工业化道路必须适应经济发展新阶段的条件和目标的要求，弥补传统工业化道路的不足，形成新的特点和优越性。什么是中国的新型工业化道路，江泽民同志在党的十六大报告中明确指出，这是"一条科技含量高、经济效益好、资源消耗低、环境污染少、人力资源优势得到充分发挥的新型工业化路子"①。简新华认为这是从结果和优点上界定的新型工业化道路的内涵，还需要从实现工业化的原则、方式和机制上具体分析和概括新型工业化道路的基本内容和特征，只有这样，才能弄清新型工业化道路为什么会产生和存在上述结果和优点。与西方发达国家和计划经济国家曾经走过的两种传统工业化道路相比，中国现在要走的新型工业化道路，是一条以信息化带动、工农业协调发展、技术引进与自主创新相结合、以集约型增长方式为主、协调兼顾机械化与就业、通过不断调整力求产业结构优化、合理进行工业布局、资本来源多样化、与城镇化适度同步、以经济效益为中心、节约资源、保护环境、力求实现可持续发展、实行对外开放、发挥比较优势和后发优势、发展内外向结合型经济、民间和政府力量相结合、市场推动、政府导向型的工业化道路，主要有十个方面的特点和优越性。他指出，正是由于新型工业化道路的特点和优越性，所以才有可能真正做到科技含量高、经济效益好、资源消耗低、环境污染少、人力资源优势得到充分发挥，成功地实现高水平的工业化。

（三）较早提出了工业化与城镇化适度同步理论

工业化与城镇化是必然伴侣，工业化是城镇化的发动机，城镇化是工业化的促进器。简新华发现两者的发展存在三种情况对工业化会产生不同的影响：一是城镇化水平超过工业化水平、二者关系不协调，会出

---

① 江泽民：《全面建设小康社会，开创中国特色社会主义事业新局面》，人民出版社2002年版。

现病态的过度城镇化或超前城镇化，产生严重的"城市病"；二是城镇化水平落后于工业化水平、二者关系也不协调，会出现病态的滞后城镇化；三是工业化与城镇化适度同步发展、二者关系协调，会形成健康的适度同步城镇化。只有两者协调，工业化才能顺利有效推进；否则，就会妨碍、延缓工业化进程。因此，在工业化过程中必须正确处理实现工业化与城镇化的相互关系，适度同步推进工业化和城镇化，实现二者的协调发展。

（四）提出了发展中国家工业化过程中"技术进步两阶段"的新观点

简新华发现，在工业化过程中发展中国家的技术进步存在两个不同的阶段。第二次世界大战以后发展中国家经济发展的经验表明，后发国家成为新兴的工业化国家，其技术进步和经济发展往往要经过两个阶段：第一阶段是掌握一般先进技术的阶段，主要通过发挥后发优势，引进国外先进技术，促进本国技术进步和经济发展；第二阶段是掌握高精尖技术的阶段，高精尖技术一般引进相当困难，甚至国外都没有，主要只能依靠自己创造，由引进为主转向自主创新为主，成为新兴的工业化国家。这种两阶段特征，在坚持社会主义方向的中国表现更为突出，西方国家尤其不愿意把高精尖科学技术转让给中国，拿钱也买不到，在需要高精尖科学技术的第二阶段，只能主要依靠自主创新。这是中国现在提出自主创新、建设创新型国家的主要原因之一。

二 中国重新重工业化的研究

从 1999 年开始，中国工业发展出现转折性变化，无论是在产值、投资、利润增长方面，还是在比重上重工业都超过了轻工业，出现了重新重工业化的趋势。1999 年重工业增长速度超过了轻工业 1 个百分点，2003 年甚至快 4 个百分点；重工业的比重也从 1997 年的 53.8% 猛升至 2000 年的 59.1%，2003 年更是达到了 64.3%，几乎接近了重工业优先发展时期的最高纪录（66.6%，1960 年），2004 年则超过了重工业优先发展时期的最高纪录，达到了 67.6%。与此同时，出现了严重的煤荒、电荒、油荒、气荒、运荒，资源短缺加剧，环境压力加大，经济增长的就业弹性系数下降。如何正确认识和评价这种情况？中国现在应不应该重新重工业化即二次重工业化？是否已经进入了一个重新重工业化的发展阶段，是什么因素引起的？以重化工为主导的经济增长会不会给中国带来危险？重新重工业化的道路应当怎么走？怎样克服工业重型化中资源、环境和就业的制约，有效地推进重新重工业化？这些是既关系到能否正确把握当前宏观经济形势、合理进行宏观调控，更关系到能否正确认识中国经济发展目前所处阶段、走势、面临的任务和应当采取的对策、影响到中国能否最终实现工业化的重大问题，成为激烈争论的热点问题。理论界对这些问题的看法出现了较大的分歧，形成了肯定和否定的两派对立的观点。但在争论中，各派基本上是各讲各的看法，缺乏直接正面交锋，不利于讨论深化和形成正确的认识。

简新华是中国重新重工业化的赞成者，不仅在报刊上发表的文章中正面论述了中国重新重工业化的表现、原因、意义、特点、困难、约束和趋势，提出了克服工业重型化面临的资源、环境和就业制约的道路和对策建议，为了弥补目前研讨的不足，还特别针对反对派的观点，不怕与著名经济学家展开争论，鲜明地提出反驳意见，澄清了许多似是而非或不正确的看法，为形成正确的认识做出了贡献。他反驳了二度重化工业化不是市场调节的结果，而是各级政府调节的结果的看法，提出重新重工业化主要是市场调节的结果；批评了霍夫曼理论是过时理论的观点，肯定霍夫曼定理是已被历史证明的工业化发展的客观规律；澄清了重工业必然是资源消耗型、环境污染型产业，重工业的发展必然是粗放增长、外延扩大的误解；质疑了中国现在依然只具有劳动力的比较优势，只能主要发展劳动密集型产业的观点，提出中国的比较优势已经发生变化，具备了发展重工业的资本条件；强调中国重新重工业化是绕不开、跨不过的，反对重新重工业化只会延误中国工业化、城镇化、现代化的进程；指出了重新重工业化的资源、环境、就业约束不是不可克服的，资源短缺的条件下也能实现重工业化。重工业产值在整个工业总产值由

1997 年的 53.8%，持续增加到 2011 年的 71.9% 的事实证明了简新华看法的正确性。

简新华特别指出，中国在重新重工业化的过程中，尤其要学习日本实现重工业化的成功经验。日本在资源严重贫乏的条件下，不仅没有放弃、害怕、反对发展重化工业，也没有企图跨越或绕过重工业化阶段，相反大力发展重工业，建成强大的装备制造业，完成农业的改造及生产和生活基础设施的建设，成功地实现重工业化，成为发达的工业化国家，并且是世界上资源综合利用效率最高的国家。虽然日本在重工业化过程中，拥有 20 世纪五六十年代石油价格低廉的有利条件，世界资源、环境问题也没有现在这么严重，但主要还是在市场机制和产业政策的作用下高效利用国内外资源的结果。随着中国重新重工业化任务的完成、城镇化的实现、基础设施建设的基本完成、装备制造业的振兴、农业机械化和现代化的实现、轻工业技术和装备的升级，中国资源消耗必将大量减少，环境压力必将大大减轻，第三产业的比重必将大幅提高，必将带来更多的就业机会。简新华预言，中国重新重工业化任务完成之日，就是中国工业化和城镇化实现之时。

三　中国开始进入工业化后期出现经济服务化趋势的研究

工业化过程中产业结构演进的规律是，工业化开始之前产业结构以农为主（农业社会），工业化初期产业结构以轻工业为主（轻工业化），工业化中期产业结构以重工业为主（重工业化），工业化后期产业结构以服务业为主（即经济服务化）。从 2012 年开始，中国产业发展和产业结构演进出现新的趋势：2012 年 GDP 全国第三产业增长 8.1%，超过了第二产业的 7.9%，成为增长最快的产业；2013 年服务业在整个国民经济中所占的比重达到 46.1%，首次超过第二产业，成为中国最大的产业，实现了历史性突破！2015 年比重达 50.5%，保持最高、超过一半，服务业这种增长最快、比重最大的势头一直保持到 2017 年，而且还将继续。

这个事实表明，中国开始进入工业化后期，产业结构出现了由制造业为主导向以服务业为主导转变的新趋势。简新华是最早关注并且接连发表文章论述这种新趋势的学者之一，2013 年 5 月在国务院发展研究中心主办的《经济要参》2013 年第 20 期上发表研究报告《服务化：中国产业结构调整优化的新主攻方向——把"四化同步"调整为"五化协调"的建议》，在《中国经济时报》2013 年 10 月 31 日发表文章《服务化：中国产业结构调整优化的新主攻方向》，在《武汉大学学报》2013 年第 6期发表文章《从"四化同步"到"五化协调"》，在《国家行政学院送阅件》2016 年 11 月 9 日第 64 号上，再次发表研究报告《建议把"四化同步"调整为"五化协调"》，提出了应该适时将工业化、信息化、城镇化和农业现代化"四化同步"的发展战略调整为工业化、信息化、城镇化、农业现代化和经济服务化"五化协调"的政策建议。这应该是更加符合中国实际和产业结构变动趋势的对策主张。

四 产业经济理论的探讨和教材编写

产业经济理论也是简新华近年来的重要研究领域，做了许多有益的探索。

1. 产业经济学学科性质的独特见解

产业经济学是一门产生不久的新学科，在产业经济学的研究对象、主要内容、学科特征和性质等基本理论问题上，还存在一些模糊认识和意见分歧，特别需要深入探讨，以求达到科学的共识，从而更好地掌握和发展产业经济学。欧美发达国家的多数经济学家把产业经济学只看成是产业组织学，中国出版的大多数产业经济学的教科书都把产业经济学说成是一门新兴的应用经济学科，简新华则提出产业经济学是中观经济学、理论经济学、不只是产业组织学的独到见解。他认为，社会经济存在微观、中观、宏观三个大的层次（国际经济关系除外），与此相适应的研究社会基本经济问题的理论经济学也由三大部分组成：研究单个企业和消费者的经济行为的是微观经济学；研究国民经济总体的是宏观经济学；研究产业之间的经济关系和产业内部企业之间的经济关系的是中观经济学。产业经济学是专门研究产业的经济学，所以是中观经济学。理论经济学是指研究社会经济中的基本理论问题，揭示经济活动的一般规律的科学。应用经济学则是指运用理论经济学的一般原理研究某一具体经济领域或特定经济问题的科学，是与理论经济学相对称的另一类经济学。既然宏、微观经济学是理论经济学，产业经济学当然也是理论经济学。产业经济学是以产业为研究对象的经济学，主要研究的内容应该包括单个产业状况、产业组织、产业结构、产业关联、产业布局、产业发展、产业规制和产业政策等，认为产业经济学只包括产业组织理论，是不全面、不准确的。

2. 产业经济理论内容框架的扩展和完善

根据对产业经济理论研究对象的理解和中国产业经济发展的需要，简新华扩展和完善了产业经济理论的内容和框架，增加了其他产业经济学教材中没有的产业革命理论、工业化及其道路理论、产业结构的类型、产业布局合理化、产业集聚、产业组织合理化、单个产业状况、产业素质、产业价值链等新内容，按照产业及其类型→单个产业分析→产业与产业关系分析→产业发展→产业管理的逻辑顺序构建了新的理论框架。

3.《新编产业经济学》的编写和特色

改革开放以前，中国对产业经济学的了解不多，更没有形成系统的产业经济学理论。为了适应中国现代化建设、经济结构的调整、产业结构的优化、产业布局的合理化和市场经济条件下产业组织的完善的需要，自20世纪80年代开始从日本和西方国家引进产业经济学，迄今已有20多年的历史。中国经济学界在引进、吸收国外产业经济学的同时，紧密联系中国产业经济发展的实际，总结中国的经验教训，进行了多方面的理论研究和创新，完善和发展了产业经济学，形成了具有中国特色的产业经济学。首先，明确了产业经济学与微观经济学、宏观经济学、工业经济学、中观经济学、区域经济学、产业组织学的区别和联系，深化了对产业经济学研究对象和学科性质的认识；其次，提出了具有中国特色的产业结构调整和优化升级的理论，丰富和发展了产业结构理论；最后，健全和充实了产业政策理论，使产业政策的研究更为全面、深入；最大的贡献是在日本学者提出的产业经济学的框架结构中加入了产业发展、产业布局、产业规制的内容，充实和完善了产业经济学的理论体系。

中国学者适应产业经济学教学的需要，编写出版了 20 多种产业经济学教材，为中国学习和发展产业经济学做出了重要贡献。为了反映产业经济研究的新进展、新成果，突出中国产业经济学的特色，更好地促进中国产业经济的发展和结构的优化，简新华和李雪博士应高等教育出版社的要求，2009 年又新编了一本产业经济学教材。

《新编产业经济学》的"新"主要体现在三个方面：一是重构了产业经济学的框架结构。全书按照产业及其类型→单个产业分析→产业与产业关系分析→产业发展→产业管理的逻辑顺序构建框架结构，由五篇组成：第一篇是绪论，主要论述产业经济学的研究对象、学科性质、研究方法、意义和产业分类；第二篇是单个产业分析，包括单个产业状况和产业组织；第三篇是产业与产业关系分析，包括产业结构、产业关联、产业布局；第四篇是产业发展，包括产业发展的内容、周期、方式、趋势、战略、产业革命、工业化等；第五篇是产业管理，包括产业规制、产业政策等。二是充实、更新了产业经济学的内容。主要是增加或调整了产业革命、工业化与工业化道路、产业结构的类型、产业布局合理化、产业集聚、产业组织合理化、单个产业状况、产业素质、产业竞争力、产业价值链、产业"空洞化"等内容。三是体现了中国特色。不仅在框架结构和基本内容上反映出中国特点，而且突出和加重了产业发展、产业结构、产业布局、单个产业状况等现阶段中国更需要的产业经济理论的介绍和论述。该教材力求概念明确、原理清晰、结构合理、逻辑严谨、简明扼要、通俗易懂、好教好学。

代表性著作

（一）主要学术专著和教材

1. 《中国工业化和城市化过程中的农民工问题研究》，第一作者，人民出版社 2008 年版。

2.《中国经济结构调整和发展方式转变》，第一作者，山东人民出版社 2009 年版（国家"十一五"重点图书）。

3.《中国工业化与新型工业化道路》，第一作者，山东人民出版社 2009 年版（国家"十一五"重点图书）。

4.《中国城镇化与特色城镇化道路》，第一作者，山东人民出版社 2009 年版（国家"十一五"重点图书）。

5.《中国经济改革探索》，独著，武汉大学出版社 2007 年版。

6.《中国经济发展探索》，独著，武汉大学出版社 2007 年版。

7.《新编产业经济学》，第一作者，高等教育出版社 2009 年版。

（二）研究论文（先后发表 300 多篇学术论文，以下仅限权威期刊的主要论文）

1.《积累到底是不是扩大再生产的唯一源泉》，独著，《经济研究》1981 年第 10 期。

2.《委托代理风险与国有企业改革》，独著，《经济研究》1998 年第 9 期。

3.《中国城镇化水平和速度的实证分析与前景预测》，第一作者，《经济研究》2010 年第 3 期。

4.《发展和运用中国特色社会主义政治经济学引领经济新常态》，独著，《经济研究》2016 年第 3 期。

5.《市场经济只能建立在私有制基础上吗？——兼评公有制与市场经济不相容论》，第一作者，《经济研究》2016 年第 12 期。

6.《中国特色社会主义经济理论的重大成果和新时代的创新和发展》，独著，《经济研究》2017 年第 12 期。

7.《新型工业化道路的特点和优越性》，第一作者，《管理世界》2003 年第 7 期。

8.《独立董事的"独立性悖论"和有效行权的制度设计》，第一作者，《中国工业经济》2006 年第 3 期。

9.《论中国外贸增长方式的转变》，第一作者，《中国工业经济》2007 年第 8 期。

10.《世界金融和经济危机的根源、新特征、影响与应对》，第一作者，《中国工业经济》2009 年第 6 期。

11.《世界城市化的发展模式》，第一作者，《世界经济》1998 年第 4 期。

12.《论农村人口流迁的双重作用及其对策》，执笔人，《中国人口科学》1995

年第 4 期。

13.《发达市场经济国家失业保障制度》，独著，《经济学动态》1996 年第 6 期。

14.《论农村工业化与城市化的适度同步发展》，独著，《经济学动态》1997 年第 7 期。

15.《中国现阶段需要什么理论经济学》，独著，《经济学动态》1998 年第 2 期。

16.《试解劳动力商品与按劳分配的理论难题》，独著，《经济学动态》1998 年第 10 期。

17.《科学发展观的形成、贡献和落实》，第一作者，《经济学动态》2005 年第 1 期。

18.《中国农村改革和发展的争议性问题》，独著，《新华文摘》网络版 2016 年第 1 期权威转载。

19.《中国经济发展方式根本转变的目标模式、困难和途径》，第一作者，《新华文摘》2010 年第 22 期。

20.《论中国的"两型社会"建设》，第一作者，《新华文摘》2009 年第 14 期。

21.《中国工业反哺农业的实现机制和路径选择》，第一作者，《新华文摘》2007 年第 2 期。

22.《论中国的重新重工业化》，第一作者，《新华文摘》2006 年第 1 期。

23.《马克思主义经济学创新和发展的若干问题》，独著，《马克思主义研究》2014 年第 2 期。

24.《马克思主义经济学视角下的供求关系分析》，第一作者，《马克思主义研究》2016 年第 4 期。

25.《增加有效供给，保证经济增长》，第一作者，《求是》2000 年第 22 期。

26. "Urgency Required in Changing the Growth Mode of China's Foreign Trade", *China Economist*, May 2008.

27. "Development of Heavy Industry Requires New Strategies", first author, *China Economist*, No. 3, July 2006.

28. "The Dual Function of and Counter-Measures for Rural Population Migration", Coauthor, *Chinese Journal of Population Science*, Vol. 8, No. 1, 1996.

29. "An Empirical Analysis and Forecast of the Level and Speed of Urbanization in China", *Studies on Socialism with Chinese Characteristics*, Vol. 2, No. 2, December 2011.

林汉川

Lin Hanchuan

　　林汉川，男，1949 年 2 月 19 日出生于重庆民生轮船公司一位管理职员家庭。公私合营后，1956 年随父母支援新建长江轮船总公司宜昌船厂而落户宜昌。林汉川是"老三届"知识青年，1968 年毕业于湖北宜昌市第一中学，到湖北宜都红花套双湖公社胜利大队下乡两年，参加了宜红公路、长江堵口复堤、焦枝铁路建设；在建设焦枝铁路枝城火车站中曾被评为宜都民兵师先进积极分子。1970 年 7 月招工到宜昌地区钢铁厂，当过班长、工段长、厂供销科临时负责人，曾获湖北省冶金系统"先进生产工作者"称号。10 年钢铁厂的基层工作，使林汉川积累了较丰富的企业管理实践经验。"文化大革命"结束后，他首次学习了国家经委编印的《工业企业管理》上、下册干部培训教材，多年来许多实践中弄不懂的问题，一下子茅塞顿开，有了一种豁然开朗的感受。1980—1983 年林汉川调至宜昌地区工业学校任教，专为宜昌地区厂长经理与县级干部培训讲授企业管理课程。任教期间他参加了中国质量管理协会在华中科技大学举办的质量管理培训班与湖北省经委举办的全省各地市企业管理师资培训班，使他在管理理论与管理方法上有了进一步提高。他又如饥似渴地学习了电视大学所讲授的理工科微积分、线性代数、概率论等一些基础课程。特别是当他在教学期间，与自己所培训的 300 多位宜昌各个行业中小企业厂长经理们进行大量调研与案例分析后，他 10 年前曾有过的上大学梦想，转变为清晰且明确地想继续深造学习工业经济专业硕士研究生的奋斗目标，他下定决心要把被耽误的 10 年时间抢回来。

经过全国统一考试，1983 年林汉川考上中南财经大学工业经济专业硕士研究生，经过 3 年刻苦拼搏，1986 年 7 月获经济学硕士学位；1986 年他留校任中南财经大学企业管理教研室副主任、工业经济系党总支副书记，1992 年破格晋升为副教授；1992 年任中南财经大学财经研究所副所长、所长，1994 年破格晋升为教授；1994 年被中共湖北省委、省政府授予"湖北省有突出贡献中青年专家"；1994 年在中南财经大学财经研究所政治经济学专业攻读博士学位，1997 年获经济学博士学位；1997 年被评为博士生导师；1997 年获湖北省高校工委"优秀共产党员"称号；1996 年 10 月赴美国马里兰大学进行学术访问；1997 年 9 月赴乌克兰国立经贸大学开展合作项目研究；1998 年 6 月赴荷兰蒂尔堡大学开展合作项目研究；1999 年任中南财经政法大学经济学院副院长、院长；2000 年获国务院"政府津贴专家"荣誉；2000 年 6 月赴中国台湾大学开展中小企业问题研究。

2002 年至今，林汉川被对外经济贸易大学聘为特级教授，现为国家二级教授，博士生导师，享受国务院政府津贴专家。担任对外经济贸易大学校学术委员会副主任、校学位委员会副主任、中小企业研究中心主任、北京企业国际化经营研究基地首席专家；兼任中国工业经济学会副理事长、浙江工业大学中国中小企业研究院院长、浙江省中小微企业转型升级协同创新中心主任等职；2008 年获北京市"五一首都劳动奖章"；2008 年获中共北京市教工委"北京高校优秀共产党员"称号；2015 年获北京市总工会"先进工作者"称号，2017 年被对外经济贸易大学聘为首批"慧园特聘教授"。还担任国家社科重大项目评审专家，国家自然基金与国家社科基金通讯评审专家，教育部长江学者特聘教授通讯评审专家。

林汉川获得省部级以上科研和教学奖励 23 项，其中国家级与省部级一等奖以上有 14 项。分别是《中国企业转型升级若干问题的调研报告》2015 年获全国高校第七届人文社科优秀成果一等奖和北京市政府第十三届社科优秀成果一等奖；《中小企业所面临的问题——北京、辽宁、江苏、浙江、湖北、广东、云南问卷调查报告》2007 年获第 12 届孙冶方经济科

学奖和北京市政府第八届社科优秀成果一等奖；《中小企业管理三层次课程体系创新与人才培养模式探索》2009 年获国家级优秀教学成果二等奖和北京市政府优秀教学成果一等奖；《转型期我国中小企业发展的若干问题研究》2015 年获全国高校第七届人文社科优秀成果二等奖和浙江省政府第十七届社科优秀成果一等奖；《中国中小微企业转型升级与景气动态的调研报告》2015 年获浙江省政府第十八届社科优秀成果一等奖；《我国中小企业竞争力评价与实证研究》2008 年获蒋一苇企业改革与发展学术基金优秀著作奖；《我国中小企业竞争力现状调查与评价实证比较研究》2008 年获首届中国管理科学（学术类）奖；《我国不同行业与不同区域中小企业竞争力实证比较研究》（系列论文）2007 年获武汉市政府第十届社科优秀成果一等奖；《高新技术开发区的若干理论的思考》1998 年获全国高校第二届人文社科优秀成果三等奖；以及"中小企业管理"2007 年获国家级精品课程、全国普通高校精品教材与北京市精品课程。

林汉川已主持国家级重大、重点、一般项目与应急项目 14 项，其中国家级重大重点项目分别是国家社科基金重大项目"全球金融危机下我国先进制造业发展战略研究"（08&ZD039）；国家自然基金重点项目"中国企业转型升级战略及其竞争优势研究"（71332007）；国家自然科学基金重点项目"我国中小企业发展与支持系统研究"（79930400）；以及教育部重大课题攻关项目"提升中国产品海外形象研究"（13JZD017）与教育部发展报告类建设项目"中国中小企业发展报告"（13JBG001）5 项。

　　林汉川一直站在中小企业发展与需求的前沿阵地，为中国中小企业理论拓展、实践应用、政策支持与人才培养展开创新性调研与探索，并做出了较为突出贡献，已在全国中小企业领域产生较大的学术与社会影响。其学术研究的主要贡献体现在以下方面。

一　关于中国中小企业界定标准理论

　　中小企业界定标准是中国发展中小企业面临的首要基础性问题。中华人民共和国成立以来，中国历年都是按照所有者标准与企业行政级别大小来界定中小企业标准的。显然中小企业如何按照市场经济主体来界定问题，已成为既影响中国中小企业蓬勃发展，更严重制约中国市场经济主体的培育与发展的问题。林汉川在对全球 44 个国家和地区从定性与定量两种分法对中小企业标准进行比较与评价基础上，对主要发达国家或地区美国、日本、欧盟、中国台湾地区中小企业最新界定标准和演变历程、法律依据、形成原因与规律进行专题剖析，以及自中华人民共和国成立以来 6 次对中小企业界定标准的演变规律进行系统分析，在国内率先提出中国界定中小企业的四点新思路与对策建议：即应按经常雇员人数、资本额和营业额三项标准，以不同部门和不同地区的差异来界定；应从不同行业如制造业、开采业、服务业、高科技产业的不同特点来界定中小企业；中小企业界定标准应与经济社会发展状况相一致，并需要考虑通货膨胀因素；界定标准在合理前提下应体现就简不就繁。该研究成果已被国务院发展研究中心直接采用，并已作为他们与国家经贸委起草的为中国第一部《中小企业促进法》配套的国家法规《关于中小企业标准暂行规定》的重要参考依据；该成果提交的研究报告《中小企业界定与评价》2003 年获湖北省政府第三届社科优秀成果二等奖。

二 关于中小企业竞争力的评价理论

林汉川认为对中国不同行业和不同区域中小企业竞争力进行评价，分析其竞争力差异状况和各种影响因素的作用机制，对制定行业和区域政策，提升中国不同行业和不同区域中小企业竞争力水平具有重要意义：(1) 林汉川创造了中国不同行业中小企业行业竞争力评价模型和评价指标体系，从中小企业外部环境竞争力、短期生存实力、中长期成长实力、长期发展潜力和综合竞争力 5 个方面、19 个层级、63 项评价指标体系展开了系统的评价比较分析。他们依据北京、辽宁、江苏、浙江、湖北、广东、云南 7 省市 14000 多家中小企业问卷调查数据，针对中国电子、电器、化工、轻工、商业服务、食品、机械、冶金、建筑、纺织、建材 11 个不同行业中小企业竞争力特点，在国内首次对不同行业中小企业竞争力进行了评价比较，进而提出了中国不同行业提升中小企业竞争力的五条对策建议。该研究成果已被《中国社会科学》中英文期刊全部采用，已向全世界宣传介绍了这一研究成果。(2) 林汉川专门研究了中国东中西部不同区域中小企业竞争力评价模型和评价指标体系，依据问卷调查获取中国湖北、辽宁、江苏、浙江、广东、云南 6 省市 1512 家中小企业的数据库信息，将江苏、浙江、广东 3 省作为发达地区代表；湖北、辽宁、云南 3 省是作为次发达地区代表；北京地区作为科技型中小企业集中的代表，对中国不同发达区域中小企业的外部环境竞争力、短期生存实力、中期成长能力、长期发展潜力以及综合竞争力进行评价与比较分析，进而揭示中国东中西部不同发达区域中小企业竞争力差异的深层机理，提出了提升中国不同发达区域中小企业竞争力的对策建议。该成果对中国不同发达区域政府管理部门和广大中小企业制定不同区域中小企业的发展战略与扶持政策具有重要参考价值。该研究成果已被《经济研究》期刊全部采用。

由于该研究成果在国内中小企业研究领域具有重要的独创性和应用前景，由此形成的系列研究成果，2008 年获蒋一苇企业改革与发展学术基金优秀著作奖，武汉市政府第十次社会科学优秀成果一等奖与首届中国管理科学（学术类）奖。

三　关于摸清中国中小企业发展现状与面临问题的调研报告

21 世纪初，国内刚刚开展中小企业研究，急需了解中国中小企业的发展现状与面临的问题，进而为制定扶持与促进中小企业发展政策提供重要依据。2001 年林汉川受国务院发展中心委托，依据对北京、辽宁、江苏、浙江、湖北、广东、云南 7 省市 14000 多家中小企业进行问卷调查数据，采用现代数据处理与统计分析方法，深入剖析了中国中小企业体制转型与产销竞争力、信息来源与外部协作、企业财务与融资、企业人才技术与研发能力、企业竞争措施与经营战略、企业经营环境与政府服务、不利于企业发展的主要因素 7 个方面所面临的问题，在国内首次通过大数据揭示了中国中小企业发展瓶颈主要因素的排序是：资金不足、缺乏人才、行业内部过度竞争；提出了推动中国中小企业持续健康发展的 5 条对策建议：（1）中国中小企业应从资源禀赋和要素禀赋两方面提升竞争力，从劳动密集型到资源密集型再到技术密集型转型；（2）中国中小企业都面临结构调整和转型升级的挑战，而结构调整的重点应是发展科技型，都市吸劳型和社区服务型三种类型中小企业；（3）应大力拓宽中小企业融资渠道和建立中小企业创新人才的激励机制，以解决中国中小企业发展的瓶颈问题；（4）加快政府体制转轨进程，建立健全中国中小企业发展的支持体系；（5）要慎重对待"资本深化"和"资本替代"对中小企业的排斥，中国中小企业应坚持走发展、环保和就业兼顾的新路子。由于该成果在国内首次对全国 7 省市 14000 家中小企业展开大规模大范围的问卷调查与系统的实证分析，反映它的独创性与特殊的实践指导意义，该成果 2007 年获第 12 届孙冶方经济科学奖与北京市政府哲学社会科学优秀成果一等奖。

四　关于加入 WTO 后中小企业转型升级理论

21 世纪初，面对加入 WTO 后对中国中小企业影响、挑战机遇与战略调整等新问题，林汉川在剖析 WTO 规则对中国中小企业各种具体影响基础上，从中小企业的宏观、中观、微观三个层面有机结合出发，研究了中国中小企业的产业选择与行业定位，中小企业与大企业的关联机制、群落模式，中小企业的区域定位与结构转型等应对问题；特别是对加入 WTO 与中小企业经营机制创新、WTO 与中小企业质量标准化战略、WTO 与中小企业绿色战略、WTO 与中小企业融资服务体系、WTO 与中小企业融资担保体系、WTO 与中小企业信息服务体系、WTO 与中小企业政府服务体系等各个方面，提出了应对 WTO 挑战的创新思路与新举措。该成果完成的《WTO 与中小企业发展》《WTO 中小企业转型升级》两部著作，丰富了研究 WTO 对中国国民经济影响与对策研究领域的内容，其中成果《WTO 与中小企业发展》2002 年获得外经贸部优秀成果著作二等奖，成果之《WTO 中小企业转型升级》2003 年获安子介国际贸易优秀成果二等奖。

五　关于金融危机后中国中小微
企业突破困境的调研报告

针对全球金融危机后中国小微企业生产经营出现严重困境问题，林汉川 2010 年深入 6 省、16 市、十多个行业、113 家企业实地调研考察，在国内首次提出中国中小企业的严重困境不仅是融资难问题，而是用工贵、用料贵、融资贵、费用贵与订单难、转型难、生存难的"四贵三难"问题。该调研报告在分析中国中小企业"四贵三难"形成原因的基础上，创新性提出中国小微企业解困思路与实现路径的对策建议：（1）加大税收优惠是中国小微企业当前解困的最佳政策选择。只有以减免税费为"牛鼻子"，对小微企业实施综合减税的优惠政策，对创业、创新、劳动密集型与所有微利小微企业实施"免三减二"的税收优惠政策，构建适应中国小微企业特点的税收制度，才能缓解小微企业当前的生存危机，进而调动社会与民间资本创办和投资小微企业的积极性。（2）实施国家"抓大放小"向"抓大扶小"战略思路转型与体制机制创新是解困的长效之道。主要有在国家战略层面成立国家中小企业局，以体制机制创新落实"扶小"战略，完善地方政府考核指标，提高各地发展中小微企业的积极性。（3）只有内外兼治、加速立法、多措并举、综合治理，才有可能破解困境。该研究报告被中央宣传部国家社科规划办《成果要报》2012 年 9 月 18 日第 65 期采用，并报送中央政治局委员、中央书记处书记、国务院总理、副总理决策参考。2012 年 9 月 24 日中央领导作了专门批示，已为当年全国经济工作会议与 2012—2014 年对中国小微企业减税政策的制定提供了决策基础，为中国小微企业连续多次的实施减税政策提供了解决方案。

六　关于加快发展"新三板"市场的调研报告

针对融资难一直是制约中国大多数高新技术企业发展的瓶颈问题，林汉川在调查研究中国中关村科技园区试点"新三板"市场的融资创新模式基础上，总结了中关村科技园区试点"新三板"市场具有入场条件宽松、挂牌时间短、融资效率高的三大优势；以及试点过程中存在的扩容难、转板难、管理难等突出问题，并对在全国更大范围内加快发展与推广"新三板"市场，提出了五条对策建议：（1）将"新三板"市场建设成为高新技术型中小企业融资的基础平台；（2）遴选潜力企业，重点服务新兴产业；（3）细化配套政策，推动制度创新；（4）加快扩容，扩大企业覆盖面，完善市场体系；（5）提升科学管理水平，完善上市后服务。该成果被中央宣传部国家社科规划办《成果要报》2011 年第 58 期采用，并报送中央政治局委员、中央书记处书记、国务院总理、副总理决策参考。该调研报告对国家制定"新三板"市场 2012 年在全国推广与扩容的重要决策提供了依据和起到了促进作用。

七　关于完善中小企业集合债融资
创新模式的调研报告

　　林汉川调查总结了中国试点中小企业集合债的深圳、中关村、大连三种创新模式的新鲜经验，分析了制约中国中小企业集合债发展存在的三个主要问题，即发行规模与中小微企业需求存在较大差距、担保难成本较高与现有管理体制制约、市场运作模式不健全等问题，并就完善中国中小企业集合融资创新模式提出了五条对策建议，即利用中小企业集合债的创新模式为解决中小企业融资难问题探索新的路子，强化政府管理与制度建设，完善中小企业集合债的市场运作机制，创新中小微企业集合债的担保体系，建立中小企业集合债的风险控制体系与偿债体系。该研究报告 2010 年 1 月 20 日上报，第二天就得中央领导同志的批示。这些新鲜模式的总结与完善对策的建议，为中央和地方试点推广中小企业集合债这种创新融资模式提供了丰富的理论与实践的营养。

八　关于中国企业转型升级
若干问题的调研报告

　　在当前和未来时期，正是中国企业推进转型升级战略的关键机遇时期，林汉川带领团队正是在服务国家这一伟大战略需求背景下完成了《中国企业转型升级若干问题的调研报告》。该成果聚焦中国企业转型升级战略中的中国企业国际化经营转型升级与中小微企业转型升级两项重大战略问题，通过深入全国 18 个省区、对 400 多家企业实际情况进行求真务实的调查研究，针对其中 15 项复杂纷繁的重要问题，提出了有决策价值与关乎长远发展的对策建议。由于该成果的主要内容与对策建议，对制定中国企业国际化经营转型升级与中小微企业转型升级两项重大战略思路与政策措施，提供了具有前瞻性、战略性、针对性、可操作性的解决方案与智力支持，已分别得到国家领导人批示与国家社科规划办《成果要报》《新华社内参》所采用，该成果 2015 年已获全国高校第七届人文社科优秀成果一等奖与 2014 年北京市政府第十三届社科优秀成果一等奖。

九　创建本科、硕士、博士《中小企业管理》的三层次教材课程体系

长期以来，中国还没有一部关于《中小企业管理》的基本教材，更没有一套适应本科、硕士、博士研究生中小企业管理三层次教材体系。林汉川研究团队经过 6 年努力，创建了国内第一套适应中国中小企业迅猛发展，内容新颖、定位准确、特色鲜明的《中小企业管理》本科、硕士、博士研究生三层次教材体系，包括工商管理类本科生课程体系《中小企业管理》《中小企业管理教程案例集》；中小企业方向硕士研究生课程体系《中小企业创业管理》《中小企业战略管理》《中小企业运营与控制》；博士研究生方向教学用书《WTO 与中小企业转型升级》《我国中小企业竞争力评价与实证研究》《北京高新技术企业国际化经营研究》等 8 本教学用书，解决了国内高校经济管理类本科、硕士、博士研究生在《中小企业管理》的教材体系极度缺乏却亟须创新的紧迫问题，取得了在该领域居国内领先水平的加强中小企业创业和就业教育改革的重要突破。该成果《中小企业管理三层次课程体系创新与人才培养模式探索》已获得 2009 年国家级优秀教学成果二等奖与北京市政府优秀教学成果一等奖。

特别是林汉川主持编写的《中小企业管理》本科课程与教材，是为了让中国大学生适应新世纪全国中小企业迅猛发展中最需要而最缺乏创业者与管理者的需求在国内率先开创的。由于该教材在内容安排、体例设计、写作方法、教学包等方面都能与国际同类先进教材接轨，而且便于课堂讨论，培养学生分析问题和解决实际问题的能力。该教材已入选全国普通高等教育"十一五""十二五"国家级规划教材，2007 年分别被评为国家级精品课程、北京市精品课程与全国普通高校精品教材；该

教材已由高等教育出版社 2006 年第 1 版，2011 年修订版，2016 年第 3 版进行了十多次印刷，全国已有 100 多所大学采用。

十 连续主持撰写《中国中小企业年度发展报告》

林汉川主持创办了《中国中小企业发展报告》一书，连续 8 年主持编写了《中国中小企业发展报告》2010—2017 年 8 部年度报告。每部中小企业发展年度报告都针对当年中国中小企业的发展现状、变化趋势、政策取向，并以当年度中国中小企业各种数据变化为基础、探讨当年度中国中小企业在发展中的融资担保、产业集群、技术创新、创业模式、国际合作、培训工程、服务体系以及政策法规等重大事件为重点展开系统的分析与评价。该成果联合国内 20 多所高校参与协同调研与编写，有力促进了国内高校中小企业研究切实发挥服务社会的重要职能，积极开展战略研究和政策咨询，推进这些高校成为国家和区域中小企业研究的高水平智囊团和思想库。该成果 2013 年已正式成为教育部哲学社会科学年度报告资助的建设项目，并多次在亚太经合组织（APEC）工商企业分会上发布，产生了较好的社会影响。

代表性著作

林汉川已公开发表论文 200 多篇，著作 32 部。其中代表性的获奖论文著作及研究报告如下：

1. 《我国不同行业中小企业竞争力实证比较研究》，《中国社会科学》2005 年第 3 期。

2. 《中小企业发展中所面临的问题——北京、辽宁、江苏、浙江、湖北、广东、云南问卷调查报告》，《中国社会科学》2003 年第 2 期。

3. 《高技术开发区建设的理论思考》，《中国社会科学》1995 年第 4 期。

4. Lin Hanchuan and Guan Hongxi（2006）："Comparative Study on the Evaluation of the Competitiveness of SMEs in Different Industries in China"，*Social Sciences in China*，Vol. XXVII，No. 1，Spring，pp. 69 – 81；《中国社会科学》（英文版）春季号。

5. Lin Hanchuan（1996）："The Construction of New High-Technology Development

Zones in China", *Social Sciences in China*, Vol. 4, pp. 28 – 35《中国社会科学》（英文版）。

6. 《我国东中西部中小企业竞争力实证比较研究》，《经济研究》2004 年第 12 期。

7. 《美、日、欧盟中小企业最新界定标准比较研究》，《管理世界》2002 年第 1 期。

8. 《中国民营与国有上市公司中行业先锋企业比较研究》，《管理世界》2006 年第 7 期。

9. 《环境绩效、企业责任与产品价值再造》，《管理世界》2007 年第 5 期。

10. 《中小企业界定与评价》，《中国工业经济》2000 年第 7 期。

11. 《中国企业转型升级若干问题的调研报告》，企业管理出版社 2013 年版。

12. 《转型期我国中小企业发展的若干问题研究》，中国社会科学出版社 2012 年版。

13. 《中国中小微企业转型升级与景气动态的调研报告》，中国社会科学出版社 2014 年版。

14. 《我国中小企业竞争力评价与实证研究》，中国财政经济出版社 2004 年版。

15. 《WTO 与中小企业转型升级》，经济管理出版社 2002 年版。

16. 《WTO 与中小企业发展》，上海财经大学出版社 2001 年版。

17. 《中小企业管理》，高等教育出版社 2015 年版、2017 年版。

18. 《中国中小企业发展研究报告 2011、2012、2013》，企业管理出版社 2011 年版、2012 年版、2013 年版。

19. 《中国中小企业发展报告 2014、2015、2016、2017》，北京大学出版社 2014 年版、2015 年版、2016 年版、2017 年版。

20. 《加快发展"新三板"市场创建高新技术企业融资创新平台》，全国哲学社会科学规划办公室《成果要报》2011 年第 58 期。

21. 《关于我国小微企业解困的政策建议》，全国哲学社会科学规划办公室《成果要报》2012 年第 65 期。

22. 《关于将浙江普陀岛与海南全岛建成国际旅游免税试验区的建议》，全国哲学社会科学规划办公室《成果要报》2016 年第 11 期。

23. 《"中国制造"标准走出去的难题与对策建议》，全国哲学社会科学规划办公室《成果要报》2017 年第 20 期。

金 碚
Jin Bei

金碚，男，1950 年 4 月出生于上海，籍贯为江苏吴江。中国社会科学院学部委员，工业经济研究所研究员，《中国经营报》社社长，中国经营出版传媒集团总裁。中国区域经济学会会长，中国工业经济学会副会长。中国社会科学院研究生院教授，博士生导师。

1963—1969 年金碚在南京市第九中学学习（期间，1968 年下放到南京八卦洲办学）。1969 年高中毕业后参加工作，先后在南京官塘煤矿（1969—1970 年）、中国人民解放军空军北京军区航空兵部队（1971—1975 年）、南京衡器厂（1975—1976 年）、南京市政府第二轻工业局（1976—1978 年）担任煤矿工人、军人、机械工人和政府机关干部等。1978 年全国恢复高考后，先后在南京师范大学、南京大学学习，获法学学士（1982 年）、经济学硕士（1984 年）学位。1984—1986 年留校在南京大学经济学系任经济学讲师。1986—1989 年在中国人民大学学习，获经济学博士学位。1989 年 7 月到中国社会科学院工业经济研究所工作，先后任助理研究员、副研究员、研究员，研究室副主任、主任，所长助理、副所长、所党委书记、所长。1993—1994 年在美国加州大学伯克利分校做访问研究。1998 年至今，担任中国社会科学院研究生院教授、博士生导师，曾任第一、二届执行委员和经济学部主任、工业经济系主任。2013 年至今由中国社会科学院任命担任中国社会科学院中国经营出版传媒集团总裁。

1999 年至今，先后兼任《中国经营报》社总编辑、社长。2006 年创办 China Economist（英文·双月刊），并兼任主编至今。曾任《中国工业经济》主编和《经济管理》主编。

现兼任商务部经贸政策咨询委员会委员，工商总局市场监管专家委员会委员等。曾兼任国家新闻出版总署报业管理专家顾问，中华人民共和国卫生部管理专家委员会委员等。

主要研究领域有产业经济学、工业化与发展经济学、企业理论与实践、传媒经济学等。发表学术论文 400 余篇，出版学术著作 60 多部。获全国精神文明"五个一工程"著作奖、中国图书奖、孙冶方经济科学奖、首届中国出版政府奖、中国社会科学院优秀成果奖等 20 多项国家级和省部级优秀成果奖。1991 年，被中国人民大学授予"做出突出贡献的博士学位获得者"荣誉；1994 年，被中国社会科学院评为"中青年有突出贡献专家"；同年，被国务院评为享受政府特殊津贴待遇的专家；1996 年，被国家人事部评选为"国家重点资助优秀留学回国人员"；1997 年，被国家教育委员会和国家人事部评为"全国优秀留学回国人员"；2010 年，被评为"中国社会科学院科研岗位先进个人"。

2013 年 4 月金碚 63 岁，11 月卸任中国社会科学院工业经济研究所所长职务。同时，中国社会科学院党组任命他担任中国经营出版传媒集团总裁，并决定该传媒集团划归中国社会科学院直接管理（此前一直由工业经济研究所管理），集团主要下辖经济管理出版社、《中国经营报》报社和《精品购物指南》报社 3 个单位及其下属的若干实体单位。同时金碚还继续担任中国区域经济学会会长。无论是在任所长期间还是卸任所长后，无论其他工作有多繁忙，行政管理工作头绪有多复杂，金碚始终坚持"咬定科研不放松"。他认为这是"守住本分"的表现，科研工作永远是他的"第一职业"。

一 关于竞争力和竞争力经济学的研究

1992 年是中国的"市场经济元年",这一年中国正式宣布改革的方向是建立社会主义市场经济体制。在市场经济中,竞争秩序和竞争力将成为一个核心问题。自那时起,金碚和其带领的研究团队开始进行竞争力经济学的开拓性研究,并始终居全国领先地位,获得多项重要奖项,而且在理论运用于实践上取得了成效。

1995—1997 年,金碚主持承担完成了中国社会科学院重点课题"中国工业国际竞争力研究",其总报告获得 1999 年度"孙冶方经济科学奖"。学术专著《中国工业国际竞争力——理论、方法和实证研究》获全国"五个一工程奖"。另一代表性专著《竞争力经济学》,被广泛认为奠定了竞争力研究的理论基础,先后获得"中国图书奖"和"首届中国出版政府奖"。

这一研究项目同企业界广泛深入结合,获得良好的社会反响。在此基础上,由《中国经营报》报社主办的"中国企业竞争力年会"已经成为中国企业界的一个具有广泛影响的年度论坛。

金碚关于竞争力的研究成果也受到新闻出版及传媒界的高度关注。2004 年和 2005 年,金碚的研究团队与国家新闻出版总署合作进行报纸竞争力评估,并举办了全国第一和第二届报业竞争力年会,取得很大的社会反响。研究团队还接受国家新闻出版总署委托,研制《报纸评估指标体系》,奠定了报纸评估论证制度的理论基础和技术可行性,并且在 2003 年全国报刊整顿工作的实际运用中取得良好效果,受到国家新闻出版总署领导和使用部门的高度评价。

中国竞争力研究成果还受到国际学术界的关注,金碚的个人专著 *The International Competitiveness of Chinese Industry*(《中国工业的国际竞争力》)一书由外文出版社出版(2007 年)。

二 关于产业（工业）经济学和工业化的研究

产业（工业）经济学是金碚的主要研究领域之一，研究成果获多项重要奖项。金碚早年主要研究发展经济学，其博士论文为《经济发展与宏观融资》，专注于工业化问题研究。工业是中国改革开放最前沿、最大胆、最彻底的领域；是中国目前国际竞争力最强的产业；更是中国国际地位提高和话语权增强的现实基础。从 20 世纪 80 年代末来到中国社会科学院工业经济研究所（以下简称工经所）开始，金碚组织工经所的研究人员，完成了国内第一部以市场经济为背景的《新编工业经济学》，在产业经济学界引起广泛关注，被认为具有重要的学科建设意义。在担任工经所副所长、所长期间，金碚创始并多年主持了《中国工业发展报告》集体项目（直至 2013 年卸任工业经济研究所所长），该年度报告已成为一个有较大社会影响的研究报告项目，多次获得优秀科研成果奖。

此外，金碚撰写的《产业组织经济学》《中国工业化经济分析》等专著和教科书出版后，成为高校广泛使用的教材和参考书，并获中国社会科学院优秀成果奖。专著《中国工业化的道路》（韩文），由韩国南海出版社出版（1998 年），在韩国学术界产生良好影响。21 世纪以来，金碚还陆续出版了《国运制造——改天换地的中国工业化》《大国筋骨——中国工业化 65 年的历程与思考》《中国制造 2025》《全球竞争格局变化与中国产业发展》《全球产业演进与中国竞争优势》《中国工业化的道路——奋进与包容》等专著，持续地研究中国工业化和产业发展问题。2012 年，金碚曾为中央政治局集体学习进行了关于新型工业化问题的讲解。

三 关于新闻传播和对外学术传播的研发创新

2002 年，金碚结合办报实践完成了国内第一部《报业经济学》理论

专著。① 该书获中国社会科学院优秀成果奖并得到业界的高度评价。《人民日报》前总编辑范敬宜在《光明日报》发表专论《一本书和一条路》，文中说："《报业经济学》是我国第一部以经济理论和方法，系统研究报纸产业运行和发展的专著，是我国报业经济学学科建设的一个重要成果，也是对建立和发展我国传媒经济学的一个理论贡献。"②

金碚经过对传媒经济的研究发现，中国与西方国家的传播环境有很大的差别。中国媒体要"走出去"，必须具有适应于西方国家传媒环境的媒体形态，并且应着力于进入西方国家的核心人群，才能有效发挥影响力。其中，能反映中国经济现实以及中国经济学界最新研究成果的学术杂志，往往更可以发挥重要的影响力和传播效果。因此，2006 年，金碚整合工经所、经济管理出版社、《中国经营报》报社以及中国社会科学院外各方面的社会资源，组织创办了 *China Economist*（《中国经济学人》英文）期刊。并采取了完全创新的办刊模式，在短期内就达到了高水平、高质量的办刊目标。目前，*China Economist* 已成为向国外读者传递中国经济学和管理学最新研究成果和信息的重要渠道之一，是对中国社会科学"走出去"战略的有益探索。

以 *China Economist* 为平台，金碚组织开展了多方面的对外学术交流活动。其中，金碚与李钢博士共同主编的《中国道路——中国经济学家的思考与探索》《中国经济的崛起与前景——中国经济学家的思考与探索》《面对新挑战的中国经济——中国经济学家的思考与探索》等英文图书，入选"经典中国国际出版工程"，并作为国家重点推介图书参加国际书展，金碚也曾应邀在 2012 年伦敦书展的专题论坛上作了专题发言。

除此之外，金碚在国际学术交流方面还作了多方面的努力和组织创新。其中，组织中国社会科学院学者同意大利国土与环境部的多项长期合作项目，取得显著成绩。其中，合作项目之一"生态环境管理高级研

---

① 从 1999 年起，金碚一直兼任《中国经营报》报社社领导工作。
② 《光明日报》2002 年 7 月 25 日。

究班"一项，连续 10 年共选派全国 1000 多名专家、政府官员及企业管理者赴意大利学习考察，取得良好的社会效果。

四　关于国有企业改革与发展的研究

早年（20 世纪六七十年代），金碚曾在国有企业及政府国有企业管理部门工作，对国有企业及其改革必要性有深切的感受。从 20 世纪 80 年代开始，金碚就一直致力于国有企业改革与发展道路的研究，并提出和形成了一个关于国有企业的代表性理论，即"国有企业是特殊企业"。这一理论研究的多项研究成果曾获得重要奖项，特别是受到实际经济工作部门，尤其是国有企业的广泛重视。"国有企业是特殊企业"理论的核心观点是，在市场经济中，国有企业是一种特殊的企业，即国有企业具有特殊的功能和优缺点，能够发挥特殊的作用，在国民经济中占有特殊的地位，但绝不是普遍地适用于大多数企业的企业组织形式。"少而精"才是国有企业的理想状态。金碚发表了多篇论文和出版了多部专著。其中，《论国有企业是特殊企业》（论文）、《国企改革在理论与实践的艰难探索中前进》（论文）、《何去何从——当代中国的国有企业问题》（专著）、《国有企业的历史使命》（论文）、《中国国有企业改革和发展研究》（专著）、《新型国有企业现象的初步研究》（论文）、《中国国有企业发展道路》（专著）等，先后获得了多项重要奖项。

金碚关于国有企业改革和发展方面的研究成果产生了较大的社会影响。其中，值得一提的是，2014 年 8 月 21 日，金碚应约在《人民日报》发表了《国企高管究竟该拿多少钱》一文，对国有企业薪酬制度改革产生了直接影响。当时，国家有关部门正在制订国企改革方案，如何确定国有企业高管的薪酬是一个争议很大的问题。《人民日报》理论部同志与金碚交流讨论，并专约他撰写一篇关于国有企业薪酬的理论文章，澄清一些认识，特别是希望能明确回答国企高管究竟该拿多少钱的问题。金碚按照他对国有企业基本性质的认识和一贯主张，提出了国企高管薪酬制度的基本原则和框架，即国企高管的薪酬水平和结构特征应是：体面薪酬、综合激励、公平标杆。所谓"体面薪酬"是，国企高管的薪酬应能体现其社会地位，保证其本人和家庭可以享有衣食无忧的生活，使其能够无后顾之忧地专心经营企业。所谓"综合激励"是指国家对国企高管的激励不仅体现在经济报酬上，还体现在奖励贡献、长期保障和给予更大职业发展空间上。所谓"公平标杆"是指国企高管薪酬体系应体现国家对于"收入公平"的意愿。

因此，其薪酬的基本原则是：如果是国家雇员，那么，原则上以较高级别的国家公务员薪酬为基本参照，加上体现经营业绩和风险报酬的激励性报酬，优秀的、创造了突出业绩的国企高管还可以拿到比国家公务员更高的报酬。如果是企业雇员，那么，其薪酬同企业效益直接挂钩，可以拿到与非国有企业同类高管收入水平相当的报酬。该文的观点得到了有关领导部门和决策机构的认同和采纳，此后国家所实行的关于国有企业高层管理者的薪酬制度安排的方向同这一思路基本一致。

五　对科学发展观和经济发展新常态的研究

中国是世界上最大的发展中国家，可以为经济学家提供极为丰富的研究对象，金碚从 20 世纪 80 年代开始一直对发展经济学有很大的研究兴趣（1984—1986 年就在南京大学开设讲授过发展经济学课程），发表了数十篇论文和专著。21 世纪，中国在取得举世瞩目的经济发展成就的同时，也付出了很大代价，产生了许多问题和矛盾。此时，深刻反思得失，进一步探索中国经济发展的可行性和可持续道路成为必须深入研究的重大问题。2006 年，金碚发表论文《科学发展观与经济增长方式转变》（载《中国工业经济》2006 年第 5 期，《新华文摘》转载于 2006 年第 15 期）。在中共十七大召开之前中国社会科学院承担的中央调研任务中，金碚担任了关于科学发展观调研课题组的执行负责人，撰写了调研报告《关于科学发展观的若干问题研究》上报中央，并代表中国社会科学院课题组向胡锦涛总书记主持的会议进行了汇报，受到中央的重视。

以 2008 年美国次贷危机引发的全球性金融危机为标志，世界经济进入了一个显著区别于以往的新时代，称为"新常态"时期。2015 年初，金碚发表了《中国经济发展新常态研究》长篇论文，并陆续发表了《经济发展新常态下的工业革命》《新常态下国有企业改革与发展的战略方向》《新常态下的区域经济发展战略思维》等论文。进而探讨了新时代新常态的国际经济背景问题，2016 年 1 月，发表了《论经济全球化 3.0 时代——兼论"一带一路"的互通观念》一文，系统论述了当代世界的经济关系格局和演化态势。

与科学发展观和经济发展新常态直接相关的一个基本经济理论问题是公平与效率的关系。金碚从 20 世纪 80 年代就开始关注这一问题，并一向主张"以公平促进效率，以效率实现公平"是比"效率优先，兼顾公平"更可取的政策取向。金碚在 1986 年就在《经济研究》（1986 年第 7 期）发表了《以公平促进效率，以效率实现公平》一文。文中所论述的一些判断和问题，在中国经济发展进程中越来越突出地显现出来，表明了金碚当年基于深入理论研究和国际经验观察所做出的判断和提示的担心是具有合理性和前瞻性的。

金碚主张，当进入全面深化改革的新时期和中国特色社会主义新时代，政府政策取向必须逐渐向"以公平促进效率，以效率实现公平"的方向调整。从 2014 年开始，金碚承担了中国社会科学院创新工程的学部委员资助项目"公平与效率关系的理论与实践研究——经济发展新常态下的工业化进程"，进一步深入研究一系列相关的理论和现实问题。先后发表了《深化改革基于市场经济共识》《关于改革机理逻辑一致性的若干问题》《改革红利与经济便利性》《改革要使生产生活便利化》《改革要有新动力》《善心执法才是真诚尊法》等论文，从体制机制上深入探讨改革动力与改革进程中的公平效率关系。

六 关于区域经济学的研究和学术组织工作

20 世纪 90 年代，金碚就开始涉猎区域经济问题的研究，曾与中国台湾中华经济研究院陈丽瑛进行合作，于 1996 年出版了第一部由两岸学者

共同撰写的经济学专著《两岸突破：中国工业区域分析》（经济管理出版社）。自 2013 年起，金碚担任中国区域经济学会会长，组织了大量全国性学术研究和交流活动，并出版了学会会刊《区域经济学评论》（双月刊），该刊由中国区域经济学会与其会员单位河南省社会科学院共同主办，金碚担任编辑委员会主任，河南省社会科学院院长和中国区域经济学会秘书长担任主编。现已成为中国区域经济学的全国一流学术期刊。

近年来，金碚陆续发表了《新常态下的区域经济发展战略思维》（《区域经济评论》2015 年第 3 期，《新华文摘》2015 年第 16 期，《中国社会科学文摘》2015 年第 8 期），《我国区域经济发展空间格局的新态势》（《北京日报》2015 年 6 月 1 日理论版），《区域经济发展的新思维新要务》（《区域经济评论》2016 年第 4 期），《全球化新时代的中国区域经济发展新趋势》（《区域经济评论》2017 年第 1 期；《新华文摘》2017 年第 8 期），《探索区域发展工具理性与价值目标的相容机制》（《区域经济评论》2017 年第 3 期；《新华文摘》2017 年第 21 期），《论经济发展的本真复兴》（《城市与环境研究》2017 年第 3 期），《环保与扶贫是中国经济增长新秘方》（《人民日报》2018 年 1 月 14 日第 5 版），《本真价值理性时代的区域经济学使命》（《区域经济评论》2018 年第 1 期）等区域经济学论文，在学术界产生了很大影响。

2017 年，范恒山、杨开忠、金碚等 5 人共同倡议发起成立了"中国区域经济 50 人"论坛[①]，该论坛已成为全国区域经济学研究和学术交流的常设高端平台（执行机构设在国家发改委国际合作中心），具有广泛的社会影响力。

代表性著作

（一）学术著作

1. 肖海泉、金碚：《发展中国家的经济发展战略》，南京大学出版社 1988 年版。

---

① 中国区域经济 50 人论坛，由范恒山、杨开忠、金碚、曹文炼、肖金成倡议，由中国区域科学协会、中国区域经济学会、国家发展改革委国际合作中心发起成立。邀请长期从事区域发展理论、政策研究和实践工作的具有较大影响的专家和中青年新锐组成，是研讨中国区域经济理论、政策和实践的学术平台。

2. 金碚：《宏观筹资与经济发展》，中国人民大学出版社 1991 年版。

3. 金碚编译：《增长与发展》，中国人民大学出版社 1992 年版。

4. 金碚：《中国工业化经济分析》，中国人民大学出版社 1994 年版。

5. 金碚、陈丽瑛：《两岸突破：中国工业区域分析》，经济管理出版社 1996 年版。

6. 金碚主编：《中国工业国际竞争力——理论、方法与实证研究》，经济管理出版社 1997 年版。

7. 金碚：《何去何从——当代中国的国有企业问题》，今日中国出版社 1997 年版。

8. 金碚：《中国工业化的道路》（韩文），韩国南海出版社 1998 年版。

9. 金碚编著：《产业组织经济学》，经济管理出版社 1999 年版。

10. 金碚主笔：《国有企业根本改革论》，北京出版社 2002 年版。

11. 金碚：《报业经济学》，经济管理出版社 2002 年版。

12. 金碚等：《竞争力经济学》，广东经济出版社 2003 年版。

13. 金碚主编：《新编工业经济学》，经济管理出版社 2005 年版。

14. 金碚等：《经济秩序与竞争政策》，社会科学文献出版社 2005 年版。

15. 金碚：*The International Competitiveness of Chinese Industry*（《中国工业的国际竞争力》英文），外文出版社 2007 年版。

16. 金碚等：《资源与增长》，经济管理出版社 2009 年版。

17. 金碚等：《资源环境管制与企业竞争力》，经济管理出版社 2010 年版。

18. 金碚：《国运制造——改天换地的中国工业化》，中国社会科学出版社 2013 年版。

19. 金碚：《大国筋骨——中国工业化 65 年历程与思考》，南方出版传媒集团广东经济出版社 2015 年版。

20. 金碚：《中国制造 2025》，中信出版社 2015 年版。韩文版：韩国出版社（MCN mediaco. Ltd）2017 年版。

21. 金碚：《供给侧结构性改革论纲》，广东经济出版社 2016 年版。

22. 金碚：《中国工业化的道路：奋进与包容》，中国社会科学出版社 2017 年版。

（二）国家及部级奖励

1. 金碚等著《中国工业国际竞争力报告》，1999 年获孙冶方经济科学 1998 年度论文奖。

2. 金碚主编《中国工业国际竞争力——理论、方法与实证研究》，1999 年获全国精神文明"五个一工程"著作奖。

3. 金碚等著《竞争力经济学》，2004 年获中国图书奖，2008 年获首届中国出版政府奖（图书奖）。

4. 金碚等著《资源与增长》，2011 年评选为国家新闻出版总署"三个一百"原创出版工程。

5. 金碚著《大国筋骨：中国工业化 65 年历程与思考》2016 年获第六届中华优秀出版物奖。

6. 金碚、张其仔主编《全球产业演进与中国竞争优势》，2017 年获第四届中国出版政府奖提名奖。

赵　坚
Zhao Jian

赵坚，男，1950 年 11 月生，1968 年北京四中初中毕业后在北京东城区金属加工厂工作，1978 年 1 月考入上海同济大学，1982 年 1 月毕业于同济大学工业自动化专业。1982 年 2 月至今，在北京交通大学经济管理学院工作。其中，1984 年 9 月至 1986 年 1 月，在中国人民大学工业经济系学习硕士学位课程，1988 年在北京交通大学在职获硕士学位。1997—2003 年任经济管理学院副院长；现任经济管理学院教授、博士生导师。2013 年至今，中国工业经济学会常务副理事长。

1. 国外研究工作经历

1990 年 10 月至 1991 年 11 月，英国 Bradford 大学发展与规划中心访问学者。2003 年 7 月至 2004 年 1 月，美国 Connecticut 大学经济系高级访问学者。

2. 国家级奖励、主持国家级基金项目情况

专著《引入空间维度的经济学分析与我国铁路问题研究》获 2013 年第六届高等学校科学研究优秀成果奖（人文社会科学）三等奖。

专著《集约型城镇化与我国交通问题研究》获 2015 年第七届高等学校科学研究优秀成果奖（人文社会科学）三等奖。

国家社科基金重大项目"集约、智能、绿色、低碳的新型城镇化道路研究"（13&ZD026）任首席专家。

一 产业政策研究

采用何种发展战略才能使中国经济赶上发达国家的水平，在理论界一直存在重大分歧。赵坚 2008 年在《中国工业经济》发表的《我国自主研发的比较优势与产业政策》，根据中国通信设备制造业的发展实践，说明现有理论难以解释的经济现象——中国在自主研发方面具有比较优势。这既不同于"比较优势陷阱"论，也不同于林毅夫"自生能力"论的解释。该文在澄清企业能力理论基本概念的基础上，说明竞争优势依赖于对比较优势的有效利用和企业能力构建。企业能力是企业关于做什么和怎样做的知识，体现在企业组织员工及各种资源去实现企业目标的方式上。市场经济运行过程就是企业能力的构建过程和企业不断地生灭过程。该文对比中国通信设备制造业和汽车工业的发展，分析中国汽车工业产业政策的理论误区，说明中国应当实施以企业能力构建为导向的竞争型产业政策。中国具有自主研发的比较优势，但中国企业缺少能够利用这种比较优势的知识和能力。这种能力不是企业一开始就全面具备的，而是在竞争过程中形成和发展的，要构建企业能力就要让竞争过程充分展开。企业能力理论对制定产业政策具有重要启示，以提高产业集中度为目标，限制竞争的产业政策往往造成比重复建设更严重的效率损失，因为限制竞争不仅保护垄断，而且直接阻断了企业能力的进化过程，扼杀了具有竞争优势的企业出现的可能性。

针对 2016 年引发关注的两位教授产业政策之争，赵坚在财新网上发表的文章《产业政策之争中的逻辑问题》被《人民日报》（内部参阅）转发。2016 年 10 月在北京交通大学经济管理学院召开的"产业政策问题研讨会"上，赵坚指出：张维迎认为产业政策不过是穿着马甲的计划经济，创新不可预见因此无法计划，所以产业政策一定失败；这一论证三段论存在逻辑缺陷。实际上，美国一直存在不同形式的产业政策。2016年美国商务部牵头组织制定的《制造创新的国家网络战略规划》（*NNMI Program Strategic Plan*），就是美国政府对产业发展的干预，但很难论证美国是在搞计划经济。美国的高技术产业处于世界领先地位，但为增强美国制造业竞争力，美国政府仍然识别出一些增强美国制造业竞争力的关键技术领域，在产业组织模式上进行引导，在资源配置上给予支持。因此，不能简单地以"创新是不可预见的"，来否定政府产业政策在增强产业竞争力方面的作用。重要的问题不是有没有产业政策，而是应采取什么样的产业政策。

林毅夫的产业政策制定原则同样存在逻辑缺陷，比较优势是在规模收益不变条件下解释国际贸易分工的理论，不能成为大国制定产业政策的依据。中国是超巨型国家，其国土面积相当整个欧洲，人口则超过欧洲、美国、日本的总和，是极少数可以形成完整工业体系的国家之一。因此中国可以而且应当充分利用经济规模优势在制造业的所有领域形成绝对优势，同时依照比较优势进行国际贸易。林毅夫根据"新结构经济学的视角"把中国的产业分成五种不同类型产业，建议政府因势利导发挥不同作用，但这些产业大多与他的比较优势原则相矛盾，而且这五种不同类型产业都是指向最终产品，而不是产品中的核心技术。竞争型产业政策所支持的不应是某个产业的最终产品，而是某些可扩展的、能够用于多个领域的关键技术研发。

中国为发展新能源汽车采取了对最终产品进行补贴的政策，希望通过高强度补贴发展新能源汽车产业。按照这种政策，新能源汽车的关键环节——储能器件的研发，不一定能得到补贴，只有同时生产整车才能得到补贴。这种不注重关键技术研发的补贴政策不仅无助于新能源汽车的发展，还给大面积骗补创造了机会。

2016 年第 12 期《中国工业经济》刊载了该"产业政策问题研讨会"综述。

二　产业组织研究

铁路改革重组是产业组织研究的世界性难题，日本和欧洲等国的国有铁路在 20 世纪八九十年代才开始改革，是国外经济学界关注的重要研究领域。铁路改革重组研究集中了产业组织理论研究中关于引入竞争、破除垄断、规制等多个研究领域的核心问题。

中国铁路改革一直存在"网运分离"和"区域分割"两种模式的争论。赵坚是坚持"区域分割"模式的代表人物。他 2005 年在《中国工业经济》发表的《中国铁路重组的企业边界问题分析》，指出铁路重组问题可以纠正对科斯交易成本概念理解的偏误，可以说明科斯拒绝用资产专用性和机会主义行为解释纵向一体化的原因。威廉姆森基于资产专用性和机会主义行为对交易成本和纵向一体化的理解，不能为区域分割或网运分离的重组模式提供理论指引。因为按照资产专用性的分析逻辑：相互连通的两部分铁路路网是联合专用资产，因此不能采用区域分割模式；路网基础设施和铁路机车车辆是联合专用资产，因此不能采用网运分离模式。实际上，科斯讲的是交易成本一般，而威廉姆森讲的是交易成本特殊，用特殊代替一般在某些情况下易于理解，但如果用特殊代替一般，则会降低交易成本理论的解释能力。

赵坚指出铁路运输企业重组问题本质上是企业边界问题，企业边界要划在交易成本最小的界面。"区域分割"是把交易界面划在相邻铁路运输企业的分界口，而"网运分离"是把交易界面划在铁路运输企业和路网企业之间，由于存在信息不对称，轮轨之间的交易成本要远高于分界口之间的交易成本。赵坚提出了两层面竞争的三大区域铁路公司重组方案，即把 18 个铁路局重组为北、中、南三大区域铁路公司，形成比较竞争；在三大区域公司内部进一步把铁路局沿主通道重组为多个子公司，形成平行线竞争。

赵坚 2015 年在《中国工业经济》上发表了《考虑组织结构的委托代理模型研究——以中国铁路运输业为例》，该文构建了考虑组织结构的委托代理模型，从代理人行为动因的视角进一步说明"网运分离"模式不具可行性。传统的激励机制设计是在既有组织架构下研究委托代理问题，但复杂组织内的职能分工和部门设置在很大程度上已经内生地决定了代理人的行为指向。该文指出，路网公司成为独立的企业后，其必然要关注自己的财务指标和盈亏状况。路网公司一般采用边际成本定价，尽可能减少亏损是其重要行为动因，而这会降低其在路网上的投入，导致路网质量下降甚至影响运输安全。组织结构设置导致的二者之间行为指向差异，最终会损害铁路运输行业的整体绩效。国外的实践也证明了这一点。2001 年英国铁路路网公司宣告破产由英国政府接管，以及法国铁路在实行了 17 年网运分离后，于 2015 年重新实行网运合一的实践，为上述理论分析提供了佐证。

三 集聚经济理论为基础的城镇化道路研究

中国城镇化应重点发展大城市，还是重点发展中小城市问题上，学术界一直存在争论，政府政策表述上也多次发生变动。赵坚中标国家社科基金重大项目"集约、智能、绿色、低碳的新型城镇化道路研究"任首席专家。经济学用匹配、共享、知识溢出机制来解释城市的集聚经济。赵坚认为，考虑空间维度的杨格定理（劳动分工取决于市场规模，而市场规模又取决于劳动分工）可以更好地解释集聚经济的自我增强现象。大城市能够满足多样化的需求从而吸引更多的人和企业进入大城市；而扩大的市场规模又导致了更细的产业间分工和更高的生产率，提供更多的工作岗位；导致更多的人口向大都市区集聚。集聚经济推动增长的核心机制是市场规模的扩大和分工的深化，因而，可以创造出更多的需求和就业，更高的生产率和更多的创新。

大都市区（Metropolitan Area）是指以大城市为中心，由多个与中心城市有较强通勤联系的县组成的区域。在城市化水平很高的美国和日本，城市化的发展趋势是大都市区的人口仍在增长，而一些中小城市的人口则很少增长或下降。美国人口和经济活动的空间结构是市场进行资源配置的结果，美国经济不是 50 个州的经济，而是"大都市区经济"（Metropolitan Economies），其主要特征是人口和经济活动高度集中在大都市区。2010 年美国排名前 20 位的大都市区聚集了 37.4% 人口，生产了 46.6% 的 GDP，获得了 63% 的专利。中国 2010 年排名前 20 位的城市人口占全国人口的 9%，GDP 占全国的 29%，分别比美国低 28.4 个和 17.6

个百分点。这种差距反映出中国资源空间配置效率上的差距，同时，也指示着中国人口空间流动和城市人口结构分布的方向。中国采用行政手段严格控制 500 万人口以上特大城市的人口和用地规模的政策，抑制了第三产业的发展和创新型企业的涌现。这将错失中国经济最重要的发展机遇。

赵坚用中国经济结构转变过程中的资源"空间错配"来解释中国经济增速下降问题。赵坚不同意那种基于人口红利消失和刘易斯转折点到来的解释。"人口红利消失说"用"人口抚养比的变动率"而不是人口抚养比本身，作为是否存在人口红利的标准。这曲解了布鲁姆（David E. Bloom，1998）提出的人口红利概念，存在基本的逻辑错误。中国 2015 年的人口抚养比虽高于 2010 年，但低于 2005 年前的任何时期。2015 年中国的人口抚养比比美国、欧洲、日本、俄罗斯、印度、巴西低 6—28 个百分点，且比世界平均水平更有人口红利。因此，无论从中国的人口结构转变过程考察，还是与世界主要经济体比较，都不能得出中国人口红利消失的判断，中国的人口红利至少要持续到 2030 年。

赵坚认为房地产投资变化及其乘数效应是拉动中国经济走出 1997—2001 年通货收缩实现经济高速增长的主要引擎，同时又是推动当前经济增速下滑的主要驱动力量。商品房建设需要大量的钢材水泥，生产钢材水泥需要消耗电力，电力生产又要消耗大量煤炭。因此新增房地产投资，会带动上游的关联产业都需要增加产能，都要增加投资，这些相关产业的新增投资同样会产生乘数效应，推动 GDP 的增长。但依靠大规模增加房地产投资推动的高速增长是一把双刃剑，一旦新增投资下降，通过乘数作用会大幅度拉低经济增长速度。

在这一经济结构转变中平均主义的区域发展政策导致的资源"空间错配"是中国经济增速下降的重要原因。在城市，一线城市的土地拍卖价格不断上升，房价不断上涨，存在明显的供不应求现象；而一些三、四线城市商品房库存过大难以消化，这是商品住房的空间错配。中国的交通基础设施建设同样存在空间错配，京沪高铁 2015 年的旅客发送人数超过 1 亿，每天开行的高铁动车组超过 100 对，因而能够实现盈利；而兰新高铁每天开行的高铁动车组则不到 5 对。新建的很多"城际铁路"客流严重不足，存在严重亏损。中西部大部分高速公路面临车流严重不足的困境，没有还款付息能力。另外，中国所有一线城市和大部分副省级以上城市都出现了严重的交通拥堵。这是运能的空间错配。资源的"空间错配"和政府强化行政权力对资源配置的干预，降低了经济增长的质量和效益。

在去产能、去库存的同时，还必须有新的经济增长引擎，才能避免经济增速的过快下降。中国应当调整区域发展政策，取消严格控制 500 万人口以上特大城市的人口和用地规模的政策，提高排名前 100 位城市的集聚经济水平，重点发展 20 个左右人口规模在 2000 万以上的大都市区，使大都市区成为经济增长的发动机。

中国特大型城市和一些大城市的行政区划面积明显低于平均水平，由此导致市场机制推动下形成的大城市人口集聚和经济活动空间扩展，与行政区划导致的行政壁垒相冲突。中国大城市行政区划过小导致的大都市区碎片化治理，不仅造成区域经济活动的人为分割，在当前地方政府承担本地经济发展责任和"分灶吃饭"的财税体制下，也势必导致资源空间配置上的扭曲。

解决中国大都市区碎片化政府治理的思路是把大城市的行政区划扩展到可能存在紧密经济联系的 1.5 万平方千米左右的区域，这只涉及不超过 20 个副省级以上城市。按大都市区优化中国大城市行政区划的具体做法是，将直辖市和部分省会城市（包括副省级城市）半径 70 千米左右的地域，以县为单位划归相应大城市的行政区划。例如，北京、上海、西安分别以天安门、人民广场、西安市政府为中心，将半径 70 千米左右地域以县为单位划入各自的行政管辖范围。

四　交通运输与国民经济发展关系研究

2006 年以来，赵坚对中国交通运输业发展的重大战略问题，在国内学术刊物和各类媒体发表多篇有关中国高速铁路、高速公路、高铁"走出去"等问题的文章和访谈，主要观点被国内外媒体（包括美国《纽约时报》、《时代周刊》、《华盛顿邮报》、英国《金融时报》等）广泛引用，有较大社会影响。

应全国哲学社会科学规划办公室要求，赵坚撰写的批评高速公路大跃进的《成果要报》得到时任主管副总理批示。2011年10月全国哲学社会科学规划办公室向北京交通大学发来通报，指出：9月刊发的《成果要报》中编发了北京交通大学经济管理学院赵坚研究成果《高速公路收费面临的"两难困境"及解决思路》，文中提出的重要观点和对策建议受到中央领导同志的重视。《成果要报》进一步指出："作为哲学社会科学研究工作者，赵坚同志坚持正确导向，自觉关注现实问题，深入开展调查研究，努力推出高质量的学术成果，体现了较强的责任感和使命感，为国家社科基金更好地服务党和国家工作大局做出了贡献。"

2011年10月应国家发展改革委邀请，赵坚作为13位国内专家之一，参加了国家发展改革委组织的交通运输部《国家公路网规划》专家论证会。在这次会议上，赵坚是唯一对交通运输部继续扩大高速公路建设规模的规划，提出明确反对意见的专家。2012年2月29日据《经济参考报》报道，国家发改委基础产业司司长黄民表示，中国高速公路建设将按照轻重缓急、分类指导、区别对待的原则来安排，目前已有其他相近或平行高速公路可以替代的路段，以及现有公路在一定时期内能够满足交通需求的路段，所规划的高速公路项目将推迟到"十二五"以后甚至"十三五"以后再建设。据悉，交通运输部《国家公路网规划》延缓上报国务院。赵坚关于发展高速公路存在问题的观点已被部分采纳。

赵坚批评高速铁路大跃进的观点也被新一届铁道部领导部分采纳。据媒体2011年4月的报道，铁道部部长盛光祖在接受《人民日报》专访时指出，目前中国铁路工作中存在的三大问题，即规划过于超前，票价过高，以及铁道部负债较大。铁道部把中西部在建高铁的速度目标值由时速350千米降低到时速250千米。

针对中国正在进行的大规模高铁建设，赵坚在交通运输经济学国际顶级学术刊物 *Transportation Research Part A Policy and Practice* 上发表论文，该文在梳理交通运输经济学关于节约旅行时间价值研究的基础上，构建了新的理论模型，分析了影响节约旅行时间价值的主要因素，说明把两种以上活动安排在同一段时间会改变节约旅行时间的价值，并用大数据验证理论分析，进一步从理论上说明只有在人口规模大、密度高的通道，高速铁路才可能实现盈亏平衡，大规模高铁建设将造成中国经济难以承受的债务负担。目前，即使不考虑高铁的运营成本，高铁的全部运输收入尚不够支付建设高铁的贷款利息。中铁总已经要靠财政补贴和不断借新债还旧债来维持，已经陷入债务负担恶性增长的深渊。按照目前的发展态势，2020 年中铁总的负债将高达 8 万亿元，势必导致铁路债务危机，引发严重的金融风险。

赵坚认为高速铁路只能运人不能运货，主要满足消费性需求，不能满足生产性需求。高铁每千米的建设成本是普通铁路的 2—3 倍，到 2016 年年底中国已修建了 2.2 万千米高铁，至少相当于少建了 4 万千米普通铁路。中铁总（原铁道部）的负债也从 2005 年的 4768 亿元，猛增到 2016 年的 4.72 万亿元；同时，中国铁路货运周转量的市场份额（不包括远洋运输）从 2005 年的 50%，以每年 3 个百分点的速度快速下降，到 2016 年只占有 17% 的市场份额。而公路货运周转量的市场份额快速上升到 2016 年 49% 的市场份额。美国是世界上公路运输最发达的国家，但其铁路货运周转量的市场份额一直在 40% 左右。大规模高铁建设严重扭曲了中国的交通运输结构。由于铁路货运能力不能满足需求，中国大量用汽车运输煤炭等基础原材料，用稀缺的石油资源换廉价的煤炭资源，大幅度提高了物流成本，严重降低了国民经济整体的资源配置效率。

俄罗斯媒体最近报道了"巴尔古津"铁路导弹作战系统，核导弹列车重新成为俄罗斯的"国之重器"。由于列车轴重和技术速度的原因，核导弹列车不能在高速铁路上运行。因此，中国大规模的高速铁路建设至少不利于军民融合增加国家战略安全。

学术感悟

　　我在以上 4 个研究领域发表的文章，几乎没有一篇是用计量模型进行实证检验的，这似乎不符合当下经济学界的偏好。刚到北京交大我还有过讲授经济计量学的经历。经济学是经邦济世之学，中国经济的快速发展提出了许多迫切需要研究的理论和现实问题，发出独立思考的声音，承担起作为经济学者对国家和人民的责任，比发表些用计量模型验证已知结果的论文或更有价值。

代表性著作

1. 《深化铁路改革：为何改？如何改？》，财新网，财新名家 2017 年 10 月 9 日。

2. 《新版北京城市规划如何适应城市发展》，财新网，财新名家 2017 年 4 月 7 日。

3. 《从"资源空间错配"看城镇化道路》，财新网，财新名家 2016 年 11 月 29 日。

4. 《产业政策之争中的逻辑问题》，财新网，财新名家 2016 年 9 月 18 日。

5. 《不要把"大都市区化"误读为发展中小城市和专业特色镇》，财新网，财新名家 2016 年 5 月 9 日。

6. 《中国经济增速下降的原因与应对选择》，《北京交通大学学报》（社会科学版）2016 年第 2 期。

7. "The Variation in the Value of Travel-time Savings and the Dilemma of High-speed Rail in China"，*Transportation Research Part A：Policy and Practice*，82（2015）130 – 140.

8. 《通州副中心能否缓解北京大城市病》，《中国改革》2015 年第 9 期。

9. 《坚持底线思维破解发展大都市区的体制障碍》，《北京交通大学学报》（社会科学版）2015 年第 1 期。

10. 《高铁"走出去"：热烈中的冷思考》，《东方早报》上海经济评论专版 2014 年 11 月 25 日。

11. 《我国铁路重组为三大区域铁路公司的设想》，《综合运输》2012 年第 7 期。

夏大慰

Xia Dawei

夏大慰，男，1953 年出生于上海，祖籍浙江绍兴。1969 年赴吉林省梨树县插队落户。1982 年毕业于长春工业大学，1985 年毕业于上海财经大学工业经济系，获经济学硕士学位。同年起留校任教于工业经济系。1988—1990 年在日本大阪市立大学担任客座研究员，1994 年晋升为教授。他是中国 20 世纪 80 年代中期改革开放的重点进入工业领域、城市领域以来，从事产业经济学研究的第一批学者，是上海财经大学产业经济系、上海财经大学国际工商管理学院成立和发展壮大的奠基性人物，是推动中国产业经济学发展的重要学者。自 1991 年起曾先后担任上海财经大学科研处处长、南德国际工商管理学院院长、校长助理、副校长等职务。这期间为上海财经大学的学科发展、科研改革、师资建设、研究生招生、国际合作平台搭建等方面发挥了重要的作用，为上海财经大学从中国财经类院校中脱颖而出，成为中国经济学研究、教学的重镇做出了积极的贡献。

20 世纪 90 年代中期，为加快推进社会主义市场经济步伐，党和国家领导人认识到必须培养大批的会计师、律师和税务干部，为此，建设国家会计学院被提上日程。在朱镕基总理直接筹划、领导下，于 2000 年成立了上海国家会计学院，由夏大慰担任党委书记、院长。十多年来，他带领同人大胆探索，艰苦创业，将学院发展成为一个年培训 5 万学员，累计培训各类学员超过 140 万人次，涵盖学术研究、学位教育、高层管

理培训、远程教育的高端机构，被誉为会计人员的"精神家园"。财政部原部长项怀诚在 2016 年深情回顾三所国家会计学院创办阶段时写道："那是一个干活的时代，那时有一批拼命干活的干部。时隔二十多年，我常常想起他们，特别是三所学院的首任院长梁尤能同志、夏大慰同志和邓力平同志，没有他们，会计学院不可能办得那么成功。"

　　他还先后兼任中国工业经济学会副会长、中国会计学会副会长、中国总会计师协会副会长、上海会计学会会长、香港中文大学名誉教授、上海证券交易所上市公司专家委员会委员、宝钢集团和中海油集团外部董事等职务。1997 年被列入财政部跨世纪学术带头人计划，1998 年被列入教育部首批人文社科学术带头人计划，入选 1999 年度国家"百千万人才工程"第一、二层次人选，享受国务院特殊津贴。

一 政府规制领域的研究

随着 20 世纪 90 年代中期中国经济体制改革的深化，人们逐渐认识到国有企业需要分类改革：对于丧失竞争力、资不抵债者，需要大规模转制、退出；对于靠改革开放政策和市场机会发展起来，企业家发挥了重要作用的国有企业，应朝着多元股份制的方向建立现代企业制度；对于基础设施与公益性产业中的巨型公司，在政策方向上，维持行政垄断、市场限入。夏大慰敏锐地认识到，对第三类国有企业，扭亏目标并未触及问题的根本，而改革的着眼点也不仅仅是完善企业内部治理结构。事实上，随着下游产业发展和需求的增长，这类"关系国计民生和国民经济命脉"的行业，其经济效益大幅提升。他强调，这类基础性产业具有广泛的外部性、公益性、公共品属性和特有技术经济特征，如果缺少合理的规制体系跟进，其本身的经济效益好转可能蕴含着全社会产业运行成本的提高。他在 1994 年申报的国家哲学社会科学基金项目"社会主义市场经济条件下政府规制研究"，是国家哲学社会科学基金立项的第一个政府规制项目。从那时起，他带领学生，就市场经济条件下政府规制的理论经验与改革方向、公用事业产品定价、网络产业规制、中国自然垄断产业的公共规制等展开了一系列深入研究，完成了许多论文、课题报告和著作。

夏大慰提出了自然垄断产业进一步放松规制的理论依据，研究了"规制促减贫"对中国公用事业改革的启示，深化了具有转移成本市场中进入导致社会福利如何变化的结论，实证分析了各种激励性规制与电信业全要素生产率的关系，指出了存在多产品的公用事业中政府规制改革的方向，阐释了电信业价格规制与企业投资激励之间的关系，分析探讨了既有规制对发电行业效率的影响，拓展了不对称规制效果的结论，发掘了对开放平台激励性规制的举措，提出了社会主义市场经济条件下政府规制改革的基本思路。

在总体研究的基础上，他还深入到若干具体产业，对电信、电力、

证券、民航、出版、银行等行业，结合各产业技术经济特征、趋势和管制现状，一一提出了规制体系转变的战略性方向、价格改革的思路对策、规制改革的具体内容。

他深知各类产业的多样性和复杂性，深知改革的艰巨性和复杂性，深知产业经济学的时代性和应用导向。因此，在理论研究之外，他非常重视将对规制的研究应用于现实，考察实际、发掘数据、结合现实、把握趋势，为上海市若干公共事业产品定价、为华东电网定价、为上海热电联供领域的有效规制和定价体系提供了一系列实实在在的战略研究和方案对策。

二 反垄断研究

中国经济改革和市场经济体系的完善，处于全球经济大变革、市场结构大调整、竞争的实践与理论大发展的背景下。研究国际反垄断的理论与实践，创造性地为我所用，是中国经济学需要重点着力的领域之一。夏大慰始终高度关注国际反垄断研究的前沿进展和典型事件，为中国反垄断研究提供了若干真知灼见。

他强调，如何维护竞争机制的作用，以确保经济的活力，同时又能充分发挥大规模经营的优势，在竞争活力和规模经济中寻求均衡，是反垄断政策的中心课题。而对这一问题判断需要结合新经济带来的产业融合、产业边界模糊等现象对传统反垄断政策带来的挑战。这是中国融入国际经济体系过程中亟须解决的重要问题。他从经典理论、前沿理论、国际实践、中国的现状出发，从机构改革、政策体系、典型产业等多方面入手，提出了若干建设性的建议。

对自然垄断产业规制的探讨，是反垄断与政府规制的交叉领域，也是重点领域。随着理论的发展，自然垄断的依据以及经济管制能够带来公共利益的传统观点开始受到质疑，市场准入管制和价格管制在许多产业是否符合经济效率准则及其存在的必要性为一些理论研究所动摇，并进而形成新自然垄断理论。对这一新的理论体系，他与其学生经过深入研究，对其进行了进一步深化和修正。按照中国社会科学院工业经济研究所课题组《中国产业组织若干问题研究的新进展》的报告，认为此项研究"对新自然垄断理论进行了部分修正，剔除了'进入无障碍、企业无承受力'情况下管制的必要性，强化了自然垄断产业放松管制的理论基础"。

三　具体产业的研究

在中国改革发展的不同阶段，某些关键产业、基础性产业在国民经济中起着不可替代的作用。与此同时，这些产业的市场结构、发展模式、政策导向又往往具有很强的普遍意义。因此，剖析具体产业的市场结构、竞争和发展态势，提出前瞻性的政策建议，具有重要的现实意义。为此，多年来，夏大慰对中国许多行业进行了追踪和深入剖析。

汽车工业一直是中华人民共和国成立以后中国重点发展的产业，他从20世纪80年代起，就追踪后发国家汽车工业发展的路径、支撑体系和产业政策，从中提炼出可借鉴的经验和启示。他在充分把握日本、韩国、墨西哥等国汽车工业发展路径的基础上，对学界普遍接受、后起国家汽车工业发展过程中普遍采用的"来件组装生产—国产化—扩大出口"路径进行了剖析，明确指出"迅速提高汽车规模经济的水平是后起国家发展汽车工业的基本着眼点""通过吸收跨国公司资本和技术，再加上政府不同时期各种政策的有效组合，发展中国家的汽车工业能够实现高速增长，但短期的出口导向政策，会不利于产业资本和技术的本国化"。电力产业是他长期关注的行业，多年来，他对中国电力的各种类型、产业链各部分的产业组织都进行了追踪和研究，对不同的电价模型、定价方式及其适用性进行了深入分析，研究探讨了中国电价改革的基本思路与对策。石化产业是中国的支柱产业，他强调产业重组对于化解市场结构分割的意义，又尖锐指出行业公司层面上的分割分治、垄断经营，石化企业层面上的低集中度与规模不经济效应等长期存在的问题，对行业进一步深化改革、调整重组提出了建议。中国的家电行业曾经被广泛认为

是重复建设、重复引进的代表性产业，其低集中度、价格战等行业现象一度广受抨击。家电业的发展模式在中国体制转轨和高速增长阶段具有相当的普遍性，对这类行业的政策把控具有重大意义。他从对彩电行业的产业组织分析入手，力排众议，认为中国彩电行业的发展是"一个典型的市场竞争的逻辑过程"，对彩电和类似行业发展的产业政策提出了自己的见解。此外，他还对钢铁、电信、食品饮料、光伏、金融、互联网平台等产业从产业组织角度展开了研究，提出了不少有益的见解。

四　上海经济和国有企业改革

上海是中国的经济中心城市，自 1990 年浦东开发开放以来，也成为中国改革开放的前沿。其后，上海城市定位为"国际经济、金融、贸易、航运中心"，2016 年起，更进一步增加了"全球科创中心"的定位，被作为国家创新发展的重要依托地区。国家对上海"改革开放的先行者，创新发展的排头兵"的根本要求，意味着上海的改革、发展、创新，不仅是地方经济问题，而且事关全国大局。夏大慰很早就明确认识到上海经济改革和创新发展的全局性意义，自 20 世纪 80 年代起，他就把上海城市经济定位、发展上海外向型经济、上海产业结构转型升级、加快中小企业技术进步的对策作为重要的研究内容。

在地方经济相互竞争，地方保护主义盛行的时期，他就特别强调"上海的发展要转换思路，不要局限于周边地区的重复竞争，低层次纠缠，要从全国一盘棋的角度来看，要把诸如珠三角、环杭州湾、东北老工业基地等作为合作伙伴，要从以上地区的崛起发展中寻找属于上海的机会，做别人做不了的事，发挥出不可替代的作用"。伴随着上海经济的改革发展和产业转型，他还就上海产业结构的基本问题、目标规划、基本方案等完成了一系列课题、著作和论文，就城市定位、外向型经济发展、都市型工业发展、企业改革和企业集团发展等，提出了许多战略设想和实施策略建议。当上海还是一个生产型的相对封闭的城市时，他就提出发展外向型经济；当上海处于国有企业管理体制改革之前，他就强调发展企业集团，以资本为纽带形成国有控股公司；当上海经济还处于以工业为主的阶段和发展思路时，他就非常强调通过制度创新促进服务业的发展，强调"上海第三产业的发展，首先取决于政府制度创新的广度和深度"。为了推动国有企业改革，他不仅写文章、为国资委和企业高层做报告，还深入企业，为宝钢集团、上汽集团、上海家化、百联集团、浦发银行、上海航空等企业的发展战略规划和治理结构完善做了大量的实际工作。

中小企业的技术进步是国民经济高质量增长的重要着力点。夏大慰在上海国有经济完全主导、技术进步主要依托大型国有企业和对外资企业"市场换技术"的时期，就深刻认识到中小企业技术进步的重大意义。他密切跟踪起飞国家，特别是日本的中小企业技术发展体系和政策支持体系，发表了一系列论文，从日本行业分布特点和发展趋势、日本政府的技术支撑体系、国家和上海加快中小企业技术进步的对策等方面提供了丰富的研究成果。

代表性著作

（一）论文

1.《将部分全民所有制大中型企业改造成股份公司的若干设想》，《财经研究》1985 年第 3 期。

2.《发展企业集团与调整上海产业结构》，《财经研究》1986 年第 2 期。

3.《外向型经济与工业产业结构：上海的抉择与转换》，《财经研究》1988 年第 1 期。

4.《环境保护政策研究》，《财经研究》1992 年第 2 期。

5.《后起国家现代汽车工业形成过程与政策研究》，《中国工业经济研究》1993 年第 11 期。

6.《CKD 方式与技术形成》，《财经研究》1994 年第 3 期。

7.《产业组织学》，复旦大学出版社 1994 年版。

8.《科技兴贸的内涵与关键技术研究》，《财经研究》1994 年第 6 期。

9.《产业政策论》，复旦大学出版社 1995 年版。

10.《上海在亚太地区分工合作中的产业定位研究》，《财经研究》1995 年第

9 期。

11. 《产业经济学教程》，上海财经大学出版社 1998 年版。

12. 《我国彩电工业的产业组织分析》，《财经研究》1998 年第 8 期。

13. 《产业组织与公共政策：哈佛学派》，《外国经济与管理》1999 年第 8 期。

14. 《产业组织与公共政策：芝加哥学派》，《外国经济与管理》1999 年第 9 期。

15. 《产业组织与公共政策：新奥地利学派》，《外国经济与管理》1999 年第 10 期。

16. 《产业组织与公共政策：可竞争市场理论》，《外国经济与管理》1999 年第 11 期。

17. 《工商管理本科教育：课程结构与教学内容研究》，上海财经大学出版社 1999 年版。

18. 《从微软案看美国反垄断政策取向》，《财经研究》2000 年第 8 期。

19. 《我国石化产业组织研究》，《财经研究》2000 年第 12 期。

20. 《中国经济过度竞争的原因及治理》，《中国工业经济》2001 年第 11 期。

21. 《汽车工业：技术进步与产业组织》，上海财经大学出版社 2002 年版。

22. 《产业组织：竞争与规制》，上海财经大学出版社 2002 年版。

23. 《政府规制：理论、经验与中国改革》，经济科学出版社 2003 年版。

24. 《自然垄断产业进一步放松规制的理论依据》，《中国工业经济》2003 年第 8 期。

25. 《网络效应、消费偏好与标准竞争》，《中国工业经济》2005 年第 5 期。

26. 《产品差异、转移成本和市场竞争》，《财经研究》2006 年第 4 期。

27. 《开放平台与所有权平台的竞争：网络效应与策略选择》，《中国工业经济》2006 年第 12 期。

28. 《中国 CFO 能力框架研究报告》，经济科学出版社 2006 年版。

29. 《公用事业的多产品定价及政府规制——由上海考察》，《改革》2008 年第 4 期。

30. 《价格歧视、不对称竞争与不对称规制》，《中国工业经济》2009 年第 6 期。

31. 《规制促减贫：以公用事业改革为视角》，《中国工业经济》2010 年第 2 期。

32. 《所有权结构、环境规制与中国发电行业的效率——基于 2003—2009 年 30 个省级面板数据的分析》，《中国工业经济》2011 年第 6 期。

33. 《溢出效应、价格规制与企业投资激励——以电信产业"共建共享"政策为视角》，《财经研究》2011 年第 7 期。

34. 《中国输配电网技术效率与全要素生产率研究——基于 2005—2009 年 24 家省级电力公司面板数据的分析》，《财经研究》2012 年第 10 期。

35. 《激励性规则对中国电信业全要素生产率的影响——基于省际动态面板数据的实证研究》，《财经研究》2014 年第 2 期。

36. 《图卢兹学派对产业组织及规制理论的贡献》，《经济学动态》2015 年第 2 期。

37. 《国产化政策与全要素生产率——来自汽车零部件制造业的证据》，《财经研究》2017 年第 4 期。

（二）课题项目

1. "社会主义市场经济条件下政府规制研究"，国家哲学社会科学基金项目，1994 年 4 月至 1997 年 4 月。

2. "经济增长中的产业组织政策调整研究"，国家教委人文社会科学研究项目，1996 年 6 月至 1998 年 12 月。

3. "面向 21 世纪工商管理类课程结构与教学内容研究"，国家教委课题，1997 年 1 月至 1998 年 12 月。

4. "我国自然垄断产业的公共规制研究"，教育部文科首批跨世纪人才培养基金项目，1998 年 5 月至 2003 年 4 月。

5. "独立设置的财经院校综合改革问题研究与实践"，教育部"新世纪经济学、法学、管理学类专业教育教学改革工程"重点项目，2000 年 3 月至 2002 年 2 月。

6. "中国会计制度与国际接轨问题研究"，国家哲学社会科学基金项目，2004—2005 年。

7. "中国会计准则：国际趋同的经济后果与博弈"，国家自然科学基金项目，2007—2009 年。

荣朝和
Rong Zhaohe

　　荣朝和，男，1953 年出生于上海，籍贯江苏无锡，在北京长大。1969 年初中毕业后下乡到内蒙古生产建设兵团。1979 年考入北方交通大学（现北京交通大学）经济系，专业运输经济，1983 年毕业，获工学学士学位。1983—1986 年在该系攻读硕士学位，方向运输成本和运价，1986 年 5 月获经济学硕士学位后留校任教。1987 年至 1991 年初攻读博士学位，方向运输经济基本理论及宏微观运输经济分析，1991 年 5 月获经济学博士学位。

　　1991 年至 1993 年 5 月荣朝和在中国科学院国家计委地理研究所从事博士后研究，方向经济地理和运输地理。1992 年 12 月至 1994 年 2 月为中科院国家计委地理研究所副研究员。1994 年 12 月起任北方交通大学经济管理学院教授，1995 年起任博士生导师。先后于 1997 年、2000 年、2005 年在美国杜肯大学、瑞典乌普萨拉大学和美国西北大学进修或进行访问研究。

一　提出运输业阶段性发展的运输化理论

运输化理论是从长期变化的角度刻画交通运输与经济发展关系的基本理论，1990 年由荣朝和提出并详细论证，之后又不断完善。该理论认为运输化是工业化的重要特征之一，也是指伴随工业化而发生的一种经济过程；经济发展的运输化过程有一定阶段性，在运输化的不同发展阶段，一个国家和地区所面临的主要运输问题是不同的，需要根据具体情况制定有针对性的运输政策。

荣朝和认为，在运输化过程中人与货物空间位移的规模由于近代和现代运输工具的使用而急剧扩大，交通运输成为经济进入现代增长所依赖的最主要的基础产业、基础结构和环境条件。关于工业化的特征，人们一向更多强调的是专业化、规模化、机械化、电气化和城市化等，实际上运输化对于工业化来说，至少与另外几个特征同样重要。运输化与工业化相伴而生，没有运输化就没有工业化。

他提出经济发展的运输化过程有一定阶段性。在工业革命发生之前，从原始游牧经济、传统农业社会到工场手工业阶段，各国经济一直处于"前运输化"状态；与大工业对应的是运输化时期，而运输化本身的特征又在"初步运输化"和"完善运输化"这两个分阶段中得到充分发展；随着发达国家逐步向后工业经济转变，运输化的重要性在相对地位上开始让位于信息化，从而呈现出一种"后运输化"的趋势。

他认为在运输化的不同发展阶段，一个国家所面临的主要运输问题显然是不同的，运输与经济发展的关系也会出现很大变化。在经济发展初期，运输化的主要任务是打破长期的封闭和隔绝状态，要求建设起运输网的骨架，满足工业化所要求的能源、原材料和产成品的运输。到了经济发展的较高级阶段，运输体系应该向着多种运输方式协调配合、多功能、方便节约和高效率的目标前进，运输化本身也由此向其完善阶段和后运输化阶段转化。运输化水平与工业化、产业结构、经济空间结构的水平都是相辅相成的。在一定的经济发展阶段，需要有一定水平的运

输能力与之适应，以便最大限度地发挥一个国家或地区的潜在经济能力。

运输化理论提出时，主要是以运输业发展与工业化之间的关系对运输业发展与经济发展之间的关系进行分析，特别是以总货运量的增长变化趋势作为核心变量加以描述。这种运输化阶段的粗略划分，包括初步运输化分阶段和完善运输化分阶段，基本上可以适应分析需要，但对后运输化阶段的分析只是根据当时对后工业化的预测进行了粗略的对应。随着人们对工业化阶段性更加深刻的认识，特别是对"第三次工业革命"和"工业4.0"等概念的深入讨论，对运输化发展相应阶段性的认识也需要深化。

据此，荣朝和修改了关于运输化各阶段划分的方法，以适应新的分析要求。具体是，将前运输化阶段保留，将原"初步运输化阶段"改为"运输化1.0阶段"，将原"完善运输化阶段"改为"运输化2.0阶段"，原"后运输化阶段"则改为"运输化3.0阶段"。原分析框架中工业化和后工业化阶段替换为第一次工业革命、第二次工业革命和第三次工业革命，分别对应着蒸汽机、城市化，内燃机、电气化，信息化、都市区化、全球化和可持续发展等重要特征。

调整以后，前运输化阶段对应早期运输方式；运输化1.0阶段对应各近、现代运输方式各自独立发展；运输化2.0阶段对应多式联运、枢纽衔接和运输领域的综合管理体制；运输化3.0阶段则对应运输发展更多考虑资源环境、大都市区形态、信息化、全球化和以人为本等；也不排除今后出现运输化4.0阶段。

运输化不同阶段对政府的政策制定和行政能力提出了不同要求，特别是在运输化较高级阶段，运输系统所具有的综合性和复杂性使得政府必须在更高层次上制定运输政策。运输化阶段性转变带来的变化包括：从粗放式发展到集约式发展；从运输产品的数量扩张到服务质量的提升；从主要关注线路建设到突出枢纽地位；从每种运输方式单独发展到方式之间有效连接，并形成以集装箱为载体的多式联运链条；从运输方式和企业之间以竞争为主上升到协作；从简单位移产品到关注综合物流服务和附加价值；从单纯增加供给并辅以需求管理到更注重增加有效供给；

从单纯运输观点到交通运输与土地开发、城市时空形态综合考虑；等等。

运输化理论提出以来，其基本结论从总体上一直为国内外运输与经济发展的实践所验证，也为发展阶段转变中的中国运输业提出了深入思考的重要课题，必须尽快提升现代交通运输的治理能力与水平。

二 提出运输经济基础性分析框架

荣朝和从运输产品—资源—网络经济分析框架和运输业网络形态的分层分析框架两个角度，分别讨论了如何建立区别于其他行业基本技术经济特征的经济学坐标系，和如何刻画并解释具有网络形态的研究对象。主张运输经济学要从发现和定义科学问题出发，通过对关键命题的论证，经过严格的逻辑与历史推演得到正确的解释性结论和政策建议，成为本土化、规范化、解释性和批判性特色十分突出的一个产业经济学分支。相信通过理论范式创新，运输经济学也能通过从 JIT 视角和网络视角帮助经济学建立真正贴近现实的时空分析框架，大大拓宽该学科的应用和影响范围。

他提出人类从事交通运输以克服时空距离的阻隔，这是一项无时不在、无地不在的任务，其联系和影响远远超出运输业本身而深入到社会经济生活的各个方面，因此运输是人类的基本活动之一。和其他行业相比，运输业更具网络经济、自然垄断和公益性特点，这使其在供求关系、投资建设、运营组织以及政府作用等方面的重要性和复杂性更加明显，需要进行更有针对性的经济学分析和解释。运输问题的重要性和复杂性使得运输业成为一个能够应用几乎所有经济学基本理论与方法的极好领域，也是严格检验与完善这些基本理论与方法的极好场所。

荣朝和在多年研究成果的基础上，于 2009 年原创性地提出了运输经济学的两个基础性分析框架，尝试系统性地重建学科的基础理论体系。

（一）运输产品—资源—网络经济分析框架

从需求角度出发的运输产品分析首先是强调其完整性。完整运输产品从基本意义上讲，是指客户所需要的从起始地到最终目的地的全过程位移服务，从更深层意义上讲则是准时制（JIT）运输服务的实现，以便使人们能够在需要的时间和需要的地点进行所需要数量的活动。运输业的发展实际上就是向客户提供越来越完整和质量更优的运输服务的过程。

交通资源包括固定交通资源和可移动交通资源这两类硬资源，以及由运输系统中的人力、信息、组织与管理制度等构成的软资源。固定交通资源又包括由地理环境所决定的自然交通条件和由于人为建设所形成的交通设施两部分。交通资源与交通区位以及交通行为时空分布的关系极其密切，其数量、质量以及其形成与使用的效率，不但在很大程度上决定着运输业的规模和效率，也决定着整个社会经济体系的运转状态。

把运输业的网络经济定义为运输网络与产出扩大引起平均运输成本不断下降的现象，而网络经济又是通过运输业规模经济和范围经济的转型，即运输密度经济和网络幅员经济共同构成，包括线路通过密度经济、港站或枢纽处理能力经济、载运工具载运能力经济、车（船、机）队规模经济、运输距离经济、运输速度经济等多种表现。网络经济的实现程度决定了运输主体的成本特性。

产品、资源和网络经济是运输经济系统中的基础性慢变量，因而也就成为决定系统基本特征和对其加以认识的最重要维度。

（二）运输业网络形态的分层分析框架

运输业网络形态是交通运输体系在一定技术和社会经济条件下的分层次表现形式。一般运输业网络形态的分层结构包括线网及设施层、设备及服务层、企业及组织层以及政策及体制层。各种运输行业作为网络型基础产业，其网络形态大体上都应该包括这四个层次，但根据不同的研究对象和不同的研究重点，研究者所关心的范围及所包含的层次可能有差别。

除了对运输业网络形态划分层级和对每个层级内部的结构进行研究，每层级之间的相互关系也需要深入分析。相对于计算机网络只有物理形态与逻辑形态两个层面之间的单一关系，运输业网络形态由于涉及人与社会的组织、体制及政策等关系，问题要复杂得多。总的来看，从政府层向下的关系多为政策与体制性质的问题；从企业层向下的关系多为经营或组织性质的问题；线网设施层与设备服务层之间的关系多为内在技术性的问题。

在运输产品—资源—网络经济分析框架帮助校准观察视角和坐标系的基础上，运输业网络形态的分层分析框架可以帮助人们更细致地考察研究对象，并对其进行更准确的刻画和描述，并提供了进一步进行经济学分析与解释的基础。运输经济学正在经历理论范式重建，同时深度嵌入重大政策与战略研究的一个重要时期。

三 提出综合交通运输理论与政策

从 2005 年起，荣朝和开始提出并论证了中国综合运输问题的特殊性在于初步运输化阶段的补课与运输化新阶段的新任务交织在一起，需要尽早跳出传统思路的桎梏，转变发展方式。他认为综合运输问题已经到了应该从基本理念和根本制度层面去解决的时刻，有必要下决心尽早解决相关体制问题；同样地，综合运输体系的顺利推进，需要更有深度的理性认识和达成广泛的思想共识；需要从运输业发展不同阶段解释综合运输的原因，正确判断中国目前运输业发展的阶段及其特点；需要对综合运输体系的全面认识，进而实现系统内部各层次之间以及系统与各种外部环境之间的一体化关系协调；需要突出交通运输资源角度的分析视角，特别强调资源的整合与优化；也需要从理论上论证建立综合性运输管理部门、从行政组织上确保综合交通运输体系实现的必要性，并形成以一体化为主导的未来交通运输管理体制与机制。

他的成果对综合交通运输及其体系的认知形成了一系列创新性解释：（1）从本质属性上看，综合交通运输是交通运输系统内各组成部分之间，以及交通运输系统与其外部环境之间形成一体化协调发展的状态。（2）从阶段转换上看，经济发展的运输化过程有一定阶段性，综合运输是运输业伴随社会经济发展到一定阶段以后随内在要求改变而发生的变化。（3）从形成的原因看，综合交通运输是由于工业化、城市化和运输化三个进程共同作用，同时受到全球化推动与信息化支持，并在社会目标及资源环境约束条件下，运输业所形成的一种阶段性发展形态。（4）从运输业内部结构看，综合运输是将本来互为独立的几种运输方式，通过相关操作对各自内在优势特性进行组合，协调运作形成衔接、流畅目的明确的高效运输体系。（5）从经济时空关系看，综合交通运输体系必须更多考虑资源在节约时间与合理利用时空上的配置效率，并与物流业、旅游业等一起满足社会经济在时空结构改善方面的要求。（6）从政策含义上看，综合运输是运输业发展出现重大阶段性转换所提出的要求，是贯彻科学发展观和转变经济增长方式在交通运输领域最重要的体现。

荣朝和提出对综合交通运输体系进行建构的思路，认为运输业网络形态是指运输业网络在一定技术和社会经济条件下的表现形式，除了实体物理形态的网络和传输对象及其载体在网络中运行的规则，运输业网络中还包括相关经营主体的组织结构，以及发挥着重要影响的政府政策与管理体制。综合交通运输是社会经济在工业化和城市化较高级阶段对运输业提出，而运输业通过相关网络形态改善所能够提供的 JIT 服务状态。为了能够提供高水平的 JIT 服务，运输业网络形态的相关层次内部和各个层次之间都必须做出调整。分别针对运输通道、综合枢纽、多式联运、运输组织、标准化、现代物流及旅游业与综合交通的关系、交通运输公平性、交通与土地联合开发，以及综合运输管理体制和政策、综合交通规划、安全与市场监管、信息共享、公益性服务等重要机制提出了构建思路。

四　创新经济时空分析框架

时空关系和时空结构是社会经济研究不可忽视的重要内容，但经济学过去对时间的研究大多脱离空间基础，对空间的研究也忽视时间因素，缺少统一的经济时空观和分析方法。荣朝和自 2010 年以来注重把经济时空的整体作为研究对象，特别强调时间视角的切入，并把交通—物流时间价值作为经济时空分析的核心影响变量，突破了过去在时空分析接合部上的弱点，既形成了新的经济时空分析框架，也更深入地解读了交通运输与社会经济时空结构的关系。

他提出经济距离可以用时间衡量，并论证了经济学中的时间距离；认为时间距离应分为运行时间和转换时间，应重视从起点到终点的时间距离链条，并提出其基本计算模型；提出了各种经济活动时间距离链条的不同尺度；论证了在链条之间的竞争中，可靠性或控制不确定性风险是时空管理的核心内容；提出并论证了确定时点上的时间价值要比一般的时段价值更重要，以及损失视角的时间价值比过去传统的创造收益视角更重要等。特别是把时间距离概念作为时间和空间进行一体化研究的核心变量，使经济学具有了即时性研究能力；从生产视角对交通行为进行分析，而不是简单重复前人将其划入消费分析；在时空关系处理意义上重新认识与定义企业等经济组织。这些在经济学基本科学问题的发掘与研究方法上都具有原创性，在经济时空分析领域具有奠基性意义。

荣朝和目前已经初步建立的经济时空分析基础性框架的主要内容包括：（1）跳出传统机械力学绝对、静态和匀质的时间概念，建立包括进化和相对多元、动态分析的经济时间背景；（2）更新相互脱离的传统经济时空观，强调时间与空间的相互转换关系，以及经济主体时空协调和转换能力的作用；（3）改变只关注长短期宏微观分析的视野，增加即期、现场等尺度，从静态均衡时点转变到关注时空过程；（4）承认现实经济的时空结构是在一定时空范围内发生着实物、信息、价值交换或相互影响的多层次特定场域；（5）重视实体—信息结构（物信关系与结构，而不是物理—信息系统）的变化，以及经济活动对最低限度"在场可得性"的要求；（6）主张经济人假设的本质是趋利避害，即行为出发点是争取于己有利少害的时空平衡，摆脱对完全理性的过度依赖；（7）强调对特定经济时空关系和过程进行有针对性的特殊分析，注重不同社会经济场景及不同时点时段对行为的影响。

他认为主流经济学相对忽视时空分析，传统的时空概念和时空背景使其难以适应并解释不断变化的经济社会，主张深刻剖析经济系统的时

空关系，增加新的时空分析尺度并在此基础上尝试新的研究方法。分别从现代交通网络的时空功能、都市化区域的时空形态、政府职能的时空尺度重构、趋利避害假设对有责政府的要求、企业价值的时空意义、网约车现象的时空本质、异步虚拟到场引起的信用风险、匹配行为的系统化认知等若干领域显示了经济时空分析的解释能力。

学术感悟

知深行远，拒伪纳真。

代表性著作

（一）主要著作

1. 《论运输化》（专著），《中国社会科学博士论文文库》，中国社会科学出版社 1993 年版。

2. 《运输经济学导论》（主笔），中国铁道出版社 1995 年版。

3. 《简明市场经济学》（主编），高等教育出版社 1998 年第一版，2004 年第二版。

4. 《集装箱多式联运与综合物流：形成机理及组织协调》（主编），中国铁道出版社 2001 年版。

5. 《西方运输经济学》（编著），经济科学出版社 2002 年第一版，2008 年第二版。

6. 《探究铁路经济问题》（主编），经济科学出版社 2004 年版。

7. 《探究铁路经济问题》第二辑（主编），经济科学出版社 2009 年版。

8. 《综合交通运输的体制与研究方法》（主编），经济科学出版社 2010 年版。

9. 《出租车业的竞争、契约与组织》（合著），经济科学出版社 2012 年版。

10. 《综合交通运输体系研究——认知与建构》（合著），经济科学出版社 2013 年版。

11. 《经济时空分析——基础框架及其应用》（专著），经济科学出版社 2017 年版。

（二）主持国家级基金项目

1. "转向市场经济的国家运输政策研究"，国家社会科学基金，1996 年 7 月至 1998 年 12 月。

2. "集装箱多式联运与综合物流系统的形成机理及评价方法"，自然科学基金项目，1997 年 1 月至 1999 年 12 月，后评估为优。

3. "网络型基础产业规模经济与市场结构研究"，自然科学基金项目，2003 年 1 月至 2005 年 12 月，后评估为优。

4. "交通资源时空配置及综合交通规划理论与方法研究"，国家自然科学基金项目，2006 年 1 月至 2008 年 12 月。

5. "中国综合交通运输体系研究"，教育部哲学社会科学研究重大课题攻关项目，2007 年 12 月至 2010 年 12 月。

6. "基于交通/物流时间价值的经济时空关系研究"，国家自然科学基金项目，2012 年 1 月至 2015 年 12 月。

臧旭恒
Zang Xuheng

臧旭恒，男，曾任中国工业经济学会副理事长，南开大学经济学博士。现为山东大学教授、博士生导师，产业经济研究所和消费与发展研究所所长，兼任《产业经济评论》主编，国家重点学科产业经济学首席学科带头人，国家社科基金评审委员会评审专家。曾任山东大学经济学院院长、《山东大学学报》（哲社版）主编兼编辑部主任，受聘山东师范大学、中国社会科学院、清华大学、南开大学、中国海洋大学、辽宁大学、浙江财经大学等高校或科研机构兼职教授（研究员）；现任中国消费经济研究会副会长、中国经济发展研究会副会长；享受国务院政府特殊津贴专家，孙冶方经济科学奖获得者，山东省首届"泰山学者"特聘教授。臧旭恒还曾担任过教育部全国百所国家级人文社会科学重点研究基地——南开大学政治经济学研究中心、辽宁大学比较经济体制研究中心兼职研究员，辽宁大学博士生导师。应邀担任过一些专业学术刊物的学术委员会委员或编委，如《南开经济研究》《改革》等。

曾获教育部全国"普通高等学校人文社会科学研究成果奖"一等奖1项，二等奖2项；山东省社会科学突出贡献奖，山东省社科优秀成果一等奖2项，二等奖8项。

曾任美国加州大学客座研究员、富布莱特访问学者，意大利帕维亚大学、英国伦敦大学、澳大利亚昆士兰大学、香港岭南大学访问教授（学者）；山东省人民政府外经贸咨询顾问、山东省人民政府研究室特邀研究员、济南市人民政府专家咨询委员会主任委员等。

先后主持国家和省部级重大、重点科研项目十余项，其中国家社科基金重大招标项目 1 项，教育部重大攻关项目 2 项，国家社科基金重点项目 2 项。在《经济研究》《哲学研究》《中国工业经济》等国内外学术刊物和国际学术会议上发表论文 150 多篇，出版专著等 20 余部。主编教材《产业经济学》（第四版）入选国家"十一五"规划教材，国家级精品课程《产业经济学》负责人和主讲教授。

学习与工作经历

1953 年 11 月出生，1970 年冬，臧旭恒高中毕业后应征入伍，大部分时间从事部队新闻通讯报道。他采写的大量文章被《人民日报》《光明日报》《解放军报》、新华社、中央人民广播电台等新闻媒体刊发或转载。5 年多军营历练获得三等功及军政治部嘉奖。

1976 年春，臧旭恒复员到山东省劳动厅做秘书工作。从这个时期开始，他比较多地接触到了现实中的各种经济问题，也直接激发了他对经济学这个学科领域的浓厚兴趣，工作之余，他开始有意识地广泛阅读经济学以及哲学、历史、文学等其他与经济学有着千丝万缕联系的相关学科的名著，《马克思恩格斯选集》《列宁选集》《资本论》、康德的《形而上学批判导论》、凯恩斯的《就业利息和货币通论》、熊彼特的《经济分析史》、德莱塞的《欲望三部曲》、范文澜的《中国通史》、波普尔的思想自传《无穷的探索》等，都是他的案头书。

1982 年秋，臧旭恒以同等学力的身份考上山东大学经济学系研究生，在经济学家林白鹏先生的直接指导下，完成了在学术领域的第一次整合。

1985 年夏，臧旭恒毕业后留在山大任教，主要讲授"政治经济学"与"资本论"，后来又为硕士研究生开设了"宏观经济分析"和"消费经济理论"。

1991 年秋，臧旭恒考入南开大学经济研究所，成为著名经济学家谷书堂先生和朱光华先生的弟子。其间，他撰写的探讨公有制与市场经济

兼容性问题的系列学术论文相继发表在《南开经济研究》和《南开学报》（哲学与社会科学版）上。

1993 年 12 月，臧旭恒获得经济学博士学位。他的毕业论文《中国消费函数分析》在评审和答辩过程中，得到了著名经济学家胡代光、刘方棫、戴圆晨、赵人伟、蒋学模、宋承先、宋则行、高峰、朱光华等老一辈经济学者的较高评价。这篇论文 1994 年由上海三联书店和上海人民出版社联合出版，这是中国较早系统研究论述消费函数的学术专著。该书荣获全国"普通高等学校第二届人文社会科学研究成果奖"二等奖，出版二十几年后仍被经常引用。

博士毕业后，回山东大学任教。1994 年 4 月，获得博士学位仅半年、没有副教授任职经历的臧旭恒被山东大学破格聘为教授，此后被任命为山东大学消费与发展研究所所长一职。

2001 年，臧旭恒以产业经济学学科带头人的身份与同事们共同努力，为山东大学经济学院获得"产业经济学"博士点。2003 年秋，担任山东大学经济学院院长。在他担任院长期间，山东大学经济学院先后获得国家重点学科——产业经济学、应用经济学博士后流动站、应用经济学一级学科博士学位授予权，学院在消费经济学、产业经济学领域的研究在全国具有了相当的知名度。2002 年创办并兼任主编的《产业经济评论》集刊已经成为 CSSCI 连续收录，有广泛影响的学术季刊，至今已经连续定期出版 52 期。

1996 年夏，臧旭恒作为美国加州大学（圣克鲁斯）客座研究员、富布莱特访问学者，从事"不确定情况下的储蓄—消费选择与相关的宏观经济政策"课题的研究；2001 年 1 月，他又到意大利帕维亚大学进行了为期半年的访问研究，此后他又分别以高级访问学者、访问教授的身份到英国伦敦大学玛丽女皇学院和澳大利亚昆士兰大学等大学进行了访问交流。

臧旭恒一直承担着教学任务，为本科生、硕士生、博士生先后开设了不同层次的专业课程十余门。1994 年先后担任硕士生导师和博士生导师以来，他已指导研究生 120 余人，其中博士研究生近 50 人。

臧旭恒自 1984 年开始从事产业经济理论和消费经济理论研究，早期曾参与承担了相关领域国家社科基金"六五""七五"规划两个重点项目，是国内较早系统研究产业结构升级和消费者行为与消费函数理论的学者。主要擅长的研究领域包括产业经济、消费经济、经济增长等，在关于消费升级与产业结构转型互动机制的研究、关于新经济增长路径的研究、关于居民资产与消费选择行为的研究、关于扩大消费需求长效机制的研究、关于异质性消费者行为的研究等领域做出突出贡献。

一 关于消费升级与产业结构 转型互动机制的研究

臧旭恒很早就关注到消费升级与产业结构调整之间的相互作用，借鉴发达国家的历史经验，以中国改革开放以来经济社会的双重转型为背景，以"经济增长—居民收入变动—消费需求升级和消费行为变化—产业发展"为主线，以居民收入的快速增长、收入分配结构的变化和中等收入阶层的形成为切入点，揭示了转型时期中国消费需求升级的表现形式、主要动因和主要特征，深入研究了消费需求升级与产业发展的内在关联机制，进而对消费需求升级背景下的产业发展，包括产业技术进步、产业结构演变、产业融合等进行了理论探讨和实证研究，在此基础上提出了引导消费需求升级、促进产业发展的政策建议。

该方面主要学术成果的研究内容涉及以下一些方面：一是关于消费需求升级的研究：分析了转型时期中国居民消费升级的城乡差异；实证研究并计算了转型时期中国城乡居民主要消费项目的收入弹性；研究了消费需求品质升级的衡量与评价。二是关于消费需求升级与产业发展相互关系的研究：从整体上探讨了消费需求升级与产业发展之间的关系。三是关于产业发展的研究：探讨了若干与消费需求紧密相关产业的发展；

探讨了消费需求升级下的产业融合、技术进步等。

代表性成果《转轨时期消费需求升级与产业发展研究》（经济科学出版社 2012 年版），是教育部哲学社会科学重大攻关项目最终研究成果，2015 年获教育部普通高等学校人文社会科学研究优秀成果奖一等奖。

代表性成果《试论产业集群租金与产业集群演进》，发表于《中国工业经济》2007 年第 3 期。该成果侧重于基础理论层面，其中对产业集群的萌芽、成长与衰败的理论解释显得尤为重要。该文提出了产业集群租金的概念，并将之按源泉分为产业租金、地理租金和组织租金。要素所有者对产业集群租金不同来源的追逐，决定了产业集群的性质和不同的发展阶段，决定了产业集群的演变。该文发表后引起了社会各界的较强反响，《光明日报》于 2007 年 5 月 4 日对该文进行了介绍、《中国高等学校文科学术文摘》对其进行了转载。

臧旭恒在该方面取得的研究成果，内容丰富，学术影响和应用价值广泛，表现有四：一是大量成果在有影响的专业学术期刊上发表，总计发表学术文章 19 篇，相关著作 2 部；二是已出版的学术成果被广泛转载并获得高水平学术奖励，获省部优秀社科成果奖一等奖 2 项，二等奖 2 项，被《新华文摘》《中国社会科学文摘》《高校社科文摘》等主体转载、摘要多篇；三是围绕相关研究主题及研究成果的发布，主办了 3 次国际学术研讨会，并广泛参与国内外举办的学术交流活动；四是相关研究成果提交政府相关部门，为政策制定提供重要参考作用。

臧旭恒是国内较早从供需匹配角度进行产业结构调整与转型研究的学者，研究成果为研究异质性消费者行为与供给侧结构性改革之间的互动关系提供了良好的基础。

二 关于新经济增长路径的研究

臧旭恒在中国转轨时期的特殊制度背景下，从扩张消费需求角度，探讨了中国新经济增长路径。研究中强调经济增长"三驾马车"中应突出消费的重要性，认为中国经济转轨时期消费需求是拉动经济的主导因素，消费需求对市场竞争具有引导作用，能够使资源得到更有效率和更为集约的使用，中长期来看，有消费需求支撑的投资效率也会提升。并根据中国国情，着重从国民收入增长率、居民收入增长率、居民收入分配结构、人口年龄结构、资本市场价格的变化、通货膨胀、社会保障制度七个方面探讨中国改革开放以来，尤其是 2000 年以来储蓄率持续走高并维持在一个很高水平，而居民消费增长落后于经济增长的原因。

主要代表性成果为《新经济增长路径——消费需求扩张理论与政策研究》（商务印书馆 2010 年版），获第六届教育部普通高等学校人文社会科学研究优秀成果奖二等奖，为国家社科基金项目"市场开放条件下消费需求扩张政策的选择与有效搭配——新时期扩大内需的政策研究"的最终成果，并被评定为"优秀"。

此外，臧旭恒在该领域的十多篇研究成果发表在《经济学动态》《经济理论与经济管理》《山东大学学报》（哲学社会科学版）等国内权威、核心期刊上。在该领域的相关研究成果得到了专家学者的充分肯定，引起了学术界的广泛关注和普遍认可。

三 关于居民资产与消费选择行为的研究

臧旭恒在 20 世纪 90 年代末就开始关注于居民消费、收入、储蓄、资产等变量之间的关系，并对居民资产与消费选择行为进行了深入研究。在对居民资产进行界定的基础上，对居民消费与资产变动情况进行了长期追踪研究，着重分析了居民消费和资产选择行为、资产选择行为与消费之间的选择行为、居民资产和消费发展趋势等。近年来，随着微观调查数据库的发展，臧旭恒注重分析微观家庭居民资产配置中流动性、收益性以及不确定性差异对于居民消费行为的影响，尝试从异质性消费者角度解释中国居民当前的消费行为。

代表性成果《居民资产与消费选择行为分析》（上海三联书店、上海人民出版社 2001 年版）获第十届（2002 年）孙冶方经济科学著作奖。该书首先分析了居民资产选择行为的影响因素，并探讨了居民收入对资

产选择行为的影响、居民资产选择行为与储蓄动机的城乡差异等；其次，从收入、利率、价格、货币供应量等方面探讨了影响居民消费行为的因素以及消费水平与结构的决定；再次，分析了居民在投资与消费之间的选择替代行为，分别从理论与实证上对居民投资—消费选择行为及其影响的非收入因素进行了分析；最后，根据前三部分的分析，对居民资产和消费的变动趋势进行了预测。该成果得到了学术界的广泛关注，卫兴华、谷书堂、林白鹏、蔡继明、黄泰岩、周立群等专家学者都对该成果进行了评介，给予了充分肯定。

臧旭恒在该领域的一些研究成果先后发表在《经济研究》《经济学动态》《南开经济研究》《南开管理评论》等学术刊物和国内外学术研讨会的论文集中。臧旭恒在该领域已经进行了较为系统、全面的研究。近年来也开始结合微观调查数据，更加细致地考察居民家庭消费行为差异，尝试从家庭资产结构配置角度，挖掘居民消费潜力，如《家庭财富、消费异质性与消费潜力释放》（《经济学动态》2016 年第 3 期）、《家庭资产结构与消费倾向：基于 CFPS 数据的研究》（《南方经济》2016 年第 10 期）。

四　关于扩大消费需求长效机制的研究

臧旭恒长期以来关注中国居民消费需求增长落后于经济增长的典型事实，从城乡居民的消费行为特征入手，将当前背景下影响中国居民消费需求的各种因素归纳为消费能力、消费预期与消费环境三大因素。其中消费能力主要取决于居民收入，直接决定了居民能够实现既定消费目标的能力；消费预期则是居民在现实经济存在不确定性风险的情况下对未来消费的期盼，因而会直接影响居民消费需求的演变；消费环境是居民顺利实现消费需求、获得相应效应的制度保障、基础设施等。在厘清三大因素对消费需求的内在作用机制上，有针对性地提出了建立扩大消费需求长效机制、促进经济良性增长的政策建议。

在深刻把握消费理论和宏观经济运行机制的基础上，臧旭恒在该领域的研究力求在理论上和方法上都有所突破,进行了一些有意义的创新。首先,紧扣当前中国经济转型实践,研究内容致力于将国际上消费经济领域最新的研究成果与中国经济发展中的重大现实问题相结合。在中国经济发展逐步步入"新常态"的背景下,国内消费需求已经开始成为决定国民经济发展的重要因素,在此背景下,臧旭恒系统性地从消费能力、消费预期、消费环境三个方面入手,构建了一个包含收入分配、中等收入阶层扩张、流动性约束、预防性储蓄、公共物品供给、网络消费、政府居民消费政策、消费者权益保护等因素的分析框架,并在此基础上进一步考察了家庭资产与消费信贷对居民消费的影响,对近年来中国居民消费需求的演变做出了一个更为全面的解释,较为全面地提出了扩大消费需求长效机制的应对措施。其次,臧旭恒在该方面的研究紧跟经济发展动态,较为系统地分析了近年来日益引起学界关注的中产阶层崛起、家庭金融的扩张、网络消费的繁荣、消费者权益保护等新兴问题对居民消费需求的影响。随着中国居民生活水平的不断提高,居民消费需求呈现出一系列新的发展趋势。中产阶层的崛起不但提升了中国居民整体的消费能力,而且由于该群体往往接受过良好的教育,因而更加注重消费品的品质。消费者群体对产品品质的追求将改变消费者传统的效用函数,与之相伴随的则是对消费者权益保护问题的重视。健全的消费者权益保护体系将大幅度减少因权益纠纷带来的"交易成本",进而提升消费者福利。网络消费借助"互联网+"经济业态的兴起,得以迅速繁荣,极大的便捷了居民的消费方式和支付手段,为居民提供了与传统消费迥异的消费体验。相关研究较为系统地阐述了上述系列新兴因素影响居民消费的作用机制以及影响的程度,完善了现有相关研究,不论在理论上还是在实践上均有重要的借鉴意义。再次,臧旭恒在该领域的研究充分考虑到了中国经济体制变革(资本市场发展、住房体制改革、卫生医疗体制改革、教育体制改革、社会保障体制改革等)所伴随的经济结构不稳定性会降低分析的准确性,因此,在各项实证分析中,严格遵循统计分析的基本原则,利用实证经济分析中最新的检验方法(如面板门限回归模型、分位数回归、系统 GMM、匹配双重差分分析等)就结构突变点的位置进行了检验，从而避免了根据某一事件或政策对样本区间进行主观设定所导致的估计结果的不准确。同时，为确保研究结果的稳健性，在研究过程中均基于多种不同的理论框架、实证方法，对目标问题进行多重检验，增强了结论的可信度。在论证过程中，还注重宏观数据与微观数据的结合，较为全面地使用了中国目前已有的各类宏微观数据集，如国家统计局的数据、中国家庭动态追踪调查（CFPS）、中国家庭金融调查（CHFS）、中国健康与养老追踪调查（CHARLS）、中国健康与营养调查（CHNS）等，在现有数据条件下，尽可能充分地考虑了居民家庭异质性对消费行为的影响，弥补了单纯依靠宏观数据做研究的不足。

臧旭恒在该领域的数十篇研究成果已经发表在《经济研究》《经济学动态》《南方经济》《南开经济研究》《经济评论》等国内权威、核心期刊上，如《家庭资产结构与消费倾向：基于 CFPS 数据的研究》得到了专家学者的好评，在完善已有研究的同时，为后续研究提供了有益的参照，在学术界引起了广泛的关注，得到了普遍的认可。近期的另一项标志性成果《建立扩大消费需求长效机制研究》（50 万字），是教育部哲学社会科学重大攻关项目的最终成果，已经通过鉴定并交付经济科学出版社出版。

五　关于异质性消费者行为的研究

臧旭恒是国内较早从异质性消费者角度探讨消费理论的学者。臧旭恒以消费者异质性作为切入点，通过建立与中国经济事实相符的理论分析框架，对相关问题进行深入探讨。从宏观初次分配和微观家庭资产结构两大视角，从动态和静态两个维度，探究家庭财富对消费者异质性的作用机制，进而在特定的经济增长路径和增速目标约束条件下，深入研究了由家庭财富导致的消费者异质性对居民消费潜力释放的影响。

2016 年 3 月在《经济学动态》上发表论文《家庭财富、消费异质性与消费潜力释放》将消费者异质性理论引入经典 RCK 模型，探讨了在中国家庭财富快速增长的背景以及现阶段特定的金融环境下，消费者异质性产生的机理及其对经济增长路径的影响，并对中国消费者异质性的程度进行了估计。研究发现，由于中国产业升级滞后以及金融垄断势力的存在，居民所面临的二元资产供给结构导致了家庭消费支出及消费率"双降"局面的出现。基于微观数据的估计发现，中国约有 33.57% 的居民为不同于传统消费理论中同质性消费者的"非李嘉图式"消费者，该类消费者的存在也会显著影响政府内需调控政策的效果。而通过削弱金融垄断，降低资产交易成本，大力发展普惠金融，能够有效释放居民消费潜力，实现"投资—消费"的良性扩张。10 月在《南方经济》上进一步发表论文《家庭资产结构与消费倾向：基于 CFPS 数据的研究》，将居民家庭资产区分为流动性较高的资产和流动性较低的资产两种类型，把不同类型资产的变现成本引入家庭消费决策的分析中，构建了一个双资产消费决策模型，并实证研究了家庭资产结构对消费倾向的影响。整体来看，家庭流动性较高的资产占比提升有助于提高家庭的平均消费倾向，流动性较高的资产占比每增加 1 个百点，家庭的消费倾向增加 0.11 个百分点；随着家庭流动性较高的资产占比的增加，其对消费的促进作用也会显著增加。通过提高资产整体的流动性，降低金融服务费率，有助于扩大居民的消费需求。

代表性著作

1. 《中国消费函数分析》，上海三联书店、上海人民出版社 1994 年版。

2. 《居民资产与消费选择行为分析》，上海三联书店、上海人民出版社 2001 年版。

3. 《新经济增长路径》，商务印书馆 2009 年版。

4. 《转轨时期消费需求升级与产业发展研究》，经济科学出版社 2010 年版。

5. 《产业经济学》（第五版），经济科学出版社 2015 年版。

6. 《中国家庭资产配置与异质性消费者行为分析》，《经济研究》2018 年第 3 期。

田银华
Tian Yinhua

田银华，男，1954 年出生，湖南常德人，二级教授，应用经济学和理论经济学博士生导师，享受国务院政府特殊津贴专家，中国工业经济学会副会长、顾问，湖南省哲学社会科学界联合会常委，曾任湘潭市社科联主席。1980—1995 年先后在湘潭大学任经济系教师、经济系副主任、国际经贸管理学院副院长、人事处处长，1997—2003 年任湘潭大学副校长，2003 年 7 月任湖南科技大学党委副书记、校长，2009 年 7 月至 2014 年 10 月任湖南科技大学党委书记。

1993 年被确定为省级青年优秀骨干教师培养对象，1997 年被确定为湖南省跨世纪学术与技术带头人。2009 年获国家教学成果一等奖和湖南省教学成果一等奖，主持的"经济学基础理论课程群"教学团队被评为2010 年度国家级教学团队和湖南省级教学团队，主要研究方向涉及产业结构调整、污染减排、公司治理、融资结构、产业经济与创新发展等方面。现已公开出版专著、合著、教材 16 部（其中，独著 1 部、第一作者5 部、主编和参编著作及教材 10 部）；先后主持完成国家社科重大项目、国家自科基金项目、教育部规划课题、国家安全生产监督总局科研项目以及湖南省社科基金重大委托项目等国家级和省部级科研课题 20 余项；在 *Journal of Convergence Information Technology*、*Advances in Information Sciences and Service Sciences*、《中国工业经济》、《中国管理科学》等国内外权威期刊上发表学术论文 130 余篇；获省部级以上奖励十余项（其中，一等奖 3 项，二等奖 5 项）。

田银华从事经济管理科学研究工作，成果颇丰，研究的内容主要涉及产业结构调整、污染减排、公司治理、融资结构、产业经济与创新发展等。自从事教学和科研工作以来，田银华始终坚持将经济管理问题同中国国情结合起来，发表了大量的研究成果，提出了诸多具有独到见解的观点，为党和国家的经济发展做出了一定的贡献。

一　关于产业结构调整的污染减排理论

田银华系统研究中国产业结构调整的污染减排效应，得出了一系列重要的理论观点：产业结构调整是实现污染减排目标的主导型出路与重要途径；产业结构调整的内涵包括要素结构调整、行业结构调整和产品结构调整，污染减排政策的着力点也体现为对这三大结构的战略性调整；在中国现行体制下，污染减排倒逼机制是产业结构调整的重要驱动因素。

在此基础上田银华指出：第一，通过调整产业结构提升减排潜力和绿色发展能力。第二，进一步深化要素市场改革，提高资源配置效率。一是要理顺要素市场价格机制，通过要素价格引导要素配置到高效率、低污染行业；二是要破除现有阻碍要素价格市场化的非市场因素，让要素通过公平竞争进入生产领域；三是要进一步提高清洁生产技术，促使要素投入结构更加合理化，产出更加高效，减少污染排放。第三，以科技创新引领产品创新和结构升级，促进污染减排。一是实施创新驱动，形成储蓄创新的系统能力；二是积极引导企业主动适应个性化、多样化消费趋势，改进产品设计和生产工艺，加快技术进步，提高产品质量；三是完善法律规范，加大知识产权犯罪打击力度。第四，进一步推进供给侧结构性改革与机制体制改革，加快调整优化行业产能结构和构建污染减排政策体系，构建和完善产业结构调整污染减排效应评价指标体系，充分发挥产业结构调整和污染减排的技术创新效应。

二　关于公司治理方面的理论

公司治理问题，一直是中国政府及企业家关注的焦点话题。田银华长期进行这方面的研究和实践，尤其是结合中国的传统文化特征，从契约理论视角对中国家族企业的治理结构问题进行了深入的研究，为建立和完善中国家族企业治理机制、治理模式创新做出了重要贡献。

1. 构建了一般企业和家族企业契约治理理论模型。田银华结合中国特色的文化传统，强调了家族契约这一特殊要素的重要性，将其纳入家族企业治理的分析框架，为科研工作者提供了较好的研究思路，为企业家提供了很好的决策参考依据，首次将家族契约引入一般企业契约治理理论模型，建立起家族企业契约治理三环模型。

2. 构建了家族企业契约治理方格理论。家族企业的治理模式，总结起来不外乎两类：一是家族（制）治理模式，强调隐性契约治理；二是现代企业治理模式，强调显性契约治理。田银华从显性契约治理和隐性契约治理两种手段出发，创新性地构建了家族企业契约治理方格理论，为了进一步验证隐性契约与显性契约协同治理的"强强"治理模式的科学性，田银华进一步利用 BP 神经网络方法探索了治理模式的选择，通过实证研究验证了这一模式的有效性。

3. 家族企业产权治理的动态三环模式。基于财务资本产权、人力资本产权及两者融合三维视角创新性地构建了家族企业治理的动态三环模型，田银华指出，"股东至上"理论与"反股东至上"理论二者从本质上讲是统一的，结合管理实践，进一步提出如何平衡创业者自有产权与职业经理人力资本产权之间的利益关系，建立科学、合理的产权契约治理模式，是家族企业发展的关键。

三　关于融资结构研究的理论

田银华结合融资理论与行为理论，从家族权威、家族企业家行为这些新的视角深入系统分析了中国家族企业的融资行为、融资效率及融资机制问题，为中国家族企业融资结构优化、模式创新做出了重要贡献。

1. 家族企业家融资抉择五力模型。田银华在长期的理论研究与实践中发现，家族企业家主导了家族企业的融资行为，进而决定了企业融资结构，从行为理论视角出发，探索性研究了家族企业家融资行为，构建了融资抉择五力模型，提出了家族企业融资是家族权威维护与企业增长追求双重动力机制下的复杂管理行为，为中国家族企业融资决策提供了新的理论依据。

2. 家族权威与融资效率评价。田银华通过理论与实证相结合，发现家族权威在目前中国家族企业发展中发挥了主导作用和积极效应，并提出家族权威科学配置是提高中国家族企业融资治理效率的必然要求，中国家族企业融资应该是家族权威动态适配机制下"内源融资"与"外源融资"协同，以及"家族股权资本"与"外部经理人股权资本"和"社会股权资本"协同的融资模式。

3. 构建家族企业融资生态机制。田银华指出家族企业融资效率是外部机制和内部机制共同作用的结果，基于这一逻辑，他进一步从家族企业家视角构建了企业内部融资机制，主要包括股权与职权控制机制、股权和债权协同机制、权益保护机制、财务报表完善与信息披露诚信机制、高管引进机制、人力资本向财务资本转化机制、信任机制、接班人培养机制、（职业经理）激励与约束机制、关系网络建设等；从政府视角构建了家族企业外部融资机制，主要包括政府扶持计划、融资支持与信用担保、直接债务融资体系、金融市场和职业经理人市场体系建设、诚信体系建立、信息披露完善等。

四 关于产业经济的研究

中国政府高度重视绿色发展，以产业结构调整解决环境污染问题，然而迄今污染问题没有重大改观，绿色发展支撑体系建设滞后是重要原

因之一。针对这一问题，田银华创新性地从法律、制度、技术、人才四个维度出发，系统构建绿色发展的法律、监管、技术、人才四位一体协同支撑体系。基于法律层面，他提出构建绿色发展的相容性法律支撑体系，以推动产业结构绿色转型为目的，构建加快产业结构调整促进污染减排的法律体系，包括资源与能源减排立法、税费减排立法等；基于制度层面，他提出构建绿色发展的制度化监管支撑体系，以有效地颁布、实施政策和监督为目的，构建完善的政府与非政府部门监管相结合的制度体系，具体包括严格环境准入制度、加强重点行业环境管理制度、严格执行环境影响评价制度、完善污染源在线监控制度等；基于技术层面，他提出构建绿色发展的高端化技术支撑体系，以支持中国低碳工业发展为目的，构建低碳技术、节能技术和减排技术三位一体的技术支撑体系，具体包括知识研究与技术创新、知识和技术传播、资金保障等；基于人才层面，他提出构建绿色发展的新型化人才支撑体系，以推动低碳技术发展为目的，构建包括大学教育、政府支持和市场导向三位一体的人才发展模式，大力储备低碳产业"智力库"，建立专业化人才研究基地等人才支撑体系。

五　关于创新发展理论

转变经济发展方式、推动经济结构战略性调整是湖南省全面推进"四化两型"建设，促进经济社会又好又快发展以及社会和谐稳定的重要战略举措。田银华指出，湖南省正处于负重爬坡、后发赶超以及全面建成小康社会的关键时期，必须从加强管理创新、推进科技创新、推动政策创新和加大制度创新四方面促进经济发展方式转变、推动经济结构战略性调整。

第一，加强管理创新，形成有利于湖南省经济结构优化的凝聚力。坚持"扩内需、调结构、惠民生"的战略方针，保持合理的投资规模，促进区域经济稳定发展的基础上，充分发挥投资对区域经济结构调整的导向作用；各地方政府要确保一批重大在建项目继续推进，尽快完工，严格控制低水平、产能过剩、重复建设的新建项目开工建设；继续加大民生领域、基础设施和生态环保建设的投资力度，积极淘汰落后产能，推进技术改造；建设好承接沿海地区产业转移的载体和平台，着力培育和壮大一批承载能力强、发展潜力大、经济实力雄厚的重点经济区，进而促进产业集群发展。

第二，推进科技创新，形成有利于湖南省经济结构优化的科技和人才支撑体系。积极鼓励科技创新组织或机构在能源、信息、生物、空间、海洋、新材料等领域取得新进展，重点突破我省重点产业发展的关键技术障碍，努力攻克出一大批能够有效促进产业结构优化升级、技术改进以及节能减排的自主创新技术，并加强对科技创新研究成果的转化；加快建立以企业为主体、市场为导向、产学研相结合的技术创新体系，积极引导创新要素和成果向企业聚集；完善人才引进计划，加大对国内外高层次科技人才引进的投资，培养出一大批高层次科技领军人才；系统设计和整体推进教育改革，营造鼓励创新和宽容失败的社会文化氛围，并且重视完善知识产权保护制度和激励机制。

第三，推动政策创新，形成有利于湖南省经济结构优化的正确政策导向。通过调整各行业的准入门槛、完善产业技术标准以及促进弱势企业兼并重组等措施来推进产业的持续健康发展，以实现产业政策的创新；通过减税、补助以及贴息等方式鼓励特色产业的发展，同时通过加税的方式限制特定产业的发展，以实现财税政策的创新；进一步规范和改革投资审批、核准、备案制度，充分发挥政府在投资方面的引导作用，为扩大社会投资创造适宜条件，以实现投资政策的创新；在产业政策创新的基础上，加强窗口指导，扩大或收紧对特定产业的信贷资金供应，以实现信贷政策的创新。

第四，加大制度创新，形成有利于湖南省经济结构优化的体制机制。强化环保倒逼机制，重点从完善制度、加强监测、提高能力、公众参与等方面入手，切实把"保"和"压"有机结合起来，通过环境评价和环保标准的调整来推动经济结构调整，以实现环保制度创新；改善政府宏观调控，通过宏观调控为结构调整创造有力的经济环境，推进资源性产

品的价格改革，充分发挥好价格杠杆和市场机制在资源配置中的基础作用以及在经济结构调整中的协调作用；完善社会保障体系，稳步提高保障水平，为加快推进湖南省经济结构调整"保驾护航"。

学术感悟

马克思说："在科学上没有平坦的大道，只有不畏艰险沿着陡峭山路攀登的人，才有希望达到光辉的顶点。"即是做科研态度的诠释，要获取学术知识，就要不惧艰难，只要肯在学术、科研上下功夫，它并没有想象中的深奥难懂、遥不可及。华罗庚说："独立思考能力对于从事科学研究或其他任何工作都是十分必要的，在历史上，任何科学上的重大发明创造，都是由于发明者充分发挥了这种独创精神。"因此，做学问不仅要态度端正严谨，更要有独立思考能力和创新的意识。

代表性著作

一 获国家级奖励情况

1. 参与的《注重学生全面发展，强化教学科研互动，探索经管类创新型应用人才培养模式》获国家级教学成果一等奖，2009 年。

2. 主持的《经济学基础理论课程群教学团队》获国家级教学团队称号，2010 年。

二 主持国家级（含教育部）基金项目情况

1. 国家社会科学基金重大项目"基于 CGE 模型的产业结构调整污染减排效应和政策研究"（项目编号：11&ZD043，2012 年 1 月至 2014 年 12 月）。

2. 国家自然科学基金资助项目"家族企业契约治理及融资结构研究"（项目编号：70973035，2010 年 1 月至 2013 年 3 月）。

3. 国家安全生产监督总局科研项目"煤炭企业安全生产管理与治理结构"（项目编号：06—402）。

4. 教育部规划课题"巨型大学发展模式研究"（项目编号：FIB070332，2007 年 12 月至 2009 年 12 月）。

三 主要成果目录

（一）核心期刊论文

1. "Research on Human Captical Financing Efficiency of Family Business based on Multiple Regression Model", *Advances in Information Sciences and Service Sciences*, 2012（9）.

2. "On the Relationship between Financial Capital Financing Structure and Business Performance of Family Business", *Journal of Convergence Information Technology*, 2012（7）.

3. 《环境约束下地区全要素生产率增长的再估算：1998—2008》，《中国工业经济》2011 年第 1 期。

4. 《基于 BP 神经网络的家族企业契约治理模式识别与选择研究》，《中国管理科学》2011 年第 1 期。

5. 《威廉·诺德豪斯与气候变化经济学——潜在诺贝尔经济学奖得主学术贡献评介系列》，《经济学动态》2011 年第 4 期。

6. 《环境规制的污染减排效应研究——基于面板门槛模型的检验》，《世界经济文汇》2017 年第 3 期。

7. 《银企信贷重复博弈的模型分析》，《系统工程》2005 年第 11 期。

8. 《集群资源：制造业竞争优势的新视角》，《学术研究》2008 年第 8 期。

9. 《环保政策、贸易政策和知识产权保护政策能协调一致吗?》，《系统工程》2016 年第 6 期。

10. 《股权结构、社会资本控制与控股股东利益侵占——来自中国家族上市公司的经验证据》，《当代经济科学》2015 年第 5 期。

11. 《产业集群竞争优势的菱形模型：结构和机理》，《中国社会科学院研究生院学报》2006 年第 11 期。

（二）重要专著

1. 《我国产业结构调整的污染减排效应及策略研究》，经济科学出版社 2017 年版。

2. 《微观经济学》，中南大学出版社有限责任公司 2009 年版。

3. 《产业规制与产业政策理论》，经济管理出版社 2008 年版。

4. 《企业经营优化原理与技术》，湖南师范大学出版社 1992 年版。

5. 《证券投资原理与实务》，中国物资出版社 1994 年版。

芮明杰
Rui Mingjie

    芮明杰，男，1954 年 5 月 3 日出身于教育世家，祖籍江苏宜兴。1961 年 9 月在上海复旦大学附近国定路小学上小学，1966 年 6 月时才小学五年级，之后学校停课故辍学在家，直至 1968 年 9 月，终于被安排进了一所新开办的工农中学读初中，其间基本没有学习什么文化知识，数学就学了一元一次方程，语文是革命读物，没有物理化学，也不教英文。原本应该于 1970 年 7 月初中毕业，但按照当时要求，还需要 70 届同学们集体去工厂农村学工学农 1 年，然后才准予 1971 年 9 月初中毕业。毕业后被分配到上海市宝山县罗店公社天平大队插队落户。在农村，芮明杰什么农活都干过，兼任过大队知青负责人、生产队出纳会计、民兵队长等职，为农民服务多年。1977 年 12 月芮明杰在农村参加了国家恢复高考的第一次考试，第一志愿是复旦大学化学系，结果却考取了华东师范大学数学系数学专业。

    芮明杰大学毕业后被分配至上海江湾中学任教，任教期间于 1983 年 7 月考取复旦大学工业经济专业硕士研究生，师从著名经济管理学家苏东水教授。1986 年 6 月芮明杰在复旦大学管理学院获得经济学硕士学位，之后留校任教至今。1988 年 9 月至 1992 年 2 月以在职身份攻读复旦大学管理学院与香港中文大学工商管理学院联合培养的经济学博士学位，专业工业经济，并在香港中文大学研修 1 年。回校任教后，1993 年 4 月晋升为副教授，1994 年 4 月破格晋升为教授，同年 11 月经教育部严格评审为工业经济专业博士生导师。因在教学与科研上的贡献，1994年获国务院突出贡献政府特殊津贴，1997年入选教育部"跨世纪优秀人才计划"，2006年获复旦大学特聘教授称号，2009年获上海市哲学社会科学创新基地首席专家与上海市政府决策咨询研究基地芮明杰工作室领军人物称号。

芮明杰曾先后任复旦大学管理学院企业管理系副主任、主任，管理学院副院长，企业管理学科带头人，复旦大学工商管理博士后流动站站长，复旦大学校学术委员会委员，中央企业工委和国家国资委高级管理人员培训教授，上海管理科学学会副理事长等职。现任复旦大学特聘教授，复旦大学学位委员会委员兼文学部副主任，管理学院学位委员会主席，复旦大学国家重点学科产业经济学科带头人，复旦大学企业发展与管理创新研究中心主任，复旦大学应用经济学博士后流动站站长，复旦大学产业经济学系主任等职务。

主要承担课题：先后主持国家自然科学基金面上项目6项，国家社会科学基金重大项目1项、重点项目1项、面上项目1项，国家软科学基金重点项目1项，国家商务部、教育部等省部级项目20多项；主持完成上海市政府及大企业公司委托的重大规划、产业发展、战略规划与改革方案课题40余项，受到高度评价。

重要获奖成果：先后获全国高校人文社会科学优秀成果管理学著作一等奖1项（2002年）、经济学著作三等奖3项（2015年、2009年、2006年），全国高校优秀教材二等奖1项（2002年），上海市社联哲学社会科学优秀成果特等奖1项（1993年）、上海市哲学社会科学优秀成果一等奖1项（1998年）、二等奖2项（2016年、2008年）、上海市决策咨询成果二等奖3项（2017年、2004年、1997年）、上海市哲学社会科学优秀成果三等奖4项（2002年、2000年、1998年、1994年）、上海市优秀教学成果二等奖3项（2006年、2002年、1998年）。

芮明杰在复旦大学工作至今已有 30 多年。30 多年在科学研究方面的主要工作和贡献，时间上可以分为两个大的阶段，2003 年前主要集中在管理学理论与企业发展理论及其应用研究，2003 年之后主要集中在产业发展、产业链以及产业结构调整理论与应用研究方面，本文主要介绍芮明杰 2003 年之后在产业经济领域主要的理论贡献。

一　中国新型产业发展道路的理论与策略

芮明杰比较早研究中国新型产业发展道路的理论与策略，他认为中国产业未来的发展是在经济体制进一步转型中进行，中国的产业发展又必须把自身制度变革当作内生变量来考虑，而同时中国产业从现在到未来的发展又遇到消费变化、技术革命等重大的挑战，这就使中国产业的未来发展有相当大的难度，需要有非常明确的发展思路与发展策略。随着经济新常态的来临，中国产业的未来发展必须要有新的发展道路。

芮明杰认为中国产业发展的新型道路应该有以下几个方面：第一，必须确立智能化大规模定制生产方式为产业改造与进步的目标。智能化的基础是智能型计算机与互联网，而智能化又与信息技术的发展分不开，因此中国产业改造与进步必须以智能型大规模定制生产方式为目标，对现有的产业装备、产业技术、生产流程、生产工艺、产业人才等进行信息技术的嫁接与改造，提升其资源配置能力，提高其生产力水平，降低其生产成本。第二，把中国产业发展的制度变量看作产业未来发展的内生变量。制度作为中国产业发展的内生变量是要求我们在推动中国产业发展时，主动地考虑在建立智能化大规模定制生产方式与适应世界贸易组织规则时进行产业规制的调整与变革，进而建立中国产业未来发展的制度体系。为此，需要积极研究新经济形态下的产业发展新的制度要求及制度变化的趋向，设计中国产业发展中的制度规则。第三，积极融入世界产业分工体系，建立现代产业体系。世界经济一体化不仅仅是世界市场的一体化，各国经济的互相开放与融合，还形成了世界产业分工体系。各国的产业首先必须融入这个产业体系才可能获得最大的比较优势，其次各国又在不断地推动本国产业的发展以便于可以在世界产业体系的产业链中获得一个优势位置，以便取得更大的比较利益。

二　改进了迈克尔·波特的理论，提出产业竞争力的新"钻石模型"

在世界经济一体化的今天，按照迈克尔·波特的看法即一个国家产业的竞争力与该国的要素禀赋、需求条件、相关产业支持、市场结构形态相关，这个看法虽然有道理，但芮明杰认为还是浅层次的，他认为产业竞争力的本源性变量应该是产业知识吸收与创新能力，因为现实中有这样的案例即它的要素禀赋、需求条件、相关产业支持、市场结构形态不一定很符合迈克尔·波特的要求，但它的产业确有相当大的竞争力，如日本、韩国等。

芮明杰对迈克尔·波特的钻石结构作了修改，他在迈克尔·波特的钻石体系中加了一个核心：知识吸收与创新能力，有了这个核心才能真正发展出自己产业的持续的竞争力。他认为中国产业发展现在与未来首先要培养自己的知识吸收与创新能力，其次在更大程度上参与国际产业分工体系在产业链中谋求好的位置，进而保持与发展自己在全球经济中的产业竞争力，其中政府的作用是重要的。一个国家长期的竞争优势不是取决于现在的生产要素，而是要看"有没有一套能持续提升生产要素的机制"。政府在提升生产要素结构和水平中的作用，具体体现在：一要重视教育和训练。强化教育和培训机构是提高产业竞争优势最有远见、最可行的手段。二要提高研究和开发能力。鼓励企业的研究开发投资，产学研相结合，把研究开发与产业竞争优势协调起来，促进技术商品化和技术扩散。三要发展现代化的、高级的基础设施，包括先进的交通运

输、后勤补给和电信设施等。四要培养信息数据整合能力。政府要扮演收集和传播信息的角色，建立产业发展信息网。

三 在知识创新与产业创新方面的研究独到，获得重要研究成果

芮明杰个人或与学生合作先后在国内外学术刊物《经济研究》《中国工业经济》《管理学报》《管理世界》以及国际 SSCI 收录刊物发表知识管理模型、知识创新、组织学习、产业创新发展等相关重要论文，如"Improving Learning Alliance Performance for Manufacturers：Does，Knowledge Sharing Matter?" 2016 年发表于 *International Journal of Production Economics* 刊物上，早几年的"Turning Knowledge into New Product Creativity：An Empirical Study"（*Industrial Management and Data Systems*，Volume 109，Issue 9，2009），"Unraveling the Link between Knowledge Management and Supply Chain Integration：An Empirical Study"（*International Journal of Logistics*，2013）等。这些论文以中国的数据为基础在产业创新、知识创新与管理方面进行多个问题的理论实证研究，许多创新的理论观点在国际相关领域引起了国际同行的认可与重视。

四 独创产业链知识整合理论与机制设计创新研究，提出全新"三维度"模型

芮明杰抓住了当时学术界尚未深入研究产业链知识创新协同的学术空白，深入开始了当今产业分工从工艺分工发展到功能性模块分工以后，产业链知识整合的理论创新研究，首先提出了网络状产业链整合理论，产业链知识共享的三大机制即动力机制、模块创新机制、知识创造机制的创新设计，开创了产业经济学领域产业链方面研究的全新学术方向。这些成果主要体现在：专著《论产业链整合》获上海市哲学社会科学优秀成果著作二等奖（2008 年），之后又获教育部全国高校人文社会科学

优秀成果经济学著作三等奖（2009 年）；著作《产业创新战略——基于网络状产业链内知识创新平台的研究》获上海市哲学社会科学优秀成果著作二等奖（2010 年），入选国家新闻出版署"三个一百"原创工程经济学原创著作。

芮明杰认为产业分工从工艺分工发展到功能性模块分工以后，产业链形态、产业链关联方式、整合方式、整合主体都发生了变化。在模块化时代，纵向产业关联发展为网络状产业关联，有形产品的关联发展为知识关联。产业链整合的主体由资本实力者转变为知识实力者，整合方式由资产关联式整合发展为舵手契约式整合。他认为知识整合是产业链整合的实质和价值创造的源泉，可以将产业链理解为一个知识体，产业链分化整合的机制本质上是知识流动知识创新的特性，因此产业链整合过程中知识共享就有了三大机制即动力机制、模块创新机制、知识创造机制。

在对产业链、企业集群的价值创造方式深入细分的基础上，进一步对基于规模经济、专业化分工经济、模块化经济、网络效应的价值创造过程和知识共享的内容进行比较，揭示了不同类型产业链价值创造和知识整合的差异，以及产业链整合的组织模式，并分析了具有创新外部性的模块化产业链的政策规制要点。芮明杰提出了产业链的知识整合、价值模块整合与产品整合的三维度模型，并在野中郁次郎 SECI 模型的基础上，引入动态知识价值链，构造了一个新的知识创新模型，深化了对模块化体系中产业链知识整合机制的认识，丰富和更新了产业链理论，有助于进一步明确政府和企业承担的知识管理责任，促进产业升级，提升产业竞争力。

五　对第三次工业革命的本质与中国对策的深入研究，五大本质论述影响广泛

芮明杰在 2000 年年初始，就开始研究新经济即知识经济的本质，以及可能对企业带来的变化，对管理带来的变化。2008 年后开始关注美国

"再工业化"对中国制造业发展的影响，发表了系列论文。2011年敏锐地关注并积极开展研究第三次工业革命对中国产业的重大影响，发表了论文、研究报告，出版了专著。其中论文《第三次工业革命与中国的选择》与个人文章"第三次工业革命的起源、实质与启示"随后在全国社科规划办，社科文库理论全文转载，其专著《第三次工业革命与中国选择》获得全国高校人文社会经济学优秀成果著作三等奖。

芮明杰通过深入研究发现了第三次工业革命有五大本质特征，即新生产方式、新生产组织方式、新制造模式、新生活方式、新能源生产使用。他认为中国必须抓住第三次工业革命的历史机遇，推动创新驱动转型发展，才能由制造大国发展为制造强国，才能实现中国梦。为此我们需要调整发展策略，进行顶层设计，大胆深化改革。应试着找出一条制造业提升变革发展的新型工业化道路，对新型产业体系构建、战略性先进制造业选择发展、先进制造业与现代服务业匹配模式设计、知识产权保护、高端人才造就、服务创新推动、市场环境打造等方面大胆探索，深化改革。应对新工业革命，中国应有三大深度对策：一为构建适应未来国际分工与技术革命的新型产业体系，这一产业体系建立在新能源、新生产方式、新组织方式之上；二为高起点发展战略新兴产业，要有跨越式发展的思路与策略；三是发展先进生产服务业并为中国制造业转型升级做贡献，方向与策略是互动融合。

六 开创了产业结构调整的微观机制理论研究新方向，完整提出主导型大企业通过产业链引导创新进而改变产业结构的新理论与新对策

2010年芮明杰开始主持国家社科重点项目"政府主导产业链、供应链和价值链重组以推动产业结构调整优化战略的路径与主持创新研究"（批准号：10AZD006），先后发表了30多篇高等级论文，出版了专著《大公司主导变革：我国产业结构战略性调整的新思路、新政策——基于产业链重构视角》，该著作开创了从企业一致性创新行为出发研究产业结

构变化的新思路新方法，理论观点新颖独到，出版后受到广泛好评，受邀在"复旦管理学奖励基金会"国际论坛作 45 分钟大会主题报告，著作还获得上海市第十三届哲学社会科学优秀成果奖著作类二等奖（2016 年 11 月）。

芮明杰通过研究发现大企业尤其是在其产业链或价值链上拥有主导权的大企业，其在市场竞争压力与创新租金诱导下，通过其新产品新工艺新技术创新会直接导致其控制的产业链或价值链的变化——产业链构成的变化和产业链治理的变化，进而推动链上相关企业作相应的创新或再创新。这就是微观企业的创新生态行为，导致宏观产业结构转型升级的内生性的逻辑。因为主导性大企业在市场竞争压力下，在创新租金的诱导下，把握了未来消费需求的变化，创新就成为企业自己的生存发展而形成的一种自发的行为，这样的创新行为衍生至产业链上下游其他相关产业和企业，导致它们相应的创新与变革，形成了创新生态系统。这些相关创新的叠加在宏观上就表现为产业发展与产业结构转型升级。最经典的案例就是苹果，这家公司的产品创新直接导致了原有移动手机行业以及相关行业的一系列创新，导致产业链价值链上其他企业的创新变化，最终导致部分产业结构变化。因此，鼓励大企业在市场压力与创新租金诱导下不断地创新是非常重要的，这是通过市场机制带动产业链上的其他的相关产业协同创新，进而改变产业结构的微观机理。

七　开创性完整形成了构建中国新型产业体系理论与策略

芮明杰 2016 年主持完成了国家社会科学基金重大项目"现代产业体系发展的理论与政策研究"（批准号：11&ZD142）研究，出版了著作《中国新型产业体系构建与发展研究》（2017 年），全书通过对中国现行产业体系的现状、问题、深层矛盾的分析，对未来影响中国新型产业体系的内外生因素的研究，构建符合中国长远利益的新型产业体系及其科学发展模式和相应的政策支持体系。

芮明杰认为新型产业体系可能的构成与现行产业体系构造不同。未来由于生产与服务的划分困难，新的产业体系应当划分为以消费需求为导向的大功能性集成产业。需求可按功能性分界为公共产品与服务，私人产品与服务。由围绕个性化集成需求的价值链集成、产业链集成、产业网络集成产业构成。此类产业简称大功能性产业。具体有四大类：一是围绕消费的大功能集成产业，如大消费品生产服务（衣食住行），大健康生产与服务等；二是围绕生产装备服务设施的大功能集成产业，如智能、定制装备与服务设施制造服务产业等；三是基础性功能的集成性产业，如互联网、物联网以及服务产业等；四是生产生活组织功能性集成产业，如物流网络、流动与服务产业，信息、知识技术创新及服务产业等。

未来新型产业体系运行的逻辑是：在这一大功能集成性产业体系下，将以技术革新形成新的生产与需求融合的运行逻辑，其核心是智能互联生产服务系统满足个性化产品与服务需求。具体而言，以消费者需求个性化、集成化、便利化的趋势为起点来看，在消费行为过程中产生相应的消费大数据，这些消费大数据又通过互联网收集，由云计算处理，反映给智能生产系统。智能生产系统一方面反馈工业大数据给云计算处理，完善自身生产系统；另一方面，由智能分析与数据控制服务，经由信息互联互通与物联网状态下的智能互联生产服务系统调整与控制生产线，进而在智能工厂中完成个性化的产品生产与服务，满足消费者需求。

芮明杰指出中国建立新型产业体系与产业结构必须在禀赋升级、价值链升级和空间结构优化三个方面取得协调，才可能实现由现行产业体系与结构到新型产业体系与结构的转化。战略思路包括三个方面：（1）升级要素禀赋，改变比较优势的基础。转型升级的基础是比较优势的动态变化，因此，如何建立一个能充分发挥比较优势的产业分工体系，同时又不陷入"比较优势陷阱"，实现知识的积累，提升要素禀赋等级积极开展技术创新、产业创新是发展新型产业体系与结构的关键之一。（2）在全球价值链中获得价值链的"治理权"。在开放格局下，中国很多产业没有价值链的治理权。国外的跨国公司充当了"系统的整合者"，甚至通过价值链的区域分割和等级制安排，限制发展中国家的产业沿价值链的学习和产业升级。因此，如何通过知识积累和能力培育，使中国更多的大企业获得更多产业链主导升级的"话语权"是转型的关键之二。（3）通过区域一体化，构建形成新型产业体系与结构的市场基础。目前中国区域间产业同构的现象导致了资源分散和市场分割，难以形成对产业结构转型升级的有利环境。区域一体化通过要素流动和市场的统一，为产业结构转型升级提供了一个良好的资源支持和市场支持，这是以区域间产业分工的科学性为基础。

八 提出与论证了中国发展世界级先进 制造业集群的"跨越"模式

中国消费者开始大规模追求美好生活需求的时刻，中国需要改变原有的供给结构，建立全新的供给结构，关键是如何采取跨越式发展使中国的世界先进制造业群尽快建立，使中国真正从工业大国转变为工业强国。芮明杰认为世界先进制造业群发展的跨越式模式，就是通过自主创新直接把握世界先进制造业群的价值链高端，发展附加价值高收益大的环节，形成自己的核心竞争力，从而成为该产业价值链的控制者，同时能够引领其他相关产业转型升级的创新模式，这个模式也称为"三高"模式。

（1）"产业高新"首先指世界先进制造业群发展以当代高新技术为基础，代表着未来产业革命的发展方向。具体应该有三个方面的特性：第一，所发展的世界先进制造业群在核心技术、关键工艺环节上是高新的，属知识密集、技术密集；第二，通过发展这样的产业具有技术与知识自主创新的能力，而且是国际领先的创造力；第三，所发展的这样的产业具有强大的战略引领性，能够引领其他相关产业技术进步、产业调整升级、产品创新。

（2）"产业高端"是指世界先进制造业群具有高级要素禀赋支持下的内生比较优势，因此处于有利的产业价值链竞争位置。产业高端的内涵可以从三个方面理解：一是高级要素禀赋，指要素禀赋从传统的资源禀赋到知识禀赋，而知识禀赋在企业多体现为在核心技术和关键工艺环节有高的技术密集度，如目前 ICT 产业中的云计算、物联网等；二是高的价值链位势，如制造业价值链形如"微笑曲线"，高的价值链位势就是在"微笑曲线"两端，而动态维持高价值链位势需要具有高的自主创新能力；三是高的价值链控制力，从在价值链上所处的环节位置判断，实质就是对价值链关键环节——核心技术专利研发或营销渠道、知名品牌等的控制力。

（3）"产业高效"是指世界先进制造业群资源配置效率高，具有良好的经济效益和社会效益。产业高效的内涵也有三方面的内容：一是高的产出效率，如单位面积土地产出效率、人均产出效率等；二是高的附加价值，如利润率高，工业增加值率高，税收贡献大等；三是高的正向外部性，指产业与环境和谐友好，生产过程产生污染少、符合低碳经济要求，还有就是对就业的促进和产业链上其他企业的带动作用等。

学术寄语

科学研究与应用研究无论是思想、方法与手段都是不同的，虽然不能要求所有的科学研究工作者同时也开展应用研究，但我总是认为作为一个应用学科的理论工作者如果能够把自己的理论研究成果应用于现实问题解决应该是更好。然而，千万不要认为应用研究比较简单，事实上有时更为困难，因为你必须在对个性化对象的深入分析研究基础上，提出有前瞻性、科学性、可行性的个性化解决方案，而这同样需要深入思考大胆创新。

代表性著作

1. 芮明杰等：《中国新型产业体系构建与发展研究》，上海财经大学出版社 2017 年版。

2. 芮明杰、杨锐:《大公司主导变革:我国产业结构战略性调整的新思路、新政策——基于产业链重构视角》,上海财经大学出版社 2015 年版。

3. 芮明杰:《战略性新兴产业发展的新模式》,重庆出版社 2014 年版。

4. 芮明杰、刘明宇、胡军等:《战略新兴产业:上海自主创新网络与公共服务体系配套研究》,上海财经大学出版社 2014 年版。

5. 芮明杰:《第三次工业革命与中国选择》,上海辞书出版社 2013 年版。

6. 芮明杰、赵小芸等:《基于价值链重构:上海生产性服务业与先进制造业动态匹配研究》,上海财经大学出版社 2012 年版。

7. 芮明杰、王子军:《后金融危机时代上海先进制造业发展战略与政策》,上海财经大学出版社 2012 年版。

8. 芮明杰、张琰:《产业创新战略——基于网络状产业链内知识创新平台的研究》,上海财经大学出版社 2010 年版。

9. 芮明杰、李想:《网络状产业链构造与运行》,格致出版社、上海人民出版社 2006 年版。

10. 芮明杰、刘明宇、任江波:《论产业链整合》,复旦大学出版社 2006 年版。

11. 芮明杰主编:《中国产业竞争力报告》,上海人民出版社 2004 年版。

12. 芮明杰:《社会主义工业化论》,学林出版社 1996 年版。

刘书瀚

Liu Shuhan

刘书瀚，男，1978年9月天津财经学院（现天津财经大学）工业管理系本科生；1982年7月天津财经学院毕业留校任党委常委、团委书记、学生处长（其间1990年5月—1991年5月在日本证券公司研修学习）；1992年6月赴日本留学，神户商科大学获经济学硕士、大阪市立大学经济学博士；1999年6月回国任南开大学国际商学院副教授；2000年3月调任天津商学院副院长；2001年9月任院长兼党委副书记（年底晋升为教授）；2007年3月学校更名为天津商业大学，任校长兼党委副书记；2013年2月天津市人大教科文卫委副主任；2014年11月卸任天津商业大学校长；2017年9月卸任天津市人大教科文卫委副主任；兼职欧美同学会中国留学人员联谊会副会长、中国工业经济学会副会长、天津市社会科学界联合会副会长。

2003年4月，获天津市劳动模范称号；2004年2月，获天津市优秀留学人员称号；2006年12月，获天津市第十届社科优秀成果一等奖；2009年5月，获天津市高等教育教学成果一等奖；2013年7月，获天津市第十三届社科优秀成果一等奖；2013年9月，获天津市高等教育教学成果一等奖。

在整个奋斗与奉献的职业生涯中，作为二级教授他不仅是学者，还肩负着繁重事务与重要责任，并为此付出大量的精力与时间；作为大学校长他又不是纯粹的管理者，因为他始终坚持挤出时间真做学问，在经济学与教育学领域造诣较深，设计、操作和处理重要工作事项都能坚持理智和理性。特别是推进事业发展中的所有执着与坚持，可坦荡面对一切质疑与挑战，欣然迎接历史的检验与评判。

刘书瀚，1954 年 9 月出生在天津市中心区的"五大道"，殷实的生活条件和良好的教育环境伴随他度过了童年和大半个小学时代。"文化大革命"的到来，由于家庭的历史背景，使他远离当时的社会主流，整个中学过程饱受动乱干扰，并失去了读高中的机会。改革开放后高考制度得以恢复，一个积极向上的热血青年当然挡不住"大学梦"的诱惑，记得当时是用了相当的力气争得了十分器重他的领导的理解与同意，然后又是短暂时间的高考知识的恶补，就这样破釜沉舟仓促上阵了。结果可想而知——与理想的全国重点大学无缘，倒是较从容地成为天津财经大学本科生。也就是从这时开始，学习工作、再学习再工作，到现在为止的学业与职业生涯一直在中外四所大学度过。如果说他的重要人生是奋斗与奉献，那么就是大学承载了他的奋斗、成就了他的奉献。

一 管理工作

1999 年 6 月，在改革开放形势国家急需人才的大背景下，一个有一定的大学政治思想工作和管理经历、足够的在发达国家学习生活而形成的眼界和国际学术界认可的经济学学者，在日本的研究活动结束后及时回国了。经南开大学的短暂工作，2000 年 3 月来到当时的天津商学院，带着 8 年政治思想工作经验和 8 年国外留学的眼界全身心投入，以最快的速度融入这所学校。仅仅经历了一年半的副职，得到这所学校教职员

工的认可，47岁时走上了行政一把手的岗位。

担任校长以来，人们看出，他从未认为校长是官，同时一刻也没把责任置之度外。任职初始憧憬我们的大学也有一个自觉平等和谐宽松净化健康的研究氛围和学习环境，后来坚持从自己做起，把管得了的事情做好。整个任职期间做事讲规矩，做人讲道理，全心全意做事，好心好意待人。干正事做好事不误事没闲事远离坏事。

在市委教育工委、市教委和学校党委的领导下，在广大教职员工、学生，特别是中层干部的接受和支持下，坚决贯彻党中央国务院有关办好社会主义大学的指示精神和政策，认真研究教育规律，凝练办学指导思想，精心设计规划学校发展目标方式与路径，在学校处于水平提升和内涵建设期间，坚持"5534"（五个建设、五个构筑、三个发展战略和四个攻坚战）的奋斗目标和工作思路，并执着推进。2007年获得本科评估优秀和顺利更名天津商业大学。应用经济学学科脱颖而出、产业经济学学科得到全国认可、现代服务业研究在天津位居前沿。酒店管理专业水平和特色凸显，成为全国中外合作办学的一面旗帜，与前几任建设成功的制冷专业共同成为有影响力的领域。热爱学生，支持学生工作，在多项政策的制定和执行中向学生倾斜、向学生工作倾斜。大家期盼已久的大学生活动中心已设计完毕，是一个完美的设计精品，可望与体育馆项目同时落成。学校征地建设等外延发展在没有得到新校区政策优惠的情况下，跟上了其他市属院校的步伐。学校整体运营坚持经济思维科学管理，在原地发展征地成本高的情况下，对内艰苦奋斗，对外争取各方支持，学校财务状况稳定向好，保证了教学科研基本建设的资金。重视教职工利益，四次调整津贴和绩效工资，配足了公积金比例。教育实践活动以来，集中力量办实事，成功收回购入但未到位的39亩土地，在上级领导的支持下，竭力推进教师公寓建设，确定了既保证教工福利又基本不占用学校土地的方案，消除政策性障碍，物质准备就绪。

多年来刻苦工作，深入基层，联系群众，大事要事难事急事敏感事亲力亲为勇于负责。绝大多数工作部署坚持理论联系实际反复论证认真思考，做到有理论有实际有观点有思路好执行可操作。并形成多篇文章和两部专著，贡献教育事业和教育改革的研究工作。

作为校长，他以为大学要坚持"成就事业的同时成就个人，成就个人也是成就事业"的理念，尽可能地减少和抵消行政化对大学本质的挤压与侵蚀；尽可能地理解与包容老师们的个性，尊重和保护他们的创新力。在与人相处的过程中能做到，人前人后、平时遇事、对上对下一个样，让接触到他的一切人感到宽心舒心放心，做到好交往不容易得罪。在工作中形成的各种校外资源也都用在学校事业发展和教职工身上。

在从事各类社会活动中，注重知识分子的形象、大学教授的形象、高校校长的形象。所担任的欧美同学会副会长、中国工业经济学会副会长、天津社科联副主席职务对学校是正能量。在追求上限的同时也守住了底线：整个任职期间没有安排过与自己有任何亲属关系的人在校工作，没有为亲属和有利益关系的人安排过一砖一瓦的工程，没有安排任何关系企业和个人利用学校资源从事经营活动。

二 学科建设

在当时未实行校长全职化的治理方式下，作为校长的他，自己的学术研究自然代表了学校形象，但在自己的研究领域打造平台带出团队、保证学校的学术高峰持续发展、为学校其他学科领域做出可复制模式更重要；作为校长的他，也作为应用经济学领域的学术带头人，他很清楚，根据学校的历史积淀和现实水平，科研主攻方向服务地方经济社会发展是正确选择；作为校长的他，学科建设做到了审时度势、扬长避短、因势利导、差异发展，天津经济学强项的大学学科建设的重点多集中在宏观和微观上，恰恰该校产业经济学可成为比较优势，重点投入从中观切入，力争挤进天津经济学的高平台。

然而，主要方向怎么确定？鉴于现有发展水平和需求趋势，他们研究关注了现代服务业，并且进行了实事求是的深入分析：第一，现代服务业是伴随着信息技术和知识经济的发展而产生，用现代化的新技术、新业态和新服务方式改造传统服务业，创造需求，引导消费，向产业和社会提供高附加值、高层次、知识型的生产服务和生活服务。现代服务业，特别是生产性服务业的发展使区域经济中心城市形成要素集聚和经济辐射作用，促进周边第一、第二产业结构优化升级。发达国家在全球价值链中之所以能够处于高端有利地位，其关键因素之一就是依赖于现代服务业的发展。目前，主要发达国家的服务业增加值占 GDP 比重达到了 70% 以上，部分国家甚至接近 80%。尤其是科技服务、金融、营销管理、物流、中介和信息等生产性服务业高度发达，使其本国产业结构优化，并且配对发展中国家的第一、第二产业，从而能够在全球分工中获得高额利润。

第二，关于现代服务业发展战略研究中有诸多问题需要理论创新、实践创新。在理论方面，现代服务业涉及产业关联与融合而具有系统性，涉及空间的要素聚集与经济力的辐射而具有区域性，涉及价值高端化与对经济发展整体的影响而具有历史性、前瞻性和宏观性。因此我们完全可以把现代服务业界定为一个理论和实践的新学科、新领域、新产业。在实践方面，发展中国家服务业的落后导致陷入全球产业价值链的低端不利位置而期望尽快脱离所谓"比较优势陷阱"；同时，服务业十分发达并已经站在产业价值链高端的美国、欧洲等国家和地区的经济过度虚拟化引发金融危机进而导致经济危机的现实也说明，服务业发展中的战略规划设计和操作的相关理论和实践问题还有许多亟待深入研究探讨甚至攻关的课题。

第三，作为经济中心的现代化大都市，要担当经济发展的龙头带动作用，也要具有强大的辐射力，因此服务业在整个经济中所占比重必须达到较高水平，尤其是以生产性服务业为核心的现代服务业应该高度发达。以滨海新区为龙头的天津，是中国目前最具经济活力和发展潜力的经济区域之一。整体而言，当前天津制造业较发达，现代服务业相对滞后。但天津的历史积淀、资源禀赋状况和国家所赋予的战略定位，为现代服务业发展提供了难得的机遇。一是日益壮大的综合经济实力为现代服务业发展奠定了坚实基础；二是丰富独特的文化、自然禀赋为现代服务业发展准备了充足资源；三是产业结构优化调整为现代服务业发展带来了巨大空间；四是发达国家产业转移为现代服务业发展创造了外部契机。因此大力发展现代服务业，尤其是与现代制造业相联系的生产性服务业，对于优化天津，乃至环渤海区域的产业结构，加快经济发展方式转变，保持经济又好又快发展和社会全面进步有着重要意义。

第四，现代服务业的理论和应用研究涉及至少三个经济学学科领域并在此基础上形成、融合、深化和发展。一是基于产业关联与融合性特征的产业经济学领域。这一领域运用产业经济学理论，从现代服务业与制造业的融合互动角度出发，研究现代服务业与其他相关产业，尤其是与制造业之间的协调关系，揭示产业发展规律、实现产业结构的优化升级。二是基于要素密集与地理聚集性特征的区域经济学领域。这一领域运用区域经济学理论，从现代服务业发展和发挥经济中心城市作用的角度出发，研究经济中心城市现代服务业发展在要素集聚与经济辐射方面的作用。三是基于价值高端化与对经济发展促进性为特征的发展经济学及国际经济学领域。这一领域运用发展经济学理论及国际经济学相关理论，研究通过发展现代服务业，增强现代服务业与制造业的配比能力，进而改变旧有国际分工状态，提升产业附加值、改变中国产业在国际产业价值链中的不利位置。

多年来，他带领的学科团队紧密围绕现代服务业做文章。早在2002年，该校就主持召开以服务贸易与服务营销为主题的"服务管理国际学术研讨会"，并以此为契机开始关注第三产业问题并着手组建学科团队。从2005年，随着研究的不断拓展和深入，结合当时经济发展及其国内外学术研究的前沿动态，逐步将研究领域确定为现代服务业，并取得了一系列的学术成果，在学术界和决策部门的影响也逐步凸显。在此期间，承办了以服务业发展为主题的中国工业经济学会（2006）年会、服务创新国际研讨会、三次"中法现代服务业发展论坛"等学术会议。通过不断努力，天津商业大学确立了在服务业，尤其是现代服务业领域研究的领先地位。从2008年开始，伴随学科带头人和诸多学术骨干影响力的不断扩大，以及服务天津地方经济发展的作用逐步显现，该学术团队的研究开始聚焦生产性服务业理论与应用，并取得了诸多标志性成果。与此同时，天津商业大学也逐渐确立了"不断发展和完善现代商学体系，形成围绕中国现代服务业发展的多学科相互支撑、协调发展的综合优势"的学科建设基本方针并写入学校办学指导思想，学校的专业建设、学科建设规划全面围绕现代服务业展开，其中，"金融学"被评为国家级特色专业和国家综合改革试点，"国际贸易"被评为天津市品牌专业。

天津商业大学现代服务业研究团队现有教授 18 人，副教授 20 人，其中校外兼职博士生导师 5 人，教育部"新世纪人才"3 人，天津市"131"创新型人才培养工程第一层人选 2 人。"十一五"期间，围绕现代服务业发展研究取得了丰硕的成果，共计发表论文 523 篇，出版学术专著 45 部，承接科研项目 154 项，其中国家级项目 14 项，省部级项目 42 项，获得科研经费 512 万元，获得省部级奖励一等奖 5 项，二等奖 3 项，三等奖 4 项。该团队已经在国内现代服务经济研究领域确立了领先地位。该团队在天津市"十一五""十二五"和"十三五"规划制定、服务业综合改革试点等方面充分发挥了政策研究和决策咨询的重要作用，为服务地方经济发展做出了巨大贡献。2014 年 12 月成立了"现代服务业发展研究中心"，2016 年 3 月被天津市教育委员会批准为"天津教育智库"。

三　学术观点

近年来，刘书瀚单独及合作发表学术论文 50 余篇、出版专著论著译著共 20 余部，主持国家级省部级研究课题 20 余项，并多次参加国家和天津市经济社会发展咨询活动。获天津市社科优秀成果一等奖 2 项、教学成果一等奖 2 项。其主要学术观点创新坚持理论联系实际；坚持理论为实践服务，坚持科研为地方经济社会发展服务；坚持在服务中做贡献，在贡献中求发展。在天津经济学界，特别是与现代服务业发展关联的经济社会发展中产生了重要影响。

第一，生产性服务业发展与都市建设。

刘书瀚认为，生产性服务业是现代服务业的主体，是经济中心的核心要素。经济中心的特征与内涵是一个客观的标准。首先，经济中心具有资源的聚集功能、经济的辐射功能、综合的服务功能、高附加值的生产功能、多方面的创新功能以及持续的示范作用、制定标准和出台政策的引导功能。由于资源配置的效率约束决定了经济中心的区位空间布局具有规律性和合理性。也就是说一定的区域范围内应只有一个经济中心的作用最强大。其次，经济中心的服务业比重普遍很高，特别是高水平的生产性服务业的聚集是经济中心的重要特征，生产性服务业依托第一、第二产业和第三产业本身产生和发展，通过配比本地区和相应范围的其他地区的第一、第二产业和一般服务业本身促进这些地区的产业结构优化升级和经济发展而发挥经济中心的作用。同时也使经济中心本身占据产业价值链的高端，经济效益高于其他非经济中心地区。

结合中国实际，他提出：中国沿海已形成三个经济中心，即北京、上海和香港。天津面临来自北京的压力与挑战不可回避。从当前的环渤海经济圈发展的实际看，北京在成为政治文化中心的同时，已经是实际上的北方经济中心。距离只有 120 千米的这种客观的角色作用，使得生产性服务业在北京的聚集优势明显，高水平的大学和研究机构、繁荣的金融业、完备的陆空交通枢纽、大公司总部的云集和发达的中介机构都说明北京的资源凝聚力和经济辐射力在环渤海区域不可比拟。北京的生产性服务业不但配比和支撑着环渤海经济圈的三大产业，甚至也在影响和互动天津的制造业，并直接挤占和制约着天津服务业的比重和中心城市功能的发挥。

格局中类似的大都市，如杭州与南京、深圳与广州，发挥差异性优势实现产业结构的互补是值得科学研究的发展方式。作为天津市，面对北京的强大优势必须避免与之形成无序的竞争，而要最大限度地强化和培育自身的差异性优势，实现错位发展和优势互补。面对北京的科研和技术开发能力，依托强大的制造业在科技成果转化方面走在前面；面对北京陆空物流优势，在海运物流上下功夫；面对北京金融机构总部聚集的态势，积极扶植和发展产业金融；面对北京会展业的首都品牌，全力打造交通便利和体制有优势的国家会展中心。由此，京津两市可能由"单边发展"转向"双核互动"，在近期内由生产性服务业有优势的北京

与居制造业价值链高端的天津共同成为环渤海经济圈的北方经济中心。

另外，大力发展实体经济建成高端制造业基地是建设北方经济中心的必然过程。先建成高端制造业基地，然后伴随着生产性服务业的发展，制造业再依所处价值链高低位置的不同梯度向外转移，这是世界上许多作为经济中心的大都市的发展过程。天津具有老工业基地的雄厚基础，现正处在工业化中后期之间，发展产业结构优化的高端制造业是客观和必然的选择。几年来市委市政府积极引进了一大批大项目好项目，为天津的经济发展做出了历史性贡献，但有些项目从产品上看是技术密集型，从生产过程上看却属于劳动密集型。我们应采取积极的鼓励政策，支持生产性服务业的发展，促进这些引进大项目的所谓"微笑曲线"两边的"高端替代"，也促进天津本身的制造业项目更多更快地成长为大项目好项目，使天津尽快建成高端制造业基地，为建成北方经济中心走好重要一步。

以上观点与2015年的《京津冀协同发展规划纲要》的天津定位"全国先进制造研发基地、北方国际航运核心区、金融创新运营示范区、改革开放先行区"完全一致。

第二，产业结构优化升级与链式创新。

刘书瀚认为，产业链是产业经济学中的一个概念，是各个产业部门之间基于一定的技术经济关联，产业链包含价值链、企业链、供需链和空间链四个维度。这四个维度在相互对接的均衡过程中形成了产业链，这种"对接机制"是产业链形成的内在模式，作为一种客观规律，它像一只"无形之手"调控着产业链的形成与运行。

产业链的本质是用于描述一个具有某种内在联系的企业群结构，它是一个相对宏观的概念，存在两维属性：结构属性和价值属性。产业链中大量存在着上下游关系和相互价值的交换，上游环节向下游环节输送产品或服务，下游环节向上游环节反馈信息。

近年来，天津作为地区经济中心城市，与全国多数类似城市一样，为扩大经济规模积极引进大项目好项目，为转变经济发展方式和提高经济质量积极培育科技型企业（小巨人），两项重要举措为地方经济又好又快发展产生了巨大作用。但从价值链角度考量，引进大项目的合作中，我方企业绝大多数居于价值链底端，而天津自己的所谓小巨人企业，其产品国际竞争力不强，或者说质量优势不明显。那么，中国产业结构优化升级的路径在哪里？链式创新是其中之一！

刘书瀚首先提出"链式创新"的两条路径。

第一条路径是：靠技术生力军嵌入并逐步攀登全球产业价值链实现产业集聚和优化升级。中国产业集聚的特点仍是高端产业本地植根性不强，相关企业集体学习能力有限，创新能力严重不足，独立发展被动受控。致使引进大项目从产品看是技术密集型，但从生产过程看是劳动密集型，且技术外溢效果不明显；具有国际水平的核心技术和开发能力的中小企业不多，靠自身成长壮大的前景不明确。遵循产业价值链、产业集聚与集群理论，借鉴发达国家产业集聚的经验，出台"地区'链式创新'产业政策"，通过多种方式挤进国际产业价值链，以自己的最优技术替代"大项目"的海外调剂的零部件生产，成为世界级名牌产品配套企业，逐步使越来越多的民族企业集聚"大项目"，嵌入并逐步进入国际产业价值链的高端，形成地区经济新的增长点，并使制造业产业结构实现优化升级。

第二条路径是：引进和研发高端技术序列，建立地区价值链，形成新的经济增长点。天津完整的产业价值链集聚不够，效益不高，难以形成经济增长点。可通过向国家重点实验室和重点高校直接购入成熟的可产业化技术成果或吸收技术入股，组建若干国有龙头企业，并建立企业总部。进而按照产业链各个环节中间产品的技术要求购入技术成果或组织高校、研究所集中研发，形成产业价值链重要基础的技术序列。通过首次无偿提供的方式引导不同所有制企业进入产业链，形成专业化程度高超的产业集聚效果。龙头企业在不断创新技术的同时加强产业价值链的管理，保证链条中的各个企业通过技术的持续开发与进步保证该环节的产品高精度高质量，最终产品无疑具有强大的竞争优势，整个产业价值链有望成为国际产业价值链，像天津这样的大都市高端制造研发基地即可宣告建成。这不仅打造出了天津经济的升级版，而且创出了经济发

展的"天津新模式"。

他提出的相关联的第二个问题：打造全球价值链的产业组织基本方略。无论第一条还是第二条路径，都面临一个问题：中国的技术开发、精密制造和市场营销，竞争力强大的优秀企业匮乏。低水平个体无论怎样组合还是低水平。这才是打造本国企业主导的全球价值链促进产业结构优化升级的难题。

试想，按要素构成与驱动机理将产业链划分成三个部分，即研发段、生产段和营销段。对比全球价值链，我们不仅每条而且每段都是弱者和弱项。我们的办法是，由政府介入，引导和组织拥有产业链两段以上企业在企业实践"比较优势原则"（还有集中优势兵力打歼灭战、田忌赛马、比尔盖茨的100%与1%），帮助拥有两段以上的企业内部要素效率配置，集中精力把相对较强的研发、制造或营销集约化，使内生比较优势高点释放，而演变为具备某阶段优势的"研发体或加工体或营销体"优势企业，成为高水平价值链构成要素企业。然后，通过强项重组而形成更高级别的产业链，成为全球价值链的竞争力大大提升。

他提出的相关联的第三个问题：高水平的制造是高等级价值链的基础。就"三段"而言，我们往往能够认识到"微笑曲线"两端的研发与营销的重要，而把生产加工阶段看成最简单、利益最薄的部分。其实在加工制造阶段的落后更是影响中国制造业竞争力形成的"短板"。事实上在国际分工中所谓"中国制造"还处在低端产品的粗加工和高端制造的组装水平上。产品的技术含量越高中国企业所处价值链位置就越低，范围就越窄。

因此，创造绝不是不要制造，制造是创造的基础，制造比创造更难。实现"中国制造"向"中国创造"转变，绝不是不要"中国制造"，而是在新兴产业、高端产业等方面铸牢更加强大更高水平的"中国制造"。具有全面、精准、高超和完备的制造能力才能形成真正的有国际竞争力的"中国创造"。

汪海粟
Wang Haisu

　　汪海粟，男，1979 年考进大学，选择工业经济专业，与之前曾经的工厂务工、中学授课、农场种田和机关工作的经历高度相关。1973 年作为武汉江汉食品厂的炉前工，他在和同事朝夕相处中体会到产业工人间的真情实感。1976 年，作为江岸区"五七"干校的年轻学员，在沙湖农场务农。

　　1976 年年底至 1979 年 10 月，作为武汉市江岸区计划委员会的干部，他骑自行车遍访了几乎所有的区属和街道企业。这段时间的经历决定了他未来的学术走向。所以，他选择学习工业经济专业，并开始重点研究城市区街企业。"武汉市区街集体企业发展战略研究"是其发表的第一篇文章，《社区合作经济研究》是其出版的第一本专著，对集体所有制定义的分析是其对经济学基本理论的第一次质疑。

　　1989—1993 年，师从中南财经大学李贤沛，攻读工业经济博士学位。李贤沛长期从事工业经济和企业管理的研究，是该领域中有广泛影响的知名学者。受导师的影响，汪海粟的科研方向定位在与产权制度高度相关的学术领域。李贤沛与生俱来的忧患意识，爱憎分明的人格魅力和勇于批判的学术精神，对他产生了深刻的影响。

　　汪海粟在 1989 年发起组建了中南财经大学中小企业服务机构，参与组织了长江三峡迁建工矿企业的评估项目，并由此开始了其在资产评估领域的实践和研究。受中国资产评估协会的安排，曾参与过国际资产评

估准则和中国资产评估准则的起草和修订工作。2001—2012 年，受学校安排，参与组建中南财经政法大学 MBA 教育中心（2004 改名为 MBA 学院），并先后担任主任和院长。该学院的"教师特长、学科特色和体制特区"的改革实践受到国内外同行的认可。

1992 年和 1995 年先后被评聘为工业经济学的副教授和教授，1999 年担任该专业的博士生导师，2008 年被评聘为该专业的二级教授。目前任中南财经政法大学企业价值研究中心（国家知识产权局知识产权投融资研究试点单位）主任，中国工业经济学会副理事长，中国资产评估准则无形资产委员会副主任委员，中国资产评估协会资深会员，湖北省产业经济学会常务副会长，湖北资产评估协会会长，武汉市人民政府决策咨询委员会委员，武汉中小企业协会顾问。

汪海粟的学术研究大多与产权问题高度相关，并在产权制度改革、产权关系界定、无形资产分析和资产价值评估等方面形成了如下有一定影响的学术成果。

一 关于国有资产管理体制和国有企业改革的研究

1990—2006 年汪海粟关于国有资产管理体制和国有企业改革的研究集中在以下方面：一是探讨了相关概念，认为国有经济是指国家通过构建特别组织、占有相关资源、运用经济杠杆，进而调控整个国民经济的系统活动；国有资产是指国家依法取得的财富；而国有资本则是国家拥有的以增值为目标的资产。二是提出了国有产权界定的方案，认为在社会主义有计划的商品经济条件下，国家所有权的各项具体权能在相对统一的同时，又必须相对分离。这同过去高度集中、政企不分的传统产品经济的模式相比，不论是在理论基础上，还是在管理实践上，都存在明显的区别，所以提出了科学界定国家所有权的要求。认为这是维护国家利益、促进经济联合体健康发展、强化产权意识、优化产权约束和解决产权关系模糊问题的需要。并就 20 世纪 80 年代实行的包括承包、租赁和股份制改革试点导致的产权模糊问题提出了解决方案。三是揭示了中国国有经济在特定时期发展滞后的基本原因，即国有企业职工劳动力事实上的国家所有制与市场经济中资本所有者对其投资只承担有限责任要求的冲突；国有企业仍然存在的官僚制度与市场决定的效率原则的冲突；国有资本流动的自我封闭机制与通过市场重组的资本运营惯例的冲突。四是在强调国有企业"特殊法人"性质的基础上，预判当时数以十万计的国有企业中，只有极少部分应通过战略性重组形成具有特殊法人地位的国有企业，其余将通过资产重组和体制改革，演变为具有多元投资主体、接受一般经济法规调整的混合型企业。五是认为深化混合所有制改革，既要克服现有各种混合所有制形成机制和运行模式存在的问题，又要在生产资料所有制结构发生重大变化的前提下，寻求符合中国国情的混合所有制的体制和机制创新，应让市场规律在配置资源中发挥决定性作用，科学认知和化解转型经济中客观存在的利益多元化与产权模糊化的矛盾。五是提出了国有企业改革需要"三权互动"的理论。因为在当前和今后一个时期的国有企业深化改革中，核心和重点是要正确处理好产权、债权和人权问题。

二 关于社区合作经济理论的研究

1995 年出版的博士论文《从空想到现实——中国合作经济研究》认为：社会学对社区研究的缺陷之一就是回避了对社区公有财产关系的研究，因而未涉及社区经济利益的本质。首先，社区公有财产既是一种历史现象，又在当代资本主义国家中客观存在，还是现阶段中国公有财产集合的主要组成部分。其次，社区公有财产已经具有了社会所有制的某些属性，只不过这里的社会既有区界的限定，又有发展水平的差异。相对于国家所有制，社区公有经济是由社区成员民选机构代理的经济，社区成员的民主参与表现得更直接、更全面，就这些而言，其更接近于社会所有制的特征。相对于传统的集体所有制，社区公有制的社会所有制特征更为明显。例如社区公有不仅是一定社区内的个别生产经营单位的劳动集体所有，而是社区内全体成员共同所有，后者比前者更接近于社会所有。再次，社区公有财产是实现社区公共利益的物质基础。如果没有一定规模的社区公有财产，社会成员的道德约束难以持久；反之，如果没有社区道德规范，社区公有财产也难以实现保值和增值。社区公有财产关系并不剥夺社区成员以独立人格进行社会决断的权利，因而它与市场经济所要求的竞争是能够共存的。最后，社区合作经济的发展为解决市场经济中公平与效率的矛盾提供了一个现实的选择，即以社区公有资产收益分配的合作原则约束满足公平要求，以社区公有资产收益实现过程的市场原则约束满足效率要求，进而使它们在现有生产力基础上达到相对平衡。

三 关于集体所有制定义的研究

1994 年撰文认为中国经济理论界囿于高度集中的社会主义产品经济模式，既没有对马克思主义经典作家的合作经济理论作全面的理解和适时的修正，又没有对当代国际合作运动实践中出现的新形式、新问题予以实事求是的科学总结，而把集体所有制经济简单地归纳为生产资料属劳动群众集体所有，实行共同劳动和按劳分配的社会主义公有制形式。尽管历史上农村的人民公社和城市的大集体企业都试图实现这一定义，但事实表明，中国并未出现完全满足上述定义的集体经济组织。其原因是该定义基于以劳动力非个人所有，所有者、经营者、生产者同体共存，生产资料无资本属性，土地可无偿使用，一元公有化，以及个人消费品以按劳分配作为唯一形式 6 个非市场经济假设。这些假设一是与中国社会主义初级阶段的判断相违背，二是与社会主义市场经济的改革模式相冲突。所以在实践中出现了以组织产生强制性、产权关系模糊性、经济运行集权性和经济成分被歧视性为代表的系列缺陷。建议对传统集体经济定义中的"生产资料归劳动群众集体所有"的内容作适当修正，主张采用"融财产的共有和公有关系为一体，并以公有关系取代共有关系为发展趋势"的表述，认为这除了更接近中国集体企业财产所有关系实际之外，还为劳动者自愿退出创造了条件，即他可以对共有财产在价值形态上提出可以接受的分割要求。

四 关于股份合作制内在矛盾的研究

1993 年撰文认为股份合作企业是中国城乡集体企业财产组织制度再造中出现的一种以股份制特征为主，并有合作制因素的过渡性企业制度，是新旧体制摩擦下的一个现实选择。规范股份制的原则与经典合作制的原则在股份合作制企业中出现了五大冲突，即股份制企业多元投资主体与合作制劳动者原则的冲突、股权平等原则与人格平等原则的冲突、产

权明晰化要求与不可分公共积累的冲突、股份制有限责任与合作制入退自由的冲突、股东权利行政约束与投资选择市场约束的冲突，迫使人们做出两者必居其一的选择。作为企业财产组织制度，合作制与股份制的区别是明显的。所以，提出通过社区合作经济中关于公有财产收益实现和分配的不同约束机制的理论处理上述矛盾。即在企业投资主体多元的情况下，可通过规范股份制的形式处理不同所有者之间的关系，一则可以化解上述矛盾，二则可以促进社区按照市场法则合理配置资产。同时，社区公有资产收益的再分配可以接受合作原则的约束。对社区公有财产主体而言，不论是经典合作制，还是股份合作制，抑或是规范股份制，都不过是其所有权赖以实现的企业组织形式，对于它们的选择取决于对不同形式可能产生的资产收益的预期。

五　关于乡镇企业运行机制的研究

1992 年撰文认为在全民所有制企业和集体所有制企业步履维艰的同时，乡镇企业能自我调整、持续发展的原因就在于该类企业已初步形成了符合社会主义市场经济模式的独具特色的企业内部运行机制，即摆脱贫困、争取温饱的自激励机制；依靠市场，提倡竞争的自适应机制；量入为出、从长计议的自约束机制。强调乡镇企业劳动力的市场取向，形成了劳动者之间的竞争机制。认为在没有生理和心理严重缺陷的人们之间，公平竞争是促进生产力发展，建立良好人际关系的前提条件。由于劳动力市场的作用，大部分乡镇企业已初步构建了以竞争为基础的进出企业、合理报酬、选拔干部的机制。合理报酬机制是劳动者的报酬除了与本企业生产经营成果有关之外，还直接受制于已经逐步形成的劳动力市场的调节，并奉行按劳分配，多劳多得的分配法则，实行弹性工资和福利。正是这种机制使得企业职工必须尽职、尽力、尽责。选择干部机制是指乡镇企业领导人一般不是由行政部门委任，而是由企业职工通过民主选举产生，企业负责人的德、才、识，只有通过竞争，得到企业大多数职工认可方能上任。工作不力，决策失误者亦会被迫下台。正是这种机制保证了大多数企业可以做到"能人治厂"。这种职工能进能出，工资能高能低，干部能上能下的企业内部机制产生了两个不同层次的自适应效用，一是职工能适应企业变化，二是企业能适应市场变化。

六　关于个体工商户的研究

近年来，在《改革》等杂志撰文讨论个体工商户现象，认为尽管个体工商户具有规模较小和经营分散的特点，很难引起社会的普遍关注。但就整体而言，个体工商户的经济总量和社会贡献则令世人瞩目。并将该类经济对中国社会经济的贡献归纳为以下三点：一是创造就业岗位，节省国家支出。除了不需要政府的资本投入之外，还为国家节约了大量失业救济金。二是提供低价产品，缓解社会矛盾。个体工商户通过对各类交易费用的节约，以及有效控制生产经营成本的路径，能以较低的价格提供商品和服务，为中低收入居民提供了消费者剩余，在满足该类人群刚性消费需求方面发挥了重大作用。三是上交大量税收，新增国有资产。中国个体工商户在几乎没有任何国家投资的条件下，为国家贡献了数量可观的税收。个体工商户之所以能为经济发展和社会稳定做出重要贡献，除了其主要分布于进入门槛较低的产业，拥有以手艺和客户为主要内容的无形资产之外，还得益于其因生存环境和市场竞争机制倒逼形成的自雇用、自组织、自适应的生产经营特点。同时，也应看到在国内外经济格局复杂多变的情况下，中国的个体工商户也面临以身份困境、信用困境和地位困境为代表的严峻挑战。所以建议中国政府应该为个体工商户正名、减负和护航。

七　关于无形资产及其资本化问题的研究

多年来关于无形资产问题的研究主要集中在以下几个方面：一是国有无形资产的界定，认为无形资产是与市场经济相联系的经济范畴，同时也是以盈利为目标的现代企业资本的重要组成部分。中国国有无形资产因特殊的时空约束和渐进改革的制度安排，不仅成为经济结构调整和国有企业改革赖以顺利进行的重要资源，而且其因转轨经济赋予的商品化和资本化过程还同时接受政府和市场双重影响。二是探讨了国有无形资产资本化与国有企业改革的关系，归纳了国有无形资产资本化面临的体制转轨约束、评估理论与方法约束和交易主体博弈约束，并探讨了隐性无形资产显性化的途径。三是以创业板上市公司作为研究对象，对广泛存在且不规则分布于招股说明书和年报中的与无形资产相关的信息进行了较为深入的挖掘和分析。对该类上市公司披露的信息进行了基于常规和非常规无形资产的统计分析，并指出无形资产信息披露困境源于相关学科尚未就同一现象达成共识。通过对各类无形资产与企业绩效的关联分析，发现中国创业板市场已初步具备发现和评价无形资产的功能。同时，还研究了政府补助、销售费用和研发费用对无形资产的影响。并就提高创业板上市公司无形资产信息披露质量和促进该类企业实施无形资产优化战略提出了系列建议。

八　关于资产评估行业发展和有关评估理论的研究

1989 年因参与国有企业改制和重大基建项目迁建工矿企业的资产评估实践介入该领域，研究大致可以归纳为：一是将中国资产评估行业面临的问题总结为十大矛盾：企业价值的多元贡献与投资者一元所有的矛盾；企业价值的自然资源资本化贡献加速形成与自然资源市场配置理论和评估方法研究相对落后的矛盾；企业价值评估结果的确定性与影响潜在获利能力诸要素不确定性的矛盾；评估工作的时间、费用、条件及评估师能力的有限性与判定企业价值所需信息系统的复杂性及评估结果要求的准确性的矛盾；用收益法判定企业获利能力的现实合理性与该方法应用缺陷的矛盾；采用 CAPM 模型评估上市公司价值普遍性与一些重要假设前提失真的矛盾；企业价值评估的预期原则与会计处理的谨慎原则的矛盾；企业产权交易中有形资产易于变现的安全效用与无形资产决定于超额收益的获利预期的矛盾；企业持续经营方式的多样性与评估结论唯一性的矛盾；企业价值评估的一般规则与企业跨国经营出现的国别差异的矛盾。二是认为企业资产是能够锁定未来收益的契约权利，该类权利可分为完全产权、组合产权和单项产权。由于资产产权既可以解构，又可以重构，根据系统理论中结构决定功能的观点，有必要合理判断动态演进中的权能结构。关于产权解构的情况，一方面是基于分治，例如现代公司治理制度将生产资料的所有权分解为最终产权与法人产权，房屋租赁协议将房屋的所有权分解为出租人权利和承租人权利，分治是市场配置资源的机制和专业化分工共同作用的结果；另一方面是基于分享，在转型经济中，利益多元和产权模糊的矛盾由于历史和技术的原因而难以避免，分享成为解决上述矛盾的理性选择。三是研究了包括资质和品牌在内的非典型无形资产的定义，认为单位资质是一组可为特定主体控制或拥有的权利，其获取和维持的成本可以计量，能为其所有者或控制者带来特定的利益，并可在一定限制条件下进行交易，因此，满足以上界定条件的单位资质可以被确认为无形资产，其价值与所拥有的市场控制能力、获取和维持成本高度相关。四是在构建资产评估专业原则、引入层次分析法评估组合无形资产、构建无形资产评估案例库和数据库等方面形成了系列研究成果。

九　关于供给侧结构性改革的研究

对该类改革形成了下述观点：一是认为中国经济供需结构失衡的原因之一就是政府更习惯于以增量为主的需求侧调控，不习惯更多受制于市场机制的以存量和流量作为对象的供给侧结构性改革。因为前者更多是变现既有资源，利用国家投资，可以立竿见影，形成任期业绩。而后者往往需清理历史包袱，面对利益冲突，实施特殊政策，形成任期风险。所以供给侧结构性改革说到底是标本兼治，以治本为主的改革，其核心应该是让市场在配置资源中发挥决定性作用，减少政府对经济活动的不当干预，提高政府调控经济的合理性和有效性。二是强调供给侧改革需要理性政府和健全市场成就活力企业。指出市场主体间公平竞争的机制需要尊重，强调中国中小企业生存困境与上游垄断企业和下游垄断企业竭泽而渔式的打压有关，建议供给侧结构性改革需要同时治理政府失灵和市场失灵，进而达到维护企业信用和增强企业家信心的目的。三是认为中国资产评估行业在中国经济转轨期对促进国有企业的改革，加快现代企业制度建立，服务多层次资本市场和提高对外开放质量方面做出了重大贡献。在中国经济进入新常态的条件下，资产评估行业应通过优化本行业供给结构和品质，在服务企业、市场和政府方面有所作为。

十　关于知识产权证券化问题的研究

近年在承担并完成的国家知识产权局相关软科学研究报告中，认为现代企业在向知识经济演进的过程中，知识产权证券化和资本化已成为企业发展的必然选择之一。在梳理中国知识产权资本化发展现状和美国、日本、欧洲知识产权证券化发展模式及经典专利证券化案例的基础上，研究了中国知识产权需要解决的法律制度缺失、会计政策滞后、评估机构定位模糊、财税政策力度不够、信用评级及增级制度盲区、风险隔离制度缺位等问题；提出了"类知识产权证券化"的概念，即在具备拥有符合证券化的基础资产前提下出现的种类丰富的资本化形式，包括知识产权质押融资、产品预付、产品众筹、基于知识产权的上市融资、风险投资等直接或间接资本化方式。认为类知识产权证券化的实践为中国开展经典意义上的知识产权证券化实践积累了经验。在分析垄断企业挤占中小企业信用的现象的基础上，提出了以信用分享替代信用挤占的对策建议。并设计出五种可在中国试点开展的知识产权证券化模式，即网络版权证券化、"信用分享型"企业集群知识产权证券化、"信用共享型"产业集群知识产权证券化、"军民融合型"知识产权证券化和"高校知识产权银行"方案。

代表性著作

1. 《关于国家所有权界定问题的思考》，《改革》1990 年第 5 期。

2. 《论乡镇企业内部运行机制》，《中南财经大学学报》1992 年第 6 期。

3. 《城镇集体企业产权研究与资产评估》，湖北人民出版社 1993 年版。

4. 《试析传统集体所有制定义的非市场经济假设》，《经济学家》1994 年第 2 期。

5. 《社区合作经济论》，经济科学出版社 1996 年版。

6. 《关于国有小企业体制改革若干问题的思考》，《中国工业经济》1997 年第 11 期。

7. 《多元混合——国有企业改革的必由之路》，武汉大学出版社 1999 年版。

8. 《国有企业改制中职工身份置换模式的再认识》，《中国工业经济》2005 年第 6 期。

9. 《地方国有企业改制中债务处置问题研究》，《中国工业经济》2006 年第 3 期。

10. 《外资并购中的国有无形资产资本化研究》，《中国工业经济》2006 年第 9 期。

11. 《中国民营企业快速成长的经验研究》，《中国工业经济》2010 年第 9 期。

12. 《无形资产的信息披露与市场检验》，《中国工业经济》2012 年第 8 期。

13. 《资产评估》（教育部"十二五"规划教材），高等教育出版社 2016 年版。

14. 《中国创业板上市公司无形资产系列蓝皮书》，中国财政经济出版社 2012—2016 年版。

黄健柏
Huang Jianbo

　　黄健柏，男，1954 年 12 月出生，湖南临武人，管理学博士，中南大学教授。1969 年 3 月至 1978 年 3 月下放到湖南省临武县镇南乡，当过农民，做过民办学校教师。1977 年冬天参加高考，1978 年 3 月进入原中南矿业学院学习，大学毕业后留校工作至今，学校由于多次管理体制调整，成为现在的中南大学。黄健柏曾担任过中南大学常务副校长，现兼任全国工商管理专业学位研究生教育指导委员会委员、中国工业经济学会副会长。

　　黄健柏先后承担了包括国家自然科学基金重点项目、国家社会科学基金重大项目在内的多项研究课题，相关研究成果在国内外一些较高水平的期刊发表，同时还为国家相关政策部门提供咨询建议若干篇。

黄健柏在产业经济学和企业理论方面作过多年研究。在企业理论方面，曾利用标准的委托—代理分析框架和经济增长理论对经营者的激励机制设计、经营者异质人力资本形成及与经济增长关系、中国经理人市场效率等问题作过研究。在产业经济研究领域，长期关注中国金属资源、电力等国家支柱性产业发展中的重大问题，在矿产资源开发利用战略和安全保障、矿产资源的价格波动、产能过剩以及资源型企业转型等方面有过研究。

一　中国转型期经理人激励问题

黄健柏利用标准的委托—代理分析框架和经济增长理论分析经营者的激励机制设计、经营者异质人力资本形成及与经济增长关系、经理人市场效率问题。借鉴实验经济学与心理学研究方法和最新研究成果，把行为经济学和契约理论、激励理论结合起来，从这一角度进行行为公司治理的理论研究，并将相关成果应用于中国移动集团公司、铜陵有色金属集团公司等大型国有企业的企业改革、企业战略转型以及企业员工薪酬激励等实际问题中。在中国转型期经营者激励契约设计及效率问题的研究中取得了以下成果。

第一，提出了符合实际的应用性更强的经营者异质人力资本两阶段定价方法，即对滞留在市场上的异质人力资本存量，采用古典经济学的市场均衡分析方法确定其均衡价格，然后以该价格为参考，通过经营者异质人力资本与物质资本基于企业这个不完全合约的重复博弈过程确定其预期价格。根据"效率工资"的激励含义，在对经营者均衡价格研究中强调了"效率分享"激励的意义。

第二，在线性分成合约中，植入经营者异质人力资本变量，在此基础上分析了相对业绩、解雇威胁及市场风险变量对分成系数、激励成本和风险成本的影响，扩展了委托—代理理论，得出了以下分析结论：
（1）引入相对业绩变量，可以在提高经营者对企业剩余分享程度的同时
降低风险成本和激励成本。（2）构建解雇概率函数，融入参与约束和激
励相容约束分析中，证明在市场制度完善的条件下，解雇威胁对显性激
励具有良好的替代性。（3）把经营者激励设计与资本市场投资组合联系
起来，证明了经营者可以自由交易具有报酬性质的投资组合时，将降低
分成合约的激励效率，因此要进行制度设计，适当限制经营者的投资组
合交易。

第三，运用制度分析方法，提出了经理人市场完全竞争模式的充要
条件，构建了经理人市场分析框架，对经理人市场是否有效率的判别法
则进行了归纳，同时运用这些法则对中国经理市场定价效率进行了检验。

第四，运用计量经济分析方法对中国上市公司经理人的报酬决定因
素进行了实证研究，研究结果较以前有以下进展：（1）全面分析了影响
报酬的各因素间的关系，对一些变量进行了调整，采用了最新的数据，
提高了经营者报酬影响因素的解释力度。（2）首次对管制行业与竞争行
业进行分类检验，这为正处于困境的中国管制性行业的改革在薪酬设计
方面提供了指导意见。

第五，利用相对业绩思想和金融工程方法，提出了消除噪声的新激
励工具：多因素相对指数股票期权与基于相对业绩的投资组合报酬。最
后，论文根据"行为经济学"与"心理学"的最新发展，提出了将这些
理论新成果融入委托—代理理论与代理成本理论的思路。

二　关于中国新型工业化问题

黄健柏分析了20世纪90年代以来中国工业部门出现的资本深化现
象，尝试从金融发展的视角展开对中国新型工业化道路的讨论，认为中
国工业部门资本深化与中国金融发展变量存在长期均衡关系，金融货币
化程度的加深、金融资产价格的调整以及金融中介效率的提高都在不同
程度上影响中国工业资本深化的趋势。同时还认为金融深化有利于工业

资本积累，并通过"渠道效应"提高资本深化水平，资本深化实质上反映的是银行效率过低和利率管制诱发的工业企业投资冲动造成的过度资本化，这是金融压抑的结果。要保证金融改革在提高投资的同时不导致进一步的资本深化，主要在于提高金融体系的效率，硬化工业企业预算约束。此外，金融压抑导致的过度货币化促进了工业行业资本的过度密集，资金门槛不断升高，过度的资本深化带来工业部门技术选择路径的偏差，使得大量资本和信贷资源越来越偏好于资本技术密集的行业，工业发展偏离要素禀赋结构和比较优势。重化工业优先发展战略下的"增量改革"会带来"静态效率"的改善，但从长期看，这一"工业化"机制难以维持，为此应该走新型工业化道路。

结合中国的工业发展实际，有必要进一步深化金融体制改革，以建立健全的金融体系和监管体制，促进金融机构尤其是银行经营管理水平的改善和效率的提高，控制银行信贷投资总量和行业分布，使金融发展促进工业资本的有效转化；另外政府还要加大利率市场化改革的力度，把金融抑制转变为温和的金融监管，加快直接融资渠道的构建和资本市场的开放，为工业企业的融资和投资创造良性的金融环境。黄健柏建议，一方面，政府应该为工业企业发展提供良好的法制环境和宏观环境，减少对工业投资的干预，让金融机构和市场引导资金的投向，加强企业自力更生能力，不仅仅是购买机器设备，而是要加强技术的消化吸收和自主创新，实现产业结构和技术升级；另一方面，新型化工业道路应遵循中国的要素禀赋结构，加强工业部门内的劳动密集型产业的发展，政府合理控制资本流向，吸引外资，促进就业供需机制的完善和社会的和谐发展。

三 关于产能过剩治理问题

黄健柏长期关注产能过剩这一困扰中国工业经济健康发展的问题，其一系列的研究全面梳理了中国工业部门产能过剩的发展趋势及其治理政策的演变；新技术革命与产能过剩的关系及对策；土地价格扭曲、资源环境价格扭曲对产能过剩形成影响；中国渐进式改革背景对产能过剩形成影响。同时，通过对钢铁、太阳能光伏、造船等产能过剩矛盾突出行业产能过剩的特征和发展态势的研究，探讨了治理这些行业产能过剩产业政策的合意性。

黄健柏的研究认为治理产能过剩主要应从以下四个方面着手：第一，从新技术革命及产业变革视角认识产能过剩的成因，构建产能过剩化解的长效机制。新一轮技术革命和产业变革正在重塑制造业生产体系，为中国从根本上打破"产能扩张—产能过剩—化解产能过剩—产能再扩张"的恶性循环带来了稍纵即逝的战略机遇。解决传统工业化过程中出现的产能过剩问题的根本思路不是放缓工业化进程，也不能重蹈部分发达国家"去工业化"的覆辙，而是要继续推进工业化，在更高阶段的工业化进程中加以解决。第二，加快市场化改革，防止内部成本外部化。内部成本外部化直接导致产能过剩与投资冲动并存。通过廉价的土地和自然资源吸引投资，扭曲了要素市场价格，压低了投资成本，推动了产能过剩的加剧和资源配置效率的下降。这些问题需要通过加快要素的市场化改革加以解决。第三，加快国有企业的市场化改革，优化相关产能过剩调整化解对策。中央和地方政府共同施加产能管制过程中存在的利益不一致和信息不对称这一现实特征，将使市场化进程滞后的竞争性行业收敛于一个自然产能过剩水平，现行的产能管制政策在短期内降低了产能过剩程度，但并不能改变行业的自然过剩水平。第四，根据不同行业的特点，制定各具特色的产业调整政策。例如化解本轮电解铝产能过剩的关键在解决"转而不移"问题。对于电解铝产能过剩治理应以为中、东部地区的产能转移和退出创造良好的环境为重点，其政策着力点在于完善产能转移与退出援助机制，由以设备大小、企业规模为淘汰依据向以能耗、环保指标为重点促进产能转移。促进太阳能光伏产业健康发展，则应从破解"两个背离"入手。"两个背离"指市场培育严重滞后于产业发展速度，背离了新兴产业培育的基本规律；市场培育过度依赖国际市场，严重背离了中国新兴产业发展的现实国情。所以要抓住新技术革命促进太阳能光伏发电从补充能源向替代能源过渡的发展趋势，积极培育国内市场，在此基础上放眼全球市场，在迈向更高级阶段工业化进程中发展中国的太阳能光伏产业。

黄健柏同时还指出了治理产能过剩的具体方略。在整体战略方面：一是要调整制造业转型升级的基本战略。中国制造业转型升级战略必须从在既定生产体系内以技术改造为手段、以产业结构高级化为导向，转向整个生产体系的重构。二是要充分发挥中国市场需求巨大的战略优势，率先收获生产体系转变的红利。对于赶超型国家而言，依托国内市场优势率先收获技术革命的成果甚至比前沿技术突破更为重要。依托市场需求引导产业转型升级，无疑还有助于防范产能过剩的风险。三是加快新型基础设施的建设，助推新型生产体系的成长。应通过明确的政策和理性的舆论引导，吸引社会资源向新工业革命的先导部门和新型基础设施升级上积聚，尽量避免低端产能过剩和低水平重复建设。在体制改革方面，首先要加快工业用地的市场化改革，主要表现在加快推进工业用地供应体系和流转体系改革，让市场机制在要素资源的配置中真正起决定性作用；建立健全公平竞争的市场环境，切实保障各种所有制企业依法平等使用生产要素、公平参与市场竞争、同等受到法律保护；加快产业结构调整步伐，放弃挑选特定产业、特定企业，甚至特定技术、特定产品进行扶持的产业政策模式，由市场需求来决定和选择产业结构调整的方向和路径。其次要积极推进资源税费体制改革。当前可耗竭资源的价格没有完全反映资源耗竭成本及生态补偿成本，应按照"价税分开、市场定价、税收绿化、机制联动、保障权益"原则积极推进资源税费体制改革。最后要规范地方政府对当地濒临破产企业进行各项补贴的行为，否则，过剩的落后产能将长期在市场中存活。

四　关于国家金属资源安全和产业发展问题

黄健柏非常重视中国金属资源战略的研究。2012 年至今，以黄健柏为院长成立的中南大学金属资源战略研究院先后承担了 5 项国家社科基金重大项目和 1 项国家自然科学基金重点项目，在金属资源安全和产业

发展问题上积累了大量的研究成果。

黄健柏认为，中国当前仍处于工业化和城镇化加速发展的阶段，根据矿产资源消耗规律，金属资源在国民经济建设中仍有着巨大的需求。回顾30年来的发展历程，新形势下国家金属资源安全面临以下三个重大问题：第一，金属资源持续供给保障问题。到2020年，中国已探明储量的24种重要金属矿产资源中，仅有3种可保证需求，3种可以基本满足需求，随着工业化发展阶段的转换，金属需求结构也将发生重要变化。此外，金属产业中高端产品供给不足，低端产能严重过剩。第二，金属价格国际定价权缺失问题。中国主要矿产品对外依存度居高不下，铁矿石、铜、铝等重要矿产品的对外依存度都超过了50%。对海外资源的高度依赖，导致中国金属矿产品国际贸易长期面临"一买就涨，一卖就跌"的窘境。而在稀土等优势资源领域，也没能掌控定价权，不仅售价低廉，而且把能耗和污染留在了国内。第三，金属资源节约与环境保护问题。压缩式工业化进程造成了金属资源的过度消耗和严重的环境污染，导致支撑中国经济社会持续发展的自然生态基础越来越脆弱。如何形成技术先进、集约发展、环境友好的产业健康发展格局，是我们所面临的一个极端重要的问题。针对上述国家金属资源面临的安全问题，黄健柏指出必须深入分析经济新常态下金属资源需求结构的变化，"一带一路"倡议的实施对金属资源产业带来的机遇与我们面临的任务，即将到来的新技术革命和产业变革对金属资源产业的影响和作用机理。在此基础上提出国家金属资源安全战略、政策及其管理体系的创新路径与调整方向。

在金属资源产业"走出去"的风险问题上，黄健柏认为，21世纪以来我们实施的"走出去"的战略，由于面对政治、经济、技术、法律、文化等多重风险，海外矿业投资的成功率不高。黄健柏同时也指出"一带一路"倡议在增加金属资源供给保障，拉动金属资源需求消费，提升金属贸易话语权这三个方面为中国金属资源产业"走出去"带来了前所未有的历史契机。他认为，中国的金属产业正在经历美、日等发达国家都曾遇到过的问题，借鉴美、日等国的历史经验，立足"一带一路"这一大的历史背景，中国金属产业"走出去"应该采取产能合作的形式。中国式的金属产业国际产能合作应建立在互利共赢的基础之上，具体而言就是以产能合作实现产能转移，达到产业合作的互通有无；以产能输出取代产品输出，规避国际贸易中带来的摩擦和风险；以基础设施援建带动产能合作，消化富余产能。

代表性著作

1. 《解雇威胁条件下经营者风险分担与激励设计》，《中国管理科学》2005 年第 4 期。

2. 《相对业绩与投资组合思想在期权激励契约设计中的应用》，《中国管理科学》2005 年第 2 期。

3. 《基于激励机制的美式股票期权相对多指数化模型设计》，《系统工程理论与实践》2007 年第 5 期。

4. 《非对称过度自信条件下的委托代理模型》，《系统工程理论与实践》2009 年第 4 期。

5. 《金融发展、资本深化与新型工业化道路》，《金融研究》2008 年第 2 期。

6. 《精准发力化解产能过剩》，《光明日报》2015 年第 1 期。

7. 《土地价格扭曲、企业属性与过度投资》，《中国工业经济》2015 年第 3 期。

8. 《企业进入与行业利润率——对中国钢铁产业的实证研究》，《中国工业经济》2006 年第 8 期。

9. 《产能过剩的发展趋势和治理对策研究》，经济科学出版社 2017 年版。

10. 《企业性、区域差异与产能过剩治理》，《中国软科学》2017 年第 9 期。

11. 《中国金属资源战略形势变化及其产业政策调整研究》，《中国人口·资源与环境》2014 年第 12 期。

12. 《破解金属资源安全保障的"中国难题"》，《中国有色金属报》2012 年第 11 期。

13. 《"一带一路"战略背景下金属产业国际产能合作研究》，《中国人口·资源与环境》2017 年第 7 期。

白永秀
Bai Yongxiu

　　白永秀，男，1982 年以优异的成绩从陕西师范大学政教系毕业，被安排到汉中师范学院（今天的陕西理工大学）任教。在汉中师范学院任教期间，白永秀凭借着自己牢固深厚的知识底蕴、独到深刻的思想观点、深入浅出的授课方式，在汉中市教育领域塑造出自己的特色与品牌。1984 年，党的十二届三中全会通过了《中共中央关于经济体制改革的决定》，这引起了白永秀极大关注。课余时间，白永秀主动深入到当地农村与企业调查研究，发现问题，提出解决思路，并在实践中逐渐形成了自己独到的关于经济体制改革的见解。

　　1986 年，渴望不断攀登知识高峰的白永秀考取了陕西师范大学政教系经济学专业硕士研究生。3 年读研期间，白永秀分秒必争，他围绕社会主义市场经济理论，不断探索研究，在校期间发表 50 多篇学术论文，在全国高等院校以及经济研究界引起较大反响。1988 年，作为陕西师范大学研究生会主席的白永秀发起并组织筹办首届全国高师经济学研究生学术研讨会，邀请到十多位师范大学的研究生处处长、20 多位研究生导师、《经济研究》等著名经济学类杂志主编以及来自全国各地的 150 多名在读经济学专业研究生参加会议，展现出极强的组织能力。

　　1989 年，白永秀获经济学硕士学位并留校任教。由于科研成果突出，1992 年破格晋升为副教授，3 年后的 1995 年又破格晋升为教授。基于扎实的理论功底、丰富的工作经验，刚刚毕业留校任教的白永秀即被任命为经济学研究室主任，后被任命为政教系副主任、政治经济学院副院长，成为当时陕西师大最年轻的院系负责人。

1997 年，白永秀被调入西北大学经济管理学院工作。进入西北大学后，白永秀在潜心进行经济理论研究的同时也将目光转移至经济实践的探索，逐渐形成以市场经济理论与中国经济体制改革、现代企业制度与国有企业改革、区域经济与西部经济发展三大板块为代表的研究方向。在理论研究方面积极探索经济学研究的前沿理论，仍然保持学术研究的高产状态，平均每年在权威及核心刊物上发表论文 20 余篇。在现实工作方面，积极推动学院科研改革。1998 年，在白永秀极力倡导推动下，学校设立了西北大学中国西部经济发展研究院，后按教育部要求更名为中国西部经济发展研究中心，并被批准为国家人文社科重点研究基地。

2000 年，白永秀担任西北大学经济管理学院院长，于 2011 年辞去院长一职。在这 11 年间，白永秀对西北大学经济管理学院进行了大刀阔斧的改革。在学院管理体制、师资队伍建设、学科建设、人才培养、科研平台建设、服务社会、对外交流等方面都取得了巨大的成就，使经管学院成功跻身于全国一流经管学院的行列。

2012 年，白永秀走上二次创业之路，创办西部首家民间智库——陕西永秀智库经济管理研究院，并担任院长。经过 6 年发展，现已形成涵盖理论研究、政府决策、区域规划、城乡规划、旅游规划、企业咨询、管理培训 7 大领域的永秀智库，为陕西乃至西部地区经济发展做出了重要贡献。

一 关于市场经济理论

通过对社会主义商品经济、计划与市场关系、现代企业制度等问题的研究，结合当时学术界对新的社会主义市场经济认识的偏误，白永秀逐渐在理论研究与现实实践中形成了自己的理论体系。第一，界定市场经济概念并区分三种不同市场经济形式。认为市场经济是一个一般性的范畴，它是与自然经济相对应而存在的，是社会物质资料生产的形式之一，即市场经济就是一切经济活动都要通过市场这个中间环节才能运行的经济；同时他提出人类历史上已经出现了三种市场经济形式：原始市场经济、古典市场经济与现代市场经济。第二，概括社会主义现代市场经济特征。从内在关系上看，社会主义现代市场经济反映的是建立在现代生产力基础上的社会主义国家中人与人的关系，这种关系是一种劳动者平等互利的关系；从外在关系上看，社会主义现代市场经济是以公有制为基础、具有更加系统的调节手段、更加健全的调节机制，其收入分配方式是按劳、按资和按劳动力价值分配同时并存，即"三位一体"的分配格局。第三，提出了中国社会主义现代市场经济宏观体制的基本框架。在所有制结构方面，建立以国有经济为主导，集团经济为主体，个私经济大量存在的所有制结构新格局；在调节机制方面，建立计划与市场一体化的调节机制；在收入分配体制方面，确立劳动、资本、技术和管理等生产要素按贡献参与分配的原则，完善按劳分配为主体、多种分配方式并存的分配制度。

二 关于政治经济学理论

对政治经济学的研究是白永秀学术研究的起点，经过长期研究，结合政治经济学学科发展现状与要求，他构建了一套现代政治经济学新框架。第一，立足于新经济以及经济全球化带来的现代社会形态的基本特征与中国现代化发展的实际，以马克思主义经济学的基本理论为基础，吸收古典政治经济学的合理理论，并借鉴当代经济学的理论，提出了现代政治经济学的理论基础。第二，提出现代政治经济学分析方法。以马克思主义经济学的基本理论为基础，在继承政治经济学史上科学分析方法的基础上，吸收当代经济学各流派的科学方法。继承和发展马克思主义政治经济学的科学抽象法、历史和逻辑相结合的分析方法；吸收当代经济学各流派的思想方法，主要是吸收当代制度经济学、演化经济学、新政治经济学的分析方法。第三，借鉴古典政治学史上萨伊三分法（生产、分配、消费）和穆勒的四分法（生产、交换、分配和消费），以及马歇尔新古典经济学的理论体系，以马克思关于生产关系四分法（生产、交换、分配和消费）的思想为指导，建立包括生产方式与基本经济制度、生产理论、交换理论、分配理论、消费理论、宏观经济理论、经济全球化理论七大部分在内的理论体系。

三　关于社会主义经济理论

伴随着 20 世纪 70 年代开始的以市场化为目标的经济体制改革在所有制结构、经济运行方式、分配体制方面对传统经济体制改革，白永秀对社会主义初级阶段的基本经济规律和特征、社会主义商品经济的内涵等当时的前沿问题进行了深入的分析。第一，认为社会主义初级阶段基本经济特征包括所有制结构多元化，生产力水平低、多层次、布局不合理，多层次、多形式的分配方式并存，商品经济不发达、商品经济运行机制不健全、市场不完善四大特征，其发展规律即通过发展社会主义现代市场经济的途径和不断吸收当代科技新成果进行技术创新的手段，用提高劳动生产率和推动生产力发展的办法，在实现共同富裕的基础上，最大限度地不断满足国家、集体和全体劳动者日益增长的物质、文化、精神等多层次的需要。第二，认为商品经济与公有制在反映劳动者平等关系方面具有一致性、公有制与商品经济在生产目的方面具有一致性、公有制与商品经济都要求社会生产按比例发展，从这三方面论证了公有制与商品经济是相容的。第三，提出"计划市场经济"的概念。认为计划市场经济是比商品经济更加高级的社会经济形式，是融计划与市场为一体的经济形式。这个概念实际上是对以宏观调控为主要特征的现代市场经济的理论概括。第三，认为社会主义公有制的不成熟性的存在以及社会主义商品生产的存在，使得社会主义商品经济中剩余价值的存在具有客观必然性。同时社会主义条件下的私人雇工经营是一种新型的雇佣劳动，它是在国家指导下的社会主义经济的一种补充形式，它隶属于社会主义经济并为其服务，不同于资本主义条件下的雇佣劳动。

四 关于改革理论

对改革理论的研究和白永秀学术研究的主线——社会主义市场经济理论研究一脉相承，同时又自成体系。第一，创新性地提出"后改革时代"理论。把从 1978 年到 2003 年建立社会主义市场经济体制的时期称为"前改革时代"，把从 2003 年到 21 世纪中叶完善社会主义市场经济体制的时期称为"后改革时代"。其时代特征包括，改革的主题由发展转变为和谐，改革的性质由对生产关系的调整转变为对生产力结构的调整，改革的任务由建立市场经济体制时期的"分离"转变为完善市场经济体制时期的"一体化"，改革的途径由市场化转变为集聚化、渗透化与融合化。"后改革时代"社会矛盾包括：政治体制改革与经济体制改革步伐不相匹配的矛盾；低水平的发展方式与长期平稳较快的发展诉求之间的矛盾；低水平的社会管理与人们对社会和谐的高期望之间的矛盾；低水平的公共产品供给与人们对公共产品的高需求之间的矛盾。第二，结合"后改革时代"的时代特征与要求，提出经济体制改革的目标应从所有制结构、经济协调运行模式、分配方式等三方面，建立三个"三位一体"的现代市场经济体制新格局，包括建立"主导—主体—大量存在"三位一体的所有制结构格局、"政府—中介组织—企业"三位一体的经济协调运行模式、"按劳—按资—按劳动力价值"三位一体的收入分配方式。

五　人口、资源环境理论研究

白永秀是最早研究中国资源环境问题的学者之一，在资源环境理论研究和改善西部资源环境问题分析方面取得了丰富的成果。第一，提出创立中国特色人口资源环境经济学的设想。认为中国特色人口资源环境经济学的定位是"以人为本的经济学"，目标是人的良性（有效或优质）发展，任务是解决人类发展中的资源、环境约束，提高资源环境配置与培育的协同效率。第二，认为中国现行自然资源管理体制存在五方面的问题，即自然资源产权市场效率较低、资源利益分配机制不够完善、自然资源使用权约束弱化、资源的宏观管理机构职能分散、现有法律体系存在缺陷。第三，认为应从加强国家对资源环境的宏观管理力度、逐步完善资源环境产权制度、进一步融合资源开发利用与生态产业、有效融合资源开发利用与环境保护、优化资源环境行政管理系统、完善资源有偿使用制度和生态环境补偿机制六方面对中国资源环境管理体制进行改革。第四，促进区域发展与环境保护协调发展体制的构建。一是树立主动性环保理念、回归自然界理念、以人为本的环境理念；二是完善政府的政绩考核体系；三是体现环境政策的区域差异性；四是缩小环境保护的城乡差距。

六　关于国有企业改革理论

20 世纪 80 年代以来，白永秀及其研究团队对国有企业的改革与发展问题进行了长期深入的研究。第一，对国有企业的职能，白永秀认为国有企业存在的依据是发挥其特殊职能，弥补"市场的失灵"和"市场的不足"。也就是说，政府办国有企业的目的是让国有企业承担"特殊职能"。具体包括：控制国民经济命脉，维护国家经济安全；控制涉及国家机密、军事领域尖端技术的企业，保证国家国防安全；在经济不景气的情况下，提供更多的就业岗位，以保证社会稳定。第二，对于国企改革的实质，白永秀认为国有企业改革的实质主要表现在两个方面：一是对于不承担"特殊职能"的国有企业，改革的实质是产权制度改革，让这些不承担"特殊职能"的国有企业全部退出；二是对于承担着"特殊职能"的国有企业，改革的实质是进行管理制度改革，通过制度创新、管理创新、技术创新、文化创新，整合企业资源、发挥企业潜能、改造企业传统技术、培育先进的企业文化、提升企业核心竞争力，使国有企业更好地承担政府所赋予的"特殊职能"。第三，对于国有企业股份制改革，白永秀认为股份制是充分反映现代企业制度机制的有效形式。对国有企业实行股份制改造能明晰产权关系，理顺利益关系，强化监督约束，确保国有资产保值增值，因而是竞争性国有企业改制的最好形式。第四，对于国有企业改革与非公有制经济发展，白永秀认为国有企业改革与非公有制经济发展是可以相互促进、共同发展的。在中国现阶段，非公有制经济具有其他经济形式无法比拟的优越性，它是市场经济的推动者，是个人利益的最大体现者，要把非公有制企业的机制优势与国有企业的资产优势相结合，实现二者的优势互补，把非公有制企业并购国有企业视为盘活国有资产的重要途径之一。

七　关于城乡一体化研究

第一，对于近代以来中国城乡二元结构，白永秀认为中国由于近代以来复杂多变的社会形态、政治经济体制变迁，城乡二元结构在不同的历史阶段具有不同的形成原因。第一阶段是1840—1949年，国外工业文明与市场经济的冲击导致中国城乡分离加速；第二阶段是1949—1978年，计划经济体制固化了中国城乡差距；第三阶段是1978—2003年，前改革时代"级差式"发展方式和"分离化"改革措施加速了中国城乡分离与对立；第四阶段是2003年至今，后改革时代城乡关系出现既统筹又分离的趋势。对于其内容，中国城乡二元结构内容的特殊性在于它不仅局限于二元经济结构的层面，而是渗透到政治、社会、文化等方面。近代以来中国城乡二元结构扩展的路线为城乡二元经济结构→城乡二元政治结构→城乡二元社会结构→城乡二元文化结构。第二，对城乡一体化的实质与内容，白永秀认为城乡一体化的实质是城乡市场经济发展一体化，原因在于中国的城乡二元结构源于自然经济与市场经济两种经济形式的差别和对立、市场经济发展与城乡关系演进密切相关、中国市场经济发展的特殊性决定了中国城乡二元结构的特殊性。内容则包括城乡建设规划、市场体系、产业布局、经济主体、公共服务、基础设施、社会管理、生活方式、生态环境、收入分配 10 个方面的一体化。第三，对于实现城乡一体化的路径，白永秀认为城乡一体化的根本路径是在城乡尤其是农村大力发展市场经济，提高农村的市场化水平，从而实现城乡市场经济发展一体化。具体来讲，一是加快完善覆盖城乡的商品市场体系，二是积极发展城乡统一的各类要素市场，三是大力维护农村市场运行环境。

八　关于宏观经济问题

第一，对于宏观经济调节体系，白永秀认为现代市场经济是需要宏观调控的市场经济，在中国发展现代市场经济和建立现代市场经济体制中，构建完善的宏观调控体系是至关重要的。根据中国目前存在的东、中、西三大经济区域的实际情况，应建立中央、大区（东部、中部、西部）、省市（自治区）三级宏观调控体系。第二，对于转变经济增长方式，认为应注意以下几个问题：不能简单地将集约型增长方式等同于内涵扩大再生产；在强调集约型增长方式的同时，不可忽视粗放型增长方式的积极作用；在强调工业增长方式转变的同时，不可忽视农业增长方式转变的重要性；在强调技术集约经营的同时，不可忽视劳动集约经营的积极作用。第三，对于产业政策，认为合理的产业政策是能够充分利用资源供给，不断适应社会需求结构变化，并取得最佳经济效益的产业政策。应当遵循以下原则：与中国社会消费需求的发展趋势相协调；实现第一、第二、第三产业的协调发展；充分发挥市场机制的作用；产业政策调整与技术发展趋势相一致；与国际产业结构的发展变化相衔接。

学术感悟

我有幸参加了恢复高考制度后的第一次考试，大学毕业后又如愿以偿地当了一名高校教师，从事心爱的经济学教学与科研工作。大学老师是天底下最好的职业，既能教书育人，又能从事科学研究，为中国的改革开放，尤其是为改变农村贫困落后面貌建言献策。但经济学研究工作是一个系统工程，研究成果要能落地开花，不但要有扎实的理论功底，还要对现实中的经济运行，尤其是中国经济的运行情况有充分了解，更要有深厚的社会经验积累。

代表性著作

（一）国家级奖励及项目

1. 《地方高校经济学专业研究型教学模式的探索与实践》，获 2009 年国家教学成果二等奖。

2. 《经济学创新人才培养中开放互动式教学体系的探索与实践》，获 2014 年国家级教学成果二等奖。

3. 《经济学基础创新人才培养模式的理论与实践探索》，获 2014 年国家级教学成果一等奖。

4. 国家社会科学基金重大项目，西部地区易地移民搬迁工程的精准扶贫机制综合效益评价与政策创新研究，2016 年。

5. 国家社会科学基金重点项目，全球经济新格局背景下丝绸之路经济带建设的战略研究，2015 年。

6. 国家社会科学基金重大项目，西部地区形成城乡经济社会一体化新格局的战略研究，2008 年。

7. 国家自然科学基金项目，东西部城镇化综合比较与西部地区城镇化支持系统建设研究，2005 年。

8. 国家软科学项目，西部地区农业科技人力资源开发动力模式及其对策研究，2003 年。

9. 国家自然科学基金项目，中国农村金融组织制度创新研究，2002 年。

10. 国家自然科学基金项目，西部农村合作金融组织创新的目标模式研究，

2002 年。

11. 国家自然科学基金项目，西部大开发模式：高新技术产业园—区—带层次递进辐射模式研究，2000 年。

（二）代表性论文

1. 《"计划—市场"一体论》，《财经科学》1988 年第 6 期。

2. 《把现代商品经济作为改革的理论基础》，《改革》1989 年第 3 期。

3. 《市场经济含义探析》，《当代财经》1990 年第 4 期。

4. 《建立中国特色的社会主义市场经济体制必须反对三种教条主义》，《经济学动态》1996 年第 12 期。

5. 《论产业政策对经济效益的影响及对策》，《陕西师范大学学报》（哲学社会科学版）1996 年第 1 期。

6. 《改革与发展中的若干深层问题及解决办法》，《经济学家》1999 年第 3 期。

7. 《关于深化国企改革的几个问题》，《经济学家》2000 年第 1 期。

8. 《西部大开发中政府职能的定位和转变》，《当代经济科学》2000 年第 4 期。

9. 《世纪之交：发展经济学的回顾与前瞻》，《经济学动态》2000 年第 5 期。

10. 《西部开发理论研究的任务、现状及其新视角》，《经济学家》2001 年第 6 期。

11. 《论西部大开发中的可持续发展》，《中国软科学》2002 年第 3 期。

12. 《试论国有企业定位与国企改革实质》，《经济学家》2004 年第 3 期。

13. 《试论我国西部地区科技体制改革》，《中国软科学》2004 年第 7 期。

14. 《社会主义新农村建设的载体及路径选择》，《学术月刊》2007 年第 6 期。

15. 《资源诅咒：一个新兴古典经济学框架》，《当代经济科学》2008 年第 1 期。

16. 《知识溢出：一个文献综述》，《经济研究》2009 年第 1 期。

17. 《后改革时代的关键：城乡经济社会一体化》，《经济学家》2010 年第 8 期。

18. 《经济发展方式转变的目标及影响因素》，《经济学家》2011 年第 6 期。

19. 《城乡二元结构的中国视角：形成、拓展、路径》，《学术月刊》2012 年第 5 期。

20. 《中国城市群功能分工测度与分析》，《中国工业经济》2012 年第 11 期。

21. 《"后改革时代"的主要矛盾与改革任务》，《经济学动态》2012 年第 8 期。

22. 《城乡要素错配与中国二元经济结构转化滞后：理论与实证研究》，《中国工业经济》2013 年第 7 期。

23. 《中国经济增长速度的演变趋势及相关对策》，《经济学动态》2013 年第 8 期。

24. 《分权竞争与地方政府城市偏向：一个分析框架》，《天津社会科学》2014 年第 1 期。

25. 《丝绸之路经济带的纵深背景与地缘战略》，《改革》2014 年第 3 期。

26. 《中国城乡发展一体化水平的时序变化与地区差异分析》，《中国工业经济》2014 年第 2 期。

27. 《丝绸之路经济带工业产能合作研究》，《经济纵横》2015 年第 11 期。

28. 《价值链分工视角下丝绸之路经济带核心区工业经济协同发展研究》，《西北大学学报》（哲学社会科学版）2015 年第 3 期。

29. 《创新当代中国社会主义生产目的理论及其实现途径》，《经济研究》2016 年第 3 期。

30. 《"一带一路"经济学的学科定位与研究体系》，《改革》2017 年第 2 期。

（三）代表性专著

1. 《中国现代企业制度研究》，陕西科学技术出版社 1994 年版。

2. 《中国现代市场经济研究》，陕西师范大学出版社 1996 年版。

3. 《中国经济改革 30 年：资源环境卷》，重庆大学出版社 2008 年版。

4. 《西部城市化的资源配置机制研究》，中国经济出版社 2011 年版。

5. 《社会主义市场经济理论与实践》，科学出版社 2011 年版。

6. 《聚焦后改革时代西部城乡经济社会一体化》，科学出版社 2012 年版。

7. 《聚焦人口资源环境经济学理论与实践》，科学出版社 2012 年版。

8. 《后改革时代西部国有企业发展战略研究》，科学出版社 2012 年版。

9. 《西部地区城乡经济社会一体化战略研究》，人民出版社 2014 年版。

10. 《后改革时代城乡发展一体化理论与实践研究》，科学出版社 2014 年版。

11. 《中国城乡发展一体化：历史考察、理论演进与战略推进》，人民出版社 2015 年版。

12. 《中国城乡发展报告》系列，中国经济出版社 2012—2017 年每年出版。

冉光和
Ran Guanghe

冉光和，男，国家哲学社会科学基金重大项目首席经济学家，1972—1973 年高中毕业回乡务农，1974—1978 年参加中国人民解放军，1978—1982 年西南农业大学（现西南大学）本科毕业获学士学位，1982—1989 年西南农业大学讲师，1987—1989 年攻读农村金融硕士学位。1989—1993 年留学澳大利亚，1990 年获得新英格兰大学农业经济学专业学位，1992 年获得新英格兰大学经济学硕士学位。1996 年在西南农业大学获管理学博士学位。1998 年到美国艾奥瓦州立大学学习 MBA，1999 年到日本爱媛大学作学术交流。1993—1995 年任西南农业大学副教授，1996—2004 年任西南农业大学经济管理学院院长、教授、博士生导师，1997 年部级有突出贡献中青年专家，重庆市首批学术带头人，2000 年获国务院政府特殊津贴。2004—2007 年任重庆大学贸易与行政学院党委书记、院长、二级教授、博士生导师。2008—2010 年任重庆大学经济与工商管理学院副院长、教授、博士生导师。现任重庆大学经济与工商管理学院教授、博士生导师，重庆大学"985"工程哲学社会科学研究院副院长兼农村金融与人力资源研究中心主任，应用经济学一级学科带头人。兼任国家社会科学基金项目评审专家组委员，中国工业经济学会副理事长，中国农业部软科学专家委员会委员，重庆市政府决策专家咨询委员会委员，重庆市发展改革委员会专家咨询委员会专家，国家开发银行重庆分行财务顾问专家，重庆金融学常务理事，重庆市农村金融学会常务理事，重庆技术经济与管理现代化研究会副理事长，曾任重庆国际信托投资公司独立懂事，重庆市黔江区政府高级经济顾问。在 *Agricultural Economics*、《经济研究》《管理世界》《经济学季刊》等国际国内公开发表学术表论文 156 篇，出版专著 7 部。主持国家哲学社会科学基金重大项目、重点项目、一般项目等 7 项。《金融产业可持续发展理论研究》《三峡库区应建成国家级生态经济特区》《从国家安全的高度保护好三峡水资源战略储备库》《种养大户和农村中小企业贷款抵押担保办法研究》《农村金融与农村经济协调发展机制与模式》《财政金融政策与城乡协调发展》等研究成果报送中央政治局、国务院、全国人大、全国政协。2004 年致信国务院总理请求中央政府《从国家安全的高度保护三峡水资源战略储备库》的重大决策建议以及国家社科基金项目的核心成果《金融产业可持续发展理论的内涵》获时任国务院总理温家宝亲笔批示。2009 国家社会科学基金项目核心成果《农村金融与农村经济协调发展机制与模式》获国务院副总理回良玉批示。提出的"金融产业化发展理论""金融产业可持续发展理论""财政金融政策与城乡协调发展理论""从国家安全的高度保护好三峡水资源战略储备库""三峡库区应建成国家级生态经济特区"等理论和政策建议受到理论界、国务院总理、中央政治局、中国人民银行总行、国务院三峡工程建设委员会、国家环保总局、农业部、重庆市政府、湖北省政府等高度重视并在全国产生很大的影响。1996 以来共计获得各种奖项 19 项。中国高等学校人文社会科学优秀成果奖 4 项，其中一等奖 1 项，二等奖 1 项，三等奖 2 项；重庆市社会科学优秀成果奖 10 项，其中一等奖 3 项、二等奖 5 项、三等奖 2 项；重庆市发展研究奖 5 项，其中二等奖 3 项、三等奖 2 项。领导的应用经济学学科的金融产业经济、政府经济管理和农业经济管理研究方向拥有一支学术水平高、研究实力强、年龄层次结构合理的学术队伍，形成了较为完善的科学研究体系。主要研究领域有金融学、财政学和农业经济管理。

一 金融产业化发展理论

随着金融全球化发展，金融产业化发展已成为必然趋势。在世界经济一体化市场化发展过程中，一个国家国力强大的核心标志有四个，一是最大有效规模的实体经济，二是最高水平的科技力量，三是有雄厚金融资本实力的强大金融产业，四是有强大的国防力量。一国强大的金融产业的标志是，一有强大的实体经济基础，二有最强大的金融资本实力，三有国际化的货币，四有完善的产业金融制度。在经济全球化背景下以实体经济为基础能够聚集雄厚金融资本实力的强大金融产业更加重要，雄厚的金融资本实力是科技力量和国防力量强大的基础和前提。要聚集强大的金融资本实力，金融必须产业化国际化发展。金融产业化发展是金融可持续发展的基础，是国民经济可持续发展战略的重要组成部分。金融产业化发展是金融产业可持续发展的前提和条件，金融产业可持续发展是金融可持续发展的核心。纵观发展中国家金融发展的历程，金融不稳定的根源在于金融没有相对独立的产业，没有健全的产业金融制度，金融行政化运行，缺乏金融发展的动力和压力。不改变金融行政化运行状况，金融经济危机是不可避免的。按传统经济学思想，金融与经济的关系是经济决定金融，金融影响经济。实践中一方面片面理解这种思想，只强调经济的决定作用，忽视金融对经济的制约作用，认为金融支持经济发展天经地义，而不管其经济效益如何，货币政策以追求经济增长速度为目标，结果造成大量金融资源浪费；另一方面，金融脱离实体经济在体系内自循环，导致实体经济发展动力严重不足。金融产业化发展是指在国民经济发展中把金融作为相对独立的产业加以规划和发展的过程。金融产业化发展的内涵是金融业是相对独立的产业。在不损害后代利益的前提下，金融产业主体要合理适度开发和利用金融资源，保证当代人对金融产品及服务的需求，维持金融资源的供需平衡和良性循环，以促进国民经济可持续发展，其最佳途径是实现金融产业化发展。市场经济体制的深化必将导致国民经济的产业化发展，国民经济产业化必然要求金融产业化发展，彼此建立相互依存、平等互利的产业经济关系；金融产业化发展有赖于国民经济产业化发展，又对国民经济产业化发展起着至关重要的制约作用。把金融作为独立的产业部门，实行产业化经营管理，确定其产业化经营及管理目标模式，建立产业化经营管理的运行机制，既是金融产业可持续发展的前提条件，又是金融可持续发展的客观要求。金融产业化发展对经济增长起着非常重要的作用，是金融深化的主要标志。中国金融的核心问题是金融行政化运行，首要原因是计划经济体制的羁绊，负面影响是将会导致金融经济危机，改革路径是实施金融产业化发展战略，改革目标是实现金融产业可持续发展，最终目标是实现国民经济可持续发展。

二 金融产业可持续发展理论

该理论观点是：市场经济条件下，可持续发展产业必须建立有机的内部运行机制和良好的外部发展关系。金融产业可持续发展是指金融产业部门在促进国民经济可持续发展的前提下实现产业利益的最大化及不断发展的过程。金融产业与真实产业之间的相互关系是相互依存、相互制约、平等互利的产业经济关系。金融业应该按照产业发展规律进行规划发展和经营管理。金融产业可持续发展必须以国民经济可持续发展为基础，国民经济可持续发展必须以金融产业可持续发展为前提，彼此建立良性循环的协调发展关系。金融产业可持续发展理论的研究拟解决的关键问题有：一是金融产业可持续发展理论的内涵。主要研究金融产业可持续发展的基本内涵、资源配置、理论模式、运行机制、评估规程、内控制度、有效监管等内容。二是研究中国金融产业化发展的可行性和障碍。这包括研究中国金融产业化发展的物质基础、金融深化现状和障碍。三是研究怎样实现中国金融产业可持续发展。金融产业可持续发展理论的研究视角是，从中国金融发展的历史、现状及未来的考察中，研究中国金融产业可持续发展的理论依据；在分析中国金融产业化发展的必然性和可行性的基础上，探索中国金融产业可持续发展的模式及运行机制；从中国金融发展的物质基础研究中，论证中国金融产业化发展的可行性及障碍；以中国金融业的外在环境条件、世界经济发展趋势为基础，研究中国金融产业可持续发展战略。金融产业可持续发展是金融产业部门在促进国民经济可持续发展的前提下实现产业利益的最大化及不断发展的过程。金融产业可持续发展是实现一国金融可持续发展的根本途径，并且它可有效地促进国民经济可持续发展。金融产业可持续发展具有四个明显的特征，即金融资源的开发与利用适度、金融资源配置效率最优、金融产业内控制度完善、金融风险程度可控。

三　财政金融政策与城乡协调发展理论

该理论认为："财政金融政策实施与城乡协调发展关系十分密切。中国城乡关系的特殊性决定了中国城乡协调发展的特殊性。中国财政金融政策的特殊性决定了中国城乡协调发展中宏观调控的特殊性。新中国成立至今，倾斜于城市和工业的财政金融政策，既促进了中国工业的高速发展和城市的不断繁荣，又加剧了城乡经济社会二元结构失衡，不断扩大了城乡经济社会发展的差距。随着世界经济一体化发展，中国经济实力的不断增强，实施倾斜于农村农业的财政金融政策是必要的和可行的，这也是中国当前发展阶段的正确选择。只有这样才能逐步缩小城乡差距，促进城乡协调发展，实现城乡经济社会一体化发展。"中国的城乡协调发展是为实现经济社会现代化的长远共同目标，在城乡现实条件与现代化发展阶段的制约下，城乡之间在经济社会诸方面发展中表现出的多阶段动态依存状态与多样性的动态适应过程。在一个局部的期间，城乡发展的非均衡性是一种常态，而这种非均衡性恰恰是实现城乡均衡发展最终目标的动态最优路径。在经济全球化发展过程中，对于发展中大国而言，不能从当期、静止的角度来理解公平，追求公平的即时性可能反而会导致城市与农村陷入发展困境，城市与农村都得不到发展，这将会是最大的不公平。动态最优路径上的公平是一个跨期公平，城乡协调发展的实

现是一个两阶段模型。先是农村支持城市，后是城市反哺农村，最终实现城乡共同富裕。从单阶段来看，要么对农村可能是不公平的，要么对城市是不公平的，但从整个全局来看，都是跨期公平的。同样在城乡协调发展的最优路径上，当期的效率可能并不是最高的，但是长期的总累计效率即动态效率是最高的。坚持动态效率和跨期公平，只要是在最优路径上，效率与公平是能够兼容的。构建中国财政金融政策与城乡协调发展的模式和机制，提出了财政金融政策的组合需要走出"总量配合"的模式，实现"结构性配合"的新思路。即利用货币政策、信贷政策、税收政策和财政的生产性支出政策等政策工具进行组合搭配，充分实现每一种工具的优点，避免其缺点，达到政策间的组合效应最大化，遏制财政金融政策实施的不协调造成收入差距的"扩大效应"。

四　中国经济体制转换的理论观点

从 1949 年以来中国经济运行中存在计划经济力量与市场经济力量的矛盾，一定阶段计划经济力量大于市场经济力量，一定阶段市场经济力量大于计划经济力量。1978 年以前是计划经济力量大于市场经济力量，1978 年以后是市场经济力量大于计划经济力量。中国经济体制转换的总体目标应该是：建立以"多元化所有制主体合作共赢为目标，公平竞争为基础，市场机制为核心，宏观调控为手段，法律规制为准绳"的完善的社会主义市场经济体制。具体目标应该是：多元的市场主体；规范的市场商品；科学的企业制度；健全的市场机制；公平的分配制度；完善的法律制度；有效的宏观调控。

五　重大政策建议："从国家安全的高度保护好三峡水资源战略储备库"

三峡工程的寿命关键取决于三峡水库的水体质量。三峡水库水体质量越高，三峡工程的寿命就越长；反之，三峡工程的寿命就越短。三峡水库的水质从根本上又取决于对水库自身的开发是否合理适度，取决于对水库水资源的保护是否到位，取决于三峡库区的生态环境是否改善。三峡水库不仅是三峡工程的生命线，而且是长江中下游的生态屏障，还是全国的水资源战略储备库。必须高度重视三峡水库水资源的保护，大力改善库区生态环境，把三峡水库建成供全国人民饮用水的"天然水库"。保护三峡库区水资源和生态环境既是三峡库区人民的职责，更是中央政府和全国人民的任务。要坚决杜绝三峡水库及库区的不合理开发，不重视这个问题我们将面临严重的社会危机。三峡库区特有的区位优势和重要的战略地位决定了十分有必要把三峡库区建设成为"国家级生态经济特区"，可定名为"三峡生态经济特区"。三峡生态经济特区的核心任务是保护生态环境和水资源战略储备库，最终目标是实现库区社会、经济、环境的协调可持续发展。

学术感悟

做学术研究必须结合转轨经济的中国实际。在世界经济全球化背景下，各国经济一体化、经济市场化、体制趋同化已经成为必然趋势。转轨经济的中国政府界、实业界、学术界在经济政策制定、企业管理决策选择、教学科研实践中，常常遇到转轨经济运行中的问题无法用西方经济学理论予以解释的难题。政府界、学术界以及实业界感觉存在已经学习过的西方经济学知识与转轨经济的中国实践不相符，产生理论与实践脱节，理论无法指导实践，实践中的问题无法用理论去解释的现象。世界经济社会中经济模式呈现多元化，转轨经济已经成为相对于西方经济在世界经济占有重要地位的经济实体。转轨经济和世界金融危机的实践正在颠覆经济学的常规理论。坚持创新思维与科学研究方法论相结合，探索以转轨经济的中国为研究对象是现实和未来实践的客观要求，具有重要的理论和实践价值。

代表性著作

（一）主要获奖及国家级项目

1. 1996 年，论文《农村金融市场与农村经济发展关系的研究》获重庆市政府颁发重庆社会科学优秀成果三等奖。

2. 1998 年，论文《中国金融产业化运行机制研究》获重庆市人民政府社会科学优秀成果三等奖。

3. 2001 年，专著《中国货币供应问题研究》获重庆市政府颁发重庆社会科学优秀成果二等奖。

4. 2002 年，国家社科基金项目研究报告《财政货币政策变化对中国农业发展影响及配合模式的实证研究》获重庆市政府颁发重庆社会科学优秀成果二等奖。

5. 2005 年，专著《金融产业可持续发展理论研究》（国家社会科学基金项目，商务印书馆出版）获重庆市政府颁发重庆社会科学优秀成果一等奖。

6. 2006 年，指导并主研的国家社会科学基金项目（项目主持人为博士生）《农村金融与农村经济协调发展机制与模式研究》研究报告获重庆市政府颁发重庆社会科学优秀成果二等奖。

7. 2006 年，专著《金融产业可持续发展理论研究》（国家社会科学基金项目，商务印书馆出版）获教育部中国高等学校人文社会科学优秀成果三等奖。

8. 2007 年，研究报告《三峡库区建成国家级生态经济特区的规划研究》获重庆市政府颁发重庆市发展研究奖二等奖。

9. 2009 年，专著《金融产业资本论》获重庆市政府颁发重庆社会科学优秀成果二等奖。

10. 2009 年，论文《中国金融发展与农民收入》获教育部中国高等学校人文社会科学优秀成果经济学一等奖。

11. 2009 年，《农村金融与农村经济协调发展机制与模式研究》研究报告获教育部中国高等学校人文社会科学优秀成果二等奖。

12. 2010 年，《重庆农民工问题研究》研究报告获重庆市政府颁发重庆市发展研究奖二等奖。

13. 2011 年，《三峡库区移民安稳致富问题研究》研究报告获重庆市政府颁发重庆市发展研究奖三等奖。

14. 2011 年，专著《财政金融政策与城乡协调发展》获重庆市政府颁发重庆社会科学优秀成果一等奖。

15. 2012 年，研究报告《两翼农户万元增收工程实施难点及对策研究》获重庆市政府颁发重庆市发展研究奖三等奖。

16. 2014 年，专著《农村金融资源开发机理与风险控制》获重庆市政府颁发重庆社会科学优秀成果二等奖。

17. 2015 年，《重庆市城乡统筹进程中农村空心化问题研究》研究报告获重庆市政府颁发重庆市发展研究奖二等奖。

18. 2017 年，专著《现代农村金融制度构建与创新》获重庆市政府颁发重庆社会科学优秀成果一等奖。

序号	主持人	项目名称	项目来源	立项年份
1	冉光和等	财政货币政策变化对农业发展影响及配合模式的实证研究	国家社会科学基金一般项目	1996
2	冉光和等	金融产业可持续发展理论研究	国家社会科学基金一般项目	2000
3	冉光和等	财政金融政策与城乡协调发展的理论与实证研究	国家社会科学基金重大转重点项目	2008
4	冉光和等	基于交易成本视角的农村金融资源开发机理与风险控制研究	国家社会科学基金重点项目	2008
5	冉光和等	现代农村金融制度构建与创新研究	国家社会科学基金重大转重点项目	2009
6	冉光和等	金融产业经济学研究	国家社会科学基金重大项目	2011
7	冉光和等	农村金融服务深化与县域农村产业融合发展研究	国家社会科学基金重点项目	2017

（二）代表性学术成果

序号	作者	论文名称	期刊名称	发表年份	发表期数
1	冉光和等	《中国农业生产波动的宏观经济效应研究》	*Agricultural Economics*	1995	第 1 期
2	冉光和等	《金融产业可持续发展理论的内涵》	《管理世界》	2004	第 4 期
3	冉光和等	《中国金融发展与农民收入》	《经济研究》	2005	第 9 期
4	冉光和等	《中国金融发展与经济增长关系的区域差异》	《中国软科学》	2006	第 2 期

续表

序号	作者	论文名称	期刊名称	发表年份	发表期数
5	冉光和等	《资本投入、技术进步与就业促进》	《数量经济技术经济研究》	2007	第 2 期
6	冉光和等	《中国区域金融发展差异的解释》	《经济研究》	2007	第 5 期
7	冉光和等	《要素投入、货币供应与中国经济波动》	《管理世界》	2008	第 2 期
8	冉光和等	《中国农村经济发展的金融约束效应研究》	《中国软科学》	2008	第 7 期
9	冉光和等	《中国金融成长与出口结构优化关系及变化趋势研究》	《管理世界》	2011	第 4 期
10	冉光和等	《城乡金融发展非均等化的形成机理及对策——基于自组织理论的分析》	《管理世界》	2012	第 3 期
11	冉光和等	《金融发展视角下外商直接投资的减贫效应分析》	《管理世界》	2013	第 12 期
12	冉光和等	《农村家庭资产金融价值开发对农户经济行为的影响研究》	《管理世界》	2015	第 10 期
13	冉光和等	《农村金融服务、农民收入水平与农村可持续发展》	《管理世界》	2016	第 10 期
14	冉光和等	《传统城镇化与就地城镇化对农民收入的影响研究——基于时变分析的视角》	《中国软科学》	2017	第 9 期

序号	作者	著作名称	出版社	出版时间
1	冉光和等	《中国货币供应问题研究》	东北财经大学出版社	1998 年
2	冉光和等	《金融产业可持续发展理论研究》	商务印书馆	2004 年
3	冉光和等	《金融产业资本论》	科学出版社	2007 年
4	冉光和等	《财政金融政策与城乡协调发展》	科学出版社	2009 年
5	冉光和等	《农村金融资源开发机理与风险控制》	中国社会科学出版社	2011 年
6	冉光和等	《现代农村金融制度构建与创新》	科学出版社	2013 年

原毅军
Yuan Yijun

　　原毅军，男，1955年8月出生在吉林省通化市。1962年，原毅军进入大连市八一路小学学习。1964年，大连市成立了日语小学，从市区的各个小学中选拔优秀学生到日语小学学习，原毅军被选拔进入大连市日语小学学习。大连市日语小学只在1964年和1965年招收了两届学生，每届招收2个班。按照当时的培养计划，学生从大连日语小学毕业后，将进入大连日语专科学校（即今天的大连外国语大学）继续学习。该专科学校也始建于1964年，是在周恩来总理等党和国家领导人的关怀下，为培养国家亟须的日语翻译人才而创建。1968年，日语小学被迫解散，学生回到以前的小学继续学习。1968年秋，原毅军进入大连市第二十六中学学习，直至1972年12月。

　　1972年12月27日，原毅军作为知识青年下乡到大连市复县西阳公社万家大队劳动锻炼。1974年年底，原毅军作为表现优异的知识青年获得了回城工作的机会。1975年1月，原毅军进入大连市西岗区计量管理所工作。1975年9月，原毅军被选拔进入辽宁财经学院（现在的东北财经大学）综合计划统计专业学习，1978年9月毕业后被留在学校任教师工作。

　　1979年，原毅军参加了辽宁财经学院统计学专业的硕士研究生考试。在所有考生中，原毅军的高等数学、政治等多门课的成绩名列第一。但由于考生的成绩普遍不好，1979年学校没有招生。但是，原毅军的素质和能力引起了学校领导的注意。1980 年年初，财政部下达了 1 个公派出国名额。经过学校和财政部的选拔，原毅军被确定为派往比利时天主教鲁汶大学攻读工商管理硕士专业（MBA）研究生的候选人。通过了全国的英语考试和比利时驻华使馆的考试后，原毅军于 1981 年 8 月赴比利时天主教鲁汶大学工商管理硕士专业学习。在鲁汶大学学习期间，原毅军的主修领域是数量方法在经济管理中的应用，包括数学规划、统计推断、运筹管理、排队论、计量经济学、非参数统计等；辅修领域是产业组织理论和金融理论。当时选修的产业分析（industrial analysis）和产业组织理论（theory of industrial organization）两门课程让原毅军对产业经济学产生了浓厚的兴趣。1984 年年初，原毅军从鲁汶大学毕业后回到东北财经大学继续从事教学和科研工作。当时讲授的主要课程是"经济预测和决策方法"，通过翻译、授课和出版教材，原毅军是较早把动态时间序列模型、传递函数模型、时间序列分解法等当时较为先进的定量分析方法介绍到国内的学者。1986 年，中国政府的计划部门开展了一项宏观经济决策科学化的工作，主要内容是构建能够反映经济运行的宏观经济模型及其信息系统。原毅军参加了大连市计划委员会开展的这项工作，负责大连地区宏观经济模型的构建。这项工作的成果获得了大连市科技进步二等奖。

1987 年，东北财经大学开始招收博士研究生，原毅军考入产业经济学专业，师从汪祥春，正式开始了产业经济学领域的系统学习和研究。1987 年 10 月，原毅军跟随导师汪祥春参加了在江西庐山召开的中国工业经济学会（当时的名称是中国工业经济研究与开发促进会）年会，认识了这一领域的众多专家学者。会议期间，大家讨论出版一套产业经济学领域的译著。会议结束后，原毅军即着手翻译劳杰·克拉克的著作 *Industrial Economics*，1990 年，该译著以《工业经济学》为书名由经济管理出版社出版，是国内这一领域最早正式出版的译著之一。1990 年，原毅军毕业，获得经济学博士学位，此后，研究工作更多地集中到产业经济学领域。1993 年，原毅军又一次获得国家公派出国学习的机会，赴英国剑桥大学做了一段时间的博士后研究。1996 年，原毅军调入大连理工大学，并在该校工作至今。

原毅军在国内外高等院校和研究机构从事学习、科研和教学工作 40 余年，在不同阶段，主要研究领域不尽相同。1978—1990 年研究和教学工作集中在数量经济领域，涉及计量经济学、数理统计、经济预测和决策方法、运筹学中的排队论和数学规划问题的研究，出版了《非参数统计推断》（吉林大学出版社 1990 年版）和《经济预测与决策方法》（中国科学技术出版社 1991 年版），在《预测》杂志发表了多篇文章。从 1987 年在东北财经大学读"产业经济学"博士研究生开始，在导师汪祥春的指导下正式进入产业经济学研究领域，延续至今并成为最主要研究领域。在这一领域的早期研究集中在经济增长、经济周期和产业结构变动之间的关系上，2000 年以后，研究重点转向在生态环境约束下的产业升级、产业发展战略和产业组织问题上。由于 2000 年开始在大连理工大学管理科学与工程博士点招收博士研究生，部分研究转向管理科学领域，涉及跨国公司管理、企业战略管理、企业价值导向的智力资本管理，以及宏观经济管理等领域的问题。

在多个研究领域长期从事学术研究，以及长期为政府部门和企业提供咨询研究报告，逐渐在研究专长上形成了三个特点：一是注重运用数量分析方法提高研究过程的科学性和研究结果的可证实性，在研究中倾向于建立数量经济模型和借助计算机进行数据和模拟分析；二是注重运用交叉学科的知识，多维度、多视角地开展研究，有效避免研究的片面性；三是形成了一套独特的问题导向的研究思路和方法，研究过程中从识别问题、分析问题到解决问题的各个阶段紧密围绕问题导向的逻辑主线展开研究，保证研究成果的应用性和可操作性。

在产业经济学、产业发展战略和产业组织领域取得的重要研究成果和学术贡献集中在三个研究领域：一是产业经济理论与产业发展战略研究；二是企业合作研发和技术联盟的创新模式及其实现机制研究；三是基于适度经济增长和环境经济理论的产业升级和产业结构优化调整研究。

一 在产业经济理论和产业发展战略领域的主要研究

对产业经济理论的系统研究开始于 1987 年。1990 年翻译出版的劳杰·克拉克的著作 *Industrial Economics*（经济管理出版社 1990 年版），是国内这一领域最早的译著之一。20 世纪 90 年代初，原毅军对中国产业结构的调整问题进行过深入研究，从经济周期角度分析产业结构变动规律，提出了产业结构失衡度概念和衡量产业结构失衡程度的定量方法，并运用这种方法对中国产业结构的变动规律进行了实证分析。[①]

近 10 年，在该领域的研究集中在以下三个方面：一是中国服务业的升级发展问题研究，其研究特点是从可持续发展、产业的价值创造能力、产业中的市场关系、产业发展平台的规划等新的角度进行研究，注重运用复杂性科学的理论和方法对产业经济系统的演化规律进行分析，提出了一些创新性的观点和方法。二是中国装备制造业的升级发展问题研究，其研究重点是装备制造业，尤其是中国的重大装备制造业的技术研发效率、技术升级路径、装备制造业的耦合网络、价值创造能力，以及通过组建跨国技术联盟提升技术创新能力的相关对策。三是生产性服务业与装备制造业互动升级发展研究，这一领域的研究特点是以产业共生理论和复杂性理论为基础分析服务业与制造业互动升级发展的机制与实现条件。

二 企业合作研发和技术联盟的创新模式及其实现机制研究

这一领域的研究，最初是针对中国政府在实施"市场换技术"的对外开放战略中出现的问题开展起来的。"市场换技术"战略并没有达到预

---

① 《经济增长周期与产业结构变动研究》，《中国工业经济研究》1991 年第 6 期。

期效果，外资企业在产业中占据越来越重要的地位，市场垄断地位日益加强；与国际先进技术水平相比，本土企业的整体技术水平仍然低下，部分产品虽然实现了国内生产制造，但缺乏自主设计能力，核心技术仍掌握在外方手中。中外企业的合作之所以没有产生预期的技术溢出效应，本质上由于双方实力极度不对称，中方企业缺乏与外方企业进行合作的基础，外方企业则缺乏向中方企业共享核心技术的激励。如果没有特殊的制度安排和机制设计，中外企业技术联盟必将变为外方企业主导，中方企业只能负责外围技术工作。因此，这一领域的研究重点是企业合作研发和技术联盟的创新模式及其实现机制。

三　基于适度经济增长和环境
经济理论的产业发展研究

对经济增长理论研究的重要成果最早是发表于《经济研究》1991 年第 1 期的论文《论我国经济的适度增长》，提出从潜在国民产出增长的角度确定经济增长的目标，通过系统的定量分析和实证研究得出结论：中国的适度经济增长率应该保持在 8% 左右。中国经济在保持适度增长的条件下，更有利于产业结构的优化调整。

近些年，对产业升级和产业结构优化调整的研究更主要从环境经济理论和可持续发展理论的角度研究环境规制和环境政策创新倒逼产业升级和产业结构调整的机制。这一领域的研究特点是把节能减排目标纳入产业结构优化问题的研究中，运用定量方法研究环境规制倒逼产业结构调整的政策传导机制，以及环境政策创新推动传统产业升级发展的效应。

四　主要学术成果简介

1. 专著《中国高端服务业发展研究》，科学出版社 2011 年版

高端服务业发展落后是当前制约中国经济转型的一个突出问题。发展高端服务业不仅是促进中国服务业升级的需要，也是推动制造业在现

阶段要素红利衰减下尽快通过技术和管理创新摆脱低端"被蚕食"、高端"上不去"的尴尬局面、实现经济可持续发展的必然选择。然而，虽然高端服务业作为一个新概念已经引起社会普遍关注，但是国内外理论界对其的系统研究却非常匮乏，在中国各级政府大力扶植高端服务业的同时，有关高端服务业的一些关键问题还没有得到科学的论证，例如，高端服务业的内涵到底是什么，有什么特征，哪些服务业才是中国当前应当重点发展的高端服务业，现有的扶持政策是否适应高端服务业发展的需要，等等。

2. 专著《中外厂商技术联盟的组建与运行——基于中国重大装备制造业的研究》，科学出版社 2012 年版

第一，技术联盟作为企业合作的一种主要方式，在推动企业技术创新、技术转移、重大科技项目攻关等活动中发挥着日益显著的作用。不过，企业之间的合作并没有削弱它们之间的竞争，只是将直接的、表面的竞争转化为间接的、隐秘的竞争，即合作是以不同形式开展的竞争。成功的企业绝不会忘记它们的结盟伙伴会退出合作，削弱其竞争实力。它们组建联盟有自己明确的战略目标，同时也清楚联盟伙伴的战略目标对它们的成功会产生什么影响。合作是有限度的，企业不应做出战略性妥协。技术联盟是一个不断讨价还价的过程，合作各方真正关心的内容可能超出法律协议的范围。成功的企业需要经常告诫各个层次的员工哪些技能和技术不能向合作伙伴透露，并监视合作伙伴需要什么和得到了什么。成功企业把技术联盟作为向合作伙伴学习的最好方式，运用这种方式获得正式协议所规定范围之外的各种技能。第二，中外厂商技术联盟之所以没有产生预期的技术溢出效应，本质上由于联盟双方实力极度不对称，中方企业缺乏与外方企业进行合作的基础，外方企业则缺乏向中方企业共享核心技术的激励。如果没有特殊的制度安排和机制设计，中外企业技术联盟必将变为外方企业主导，中方企业只能负责外围技术工作。第三，中外厂商技术联盟的组建是联盟双方博弈的结果，然而在以技术创新为导向的中外厂商技术联盟的组建过程中，政府扮演着至关重要的角色。尤其在重大装备制造业，中国政府对此类非对称性技术联

盟起着主导作用，是其是否顺利组建的决定力量。

3. 专著《产业结构的变动与优化：理论解释与定量分析》，大连理工大学出版社 2008 年版

第一，产业结构问题是制约经济发展的一个核心问题。随着经济的发展，产业结构在不断变化。这种变化可能会促进经济发展，也可能会制约经济发展。当产业结构不适应经济发展的要求时，就需要进行调整。无论是借助市场机制还是采用政策干预，只要这种调整过程推动了产业结构趋于合理化，或更加适应经济的发展，那么这一调整过程就是产业结构的优化过程。从经济意义上讲，产业结构优化的目标是在保证资源配置最优化和宏观经济效益最大化的前提下实现经济的健康、协调发展。第二，在现代经济发展的实践中，产业结构的调整往往不是借助市场机制的自然过程，而是人为干预的过程。产业结构优化的目标不仅取决于经济决策者对经济发展形势的判断，还取决于他们对未来经济发展的期望或要求。如果人为确定的优化目标是错误的，产业结构的调整就会导致经济资源的严重浪费，制约经济健康、协调地发展。第三，产业结构的优化目标往往是多重的。在社会经济发展过程中，产业结构的调整往往会受到不同利益集团和不同条件的制衡。单一的产业结构优化目标很难同时满足不同利益集团和制约条件的要求。实现国民经济快速增长是各国政府追求的最重要的经济目标，它不仅可以提高一国的经济实力，还可以解决国民教育、失业和需求不足等问题。但是，过快的经济增长会导致产业结构失衡、资源消耗过度和环境严重污染。可持续发展要求，产业结构的调整中必须关注降低能源消耗和环境污染，为子孙后代留下更大的发展空间。经济增长、能源消耗和环境保护这些目标往往是相互冲突的。解决多目标的产业结构优化问题，必须根据经济发展不同阶段的特点和条件，在不同目标之间进行权衡。

4. 专著《软件服务外包与软件企业成长》，科学出版社 2009 年版

第一，随着现代服务业的发展，服务外包市场的日益完善，企业的外包活动越来越多地集中到从专业化服务领域获取无形的技术资源、管理资源、环境资源和支撑企业发展的社会资源。企业的人力资源管理、

采购、营销、会计和战略发展规划等传统组织结构中的绝大部分职能部门的活动，甚至生产过程的部分环节，都可以借助外包来完成。服务外包已经成为企业简化组织结构从而提高组织管理效率的有效手段。第二，企业是否采用服务外包的形式，在很大程度上依赖于服务外包市场的发展。现实世界中的市场多是不完全竞争市场，因信息不对称、交易风险、对执行契约的监督等因素所产生的交易成本，是采用市场形式组织微观经济活动的代价。第三，作为一个为国民经济其他产业提供增值服务的产业，软件服务外包业是近些年专业化服务外包市场中发展最快、增值潜力最大的一个产业。如果说，软件产业服务化的程度反映了软件产业发展水平，软件服务外包产业的发展则代表了软件产业的服务化水平。软件企业的核心能力建立在客户服务能力基础上，产生企业价值的核心资源就是围绕客户服务建立的各种市场关系。随着信息技术的进步和普及应用，软件企业将通过多种手段走入软件服务外包业的领域，真正成为高度职业化的提供软件服务的"软"企业。

5. 专著《经济中介组织发展研究》，科学出版社 2014 年版

第一，经济中介组织是社会化大生产和分工细化的产物，是现代产业经济体系的重要组成部分，现代市场经济条件下，经济中介组织的发展水平标志着市场体系发育的成熟程度和经济系统的运行效率。规范、职业化的经济中介组织可以有效地发挥沟通企业与市场、企业与企业、企业与国家之间的联系，降低经济系统的运行成本，促进产业升级和市场经济发展的作用。第二，与国际先进水平和中国市场经济发展的需要相比，中国经济中介组织的发展明显滞后。在中国的经济结构尤其是产业结构中，职业化的经济中介服务业所占比重过低。经济中介组织发展滞后，对其他产业的发展甚至整个经济的运行效率都会起到瓶颈性制约。而更深层次的影响是不利于市场经济的发展和有序市场竞争环境的建立。第三，经济中介组织作为交易双方的代理人在信息上处于有利地位，在缺乏足够的外部约束的情况下，有从事寻租行为的激励，由此引发的代理成本在较大程度上抵消了它们所节约的交易成本，降低了经济中介服务的价值，进而影响到消费者对经济中介服务的需求。推动中国经济中

介组织规范化高水平地发展，必须尽快完善市场竞争机制，通过政府的宏观政策调控和行业管理，建立行业信用体系，借助行业的他律和经济中介组织的自律，规范经济中介组织的发展。

代表性著作

1. 原毅军：《论我国经济的适度增长》，《经济研究》1991 年第 1 期。

2. 原毅军：《经济增长周期与产业结构变动研究》，《中国工业经济研究》1991 年第 6 期。

3. 原毅军：《服务创新与服务业的升级发展》，科学出版社 2014 年版。

4. 原毅军、刘浩：《中国制造业服务外包与服务业劳动生产率的提升》，《中国工业经济》2009 年第 5 期。

5. 原毅军、耿殿贺、张乙明：《技术关联下生产性服务业与制造业的研发博弈》，《中国工业经济》2007 年第 11 期。

6. 原毅军：《环境政策创新与产业结构调整》，科学出版社 2017 年版。

7. 原毅军、郭丽丽、孙佳：《结构、技术、管理与能源利用效率——基于 2000—2010 年中国省际面板数据的分析》，《中国工业经济》2012 年第 7 期。

8. 原毅军、耿殿贺：《环境政策传导机制与中国环保产业发展——基于政府、排污企业与环保企业的博弈研究》，《中国工业经济》2010 年第 10 期。

9. 原毅军、谢荣辉：《环境规制的产业结构调整效应研究——基于中国省际面板数据的实证检验》，《中国工业经济》2014 年第 8 期。

10. 原毅军、孙晓华、柏丹：《网络外部性与软件产业技术扩散》，《中国工业经济》2004 年第 6 期。

11. 原毅军、孙晓华、柏丹：《我国软件企业智力资本价值创造潜力的评估》，《中国工业经济》2005 年第 3 期。

12. 原毅军：《企业跨国管理概论》，高等教育出版社 2011 年版。

13. 原毅军、耿殿贺：《中国装备制造业技术研发效率的实证研究》，《中国软科学》2010 年第 3 期。

14. 原毅军：《企业组织结构创新与管理咨询业发展》，《中国软科学》2000 年第 11 期。

15. 原毅军：《智力资本：企业价值的新增长点》，《中国软科学》2001 年第 11 期。

徐向艺

Xu Xiangyi

徐向艺，男，1956年出生，山东鄄城县人。1973年1月，17岁时他高中毕业回乡——山东省鄄城县郭老庄村，担任小学民办教师，除领取生产队工分外，每月有4元钱津贴。这成为他有酬工作的起点。1976年10月加入中国共产党，同年担任鄄城县郭老庄大队党支部书记。三年艰辛的民办教师生涯和两年大队支部书记的锻炼，使他体验了民间的疾苦和世事的艰难，磨炼了意志和心智，拓宽了视野。

1978年10月，徐向艺考入山东大学经济系本科学习。1982年7月毕业留校任教。1985—1988年在职攻读并获经济学硕士学位，2002年获法学博士学位，1998年晋升为教授。曾担任山东大学企业管理系副主任、学校教务处处长、管理学院院长；兼任山东大学MBA/EMBA教育中心主任、学校学术委员会委员、社会科学学部主任等职。现任山东大学二级教授，企业管理和应用经济学专业博士生导师，山东大学公司治理研究中心主任，国家级教学团队山东大学工商管理专业团队带头人。获教育部国家级教学名师、国家高层次人才特殊支持计划（万人计划）领军人才、国务院政府特殊津贴专家、山东省突出贡献中青年专家等荣誉称号。曾担任中国工业经济学会常务副理事长社会职务。现兼任教育部高等学校工商管理类专业教学指导委员会委员、中国企业管理研究会常务副理事长、中国管理现代化研究会公司治理专家委员会副主任委员、教育部人文社科研究研究基地南开大学公司治理研究院学术委员等职。曾先后担任南开大学、台湾东吴大学等 10 余所大学兼职教授、客座教授。

　　徐向艺主要研究方向：工业经济与公司治理。主持承担国家及省部级科研项目 20 余项，出版个人专著 12 部，主编专著、教材 34 部，发表学术论文 200 余篇，获省部级以上奖励 20 余项。曾经担任海信电器、山东高速、山东出版等多家上市公司独立董事。曾主持为海信集团、山东高速集团、将军集团、山东烟草公司等 20 余家大型公司和企业集团进行产业发展咨询和战略规划设计。1990 年开始指导研究生，共指导培养硕士生（含 MBA、EMBA）165 人，培养管理学、经济学博士 69 人、博士后 12 人。在科学研究、人才培养、社会服务等多方面做出了突出贡献。

30 多年来，徐向艺密切关注中国经济体制改革与转型，探索工业经济发展的规律性；研究公司制度创新、公司治理结构与机制优化途径；探讨企业制度、技术、管理创新的协同机制。在上述研究领域，徐向艺提出了许多具有独到见解的观点，为新时期中国经济与管理理论创新及繁荣和经济政策的制定、经济可持续发展做出了重要贡献。

一　技术创新与工业经济发展理论

1982 年 7 月徐向艺大学毕业分配到山东大学任教，被安排到经济学系管理教研室从事"工业经济管理"课程教学和科学研究。很快徐向艺成为工业经济学科的学术带头人。徐向艺撰写、发表了 50 余篇研究工业经济学术论文，在此基础上，他出版了专著《现代工业经济管理学》（1995 年）。

（一）工业技术创新研究

在 20 世纪 80 年代中后期，徐向艺利用中国工业普查数据，借鉴柯布—道格拉斯生产函数理论，分析中华人民共和国成立以来工业经济增长的贡献因素，取得令人瞩目的研究成果，发表了"我国工业技术进步若干问题研究"的系列论文。研究发现，中国工业经济增长受到资本、劳动、技术三大因素的驱动，资本与劳动的贡献率达到 69%，而技术的贡献率仅占 31%，正好与发达国家相反，后者技术贡献率一般在 70% 左右。徐向艺提出中国工业经济发展必须走技术进步和技术创新之路。工业技术创新是利用新的科学原理和科学方法发展新技术、促进经济增长的过程。徐向艺提出中国技术创新的模式与途径，即领先技术创新、连锁技术创新、嫁接技术创新和组合技术创新。尤其是强调嫁接技术创新和组合技术创新，前者是指以高层次、高水平的技术推动为主要特征，在消化吸收和模仿国外先进技术的基础上，嵌入自有或他有的技术成果，推动全新的技术创新，实现技术的飞跃；后者是把两项或者多项新技术结合起来，由此创造和发明新技术或新产品。[①]

（二）工业企业规模与规模结构优化研究

在 20 世纪八九十年代，中国工业企业规模与规模结构存在的严重缺陷，概括起来主要有：企业封闭经营制度，吸纳要素能力微弱；工业生产组织市场化程度低；缺乏企业破产、兼并机制。徐向艺认为，推动工业企业规模和规模结构合理化必须采取以下措施：一是推动企业制度公司化，形成有利于实现规模经济的产权结构。二是推进工业组织过程的市场化，加强市场"主角"与"配角"的竞争选择。发展市场经济，开展适度竞争、优胜劣汰，是提高生产集中度、优化工业组织结构的有效途径。三是优化生产要素的组合方式。进一步推动工业生产专业化协作，加强大中小企业之间的生产联系，是工业企业规模结构合理化的重要内容。四是建立和完善企业兼并运作机制，通过资产存量调整，实现企业规模结构合理化。[②]

（三）工业企业集团发展与企业重组研究

中国工业经济发展有赖于企业集团的合理组建与有效运作。中国企业集团的组建主要有三种模式：一是政府划转型；二是强强联合型；三是自我发展型。徐向艺在长期、深入对中国企业集团调研基础上，认为自我发展型集团模式既不会带来政府行政职能干扰，也较少有成员企业运行过程中的体制摩擦，其核心企业发挥着较强的凝聚功能，应是中国企业集团发展道路的最佳选择。[③]徐向艺还认为，企业集团的发展必须与企业合理重组结合起来，具体形式包括：一是企业重整。即对于出现财务危机，已经停业或濒临停业危险的企业，依照法律程序予以债务重组

---

① 徐向艺：《现代工业经济管理学》，山东大学出版社 1995 年版，第 378—379 页。
② 徐向艺：《我国工业企业规模与规模结构的实证分析》，《财经研究》1995 年第 11 期。
③ 徐向艺：《比较·借鉴·创新——企业改革的国际经验与中国道路选择》，经济科学出版社 2001 年版，第 374—382 页。

和业务整顿，使之由此得以复兴。① 二是企业兼并。企业兼并的成功与否，取决于界定产权边界、消除进入壁垒、形成战略动机、产生协同效应四大因素。② 三是国有企业的产权分解。国有资产所有权主体的重新塑造必然导致现有国有企业的分类与改组。大部分竞争性国有企业政府从所有者角色退出，但仍可保留对一些特殊行业和企业的直接所有权。

二 公司治理结构与机制优化理论

（一）公司制度与股份经济研究

徐向艺研究公司制度问题始于 1989 年，研究过程分为三个阶段。第一阶段是 1989—1993 年。研究的重点是公司组织方式、内部结构及运行机制。徐向艺指出："股份经济（公司）作为一种社会经济组织，在我国产生具有充分的客观依据，它将在社会主义微观经济领域发生深刻的革命。"③ 在当时理论界几乎一边倒地推崇承包制的时候，徐向艺就大胆地提出了企业改革的主要方向应是国有企业公司化改组与制度创新——这一命题是四五年后才成为企业改革的热点问题。第二阶段是 1994—1999年。研究的重点是企业制度创新，其理论成果是在发表系列论文的同时，出版了《企业制度变迁与管理创新》（1997 年）和《现代公司组织与管理》（1999 年）两部专著。在这一时期徐向艺提出了自己的理论观点：中国企业改革成功与否取决于三大力量：所有者（资本所有者）、经营者（职业企业家）和政府。中国企业摆脱困境的出路在于实现三个方面的创新，即企业制度创新（所有者的选择）、企业管理创新（经营者的选择）、企业环境创新（政府的选择）。④ 第三阶段是 2000 年以后，主要集中在公司治理优化研究。徐向艺重点分析现代企业组织形态、产权安排与治理结构的特征与要求，剖析中国国有企业委托—代理关系存在的缺

① 徐向艺：《关于国有企业重组问题》，《中国工业经济》1995 年第 11 期。
② 徐向艺：《企业制度变迁与管理创新》，山东大学出版社 1997 年版，第 319—331 页。
③ 徐向艺：《工业公司管理学》，山东大学出版社 1991 年版，第 366 页。
④ 徐向艺：《企业制度变迁与管理创新》，山东大学出版社 1997 年版，第 3—5 页。

陷，指出目前的多层次委托—代理关系导致付出多重代理成本，为克服国有企业的这一长期存在的痼疾，必须从减少所有者之间（各级政府及政府部门）的委托—代理层次入手，再造所有权关系，同时建立和完善对国有企业经营者代理人的监督约束机制。①

（二）公司产权结构与组织设计研究

徐向艺认为，公司制度是历史上企业制度不断进化的结果。通常所说的现代企业制度就是指现代公司制度，即指符合现代市场经济和社会化大生产要求并与特定的社会制度和经济制度相联系的公司组织形态、产权安排和治理结构。② 在公司治理结构中，股东权益的保障不仅体现在股东如何进入公司及其参与治理，更重要的是股东如何退出公司，解除与公司代理人的委托代理关系。股东退出公司除了"用脚投票"以外，提出建立"公司异议股东股份价值评估权制度"，该制度是一种司法退出机制，它允许对公司的决策持有反对意见的股东在特定情况下要求公司回购其股份，因此是一种直接的股东退出机制。两种不同的股东退出机制发挥着不同的功能，并对公司治理效率产生着不同的影响。③

（三）公司资本结构与治理绩效研究

徐向艺在2011年出版的专著《公司治理视角下资本结构与公司绩效关联性研究》中认为，资本结构与公司治理具有目标上的一致性。仅从股权结构上去研究公司治理机制的框架过窄，不足以反映公司治理的全貌。徐向艺从更广泛的公司治理视角，将资本结构的治理效应划分为股权治理、债权治理和控制权治理三个方面，运用规范分析与实证分析相结合的方法，研究资本结构与公司绩效的关联性问题：首先，建立股权治理与债权治理的博弈分析模型，讨论股权集中和分散的不同情境下，负债约束在改进公司绩效方面不可替代的作用，提出了资本结构非对称

① 徐向艺：《国有企业委托代理关系与代理成本》，《文史哲》1997年第4期。
② 徐向艺：《企业制度变迁与管理创新》，山东大学出版社1997年版，第22页。
③ 徐向艺：《公司治理中的中小股东权益保护机制》，《中国工业经济》2004年第9期。

和债权治理功能缺失的基本假说。其次，从控制权转移角度，运用外部股东套利模型分析了控股股东与普通股东之间的博弈关系，探讨了资本结构的控制权治理效应，论证了控制权转移前后、控制权转移方式、控制权转移程度和控制权转移后新控股方的股权性质对公司绩效影响的差异程度。最后，根据理论和实证分析的结论，提出相关的建议：资本结构是公司治理的基础和依据，公司治理是资本结构的表现和结果，两者的共同作用有利于公司绩效的提高。

（四）上市公司关联交易研究

2010 年徐向艺出版了专著《中国上市公司关联交易生成机制及规范治理研究》。该书主要内容：（1）系统分析了制度变迁和隐性交易成本在关联交易产生中的作用。指出在资源约束情况下，进行非公允关联交易的成本越低，控制权和现金流权的分离度越高，发生非公允关联交易的可能性越大。而且，隐性成本增加了代理成本，使得实际关联交易的成本增加。因此，在上市公司关联交易治理监管中必须考虑隐性交易成本。（2）利用博弈理论系统分析了关联交易监管中各方之间的博弈行为及结果。指出对关联交易的监管态度应当是选择性规制而非禁止性规制，对上市公司关联交易的治理监管是多个关联方博弈的结果，不能单纯地突出某一方的作用。（3）提出了由企业自治、政府规制、行业监管和道德规范四个维度构成的中国上市公司关联交易的综合治理模型。

三 公司高管激励契约配置与协同理论

2012 年，徐向艺承担了国家自然科学基金项目"上市公司高管激励契约配置与协同——基于多层次情境因素的研究"（批准号：71272120）。经过 4 年的研究，取得一系列创新性研究成果。在此基础上，出版了专著《上市公司高管激励契约配置与协同研究》（经济科学出版社 2018年版）。

（一）高管显性激励契约研究

从最优契约理论、管理层权力理论和心理所有权等理论视角对高管显性激励安排（薪酬激励、股权激励、期权激励）与代理成本关系进行研究，运用中国上市公司2007—2013年的平衡面板数据对高管薪酬管制的利弊进行分析，并探讨在不同产权性质公司中多元治理主体对薪酬管制的调节效应及其差异。结果表明：薪酬管制利弊并存，表现为对高管在职消费的抑制作用与对大股东防御效应的促进作用；在国有控股公司中，董事会行为对高管薪酬与在职消费的关系具有负向调节效应，机构投资者治理对高管薪酬与大股东防御效应的关系具有负向调节效应；在民营控股公司中，管理层权力对高管薪酬与在职消费的关系具有正向调节效应。因此，理性权衡薪酬管制利弊并有效利用治理主体的制衡作用才是提高高管薪酬合理性的必要途径。基于双重委托代理框架，构建了公司治理主体的权力博弈对股权激励的影响路径分析模型，并运用2007—2012年中国民营中小上市公司面板数据进行实证分析。研究发现：经营层权力对股权激励强度具有显著的正向影响，终极控制人权力则对其产生负向影响，两者在对股权激励强度作用的过程中存在冲突，终极控制人权力对股权激励强度的负向作用更为强烈；股权激励对第一类代理成本具有抑制效应，而在经营层权力与终极控制人权力的双重调节效应下，这种抑制效应更为凸显；股权激励对第二类代理成本的作用并不显著，但这种作用过程同样受到来自两类权力双重调节效应的显著影响。

（二）高管隐性激励契约研究

控制权激励、声誉激励是两种重要的高管隐性激励契约。徐向艺基于创新经济学相关理论，运用中国高科技上市公司2007—2010年的平衡面板数据，对高管控制权激励与技术创新动态能力的关联性进行实证检验，结果表明：技术创新动态能力由技术创新投入能力、技术创新产出能力、技术创新转化能力三个维度构成。控制权激励与技术创新动态能

力之间存在显著的倒 U 形关系，即当达到极值之前，控制权激励以积极性为主导从而对技术创新动态能力具有促进效应，但超过此极值，控制权激励的消极性逐渐凸显，转而对技术创新动态能力产生明显的抑制效应。因此，保持适度的控制权激励力度，并对显性激励与隐性激励进行合理配置是提升上市公司技术创新动态能力的理性选择。徐向艺根据经济学、社会学、管理学对声誉提出的理论框架，揭示了声誉的三重激励效用，即信号效用、工具效用和心理效用。

（三）高管激励契约配置与协同研究

由于实际控制人的存在，中国上市公司的高管激励研究需要将实际控制人的影响纳入高管激励研究中。基于此，引入"双向治理"研究视角，期望通过考察实际控制人在高管显性激励安排有效性中的影响。研究发现货币化薪酬呈现积极的治理效应，但是高管持股却容易诱发代理问题，并且弱化货币化薪酬的激励效果。进一步分析，高管期权激励的作用主要体现在对于货币化薪酬与代理成本关系的调节效应中，并且主要见于民营企业和高科技行业中。研究表明，中国情境下更为有效的高管显性激励组合应该是充分考虑实际控制人的潜在影响，构建货币化薪酬与期权激励的有机结合，同时还需要兼顾高管持股的负面治理效应和期权激励的适用情境，进一步优化上市公司高管显性激励的制度安排。基于创新经济学的组织控制理论推动公司治理的核心问题从"价值分配"到"价值创造"的演进。股权激励在薪酬激励与控制权激励的双重调节作用下，对高科技公司的技术创新具有促进效应，即三者的整合，而非单一机制对技术创新产生作用；具体而言，股权激励与薪酬激励存在互补关系，与控制权激励之间存在互替关系。因此，以技术创新为导向，应在高科技公司内部建立以强化股权激励、稳定薪酬激励、弱化控制权激励为特征的高管激励整合体系。高管激励对技术创新的促进效应依赖于对不同激励契约进行科学动态整合。徐向艺发现高管薪酬激励、声誉激励和控制权激励契约对技术创新影响具有差异性，并设计了技术创新导向下高管激励的最优动态整合方案。

学术感悟

"博学之，审问之，慎思之，明辨之，笃行之"是徐向艺的治学格言。纵观他的 36 年学术研究生涯，他跟踪工业经济与管理理论前沿，关注公司治理优化途径，充满激情、珍视责任、勤于读书、勇于探索，一直研究不辍，笔耕不止。学术界同行认为，徐向艺的著作是"接地气"的研究成果。

"学术创新是不受现成的常规思维的约束，寻求对问题全新的独特性的解答和解决方法的思维过程。"这是徐向艺一贯遵循的研究宗旨。他认为，学术创新的前提是创新思维，创新思维需要知识增长和知识结构的优化，同时还要有创新的胆量和勇气。他不愿做诠释性学者，力求做一位独立思考的管理学家。

"科学的管理理论一定是从实践中来，并到实践中去。"徐向艺注重理论与实践的结合。他在学术研究的同时坚持将理论成果应用到实践中去。他曾为海信集团、将军集团、山东高速集团等 18 家国内大型企业或企业集团主持制定企业发展战略和公司治理、管理创新方案策划，并先后担任海信电器、山东高速等十多家上市公司独立董事，为中国企业发展做出了贡献。

代表性著作

1. 《上市公司高管激励契约配置与协同研究》，经济科学出版社 2018 年版。

2. 《公司治理论》，经济科学出版社 2015 年版。

3. 《管理学》（第 3 版），山东人民出版社 2011 年版。

4. 《公司治理视角下的资本结构与公司绩效关联性研究》，经济科学出版社 2011 年版。

5. 《中国上市公司关联交易生成机制及规范治理研究》，经济科学出版社 2010 年版。

6. 《公司治理制度安排与组织设计》，经济科学出版社 2006 年版。

7. 《政府干预与市场经济秩序》，山东人民出版社 2005 年版。

8. 《企业制度变迁与管理创新》，山东大学出版社 1997 年版。

9. 《现代工业经济管理学》，山东大学出版社 1995 年版。

10. 《工业公司管理学》，山东大学出版社 1991 年版。

11. 《上市公司高管显性激励治理效应研究——基于"双向治理"研究视角的经验数据》，《南开管理评论》2017 年第 2 期。

12. 《高管显性激励与代理成本关系研究与未来展望》，《外国经济与管理》2016 年第 1 期。

13. 《子公司信息披露研究——基于母子公司"双向治理"研究视角》，《中国工业经济》2015 年第 9 期。

14. 《两权分离度与公司治理绩效实证研究》，《中国工业经济》2010 年第 12 期。

15. 《协调与合作视角下的企业集团治理框架研究》，《文史哲》2008 年第 1 期。

16. 《高管人员报酬激励与公司治理绩效》，《中国工业经济》2007 年第 2 期。

17. 《国有企业公司化改组研究》，《文史哲》2001 年第 1 期。

18. 《我国工业企业规模与规模结构的实证分析》，《财经研究》1995 年第 11 期。

19. 《山东工业化过程中的城乡经济关系研究》，《山东大学学报》（哲社版）1993 年第 3 期。

王俊豪

Wang Junhao

王俊豪，男，1956年7月出生，浙江嵊州市人，经济学博士。曾先后在英国斯特拉斯克莱德大学（University of Strathclyde）和美国哥伦比亚大学（Columbia University）做学术研究工作，英国伦敦城市大学荣誉博士。浙江财经大学原校长（2004—2015年），现兼任中国政府监管研究院院长、教授、博士生导师，浙江省特级专家。主要社会兼职有：中国工业经济学会副会长、教育部高等院校经济学类专业教学指导委员会副主任委员、国家社会科学基金和国家自然科学基金评审组专家、国家发展改革委价格咨询委员会委员、财政部PPP专家库专家、国家住房和城乡建设部城镇水务专家组成员、中国能源研究会能源监管专业委员会主任委员、中国城市科学研究会城市公用事业改革与监管专业委员会执行主任委员、浙江省人民政府咨询委员会委员等。国家"百千万人才工程"第一批第一、二层次人选，国家"万人计划"教学名师。享受国务院政府特殊津贴专家。

王俊豪初中毕业后在农村务农近10年，其间还跟随父亲做过泥水工、拜师当过竹匠。1980年，只有初中学历的他以全县文科第二名的成绩考上杭州商学院（现浙江工商大学）企业管理系商业企业管理专业。1984年7月，他以优异成绩毕业后留校任教，承担市场营销学的教研工作。1992年9月，他又跃过硕士以优异成绩考取了当时全国唯一有市场营销博士点的中南财经大学（现中南财经政法大学）攻读博士学位。在

1994 年 10 月，他破格晋升为副教授，并被聘为硕士研究生导师。攻读博士学位期间，他对 20 世纪 80 年代中期才引入中国的产业经济学具有浓厚兴趣，并以《市场结构与有效竞争》作为博士论文题目，于 1995 年 6 月顺利获得了经济学博士学位。

1996 年，他受"中英友好奖学金"资助，赴英国斯特拉斯克莱德大学（University of Strathclyde）做博士后水平的学术研究。这也是他毕生致力于管制经济理论与实践问题研究的转折点。他原计划在英国研究商业组织和市场营销理论，但到英国 1 个月后，他就开始研究英国的电信、电力、天然气、自来水等垄断性产业政府管制体制改革问题。英国在 20 世纪 70 年代末、80 年代初开始对国有垄断性产业实行了民营化改革，同时对政府管制体制进行了相应的改革。英国在这方面的改革产生了重大的国际影响，在该领域的理论和应用研究也处于世界领先水平，而中国在这方面的系统研究几乎还是空白。他意识到，中国的电信、电力等垄断性产业也必将改革，并需要建立新的政府管制体制，所以研究政府管制理论对处于社会主义市场经济体制逐步建立过程中的中国来说具有十分重要的意义。经过慎重考虑，王俊豪毅然放弃了原来的研究计划，悉心研究政府管制经济学。他阅读大量相关资料，并到英国一些主要的政府管制机构做实地调研，收集大量的第一手资料。在此基础上，他完成了 30 万字的《英国政府管制体制改革研究》初稿，1998 年由上海三联书店出版，这为他后来系统研究政府管制经济理论打下了坚实基础。

2001 年，他受浙江省委组织部委派，任浙江财经学院副院长，2002 年又受"包玉刚奖学金"资助，赴美国哥伦比亚大学（Columbia University）做学术研究工作。2004 年 4 月，他任浙江财经学院院长，浙江财经学院更名为浙江财经大学后，2013 年 6 月任浙江财经大学校长，2015 年 3 月卸任校长之职，兼任中国政府管制研究院院长。

王俊豪的主要研究领域是产业组织与政府管制（监管）理论及其政策。已出版 20 余部学术著作；在《经济研究》《管理世界》等杂志上发表学术论文 150 多篇。获第十届"孙冶方经济科学著作奖"和第三届"薛暮桥价格研究奖"，国家教学成果奖二等奖 1 项，教育部高等学校科学研究优秀成果奖（人文社会科学）二等奖 3 项，省部级一、二等奖 15 项，咨询报告获国家和省部级领导批示 21 项，入选国家哲学社会科学成果文库 1 项。主持国家社会科学基金和国家自然科学基金重大、重点和一般项目 11 项，国家重大科技专项子课题 3 项。主持省部级研究项目 30 多项。

王俊豪的主要学术贡献包括以下几个方面。

1. 提出并论证了衡量有效竞争新标准。在前人研究的基础上，他在 1995 年出版的博士论文中，提出并论证了有效竞争不是一个"点状态"，而是一个"区域状态"，只要某个产业同时处于适度规模和适度竞争状态，这个产业就基本属于规模经济和竞争活力相兼容的有效竞争状态。这为政府制定产业组织政策提供了目标导向和衡量标准。

2. 较早提出并论证了促进竞争与民营化改革是中国垄断性产业改革的两大主题。他在 1997 年及后来的论文中提出，单纯国有经济内部的竞争不能实现市场经济体制下的高效率竞争，而单纯的民营化也不能从根本上促进效率，促进竞争与民营化是共同推进中国垄断性改革的两个轮子。将促进竞争与民营化相结合改革垄断性产业才能取得较为理想的改革效果。这为促进中国垄断性产业改革提供了基本思路和理论依据。

3. 较早提出并论证了在垄断性产业应区分自然垄断性业务和竞争性业务，并实行区别对待以实现有效竞争的政府管制政策思路。他在 1998 年的论文中，将自然垄断产业分为自然垄断性业务和竞争性业务，主张对这两大类不同性质业务有针对性地采取相应的管制政策，以形成有效竞争格局。这为推进中国垄断性产业改革提供了政策思路。

4. 前瞻性地对中国放松经济性管制和加强社会性管制的发展趋势作了预期，并提出了相应的政策思路。他在 2001 年的著作中，详细分析了推动中国放松经济性管制和加强社会性管制的主要因素，提出了在这两种趋势下的政策思路及其主要政策措施。为有序放开中国垄断性产业进入、价格等经济性管制，同时加强环境保持、卫生健康和工作场所等社会管制提供了政策思路。

5. 强调按照经济原理制定垄断性产业的管制价格，并构建了适合中国特点的激励性管制价格模型。他在 1997 年的论文中，提出要改革原有的政府行政定价机制，按照经济原理制定中国垄断性产业的管制价格，并在后来的论著中，构建并不断完善适合中国垄断性产业特点的激励性管制价格模型。

6. 提出了垄断性产业市场结构重组、分类管制和不同业务与不同企业间的协调政策主张。他在 2006 年的著作中，在总结国内外经验的基础上，提出并论证了垄断性产业市场结构重组的五种模式及其适用性，并对重组后的不同业务领域实行分类管制政策以及对不同业务环节及其企业采取协调政策，以维护垄断性产业的高效率运行。这为深化中国垄断性产业改革提供了理论依据。

7. 对中国垄断性产业管制机构的设立与运行机制作了开拓性研究。他与肖兴志、唐要家合作，在 2008 年的著作中，分析了中国垄断性产业改革对加强管制机构建设的客观需求，讨论了管制机构的基本模式及其选择问题，重点研究了中国垄断性产业管制机构的权力配置与协调机制、管制机构的工作机构、管制机构的监督机制。为中国垄断性产业管制机构的规范与高效运行提供了理论基础。

8. 构建了中国公用事业现代监管体系的理论框架。为实现政府对公用事业有效监管的需要，他在 2016 年的论著中，提出要建立一个以"监管有据、运行高效、公开透明、激励有效"为特征的现代监管体系，并构建了由政府监管的法规政策体系、监管机构体系、监管监督体系和监管绩效评价体系为核心内容的中国公用事业现代监管体系的理论框架，并详细探讨了这一现代监管体系建设的基本途径。这为实现中国公用事业有效监管提供了理论依据。

9. 合作撰写了高水平的国家级教材《产业经济学》。他与夏大慰、干春晖、张耀辉、吴照云、胡立君、唐晓华等产业经济著名学者合作，撰写了框架体系较为完整、内容丰富的《产业经济学》教材，该教材被立为国家普通高等教育"十一五""十二五"国家级规划教材，先后被评为国家级精品课程教材、国家级优秀教材、国家精品资源共享课教材，从2008年开始，已在2016年出版第三版，被全国100多所高校采用。

10. 积极探索并初步构建了中国管制经济学学科体系和理论框架。政府管制（监管）是在建立与完善社会主义市场经济体制过程中需要不断加强的一个重要职能。如何实现政府有效管制是中国经济体制转型过程中面临的新问题，迫切需要有相应的理论支持。为此，他一直致力于构建具有中国特色的管制经济学学科体系和理论框架。他在2001年出版的《政府管制经济学导论：基本理论及其在政府管制实践中的应用》一书是中国首部系统研究政府管制经济学的专著，该书获第十届"孙冶方经济科学著作奖"。随后他在发表大量论著的基础上，并与陈富良、肖兴志、戚聿东、于良春等著名同行学者合作，2007年主编了"十一五"国家级规划教材《管制经济学原理》（高等教育出版社），2014年又出版了第二版，作了充实与完善。初步构建了符合中国特点的管制经济学学科体系和理论框架，

学术寄语

在漫漫学术道路上您一定会品尝到成功的喜悦和失败的遗憾。王俊豪结合自身的学术经历，从理想、人生、治学的角度提出以下六点，与各位同仁共勉。

1. 学术理想是一个人持续的动力，要把学术理想转化为学术追求目标，更应重视理想和目标的动态性，不断超越自我。

2. 要有一个正确的处世哲学，以"先利人后利己"为基本准则，做好学问先要做好人。

3. 艰苦的条件是一个人努力的动力，能磨炼人的意志，也通常是事业成功的重要前期基础。

4. 自信是成功的基石，认准的事业就要充满信心去做；认定自己的研究领域后，只要能长期坚持，一定会取得理想的成果。

5. 刻苦与悟性是学习和工作进步的两个轮子，刻苦是进步的前提，悟性决定努力的方向和效率。两者不可偏废。

6. 客观对待挫折与成绩，从挫折中重新认识自己，成绩是继续前进的动力而不是骄傲自满的资本。

代表性著作

一　国家级学术成果奖

1.《政府管制经济学导论：基本理论及其在政府管制实践中的应用》，中国经济学最高奖——孙冶方经济科学著作奖，2003 年。

2.《中国自然垄断经营产品管理价格形成机制研究》，薛暮桥价格研究奖，2004 年。

3.《高校优质师资共享制度创新——杭州下沙高教园区师资互聘的探索与实践》，国家教学成果奖二等奖，2009 年。

4.《中国垄断性产业结构重组、分类管制与协调政策》，教育部高等学校科学研究优秀成果奖（人文社会科学）二等奖，2009 年。

5.《中国城市公用事业民营化绩效评价与管制政策研究》，2012 年入选国家哲学社会科学成果文库，2013 年 3 月由中国社会科学出版社出版。

6.《中国垄断性产业管制机构的设立与运行机制》，教育部高等学校科学研究优秀成果奖（人文社会科学）二等奖，2013 年。

7.《中国城市公用事业民营化绩效评价与管制政策研究》，教育部高等学校科学研究优秀成果奖（人文社会科学）二等奖，2015 年。

8.《中国城市公用事业民营化绩效评价与管制政策研究》，入选国家哲学社会科学成果文库，2014 年。

二　国家级研究项目

1.“中国城市公用事业政府监管体系创新研究”，国家社会科学基金重大招标课题（2013 年 1 月至 2015 年 12 月）。

2. "中国能源监管体系与监管政策研究"，国家自然科学基金政策研究重点支持项目（2017 年 9 月至 2019 年 8 月）。

3. "我国公用事业 PPP 制度性缺陷分析与治理对策研究"，国家社会科学基金重点课题（2016 年 6 月至 2018 年 3 月）。

4. "基于科学发展观的深化垄断行业改革研究"，国家社会科学基金重点项目（2008 年 1 月至 2009 年 12 月）。

5. "城镇排水与污水处理监管机制与政策研究"，国家重大科技专项子课题（2015 年 1 月至 2018 年 6 月）。

6. "城镇供水企业运营管理制度研究"，国家重大科技专项子课题（2012 年 1 月至 2015 年 12 月）。

7. "城市污水处理系统激励性监管政策与绩效管理实施方案研究"，国家重大科技专项子课题（2011 年 11 月至 2012 年 12 月）。

8. "中国基础设施产业政府管制体制改革研究"，国家社会科学基金项目（1998 年 6 月至 1999 年 12 月）。

9. "我国自然垄断经营产品的管制价格形成机制研究"，国家社会科学基金项目（2000 年 6 月至 2001 年 12 月）。

10. "我国自然垄断产业民营化改革与政府管制政策研究"，国家社会科学基金项目（2002 年 6 月至 2003 年 12 月）。

11. "我国城市公用事业民营化与管制政策研究"，国家社会科学基金项目（2010 年 6 月至 2012 年 6 月）。

12. "自然垄断性产业价格管制模型研究"，国家自然科学基金项目（1999 年 1 月至 2002 年 12 月）。

13. "加入 WTO 后我国垄断性产业结构重组、分类管制与协调政策研究"，国家自然科学基金项目（2004 年 1 月至 2006 年 12 月）。

14. "中国垄断性产业管制机构的设立与运行机制"，国家自然科学基金项目（2006 年 1 月至 2008 年 12 月）。

三 学术论著

（一）代表性学术著作

1.《市场结构与有效竞争》（独著），人民出版社 1995 年版。

2.《英国政府管制体制改革研究》（独著），上海三联书店 1998 年版。

3．《中国政府管制体制改革研究》（主笔），经济科学出版社 1999 年版。

4．《现代产业组织理论与政策》（第一作者），中国经济出版社 2000 年版。

5．《自然垄断产业的政府管制理论》（独著），浙江大学出版社 2000 年版。

6．《政府管制经济学导论——基本理论及其在政府管制实践中的应用》（独著），商务印书馆 2001 年版。

7．《中国自然垄断经营产品管理价格形成机制研究》（第一作者），中国经济出版社 2002 年版。

8．《美国联邦通信委员会及其运行机制》（第一作者），经济管理出版社 2003 年版。

9．《中国自然垄断产业民营化改革与政府管制政策》（第一作者），经济管理出版社 2004 年版。

10．《中国垄断性产业的结构重组、分类管制与协调政策》（第一作者），商务印书馆 2005 年版。

11．《中国市政公用事业监管体制研究》（合著），中国社会科学出版社 2006 年版。

12．《管制经济学原理》（主编），高等教育出版社 2007、2014 年版。

13．《产业经济学》（主编），高等教育出版社 2008、2013、2016 年版。

14．《中国垄断性产业管制机构的设立与运行机制》（第一作者），商务印书馆 2008 年版。

15．《市政公用事业监管体制与激励性监管政策》（合著），中国社会科学出版社 2009 年版。

16．《深化中国垄断行业改革研究》（第一作者），中国社会科学出版社 2010 年版。

17．《中国城市公用事业民营化绩效评价与管制政策研究》（第一作者），中国社会科学出版社 2013 年版。

18．《中国城市公用事业特许经营与政府监管研究》（合著），中国建筑工业出版社 2014 年版。

19．《中国城市公用事业政府监管体系创新研究》（第一作者），中国社会科学出版社 2016 年版。

20．《中国城市公用事业发展报告》（主编），中国建筑工业出版社 2016、2017 年版。

（二）代表性学术论文

1.《中国基础设施产业政府管制体制改革的若干思考》（独著），《经济研究》1997 年第 10 期。

2.《论自然垄断产业的有效竞争》（独著），《经济研究》1998 年第 8 期。

3.《中国市场结构理论模式研究》（独著），《经济学家》1996 年第 1 期。

4.《发达国家的市场结构政策及其启示》（独著），《世界经济》1996 年第 9 期。

5.《市场国际化与中国市场结构战略》（独著），《国际贸易问题》1996 年第 11 期。

6.《发达国家基础设施产业价格管制政策及其借鉴意义》（第一作者），《世界经济与政治》1997 年第 11 期。

7.《西方国家的政府管制俘虏理论及其评价》（第一作者），《世界经济》1998 年第 4 期。

8.《对英国现行政府管制体制的评论》（独著），《经济科学》1998 年第 4 期。

9.《中英电信产业政府管制体制改革比较》（独著），《中国工业经济》1998 年第 8 期。

10.《区域间比较竞争理论与其应用》（独著），《数量经济技术经济研究》1999 年第 1 期。

11.《中英自然垄断性产业政府管制体制比较》（独著），《世界经济》2001 年第 4 期。

12.《中国自然垄断产业政府管制体制改革》（独著），《经济与管理研究》2001 年第 6 期。

13.《A－J 效应与自然垄断产业的价格管制模型》（独著），《中国工业经济》2001 年第 10 期。

14. "China Modernizes Public Utilities", *The China Business Review*, 2001, No. 7（第一作者）。

15. "Utility Regulatory Reform in China", *World Economy & China*, 2001, No. 7（第一作者）。

16.《我国电信普遍服务面临的问题与对策》（独著），《经济管理》2002 年第 2 期。

17.《美国本地电话的竞争策略及其启示》（独著），《中国工业经济》2002 年

第 12 期。

18. 《特许投标理论及其应用》（独著），《数量经济技术经济研究》2003 年第 1 期。

19. 《中国电信管制机构改革的若干思考——以美国联邦通信委员会为鉴》（独著），《经济管理》2003 年第 8 期。

20. 《自然垄断产业市场结构重组的目标、模式与政策实践》（独著），《中国工业经济》2004 年第 1 期。

21. 《中国垄断性产业管制机构改革》（独著），《中国工业经济》2005 年第 1 期。

22. 《审视我国的电力管制机构》（独著），《经济管理》2005 年第 1 期。

23. 《垄断性产业市场结构重组后的分类管制与协调政策》（独著），《中国工业经济》2005 年第 11 期。

24. 《英国公用事业的民营化改革及其经验教训》（独著），《公共管理学报》2006 年第 1 期。

25. 《我国城市公用产品管制价格模型的构建》（独著），《经济管理》2006 年第 11 期。

26. 《管制经济学在中国的发展前景》（独著），《光明日报》（理论版）2007 年 7 月 31 日。

27. 《管制经济学学科建设的若干理论问题——对这一新兴学科的基本诠释》（独著），《中国行政管理》2007 年第 8 期。

28. 《中国垄断性产业的行政垄断及其管制政策》（第一作者），《中国工业经济》2007 年第 12 期。

29. 《大部制背景下垄断性产业的管制机构改革》（第一作者），《中国工业经济》2008 年第 7 期。

30. 《垄断性产业管制机构的几个理论问题》（独著），《经济理论与经济管理》2008 年第 5 期。

31. 《医疗机构绩效改善的制度安排》（第一作者），《经济学家》2009 年第 1 期。

32. 《论深化中国垄断行业改革的政策思路》（独著），《中国行政管理》2009 年第 9 期。

33. 《民营企业应对环境管制的战略导向与创新行为》（第一作者），《中国工业经济》2009 年第 9 期。

34.《中国垄断性产业普遍服务政策探讨——以电信、电力产业为例》（独著），《财贸经济》2009 年第 10 期。

35.《主要污染物削减的激励性管制政策研究》（第一作者），《经济管理》2009 年第 12 期。

36. "Strategic Orientation and Innovative Behavior of Private Enterprises in Responding to Environmental Regulation", *China Economist*, No. 24, 2010（第一作者）。

37.《中国城市公用事业民营化的若干理论问题》（独著），《学术月刊》2010 年第 10 期。

38.《深化中国城市公用事业改革的分类民营化政策》（独著），《学术月刊》2011 年第 9 期。

39.《城市污水处理行业的竞争机制与标杆价格原理》（独著），《财贸经济》2013 年第 3 期。

40.《公私合作制的本质特征与中国城市公用事业的政策选择》（第一作者），《中国工业经济》2014 年第 7 期。

41.《城市公用事业特许经营相关问题比较研究》（第一作者），《经济理论与经济管理》2014 年第 8 期。

42.《跨学科视野下的食品安全治理与展望》（第一作者），《管理世界》2014 年第 10 期。

43.《中国石油产业市场结构重组与分类管制政策》（第一作者），《财贸经济》2015 年第 5 期。

44.《中国石油行业的现代监管体系建设探析》（第一作者），《中国行政管理》2015 年第 8 期。

45. "Restructuring and Differential Regulatory Policies in China's Petroleum Industry", *China Finance and Economic Review*, Vol. 4, No. 3, 2015（第一作者）。

46.《网络瓶颈、策略性行为与管网公平开放——基于油气产业的研究》（第一作者），《中国工业经济》2017 年第 1 期。

于　立
Yu Li

于立，男，1956年出生，辽宁省义县人，经济学博士，教授。中国工业经济学会副会长，天津财经大学原副校长，东北财经大学原产业组织与企业组织研究中心主任。

一　学习经历

1. 辽宁财经学院计划统计学专业本科生（1978—1981年）。

2. 中国社会科学院研究生院工业经济专业硕士生（其中1年在大连理工大学管理工程系）（1982—1984年）。

3. 广州外国语学院出国留学人员培训班学员（1985年）。

4. 澳大利亚新英格兰大学经济计量学专业硕士生（1988—1990年）。

5. 东北财经大学产业经济学专业博士生（1991—1994年）。

6. 世界银行经济发展学院访问学者（1996年）。

二　工作经历

1. 东北财经大学计划统计系副主任、副教授，兼任学校MBA教育中心副主任（1994年）；东北财经大学教授，产业经济学（国家重点学科）、产业组织学、规制经济学专业首席教授，博士生导师（1995—2008年）。

2. 东北财经大学工商管理学院副院长（1995年）；研究生部主任（1996—1997年）；MBA教育中心主任（1998—1999年）。

3. 东北财经大学 MBA 学院院长，创建并兼任产业组织与企业组织研究中心（教育部人文社科重点研究基地）主任（2000—2008 年）。

4. 天津财经大学副校长（2009—2016 年）。

5. 天津市法律经济分析与政策评价中心主任，天津财经大学产业经济学、法律经济学专业首席教授，博士生导师（2010 年至今）。

三　学术兼职

1. 国务院反垄断委员会专家咨询组成员（2012 年至今）。

2. 国务院学位委员会工商管理学科评议组成员（2003—2007 年）。

3. 国务院学位委员会、教育部全国 MBA 教育指导委员会委员（1999—2003 年；2004—2007 年）。

4. 教育部工商管理教学指导委员会委员（2013—2017 年）。

5. 中国工业经济学会副会长（1998 年至今）。

6. 中国企业管理研究会副会长（2014 年至今）。

7. 国家自然科学基金管理学部评委，国家社会科学基金应用经济学组评委。

8. 首都经贸大学特聘（讲座）教授（2017 年至今）；东北财经大学产业组织与企业组织研究中心（教育部人文社科重点研究基地）学术委员会主任，博士生导师（2016 年至今）。

四　学术奖项

1. 国务院政府特殊津贴（2000 年）。

2. 教育部中国高校科学研究优秀成果（人文社科）二等奖：《资源枯竭型城市社会稳定问题研究》（2009 年）；教育部中国高校科学研究优秀成果（人文社科）三等奖：《资源枯竭型国有企业退出问题研究》（2006 年）；教育部国家级教学成果二等奖：《财经类院校工商管理硕士（MBA）教学管理模式的创立》（2001 年）。

3. 教育部全国优秀教师奖（1998 年）；财政部优秀教师奖（1993 年）；辽宁省首届哲学社会科学成就奖（2007 年）；辽宁省学科拔尖人才奖（2002—2005 年）。

主要研究领域有产业经济学/产业组织理论，竞争政策，法律经济学（重点在反垄断经济学和规制经济学领域）与法理经济学，企业理论与公司治理，资源经济等。

一 关于"产业经济学"和"法理经济学"学科建设

于立曾多次担任中国工业经济学会下设的学科建设专业委员会主任、副主任，在工业经济学、产业经济学（产业组织）、规制经济学、反垄断经济学、法律经济学等相关学科建设上投入精力进行正本清源的基础性工作。2016 年不再担任副校长的行政职务之后，发现自己进入了社会科学工作者的"人生最好阶段"（可以不为职称、不为官位、不为金钱、不为头衔、不为项目、不为赞誉而奔忙的"无为"境界），计划用 10 年左右时间（2017—2026 年），建立"法理经济学"（The Economics of Jurisprudence）这门新学科。基本思路是借用"两线三区四分法"的分析工具，基于中国的经济改革与发展实践，结合多年讲授《企业、政府与社会》课程的经验，用经济学的理论与方法解决法理学的基本理论问题，在新的高度（哲学层次）和角度（悖论视角），力求解决市场与政府、竞争政策与产业政策、市场失灵与政府失灵等方面的一些基础性理论问题。

二 关于企业进退障碍与产业比价合理化的研究

攻读博士学位期间，在《经济研究》1991 年第 8 期发表《国有企业进入和退出产业的障碍分析》。该文从"进退无障碍理论"引出进入障碍与退出障碍的概念，从产业比价扭曲的角度，对中国产业中的进退障碍及其所造成的潜在社会经济损失进行了经济分析。文中强调，"没有企业的进退竞争，合理的产业（部门）成本将永远是个谜"。没有充分的市场竞争，政府定价无法从根本上解决产业价格扭曲难题。该文抓住了中国经济体制转型中的核心问题，比如，在进入障碍方面的区域性行政垄断问题，在退出障碍方面的产能过剩问题，都是中国经济长期没有得以根本解决的突出问题。

三　关于国有企业特殊法人问题的研究

基于"国有企业二重性理论"，较早系统地提出国有企业可分为政府企业、特殊法人企业和股份公司三类，而特殊法人企业才是国有企业的典型组织形式。纵观中国国有企业的改革和发展，基本上是遵循"政府企业→特殊法人企业→股份公司"的企业组织演进规律，特别是中国铁路总公司的成立和运作证明了相关理论的正确性和解释能力。《中华人民共和国公司法》并不完全适用于国有企业，《中华人民共和国反垄断法》也不能无条件豁免国有企业。理顺不同类型国有企业与市场经济基本法律的关系，适当建立"特殊法人法"是进一步推进国企改革的重要举措。有关成果和政策建议得到全国人大、国务院的重视。

四　关于"跳单问题"的研究

跳单（Jump-Dealing）现象普遍存在于房地产、医药、电子、图书、服装、租赁、零售（线上和线下）等诸多经济领域，涉及经济学、法学、管理学等多方面问题。于立与团队基于"居间纠纷""店选网购""租少售多"和"院诊店（网）购"等典型跳单案例研究，系统地提出"跳单问题"的 B－T－C 范式和框架，并创新性地提出跳单与纵向限制（RPM）互克理论。"互克理论"不仅丰富完善了产业经济学理论，同时为竞争政策实施和反垄断执法提供了清晰的司法框架。这项成果曾经多次在国际产业组织和法律经济学界进行交流，在反垄断执法中得到多次应用并受到中国反垄断机构的重视。

五　关于反垄断与竞争政策的研究

在担任国务院反垄断委员会专家咨询组成员期间，于立为执法机构提供法律和政策咨询的同时，对于竞争倡导（Advocacy）与竞争执法（Enforcement）的关系，赔偿（Compensation）原则与惩罚（Punishment）原则的基本原理与相关关系，互联网经济学与竞争政策等方面，形成了一系列新的理论成果。其中的一些成果是正在致力于建立的"法理经济学"的组成部分。目前，他还正在和国内外同行一起，策划编写、连续出版《互联网经济学与竞争政策手册》。

六　关于"公地喜剧"理论

基于传统经济学中的"公地悲剧"理论，结合数字经济和互联网经济学的最新发展，提出并正在完善有关"网络信息品"的"公地喜剧"理论。核心理论观点主要有"网络外部性外部化"、"右版权"（copyright）与"左版权"（copyleft）、"规模收益递增"、"公地与公地品"等。

七　关于知识产权的"保反兼顾、
内外协调"理论

知识产权制度在"保护"方面是激励创新、促进竞争增长的重要保障，同时又有被有关主体滥用知识产权而排除、限制竞争的风险。针对国内知识产权政策"非保即反"（或"非反即保"）的二元对立思维误区，以及国际贸易中"保反难断"的策略不明等问题，于立与同事系统地提出了知识产权"保反兼顾、内外协调"的理论思路和政策框架，即"保反阶段论"（发展和发达阶段的对内和对外政策搭配组合），"保反三分法"（创新、技术和产品不同市场层面"保"与"反"的搭配组合），

"三三制体系"（三种知识产权市场、三种政策区域和三种执法原则的搭配组合）。该项成果依托国家知识产权局的重大项目，核心内容发表于《中国工业经济》2010 年第 5 期。

八　关于中国经济改革与发展的"三小法宝"理论

改革开放以来，中国经济快速发展出现"奇迹"，但如何"讲好中国故事"却是困惑经济学界的"难题"。历经多年思考研究，于立等在《改革》2013 年第 1 期文章中提出"三小法宝"（"小产权" ＋ "小财政" ＋ "小市场"）理论，对具有中国特色的经济改革与发展做出了独到的解释。该文既清晰阐释了"三小法宝"是如何在市场体制不完善的情况下逐渐发挥"基础性"作用，同时也明确指出"三小法宝"是中国经济体制转型中的过渡性产物，应该正确认识到"三小法宝"的"两面性"。在另一篇发表于《改革》2017 年第 1 期的相关文章中，于立等从市场是如何逐步发挥在资源配置上的决定性作用，以及竞争政策是如何逐步确立基础性地位的角度，深刻总结中国经济改革经验的同时，揭示出了中国经济发展中的根本动力。这两篇论文构成了一个比较完整的理论体系。

九　关于"纵向价格双轨制"理论

在中国由计划经济向市场经济转型过程中，对同一产品实行"政府定价 ＋ 市场定价"的"横向价格双轨制"，这种过渡性价格体制广为人知。而同一产业纵向上的价格双轨问题却少有关注。于立在《中国物价》1992 年第 8 期发表的文章中首次提出"纵向价格双轨制"概念和初步理论框架，并先后在《中国工业经济》2008 年第 10 期的煤电纵向关系研究，《中国工业经济》2013 年第 9 期的图书业竞争关系研究中得到进一步的拓展应用。"纵向价格双轨制"是中国经济比较常见的体制性问题，

其研究结论具有普遍的理论价值，相关的经济学思想与产业组织的纵向限制（纵向垄断）理论高度一致。

十　关于资源枯竭问题的"项目群"研究

于立及其牵头的项目组前后用了 20 年时间，完成了 3 个国家级项目（包括 1 项国家社科重大项目），出版发表了一系列著作和论文，并获得多项奖励。其中，资源枯竭型国有企业不应走"破产"之路，而应走"关闭"之路的法律建议，以及"资源枯竭型矿区社会不稳定规律"的调研报告，得到最高人民法院的重视和采纳。

	自立项目	省级项目	国家项目	研究成果	获奖
企业角度	《资源枯竭型国有企业退出案例研究》	《辽宁省资源枯竭型国有企业退出问题研究》（省重点）	《资源枯竭型国有企业退出问题研究》（国家社科）	相关论文、案例 20 篇；著作 1 部（经济管理出版社）	全国社科三等奖；蒋一苇企业发展奖
产业角度	《资源枯竭型城市产业转型的难点与途径》	《辽宁省典型资源枯竭型城市产业转型与可持续发展研究》（省重大）	《中国煤电企业纵向关系研究》（国家自然）	相关论文 30 篇；著作 2 部（中国社会科学出版社，东北财经大学出版社）	省社科一等奖
城市角度	《资源枯竭型城市社会稳定问题研究》	《辽宁省资源枯竭型城市社会稳定问题研究》（重点基地）	《资源枯竭型城市社会稳定问题研究》（社科重大）	内参 7 项；论文 30 篇；著作 1 部（中国社会科学出版社）	全国社科二等奖；国家领导人批示

学术感悟

为学日益，为道日损；不愤不启，不悱不发。

代表性著作

主持承担的主要研究项目

序号	项目来源	项目类别	题目	年份
1	国家社科基金	重大项目	资源枯竭型城市社会稳定问题研究（05&ZD035）	2005—2007
2		一般项目	资源枯竭型国有企业退出问题研究（02BJY065）	2002—2005
3	国家自然基金	面上项目	"跳单问题"的B－T－C范式与应用（71272190）	2012—2016
4		面上项目	中国煤、电企业纵向交易关系研究（70672036）	2006—2008
5		面上项目	自然垄断产业规制政策研究（70073004）	2000—2002
6		面上项目	中国乡镇企业产权与治理结构研究（70041027）	2000—2003
7	国家自然基金与福特基金	联合项目	中国国有企业改革与治理结构（FF－950－0174）	1997—1999
8	教育部重点研究基地	重大项目	竞争政策对高铁产业的适用性与难点问题（16JJD790005）	2017—2019
9		重大项目	反垄断法与反不正当竞争法的共同经济原理及其衔接（04JJD790007）	2004—2006
10		重大项目	竞争政策的国际协调：机理、机构与法律（05JJD790030）	2005—2007
11		重大项目	中国煤电关系的产业组织问题及其国际比较（08JJD630013）	2008—2010
12	国家知识产权局	重大项目	中国知识产权市场竞争状况及相关政策研究（SS09－A－09）	2009—2010

主要成果

（一）头条发表、全文转载代表性期刊论文

序号	题目	期刊	时间	头条与转载
1	《关于"过度竞争"的误区与解疑——兼论中国反垄断立法的"渐进式"思路》	《中国工业经济》	2007 年第 1 期	头条；英文发表于 *The Chinese Economy*，Vol. 41, No. 4.
2	《资源枯竭型国有企业退出障碍与退出途径分析》	《中国工业经济》	2003 年第 10 期	头条；转载于《工业经济》2004 年第 1 期
3	《保反兼顾、内外协调的知识产权政策》	《中国工业经济》	2010 年第 5 期	转载于《创新政策与管理》2010 年第 8 期
4	《家族企业治理结构的三环模式》	《经济管理》	2003 年第 2 期	头条；转载于《乡镇企业、民营经济》2003 年第 5 期
5	《中国市场经济体制的二维推论：竞争政策基础性与市场决定性》	《改革》	2017 年第 1 期	头条；转载于《社会主义经济理论与实践》2017 年第 4 期
6	《中国产能过剩的根本成因与出路：非市场因素及其三步走战略》	《改革》	2014 年第 2 期	转载于《产业经济》2014 年第 5 期
7	《中国经济改革与发展的"三小法宝"》	《改革》	2013 年第 1 期	头条特稿；系列研究
8	《跳单问题与租金结构》	《财经问题研究》	2017 年第 1 期	头条；配发长篇学术评论
9	《资源性贫富差距与社会稳定》	《财经问题研究》	2007 年第 10 期	头条；转载于《社会主义经济理论与实践》2007 年第 12 期
10	《自然垄断的"三位一体"理论》	《当代财经》	2004 年第 8 期	头条；转载于《社会主义经济理论与实践》2004 年第 10 期
11	《特殊法人企业有关问题的进一步探讨》	《东北财经大学学报》	1999 年第 1 期	转载于《工业经济》1999 年第 5 期
12	《浅谈投资的计划与控制》	《投资理论与实践》	1985 年第 1 期	创刊号头条；编入乌家培主编《中国宏观经济模型研究》

（二）编著产业经济领域教材与专著丛书

序号	丛书系列	书名	出版社	时间
1	工业经济学/产业经济学教材	《工业经济学》（副主编）	经济管理出版社	1994 年
2		《产业经济学理论与实践问题研究》		2000 年
3		《当代西方产业组织学》	东北财经大学出版社	1996 年
4		《产业经济学前沿问题》（主译）	中国税务出版社	2000 年
5	产业经济学及相关学科建设	《产业经济学的学科定位与理论应用》	东北财经大学出版社	2002 年
6		《规制经济学的学科定位与理论应用》		2005 年
7		《法律经济学的学科定位与理论应用》	法律出版社	2013 年
8	产业组织理论与应用研究新进展丛书	《产业组织与政府规制》	东北财经大学出版社	2006 年
9		《产业组织与反垄断法》		2008 年
10		《纵向产业组织与中国煤电关系》		2010 年
11	资源经济与社会稳定丛书	《能源价格理论研究》		1994 年
12		《资源枯竭型国有企业退出问题研究》	经济管理出版社	2004 年
13		《资源枯竭型城市产业转型问题研究》	中国社会科学出版社	2008 年
14		《资源枯竭型城市社会稳定问题研究》		2008 年
15	反垄断经济学与政策前沿丛书（主译）	《反垄断经济学前沿》（迈克尔·D.温斯顿著）	东北财经大学出版社	2007 年
16		《反垄断研究新进展：理论与证据》（杰伊·皮尔·乔伊主编）		2008 年
17		《反垄断政策国际化研究》（马赫·M.达芭著）		2008 年
18		《反垄断的哲学基础》（奥利弗·布莱克著）		2010 年
19		《反垄断事业：原理与执行》（赫伯特·霍温坎普著）		2011 年

唐晓华

Tang Xiaohua

唐晓华，男，1956 年 8 月 18 日出生在沈阳市一个知识分子家庭。现为辽宁大学经济学院二级教授、博士生导师，经济学博士，国家建设一流学科"应用经济学"的二级学科"产业经济学"学科带头人；国务院政府特殊津贴获得者，辽宁省"百千万人才工程""百人层次"入选者，辽宁五一劳动奖章获得者；英国牛津大学高级访问学者，暨南大学兼职教授；中国工业经济研究会常务副理事长，中国企业管理研究会常务理事、辽宁省经济发展研究会副会长等。

唐晓华作为"50 后"，有着与时代相应的人生成长轨迹。他于 1974 年 7 月在辽宁第一师范学院附中毕业，随后到朝阳县边杖子公社辛杖子大队青年点成为一名知识青年。其间当过青年点副点长和团支部书记，做过辛杖子大队小房申生产队会计。

他经过两年多的知青锻炼，于 1976 年 12 月经过选拔被招进朝阳医疗器械厂成为一名名副其实的产业工人——电镀工。那个年代能够进国有工厂成为国有工厂固定工人还是很荣幸的，于是他工作非常勤奋，并利用业余时间自学"电化学"等课程，很快就成为一个熟练的电镀工人。

他在工人的岗位上工作了 3 年多，终于大浪淘沙抓住机会，于 1980 年考取了辽宁大学工业经济系工业经济专业，尽管这与他原来梦想的法律专业相去甚远，但终于考取了大学，成为一名经济系的大学生。至此，他就与产业经济学结下了不解之缘。

　　唐晓华于 1984 年本科毕业后留校，成为一名圆梦的大学教师，开始了全新的职业生涯。1984—1995 年，他在辽宁大学经济管理学院企业管理系工业经济教研室任教，其间：1992—1995 年在职学习企业管理硕士研究生课程进修班，1995 年被评为副教授；1995—2002 年在辽宁大学工商管理学院任教，其间：1995—1998 年在职攻读辽宁大学企业管理（工业经济方向）专业博士学位，1998 年 7 月获得经济学博士学位；1999 年被评为教授；2000 年被评为博士生导师。此后，他在学校的多个学院或部门的管理岗位工作：1998 年 8 月至 2002 年 9 月任工商管理学院副院长；2002 年 9 月至 2005 年 5 月任亚奥商学院党总支书记兼副院长；2005 年 6 月至 2006 年 9 月任 "211 工程" 办公室主任；2006 年 9 月至 2009 年 8 月任研究生院院长；2009 年 9 月至 2013 年 4 月任商学院院长；2013 年 4 月至 2014 年 8 月任人事处处长。

　　唐晓华现为辽宁大学经济学院教授，先后作为首席专家主持了国家社会科学基金重大项目 "我国装备制造业发展路径研究" （编号：08&ZD040）和国家教育部哲学社会科学重大课题攻关项目 "我国先进制造业发展战略研究" （编号：14JZD018）。

一 关于企业兼并研究

唐晓华在长期的教学实践和理论研究中十分关注企业兼并行为。他在《西方企业兼并浪潮的特点及成因分析》一文的研究中指出，20 世纪 90 年代中后期，西方企业兼并浪潮的主战场在美国，特别是 1996 年几乎每一个重要的美国工业部门都出现了并购浪潮，其原因是美国在世界经济中扮演重要角色，其高新技术领域总体处于世界领先地位，科技发达，企业劳动生产率不断提高，生产成本不断下降，产品竞争力强，企业实力增大，使美国成为具有企业并购的优势条件。研究表明，跨国企业的兼并行为将持续性进行，随着世界经济国际化的增强，企业走国际化的道路是发展的必然趋势。进入 20 世纪 90 年代末期，欧盟企业跨国兼并具有典型性，日本企业跨国兼并已经不局限于亚洲，而是扩展到世界各地。他认为 1996 年西方大企业兼并在规模上创新高，并且横向兼并成为主要兼并方式，企业兼并的目标之一是使兼并后的企业变多元化经营为一体化经营，企业间多采用同行业或大体相近的企业横向兼并。而且西方企业兼并将会打破原有的兼并方式，突破在一两个行业间兼并，将在各个行业中进行，工业企业间兼并已然成为 21 世纪企业兼并的主要方式，特别是在金融、航空、电子、化工、机械、视听及服务各行业中进行。21 世纪将成为信息世纪，全球经济从工业时代走向信息时代，伴随着世界经济一体化的"无国界公司"和"以大制胜"的竞争发展战略将是一种时尚。他在研究中特别指出，政府对企业兼并管制的放松是兼并浪潮日高的政策性因素，美日政府对企业兼并活动的限制放松，使美日企业已经表现出见微知著、未雨绸缪，兼并之潮必将再起狂澜。

二 关于企业"双能力"——一个理论分析框架

2008 年出现的全球性金融危机，引发了唐晓华对企业在市场上竞争力问题的深度思考。研究发现，在任何国家、任何地区，政府的产业政策对企业竞争力的形成都存在着重要的影响，或者说企业能否将自身的发展与政府目标进行有机契合已然成为企业成败的关键。他与徐雷在2011年发表的研究论文中首次提出了企业竞争力的"双能力"理论。该理论认为：企业的竞争力由其"应对政府的能力"和"应对市场的能力"构成，前者表现为企业战略嵌入政府产业政策的能力，这不仅是指企业如何理解、接受并以政府产业政策为指导，也是指企业如何影响政府产业政策的制定；后者表现为企业为市场提供优于竞争对手的产品和服务的能力，即研发、设计、生产和销售等方面的能力。不论哪种能力的获取，都需要企业的资源投入，而企业资源的有限性决定了一个追求竞争优势最大化的企业必须在两种能力的资源投入上进行权衡选择。是否能够按照一个"最优"的比例进行资源分配是决定企业竞争力的关键，而这一"最优"比例是由地区的制度和文化以及产业组织特征所决定的，在后续的研究中，该"最优"比例被定义为 T 值。

企业竞争力"双能力"理论在宏观经济绩效和微观企业竞争力间建立了新的桥梁。企业在两种能力间资源分配的实际比例越接近 T 值，企业的竞争能力就越强，而对 T 值的判断则是企业家才能的体现。同时，T 值也是一个地区经济绩效的决定因素，制度和文化越具优势的地区及竞争程度越高的产业，T 值将越倾向于应对市场的能力，从而诱导企业将更多资源投入到研发、设计、生产和销售等领域，使市场更加繁荣，技术进步更快，财富积累更为迅速。

企业竞争力"双能力"理论对经济实践具有很强的指导意义：首先，从微观层面上讲，企业的发展应契合政府产业政策，这是企业提升竞争优势的重要决定因素。其次，从宏观层面上讲，政府产业政策的制定和实施应更加公平、公正和透明，努力降低企业"应对政府"的成本，这是在整体上提升企业竞争力和地区竞争优势的关键。

三　关于产业集群理论

唐晓华早在 20 世纪 90 年代初就开始关注和研究产业集群问题。在长期理论研究和实践调研的基础上，他在这一领域的研究有所建树。他认为随着经济全球化和国际产业资本转移的发展，区域产业竞争力的强弱越来越取决于该地区产业集群发展的程度。产业集群、产业竞争力和区域经济发展日益密切。一个地区或一个国家的经济能否持续发展，除了自然资源、劳动力、技术等要素之外，产业组织方式也是一个重要条件。作为一种产业成长过程中的新型组织方式，产业集群的兴起、发展、成熟与衰退，正在与区域经济发展的稳定、持续与波动高度相关。

关于产业集群内部协作问题，唐晓华提出，以弹性化和专业化为主要特点的集群内企业的合作是集群得以健康发展的关键。从新制度经济学的视角出发，当企业选择签订长期契约代替一体化经营时，可以采用显性契约和隐性契约两种方案。由于契约的非完备性和未来的不确定性，提高了显性契约的实施成本。因此，基于集群企业间合作的隐性契约在规范集群企业行为方面提供了强有力的保证。

关于产业集群的创新问题，唐晓华认为，基于创新的知识生产和知识交换是产业集群可持续发展的重要原因。在以知识为基础的经济和全球化浪潮中，企业竞争的利刃不再是成本节约，而是企业家租金的生产，后者可以通过各种能力来实现：生产工艺创新；以新的、非惯常方式接近新的有差别的市场；生产新的、改进的或重新设计的产品和服务。同时，产业集群中的知识转换机制表明，不同类型的知识交换，是促使产业创新活动进而生产活动走向集中的重要原因。因此，政府支持产业集群的政策之一就是创造一种知识产生、知识交换和知识扩散的机制。

四　关于装备制造业与经济增长的关系研究

装备制造业是唐晓华多年来的一个研究方向。他始终认为，装备制造业是一个国家特别是大国之重器，是一个重要的战略性产业，是衡量一个国家国际竞争力的重要标志，更是决定一国经济增长的关键因素。唐晓华与李绍东在《中国装备制造业与经济增长实证研究》一文中，分别从直接贡献、间接作用和长期动态关系考察了装备制造业对经济增长的影响，通过实证分析得出如下结论：（1）装备制造业作为"工业的心脏"和制造业的核心要件，不仅是为国民经济各部门提供技术装备的物质生产部门，还是维护国家安全和提高国家综合竞争力的战略产业。通过分析装备制造业对中国工业增长与经济增长的贡献可以看出：2007年装备制造业整体对工业增长的直接贡献达到38.8%，对经济增长的直接贡献达到18.3%，体现了装备制造业在国民经济中的支柱产业地位；装备制造业各部门对GDP的贡献率逐年增长而且较稳定，对经济增长直接贡献的差异较大，且存在一定的波动性，这主要与各部门的技术特性及市场需求差异较大有关，也与国家对各部门的产业政策及投入存在差异有关。（2）装备制造业对经济增长的贡献主要来源于其对其他产业部门强大的拉动作用。从各部门的影响力系数和感应度系数来看，装备制造业整体的影响力系数在国民经济各部门中位于前列，而且远远高于国民经济各部门的平均影响程度，反映了装备制造业超强的产业关联效应。装备制造业向其他产业部门提供生产必需的技术装备，在技术层面决定了许多部门的生产技术水平，而且这种强关联具有长期动态性，随着装备制造业的技术革新，下游产业部门的生产技术和产品工艺水平随之提高，而且对各部门的规模经济、劳动力素质和生产效率提高都有重要的推动作用。从感应度系数来看，装备制造业各部门的感应度系数普遍低于社会平均水平，说明装备制造业的增长受其他部门需求刺激较小，在发展过程中具有较强的独立性。（3）从中国工业化发展的长期历程来看，装备制造业与中国的产业演化以及经济增长具有紧密的联系。通过对1987—2007年装备制造业增加值和GDP数据建立两变量的VAR模型，可以看出二者具有长期均衡的协整关系。脉冲响应函数的分析结果表明，GDP对装备制造业增加值冲击的响应呈现非常明显的正效应，而装备制造业增加值对GDP冲击的响应只有微弱的不规律波动。经济增长对装备制造业的影响较小，说明中国装备制造业的长期发展主要还是依靠供给推动而不是需求拉动。

五　关于东北地区国有企业发展
混合所有制经济研究

　　东北工业转型发展始终是唐晓华的重要研究领域，他组织研究团队数次实地调研多家国有企业，形成了《东北地区国有企业大力发展混合所有制经济研究》。研究认为发展混合所有制经济是坚持完善社会主义市场经济体制、坚持政府顶层设计与市场导向相结合、坚持分类管理统筹推进与依法完善公司治理结构的重要路径选择。报告认为东北地区国有企业通过发展混合所有制经济将有助于打造成先进装备制造业产业基地；优化提升东北地区传统产业；妥善解决国有企业改革历史遗留问题；有效提升东北地区国有企业经营效率；提升东北地区国有企业资本证券化率；有效使用股权转让收益用于支付必需的改革成本以及切实保障和改善民生等现实问题。报告提出了东北地区国有企业发展混合所有制的四类模式，即分类监管模式、股权模式、融资模式与治理模式。关于东北地区发展混合所有制经济的路径，报告认为应该构建国有企业"公平规范"退出与非公资本有效进入保障机制，构建符合市场化规律的多元化资本混合通道保障措施，构建多元化资本混合后可持续高效运作机制的保障措施，切实完善现代企业制度，实现公有资本与非公有资本的有效融合，充分释放改革红利，进而推进东北经济实现转型升级。

六　关于装备制造业服务化研究

　　唐晓华认为装备制造服务化是助推装备制造业创新发展的必然途径，首先需要解决的一个问题是转变产业发展理念，告别传统制造的低端依赖，增强服务化意识，从"装备制造"向"装备服务"转变。面对装备制造产业的需求者已经不再满足于单纯有形产品的购买，而倾向于选择提供全面个性解决方案的供应商的现实，唐晓华认为应将产业价值链上不同环节的服务集成，向客户提供全产业链式服务，延伸产业价值链，推进装备制造服务业协同发展。而装备制造业服务竞争力的提升有赖于产业发展平台的搭建、产业发展模式的创新、集成配套能力的增强等。同时，他认为在工业国际化时代，既要积极实施外向型发展战略，提高装备制造企业充分利用国际优势生产要素的能力，通过与其他企业的竞争合作产生协同效应，以资源配置的国际化促使装备制造服务化发展，又要通过增加研发投入、优化发展环境、培养高端人才等全面提升装备制造服务业国产化率，摆脱高端部件的进口依赖，实现从制造大国向制造强国的转变，向世界级先进装备制造产业基地迈进。

七　关于制造业产业结构优化研究

唐晓华认为制造业产业结构优化是传统制造业走出困境的必然。他与刘相锋博士从外商直接投资的视角，对中国装备制造业结构优化问题进行了深度的探讨。他们认为中国装备制造业以及人力资本禀赋不同的装备制造业受外商直接投资的结构效应影响。从整个行业角度来看，短期 FDI 对中国装备制造业的影响是促进产业结构合理化，发挥了其正向结构效应。但是长期来看，这种正向的结构效应并不持续，其影响不仅取决于行业的个性特征，还与行业的人力资本禀赋程度息息相关。具体而言，当外商直接投资进入人力资本禀赋较高装备制造业时，由于行业的吸收消化程度较高，在吸收了大量资金的同时，又将外资带来的技术溢出和结构修复作用良好消化，解决了资本和技术双缺口的问题。尤其在外资介入人力资本禀赋较高装备制造业的资本密集型行业中时，要素间形成了良性耦合，进而对产业结构合理化起到促进作用。相反，当外资进入人力资本禀赋较低装备制造业中，其带来的技术溢出和结构效应不能被有效吸收消化，仅仅是简单模仿，低端模仿生产造成了大量的资本低效率、资金大量闲置，进一步走入行业内资本分配不均匀又难以调整的怪圈，即需求资本的行业没有资本注入，大量的闲置资本由于其专用性和沉没性难以有效转移。因此，政府一方面可以科学引导外资到资本密集型人力资本禀赋较高的装备制造业中去，发挥其有效的正向结构

效应；另一方面，要大力改善传统装备制造业的基础设施，吸引人才就业，不仅可以增进劳动与资本的耦合，而且增强了人力资本积累。

八　关于智能制造促进东北老工业基地再振兴研究

唐晓华认为，作为传统装备制造业智能升级的基础，智能制造产业尤其是与制造业密切相关的工业自动化系统设备制造业的发展实现了制造产品全生命周期的信息及生产过程高效整合，对于提升传统装备制造业生产效率、产品标准化和生产环节高度化具有重大意义。唐晓华积极主张发展以核心技术和关键零部件自主研发为基础的智能制造产业，形成以工业机器人产业为依托的东北传统装备制造业智能升级路径。在助力工业自动化系统设备制造业发展方面，主张：（1）综合利用东北老工业基地优势，填补智能制造产业核心零部件短板。东北地区已经逐渐形成伺服电机和运动控制系统的进口替代趋势，依托东北老工业基地优势实现工业机器人产业区域内全产业链协同发展是实现弯道超车的主要途径。（2）增强工业机器人产业辐射带动作用，助力地区装备制造业转型。工业机器人产业作为智能工厂建设的基础环节，其为装备制造业厂商提供成熟的工业机器人系统解决方案，可以有针对性地解决东北传统装备制造业自身所面临的劳动力成本上升、生产效率低下、难以实现高效率和高精度柔性化生产的问题。（3）构建"互联网＋产业集群"模式，打造东北区域工业机器人品牌。工业机器人产业当前面临的最突出的问题在于工业机器人产品的国内认可率相对较低，这导致地区工业机器人产业与装备制造业之间难以形成良性互动关系，从而在一定程度上制约了两者相互促进的乘数效应的发挥。因此，建立地区"互联网＋产业集群"，打造区域工业机器人品牌将成为有效的破冰路径。（4）提高工业机器人行业准入门槛，避免产业中低端重复建设。工业机器人产业扶持政策的优化调整势在必行，在此基础上，有选择地提高工业机器人产业的准入标准，杜绝低端产能重复上线的情况，逐渐整合现有的资源，倒逼现有工业机器人产业向高端化转型是实现地区工业机器人产业良性发展的关键。

代表性著作

1. 唐晓华：《西方企业兼并浪潮的特点及成因分析》，《世界经济与政治》1997年第1期。

2. 唐晓华：《我国信息产业发展对策研究》，《中国工业经济》1999年第5期。

3. 唐晓华、张保胜：《自然垄断产业放松管制的理论观点及其分析》，《中国工业经济》2001年第12期。

4. 唐晓华、唐要家：《不完全信息与网络产业激励性规制改革》，《中国工业经济》2002年第6期。

5. 唐晓华、王丹：《集群企业合作隐性契约的博弈分析》，《中国工业经济》2005年第9期。

6. 唐晓华、张丹宁：《典型产业网络的组织结构分析》，《产业经济评论》2008年第1期。

7. 唐晓华、赵丰义：《我国装备制造业升级的公司治理研究》，《财经问题研究》2010年第8期。

8. 唐晓华、李绍东：《中国装备制造业与经济增长实证研究》，《中国工业经济》2010年第12期。

9. 唐晓华、徐雷：《大企业竞争力的双能力理论——一个基本的分析框架》，《中国工业经济》2011年第9期。

10. 唐晓华、刘相锋：《中国装备制造业产业结构调整中外资修复作用的实证研究》，《数量经济技术经济研究》2016年第2期。

11. 唐晓华、张欣钰：《制造业与生产性服务业联动发展行业差异性分析》，《经济与管理研究》2016年第7期。

12. 唐晓华、吴春蓉：《生产性服务业与装备制造业互动融合的差异性研究》，《社会科学战线》2016年第11期。

13. 唐晓华、周婷婷：《基于时间序列的中国制造业能源利用效率研究》，《当代经济科学》2017年第2期。

14. 唐晓华、张欣钰、李阳：《中国制造业与生产性服务业动态协调发展实证研究》，《经济研究》2018年第3期。

15. 唐晓华等：《产业集群：辽宁经济增长的路径选择》，经济管理出版社2006年版。

16. 唐晓华、王伟光等编著：《振兴装备制造业研究》，中国社会科学出版社2012年版。

周新生

Zhou Xinsheng

周新生，男，汉族，山西省临猗人，1956 年 8 月 5 日生于新疆乌鲁木齐市，中国民主建国会会员。曾任中国人民政治协商会议第九、十届陕西省委员会常委，省政协经济委员会副主任，中国民主建国会陕西省委员会副主委，中国民主建国会中央委员会委员，第十二届全国政协委员。

兼任中国工业经济学会副会长；西安交通大学经济金融学院兼职教授、西北大学博士生导师；中共陕西省委政策研究室特约研究员；安徽省亳州市政府特约高级顾问。

1996 年 9 月至 1999 年 11 月在辽宁大学企业管理专业产业经济学方向读博士，获管理学博士学位。1991 年 1 月至 1993 年 1 月在匈牙利布达佩斯经济大学、奥地利国家研究中心做公派访问学者。1990 年 1 月至 1990 年 5 月在北京外国语大学出国人员培训部培训。1985 年 5 月至 1988 年 7 月在陕西财经学院工业经济系工业经济专业攻读硕士学位，获硕士学位。1984 年 9 月至 1985 年 7 月在西安外国语学院出国人员培训部培训。1981 年 9 月至 1983 年 7 月在陕西工商学院（现西安财经学院）读管理工程专业本科。1978 年 12 月至 1981 年 7 月在西安基础大学西北工业大学分校机械工程专业学习。

2009 年 7 月至 2017 年 7 月任长安银行监事长；2000 年 7 月至 2009 年 7 月任陕西省审计厅副厅长，长期分管金融、企业、社会保障审计和审计研究工作；1997 年 2 月至 2000 年 4 月任陕西财经学院院长助理、陕西财经学院 MBA 管委会主任；1994 年 8 月至 2000 年 4 月任陕西财经学院研究生部主任；1993 年 4 月至 1994 年 7 月任陕西财经学院工业经济系副主任；1983 年 7 月至 2000 年 7 月在陕西财经学院任教，先后任助教、讲师（1987 年 12 月）、副教授（1994 年 4 月）、教授（1999 年 1 月）、工业经济教研室副主任；1977 年 4 月至 1978 年 12 月在华山冶金车辆修造厂做工人；1974 年 4 月至 1977 年 4 月在农村插队。

周新生在他的工作经历中，当过知青、工人、教师、公务员、银行高管，长期从事产业经济教学研究工作，在政府部门和商业银行工作为他深入了解现实经济生活、理论联系实际创造了良好条件，他的研究工作体现了接地气、针对性强、对策性强的特点。工作的经历使他除了产业经济研究外，还涉猎地方经济改革与发展、金融发展和产融结合、审计等领域。多项研究成果在政府高层内部决策参考刊物上发表，受到省委省政府领导批示并得到采纳。

周新生的研究领域主要是产业兴衰问题、产业分析与产业策划、地方经济发展、金融问题、审计等，提出了许多具有独到见解的观点，为产业经济和地方经济发展以及工业经济学研究做出了一定贡献。

一 提出产业经济学学科发展的另一路线 构思：工程化、工具化、实用化

他认为，现实需要产业经济学学科向工程化、工具化、实用化路线演进。市场经济条件下，社会经济活动中涉及产业经济内容活动会在宏观、中观、微观三个层次全面展开。三个层面在不同程度涉及产业管理、产业制度安排、产业投资、产业经营、产业选择、产业组合、产业转移、产业渗透、产业链打造、产业策划、产业包装等具体产业活动。这些活动既涉及三个层面长期的具有战略价值的内容，又涉及短期的运作决策取向方面；既涉及思路性、方向性问题，如产业政策，又涉及具体技术层面问题，如产业扩张、打造、包装、策划等。在宏观层面，一国一地区的政府需按照经济发展目标使战略意图具体体现在产业的取舍上和产业在时空上的静态和动态的安排上。产业选择、产业结构、产业布局、产业组织、产业转移、产业整合、产业催生、产业救助等是政府宏观层面常有的活动。指导、协调、管理乃至少数产业的经营活动是政府职能活动中的应有之义。在中观层面，亦即产业或行业主管、产业协会、产业联盟、龙头性质的管理类产业集团之类的层面，这些主体要从事产业管理与协调、产业扩张、产业投资、产业的资本运营等活动。即使在微观企业，经营者和董事局的高管们亦会遇到大量的产业层面的活动。例如，企业所处产业的走向与本企业生死存亡、兴衰荣辱息息相关，多元化经营便涉及是在本产业，还是在相关产业，或者在不相关产业扩张的选择。他认为，有好的产业政策，产业发展思路是重要的，但又是十分

不够的，还特别需要实现产业发展思路所需的产业活动策划、产业包装、产业链打造等一系列建立在产业分析基础上的技术层面的问题的解决方案或方法性的东西。具体有产业链、产业包装设计方案、产业技术水准、技术路线确定、产业制度（产权、组织、管理、运行）选择与安排、营销方案、资金、品牌等问题的解决方案。这些具体而又实际的问题哪一个解决不好都可能使整个产业活动受阻，那么，再好的产业政策或发展思路也枉然。在引进西方产业经济学过程中，忽视现代产业问题的技术化、工程化、实用化以及人才的职业化，导致的结果是缺乏产业分析师，缺乏产业策划和产业包装的专业技术。各个层面论起产业可以头头是道，不乏好政策、好思路，但产业总是难以做大做强。鉴于此，他认为，中国的产业经济学科应有两条发展路线，一是理论化的路线，二是以研究产业分析、产业发展工程化、技术化、实用化等技术层面问题为一路线，目标是培养产业分析师，产业策划和产业包装技术人才，提供工程、技术方案的方法。对后一路线，产业经济学科应多予着力。如此，一是可尽快迎合现实需要，二是使产业经济学科走出一条理论化与工程化、技术化相呼应，使学科依托更坚实、更实际、更具前景的路子。产业经济学学科，从理论上以产业组织理论研究更接近科学象牙塔的路线，加上工程化、技术化更接近产业活动实际的路线，会使产业经济学学科更具生命力和广泛的发展空间。产业经济学学科工程化、工具化、实用化的基本思路应是在经济学理论和产业经济学理论指导下，立足于产业经济活动实际，为产业经济运行和走向提供分析方法、基准和参数，为产业形成和做大做强提供策划和问题解决方案，以及可用的手段和技术支持，为产业经济培养和提供产业分析师，产业问题专家。所谓的工程化、工具化及实用化就是：提供一套方法、参数、基准，提供一套策划和解决方案，提供一批分析师和产业问题专家等三大任务。

二 关于产业链打造的 7 个技术层面的问题和解决方法

他提出的产业链打造技术层面问题有投融资机制、资本市场运作方式及工具选择、产业制度安排（产权制度、组织制度、结构安排等）、技术及其路线选择、品牌、研发机制、营销等。针对这 7 个方面，他归纳了可用方法及应考虑的原则。他认为投融资渠道的建立是支撑产业扩张的重要条件和关键所在。在选择具体方式和渠道时，没有统一模式和方式，而应具体情况具体分析。实现产业扩张的有效途径之一就是资本运作。技术与技术路线选择决定产业链的延伸方向和难度。品牌既是产业链扩张中的技术层面的问题，即要解决品牌扩张的范围及如何扩张问题，又是产业链扩张的手段。通过品牌扩张构造产业链帝国的基本要求是品牌所涵盖的产业内容应具备品牌价值所要求的基本元素，如质量水准、制作标准、服务标准、风格及文化内涵等。另外应注意品牌所含有的特定性，在商品品牌、企业品牌、产业品牌三者之间，特定性随之越弱，而涵盖性越强。

三 关于产业衰退的内涵、本质及衡量标志

他分析了中国的产业退出状况及其可能的出路，提出了可参考的对退出产业的政策和建立援助机制的建议。他提出了产业绝对衰退和相对衰退、自然衰退和偶然衰退的概念，还将衰退分为资源型衰退、替代型衰退、需求型衰退、出口型衰退和过度竞争型衰退等类型，提出了产业衰退 10 个方面的衡量标志。另外对中国产业衰退的 3 种状况及其出路的概括和分析是深入的，对退出产业的政策和援助机制的 7 点建议是有相当参考价值的。中国社会科学院吴家骏、东北财经大学于立、辽宁大学戴伯勋以及中国社会科学院工业经济研究所所长吕政对衡量产业衰退的 10 个指标和产业衰退概念的界定的创新性给予了很高评价。中国证券业协会出版的证券分析师培训教材引用了这部分内容。

四 关于产业运行状态分析的视角和思路

他提出了产业运行状态的含义和内容，提出了产业运行状态分析的 4

个视角和思路，这 4 个视角是生产运行、营销运行、管理运行、财务运行。根据其表现可将其运行状态确定为良性景气、非良性景气、正常不景气、非正常不景气等状态。他研究了这 4 种状态的内涵、判断方法、相应指标、依据和注意的方面。指出了产业运行景气状态与国民经济宏观面和微观企业经济活动状态的关系。考察国民经济运行景气状态要涉及产业运行景气状态，但国民经济运行景气有其自身的考察指标和内容，两者的景气分析不可相互替代，也不是简单的包容或对应关系。提出了分析管理运营状态还可从考察产业的组织力、竞争力、吸引力（人气）、市场秩序等方面进行的观点。产业的人气指数主要从公众认可度，公众信誉度，社会贡献度，与相关产业和部门的协调度，产业文化对人的认识度，与自然、生态、环境的和谐度等方面予以综合考察。高的人气指数反映产业管理运营是良性的，低的人气指数则可反映产业在管理方面存在一定问题。产业人气指数反映了产业的一种内外在形象，一种内外部的吸引力，人气指数高的产业对各种要素有较强的吸引力。产业人气指数的指标数据可以从不同渠道和方式取得。提出了从产业兴衰过程所处的阶段亦可把握产业景气的总体状态。产业的景气就是产业的获利能力和吸引力，而决定产业的获利能力和吸引力取决于 5 种力量，即现有竞争者、潜在进入者、替代品、买方砍价能力和供方砍价能力。这 5 种能力在产业兴衰 4 个阶段表现是不一样的，因而构成了产业景气在 4 个阶段的差异。

五 在研究的基础上，利用全国政协平台，提出了涉及战略性新兴产业、工业园区建设、小微企业发展等多项大会发言材料和提案

先后提出了尽快出台《政府投资条例》的建议；扶贫移民搬迁；少数战略性新兴产业在较短时间内出现产能过剩问题应引起深思和高度关注；尽快建立健全人大对国有资产管理的监督机制；应高度重视各类开发区、工业园区过多过滥问题。在这些提案中，陕南移民搬迁的提案有

力促进了陕西的扶贫移民搬迁由地方的行为变成了国家支持的行为。整治工业园区和开发区过多过滥的提案提出后，国办关于整合各类开发区资源的意见出台。关于有些战略性新兴产业产能过剩应引起高度重视的提案具有相当的超前性和敏感性。尽快建立健全人大对国有资产管理的监督机制的建议也得到中央的采纳；关于中小企业的 4 件提案是他持续关注小微企业融资难、融资贵问题的成果，而且逐年深入。

六　关于供给侧结构性改革

提出了供给侧结构性改革与国资、国企改革和混合所有制推进结合，与金融手段运用结合，与产业兴衰机制的建立与完善相结合。注意供给侧结构性改革内涵的地域性、行业性差异问题，"三去一降一补"之间的协调与配套问题，注意在"三去一降一补"过程中的软的方面的调整、改革和补充。

七　关于加快西北地区发展的建议

指出了经济新常态下，随着西部大开发的深入和"一带一路"倡议的实施，西部地区内的西南和西北发展的分化，以及西北与东部地区发展差距的进一步拉大的趋势值得引起国家的重视。分析了分化与差距拉大的主要原因是转型发展压力较大、县域经济不强、民营经济发展缓慢、投资环境有待改善、经济外向度偏低、脱贫攻坚任务艰巨。西北地区自然环境相对恶劣，经济社会发展水平低，一些地方人才流出现象严重，人均收入水平不高。上述困难和问题靠自身能力难以较快解决，需要国家在新一轮西部大开发中聚焦西北地区开发开放。关切西北地区的特色产业发展，采取切实措施促进西北产业结构转型升级，重点扶持发展战略性新兴产业、先进制造业、现代服务业等，增强创新驱动能力。解决西北地区区域性整体贫困问题。在"十三五"乃至今后更多的五年规划中，在西北地区布局更多的影响全局又惠及西北的重大工程项目，如生态保护工程、人才教育工程、文化工程、移民工程、民族地区扶植工程，努力形成新时期新一轮建设大西北、开发大西北的热潮。

八　关于促进非公经济与公有经济
良性互动与和平共处问题

他认为，非公经济与公有经济互动与共处是大趋势，有三种情况：一是在一部分领域非公经济资本相对独立存在；二是在一部分领域公有经济资本相对独立存在；三是在相当领域非公经济与公有经济共同存在。其共同存在表现为两种情况：一是共处于同一产业领域，虽两者的资本存在不相融，但以产业链维系在一起，形成技术经济、生产经营、供给与需求的共同体，这种形式的存在，非公经济与公有经济有竞争，有合作；二是两方资本共融于一体，形成我中有你，你中有我，你大我小或我大你小的有合作、无竞争的共同利益体。第二种形式的存在会越来越小，第三种形式的存在会越来越多，越来越大，且第三种形式中的第二种情况尤其要变大。这意味着，非公经济资本与公有经济资本分别独处的局面会向更大的共处局面演进，两者处于此消彼长、此长彼消、此进彼退、彼进此退的变化格局当中，互动与共处是大趋势。他指出了非公经济与公有经济关系的多样性及其趋势，和谐、良性、和平关系的必要性、可能性及条件。非公经济与公有经济的关系以单一的对立，水火不相容，各自在各自领域活动的关系，将演变为竞争关系、进退关系、关联关系、依存依赖关系、共容关系等，呈现出关系的多样性。合作、共处关系将成为主流。和谐存在、和平共处、良性互动是重要的，但也需要条件。条件一，平等是最重要的条件，即非公经济与公有经济不仅在法理上是平等的，而且在社会地位、发展机会、利用资源上也应是平等的；条件二，互相认同，尤其是在现阶段公有经济仍有娘胎里带来的优越感情况下，公有经济对非公有经济的认同是相当重要的；条件三，利益的协调机制、共赢、求同存异之机制的存在。怎样才能实现两者良性互动、和谐互存、和平共处呢？他认为：一是处在强势一方的公有经济应深化认识，应认识到公有经济与非公有经济演进的趋势，认识到你中有我、我中有你，互相依存之良性关系对公有经济、非公有经济及国家利益整体的益处。抛弃傲慢与偏见，收起霸气，放下身段，学习非公经济所有的灵活和精明，学会与非公经济竞争、共事，学会尊重，学会沟通与理解。应当认识到在市场经济中公有经济的某些官气、行政气、特权、垄断、做派是中国经济转型过渡时期的暂时现象。还要学会无论是公有经济资本控股还是不控股，在同一个股份公司的股东大会、董事会、监事会及经营层中和平共事，学会在一个产业链或产业联盟中合作共赢。二是非公经济一方要调适心态，不卑不亢，挺起腰杆，健康发展，做大做强，争气争强，争优争先。也要学会向公有经济一方学习其规范，遵纪守法，顾及相关者利益和社会责任的长处。三是政府应更多地支持非公经济挺起腰杆，担当历史大任。四是除了极少数特殊或特种行业，要鼓励公有经济企业与非公经济企业相互参股发展混合所有者经济。

代表性著作

1. 《产业衰退及退出产业援助机制》，《产业经济研究》2003 年第 5 期。

2. 《产业链与产业链打造》，《广东社会科学》2006 年第 4 期。

3. 《产业兴衰论》，西北大学出版社 2000 年版。

4. 《产业分析与产业策划：方法与应用》，经济管理出版社 2005 年版。

5. 《非公经济与公有经济：良性互动与合作共赢》，《经济界》2008 年第 6 期。

6. 在地方经济发展、审计、金融领域在高层决策刊物发表了 20 余篇高质量研究成果。其中 6 篇得到党委政府批示。

黄鲁成
Huang Lucheng

黄鲁成，男，1958年年初随父母从部队来到北大荒。1963—1968年，在黑龙江853农场林业分厂上小学，1968年6月至1973年8月在黑龙江生产建设兵团三师二十一团一营上初中、高中。1973年8月在一营十二连参加工作，1976年在一营四连参加党的基本路线教育工作队，1977年任一营三连副政治指导员，1979年年底参加"文化大革命"后第一次高考并考入全国重点大学哈尔滨船舶工程学院（原"哈尔滨军事工程学院"）核动力装置专业，1982年1月毕业留校（获得工学学士学位），先后任三系政治辅导员、党委宣传部干事，1985年在吉林大学参加全国经济法教师培训班学习。1986年通过全国研究生入学考试，在哈尔滨船舶工程学院社科系攻读工业经济专业硕士学位，1989年6月毕业获得经济学硕士学位。1989年7月至1995年8月，先后在哈尔滨船舶工程学院管理工程系任助教、讲师、副教授（硕士生导师），1995年9月破格晋升教授，1996年被评为中国船舶工业总公司有突出贡献的中青年专家，同年3月任管理工程系主任，10月任哈尔滨工程大学经济与管理学院院长（1996年10月至2000年8月），1998年被评为管理科学与工程专业博士生导师。2000年2月至2000年8月在华盛顿大学（UW）商学院做访问学者。2001年调入北京工业大学经济与管理学院任教授（首批二级教授）、博导，后在华中科技大学在职攻读博士学位并获得管理学

博士学位。在北京工业大学经济与管理学院先后任管理工程学科部主任、学院党委书记、管理科学与工程（一级学科北京市重点学科）学科负责人。2008年被科技部授予"奥运科技先进个人"，2009年被评为北京市创新人才，2010年被聘为国家社会科学基金学科规划评审组专家，2010年被聘为国家科学技术奖会议评审委员，2013年被聘为教育部重点社科基地——清华大学技术创新研究中心学术委员，2014年当选中国企业管理研究会常务副理事长，2014年被聘为北京市高等学校管理科学与工程类专业群专家委员会委员，2015年当选中国科学学与科技政策研究会常务理事，2015年任北京现代制造业发展研究基地学术委员会主任，现享受国务院政府特殊津贴。

2016年任《科学学研究》编委、《技术经济》编委。黄鲁成长期从事科技创新管理的研究，先后主持并完成国家自然科学基金重点项目、国家社科基金重大项目、国家软科学研究计划（重大）项目，主持并完成黑龙江科技厅项目、大庆油田项目、大庆市项目、北京市科委项目、北京市教委项目、海尔集团项目、宁夏电网项目、中国电力企业联合会项目、中国科技发展战略研究院项目、清华大学公共管理学院项目等，目前正在承担国家社科基金重点项目、国家社科基金重大项目。在国内外发表学术论文300余篇，获得省部级科技进步奖和哲学社会科学优秀社科成果奖一、二、三等奖多项。

一 提出了新兴技术产业化理论方法

黄鲁成在主持完成国家自然科学基金重点项目"奥运科技产业化及基于奥运市场规则的国际化发展研究"中，提出了新兴技术产业化理论方法由"新兴技术产业化评估"和"新兴技术产业化推进"两类方法构成。这两类方法又包括分阶段实施的4个具体方法（4M），即"新兴技术评估方法""产业化实施评估方法""技术层面的产业化推进方法""商业模式创新的产业化推进方法"。

新兴技术评估是依据技术特征和发展规律，从发展战略上和长远经济效益上，对科学向技术的转化进行评估，即对新兴技术特性及发展前景进行的评估。新兴技术评估要解决的问题是：新兴技术是否有价值进行持续研发投资；已经形成的新兴技术是否要进行产业化实施评估。

产业化实施评估是根据新兴技术（成果）的特点和产业化环境条件，对新兴技术向产业转化进行评估。产业化评估要解决的问题是，新兴技术（包括已有成果和刚形成的新兴技术）是否值得进行产业化开发。

技术层面的产业化推进方法是指，通过采用新兴技术分析工具，诸如专利、科技文献、技术路线图、情景分析等，在新兴技术即将步入快速发展阶段，对产业化可能面对的问题进行分析，提出有针对性的技术解决方案。

商业模式创新方面的产业化推进方法是指，为新兴技术（产品）提供创新性的经营模式，促进新兴技术产业化的进程。

《中国软科学》书评指出，"为研究我国科技产业以及有效利用科技奥运遗产，提供了新思路与新方法"，"提出了具有创新性的'奥运科技产业化主客观评估方法''奥运科技产业化推进方法'"。《技术经济》书评指出，"由于作者提出和采用了新的分析方法，因此，'奥运科技'产业化研究工作取得了创新性的成果"。

有多家单位采用了该成果，《光明日报》《科技日报》《新华文摘》

等宣传了成果。《奥运科技——我国科技产业新发展》获得北京市哲学社会科学优秀成果二等奖。

二　系统提出并论证了研发产业

黄鲁成较早系统阐述了研发产业内涵、特征及行业构成，论述了研发产业形成规律；"提出了我国研发产业的战略目标、举措、步骤及政策体系"；提出了战略性新兴产业评价指标与标准。

黄鲁成认为，研发产业是从事研发活动并提供产品或服务的组织和企业的集合。把握这一概念的内涵，需要注意以下几个方面：第一，研发活动是指为增加知识的总量，包括有关人类、文化和社会的知识，以及运用这些知识创造新的应用，所进行的系统的、创造性工作。第二，研发产业的供给者是专门从事研发活动的企业和组织；研发产业的需求者是将研发活动外部化的企业。第三，由于产业的存续与发展是建立在市场平台基础上的，因此研发产业也是通过市场将供给者与需求者紧密联系起来的，依据于此，从属于企业技术创新的企业内部研发机构及其活动，不属于研发产业的内容；而当企业内部研发机构的研发产出通过市场交易时，这便属于研发产业的内容；而外部的研发活动则属于研发产业的内容。第四，研发产业是一种特殊的产业，所提供服务涉及科学技术的前沿领域，服务所产生的经济效益却具有明显的滞后性。第五，研发产业具有很强的探索性、风险性和不可重复性。第六，研发产业是需要投入高度复杂劳动的产业，其员工是经过专门训练的科学家和工程师。第七，研发产业的投入除经费之外，主要是劳动力的投入，即科学家和工程师的智力劳动的投入。理解研发产业应注意把握以下几个区分：一是要把知识密集型服务业与研发产业相区别，知识密集型服务业以知识的密集投入与产出为特征，从银行到不动产管理、从市场研究到保险服务，都属于知识密集型产业；而作为知识密集型产业一部分的研发产业，则是以科学技术为主要的知识形态。二是要把知识传播业与研发产业相区别，教育与培训虽然与研发活动有着广泛的信息交流，但只有研发产业才创造和应用新知识。三是要把信息产业与研发产业相区别：信息产业是从事信息技术设备、产品的生产以及提供信息服务的部门，信息产业中有属于研发产业的内容，也有不属于研发产业的内容，区别二者的关键是活动"内容"是否具有明显的新颖性，是否为了解决科学或技术上的不确定性。四是要把研发产业与研发成果产业化相区别，从经济行为的特征看：研发成果产业化属于企业内部的技术创新活动；而研发产业属于不同企业间技术服务的交换活动。

黄鲁成发表的研发产业相关论文总被引用频次始终名列第一，是中国研发产业理论研究的先导者之一，被业界称为"该领域具有代表性的学者"。成果验收意见指出，"研究成果在本领域内具有国内领先性"，成果被北京市发改委采用，并最早将研发产业列为北京市"十一五"重点发展的产业，研究成果获得北京市科学技术奖三等奖。

三 研究提出战略性新兴产业评价指标与标准

黄鲁成在主持国家社会科学基金重大项目"新兴技术未来分析理论方法与产业创新研究"时认为，确立战略性新兴产业的评价指标与标准，应从战略性新兴产业的基本属性与根本特征出发。

战略性新兴产业的基本属性是：它以新（兴）技术为基础，是科学技术与产业的深度融合；它以追求持续、和谐与高效的结果为目标。确立战略性新兴产业的评价指标与标准，应反映这种根本属性要求。从战略性新兴产业根本属性出发，战略性新兴产业评价包括产业技术性指标（标准）和产业效益性指标（标准）。

战略性新兴产业的根本特征在于，战略性新兴产业的发展是一个动态过程，在这个过程中它具有一些"内在要求"：成长性要求——从新兴产业逐渐成长为支柱产业；全局性要求——能对整个经济产生广阔与深远的影响，不满足"内在要求"的产业就不属于战略性新兴产业。从战略性新兴产业根本特征出发，战略性新兴产业评价还应包括产业成长性评价指标（标准）和产业全局性评价指标（标准）。

"评价指标"与"标准"对于保证战略性新兴产业健康、稳定、持续、协调发展，缺一不可："产业技术性评价指标与标准"是战略性新兴产业的"新兴"要求，反映了战略性新兴产业技术基础状态，决定着产业竞争力的持续性；"产业成长性评价指标与标准"是战略性新兴产业内部协调性的要求，反映了战略性新兴产业的发展机能完善程度；"产业全局性评价指标与标准"是战略性新兴产业之"战略"的要求，反映了战略性新兴产业对经济的实际推动作用；"产业效益性评价指标与标准"是资源约束和环境约束的要求，反映了战略性新兴产业发展的总体质量水平。黄鲁成对各指标的标准给出了数量界限。

2012年1月5日，"关于制定战略性新兴产业统一评价指标及标准的建议"刊发于中央宣传部社科规划办《成果要报》（专门报送中央政治局委员等），并被工业和信息化部调阅参考。2012年1月21日，全国哲学社会科学规划办公室出具了"关于北京工业大学黄鲁成教授研究成果受到有关部门重视的通报"，指出："黄鲁成教授坚持正确导向，自觉关注现实问题，深入开展调查研究，努力推出高质量研究成果，体现了较强的责任感和使命感，为国家社科基金更好的服务党和国家工作大局做出了贡献。"《光明日报》、全国哲学社会科学规划办公室网站、中国社会科学网、中国共产党新闻网、光明网、和讯新闻网、千龙网、国务院发展研究中心信息网、凤凰网先后摘要发表了"指标与标准的建议"。

四 论证了新兴产业研究方法论

黄鲁成认为"研究方法"由特定研究目的和分析工具构成。根据研究的目的性，研究方法可分为：发现问题、解释现象、阐释规律的分析方法；评估、识别与选择新兴产业的决策支持方法；资料、数据、信息收集处理方法。根据研究的"证据"特性，研究方法可分为主观方法、客观方法和主客观特性兼有的分析方法，主观方法的"证据"是专家的知识和经验；客观方法的"证据"是产业及技术变化的数据信息；主客观特性兼有的方法体现在分析问题过程中，专家的知识经验与客观信息同时发挥作用。

分析工具构成了研究方法的基础，研究方法是分析工具的组合及过程。同样的工具可以服务于不同的方法，用于解决不同的问题。分析新兴产业的主观方法工具包括 Delphi、深度访谈、焦点小组、头脑风暴、AHP 与 ANP 等；客观方法工具包括环境扫描、技术预测、文献计量分析工具、专利分析工具、网络数据分析工具、技术挖掘工具、交叉影响分析工具等；主客观特性兼有方法的工具包括案例分析工具、形态分析工具、情景分析工具、历史文档分析等。组成资料、数据、信息收集处理方法的工具主要包括数据库、数据采集工具、文献综述、历史文档分析、统计数据与分析软件。组成评估、识别与选择的决策支持方法的工具主要包括评价指标工具（选择、检验、筛选工具）、评价模型工具等。

研究新兴产业要注重历史文档与网络信息资源的运用。新兴产业的激发是一系列特殊要素作用的结果，其中包括消费者、创新者、金融家和市场等。因此，仅依靠企业自身的一些数据研究新兴产业是不够的。"历史文档"包括：一是来自生产企业、购买者、供应商的相关记录，诸如所保留的商业计划、新闻稿件、年度报告、员工手册、网址、内部备忘录、产品目录、广告、纳税记录，还有报刊和图书出版物等。二是来自高校和投资者（为产业发展提供产业重要资源——人力资本和金融资本）的相关记录和出版物。三是来自机构（政府机构、贸易协会、制定标准的机构、专利机构、非营利组织）的记录和出版物，普通报刊、贸易与商业出版物等。四是历史档案，它是由专业人员在不附带任何特定目的情况下，对历史资料进行的整理、归纳及保存。历史档案具有很强的真实性、完整性。

网络信息资源是指以数字化形式记录的，以多媒体形式表达的，存储在网络计算机磁介质、光介质以及各类通信介质上的，并通过计算机网络通信方式进行传递的信息内容的集合。网络信息资源具有以下特点：网络信息资源中容纳了丰富的资料，具有高度的动态性（更新速度快）；网络信息资源关联性比较强，可以实现不同地区以及不同国度间的链接，在很大程度上加强了信息之间的关联性；网络科技信息资源具有共享性。

与新兴产业有关的网络信息资源主要来自网络数据库（专利数据库、文献数据库）、网络论坛、博客、网络会议、学术研究网站、企业网站、政府网站、咨询服务机构网站及提供的相关服务等。

网络数据库资源在新兴产业研究中可以发挥重要作用：新兴产业主要是指建立在新兴科学技术基础上的产业，而专利是研究技术发展、产业化状况最丰富的资源，科技文献是反映新兴产业的科学基础、知识积累最重要的资源。除此之外，网络信息资源的量大、更新快、丰富、细微的特点，也使得人们在把握产业基础——科技变化方面具有优势。另外，网络信息资源在分析新兴产业市场需求，产业所需要相关技术、资源方面，以及在进行产业竞争情报分析方面也同样具有优势。

强化现代分析工具的应用，也是新兴产业研究方法论的重要方面。专利与文献数量大、变化迅速的特点，决定了靠人工进行数据收集处理是有局限性的，人们在使用数据库资源进行产业创新研究时，除了运用传统的统计分析工具外，还必须寻求新的分析工具——建立在电子信息技术基础上的分析软件。

"新兴产业研究方法论论纲"首先发表在《科学学研究》上，而后分别被中国社会科学网、中华人民共和国国史网、中共中央党校—中国干部学习网、人民大学书报资料中心全文转载。

五　提出了产业共性技术创新模式

黄鲁成认为，有效的产业共性技术创新模式应具有以下特征：产业共性技术创新主体目标定位准确；具有稳定充足的创新资源投入；具有兼顾风险和利益的运行机制；具有反映产业需求的立项及绩效评估过程。据此，提出以下四种产业共性技术创新模式，即实体国家队模式、虚拟国家队模式、创新伙伴模式、产业技术创新联盟模式。

实体国家队模式。实体国家队的创新主体由国家级院、所、中心、国家实验室构成，或新建国家级院、所构成。实体国家队的运行模式是：（1）目标定位是通过基础研究、早期应用研究，提供具有高度战略意义的共性技术，特别是环境、安全、能源等领域内高风险、战略性的共性技术。（2）创新资源全部来自中央政府。（3）政府组织学界、研究机构和产业界专家确立研发项目。（4）创新主体独立从事研发活动，产业共性技术创新获得的知识产权属于国家和创新主体共有。

虚拟国家队模式。虚拟国家队的创新主体由多方组成，主要包括协调管理方（不出科技经费的政府管理部门）、出资方（有科技经费的政府部门）、研发方（国家"中心"与实验室、研发机构、高校）。虚拟国家队的运行模式是：（1）目标定位是提供产业间基础性、前沿性共性技术（如能源技术、信息技术、纳米材料技术、先进制造技术等）和相关服务。（2）研发经费由出资方提供，出资方可以通过股权投资和项目经费等形式支持产业共性技术的研发和服务，股权投资可用于技术市场风险较小，有可能自负盈亏和实现盈利的研发项目；项目经费可用于技术和市场风险较大，或者技术成果很难内部化的研究项目。（3）出资方与研发方共同确立研发项目。（4）研发方独立从事研发活动，产业共性技术创新获得的知识产权属于国家和研发方共有。（5）虚拟国家队是临时共同体，产业共性技术创新项目研发完成后，"临时共同体"解散。

创新伙伴模式。如果说"国家队模式"和"科技专项模式"是以政府为主导的模式，那么"创新伙伴模式"中，政府则是作为伙伴之一参与产业共性技术创新，而不是主导产业共性技术创新。创新伙伴的创新主体由政府、企业、研究机构（高校）等单位构成。创新伙伴的运行模式是：（1）目标定位是提供产业内共性技术（关键工艺和产品核心技术），为产业内不同行业的发展提供共同基础和条件。（2）"创新伙伴"充分发挥参与者的各自优势，可以有效实现各自利益：企业可以获得新技术和使用具有技术技能的员工；研究部门可以获得经费支持，增强获得知识产权的能力；政府获得持续的经济增长。（3）"创新伙伴"可以是依据国家科技活动要求而产生，也可以是针对某个产业共性技术创新而组成；创新伙伴实施"政府引导，市场化运作"——政府少量资源投入，引导企业和研究机构投入主要创新资源。（4）伙伴各方共同确立产业共性技术创新项目时，按照各方提供创新资源的多少，决定其在创新立项中作用的大小。（5）产业共性技术创新获得的知识产权属于伙伴各方共有。与"产学研"相比，伙伴各方在责任和利益方面受到更明确、更具体、更严格的约束。

产业技术联盟模式。产业技术联盟的创新是以企业为主体，吸收大学、科研机构等参加的组织。产业技术联盟的运行模式是：（1）提供产业共性技术是联盟的主要任务之一，其目标定位是提供行业内基础技术、产品关键与核心技术。（2）共性技术创新经费主要由联盟各方提供，政府对联盟的作用仅限于政策引导、倡导，以及有限的资源支持（贴息贷款或后补助）。（3）研发项目由"联盟"独立确定，或者申请国家科技计划项目。（4）产业共性技术创新获得的知识产权属于联盟所有。"联盟"在产业共性技术创新中要发挥作用，还要探索解决联盟目前存在的问题，诸如信任问题、经费投入与利益分享、风险共担问题。

代表性著作

1. 黄鲁成：《奥运科技——我国科技产业新发展》，科学出版社 2008 年版。

2. 黄鲁成：《关于制定战略性新兴产业统一评价指标及标准的建议》，《成果要报》2012 年。

3. 黄鲁成：《R&D 产业内涵、成因及意义》，《科研管理》2005 年。

4. 黄鲁成：《新兴产业研究方法论论纲》，《科学学研究》2013 年。

5. Huang Lucheng, Li Xin, Lu Wenguang, 2010, "Research on Emerging Technology Selection and Assessment by Technology Foresight and Fuzzy Consistent Matrix", *Foresight*, Vol. 12, No. 2.

6. 黄鲁成等：《基于专利分析的产业共性技术识别方法研究》，《科学学与科学技术管理》2014 年第 4 期。

吴照云
Wu Zhaoyun

　　吴照云，男，1956 年出生于九江，祖籍安徽铜陵。1973 年高中毕业后，他留校任教。恢复高考后，他于 1978 年考入江西财经学院工业统计专业，1982 年毕业后选择留校任教。之后，在中国人民大学工业经济系、复旦大学应用经济系学习。2001 年，受聘江西财经大学博士生导师。1997 年，被评为财政部首批跨世纪企业管理学科带头人；2008 年，被评为江西省高校中青年学科带头人；2012 年入选"赣鄱英才 555 工程"领军人才。

　　1988 年，吴照云任江西财经学院工业经济系副主任，1992 年任江西财经学院工商管理系主任。他在院系管理岗位上，大胆改革大学教学方式和教师培养方式，将大学教育与经济管理实践相结合，积极选派青年教师到一线去，让他们直接参与经营管理实践，努力解决长期存在的理论教学与实践相脱节的"两张皮"问题。1997 年任江西财经大学校长助理，1999 年 11 月至 2016 年 2 月任江西财经大学副校长。现为江西财经大学中国管理思想研究院名誉院长，工商管理学院教授、博士生导师，应用经济学、工商管理博士后流动站合作导师。2008 年，被聘为全国MBA 专业学位教育指导委员会委员，国家社会科学基金学科规划评审组专家。2012 年发起成立江西省管理学会，并被推选为首届江西省管理学会会长。

1987 年，他与江西财经学院金祖钧、戴仕根一起首次参加在江西九江解放军企业管理干部学院（现九江学院）举办的中国工业经济管理研究会第五届年会，从此与中国工业经济学会、中国社会科学院工业经济研究所结下不解之缘。1997 年，应学会理事长吴家骏研究员的邀请，他与著名经济学家马洪、吴敬琏、桂世镛、吴家骏等人一起参加了第六届中日经济论坛。在学会的大力支持下，于 1997 年成功申报国家社科基金项目"国有企业战略性改组问题研究"，这是当时江西财经学院首个国家社科基金项目，是国家级科研项目零的突破。1985 年前后，他在中国人民大学学习结束返校，在江西财经学院首次为本科生开设"产业经济学"课程，使用的教材是中国人民大学杨治编写的《产业经济学导论》。在教学过程中，逐步总结经验，并开始编写适合本校学生的《产业经济学》教材。1998 年，他邀请时任江西财经大学校长的史忠良担任主编，编辑出版了《产业经济学》教材，多次重印和再版，在业内产生了较好的反响。《工商管理丛书》也在学会的支持下，由经济管理出版社出版发行，这些为江西财经大学申报产业经济学博士点奠定了坚实的基础。1997 年，他受中国工业经济学会委托，在江西财经大学组织主办了中国工业经济研究与促进会理事长会议。1998 年，江西财经大学产业经济学成功获批博士学位授予权，吴照云开始为博士研究生讲授"产业组织理论"。2003 年，吴照云开始担任中国工业经济学会副会长，为学会的工作兢兢业业，积极参与中国产业经济学和企业管理学的学科建设、专业建设、教材建设和队伍建设，见证了中国工业经济学会的发展历程。2010 年起，他担任中国工业经济学会顾问，继续为学会的建设和发展贡献自己的力量。

一 产业经济研究

吴照云自 20 世纪 80 年代起，开始关注并研究产业经济学领域的重要问题，其研究主要集中在产业组织理论、产业结构与政策、服务科学与价值创造等方面。

早期，吴照云的研究主要围绕航天产业运行机制等方面进行。曾先后在《当代财经》《中国工业经济》等学术期刊上发表相关论文，并出版了专著《中国航天产业市场运行机制研究》。他首次提出，要在航天产业引入市场竞争机制。他指出航天产业传统运行机制的弊端以及其存在投融资机制不健全、组织管理体系与市场经济不相适应等问题。他认为，航天产业是一个典型的不完全竞争的市场，但这并不意味着其就不能引入市场运行机制的成分，随着航天技术的商业化趋势和航天活动主体多元化趋势的出现，航天产业引入市场运行机制已经成为这一产业发展的一个方向，这也为中国航天产业领域的研究提供了新的视角。他还主张，合同机制、招投标机制和订货机制是实现航天产业有效竞争的三大机制。

进入 21 世纪以来，吴照云积极探索中国新兴产业市场结构的演变规律及发展、研究中国产业政策。2007 年，吴照云于中国工业经济学会年会暨"产业政策：反思与评价"研讨会上就分析了中国产业政策存在的主要问题，并为中国产业政策未来的发展提出一些对策思考。随后几年，吴照云开始关注新兴产业的发展，提出政府在其中的作用，发表了系列论文。其中主要的学术思想体现在，吴照云认为进一步完善推进产业发展的政策体系，国家应以竞争政策为主，产业政策为辅。他提出应该发挥政府在市场结构转换中的重要作用，市场拉动与政府推动的合力更有利于新兴产业的成长发展。他认为，欠发达地区战略性新兴产业选择的基本原则是突出地方特色、体现有限目标、体现市场需求、体现技术创新等观点。

近年来，吴照云还十分关注价值创造与服务模块化领域的研究。他先后参与撰写并发表了多篇论文。最典型的学术成果是吴照云对服务模块化的内涵、理论研究视角、研究缺陷进行的系统的论述，并提出了后

续研究展望。与此同时，吴照云依据服务科学，归纳出价值链升级的途径，提出服务科学导向下价值链系统优化的总体思路。他提出，服务模块化思想和方法必将在更多的产业领域对企业生产、服务产生深远影响，可能彻底改变现存的产业结构，并进一步指出综合运用定性和定量的研究方法，从产业组织的宏观和微观等多维视角着手剖析服务模块化，是未来研究的大体走向。

二　管理理论研究

吴照云从 1991 年起着手编写管理学教材，于 1994 年出版《管理学原理》第一版，此后于 1997 年、2000 年、2003 年、2006 年和 2011 年又先后进行了 5 次修订，重印 20 多次。

吴照云对管理学有着深刻的见解，认为管理学正是为寻找共同点而存在的学科，它集中分析、探讨与某一类特定活动有关的管理过程。他认为管理理论是在管理实践的不断发展中丰富和完善的，管理学研究必须跟踪管理实践最新动态，进行分析归纳，再运用到实践中。切不能将管理学停留在理论层面，必须要融入生活，让管理学在应用中发挥其价值。他在编写管理学教材的过程中巧妙结合案例，抛出问题，引发读者思考，促进读者将理论与实际相结合。

吴照云认为管理学是一个不断与时俱进的学科，在学习借鉴西方管理理论体系的同时，还须结合中国的管理实际，当今的管理学应加入更多的中国元素。他在管理学研究中弥补了过去中国学者只研究西方管理理论的不足，将东方管理学，尤其是中国传统管理思想进行了系统梳理和研究，在管理学教材中进行了系统阐述，突破性地在管理学教材中引用中国传统智慧和中国古典故事，结合中国管理实践案例阐述管理学原理。

三　中国古代管理思想研究

吴照云在中国古代管理思想研究领域耕耘多年，成果丰硕。

1. 提出中国管理学发展路径

早在 2006 年，吴照云带领学术团队共同创作"中国管理思想精粹"丛书，该丛书分原理、朝代、学派、人物、商帮 5 辑，共 30 本，目前已出版《中国管理思想史》《中国管理学原理》《中国古典管理哲学》《兵家战略管理》《宋代管理思想》等 14 本专著，不少著作达到国内领先水平，部分被《中国经济学年鉴》等学术年鉴或刊物推介，有的被作为研究生教材。

吴照云主编的"中国管理思想精粹"系列丛书，立足于中国管理思想丰厚的文化底蕴和时代的精华，开创了中国管理思想研究的新篇章，为世界管理科学贡献着自己的智慧，为中国管理思想走向世界做出了应有的贡献。他从多角度观察中国古代管理思想的发展，揭示中国古代管理思想与中国古代社会、思想与文化之间的交互影响，提出管理学发展从虚拟的普遍性到与各民族文化传统调适，再到更广大的更真实的普遍性的发展路径。

2. 梳理中国古代管理思想的形成轨迹和发展路径

2012 年撰写的《中国古代管理思想的形成轨迹和发展路径》一文，从历史语境研究的角度，对中国古代管理思想的形成轨迹和发展路径进行初步梳理，按社会发展时期将其划分为孕育期（300 万年前—公元前 21 世纪）、萌芽期（公元前 2027—前 770 年）、形成期（公元前 770—前 221 年）、发展期（公元前 221—公元 960 年）、承接期（960—1912 年）五个阶段，以揭示中国古代管理思想发展的全貌，阐明诸家管理理论和思想流派历史嬗变的轨迹和内在演化逻辑。在此基础上，提出如何让中国特色的管理思想与国际的发展思路、发展方向相结合。该文获得第五届"蒋一苇企业改革与发展学术基金奖"。

3. 探索建构"中国管理"学科体系

2013 年，吴照云联合国内近 20 位专家主持申报并成功立项了国家社科基金重大招标项目《中国古代管理思想史》（多卷本），为江西高校管理学科首个同类项目，也是全国工商管理学科第 3 项国家社科基金重大项目。立项以来，课题组围绕自我管理、家庭管理、经营管理、

国家管理、军事管理等五大领域展开研究，一方面系统整理中国古代管理思想，另一方面积极探索建构"中国管理"学科体系的可能性，形成了不少阶段性成果（立项国家社科基金项目、出版专著、发表论文）。

四　教育管理研究

对于学科建设管理，他尊重规律，实事求是。他提出，学科建设要明确方向，要充分发挥团队优势，进行协同创新，走特色发展之路，这关乎学科建设的成败。作为地方院校，更要一切从实际出发，以大视野、大智慧、大手笔凝练特色鲜明的学科方向，即优势学科有品牌、成长学科有特色、交叉学科有亮点、博雅学科有活力。

对于博士生培养，他主张开阔视野，锐意创新。针对中国博士生教育开展的时间较短、经验较少，致使当前博士生选拔制度中存在的诸多问题，提出以研究能力和综合素质为标准选拔博士生，不把笔试成绩作为博士生招生的决定性因素。特别强调入学必备材料中新增"研究计划项目书"，力求考察学生的潜在研究能力和已有研究基础。

对于研究生培养，他注重知识的积累和传承。他认为，在研究生创新能力培养过程中，不能撇开"旧学"与"传统"，仅仅盯住最新的东西，看似"前沿"，实为一种"狗熊掰棒子"式的研究。他特别强调，要"温故而知新"，熟知"所以然"，用以研究新问题，在传承与创新的结合中取得突破。

在队伍建设研究方面，他强调以人为本，人才优先。他主张在高校人才工作中要树立系统观，要围绕学科建设的需要引进人才，要围绕学科主要方向打造团队。他强调要树立人才生态观，鼓励先自由发展，再统一规范，没有良好的生态就不可能出现人才辈出的局面。

学术感悟

　　吴照云先生常说，平台比能力重要，是高层次平台培养了自己，是包括中国社会科学院工业经济研究所诸位同仁在内的朋友的大力支持成就了自己。中国工业经济学会这个平台为许多有志于工业经济学科建设的同人提供了交流、合作的机会。如今，更要努力呵护好、建设好这个平台，让它在一次次学术交流中保持创新的活力，让它成为培养一代代工业经济研究者的重要载体。

代表性著作

（一）论文

1. 《大力发展第三产业，搞活江西经济》，《当代财经》1985 年第 6 期。

2. 《改革金融体制，开放资金市场》，《江西财经学院学报》1987 年第 2 期。

3. 《企业经营环境分析》，《当代财经》1990 年第 5 期。

4. 《关于推进江西省国有企业股份制改革的建议》，《当代财经》1993 年第 3 期。

5. 《世界国营企业发展趋势》，《企业经济》1995 年第 1 期。

6. 《我国劳动力市场的问题与对策》，《经济管理》1997 年第 6 期。

7. 《现阶段劳动力市场在解决隐性失业问题中的绩效及效应》，《当代财经》1997 年第 8 期。

8. 《我国隐性失业问题与对策》，《当代财经》1997 年第 3 期。

9. 《我国国有控股公司的难点、问题及发展对策》，《中国工业经济》1998 年第 7 期。

10. 《中国企业营销战略的现状、问题及对策》，《江西财经大学学报》1999 年第 4 期。

11. 《中国再就业工程运作的九种方式》，《当代财经》1999 年第 1 期。

12. 《国有企业战略性改组问题研究》，《中国社会科学院研究生院学报》1999 年第 2 期。

13. 《我国企业国际竞争力比较研究》，《中国工业经济》2000 年第 3 期。

14. 《我国风险投资的模式选择》，《上海财经大学学报》2000 年第 5 期。

15.《关于优化价值链的几点分析》,《中国工业经济》2001 年第 12 期。

16.《再造企业文化,提升企业核心竞争力》,《经济管理》2003 年第 13 期。

17.《企业文化与企业竞争力——一个基于价值创造和价值实现的分析视角》,《中国工业经济》2003 年第 12 期。

18.《企业文化与企业持续竞争优势》,《当代财经》2003 年第 8 期。

19.《我国医药产业结构调整对策探析》,《经济前沿》2003 年第 1 期。

20.《对粮食价格市场化改革与粮食主产区农民增收的思考》,《中国物价》2004 年第 6 期。

21.《航天产业结构及其与市场运行机制的差异性分析》,《当代财经》2004 年第 10 期。

22.《航天产业与市场运行机制的兼容性分析》,《中国工业经济》2004 年第 12 期。

23.《公司治理的核心——企业控制权配置的基础、问题和规范》,《当代财经》2005 年第 5 期。

24.《理性看企业社会责任》,《当代财经》2006 年第 5 期。

25.《中国企业创新动力不足之剖析》,《当代财经》2007 年第 7 期。

26.《管理的本质与管理思想的东方回归》,《当代财经》2008 年第 8 期。

27.《中国新兴产业市场结构演变规律探究:以有机硅产业为例》,《中国工业经济》2008 年第 12 期。

28.《我国国有企业社会责任的层级模型和制度共生》,《经济管理》2008 年第 C1 期。

29.《基于中国传统文化假设的情境化管理》,《当代财经》2009 年第 2 期。

30.《关于中国企业起源问题的若干思考》,《当代财经》2010 年第 1 期。

31.《新员工主动社会化行为与组织承诺关系研究:以社会资本为中介变量》,《经济管理》2010 年第 7 期。

32.《用服务科学解析价值链》,《中国工业经济》2011 年第 4 期。

33.《我国纺织服装业上市公司生存状态描述性统计分析》,《求实》2011 年第 1 期。

34.《关于我国商业银行专业化建设的思考》,《江西财经大学学报》2011 年第 3 期。

35.《服务模块化理论研究述评》,《当代财经》2012 年第 3 期。

36.《中国古代管理思想的形成轨迹和发展路径》,《经济管理》2012 年第 7 期。

37.《价值创造视域下民航业服务模块化运行——基于探索性案例分析的视角》,《中国工业经济》2012 年第 12 期。

38.《欠发达地区战略性新兴产业发展方向及重点领域选择》,《区域经济评论》2013 年第 1 期。

39.《企业生存状态评价指标体系构建研究:基于类比推理的视角》,《经济问题探索》2013 年第 8 期。

40.《我国企业债券市场分割问题研究》,《江西社会科学》2013 年第 4 期。

41.《汽车金融服务业服务模块化运行的价值创造路径:基于案例研究的视角》,《华东经济管理》2013 年第 8 期。

42.《企业战略理论形成与发展的辩证逻辑》,《经济管理》2014 年第 10 期。

43.《道家人性论与管理理论的发展》,《跨文化管理》2015 年第 6 期。

44.《基于君子文化的中国式管理模式:德胜洋楼的案例研究》,《当代财经》2015 年第 4 期。

45.《政府补贴、过度投资与新能源产能过剩——以光伏和风能上市企业为例》,《云南社会科学》2015 年第 2 期。

46.《中国家文化与现代公司治理的融合性研究》,《经济研究参考》2016 年第 22 期。

47.《世界经济调整对我国的启示》,《江西日报》2002 年 8 月 15 日。

(二)著作

1.《社会主义财政、税收与信贷》,江西人民出版社 1989 年版。

2.《企业国际形象塑造》,江西高校出版社 1995 年版。

3.《增强企业活力与完善社会保障制度》,经济管理出版社 1998 年版。

4.《小企业发展研究》,经济管理出版社 2000 年版。

5.《欠发达地区产业竞争分析》,经济管理出版社 2001 年版。

6.《中国航天产业市场运行机制研究》,经济管理出版社 2002 年版。

7.《产业集群与江西民营企业发展研究》,经济管理出版社 2003 年版。

8.《论如何构建适合航天产业特性的竞争机制》,经济管理出版社 2003 年版。

9.《中国管理思想史》,经济管理出版社 2012 年版。

(三)教材

1. 吴照云主编:《管理学原理》(第一版),经济管理出版社 1994 年版。

2. 吴照云主编：《管理学原理》（第四版），经济管理出版社 1998 年版。

3. 吴照云等编著：《产业经济学》，经济管理出版社 1998 年版。

4. 吴照云等编著：《产业经济学》（第二版），经济管理出版社 2005 年版。

5. 吴照云主编：《管理学》（第五版），中国社会科学出版社 2006 年版。

6. 吴照云等：《管理学通论》，中国社会科学出版社 2007 年版。

7. 吴照云主编：《中国管理思想史》，高等教育出版社 2010 年版。

8. 吴照云等编著：《管理学》（第六版），中国社会科学出版社 2011 年版。

9. 吴照云等编著：《战略管理》（第二版），中国社会科学出版社 2013 年版。

（四）课题

1. "隐性失业公开化问题研究"，国家社科基金项目（项目编号：96BJB080）。

2. "国有企业战略性改组问题研究"，国家社科基金项目（项目编号：97BJB021）。

3. "促进我国小企业发展的政策研究"，国家社科基金项目（项目编号：99BJY036）。

4. "加入 WTO 与提高我国欠发达地区产业竞争力问题研究"，国家社科基金项目（项目编号：00BJY062）。

5. "粮食主产区农民增收及其国家支持体系研究"，国家社科基金项目（项目编号：04BSH029）。

6. 国家重大社科招标课题，"多卷本《中国古代管理思想通史》"，国家社科基金项目（项目编号：13&ZD081）。

7. "大型国有企业改革与发展的实践研究"，江西省社科基金项目。

8. "国有企业改革与发展的实践研究"，江西省社科基金项目。

9. "知识经济与人力资源管理"，江西省社科基金项目。

10. "江西推进人才聚集政策研究"，江西省社科基金项目。

11. "江西民营企业成长环境优化研究"，江西省社科基金项目。

12. "中国企业对外直接投资政治性风险防范与应对研究"，江西省社科基金项目。

（五）奖励和荣誉

1. 1997 年，入选财政部首批跨世纪企业管理学科带头人。

2. 1997 年，《管理学原理》荣获财政部优秀教材二等奖。

3. 2004 年，《管理学》（第四版）获第一届江西省普通高等学校优秀教材一等奖。

4. 2008 年，荣获 2007—2009 年江西省高等学校中青年学科带头人。

5. 2010 年，《战略管理》荣获江西省第四届普通高等学校优秀教材奖一等奖。

6. 2012 年，论文《博士生招生制度国际比较分析及选拔机制创新设计》荣获江西省研究生教学成果奖二等奖。

7. 2013 年，论文《博士生招生制度国际比较分析及选拔机制创新设计》荣获第十三批高等教育省级教学成果奖三等奖。

8. 2013 年，入选"赣鄱英才 555 工程"。

9. 2013 年，论文《中国古代管理思想的形成轨迹和发展路径》获得第五届蒋一苇企业改革与发展学术基金论文奖（国家企业管理最高学术成果奖）。

曲振涛
Qu Zhentao

　　曲振涛，男，汉族，1957 年 1 月出生于黑龙江省五常县（现五常市）杜家乡。1977 年 12 月参加了划时代意义的冬季国考。1978 年 2 月入哈尔滨师范大学政治系经济学专业学习。1982 年 2 月毕业获得经济学学士学位。参加工作后又继续考取北京大学在职攻读经济学硕士与博士学位。毕业后又在东北农业大学获得农业经济管理博士后。

　　曲振涛 1982 年 2 月大学毕业后就职于黑龙江财政高等专科学校。曾任教师、团委书记、组织部长、副校长及党委书记兼校长等职务。1992 年 9 月被破格评聘为副教授，1996 年 9 月被破格评聘为教授。1996 年 10 月获国务院政府特殊津贴。1997 年赴美国参加世界银行人力资源开发（HRD）项目培训。

　　曲振涛于 2001 年 1 月至 2014 年 1 月出任哈尔滨商业大学校长。2014 年 1 月至 2017 年 1 月任哈尔滨商业大学党委书记。2017 年 1 月至今任黑龙江省政治协商会议经济委员会副主任委员。此期间，于 2003 年 6 月被聘为学校首批博士生导师。2004 年 12 月因领导学校进行人才制度改革，实行教授、博士人才连续工龄激励办法而得到时任中组部部长贺国强表扬，作为全省教育界代表而获感动龙江人物荣誉称号。2008 年 5 月获黑龙江省优秀中青年专家荣誉称号。2009 年 10 月获黑龙江省"五个一"理论人才称号。2009 年获黑龙江省直接评聘的二级教授（全省共 5 人）。2014 年 7 月获乌克兰国家科学院授予外籍经济学院士，并同时授予杜冈·巴拉诺夫斯基金质奖章。2015 年 7 月获俄罗斯国家科学院乌拉尔分院授予荣誉博士称号。2016 年 12 月获俄罗斯国立新西伯利亚科学技术大学授予荣誉博士称号，并收入该校授予的名人录在名人榜（墙）上介绍展出。

曲振涛于 2002 年任中国工业经济学会副理事长、副会长至今。现任哈尔滨商业大学经济学二级教授、博士生导师，黑龙江省公共政策与现代服务业创新智库主任与首席专家，黑龙江省财政学科领军人才，黑龙江省经济学会会长，教育部经济学类教学指导委员会委员，中国贸易促进会专家组成员，中国商品学会会长，国家社会科学基金、自然科学基金管理项目与博士后基金项目评审专家，国务院第七届学位委员会应用经济学科组成员。

曲振涛主持完成了国家社会科学基金与自然科学基金管理项目（面上）各 1 项。主持完成了联合国教科文组织与亚洲银行委托项目各 1 项。黑龙江省重大攻关项目 2 项。在《经济研究》发表论文 3 篇。在俄罗斯、乌克兰国家科学院院刊上发表论文各 1 篇。在《中国工业经济》《经济学动态》《经济学家》《经济科学》《财政研究》《税务研究》及《人民日报》与《光明日报》（理论版）发表专业论文 42 篇（不含通讯作者）。出版专著《公司法的经济学分析》（2004 年）、《法经济学》（2005 年）、《规制经济学》（2006 年）、《农业税制改革的经济学分析》（2010 年）等 12 部。主编教材 4 部，其中两部为普通高等教育国家规划教材。

曲振涛的经济学研究范围主要是产业经济学、财政学与法律经济学三个领域。其研究成果曾先后获得国家第二届优秀教材二等奖（2001 年），教育部教学成果二等奖（2004 年），教育部高校人文社科三等奖（2006 年），商务部科技进步一等奖（2003 年），黑龙江省人文社科一等奖 3 项，黑龙江省教学成果一等奖 3 项。

曲振涛在《经济科学》发表的《市场经济与公有产权重构》①论文与《法经济学原理与实证分析》②课题报告等著述中，提出了对通行的经济学"效率与公平"原则的商榷与修正意见。指出：在任何产业的发展过程中，仅强调"效率与公平"是极其片面的，是缺少产权主体与产权激励机制的残缺理念，是不符合市场经济规律的错误的经济学范式。市场经济即法制经济，法制经济的市场机制是由主体、权利、行为与责任构成的。主体之间是由契约联结而成的权利义务关系，根据主体履行权利义务的表现行为承担相应的经济后果与法律责任。而主体的权利是本位，义务仅是与权利对等的行为责任。对于市场的逻辑而言，只有主体的效率，主体间的公平。主体行为自主决策、自负盈亏、自担结果，它的本质就是自主。所以在产业组织领域内，"自主效率公平"才是科学的命题。有了主体概念就能分清国有公司、民营公司、股份公司、合伙公司、一人公司还是独资公司等性质，根据这些不同的公司形式才能在法律上界定产权的所有者。根据产权及孳息的内在动力，促进市场要素自由流动。③

曲振涛提出的分析产业经济学的一般理论框架，也是他的产业经济学的价值观。无论是追求效率还是公平，都离不开市场主体的自主自愿与自觉。企业的自主性越高，效率则越高，公平也就按照产权规则自然实现了。越是追求效率就越是要归权于企业，企业间越是自然竞争，则越能实现公平，竞争提高效率，竞争体现公平，产权明确才能促进竞争，催生竞争动力。所以，政府在市场经济背景下，首要的不是去直接提高效率，而是界定产权，制定竞争规则。当充分竞争实现时本身就达到了公平，效率也在其中。效率＝自主（产权）×竞争（公平）。对于企业

---

① 《市场经济与公有产权重构》，《经济科学》1996 年第 2 期。

② 《法经济学》，国家发展出版社 2005 年版。

③ 《国有资产产权转让初探》，《经济科学》1992 年第 3 期。

而言，权利自主是基础性、前提性、根本性的核心问题。竞争是关键，是主体之间的竞争，效率仅仅是二者关系的结果。在初次分配中，效率是主要的追求目标，公平仅是对竞争而言的结果。社会的公平正义是政府二次分配的职能，如果在初次分配就强调公平，很容易误导市场扼杀高效率企业的创新积极性与能力，导致更不公平的中等收入陷阱的恶性结果，人们不再努力创业，而是更想搭便车。[①]

产业经济学的价值取向是倾向效率还是公平？是要政府代替企业作决策，还是让企业自主决策？是要竞争的公平，还是要行政垄断？是要创新驱动，还是要等待搭便车？关键是产权结构如何设置。这是中国经济体制机制改革的深层次难题，更是改革徘徊两难选择的焦点。

曲振涛在长期的产业经济学的研究中，对一些问题进行了较深入的探讨并提出了自己的观点。

一　产业组织理论的探索

曲振涛运用自己的"自主效率公平"价值观概念，分析了效率与不同价值取向的不同结果。

（一）效率风险平衡公式[②]
一般状态总公式：

效率 = 自主（产权）× 公平（竞争）　　　　　　　　　（1）

理论状态公式，帕累托效率客观上并不存在：

效率 = 自主（最大化）× 公平（充分竞争）　　　　　　（2）

实践状态三种形式：

效率 = 自主（国有）× 公平（不竞争）　　　　　　　　（3）

效率损失公式：

① 《论法经济学的发展、逻辑基础及其基本理论》，《经济研究》2005 年第 9 期。
② 《法经济学教程》（国家级规划教材），中国高等教育出版社 2006 年版，第 28—40 页。

效率＝自主（私有无规则）×公平（自由主义） (4)

效率消失公式：

效率＝自主（国有＋民营）×公平（垄断竞争或规则竞争） (5)

效率平稳公式分析：（1）效率与公平是要有主体的，主体的内涵是产权。（2）属于理论状态，帕累托效率客观上并不存在。（3）说明僵化模式的一大二公效率低下。（4）完全私有化在相当时期内会导致混乱到无效率程度。（5）混合产权方式效率稳定，虽不是最佳，但属次优加稳定。

（二）多元主体论

经济与社会构成的多样性决定了产业形式及产权性质的多样性。中国（除港澳台地区外）是实行社会主义制度的国家，民族与人口众多，疆域辽阔、产业体系齐全。产业多元主体能更广泛地适应发展中大国的需要，既能满足高科技创新的产业组织需要，也能适应中低产业组织现实需要。产权的国有、集体、股份制、合伙制、一人公司、合作社、中外合资与中外合作等法人与非法人产业组织及自然人都可以依法成为市场主体，这是打破行政与市场垄断的客观要求。平等公开的竞争，主体平等、机会均等，结果是公平的。①

（三）民营本体论

一是产业组织发展与其他经济活动一样，都具有规律性，从效率风险平衡公式可以得到证明。民营最具有市场经济的普遍性，最具有效率的代表性。民营不是私营更不是私有化；当然民营可以是私有产权的经营，但同时也可以是国有民营、授权经营等。国家应该为民营机制提供法律保障，政府提供信息服务及监督服务。政府的职责是落实契约履行监督责任。

二是无论国有、集体资产都可以采取民营方式经营。实施所有权与

---

① 《公司产权制度新论：从法人的产权到公司所有权》，《经济学动态》2004 年第 9 期。

经营权分离，国有资本授权经营。

三是民营本体论可以打破国有企业垄断、不平等竞争、内部暗箱操作。政府直接经营不仅效率低下，而且固化国企与政府的父爱主义情结，导致投资冲动、投资无效、重复建设，造成产能过剩。[①]

（四）混合新体论

曲振涛提出了混合新体论（2014 年）。混合新体论就是"混合经济"的法学称谓，是由多种所有制股权组成的一个新的法人财产权的企业主体形式。它是一种新的公有制形式。之所以称为"新体"，主要是区别于原来的股份制形态的主体，强调其新的法人治理结构。混合新体实施负面清单制，外国投资人实施事前国民待遇，扩大市场化程度。既可以发挥公有制经济的引领方向、信息成本低、科技实力强、资本金雄厚的优势，又可以吸纳民营企业适应市场灵活、创新欲望强、分布领域广、机制活、冗员少、包袱轻、管理严格等优势。尤其是凸现将民营企业的财产权利敏感神经植入新主体的重大意义。

在混合新体法人组建、决策、运行中，应严格公司法人章程内涵设定，防止侵蚀小股东的权益。应设立独立董事制度，独立董事人选由小股东提名任用。[②]

二　产业结构的探索

曲振涛运用自创的"自主效率公平"概念及利益风险平衡公式提出了多元主体、民营本体与混合新体论基础上，于 2010 年在《普惠之路——哈尔滨银行小额信贷理论与实践》[③] 一书及相关论文中，对中国中小微企业及农村产业发展创新与升级等相关问题进行了系统的探索。发现中国中小微企业总体上是发展壮大的，但从结构上分析则令人担忧。

---

① 《经济法改革方向的经济学分析——一个契约路径视角》，《制度经济学研究》2006 年第 11 期。
② 《我国独立董事独立性再造研究》，《经济学家》2009 年第 11 期。
③ 《普惠之路——哈尔滨银行小额信贷理论与实践》，主编，中国财政经济出版社 2010 年版。

一是实体少，虚拟领域多；二是创新少，集中于一般服务业居多；三是家族式多，社会性少；四是学历低者多，高智者创业少。根据以上客观现状，提出了以下探索性观点。

（一）对中小微企业研究探索

1. 实体型优先论

对于创办实体型企业的中小微企业，政府应通过各类基金与政策优先排序，鼓励实体经济在本区域内的发展；对于存量的中小微实体企业扶持引导，帮助凝练商誉与品牌，扩展市场与产业链；对有历史传承商誉好，有市场潜力与发展前景的中华老字号中小微企业授予品牌、名牌予以鼓励。把政府行政管理职能与商事职能结合起来。

2. 科技型扶持论（2004 年，新东北新战略高层论坛讲演）

科技类中小微型企业的成长状态，影响甚至决定中国未来的产业发展水平。从理念上应由"抓大放小"向"抓大扶小"转变。要从未来战略定位上把握对科技型中小微企业的政策。政府应该从发展规划与市场信息、政府引导、扶持基金、金融政策、税收制度上对它们加以扶持。[①]

（二）对农村产业结构的研究探索

曲振涛对农村产业结构提出了产权论与产城融合论。

1. 农民土地产权论

中国之所以存在二元经济结构问题，其中农民的土地产权问题是决定因素。中国广大农民不仅勤劳而且智慧，不仅为中国工业体系建设提供了"剪刀差"剩余，而且还为改革开放以来的全国城市建设提供了城乡二元结构差别的"新剪刀差"剩余。农民劳动致富权利由于身份的原因受到了制约与影响。解决这两次"剪刀差"问题的钥匙就在农村土地产权这个基础制度上面。农民土地不能出租、出让及定价入股，显然是残缺的产权制度，是继续扩大"剪刀差"的制度，这是一个真正公平正

---

① 《中小企业间接融资不足存在原因分析》，《制度经济学研究》2007 年第 17 期。

义的基本问题，也是中国最大的不公平正义问题。在市场经济背景下农民的土地财产权仅限于耕种收益，是制约"三农"发展的核心问题。农民土地、林地、宅基地应该商品化或有限商品化。[①]

农村只有实施土地流转、抵押、出租、定价入股等政策，作为土地主人，农民才能获得土地财产权、收益权及孳息权，农民的财产权利才能突破集体财产权而回归到客观具体的农民本体权利之中。

农村土地确权与农民财产权的落实，能进一步实现土地的规模化、机械化、现代化经营，中国的农业才能具有竞争力，进而实现标准化现代农业，有利于绿色有机、产量与质量的同步发展。能解决农民一家一户无力办到的兴修水利、秸秆产业化处理、避免燃烧污染环境，以及实施土地休耕涵养地力等问题。农村只有土地确权才能激活市场要素，使农民尽快变为平等的市民。土地产权是破解"三农"问题的基础。

2. 产城融合论

农村城镇化是历史发展规律，在土地确权基础上逐步实现专业化、规模化、机械化大生产经营走农、工、贸相结合的产业化道路，使农民转化为产业工人，使农业转化为以农为主的产业综合体，使农村走上农场化，并逐步城镇化。在这个过程之中，产业的发展是内涵，城镇化是结果，没有产业支撑就没有城镇化之实。应避免编码意义统计学内涵的城镇化发生。打通城市资本流向农村的渠道，促进农村产业与城镇化一体发展。[②]

三　产业政策研究探讨

曲振涛在其所著的《规制经济学》[③] 一书及其发表的研究产业政策方面文章中，对以下四方面政策提出明确系统的表述。

---

① 《减贫财税能力与新农村建设》，联合国教科文项目中国 UNDP，2007 年 1 月。
② 《振兴东北老工业基地积极财政政策模型研究》报告（国家自然科学基金项目：70473021），主持人，2008 年 3 月。
③ 《规制经济学》，复旦大学出版社 2006 年版。

（一）行业规制与国际公约协同论

曲振涛所著的《规制经济学》不称"政府规制"，原因有二。一是提出了"政府规制"容易导致规制俘获、暗箱操作与腐败，规制成本高且规制无效。在法治政府未建成阶段，政府规制道德风险高，塔西佗陷阱使公信力不足。所以，产业的进入退出与产品及服务标准质量等应积极推进行业协会自我规制，形成企业自律、行业自管、政府监管的格局，政府依法依规只当裁判员。这样既有利于政府实施一视同仁对国企与民企的平等监管，更有利于打破行业垄断。二是不称"政府规制"有利于政府对企业在国际市场上遵循国际公约进行监管与指导。在中国还处于没有取得 WTO 规则规定的市场经济国家地位的过渡期内以及以后的国际经济贸易活动中，依据 WTO 规则、《巴塞尔协定》及《伯尔尼公约》等监督与指导企业是十分必要的，对于遵守国际公约规定的反垄断、反倾销、反补贴、反歧视性贸易等都具有国际意义。在贸易自由化、便利化及国内、国际两个市场的视域下，我们应恪守行业自律、政府监管与国际法规制协同的全球化法治思维。

（二）产业人力资本先导论

曲振涛在亚洲银行[①]与联合国教科文组织的委托项目研究中提出了人力资本优先发展的观点。人力资本一般是通过教育训练与职业培训过程获得。任何产业都离不开人力资本的支撑，尤其是在新经济时代。人力资本的形成过程周期长，属于基础性工程；作用显现滞后，因此又属于先导性产业；现在竞争的焦点是高端科技知识密集型产业人才，所以人力资本必然成为产业发展的先导性、支撑性要素。人力资本一般可分为通用性、专用性人力资本两种类型。语言、计算机、数学等属于通用性人力资本，而依附于某一类生产过程环节并与产业形成黏性或依附性的人才则属于专用性人力资本。如重化工产业环节多达 1191 个小类，每一

---

① 《中日新农村建设税收制度比较研究》，亚洲银行项目，2006 年 12 月。

个环节固化一批人才。专用人才与通用人才比较有培养过程周期长、转型慢、培训成本高、实践操作技能技艺强的特征。中国截至2015年第一产业领域人力资源的平均受教育年限为7.8年；第二产业领域人力资源平均受教育年限为10.3年；第三产业领域人力资源平均11.7年。与发达国家比较存在较大的差距。所以从人力资本产业视角看，中国应进一步大力发展高等教育与职业教育，尤其要加强博士人才的培养，扩大数量，提高质量。截至2016年中国拥有博士人才约65万人，而美国是698.8万人，是中国的10.75倍，如果按占总人口的比例计算则是中国的43.6倍，作为培养博士人才的基本主体的高等院校与美国相比同样差距巨大。2004—2014年，中国高校专任教师中拥有博士学历的增长比例仅为12.3%，年均1.23%，2015年中国博士毕业生数量约为5.38万人，其中2.53万人担任高校教师，占新任教师3.81万人的66.4%，而2015—2016年美国授予博士学位是17.9万人，其中学术型博士55006人。按照现在的培养计算，到2020年，中国高校专任教师中拥有博士学历的比例仅为26%。按照中国博士毕业生规模测算，到2021年，中国拥有的博士人才仅是美国的10%，这与中国确定的"两个一百年"的发展目标与建设创新型国家定位极不匹配，高级人力资本后备队伍支撑严重不足，基数太小。所以，我们必须适应未来产业发展的需要，实施人力资本发展先导战略，把人才产业放在首位。[①]

（三）知识产权与制定规则战略论

商标、专利与著作权是现代产业竞争的高端领域，也是产品品牌附加值所在，更是西方封锁我们的产业重点领域与摩擦纷争的痛点。然而在新兴产业领域制定标准与规则更是现时与未来竞争的焦点。中国已在高铁、电子商务、移动支付与共享经济领域占据领先地位，在物联网方面已经抢先占据"立法"主导地位。在第四次工业革命已悄然到来之际，中国的产业发展要在创新驱动上占得先机，除人力资本要优先发展的同

[①] 《振兴东北老工业基地人才生态研究》，"振兴东北老工业基地辽宁论坛"2017年7月22日。

时，必须将知识产权与新兴产业的标准规则制定与创新同步抓好，这是中国实现由大国到强国的实力标志。①

（四）国际区域产业合作动能转换论

曲振涛在"俄罗斯克拉斯诺亚尔斯克'面向东方'国际论坛"《中俄北极海上航道合作开发利用》（2014）一文中提出了俄罗斯远东地区与中国东北老工业基地区域产业合作前景广阔。双方通过建立跨境合作区、自由港贸易区、高科技合作产业园区，以合作促区域发展，实现双方动能转换。增强市场的竞争力与双方的内生动力，利用好中俄北冰洋东北航道合作开发利用建立冰上丝绸之路的机会，实现南联北开，发挥俄罗斯远东资源丰厚与中国东北地区地缘与产业优势借海出港走向世界。同时在国际方面，扩大对北美、北欧、西欧开放，在新一轮发展战略中实现中俄双方内生动力根本转换，达到既定目标。鉴于长期东北振兴经验教训总结，本轮中俄合作要从比较优势向竞争优势转变；资源优势向能力优势转变；长期国有计划经济优势向市场优势转变；由长期的管理型政府向服务型政府转变；内部改革增长内生动力与扩大开放提升动能同时转变。要改变俄罗斯远东地区与中国东北地区仍然陷于资源诅咒的客观现象。②

① 《中俄产业合作创新研究》，"俄罗斯国立新西伯利亚科学技术大学国际论坛"2016年12月。

② 《中俄北极海上航道合作开发利用研究》，"俄罗斯西北联邦大学'面向东方'国际论坛"2014年11月。

胡 军
Hu Jun

　　胡军，男，1957 年 2 月出生于辽宁本溪，籍贯吉林省梨树县。1966 年跟随父亲到宁夏，在宁夏读完小学和中学。1974 年在宁夏卫东农场务农，1976 年在宁夏大峰露天煤矿参加工作。1978 年考入河北地质大学地质经济管理系，1982 年大学毕业，同年考入暨南大学攻读硕士学位，1985 年暨南大学研究生毕业，获硕士学位。1985 年 9 月留校在暨南大学企业管理系任教。1987 年任讲师，1989 年被破格提升为副教授，同年担任硕士研究生导师。1994 年获得教授任职资格，1996 年成为博士生导师。1990 年至 1991 年 6 月在上海外国语大学进修英语，1991 年 7 月至 1992 年 12 月赴英国伯明翰大学经济系进修博士课程，1998 年 7 月至 1999 年 1 月受欧盟资助，赴德国汉堡大学从事合作研究，2002 年受美国国务院邀请，作为国际访问学者对美国进行为期一个月的学术考察。2004 年赴澳大利亚主要大学进行学习和考察。

　　在行政工作和社会兼职方面，1993 年任暨南大学企业管理系副主任，1997 年任企业管理系主任兼 MBA 中心副主任，1998 年任暨南大学管理学院院长，2000 年任暨南大学副校长，2001 年兼任暨南大学珠海学院院长，2005 年开始担任暨南大学校长。目前担任中国工业经济学会副会长、广东省中青年经济研究会副会长、广东省政府经济发展研究中心特约研究员、广州市政府经济发展顾问、暨南大学产业经济研究所所长、国家重点学科——产业经济学学科带头人。

胡军从 1986 年开始从事产业经济与企业管理方面的学术研究，近 10 年来，曾先后承担了国家自然科学基金重点项目"推动经济发达地区产业转型升级的机制与政策研究"、国家社会科学基金重大项目"共生理论视角下中国与'一带一路'国家间产业转移模式与路径研究"、国家自然科学基金重点项目子项目"企业管理模式的文化基础"、国家自然科学基金面上项目"华南天然经济区高科技资源整合及发展战略研究""家族文化与家族式民营企业融资演化研究"、广东省政府大型研究项目"广东工业产业竞争力研究"和"广东产业可持续发展问题研究"等项目的研究工作。在《经济研究》《管理世界》《中国工业经济》《国外社会科学》等著名学术杂志发表学术论文 20 余篇，主编产业经济学丛书 3 套，出版专著两本。代表作《华南区域经济一体化》1996 年出版，书中的理论和政策主张与目前的"泛珠三角经济区""粤港澳大湾区"战略构想和措施有吻合之处，对广东省目前的产业现状和存在的问题也有一定的预见性。另一本代表作《跨文化管理》1995 年出版，是国内第一本较全面介绍和论述文化与管理的关系以及管理的文化基础的专著，被国内以及港台一些学校作为教材使用。研究成果多次获得省部级科研成果奖励，代表作《广东工业产业竞争力研究》获 2005 年广东省人文社会科学成果奖一等奖。1996 年被评为暨南大学首届十佳授课教师，2002 年获国务院特殊贡献专家津贴。

胡军的研究领域主要是产业经济与企业管理，他密切结合中国经济发展和改革开放的实践，深入研究区域经济一体化、工业产业竞争力、工业化理论与产业转型升级、创新理论与中小企业政策、跨文化管理等相互关联的重要理论和现实问题，提出了一些有价值的学术见解和观点。

一　华南区域经济一体化

胡军是国内学者中较早提出了华南区域经济一体化的理论思想与政策主张的专家，他的专著深入分析了区域经济一体化的发展方向与产业整合模式，对粤港澳一体化、"泛珠三角经济区"和粤港澳大湾区建设具有理论支撑和政策启发意义。

在深入分析华南区域经济一体化特殊含义的基础上，胡军指出华南经济区域传统合作模式包括三个特征：一是自发性；二是低层次和短期性；三是以低技术、劳动密集型产业的内移为主要内容。他认为这种合作模式的成因从粤闽琼方面来看在于以下四点：对投资需求的饥渴症，使其无可选择地接纳了这一合作模式；大陆旧的增长模式的惯力在这个地区的延伸；粤闽琼对新技术的吸纳能力过弱；缺乏产业甄别机制与政策。从港澳台方面来看在于以下三点：经济发展受到本身增长极限的限制；生产的产品需要足够的吸纳空间；港澳台在失去发展劳动密集型产业的种种优势以后，以小企业为主的企业规模结构没有能力进行自身的技术升级，要发展高科技，只有将这些企业向外大规模地转移。

胡军认为传统合作模式日益暴露出其局限性。主要表现在：一是产业结构的同构现象十分严重；二是出口商品结构与出口市场呈趋同性；三是产业内移效应与预期值相背反；四是广东的吸纳能力衰减；五是旧有的合作模式窒息了各方经济发展的活力。所以，尽管华南经济区域各方旧的合作模式的存在还有其比较利益上的合理性，在大陆三方的某些地区还会有一定的发展空间。但从总体上说，在 20 世纪 90 年代，华南经济区域各方的合作，应朝着新的模式过渡。

胡军认为要从各方综合的长远的利益出发，区域经济各方主要是提高整合的程度，从自发的、局部的、低层次的、片面的整合走向自觉的、整体的、高层次的、全面的合作。在此基础上，胡军提出了华南区域经济发展与整合模式选择的政策主张：第一，组织与协调模式应从民促走向官促。政府介入经济体系发展的主要功能在于协调宏观层面出现的利益纷争，协调产业政策，并运用经济规划、经济政策、经济扶持等手段，进行有效的宏观调控。通过制定合理的产业政策和引进外资政策，有可能对旧合作模式产生较大的影响，引导产业结构向合理化方向发展。第二，发展取向要从互补性合作到结构性合作。第三，产业整合模式要从垂直分工到垂直与水平混成分工。第四，时空发展模式要从无序到有序。

二　工业产业竞争力

胡军及其研究团队系统研究了产业竞争力的理论框架、评价方法与政策体系。特别是深入分析了产业竞争力理论及其评价体系在转轨经济体制中的适应性和调整方向，首次全面评价了广东工业产业竞争力并提出了系统的政策主张，同时，创造性地提出了"工业精神"新观点，并评价了这一新的经济伦理思想对产业转型升级的影响。

基于产业竞争力战略理论和全球价值链分析法，首次对广东工业产业的竞争力作了全面、系统的分析研究，对如何准确地评价和提升广东工业产业竞争力得出了比较科学的、明确的结论。胡军及其研究团队认为，从整体上来看，广东工业产业具有较强的数量优势，市场占有率连续多年居于全国首位，但其竞争优势与上海、浙江、山东等省市相比存在一定差距，主要原因是盈利能力长期低于全国平均水平；同时，其市场占有率和竞争优势系数的相对水平趋于下降，存在被江苏、山东、浙江等省全面赶超的危险。从结构上来看，广东拥有一批同时具有较强的市场占有优势和竞争优势的工业行业，但工业发展的地区差异十分明显。从进出口来看，广东是中国第一出口大省，但市场占有优势未转化为利润优势。

胡军认为广东工业发展的主要问题表现在：关键技术的自主创新意识和能力不强，全社会研发投入不足；装备工业发展滞后；在国际分工体系中处于产业链的低端；缺乏行业龙头企业，大小企业之间缺乏有效的分工协调；区域工业发展不平衡，不同区域之间的合理分工协作关系没有形成；引进外资的结构不合理，引资方式缺少创新；高素质人才供给不足，高级技工和研发人员严重短缺，吸引人才的环境有待改善；金融体制改革滞后，投融资渠道不畅；政府协调机制尚待加强。

针对广东工业产业竞争力存在的问题，胡军及其研究团队提出了十二大政策主张：（1）以掌握制造业核心技术为目标构造技术创新体系。（2）以"三高"（高增长行业、高新技术、高附加值）为目标取向，不断优化工业产业结构。（3）以合作竞争体系形成目标，优化工业产业组织结构。（4）以区域协调发展为目标，优化区域布局结构。（5）外引内联，更充分发挥区位优势。（6）拓宽工业投资渠道，提高工业投资质量。（7）加快人力资源培育，消除工业发展的人才瓶颈。（8）大力发展生产性服务体系，为工业产业的发展提供外部支持。（9）把大力发展民营经济放在制度创新的首要位置。（10）培育产业社会的自组织功能。（11）完善和规范政府职能。（12）培育广东"工业精神"。

三 工业化理论与产业转型升级

胡军针对中国转轨体制下的工业化问题进行了早期探索和持续跟踪研究。他在亚洲金融危机后对"东亚模式"的问题、成因及未来走向进行了反思和判断，并对广东的区域工业化问题进行了领先研究。他认为，国家整体非平衡工业化战略必然引致局域工业化具有不同的模式。特别是，以深圳为例，他系统分析了局域工业化的跨越模式的特点及其形成机理，认为制度、创新、开放以及市场的力量等因素构成了跨越的动力，同时指出了模式隐藏的局限性。相关结论对中国当前经济发展方式转变具有启发价值和政策含义。

胡军开创性地研究了改革开放初期劳动力的流向、流速和流量及其宏观控制，并深入讨论了劳动力供需结构失衡对产业结构升级的影响。他认为，中国产业结构升级转换的障碍除了缺乏具有竞争力的技术创新外，最现实的问题是与产业转换相配套的关键要素——劳动力供需结构存在着严重的失衡，劳动力供给结构与劳动力需求结构发生着较大的背离。他认为，产业结构与劳动力结构背离的主要原因在于中国工业化模式和产业的非正常发展。

胡军还对中国劳动密集型产业和代工制造业的结构调整进行了领先研究。他认为20世纪90年代末出现的内需不足问题的根本原因在于国民可支配收入与80年代末以来的产业结构调整不协调。以轻工业为主的工业化模式而着力发展重工业结果是抑制了农村人口收入的增长，也使农业劳动力向非农化转移受到扼制。内需不足不是总量过剩的问题，而是结构性的问题。他认为，在21世纪之初经济转型阶段中，劳动密集型产业仍然存在着发展的巨大潜力和空间。他还首次利用全球价值链分工理论深入分析了中国代工制造业的成长机会、升级模式与发展路径，并对珠三角代工制造业的转型升级提出了系统的政策主张。

胡军对中国东部发达地区产业转型升级的机制与政策进行了深入探索和系统研究。结合中国东部发达地区经济发展面临的重大难题，胡军带领团队重点讨论了产业转型升级的影响因素及运行机制、典型产业转型升级的演进模式与机制、中国经济发达地区产业转型升级的演进模式、水平及其影响的分析和评价、推动中国经济发达地区产业转型升级的战略分析与政策研究，对于在产业技术理论、产业结构理论、产业组织理论和产业区域布局理论等方面融入"中国元素"，丰富中国特色的产业经济理论具有理论创新价值。

四　创新理论与中小企业政策

胡军高度重视技术创新对产业升级发展的影响。他较早研究了工业企业技术改造的规律性。他认为，中国改革开放初期工业企业技术改造中存在的战线长、项目多、力量散、管理乱、浪费大、效益差等现象。他指出，制约技术改造规律的因素主要有自然因素、经济因素、社会因素、历史因素和经济规律的调节，并从整体性、相关性、有序性和动态性四个方面分析了技术改造规律作用的特点，还提出了技术改造的整体思路和对策建议。

胡军系统梳理和评价了德国等发达国家的工业技术创新机制和政策。他分析了德国工业创新的基本特征、主要载体、技术传播网络和教育培训系统。他认为德国工业创新体系建设和对中小企业技术创新的鼓励政策对中国工业经济发展具有借鉴意义：第一，要激发中小企业的创新活力。既要发挥政府宏观指导和政策倾斜作用，又要充分发挥市场机制对创新资源配置的影响。第二，中小企业的技术创新要选择适当的技术路线。第三，应大面积改造中国目前的科研体制，更多的专门的科研机构以及大专院校的科研力量，要面向市场，创造新的工业创新体系。第四，既要吸引实力雄厚的德国大企业来华投资，又要着重研究进一步吸引拥有先进技术的德国中小企业来华投资的问题。

胡军还对美国、德国、日本、中国台湾中小企业政策进行了系统的国际比较研究。通过比较研究，他认为要采取切实可行的政策措施促进中国中小企业的迅速发展：首先，各级政府以及社会对中小企业的发展应有一个正确的认识；其次，中国中小企业政策的着重点应放在鼓励中小企业生成和企业网络的形成上；最后，建立比较集中的宏观管理与社会保障体系。

五　跨文化管理

在经济全球化和一体化的背景下，跨文化管理的问题日益引起人们的关注。胡军早在1995年就对跨文化管理的理论作了系统的介绍，编写了跨文化管理的教材，对跨文化背景下的组织沟通、激励行为和领导方式等进行了系统探讨，具体讨论了影响企业管理的文化层面及其国际比较、员工的工作行为与激励的文化基础、管理行为与领导方式的跨文化比较，深入分析了"儒教文化圈"的管理模式，以外资企业为背景进行了本土跨文化管理的研究工作。建设"人类命运共同体"，文化融合是关键。胡军对跨文化管理的早期研究在当今仍然具有现实意义。中国"一带一路"伟大构想的实施迫切需要进行跨文化管理的研究；对于不同文化系统的研究有助于我们客观地认识和理解他人的文化与管理，而不是从自己的文化观点出发理解他人的文化与管理；对于跨文化的研究有利于建立具有中国特色的管理理论。

胡军还对华人企业管理模式及其文化基础进行了总结与提炼，评价了中国传统价值观和家族文化对华人企业管理的深层影响，并深入研究了华人群体内部差异性及其对管理模式的影响。第一，华人企业管理模式具有5个独立的面向，包括差序式治理、家长式领导、两权合一、依赖网络和子承父业，其中依赖网络最为重要。第二，华人家族文化取向具有4个独立面向，包括家族取向、人情取向、中庸取向及恩威取向，其中恩威取向最为重要。第三，管理模式与家族文化密切相关。从管理模式受家族文化影响的角度看，差序式治理与人情取向和中庸取向相关，子承父业与人情取向相关；从家族文化对管理模式影响的角度看，人情取向对管理模式的影响最显著，而中庸取向对管理模式的影响最广泛。

胡军运用新制度经济学的交易成本理论分析华人家族企业网络的经济性质，认为华人家族企业网络是一种比市场机制有效、比大型科层制组织灵活的中间组织形式，它能通过网络内企业之间重复交易产生的信任和承诺的协调，节约交易成本；华人家族企业网络除具有一般企业网络的基本特征外，最主要的特征是其网络结构展现出浓厚的中国传统家族文化色彩；中国传统家族文化的"差序格局"是华人家族企业网络的文化根源。

胡军还提出了基于社会资本的中小企业创新理论，认为：第一，中小企业的创新结构和知识管理水平受到结构性、认知性社会资本和企业人力资本的综合影响；第二，中小企业认知性社会资本既直接地又通过影响企业的结构化社会资本间接地影响了企业的技术创新水平，显示出社会资本对中小企业创新的影响存在明显的分层结构和不同路径。

代表性著作

1. 胡军：《华南区域经济一体化》，暨南大学出版社 1996 年版。

2. 胡军：《跨文化管理》，暨南大学出版社 1995 年版。

3. 胡军等：《广东工业产业竞争力总报告》，提交广东省人民政府，2002 年。

4. 胡军：《略论劳动力流向、流速、流量的宏观控制》，《经济研究》1986 年第 7 期。

5. 胡军、王霄、钟永平：《华人企业管理模式及其文化基础——以港、台及大陆为例实证研究的初步结果》，《管理世界》2002 年第 12 期。

6. 胡军、钟永平：《华人家族企业网络：性质、特征与文化基础》，《学术研究》2003 年第 2 期。

7. 胡军、陶锋、陈建林：《珠三角 OEM 企业持续成长的路径选择——基于全球价值链外包体系的视角》，《中国工业经济》2005 年第 8 期。

8. 胡军、向吉英：《论局域工业化的跨越模式——以深圳为例》，《学术研究》2002 年第 3 期。

9. 胡军、向吉英：《转型中的劳动密集型产业：工业化、结构调整与加入 WTO》，《中国工业经济》2000 年第 6 期。

10. 胡军：《德国的工业技术创新机制：鼓励中小企业创新》，《科技管理研究》2000 年第 2 期。

11. 胡军：《东亚模式：危机过后的反思》，《亚太经济》1999 年第 4 期。

12. 胡军：《华南"天然经济区"技术转移问题研究》，《南方经济》1995 年第 9 期。

13. 胡军：《华南区域经济一体化的特殊性》，《特区与港澳经济》1994 年第 2 期。

14. 胡军：《华南区域经济的发展取向与模式选择》，《国际贸易问题》1994 年第 1 期。

15. 胡军：《试论技术改造的规律性》，《经济科学》1985 年第 2 期。

江小涓
Jiang Xiaojuan

江小涓，女，中共党员。教授、研究员、博士生导师。先后在大学从事教学工作两年，在中国社会科学院做经济理论研究工作 15 年，此后在政府机构工作 14 年。

1984 年毕业于陕西财经学院工业经济系，获经济学硕士学位，此后留校担任助教、讲师。1987—1989 年在中国社会科学院研究生院学习，获经济学博士学位，1987—1988 年在新西兰惠灵顿维多利亚大学做访问学者。1994 年起任研究员，1998 年起任教授、博士生导师。担任过中国社会科学院工业经济研究所研究室主任、院经济学科片学术秘书、财贸经济研究所党委书记、所长，中国社会科学院研究生院教授委员会主任委员。2004 年调至政府部门工作，先后担任国务院研究室副主任、党组副书记，国务院副秘书长。

江小涓发表过 10 多部学术专著和数百篇学术论文。其中在《经济研究》《中国社会科学》和《管理世界》3 个刊物上发表的论文超过 20 篇。研究成果多次获得国家级和省部级奖项和表彰，包括 3 次获得孙冶方经济科学奖，全国青年社会科学研究一等奖，吴玉章人文社会科学成果奖等。2012 年获得第五届中国经济理论创新奖。江小涓还获得过中国社会科学院十大优秀青年、中国社会科学院有突出贡献的中青年专家、中国社会科学院优秀领导干部、中央国家机关巾帼建功标兵、全国十大女性年度人物、全国留学回国先进个人荣誉称号等。

江小涓的主要研究领域为产业结构和产业政策，体制改革与经济发展，对外开放，服务经济。在上述四个方面都有学术水平较高和社会影响较大的研究成果。

一　产业结构和产业政策问题研究

这是江小涓较早和持续从事的一个研究领域，重点是探求产业发展的制度基础，包括以下几个方面。

（一）对"重复建设"和"过度竞争"问题的研究

在中国许多产业的发展过程中，出现了一些不合预期的现象和企业"不合理"的行为，被指为是"市场失效"的表现。江小涓通过大量实证考察和分析，得出了一些新的观察角度和新观点，引起了学术界、产业界和政府部门的较多关注，在很大程度上扭转了对其中一些问题的观察和评判角度。第一，供大于求存在过剩能力，是正常竞争的必要条件。第二，由于市场潜力巨大，已有的企业又缺乏竞争力，大量新企业进入是合理选择而不是"盲目"行为。第三，由于利润率高和折旧快，投资者短期内就能获得合理回报，生产能力快速更新淘汰并不是经济学意义上的浪费。第四，"优胜而劣不汰"特别是低效率的国有企业不退出，是能力长期过剩的重要原因，这是市场被扭曲因而不能有效发挥作用，而不是"市场失效"。江小涓特别指出，体制转轨各个方面不同步不衔接，会导致"竞争失效"，不能优胜劣汰，必然形成有竞争、无淘汰，强激励、软约束的结果，导致市场机制扭曲，这是许多行业存在"过度竞争"问题的根本原因。解决问题要靠全面推进改革，而不是倒退到人为计算出"合理规模"和选择"定点企业"这种计划体制的模式。

（二）对中小企业成长及产业集中度的研究

在中国改革开放的较早时期，大量中小企业出现和成长，导致中国不少产业集中度持续下降。这在当时被指责为不符合现代技术基础上的产业发展规律。江小涓提出了以下观点：第一，在供给短缺时期，供给速度比供给规模更重要，因为供需缺口大，商品价格高，这个时期形成的生产能力可获得很高的盈利率，企业重时间甚于重规模，是合理行为。20 世纪 80 年代初中期，中国许多家电企业在达不到所谓的规模经济时效益很好，而在产需基本平衡和产能过剩后，达到经济规模的企业也面对激烈竞争，利润水平明显降低。第二，较早时期的企业以组装为主，生产规模对收益率和产品质量的影响不明显，营销成本较低，因此在效率和时间上略有优势就能弥补规模劣势。第三，最优规模不是单纯的设备技术指标，而是技术效率、管理效率、体制效率和企业家能力的综合体现，中国不同类型的企业在后几个方面差距甚大，只有企业家最有能力综合考虑几种因素，选择合理规模。第四，在生产总量迅速扩张的时间，仅看生产集中度下降这个指标，就认为企业存在着生产分散化问题是不全面的，事实上，虽然集中度在下降，但由于市场总规模扩张更快，单个企业生产规模也在较快扩张，即使仅从设备技术指标考虑，也已达到了规模经济的要求。

（三）对产业政策问题的研究

20 世纪 80 年代中期以来，产业政策在中国很受重视。这隐含着以下前提：一是政府能制定出合理的产业政策；二是制定出来的产业政策能得到有效执行；三是通过产业政策调整结构问题比通过市场机制调整的成本更低。江小涓指出，国内研究产业政策的论文，几乎都想当然地认为政府代表全局利益和长远利益，有做出正确决策的足够能力和动力。然而实践表明，政府行为本身是观察和分析对象，她认为，政府决策层和行政执行系统在产业政策制定与执行中的行为，是一种典型的非市场决策问题，她引入了公共选择理论来分析政府决策这种非市场决策问题。

江小涓在这个产业结构和产业政策领域中有若干论文和专著产生较大影响。其中，《中国推行产业政策中的公共选择问题》（本文第四部分所列成果3，下同，获1994年度孙冶方经济科学奖）一文是国内最早用公共选择理论研究产业政策的论文，构建了分析框架，并据此进行实证研究。这篇论文在问题提出、理论应用、实证方法、所提结论等多个方面有突破和创新，对这个领域的后续研究产生引领性的影响。江小涓在这个领域中的代表性论文和专著还有：《竞争性行业如何实现生产集中——对中国电冰箱行业发展的实证分析》（成果6），《体制转轨与产业发展：相关性、合意性及对转轨理论的意义——对若干行业的实证研究》（成果11，获第四届中国社会科学院优秀科研成果二等奖），《体制转轨中的产业政策：对中国经验的实证分析及前景展望》（成果7），《体制转轨时期的增长、绩效与产业组织的变化：对中国若干行业的实证研究》（成果13）。

二　体制改革与经济发展问题研究

江小涓对改革与发展问题的研究主要有以下几个方面。

（一）改革的动力、收益和成本

江小涓是国内最早将改革过程中各方行为纳入经济分析框架进行观察的学者之一。有关利益集团影响改革进程的观点，现在已成为"常识性"问题，但在20世纪80年代中期之前却没有受到重视。当时人们较多从改革的必要性、目标的合理性、方案的彻底性、设计详略等因素出发提出改革思路和评判改革方案。她在硕士、博士研究生学习期间写就的两篇论文《归纳性研究与社会主义经济理论的重塑》（成果1）和《利益制约与对策性研究的改进》（成果2），都是研究改革相关各方利益取向对改革效果的影响。她提出，各个利益集团在改革中的损益不同，改革有动力也有阻力，各个利益相关方相互作用的净作用，决定着改革的实际效果。简言之，改革是相关利益各方博弈的结果。因此，在考虑改

革方案时，要将所涉及对象的损益及其可能反应方式考虑进去。她由此推断，在正确的改革方向下，含有妥协、利益补偿等考虑的方案，在理论上可能不是最优的，但在实践中却是最可行的，将成为主要的改革推进方式。这两篇论文当时受到学术界颇多关注，在很大程度上丰富了学术界对改革问题的思考角度。改革多年的实践证明，文中的基本观点经受住了时间检验。

（二）改革成效的衡量

江小涓对于改革理论与实践"差异"的研究还有另外一个角度，就是区分改革的"名义进程"和"实际进程"。代表性的论文是《市场化进程中的低效率竞争》（成果10，获1998年度孙冶方经济科学论文奖）。其中最有意义的是提出了"转轨程度的三个标准"。在这部分她明确区分了"规则层面上的改革进程""行为层面上的改革进程"和"绩效层面上的改革进程"。当时国内有不少观点认为，中国的经济运转机制已经改变，市场已经发挥基础性的作用，其依据是绝大多数产品价格已经由市场决定。她认为，仅用这样的标准很不全面，明确规则和实际运作是两回事，还必须考虑是什么样的"市场"在决定价格，各类经济主体在市场中的行为如何，市场运作能否带来资源配置效率较高的结果等。她提出，按照规则标准评判，市场方向改革的成效最明显；但按行为标准和绩效标准评判，改革的成效要弱一些。总的看，虽然改革已取得显著进展，但市场经济体制的建设依然任重道远。她的这些研究，对于正确理解改革成效、坚定继续改革决心起到了促进作用。

三 对外开放问题研究

对外开放是江小涓研究工作的一个主要领域，这也是中国经济理论研究中争论较多和观点分歧较大的一个领域。她多次提到自己的观点：过去30年中国能够保持持续快速增长，扩大对外开放是一个重要的解释因素，如果有所谓的"中国模式"，其核心特征之一，就是走开放式的发展道路。(《中国开放三十年的回顾与展望》，成果28）由于开放进程中的争议不断，江小涓以其持续研究、实证方法和鲜明观点，对这个领域的理论界、决策部门和企业界都颇有影响。她的主要研究内容和观点有如下几点。

（一）对外开放的重要意义

江小涓多次阐释过的一个重要观点是：开放的意义不仅限于互通有无，更重要的是通过商品和各种生产要素的跨境流动，优化资源配置，提高生产效率和增加收益。特别是20世纪90年代中期以后国内有关"国内已经生产为什么还要进口""国内资金多过剩不需要引进外资"的观点几度流行。她从经济全球化不断拓展和深化这个根本趋势出发，提出国内可以制造和是否进口、国内资金充裕和是否利用外资并没有直接关系，关键是竞争力、收益和长期发展能力。这个观点产生了广泛影响，代表论著有《内资不能替代外资：在生产和资金都已经过剩时，为什么还要利用外资》（成果14）和《理解开放与增长》（成果24）。

（二）中国从开放中的获益

中国开放过程始终伴随着许多担忧和质疑，主要有：开放收益分配中我们所得很少，外资只是大量转移落后技术和污染产品；出口商品主要是资源能源高消耗的产品和污染环境严重的产品等。江小涓的研究中有相当一部分对这些担心做出回应。她提出，在开放较早时期，上述问题都不同程度地存在，但随着国内企业通过竞争不断提高水平和外资企业之间形成竞争，情况已有明显改善。首先，中国获得开放收益的大部分，包括劳动报酬、税收和部分利润，约占外资企业增加值的3/4，外资获得的主要是部分利润。其次，中国出口商品结构总体上符合中国的比较优势，主要是劳动密集型产品，节约能源资源，而且不断向中高端产品延伸。再次，20世纪90年代中期以来，外商投资企业加快引进先进技术，产生多方面的外溢效应，推动了中国产业上档次上水平。这些观点代表论著有《我国出口商品结构的决定因素和变化趋势》（成果25）、

《理解科技全球化：资源重组，优势集成和自主创新能力的提升》（成果20）、《中国开放30年：增长、结构与体制变迁》（成果29）。

（三）开放与国内产业发展的关系

江小涓的研究表明，国内市场开放使企业面对进口商品竞争，引进外资更加剧了国内市场竞争，竞争发挥了积极作用，迫使国内产业提高效率，降低成本，增强竞争力。开放较早的家用电器、汽车、通信设备、工程机械、机床、电力设备、日用化工等行业，都经历过国内企业先抑后扬、内外资企业共同发展、整个产业不断增强国际竞争力的过程。这方面观点的代表作是《跨国投资、市场结构与外商投资企业的竞争行为》（成果18）、《中国的外资经济：对增长、结构升级和竞争力贡献》（成果16，获第四届全国外经贸优秀研究成果奖、中国社会科学院第五届优秀科研成果奖、第五届吴玉章人文社会科学优秀奖）、《服务全球化与服务外包：现状、趋势及理论分析》（成果30）。

四　对服务经济和服务业发展的研究

江小涓是国内较早和比较深入研究"服务经济"的学者。她曾经担任过中国社会科学院财贸经济研究所所长，不仅自己研究服务业发展问题，而且将"服务经济"增加作为全所的重要研究方向。她认为，服务业发展在中国越来越重要，对服务经济研究的需求越来越迫切。《服务业与中国经济：相关性、结构转换和加快增长的潜力》（成果19）这篇论文，就是在上述背景下撰写的。论文描述状况、提出问题、分析趋势和把握分析要点，并进行国际比较。其核心观点是，中国服务业发展滞后，既有国情方面的影响，更有服务业改革开放滞后的影响，加快发展必须推进服务业改革开放。这篇论文直接带动国内服务经济研究形成新热点。考虑到国内服务经济研究滞后，江小涓组织翻译了《服务经济译丛》共15本，都是服务经济研究领域的经典文献（成果36）。

最近几年，她关注网络和数字时代的服务业发展问题，在深入研究的基础上提出了服务业低效率的性质已经发生变化、服务业占主导发展时期并不必然是低速度时期的观点，引起各方面关注。她还提出了网络时代服务业的发展，会引起收入分配、数字鸿沟、文化传承与文化多元、社会治理等方面新的问题，需要及早研究。这方面研究的代表作有《高度联通社会中的资源重组和服务业增长》（成果38）、《网络空间服务业：效率、约束及发展前景》（成果39）以及《网络时代的服务经济：中国迈进发展新阶段》（成果40）。

学术感悟

江小涓在不少研究中都特别强调了两点。

第一，西方经济学解释中国独特表现的能力有限。过去40年，中国经济发展成就突出，发展模式独树一帜。已有经济理论可以解释中国发展中的"正常"部分，却难以解释其"超常"表现。多年来不少国外学者批评中国改革不彻底，体制有缺陷，市场被扭曲，并不断做出停滞、危机、崩溃等预言，但中国却持续大步向前走了40年。最近几年，国内外对上述"中国道路"有不少研究，显然中国学者更有优势：了解中国经济的结构特征和制度特征，了解哪些是合理可用的数据，更了解哪些不可被量化甚至难以察觉但影响重大的政策变量。应该有这方面的理论抱负。

第二，中国经济高速增长、体制改革和对外开放以及社会结构变化等各个方面都在发生着快速变化，这些变化多数是非边际性的，因此要找出持续存在并稳定发挥影响的变量很困难，更不要说构建一个普遍适用的理论模型了。特别是大量的改革实践是从底层发动的，不同行业、不同企业的行为差异很大，宏观层面的汇总数据并不具有"全面""系统"或"多数"的意义，甚至也不具备"趋势"或"代表性"的意义，往往只是一组发散性数据的"平均数"。因此，使用"外推""回归""加总"和"比较"等方法都容易产生谬误。因此，行业性实证研究和案例研究仍然有重要意义。

2004 年 7 月，江小涓调任国务院研究室担任副主任，2010 年 6 月又调任国务院副秘书长。工作性质发生了重要变化，可以想见日常工作很忙，但还能见到她发表的研究成果，虽然数量很少，但都是精心打磨的精品，在学术界产生影响，例如，2011 年发表的论文《服务业增长：真实含义、多重影响和发展趋势》（成果 33），在服务经济理论界广受重视和好评，已经成为中国社会科学院和多所大学相关专业研究生的必读文献。

代表性著作

（一）论文及专著

1. 《归纳性研究与社会主义经济理论的重塑》，《经济研究》1986 年第 7 期。

2. 《利益制约与对策性研究的改进》，《经济研究》1990 年第 2 期。

3. 《中国推行产业政策中的公共选择问题》，《经济研究》1993 年第 6 期。

4. 《入关冲击与对策的国际比较研究》，《中国社会科学》1994 年第 5 期。

5. 《中国工业发展与对外经济贸易关系的研究》，经济管理出版社 1993 年版。

6. 《竞争性行业如何实现生产集中——对中国电冰箱行业发展的实证分析》，《管理世界》1996 年第 1 期（与刘世锦合著）。

7. 《体制转轨中的产业政策：对中国经验的实证分析及前景展望》，上海人民出版社、上海三联书店 1996 年版。

8. 《严重亏损国有企业的亏损原因剖析》，《管理世界》1997 年第 1 期。

9. 《经济发展阶段与经济结构调整》，《求是杂志》1998 年第 2 期。

10. 《市场化进程中的低效率竞争》，《经济研究》1998 年第 3 期。

11. 《体制转轨与产业发展：相关性、合意性及对转轨理论的意义——对若干行业的实证研究》，《经济研究》1999 年第 1 期。

12. 《"计划指标市场"与特许行业的市场化改革——以烟草指标有偿转让为例》，载于张曙光主编的《中国制度变迁的案例研究》第二辑，中国财政经济出版社 1999 年版。

13. 《体制转轨时期的增长、绩效与产业组织的变化：对中国若干行业的实证研究》，上海人民出版社、上海三联书店 1999 年版。

14. 《内资不能替代外资：在生产和资金都已经过剩时，为什么还要利用外资》，《国际贸易》2000 年第 3 期。

15. *China's Industrial Transition：Organizational Change，Efficiency Gains，and Growth Dynamics. Nova Science Publishers Inc，2001.*

16. 《中国的外资经济：对增长、结构升级和竞争力贡献》，人民大学出版社 2002 年版。

17. 《中国的外资经济》，《中国社会科学》2002 年第 6 期。

18. 《跨国投资、市场结构与外商投资企业的竞争行为》，《经济研究》2002 年第 9 期。

19. 《服务业与中国经济：相关性、结构转换和加快增长的潜力》，《经济研究》2004 年第 1 期（与李辉合作）。

20. 《理解科技全球化：资源重组、优势集成和自主创新能力的提升》，《管理世界》2004 年第 6 期。

21. *FDI in China：Contributions to Growth，Restructuring and Competitiveness. Nova Science Publishers, Inc. New York, 2004.*

22. 《我国地区之间实际收入差距小于名义收入差距——加入地区间价格差异后的一项研究》，《经济研究》2005 年第 10 期（与李辉合作）。

23. 《中国对外开放进入新阶段：更均衡合理地融入全球经济》，《经济研究》2006 年第 3 期。

24. 《理解开放与增长》，《比较》第 26 辑，中信出版社 2006 年版。

25. 《我国出口商品结构的决定因素和变化趋势》，《经济研究》2007 年第 5 期。

26. 《服务全球化的发展趋势和理论分析》，《经济研究》2008 年第 2 期。

27. 《服务外包：合约形态变化及其理论蕴意》，《经济研究》2008 年第 7 期。

28. 《中国开放三十年的回顾与展望》，《中国社会科学》2008 年第 6 期。

29. 《中国开放 30 年：增长、结构与体制变迁》，与易纲、常青、刘世锦、王子先合著，人民出版社 2008 年版。

30. 《服务全球化与服务外包：现状、趋势及理论分析》，人民出版社 2008 年版。

31. 《用改革的办法破解发展难题》，《人民日报》2009 年 4 月 1 日。

32. 《大国双引擎增长模式——中国经济增长中的内需和外需》，《管理世界》2010 年第 6 期。

33. 《服务业增长：真实含义、多重影响和发展趋势》，《经济研究》2010 年第 4 期。

34. 《制度变革与产业发展：进程和案例研究》，当代经济学家文库，北京师范大学出版社 2010 年版。

35. 《服务经济思想史》（译著），格致出版社、上海人民出版社 2011 年版。

36. 主编《服务经济译丛》，共 15 本，2011—2012 年版。

37. Jiang Xiaojuan（Edited），*Thirty Years of Opening Up in Chian*，Gale Asia，Cengage，Learning，人民出版社合作 2012 年版。

38. 《高度联通社会中的资源重组和服务业增长》，《经济研究》2017 年第 3 期。

39. 《网络空间服务业：效率、约束及发展前景》，《经济研究》2018 年第 3 期。

40. 《网络时代的服务经济：中国迈进发展新阶段》，中国社会科学出版社 2018 年版。

（二）获得省部级以上（含省部级）学术成果奖及孙冶方经济研究奖著作

1. 《中国的外资经济：对增长、结构升级和竞争力贡献》（人民大学出版社 2002 年版），获第四届全国外经贸优秀研究成果奖（2004 年），中国社会科学院第五届优秀科研成果奖（2004），第五届吴玉章人文社会科学优秀奖（2007 年）。

2. 《经济发展阶段与经济结构调整》（载于《求是》1998 年第 2 期），获首届求是杂志优秀理论论文奖（2003 年）。

3. 《体制转轨与产业发展：相关性、合意性及对转轨理论的意义——对若干行业的实证研究》（发表于《经济研究》1999 年第 1 期），获第四届中国社会科学院优秀科研成果二等奖。

4. 《严重亏损国有企业的亏损原因剖析》，获 1998 年度孙冶方经济科学论文奖。

5. 《市场化进程中的低效率竞争：以纺织行业为例》（发表于《经济研究》1998 年第 3 期），获 1998 年度孙冶方经济科学论文奖。

6. 《中国推行产业政策中的公共选择问题》（发表于《经济研究》1993 年第 6 期），获 1994 年度孙冶方经济科学奖。

7. 《中国工业发展与对外经济贸易关系的研究》，获中国社会科学院第二届青年优秀成果专著一等奖（1995 年）。

冯根福
Feng Genfu

冯根福，男，1957 年 6 月出生在西安。1975 年 4 月高中毕业，到渭南辛市公社插队。

1978 年 9 月，冯根福考取了原陕西财经学院工业经济系工业经济专业。1982 年 7 月大学毕业后，冯根福留在《陕西财经学院学报》编辑部工作。1985 年考取陕西财经学院在职硕士研究生，1993 年考取在职博士研究生，先后获得经济学硕士和博士学位。冯根福在原陕西财经学院曾先后担任学报编辑部副主任、主任、常务副主编、主编、工商学院院长等职。2000 年 8 月至 2016 年 1 月，任西安交通大学经济与金融学院院长。2000 年 8 月至今，兼任《当代经济科学》杂志主编。1996 年经中国人民银行总行批准产业经济学博士生导师，2007 年被评为西安交通大学首批二级教授，2008 年担任国家重点学科产业经济学科带头人，2015 年被评为西安交通大学领军人才。

冯根福 2015 年担任国务院学位委员会应用经济学学科评议组成员，2017 年担任西安市人民政府参事。目前兼任陕西省决策咨询委员会委员，西安市人民政府决策咨询委员会委员，中国工业经济学会常务副理事长，中国企业管理研究会常务副理事长，陕西经济发展战略研究会会长，西安市哲学社会科学联合会副主席等职。

冯根福 1992 年荣获"国家有突出贡献的中青年专家"称号，1993 年起享受国务院颁发的特殊专家津贴。

冯根福早期从事政治经济学相关理论问题研究，后期主要从事中国资本市场与公司治理及企业改革等问题研究，在国内外发表论文百余篇，引用次数达 1.1 万余次，为中国企业改革、公司治理及经济改革等理论的发展做出了积极贡献。

一　提出并构建了一种新的公司治理理论分析框架：双重委托代理理论

中国自 1990 年和 1991 年先后在上海和深圳建立证券交易所以来，股市屡陷困境，上市公司问题层出不穷。如何突破中国股市困境和上市公司绩效不佳格局，众多学者对这个问题进行了积极探索，但效果却不甚理想。原因何在？冯根福 2004 年在《经济研究》发表的论文《双重委托代理理论：上市公司治理的另一种分析框架》中指出，重要原因之一就是中国学界在分析中国上市公司治理问题时，简单沿用西方上市公司治理理论分析框架——"单委托代理理论"。他结合中国实际，提出并构建了一种新的公司治理理论分析框架——双重委托代理理论。他指出，美、英等国特别是美国多数上市公司有一个显著的特征，就是股权分散，面临的突出矛盾就是全体股东与经营者之间的利益冲突。西方传统委托代理理论就是为了解决上述矛盾应运而生，本质上是一种研究单委托代理关系问题的理论。然而，包括中国在内的许多国家和地区的上市公司治理股权结构特征是股权相对集中或高度集中，以股权相对集中或高度集中为主要特征的上市公司与以股权分散为主要特征的上市公司有一个显著区别，就是前者的股东利益取向不像后者那样基本一致。在以股权分散为主要特征的上市公司，任何一位股东都没有掌握足够的控制公司的投票权，因而股东之间很难相互侵占彼此的利益，所以股东之间基本上没有利益冲突。由于这类上市公司的控制权实际上往往为经营者所操纵，所以这类公司的主要矛盾就表现为股东与经营者之间的矛盾。而在以股权相对集中或高度集中为主要特征的上市公司，控股股东或大股东与中小股东的行为取向有其一致性，即他们都追求投资回报最大化。但是，由于控股股东或大股东又掌握着公司的实际控制权，他们的自利天性与机会主义行为又可能会导致其寻机侵占中小股东的利益，这就产生了控股股东或大股东与中小股东之间的利益冲突。所以，在以股权相对集中或高度集中为主要特征的上市公司，实际上存在着双重委托代理问题：一种是全体股东与经营者之间的委托代理问题；另一种是中小股东与控股股东或大股东之间的委托代理问题。冯根福把主要解决上述两种委托代理问题而构建的理论称为双重委托代理理论。双重委托代理理论的核心，就是设计最优或次优的公司治理结构和治理机制，进而达到既能促使经营者按照全体股东的利益行事，又能有效防止控股股东或大股东恶意损害中小股东利益的目的。

二 提出了应以股东为主导的利益相关者利益最大化为公司目标

西方经济学界关于公司目标主要形成了两种观点：一种是公司应以股东价值最大化为目标；另一种是以利益相关者利益最大化公司目标。同样，中国不仅学界在公司目标上存在着上述两种观点，而且政府有关部门在公司目标表述上也出现了两种不同的声音。冯根福 2006 年在《经济学家》发表的《中国公司治理基本理论研究的回顾与反思》一文中，明确提出公司应以股东为主导的利益相关者利益最大化为目标。

冯根福认为，国内外的公司发展实践证明，单一的股东价值最大化公司目标或单一的利益相关者价值最大化公司目标，都难以使公司获取长期发展的成功。如美国的长期主张是公司应以股东价值最大化为目标，但在经历了 20 世纪 80 年代公司收购风潮之后，许多州相继立法明确允许公司或规定公司必须考虑非股东的利益。与此同时，长期主张公司应以利益相关者利益最大化为目标的日本和德国，现在也开始强调应把股

东利益放在一个重要位置。

既然公司发展实践证明公司的目标应充分考虑股东和利益相关者的利益，那么在这二者之间，公司应以谁的利益为主导呢？冯根福认为，应以股东利益为主导。主要理由是，和其他利益相关者相比较，股东承担的风险最大，因为股东获得的收入是不确定性收入，是公司收入分配的最后索取者，所以应以股东的利益为主导。在实践中如何界定与量化股东与其他利益相关者对公司贡献的大小和如何进行利益分配呢？他认为，一般而言，在进行公司利益分配时，股东主要应依据其持有公司股份的多少进行分配，利益相关者主要应依据其对公司价值创造贡献的大小进行分配。

冯根福提出，如果公司以股东为主导的利益相关者的利益最大化为目标，那么中国就应该围绕这个公司目标来选择和构建中国公司治理模式，寻找发展和完善中国公司治理的思路。

三　提出有效的公司治理模式的选择方法、标准及转型时期的中国公司治理模式

1996 年，冯根福在《当代经济科学》发表了《中国大中型公司治理结构选择的理性思考》（《新华文摘》1996 年第 7 期全文转载）一文，研究了大中型公司治理模式选择的方法、标准及中国公司治理模式的构建。他通过分析世界公司治理演变史和比较全球各国现有的公司治理模式，提出一个国家在选择和确定公司治理模式时，既要考虑诸如经济与资本市场发展水平等刚性因素的制约，又要考虑诸如政治、法律、文化和历史等软因素的约束。

冯根福认为，一个有效的公司治理模式需具备以下几个条件：第一，能与该国的经济与资本市场发展水平相适应；第二，能保障公司实现长期的增长与发展；第三，能保证公司所有者对公司的经营者进行有效的调控；第四，能保证公司经营者具有独立的生产经营自主权；第五，能有效地运用激励和控制等机制调控所有者、经营者和公司职工。根据上

述选择方法和标准，他从公司股权结构模式、公司治理组织模式、经营者激励模式、职工激励模式等方面，对中国公司治理模式的构建进行了探讨和设计。

冯根福在 2002 年《中国工业经济》发表的《现代公司治理结构新分析》论文，提出中国上市公司治理结构转型时期发展模式应选择"市场导向型"与"行政监管导向型"相结合的模式。"市场导向型"的公司治理结构模式有效运行需要良好的基础运行系统、发达的资本市场和良好的信用环境，但中国现实情况是"市场导向型"发挥作用所需要的基本条件都不具备，因此，在既缺乏强有力的内部治理又缺乏有效的外部治理的经济转型时期，必须依靠国家行政监管来填补有效监督缺位这一薄弱环节。由于转型时期中国相关法律法规还不健全，为了制约和规避私人投资者和机构投资者的道德风险，中国转型时期的上市公司治理模式还应采用以私人、机构投资者与国有资本相互制衡的"三足鼎立"的股权结构模式。

四　提出了中国垄断行业国有企业改制重组过程中引进民间投资的策略选择

为了加快中国垄断行业国有企业改制重组，《国务院关于鼓励和引导民间投资健康发展的若干意见》与国资委发布的《关于国有企业改制重组中积极引入民间投资的指导意见》中强调"国有企业改制上市或国有控股的上市公司增发股票时，应当积极引入民间投资，国有股东通过公开征集方式或通过大交易方式转让所持上市公司股权时，不得在意向受让人资质条件中单独对民间投资主体设置附加条件"。

冯根福等 2012 年在《当代经济科学》发表论文《国有垄断行业引进民资的策略选择与实现社会福利最大化》，对上述政策提出了疑义。该文通过理论分析和数理推导证明，高新技术企业往往具有显著的技术外溢效应，因此，在垄断行业国有企业改制重组过程中，如果能够优先引进拥有高新技术企业的民间投资者，不但可以支持和加快被引进的民营高新技术企业的发展，而且可以带动被引进的民营高新技术企业所在行业的发展，从而可以优化资源配置和提高整个社会的福利水平。反之，由于高新技术含量低的民营企业没有明显的技术外溢效应，因此，在垄断行业国有企业改制重组过程中，如果引进没有拥有高新技术企业的民间投资者，可能只会改善和增加这些民间投资者个人的福利，而不利于提高整个社会的福利水平。

根据上述分析，冯根福等提出，在垄断行业国有企业改制重组或市场化过程中，政府应出台相关政策对引进的民间投资者加以选择和限制，即要优先鼓励引进那些拥有高新技术企业的民间投资者，限制引进那些没有拥有高新技术企业的民间投资者。在对民间投资者限量开放存在一定垄断租金的行业（如金融行业）时，或在其他行业的国有企业优质资产市场化过程中，政府也应优先鼓励引进拥有高新技术企业的民间投资者。另外，在垄断行业国有企业改制重组或市场化过程中，一定要积极引进能够对国有控股股东决策产生重要影响且拥有高新技术企业的民间投资者，只有这样才能实现改善与优化垄断行业国有企业股权结构和提高垄断行业国有企业效率的目标。

五　对中国上市公司并购绩效、股权集中度变动影响因素进行了理论与实证分析

2001 年，冯根福和吴林江在《经济研究》发表论文，从并购角度对中国上市公司绩效进行了实证分析。不同于中国学者常用的以股价变动来衡量企业并购绩效的方法，该文采用以财务指标为基础的综合评价方法，实证分析了 1994—1998 年中国上市公司的并购绩效。该文实证分析结果表明，上市公司并购绩效从整体上有一个先升后降的过程；不同并购类型在并购后不同时期内业绩不相一致；并购前上市公司的第一大股东持股比例与并购绩效在短期内呈正相关关系；第一大股东持股比例与并购当年的并购绩效呈正相关关系，而与并购后各年绩效的关系不大，这表明股权集中度过高的公司的许多并购活动可能是"投机性资产重组"

或"政府干预型资产重组",而非实质性的市场化资产重组。该文是中国最早发表的对中国上市公司并购绩效进行实证分析的论文之一,在学界产生了较大影响,他引次数达 2630 次。

2002 年,冯根福、韩冰和闫冰在《经济研究》发表论文,对中国上市公司股权集中度变动的主要因素进行了实证分析。该文研究结论具有重要的政策含义:首先,该文的分析表明,中国上市公司绩效不理想的一个重要原因就是股权集中度过高和国有股"一股独大",因此,中国必须适度降低上市公司股权集中度。其次,国外的研究结论表明,因为投资者按照风险分散原则分散其持股比例,所以公司规模越大,股权集中度越低。然而该文分析的结论表明中国上市公司的现状与国外并不一致,这主要是因为中国上市公司中国有股比例过高且不轻易转让的缘故。因此,从风险分散意义上讲,为了降低国有投资风险,政府应在规模较大的上市公司中适当降低国有持股比例。最后,该文分析表明,中国上市公司中国有股比例过高且不流通是阻碍公司重组与股权结构变动的一个主要障碍,因此,从提高上市公司重组和股权结构效率的角度讲,政府也应适当降低国有股比例和提高上市公司的流通股比例。

六 首次在学界阐释了马克思的均衡价值理论和长期供求理论

冯根福在工作初期,潜心研究马克思的劳动价值理论。他的硕士论文《马克思的均衡价值理论》的核心内容 1988 年在《经济研究》发表。该文在中国学界首次系统地阐释了马克思的均衡价值思想,提出了商品价值是由均衡社会必要劳动时间决定的新观点。他的这项研究成果不仅丰富了马克思劳动价值理论的研究宝库,更为重要的是为当时正确选择中国价格改革目标模式提供了新的理论依据。尔后,他又完成并发表了《马克思长期供求理论研究》一文,在学界首次论证了"马克思在政治经济学史上最早提出并论证了长期供求是参与市场价值转化为生产价格的前提和基础""马克思第一次提出长期供求是参与市场价值决定的一个重要因素""最早提出了科学的长、短期供求理论"等观点。他的这项研究成果，进一步拓展和丰富了马克思劳动价值理论的研究内容。

1989 年，冯根福在中国社会科学杂志主办的《未定稿》发表了《论活劳动和物化劳动共同创造价值》一文，明确指出传统的价值源泉理论与经济发展现实出现了矛盾，传统的价值源泉理论有一个缺陷，就是传统的政治经济学中界定的"劳动力"是"自然人"的劳动力，是不严谨的，科学的或经济学意义上的人的劳动力，只能是"社会人"或"经济人"的劳动力。他据此分析和证明商品价值是由活劳动和物化劳动共同创造，并在此基础上进一步推导出"价值共分理论"，即按劳分配和按资分配要相结合，这样才有利于社会资源的积累和合理配置。后来的改革实践证明，冯根福在学界最早提出的上述观点与党的十五大确定的把按劳分配和按生产要素分配结合起来，允许和鼓励资本、技术等生产要素参与收益分配的政策是完全一致的。

七　在中国率先呼吁企业技术"应实现有偿交换"、科技人员可以从事业余劳动

冯根福是中国最早提出"技术是商品""应实现有偿交换"的学者之一。早在 1981 年上大学本科时，他就在公开发表的《论社会主义技术交流与竞争的矛盾》论文中明确提出技术是商品，应实现等价交换，并指出那种认为在社会主义条件下技术应在企业间无偿交流的主流观点是错误的，不利于企业的技术进步和发展。

改革开放初期，关于劳动力是否是商品问题的讨论还是一个禁区。1981 年，冯根福发表了论文《试论社会主义条件下劳动力所有关系》，对社会主义条件下劳动力完全归国家所有的观点提出了质疑，认为劳动力应部分归个人所有，从而为后来明确提出社会主义市场经济条件下的劳动力也是商品提供了重要理论依据。由于他提出的观点新颖独特，因而该文后来被收入劳动人事出版社 1982 年出版的《建国以来劳动力所有

制论文选》一书中。

20 世纪 80 年代初，在技术人员从事业余劳动还被视为非法活动的时候，冯根福于 1983 年 1 月 11 日在《光明日报》头版组织的"如何看待科技人员业余应聘接受报酬？"的讨论中，明确撰文提出科技人员可以从事业余劳动并接受报酬。而后他又发表《试论社会主义业余劳动》《再论社会主义业余劳动》等论文，从理论上阐述了社会主义业余劳动存在的客观必然性、业余劳动的特点以及适度发展业余劳动的意义。冯根福是中国最早且较为系统地阐述社会主义业余劳动和倡导科技人员适度开展业余劳动的学者，他提出的观点和政策建议，为中国政府充分挖掘和发挥当时还非常稀缺的科技人员的潜力起到了鸣锣开道的作用。1985 年中央发布的《关于科技体制改革的决定》，明确指出科技人员可以从事第二职业。这也证明了他提出的上述观点具有前瞻性和可操作性。

代表性著作

1. 《企业定价探索》，经济科学出版社 1990 年版。

2. 《中国公司治理前沿问题研究》，经济科学出版社 2009 年版。

3. 《试论社会主义条件下劳动力所有关系》，《经济问题》1981 年第 6 期。收入《建国以来劳动力所有制论文选》，劳动人事出版社 1982 年版。

4. 《试论社会主义条件下的业余劳动》，《赣江经济》1983 年第 6 期。

5. 《马克思的均衡价值理论》，《经济研究》1988 年第 7 期。

6. 《论活劳动和物化劳动共同创造价值》，未定稿，中国社会科学杂志社，1989 年第 5 期。

7. 《中国大中型公司治理结构模式选择的理性思考》，《当代经济科学》1996 年第 2 期。《新华文摘》1996 年第 7 期全文转载。

8. 《我国上市公司并购绩效的实证研究》，《经济研究》2001 年第 1 期。

9. 《中国上市公司股权集中度变动的实证分析》，《经济研究》2002 年第 8 期。

10. 《现代公司治理结构新分析》，《中国工业经济》2002 年第 11 期。

11. 《中国银行业效率的实证分析》，《经济研究》2004 年第 8 期。

12. 《双重委托代理理论：上市公司治理的另一种分析框架》，《经济研究》2004 年第 12 期。

13．《公司股权的"市场结构"类型与股东治理行为》，《中国工业经济》2004年第6期。

14．《中国保险业效率的实证分析》，《经济研究》2005年第7期。

15．《中国上市公司担保行为的实证分析》，《中国工业经济》2005年第3期。

16．《外商直接投资和经济增长的关系研究》，《经济研究》2006年第12期。

17．《中国工业部门研发效率及其影响因素实证分析》，《中国工业经济》2006年第11期。

18．《中国上市公司治理与企业技术创新关系的实证分析》，《中国工业经济》2008年第7期。

19．《中国大陆、香港和澳门地区的收入收敛性》，《经济研究》2008年第10期。

20．《国有垄断行业引进民资的策略选择与实现社会福利最大化》，《当代经济科学》2012年第4期。

21．《管理者薪酬、在职消费与公司绩效——基于合作博弈的分析视角》，《中国工业经济》2012年第6期。

22．《异质机构、企业性质与自主创新》，《经济研究》2012年第3期。

23．《中国经济增长中碳强度下降的省区贡献分解》，《经济研究》2013年第8期。

24．《中国是否挤占了OECD成员国的对外投资?》，《经济研究》2014年第12期。

25．《宏观政策转型、行政性干预调整与通胀预期管理》，《经济研究》2016年第4期。

26．《银行业结构与中国全要素生产率》，《经济研究》2016年第11期。

27．《中国货币政策非对称干预资产价格波动的宏观经济效应》，《中国工业经济》2016年第10期。

28．《风险投资与企业创新："增值"与"攫取"的权衡视角》，《经济研究》2018年第2期。

29．"Wnership, Privatization, and Performance：Evidence from a Transition Country", *Journal of Banking and Finance*, 2013, Vol. 37, 3364－3372.

30．"Stock Liquidity and Enterprise Innovation：New Evidence from China", *European Journal of Finance*, 2017.

廖进球

Liao Jinqiu

　　廖进球，男，1958 年 2 月出生，中共党员，经济学博士，江西财经大学教授、博士生导师。十一届全国人大代表、国务院政府特殊津贴获得者、财政部首批跨世纪学科带头人，中国工业经济学会副会长，中国商业经济学会副会长，中国流通三十人论坛（G30）成员，江西省社会科学界联合会副主席，江西省首批"赣鄱英才 555 工程"领军人才。历任江西财经大学校长助理（1999—2001 年）、副校长（2001—2004 年）、校长（2004—2008 年）、校党委书记（2008—2017 年）。

　　廖进球学术视野开阔，兼具经济学、管理学深厚的研究功底；研究视野开阔，在政府与市场、流通产业、产业升级与转型等领域具有广泛的学术影响。

　　作为"文化大革命"后第一批大学生，他对中国国情和历史具有深刻的认识，因而对从计划经济到市场经济改革中的政府与市场的关系具有独到的理解，发表了一系列有关重要论著。他很早就提出了要"理顺国家、市场、企业三者的关系，必须科学界定市场机制和国家组织机制的边界和力度"（1995年）。明确提出在国家、企业、和市场三者中，"企业处于中心地位，它决定了国家管理经济的力度和市场调节经济的力度"（1995年）。这与党的十八届三中全会通过的《中共中央关于全面深化改革若干重大问题的决定》提出的"经济体制改革是全面深化改革的重点，核心问题是处理好政府和市场的关系，使市场在资源配置中起决定性作用和更好发挥政府作用"是不谋而合的。他还进一步针对"政府失效"，提出要"增加政府有效供给，深化政府管理体制改革"（2000年），"要合理界定政府作用边界，缩小政府活动领域；要在市场存在外部效应的领域适当注入市场因素；要增强成本意识，防止政府陷阱；建立公共经济行为的社会评价和责任约束机制"（2003年）等观点。这些观点对于当前中国建立法治政府、政府职能转变、提高执政效率仍然具有重要的启示作用。《论市场经济中的政府》（1998年）是廖进球关于市场与政府研究的集大成之作，该书较早将市场经济中的政府区分为守夜政府、能动政府和主导政府三大类型，并就其作用效果进行了综合评价；较早讨论了社会主义与市场经济、公有制经济与市场经济制度兼容性问题；较系统地分析了政府过度作用于市场带来的政府失效问题。该书至今仍是许多研究者重要的参考书目。

　　作为恢复高考后第一批贸易经济专业毕业的大学生，廖进球长期深耕流通产业领域，并成国内商贸流通研究领域的领军人物。廖进球是中国最早强调流通在市场经济中重要性的学者之一。改革开放伊始，廖进球就提出要"加强物流问题研究","开发物流领域是摆在我们面前的一项紧迫任务"（1985 年）。在中国改革开放初期的有计划的商品经济阶段，廖进球就敏锐地提出，"流通问题是经济改革中的一个突出问题，能否抓住流通环节，有效地组织流通运行，是能否建立有计划商品经济运行模式的关键。因此国家在经济改革中应该强化组织流通的功能"（1986 年）。他是国内较早坚持市场化改革的学者之一，于 1986 年就提出要"统一市场，形成全国畅通无阻、充分竞争"，"建立市场体系，即既有商品市场，又有资金市场、劳动力市场、信息市场、科技市场和土地市场等"，建立"市场秩序"，"改革流通组织"（1986 年）等观点。这些观点完全符合 1992 年党的十四大确立社会主义市场经济体制的改革目标。作为中国流通产业研究的引领人，廖进球还长期致力于推动中国商贸流通专业教育与学术活动。担任全国高校商务管理研究会会长 13 年，是教育部经济与贸易类专业教学指导委员会副主任。主编的教材《商务管理学》（1998 年）和系列丛书《中国商务管理创新研究》（2006—2013 年）成为贸易经济专业学生必读书目。

作为具有高度历史责任感的经济学家，廖进球长期关注和研究中国产业发展、转型与升级。尤其是 21 世纪后，面对中国资源、能源、环境等约束，经济发展方式必须由粗放式向集约型转变，他较早提出了产业转型升级的路径：大力发展新兴产业，引领产业结构优化升级方向；通过新兴产业的发展带动传统产业的升级改造；通过提升产业承接的层次和质量调整优化产业结构（2010 年）。他还明确提出要"大力发展生态产业，确立生态中心观，大力实施传统产业生态化，大力发展新兴生态产业，树立生态消费观"（2010 年）。他准确把握了国家发展战略性新兴产业的战略意图，带领团队开展了一系列的有关战略性新兴产业发展研究，作为首席专家和第一责任人，承担了江西省首批 2011 协同创新项目"江西省战略性新兴产业发展监测预警与决策支持"（2011 年）、国家自然科学基金项目"江西省战略性新兴产业发展监测预警与政策模拟研究"（2012 年）、国家社会科学基金重大招标项目"培育具有全球影响力的先进制造基地和经济区研究"（2016 年），组织编写的教材《产业组织理论》被国内许多重点

高校采用，主编的系列丛书《规制与竞争前沿问题》在产业经济学界有重要影响。作为中国工业经济学会副会长，他还长期为中国产业经济学的发展支持助力。2010 年组织承办了中国工业经济学会学术年会，从 2012 至今连续 5 年组织举办了"全国产业经济学研究生学术论坛"。

作为江西红土地上成长起来的经济学家。廖进球始终满怀赤子激情，深深扎根于那片他深深眷恋的红土地，积极投身于江西地方经济研究中，为推动江西省经济社会发展提供了重要的智力支持。他先后承担了江西省社会经济重大课题《创新体制机制，加速江西经济发展——"如何在完善社会主义市场经济体制上进一步解放思想"》（2008 年）、《江西"十二五"产业发展和产业结构优化升级研究》（2010 年）、《鄱阳湖生态经济区现代生态产业体系研究》（2011 年）、《江西省战略性新兴产业发展监测预警与政策模拟研究》（2012 年）、《支持我省战略性新兴产业发展的政策体系研究》（2014 年）、《江西与全国同步全面建成小康社会的难点、路径和对策研究》（2014 年）。同时，他组织完成的江西省委省政府重大战略规划《昌九一体化战略发展规划纲要》（2014 年）成为当前江西省昌九一体化发展的蓝图，组织完成的《江西省属国有经济十三五规划》（2015 年）为江西省国有企业改革改制提供了科学的顶层设计。此外，他撰写的《促进江西战略性新兴产业健康快速发展的对策与建议》《推进精准扶贫攻坚，同步实现全面小康——赣州市精准扶贫工作调查与建议》等咨询报告得到江西省委省政府主要领导重要批示 30 余次。《江西战略性新兴产业发展跟踪研究系列报告》获江西省第十六次社会科学优秀成果奖一等奖。

廖进球不仅学术成果显著，在人才培养和教育管理方面也成绩斐然。自 1998 年担任博士生导师至今，培养了博士 50 人，指导博士后 38 人，一批学生活跃在学界、商界、政界，为国家建设、改革和发展做出了较大贡献。自 2004 年担任江西财经大学校长、2008 年担任党委书记以来，积极开拓进取，更新教育理念，大胆探索欠发达地区高等财经教育发展新路，全力推进"质量立校、人才强校、特色兴校、法德治校"发展方略，学校社会声誉和办学竞争力显著提升，走出了一条在红土地上办人民满意大学的新路子。

代表性著作

（一）期刊论文

1. 廖进球：《企业在按劳分配过程中应该是主角》，《政治经济学》（社会主义部分）1984 年第 7 期。

2. 廖进球：《浅谈加强物流研究的几个问题》，《江西财经学院学报》1985 年第 3 期。

3. 廖进球：《挖掘物流这个"第三利润源泉"》，《全国高等学校文科学报文摘》1985 年第 4 期。

4. 廖进球：《论强化国家组织流通的功能》，《江西财经学院学报》1986 年第 6 期。

5. 廖进球：《论强化国家组织流通的功能》，《高等学校文科学报文摘》1987 年第 2 期。

6. 廖进球：《发展社会主义的若干重要经济思想》，《当代财经》1990 年第 1 期。

7. 廖进球：《论国家管理经济的动因与职能》，《人大复印报刊资料》1990 年第 9 期。

8. 廖进球：《国家、市场、企业三者关系新探》，《当代财经》1995 年第 6 期；《高等学校文科学报文摘》1995 年第 5 期。

9. 廖进球：《市场经济与精神文明——读〈马恩全集〉第 46 卷有关论述》，《江西社会科学》1995 年第 7 期。

10. 廖进球：《对马克思的资本观与社会主义资本范畴的再认识》，《当代财经》1995 年第 12 期。

11. 廖进球：《转变经济增长方式必须牢牢把握中国国情》，《当代财经》1996 年第 1 期。

12. 廖进球：《对马克思的资本观与社会主义资本范畴的再认识》，《人大复印报刊资料》1996 年第 2 期。

13. 廖进球：《社会主义条件下资本范畴再认识》，《高等学校文科学报文摘》1996 年第 2 期。

14. 廖进球：《论企业家行为与企业家机制》，《当代财经》1996 年第 9 期。

15. 廖进球：《略论市场经济中的政府》，《当代财经》1997 年第 6 期。

16. 廖进球：《论社会主义初级阶段公有制及其实现形式》，《当代财经》1997年第11期；《人大复印报刊资料》（社会主义经济理论与实践）1998年第1期。

17. 廖进球：《公有制与市场经济的矛盾》，《高等学校文科学报文摘》1998年第1期。

18. 廖进球：《后起国政府与经济发展》，《当代财经》1998年第11期。

19. 廖进球：《知识经济能带给我们什么？——读〈知识经济论〉》，《中国图书评论》1998年第12期；《人大复印报刊资料》1999年第2期。

20. 廖进球：《论政府供给》，《当代财经》2000年第10期。

21. 廖进球：《WTO框架下江西产业发展的思考》，《江西体改》2000年第10期。

22. 廖进球、陈富良：《政府规制俘虏理论与对规制者的规制》，《江西财经大学学报》2001年第5期。

23. 廖进球、张孝锋、蒋寒迪：《世界经济的发展趋势与中国企业竞争力研究》，《当代财经》2001年第6期。

24. 廖进球：《后发优势与经济跨越式发展》，《江西通讯》2001年第6期。

25. 廖进球：《公共经济行为的失效与防范》，《当代财经》2003年第12期。

26. 廖进球：《基于模糊神经网络的江西省区域可持续发展水平评价研究》，《江西社会科学》2006年第5期。

27. 廖进球：《当我们面临国际金融危机》，《金融与经济》2008年第11期。

28. 廖进球、吴昌南：《我国电力产业运营模式变迁下电力普遍服务的主体及补贴机制》，《财贸经济杂志》2009年第10期。

29. 廖进球：《关于完善公有经济权力约束机制的思考》，《财政监督》2009年第13期。

30. 廖进球：《关于加快鄱阳湖生态经济区新型工业化发展进程的思考》，《鄱阳湖学刊》2010年第1期。

31. 廖进球、吴昌南：《关于生态产业发展的几点思考》，《当代财经》2010年第12期。

32. 廖进球、胡小强：《江西省"十一五"期间市域经济增长贡献度与贡献差异的实证研究》，《金融与经济》2011年第2期。

33. 廖进球、刘伟明：《波特假说、工具选择与地区技术进步》，《经济问题探索》2013年第10期。

（二）著作

1. 廖进球：《论市场经济中的政府》，中国财政经济出版社 1998 年版。

2. 廖进球主编：《商务管理学》，中国财政经济出版社 1998 年版。

3. 廖进球：《政府行为与公共管理》，中国财政经济出版社 2002 年版。

4. 廖进球：《鄱阳源生态经济与产业发展研究》，中国环境科学出版社 2011 年版。

5. 廖进球主编：《产业组织理论》，上海财经大学出版社 2012 年版。

6. 廖进球、李志强：《市场调查与预测》，湖南大学出版社 2012 年版。

7. 廖进球等主编：《规制与竞争前沿问题》（共 5 辑），经济管理出版社等 2004—2012 年版。

8. 廖进球等主编：《中国商务管理创新研究》（共 9 卷），中国财政经济出版社等 2006—2017 年版。

9. 廖进球主审：《江西省战略性新兴产业发展报告》（共 4 辑），经济科学出版社 2014—2017 年版。

10. 廖进球，编委会主任：《向特色优势要竞争力——江西省特色优势及其竞争力研究》，江西人民出版社 2016 年版。

（三）基金项目和政府委托项目

1. "培育具有全球影响力的先进制造基地和经济区研究"，国家社会科学基金重大招标项目，2016 年。

2. "江西省战略性新兴产业发展监测预警与政策模拟研究"，国家自然科学基金项目，2013 年。

3. "我国社会经济可持续发展定量评价、运行监测和数据处理系统的开发研究"，国家社会科学基金项目，2009 年。

4. "国家组织市场研究"，国家社会科学基金青年项目，1990 年。

5. "江西省战略性新兴产业人才发展研究"，江西省社科规划项目，2015 年。

6. "支持我省战略性新兴产业发展的政策体系研究"，江西省软科学计划重大项目，2014 年。

7. "江西战略性新兴产业发展监测、预警与评价体系研究"，江西省高校人文社科重点招标项目，2013 年。

8. "鄱阳湖生态经济区现代生态产业体系研究"，江西省社科规划重大招标项目，2011 年。

9. "江西'十二五'产业发展和产业结构优化升级研究",江西省政府重大招标项目,2010年。

10. "产业转移的基础理论与江西实证研究",省社科规划项目,2006年。

11. "江西省省属国有经济'十三五'发展规划",江西省国有资产监督管理委员会,2014年。

12. "江西与全国同步全面建成小康社会的难点、路径和对策研究",江西省发展和改革委员会,2013年。

13. "江西省城镇化规划及配套政策研究",江西省发展与改革委员会,2013年。

14. "江西省'十二五'规划(纲要)中期评估",江西省发展与改革委员会,2013年。

15. "昌九一体化发展规划",江西省发展与改革委员会,2013年。

16. "创新体制机制 加速江西经济发展——'如何在完善社会主义市场经济体制上进一步解放思想'",中共江西省委宣传部,2008年。

17. "化危机为机遇加速江西崛起",中共江西省委宣传部,2005年。

18. "关于降低物流成本问题的国际比较研究",商务部,2006年。

(四)获奖成果

1. "江西省战略性新兴产业发展报告",江西省第十七次社会科学优秀成果二等奖,2017年。

2. "江西战略性新兴产业发展跟踪研究系列报告",江西省第十六次社会科学优秀成果一等奖,2015年。

3. "地方财经高校科研促进教学的机制探索与实践",第十四批高校省级教学成果一等奖,2014年。

4. "对做好2013年我省经济工作的几点建议",江西省第十五次社会科学优秀成果二等奖,2013年。

5. "江西财经大学创业型人才'一擎四轮'培养模式",江西省第十三批高等教育省级教学成果一等奖,2013年。

6. "我国电力产业运营模式变迁下电力普遍服务的主体及补贴机制",江西省第十四次社会科学优秀成果二等奖,2011年。

7. "创业教育'三全'体系及其应用",第十二批高等教育省级教学成果一等奖,2010年。

齐 兰
Qi Lan

齐兰，女，中央财经大学经济学院教授、博士生导师，产业经济学（国家重点学科）学科带头人。曾任中央财经大学研究生部副主任、MBA教育中心主任、纪委副书记兼监察审计处处长；现任中央财经大学校学术委员会副主任委员，兼任中国工业经济学会常务副理事长等职。

大学本科、硕士研究生、博士研究生均毕业于中南财经大学（现中南财经政法大学），获管理学博士学位。

主要研究领域是经济全球化与中国产业发展。主持国家社会科学基金重点项目2项，教育部人文社科规划基金项目2项，其他省部级课题6项。先后在《中国社会科学》《中国工业经济》《经济学动态》《改革》等重要学术期刊发表学术论文70余篇，其中多篇被《中国社会科学文摘》、中国人民大学书报资料中心转载。还在商务印书馆、中国经济出版社等出版学术专著4部。

20 世纪 90 年代以来，齐兰一直关注和研究开放条件下中国产业发展问题，围绕这条主线重点研究经济全球化背景下中国的产业发展、产业组织结构优化、产业结构升级、产业监管、区域产业布局等方面问题，其主要学术思想集中体现在六个方面，即资本全球化与中国产业发展、市场国际化与市场结构优化、外资进入与中国主要行业市场结构变化、经济金融化与产业结构升级、金融开放与金融产业监管、区域开放与区域产业布局等，初步形成了当今开放条件下中国产业发展问题研究的分析框架和主要内容，其中有些思想观点和政策建议得到了理论界的重视和政府决策部门的采纳，为中国产业经济理论和实践的发展做出了一份贡献。

一　关于资本全球化与中国产业发展

20 世纪 90 年代初，中国引进外资力度加大，以美、欧、日为主体的发达国家跨国公司迅速大规模地进入中国，对中国经济发展尤其是产业发展产生重大影响，其积极效应十分显著，其负面效应随着时间推移也逐渐显现。齐兰针对这一新现象新问题进行研究，其研究成果主要体现在她主持完成的国家社会科学基金重点项目"垄断资本全球化问题理论探讨"及在《中国社会科学》发表的《垄断资本全球化对中国产业发展的影响》和在商务印书馆出版的个人学术专著《垄断资本全球化问题研究》以及相关期刊发表的系列论文，其中多篇论文被《中国社会科学文摘》、中国人民大学书报资料中心等转载，其政策建议被选入全国哲学社科规划办公室的《成果要报》（总第 452 期），受到国家和省部级领导的重视和批示，成为制定国家有关经济政策法规和地区产业发展规划的参考依据。

（一）明确界定资本全球化条件下中国产业发展的范畴

对中国产业发展的范畴给予明确界定，并将资本全球化与中国产业发展问题提炼为发达国家跨国公司进入中国后其与中国的产业结构、市场结构、产品结构（贸易结构）的关系问题，而这个问题又与中国开放条件下的工业化、市场化、国际化进程直接关联，因此研究具有逻辑与历史的统一。

（二）构建资本全球化与中国产业发展问题研究的分析框架

着重从产业发展总体层面考察发达国家跨国公司对中国的产业结构、市场结构、产品结构（贸易结构）的影响，同时还从具体行业层面考察发达国家跨国公司对汽车业和家电业这两个代表性行业的影响，由此构建资本全球化与中国产业发展问题研究的分析框架和基本内容。

（三）根据研究结论提出主要观点和政策建议

第一，从产业发展总体层面看，跨国公司的进入有效地促进了中国产业结构升级、市场结构优化、贸易结构改善，并相应推进了中国工业化、市场化、国际化进程。但随着跨国公司全球产业战略在华布局的实现，其负面效应逐渐显现并有强化趋势，突出表现为中国一些重要产业和市场及其产品出口出现了"有产业无技术""有市场无安全""有产品无品牌"的严峻态势，这将对中国的产业发展乃至产业安全构成威胁。第二，从汽车业和家电业具体行业来看，两个行业受跨国公司影响程度相比产业发展总体层面更为强烈，而且前期产生的积极效应（如快速提升行业制造能力、市场竞争程度、产品出口份额等）与当前显现的负面效应形成较大反差，汽车业出现了"产业空心化、市场寡头化、出口低档化"问题，家电业出现了"生产外围化、市场微利化、出口边缘化"问题，如此下去，中国汽车业和家电业将被锁定全球产业价值链的低端位置。第三，在继续加强与跨国公司深度合作的同时，加快转变以往过度依赖技术引进和自身比较优势的依附型产业发展模式，调整和修正现有相关政策法规，将增强自主创新能力作为中国产业发展的战略基点，注重寻找和培育新的竞争优势，尽快提升一些新兴产业和重要行业及产品在全球产业价值链的位置，不断增强中国产业的整体竞争力。

二　关于市场国际化与市场结构优化

发达国家跨国公司进入中国，对中国产业发展产生了全面影响，同时对同一行业的产业组织包括市场结构及其行为和绩效的影响更为直接。齐兰注重从产业组织视角研究中国主要行业市场中的外资企业与内资企业的垄断竞争关系以及市场结构优化问题，并提出一些具有原创意义的分析范式和思想观点，其研究成果主要体现在她主持完成的教育部人文社科规划基金项目"经济全球化对我国市场结构的影响"及在中国经济出版社出版的《市场国际化与市场结构优化问题研究》个人学术著作和在《经济学动态》等期刊发表的多篇论文。

（一）首次提出"I—SCP"分析范式

在西方产业组织学的 SCP 分析范式基础上，引入开放因素，原创性提出了"I—SCP"范式即"市场国际化——市场结构、市场行为、市场绩效"范式。这种扩大了的分析范式与已有分析范式明显不同在于，将对外开放与市场结构变化联为一体，并视市场结构为内生变量，以便研究开放条件下同一行业外资企业与内资企业的垄断竞争关系。

（二）提出"可持续竞争"思想，构建适合中国国情的有效竞争标准体系

在吸收借鉴克拉克"有效竞争"概念和梅森等"有效竞争标准"理论基础上，提出开放条件下的有效竞争，是微观层面和宏观层面相融合的规模经济与竞争活力的协调均衡的观点，其包括安全竞争、适度竞争、高效竞争、可持续竞争，并将这种有效竞争标准体系作为中国市场结构优化目标。

（三）提出"综合因素分类法"，并对所划分的三大类产业群提出相应的竞争政策重点指向

在比较借鉴国内外有关产业分类方法的基础上，引入市场结构、市场竞争效果、市场国际化和国家经济安全等因素，提出一种新的产业划分方法即"综合因素分类法"，将中国主要产业划分为三大类产业群及其六个产业类别，即竞争性产业群（包括国际竞争性产业和国内竞争性产业两个类别）、准竞争性产业群（包括经济安全性产业和发展战略性产业两个类别）和非竞争性产业群（包括自然垄断性产业和外部经济性产业两个类别）。

根据这三大类产业群的现实状况和主要问题，相应提出各类产业群的竞争政策重点指向：（1）竞争性产业群，是开放的市场经济条件下占国民经济比重最大的一类产业群，竞争政策在此重点指向应是反行政性垄断，促进国内企业之间、内资企业与外资企业之间的市场竞争；同时注重反过度竞争和不当竞争。（2）准竞争性产业群，尽管占社会经济中比重不是很大，但却关系国家经济安全和长远发展，竞争政策在此重点指向应是反对外国跨国公司的经济性垄断，以促进内资企业与外资企业之间的公平竞争；同时应加大国有企业改革力度以增强其市场竞争力。（3）非竞争性产业群，虽在总体上不具有市场经济性质，但却与市场经济密切关联并在国民经济中起基础性作用，在此首先需划分市场竞争性质和非市场竞争性质的部门和业务，然后对于具有市场竞争性质的部门和业务采取竞争性产业群的竞争政策，即扩大市场开放，促进市场竞争；而对于不具有市场竞争性质的部门和业务，则实行适度的政府管制，以保证其健康稳定发展。

三　外资进入与中国主要行业的市场结构变化

基于上述所构建的"I—SCP"范式和市场结构优化目标及三大产业群划分，齐兰带领研究团队进一步对不同类别产业群中一些代表性行业

进行专门考察，包括电信业、石油业、汽车业、家电业、物流业、银行业、保险业、证券业、出版业、电视传媒业、互联网金融业等，其研究成果主要体现在她主持完成的教育部人文社科规划基金项目"经济全球化对我国市场结构的影响"及行业系列调研报告和在《中国工业经济》等期刊发表的相关论文。

对以上各个行业考察的总体印象是，外国跨国公司进入之后对每个行业的市场结构均产生了重要影响，由于行业特征不同和跨国公司投资力度的差异，其影响效果也各有不同。因此，建议每个行业应根据实际影响效果采取相应对策，以确保行业的安全与可持续发展，同时也应注重与外国跨国公司的合作共赢。

四 经济金融化与中国产业结构升级

金融是现代经济的核心，经济金融化一般是指金融因素或金融份额在社会经济生活中的作用或比重不断增强或扩大的趋势。进入 21 世纪以来，全球范围内经济金融化发展态势不断趋强，齐兰及时跟进这种新的态势，注重研究经济金融化与中国产业结构变动的问题，其研究成果主要体现在她主持完成的教育部人文社科规划基金项目"金融资本全球化及对中国经济的内外影响"研究报告和在《光明日报》（理论版）等报刊发表的相关论文。

（一）认为金融化与工业化具有内在联系，通过金融化可以推进战略性新兴产业的培育和发展

工业化是指经济以农业、轻工业为主要产业向以重化工业为主要产业的演变过程。战略性新兴产业包括节能环保、新一代信息技术、生物、高端装备制造、新能源、新材料和新能源汽车等。由于战略性新兴产业的行业特性决定了其在发展过程中会面临投资风险高、融资难度大等问题，因此建议采取政府资金担保、银行降低贷款利率、建立多层次资本市场等金融化方式，拓宽融资渠道缓解资金约束，以有效促进战略性新

兴产业发展。

（二）提出金融化与市场化融合观点，通过金融化倒逼传统产业转型升级

市场化是指由传统计划经济体制向现代市场经济体制转变并不断趋于成熟的过程。传统产业主要是以制造加工为主的劳动密集型产业和产能过剩行业等。在金融化趋势下，流动资金更容易借助市场机制进入具有高回报的金融领域和高成长性行业，因此建议完善市场机制和投融资体制，鼓励投资主体多元化，创造公平竞争优胜劣汰环境，则会倒逼和催促传统产业转型升级。

（三）将金融化与国际化联为一体，通过金融化促进现代服务业快速发展

国际化是指一国经济由单向开放向全方位开放并与全球经济融为一体的过程。现代服务业尤其是生产性服务业包括现代物流业、交通运输业、商务服务业和信息服务业等是现代服务业的主体。当前，中国生产性服务业问题集中在中高端人才短缺、技术创新能力不足、国际服务贸易比重低等。因此建议顺应金融化趋势，引进和引导外资优先进入生产性服务业，加大人才与技术的国际交流合作，从而加快国内生产性服务业发展步伐。

五　金融开放与金融产业监管

2008 年美国金融危机导致世界性经济衰退，引发国际社会及各国对放松金融管制的深刻反思，同时中国金融体制改革和金融市场开放的进程不断加快，因此，如何充分发挥金融促进经济发展功能又要防止过度金融化带来的风险，齐兰注重探讨中国金融开放与金融产业监管的问题，其研究成果体现在她主持的国家社会科学基金重点项目"当代垄断资本金融化研究"的阶段性研究成果及在《中央财经大学学报》等期刊发表

的多篇论文。

（一）根据未来全球金融监管态势提出中国金融产业监管对策

以巴塞尔委员会等为主的国际金融组织机构和以美英欧为代表的西方主要发达国家自 2008 年之后高度重视金融监管问题，其所实施的一系列新举措预示着未来全球金融监管改革态势。而目前中国金融监管存在的突出问题是监管模式滞后、监管范围缺失、宏观审慎监管薄弱等。由此政策建议是尽快从分业监管向综合监管过渡；监管范围扩大至"无缝监管"，尤其加强对金融创新产品的监管；实行微观审慎监管和宏观审慎监管相结合，并重点防范系统性风险等。

（二）互联网金融和金融科技对中国金融产业监管的新挑战

互联网金融没有改变金融的本质，是传统金融通过互联网技术在理念、思维、流程及业务等方面的延伸、扩展与升级，它在增加金融市场跨时空竞争性的同时也带来了更多的风险。因此建议互联网金融监管重点是对其涉及的具体平台如 P2P 网络借贷平台、第三方支付平台、众筹融资平台等进行风险控制，尽快出台互联网金融监管法规，建立互联网金融企业的征信体系，从源头堵住互联网金融监管的空白地带。

以人工智能、区块链、云计算、大数据为基础的金融科技带来的金融模式及交易方式的创新，也产生了诸如非法发售代币票券、非法发行证券、金融诈骗等违法犯罪活动，并且在网络效应和规模效应的作用下，其严重后果会传染、放大。因此亟待设计和实施合理有效的金融监管机制，使得金融科技这把双刃剑能够发挥其积极效应。

六　区域开放与区域产业布局

一国经济的对外开放，也包括该国国内各个区域的对外开放。由于各种原因，中国东、中、西部地区经济发展严重不平衡，如何使西部地区在开放条件下通过产业发展摆脱贫困落后状况，也是齐兰一直关注和考虑的问题。为此，她先后主持广西壮族自治区政府重大项目"增强广西资源富集区自我发展能力问题研究"和"加快建设广西能源支撑体系对策研究"，带领研究团队深入广西地区进行考察调研，所形成的研究报告和政策建议（文件稿）得到广西政府的肯定和采纳。

（一）广西地区特点及其重点产业选择和产业布局

广西地区具有欠发达资源富集区的典型特征：集资源富集性、经济贫困性、生态脆弱性、环境敏感性于一体，存在"荷兰病效应"，遭遇"资源诅咒"。同时，其产业结构不尽合理，支柱产业能耗较高，要素集聚能力较弱，自主创新能力不强，这些成为制约广西地区经济发展的主要因素。因此广西地区产业发展应走资源开发产业化、产业体系特色化、产业融合一体化的道路，形成"两区一基地"（全国重要资源深加工基地、全国可持续发展综合改革试验区、全国重要资源产业聚集区），相应的重点产业选择及产业布局应是"一体两翼"，即以铝和锰加工业为主体，以水电和红色旅游为两翼。

（二）广西能源支撑体系存在的问题及其建设目标重点

从工业化、产业结构、对外依存度、能源结构、能源利用效率、能源体制、能源布局七个方面分析总结了广西能源支撑体系存在的主要问题，提出了近期、中期和长期的广西能源支撑体系建设目标重点：近期是建立沿海煤炭储备中心，形成保障有力的购运体系和电网体系；中期是扩建挖潜水能资源，开发利用生物质能、太阳能、核能；长期是开发北部湾和南海利用海底油气资源，把广西打造成为中国南方重要的石油天然气生产基地。

学术感悟

做学术研究贵在专注与执着。

代表性著作

（一）主持国家级（含教育部）主要研究项目

1. 国家社会科学基金重点项目"垄断资本全球化问题理论探讨"（01AFL003）。

2. 国家社会科学基金重点项目"当代垄断资本金融化研究"（12AJL002）。

3. 教育部人文社科规划基金项目"经济全球化对我国市场结构的影响"（01AJL790074）。

4. 教育部人文社科规划基金项目"金融资本全球化及对我国经济的内外影响"（10YJA790145）。

（二）代表性学术论文

1. 齐兰：《垄断资本全球化对中国产业发展的影响》，《中国社会科学》2009年第2期，被全文转载中国人民大学书报资料中心《产业经济》2009年第6期。

2. 齐兰、王业斌：《国有银行垄断的影响效应分析——基于工业技术创新视角》，《中国工业经济》2013年第7期，被全文转载中国人民大学书报资料中心《产业经济》2013年第10期。

3. 齐兰、赵立昌：《基于消费者异质性的产业组织理论研究新进展》，《经济学动态》2015年第12期。

4. 齐兰：《现代市场结构理论述评》，《经济学动态》1998年第4期。

5. 齐兰：《德国政府扩大内需政策及其对我国的借鉴意义》，《经济学动态》1999年第4期。

6. 齐兰、卢文浩：《全球公共产品融资理论研究动态》，《经济学动态》2007年第11期。

7. 齐兰、张春杨：《贸易与投资并重的国际资源开发策略》，《改革》2012年第1期。

8. 齐兰、陈晓雨：《金融化趋势下的产业结构优化升级》，《光明日报》（理论版）2015年4月8日。

9. 齐兰：《垄断资本全球化对我国工业化进程的影响》，《经济理论与经济管理》2005年第6期。

10. 齐兰：《经济全球化对我国主要行业市场结构的影响及其对策》，《经济与管理研究》2005年第1期。

11. 齐兰、郑少华：《全球金融体系变革与中国金融监管体制改革》，《学术月刊》2011 年第 9 期。

12. 齐兰、徐云松:《制度环境、区域金融化与产业结构升级——基于中国西部面板数据的动态关系研究》,《中央财经大学学报》2017 年第 12 期。

（三）代表性学术著作

1. 齐兰:《垄断资本全球化问题研究》,商务印书馆 2009 年版。

2. 齐兰:《市场国际化与市场结构优化问题研究》,中国经济出版社 1999 年版。

于良春
Yu Liangchun

　　于良春，男，1959 年 12 月出生在山东省聊城市的一个军人家庭。1966 年 9 月开始读小学，1976 年 6 月高中毕业。高中毕业后，于良春成为一名下乡知青，在聊城市荏平县魏庄村劳动锻炼了近两年时间。1977 年国家恢复高考，于良春在知青点报名考试，有幸成为恢复高考后的七七级大学生，于 1978 年 2 月进入山东大学政治经济学系学习。1982 年 1 月大学毕业后，于良春留校任教，历任助教、讲师、副教授，1994 年 35 岁时被山东大学破格晋升为教授。任教期间，于良春先后于 1984—1986 年在中共中央党校理论部就读研究生，1996—1999 年期间在山东大学国际政治学院在职攻读获得法学博士学位，2001—2004 年在吉林大学在职攻读获得经济学博士学位。2000 年起在山东大学经济学院担任博士生导师，2006 年入选第二届全国百名"国家级教学名师"，2016 年入选国家"万人计划领军人才"。

于良春曾作为富布莱特高级访问学者，于 2001 年 9 月至 2002 年 8 月在美国佛罗里达大学从事了为期 1 年的合作研究。为进行欧盟与荷兰皇家科学院资助课题，于 1996—2000 年先后在荷兰蒂尔堡大学从事了为期 1 年的合作研究；2004 年 12 月应邀作为荷兰蒂尔堡大学博士论文答辩委员会成员，赴该校进行论文评审和论文答辩。2005 年 4 月被邀请参加在美国亚特兰大召开的国际产业组织学年会，并被邀请担任"规制理论与政策"分会场主席。作为高级访问学者多次受国外同行邀请，在英国利物浦大学、德国爱尔兰根—纽伦堡大学、荷兰蒂尔堡大学、美国佛罗里达大学等做学术报告，建立了较为广泛的国际学术合作与交流关系。

作为一位大学教师，于良春的工作集中在教学和科研两个方面。2006 年，于良春被评选为第二届全国百名"国家级教学名师"，成为山东大学第二位获此殊荣的教师。为此，《山东大学学报》对于良春在教学和科研等方面的工作情况进行了较为详细生动的报道。

一 学生最喜爱的老师

"为人师表，春风化雨，书润桃李春满园；术业治学，破旧立新，剑劈东岳小重天。"

这是在山东大学经济学院学生自发组织的第五届"我最喜爱的老师"无记名投票评选活动中，有同学对本院博士生导师、党委书记于良春的评价。从那以后，他便因此有了"书生剑"的雅号。

书生学者，儒雅谦和，博学睿智，气度超然；剑为兵器，锋芒在外，却又不似刀枪霸气冲天。剑法讲究灵动、凌厉，招招中敌要害。书生佩剑，柔中有刚，刚柔相济。

"'书生剑'用在他身上，那真是太形象太贴切了。"经济学院院长

助理李文说。

"初听于良春的名字，我想到的只是书记、教授、博导……这一串显赫的头衔，但一年之后，我想到的只是讲台上那个博学、温和的于老师。""一位老师，一位学者，他的成就不在于自己懂得多少和了解多少，而在于使别人懂得多少和了解多少。对我而言，于老师是许多艰涩的经济学密码的破译者。""听他的课，先是为他的细致和耐心而惊讶，进而又被他的思想和睿智所折服。""他习惯用平和的语调对一些理论和时事说出自己的看法，有时只是一语带过，但若仔细一想，这些观点都很犀利、精辟，甚至是一针见血，毫不留情的。""在他身上，包含了一个真正的教授所应有的全部内容。"

……

这就是经济学院学生在"我最喜爱的老师"评选活动中，无记名地对于良春的评语。

于良春多年来一直讲授"政治经济学"。该课是经济学专业本科生的基础课程。在目前应用性课程日益受到学生重视而基础理论课受到冷落的情况下，要教好这门课，并且让学生喜欢实属不易。但他做到了，并且因主讲该门课程而被经济学院学生评为 2004 年度和 2005 年度"我最喜爱的老师"。

"我最喜爱的老师"的评选是学生献给辛勤园丁们的一份特别的礼物。"得到这份礼物，比拿到任何其他大奖都高兴。"他由衷地说。

当然，除了博学多识和潜心教学外，他的个性魅力和师德风范也同样受到大家的推崇。

已上大二的李嫣怡说，大一时，只知道于良春是他们政治经济学课的任课老师。"他很随和，很幽默，课间会和同学们很亲近地聊天。后来知道他是一位很有影响力的博士生导师，还是我们院的党委书记时，我们都很吃惊。因为没有想到会有博士生导师给我们上课，更没有想到他这么和蔼可亲，一点领导架子都没有。即使他不教我们了，每次遇到他，还会和我们很亲切地打招呼。"

"于良春是我大学中遇到的最好的老师之一，是我心目中大学教师的典型。我从他那里得到的最大收获就是做人要踏踏实实，朴实谦虚，他就是我的一个奋斗目标吧。"大二学生钟鹏伟嘿嘿笑着说。

而他的硕士生于飞所言显然认识更深一层，"他身上有一种传统师长的气质：内敛而认真。他讲课总是寻隙入微，剥茧抽丝，从容不迫，仿佛是在引导我们寻找知识的逻辑之路，让大家微笑会意于理性的山水之间，因此也就不需要很多言语的鼓动，同学们知道，没有理由落伍。而课下的他，总是微笑着。他关心同学们的学习安排、到外校交流的兴趣，了解学生的生活细节乃至住宿、作息，时时穿插他的些许建议。和他对话的感觉，如同溪水被微风拂过。"

"和蔼中透着几丝威严的于老师，总是从哲学思维的角度对我们做人、做事给予点拨。百忙之中会定期联系我们，询问我们是否在生活上或者学习上遇到了难处。"2005级的研究生王馨以能成为于良春的学生而自豪。

让学生更为敬佩的是，在眼下教师节学生为老师送礼成风的情况下，于良春自立规矩，规定在校的学生一个苹果一个橘子也不能带到家里，谁拿来谁提走。可是，为了在这个特殊的节日里能给老师和学生一个沟通的机会，每次他都自己掏钱，买一些水果，开一个茶话会，共叙师生情谊。

还有学生补充说，于良春对家庭困难的学生更是关怀，为他们联系助教岗位，让他们在不耽误学业的同时能勤工俭学……

细雨润无声，在学生赞美的同时，于良春的美好品行已深深根植于学生的血脉之中。

二 创新教学，引领教改

创新性教学是于良春的一大教学特点，并在多年的教学实践中形成了他自己的一套教学理念。

"首先要摆正师生关系。要以学生为中心，教师的作用主要体现在指导学生有效地学习，而不是以知识权威的身份向学生灌输知识。要根据学生的特点和需要，帮助学生发现问题、解决问题，进而培养学生的创新意识和创新能力。在教学过程中，应当鼓励学生大胆地提出自己的见解和看法，并且大度地对不同意见给予循循诱导。要给学生留下思考、创新的空间和余地，提供一个宽松的、允许犯错误的环境。"

同时，"学校和教师应尊重学生的个体差异，全方位地保护学生的个性，促进学生的个性发展。教育者应把学生的个性作为一种创新资源来开发，不能把学生分出三六九等，尤其要摒弃'差生'概念。要让学生始终保持良好的自尊和自信，为每个学生的个性发展创造一个宽松的环境。只有这样，学生的创新素质才有可能真正得到提高。"

并且，"一个好的教师除了按照教学大纲的要求仔细钻研、认真备课外，还应讲究课堂教学的艺术性。师生间情感相互交流则能形成和谐的情感氛围，能产生很好的教学效果。要特别注意启发式、交流式和讨论式等多种教学方法的交叉运用。同时，一个好的教师应该经常跟学生沟通，并让学生随时都能与自己联系上，这样能够极大地调动学生学习的兴趣和热情。"

这些理念正是于良春所身体力行的。

多年来，于良春为了教好"政治经济学"，不断进行教学改革。他制定了以课堂讲授为中心，配合以学术讨论、理论研究、单独指导、教学实践、平时作业与测验、期中考试、期末考试等主要环节的教学工作规程；他引入多媒体等现代化的教学手段，并以科研带动教学，将科研成果融入课堂教学之中，更好地反映了当代经济学的新进展和理论研究的前沿成果。

经过多次改革、完善，于良春主讲的"政治经济学"2005年被教育部评为国家级"精品课程"。同时，他主编的凝结了他多年教学改革成果的《政治经济学》教材，被教育部评选为"十五""十一五"国家级规划教材。该教材除山东大学外，还被浙江大学、南京大学、武汉大学等国内50余所高等学校用作本科生基础课教材。《人民日报》《光明日报》等发表评论和介绍，对此书给予了很高评价。

于良春同样重视探讨研究生培养的规律和方法，提出了一些有价值的教育思想。如对研究生进行分类指导与培养的思想，即把硕士生分为理论型和应用型，按照不同的方式进行培养。这一思想被学校决策层所接受，写进了学校有关研究生教育的文件中。

于良春不断地将他的教改思想转化为教学实践。

研究生王馨说，于良春在教学过程中会使用不同的教学引导方法，使每个学生都能更容易发挥出潜质。05级硕士生杨骞则告诉笔者，他经常给同学们布置讨论题目，然后每周一次和大家一起讨论。对于学生提出的新观点，他总是不断鼓励，使大家有一种成就感；而对于比较模糊的问题，他会不厌其烦地讲解。

为了鼓励同学们进行学术研究，于良春同研究生们一起建立了自己的研究网站，成为一个巨大的学术交流、资源互动平台，不但方便了学生通过快捷的网络途径自由交流，还可以使学生从网站上找到很多最近的科研成果和学习心得体会，极大地提高了为研究而获取信息的效率。

"我能做的就是要把你们推到一个学术的前沿上，让你们知道哪里有金矿，告诉你们怎么去挖，怎么去向这个前沿走上一步，或者半步。"这是于良春给研究生说的话。

对于研究生，于良春是他们的引路人，不光传授知识，更多的是研究方法的点拨。在他的启发和引导下，每一级学生里都有在国家经济学权威刊物上发表文章的，这也是他最感到欣慰的一点。

三　培养创新型人才，教师首先要有创新素质

"要培养学生的创新精神和创新能力，教师首先要有创新素质。必须对创新的过程、创造的心理有一种直接的体验，有一种深刻的理解。"于良春突出的学术成就正是他实践这一思想的写照。

日前，山东省人民政府发出通报，公布授予"山东省有突出贡献的中青年专家"称号的人员名单，于良春榜上有名。为此，他成为目前学校社会科学领域中唯一获此殊荣的学者。省政府公布的选拔条件之一是要求社会科学领域的入选者的研究成果有独到见解，这和"国家级教学

名师"的选拔标准之一——较高的学术造诣是一致的。而他在政府规制理论与政策、企业制度与产业组织理论研究领域造诣很深，已被同行公认为该学科的学术带头人。

于良春的《自然垄断与政府规制——基本理论与政策研究》一书被全国社科基金办公室作为《成果要报》，将书中的主要政策建议报送中央政治局委员和国务院总理、副总理等领导。国内同行著名专家、东北财经大学博士生导师于立在《中国工业经济》、浙江财经大学博士生导师王俊豪在《经济理论与经济管理》上也都发表过评论，认为该书对自然垄断理论有了新的认识，推进了中国自然垄断理论与政策的研究。

于良春的另一部著作《企业·居民·市场——社会主义微观经济研究》出版后，立即引起同行关注。著名学者、中国人民大学博士生导师黄泰岩，吉林大学博士生导师张维达分别在《经济理论与经济管理》《东岳论丛》上发表评论，称该书是一部全面系统地研究社会主义微观经济运行理论的学术专著，开拓性地研究了中国微观经济运行的现实，是一种超前性的理论尝试。

在学术研究上，于良春的路越走越顺畅，成果一个接一个问世。当《企业行为研究》一书面世后，在国内很快引起较大反响。著名学者、国务院研究中心研究员马建堂，全国政协常委罗元铮等分别在《光明日报》《经济日报》《工人日报》《中国教育报》《中国工业经济》《企业管理》《博览群书》等全国性报刊上发表评论，给予该书很高评价。

引领学术前沿，一直是于良春的奋斗目标。他的《垄断与竞争：中国银行业的改革与发展》一文，在国内外第一次运用产业组织理论的分析方法对银行业的市场结构、企业行为和市场绩效进行系统的实证分析，发现了中国银行业在竞争机制上存在的问题，提出了相关的产业组织政策。该论文共计被引用 243 次，其中硕士论文引用 78 次、博士论文引用 36 次、期刊引用 128 次、重要会议引用 1 次。名列全国个人论文被引用次数前 10 名，在国内形成重要影响。

此外，于良春还先后主持完成国家级、部省级研究课题 10 项，国际合作研究课题 3 项。一分耕耘，一分收获。他的科研成果获得山东省社会科学优秀成果一等奖 3 项，二等奖 3 项，其他各类奖 20 余项。

四　恪尽职守，追求完美

于良春除了承担教学、科研任务外，还担任经济学院党委书记兼副院长等行政职务，可谓事务繁多。

但"于良春对其所负责的所有工作都极其认真负责，而且全都有条不紊地进行"。同教研组的博士生导师侯风云说："作为学院党委书记，他宽容，有涵养，始终站在别人的立场上想问题，使学院的工作始终处在一种秩序和谐的气氛中。"去年，经济学院党委被学校评为先进党委。

年轻的李文老师说，"于良春顾全大局，考虑周全，总是为年轻教师的发展提供各种帮助，并在学院领导班子中积极倡导制定各种有利于青年教师发展和成长的政策"。

于良春对其负责的研究生教育等工作同样恪尽职守。为了改善本院研究生的学缘结构，他亲自给国内高层次高校有关院系写信，加强宣传，吸引优秀生源。他对复试的程序和方法都进行认真的设计，以让每一位考生得到公正的结果。"假如他是我的孩子，去接受考试，我会希望老师如何对待他。"这是于良春对参加研究生复试老师说的话。

为了学术交流，为了寻求合作，为了学院获得更多的发展机会，于良春还穿梭于世界各地。作为富布莱特学者到美国从事合作研究；参加荷兰蒂尔堡大学博士论文答辩委员会，进行论文评审和论文答辩；参加国际产业组织学年会，担任"规制理论与政策"分会场主席；访问荷兰王国蒂尔堡大学、英国利物浦大学、德国爱尔兰根—纽伦堡大学、日本神户大学、韩国成均馆大学等，从而在国际学术界形成一定的影响，并建立了广泛的国际学术合作与交流关系。

做好一件事容易，难的是要把很多事情都做得尽善尽美。于良春并没有分身法术，他能做到这些，除了他清晰的思维能力、超强的工作效

率和别具一格的领导才能外，最重要的还是勤奋和努力。

五　不辱使命，继续奋斗

荣誉只是代表过去。对于于良春来说，国家级教学名师的光荣称号只是他人生的一个里程碑。他要继续奋斗，为了自己所担承的历史使命。

教育部希望"国家级教学名师"再接再厉，为全面提高中国高等教育教学质量做出新成绩，切实把主要精力投入到提高教育教学质量上来，为全面实施科教兴国战略和人才强国战略，培养高素质人才做出新的更大贡献。于良春说，他将不辱使命，继续深化教学改革和课程建设，探索更多的有利于培养学生创新能力的教学方法和教学手段，不断改进和完善教学管理体系。

同时，他还要重视提高青年教师的教学水平，注重对青年教师专业能力的培养，注重提高教学团队成员的研究水平。创造条件让青年教师参加各种学术活动，突出研究特色，提高研究水平。重视教学团队年龄结构的优化，通过培养吸收青年教师，优化教学团队成员的年龄结构。

于良春要继续坚持科研引领学术，他将致力于自然垄断理论与政府规制政策、企业制度与企业行为等方面的研究；坚持科研为经济建设服务，要研究政府对环境污染进行管制的理论与政策，研究政府对产品质量进行管制的理论与政策。

代表性著作

1. 《中国行业性行政垄断强度与效率损失研究》，《经济研究》2010 年第 3 期。

2. 《中国地区性行政垄断程度的测度研究》，《经济研究》2009 年第 2 期。

3. 《强自然垄断定价理论与中国电价现制制度分析》，《经济研究》2003 年第 9 期。

4. 《垄断与竞争：中国银行业的改革与发展》，《经济研究》1999 年第 8 期。

5. 《国有企业的职能定位与规模定位》，《经济研究》1998 年第 5 期。

6. 《双侧市场势力、非对称竞争与改革路径选择》，《中国工业经济》2013 年第 4 期。

7. 《中国电网市场势力的分析与测度》，《中国工业经济》2012 年第 11 期。

8. 《行政垄断的形式及治理机制研究》，《中国工业经济》2011 年第 1 期。

9. 《地区行政垄断与区域产业互动关系分析》，《中国工业经济》2008 年第 6 期。

10. 《自然垄断产业管制的成本收益分析》，《中国工业经济》2007 年第 1 期。

11. 《中国铁路客运高峰负荷定价模型分析》，《中国工业经济》2006 年第 3 期。

12. 《中国铁路运输供需缺口及相关产业组织政策分析》，《中国工业经济》2005 年第 4 期。

13. 《自然垄断产业垄断的"自然性"探析》，《中国工业经济》2004 年第 11 期。

14. 《论自然垄断与自然垄断产业的政府规制》，《中国工业经济》2004 年第 2 期。

15. 《中国银行业规模经济效益与相关产业组织政策》，《中国工业经济》2003 年第 3 期。

16. 《竞争与管制：中国电力行业的改革与发展》，《中国工业经济》1999 年第 11 期。

17. 《管制、放松管制与中国电信业改革和发展》，《中国工业经济》1999 年第 4 期。

18. 《医疗费用预付制及其政策启示》，《经济学动态》2006 年第 2 期。

19. 《中国汽车产业的市场规模和企业规模研究》，《经济学动态》2004 年第 8 期。

20. 《世界电力产业的改革与发展》，《经济学动态》2003 年第 4 期。

21. 《转轨经济中的反行政性垄断与促进竞争政策研究》，经济科学出版社 2011 年版。

何维达
He Weida

何维达，男，1960 年 2 月出生于江西省新余市的一个知识分子家庭。通过小学和中学阶段坚持不懈的刻苦学习，1979 年被江西财经大学计划统计系录取。进入大学后，何维达在课堂学习之外，不断夯实专业知识和补充学习经济学理论，这也为他后来的科研工作打下坚实的理论基础。完成 4 年本科学习后于 1983 年 7 月获得经济学学士学位。同年 8 月，因在校期间成绩优异、表现突出，何维达获得留校工作机会，任职于江西财经大学经济研究所，至 1990 年 9 月历任江西财经大学经济研究所助理研究员、副研究员。

1991 年 11 月，何维达通过国家留学基金委选拔，被派往意大利那不勒斯大学商学院进修学习，攻读经济学硕士学位。在意大利学习期间，他极为珍惜来之不易的出国学习机会，刻苦学习西方经济学知识，进一步夯实经济学理论基础，并跟随导师进行科研项目研究，丰富科研实践经历。与此同时，他还积极参加大使馆组织的中国—意大利文化交流活动，成为一名中国文化的推广者。回国之后，从 1994 年 9 月伊始，何维达还在中南财经政法大学攻读经济学博士学位，于 1997 年 6 月顺利获得经济学博士学位。

何维达学成归国后，继续在江西财经大学经济研究所开展科研工作，1995 年 9 月晋升为副研究员，并担任经济研究所副所长。1998 年 10 月破格晋升为研究员，并担任江西财经大学经济与社会发展研究中心任主任。1998 年入选财政部跨世纪学科带头人，同年获得江西省高校中青年学科带头人。2000 年 10 月被遴选为产业经济学博士生导师。2000 年享受江西省政府特殊津贴，2002 年获得江西省新世纪百千万人才工程第一、二层次人选。2004 年 2 月，因科研能力优异和工作能力突出，何维达调任至北京科技大学东凌经济管理学院，担任企业与产业发展研究所所长、经济贸易系主任，并且被聘任为二级教授。2004 年 7 月获教育部首届新世纪优秀人才称号。2004 年至今，先后指导培养了 30 多名博士研究生和 100 多名硕士研究生。2016 年 9 月至今，赴江西理工大学挂职锻炼，任校长助理兼商学院院长、教授。

从 20 世纪 90 年代初至今，何维达先后到意大利、奥地利、瑞典、丹麦、挪威、美国、日本、新加坡、韩国和俄罗斯等国参加国际学术交流，并作为主要嘉宾作主题报告，对于促进科学研究水平的提高和展示最新学术研究成果，扩大学术影响起到了一定的作用。

何维达长期从事经济安全和产业安全的教学和研究，是该领域的全国知名学者。从 1997 年亚洲金融危机爆发，何维达就开始了产业安全和经济安全的研究工作，是国内产业安全研究的主要开拓者之一，在该领域取得了突出的成果，为中国经济安全和产业安全的学科建设、人才培养、政策咨询做出了突出的贡献。其研究成果得到时任国务院总理温家宝的重要批示。目前他是国家发改委"中国经济安全中心"的专家顾问，也是北京哲学社会科学研究基地"北京交通大学中国产业安全研究中心"的主要学术顾问。担任国家社会科学基金重大项目通信评审专家，以及《中国社会科学》《系统工程理论与实践》《管理学报》和 Current Science 等重要刊物的匿名审稿人。

近 20 年来，何维达先后主持承担了 2 项国家社科基金重大项目、1 项国家社科基金一般项目、1 项国家科技支撑计划项目子课题和多项省部级项目，在《经济研究》《中国工业经济》《世界经济》《国际金融研究》《成果要报》以及 Current Science、Journal of Scientific & Industrial Research 等国内外高水平期刊发表学术论文 180 余篇，其中被 SCI、SSCI、EI 和 CSSCI 检索 60 余篇，出版学术著作 15 部，先后获得商务部等优秀科研成果一、二等奖 16 项。

何维达的主要研究领域是经济安全和产业安全，同时对企业委托代理制和公司治理等理论也有研究。他结合中国改革开放和经济发展的宏观背景，深入研究产业安全理论框架、产业安全评价指标体系构建、评价与预警机制，提出了许多具有独到见解的观点，为新时期党和国家经济安全和产业安全政策的制定，重大产业的安全平稳发展，以及产业经济学理论的繁荣做出了重要贡献。

一　对产业安全与政府规制关系等　理论进行了开拓性研究

早在 2000 年，何维达主持了国家社科基金一般项目"中国入世后产业安全与政府规制研究"，并且在该项国家社科基金项目研究报告基础上出版了专著《开放条件下的中国产业安全与政府规制》（江西省学术文库，江西人民出版社 2003 年版），最早对产业安全与政府规制的关系进行了系统的开拓性研究。该专著对产业安全的定义、特征及影响因素，以及产业安全的历史渊源与进展，产业安全的评价指标体系和评价方法，产业安全与政府规制的关系等进行了系统阐述。该专著的引用量达到 168 次（详见 CNKI 中国引文数据库），是产业安全研究引用率最多的文献之一。

何维达在 2010 年和 2012 年先后出版了 2 本专著，分别是《国家能源产业安全的评价与对策研究》（经济管理出版社 2010 年版）和《全球化背景下的国家经济安全与发展》（国家重点图书，机械工业出版社 2012 年版），进一步完善了产业安全与政府规制的理论。特别是《全球化背景下的国家经济安全与发展》这一专著，获得了清华大学雷家骕、北京交通大学李孟刚和商务部产业损害调查局原局长杨益的高度评价，其中雷家骕认为这部专著"有许多有价值的观点，非常值得参考和采纳"。在此专著中何维达阐述了产业安全与政府规制的关系，提出政府规制应该改革，不能盲目进行规制和保护，而是要根据开放、半开放和未开放状态进行相应调整；同时，应该适当减少经济性规制，适当加强社会性规制；进一步完善了产业安全评价理论，对中国钢铁、汽车、机械、纺织和能源产业安全进行了实证研究，得到了有价值的结果。

二 拓展了产业安全理论的研究领域

何维达在 2013 年出版的专著《公司治理与产业安全》（中国书籍出版社 2013 年版）入选教育部学术文库，在该书中他阐述了组成产业的企业个体和企业之间相互行为对中国钢铁产业安全的影响机理，并沿着"公司治理—企业安全—产业安全"和"公司治理—企业行为—产业安全"两条影响路径，对公司治理和钢铁产业安全的关系进行了深入分析，从中找出存在的问题及原因，并从维护中国钢铁产业安全和提升钢铁产业竞争力的视角提出了相应的对策建议。

此专著的研究视角新颖，以前的产业安全理论主要从宏观和中观层面进行研究，鲜有从微观角度进行分析，专著《公司治理与产业安全》从微观视角，即企业安全和公司治理的两条线索对产业安全进行了深入探讨。这对于完善产业安全理论，拓展产业安全的研究领域具有重要的学术价值和应用价值。

三 构建和完善了产业安全评价
指标体系和理论框架

何维达在专著《开放条件下的中国产业安全与政府规制》（江西人民出版社 2003 年版）和论文《当前中国三大产业安全的初步估算》（《中国工业经济》2002 年）中构建了产业安全评价指标体系，首次对中国三大产业的安全问题进行了较为系统的研究，他从经济角度提出产业安全包含产业竞争力、产业对外依存度、产业控制力和产业发展环境四个一级评价指标，并且利用经济学理论和构建的产业安全评价指标体系，客观评价了当时三大产业的安全程度，并得出三大产业属于基本安全的状态，这对国家领导人正确判断入世后的产业安全态势具有较大帮助。其中，论文《当前中国三大产业安全的初步估算》被 CSSCI 检索期刊引用达 238 次（详见 CNKI 中国引文数据库），是该领域被引次数最高的文献之一，该文还获得江西省哲学社会科学青年优秀成果一等奖。国内的研究者如北京交通大学的李孟刚（2006 年、2010 年）、东南大学的周勤（2010 年）、吉林大学景玉琴博士（2005 年），以及商务部等都基本采纳了这一评价体系。

2010 年何维达作为首席专家承担了国家社科基金项目"经济全球化背景下中国产业安全研究"，在研究报告基础上出版的专著《全球化背景下的国家经济安全与发展》进一步完善了产业安全理论和产业安全评价指标体系。他提出新的产业安全观和产业安全评价体系应充分体现经济安全性、生态安全性与社会安全性；该专著还对中国若干重要产业的安全程度进行了客观评价，该专著出版时，得到清华大学雷家骕、北京交通大学李孟刚、商务部产业损害司原局长杨益等的高度评价（2012 年）。

四　提出了中国产业安全的"四位一体"保障体系框架

何维达在 2010 年承担的国家社会科学基金重大项目研究中（《全球化背景下的国家经济安全与发展》），首次提出了构建产业安全"四位一体"保障体系框架：（1）政府层面，维护产业安全必须建立相应的机构，可以考虑以商务部为主导，其他政府机构协作；建立和完善有关产业安全的一整套法律和政策体系；同时，要建立产业安全监测预警机制和防范体系。（2）行业协会层面的产业安全即是对本行业产品和服务质量、竞争手段、经营作风方面的安全进行有效监督；维护行业信誉，鼓励公平竞争，打击违法、违规行为以维护中国产业安全。（3）产业层面是在经济全球化市场竞争与合作过程中，一国的产业适应内外部环境变化并能稳定持续发展与提升的能力，即产业竞争力的强与弱。(4) 企业层面主要包括企业的产品质量和技术安全等，其本质是其技术自主创新能力的强弱及其核心技术的拥有。"四位一体"的产业安全保障体系研究视角新颖，"四维框架"较之以前只注重国家、行业协会和产业的"三维框架"有针对性地特别考虑了企业层面的安全问题。

五 揭示了产业安全与经济
增长的内在逻辑关系

何维达在其专著《全球化背景下国家产业安全与经济增长》（获得江西省社联优秀成果二等奖）中，探讨了经济全球化背景下国家产业安全与经济增长的关系，以及全球化面临的产业安全风险。何维达的研究表明，国家产业安全尤其是基础产业安全是国家经济安全的重要组成部分，其安全与否直接关系到国家经济增长的速度与质量，对其他产业安全起着制约作用，因为其产业安全水平直接影响到国民经济的健康发展，进而影响整个国家经济安全。

六 论证了扩张性货币政策对
银行风险的影响效应

何维达等 2011 年在《国际金融研究》发表了《货币政策、信贷质量与银行风险偏好的实证检验》一文。传统的货币理论忽视了货币政策与银行风险的关系，而美国次贷危机唤起了理论界对这种风险效应的思考。此文论证了扩张性货币政策会刺激银行风险，风险的动态性将延续到货币政策的紧缩阶段，削弱货币政策的理论效力；不同银行会对货币政策冲击做出异质反应，资本充足率高、收入多元化的银行以及发展迅速的城市商业银行更重视信贷质量，但却在风险效应中表现更为激进，这种异质反应进一步阻碍了货币政策效果的实现。"风险效应"的动态性和异

何维达

质性为货币政策的低效性提供了一种新的解释。因此，何维达等提出在货币政策制定中应考虑这种风险效应的影响，并对不同风险特征的银行实施差别化监管。

七 发现电信基础设施对经济增长的贡献呈现递减规律

21 世纪是信息经济的时代。信息的产生、处理和传递成为经济增长的重要源泉，作为信息传递主要渠道的电信产业备受世界各国的关注。电信产业是国民经济的基础性产业，对国民经济的发展、国家经济安全与信息安全起着必不可少的支持。电信产业对国民经济贡献的可持续性的研究具有非常重要的意义。

郑世林、何维达等在 2014 年《经济研究》发表的论文《电信基础设施与中国经济增长》一文中，从理论和实证角度论证了作为电信产业的电信基础设施对中国经济增长的贡献呈现递减规律。在电信行业发展初期（1990—1999 年），移动电话和固定电话基础设施的发展共同促进了经济增长；进入 2000 年以后，虽然移动电话基础设施对经济增长仍然具有显著的正向影响，但是对经济增长的贡献在逐渐递减，而固定电话基础设施对经济增长已经呈现出负向影响，说明由于用户萎缩固定电话基础设施已经出现闲置征兆。研究结果对于重新思考中国电信基础设施的发展战略和电信产业改革具有重要的政策含义和参考价值。

八 针对石油安全问题提出了具有前瞻性和可操作性的政策建议

何维达在 2011 年《成果要报》发表的论文《提升我国石油产业竞争力的对策建议》中，提出中国石油产业竞争力存在"石油大国，定价小国"，对外依存度大和运输路径单一等问题，这些突出问题必然影响中国石油安全乃至国家安全，因此提出化解石油危机的具体政策建议，包括加强渠道建设、开辟新的运输路径、建立有效的石油危机预警机制和危机处理系统等思路和政策建议，具有较大的应用价值，受到国家有关领导同志的高度重视，全国哲学社会科学规划办公室给予了通报表扬。

九 建立了中国钢铁产业竞争力的 "三双模型" 分析体系

何维达在《中国工业经济》（2009 年第 11 期）的文章中，基于策略能力观的视角，建立了中国钢铁产业竞争力的"三双模型"分析体系；并且重点从国民福利与产业利润、前向竞争力与后向竞争力、比较势力与比较效率三个方面分析了中国钢铁产业竞争力的现状。何维达认为，从中国钢铁产业的前向竞争力来看，与发达国家钢铁产业及前向产业相比，虽然在产业规模上具有一定优势，但在整体实力与效率方面都居于劣势，最主要的是比较效率偏低；从中国钢铁产业的后向竞争力来看，竞争力不足既有比较势力偏弱的原因也有比较效率偏低的原因，并以比较势力偏弱为主。为此，何维达还提出了一些对提高中国钢铁产业竞争力具有现实意义的政策取向。这一研究框架获得了许多高校同行的好评。

十 提出国企改革的共享制度设想

针对国有企业的改革，国内外学者见仁见智，提出不少思路和建议，对推动中国国有企业改革发挥了一定的作用。但是，如何调动广大干部和职工的积极性？如何规避代理人的道德风险？对这些问题的解决没有找到好的对策。何维达通过多年的研究，发现国有企业不仅存在代理人问题，而且存在委托人问题，因此国有企业的改革比西方国家的企业制度改革更加复杂。在此背景下，何维达在 20 世纪 90 年代就提出可以在国有企业实现共享制，这为目前共享经济的产生铺垫了理论基础。

众所周知，企业委托代理制是分工范围和市场规模扩大而促成的，是"两权"分离的结果。不同企业的委托代理制具有不同的优缺点。何维达提出，有效的企业代理制是有效的制衡机制与企业综合效率的融合，因此在国有企业实现共享制，能够充分调动广大干部和职工的积极性。但是，共享制要避免出现权力过度分散，效率下降现象，因此在共享制基础上可以采取适度集中的办法。

代表性著作

（一）著作

1.《全球化背景下国家产业安全与经济增长》，知识产权出版社 2016 年版（2017 年获江西省社联优秀成果二等奖）。

2.《公司治理与产业安全》（高校人文学术成果文库），中国书籍出版社 2013 年版。

3.《全球化背景下国家经济安全与发展》，中国机械出版社 2011 年版。

4.《国家能源产业安全的评价与对策研究》，经济管理出版社 2010 年版。

5.《我国衰退产业安全评价及政策研究》，知识产权出版社 2009 年版。

6.《中国若干重要产业安全的评价与估算》，知识产权出版社 2008 年版。

7.《开放市场下的产业安全与政府规制》，江西人民出版社 2003 年版。

8.《经济全球化与中国经济安全》，经济管理出版社 2003 年版。

（二）论文

1.《中国钢铁产业竞争力研究》，《中国工业经济》2009 年第 11 期。

2.《当前中国三大产业安全的初步估算》，《中国工业经济》2002 年第 2 期（2003 年获江西省社联青年优秀成果一等奖）。

3.《电信基础设施与中国经济增长》，《经济研究》2014 年第 5 期。

4.《北京新材料科技成果转化状况与政策建议》，《中国软科学》2009 年第 1 期。

5.《中国"入世"后的产业安全问题及其对策》，《经济学动态》2001 年第 11 期（2002 年获江西省社联优秀成果一等奖）。

6.《论特许权交易的动态结构与特许扩张》，《管理学报》2009 年第 2 期。

7.《我国钢铁产业发展预测及安全度研究》，《经济理论与经济管理》2007 年第 9 期。

8.《货币政策、信贷质量与银行风险偏好的实证检验》，《国际金融研究》2011 年第 12 期。

9. 《入世后我国机械工业经济安全的 DEA 模型估算》，《国际贸易问题》2005 年第 6 期。

10. 《基于 DEA 模型的中国纺织产业安全评价与分析》，《统计与决策》2007 年第 4 期。

11. 《食品安全危机管理与政策优化》，《中国行政管理》2013 年第 8 期。

12. 《亚洲四国钢铁产业国际竞争力比较研究》，《经济与管理研究》2015 年第 6 期。

13. 《提升我国石油产业竞争力的对策建议》，《成果要报》2011 年第 3 期（领导批示，全国哲学社会科学规划办公室通报表扬）。

14. 《我国应对入世后产业安全问题的对策》，《成果要报》2002 年第 1 期。

15. "An Empirical analysis of Production Efficiency of the non-ferrous Metal Industry", *Journal of Scientific & Industrial Research*, 2014. 8.

16. "Comprehensive Estimation of the Economic Security of Logistics Industry", *Journal of Scientific & Industrial Research*, 2015. 1.

17. "A Productivity of the Industrial Security in the Mineral Resources Mining Industry", *Journal of Scientific & Industrial Research*, 2016. 1.

18. "Comprehensive Estimation of Industrial Security of High Technology Industry", *Journal of Scientific & Industrial Research*, 2016. 11.

19. "Influence Analysis of Media Supervision in Corporate Governance", *Current Science*, 2015. 5.

20. "Analysis of Environmental Regulation and Total Factor Energy Efficiency", *Current Science*, 2016. 5.

史 丹
Shi Dan

中国社会科学院工业经济研究所党委书记、副所长、研究员

兼：

中国工业经济学会理事长、副会长

国家能源专家咨询委员会委员

国家气候变化专家委员会委员

中国工经学会绿色发展专业委员会主任

中国石油学会石油经济专业委员会副主任

中国能源研究会能源监管委员会副主任

中国能源学会能源经济专业委员会副主任

　　史丹，女，1979 年考入吉林工学院管理工程系（现更名为长春工业大学管理工程系），1983 年获得工学学士，毕业分配到安徽省汽车运输公司计划科，1 年后调到安徽大学经济系任教，讲授"统计学原理"和"工业统计"。1986 年，史丹由安徽大学考入中国人民大学工业经济系，1989 年获得经济学硕士，其硕士论文的部分内容以"企业联合战略"为题被编入《中国企业管理现代化经营管理理论与实践》（浙江人民出版社1990 年版）论文集。研究生毕业后被分配到华北水利水电经济管理学院（后更名为华北电力大学）管理系，讲授"电力企业管理"并担任管理

教研室主任。在华北电力大学期间，史丹阅读大量有关电力工业与技术方面的专业书籍，为后来从事电力与能源问题研究奠定了专业技术基础。编写了《电力企业管理》（电力出版社 1991 年版）教材和《电力股份制企业》（电力出版社 1992 年版）等知识类读物。1993 年，史丹调入中国社会科学院工业经济研究所（以下简称工经所）工业发展研究室，专职从事研究工作，2001 年被评为研究员，先后任工业发展室副主任、能源经济室主任、所长助理。入所初期，史丹跟随陈惠琴、郑海航、江小涓等研究员开展研究工作，逐步适应科研院所的工作，完成了从教师到研究人员的转变。她跟陈惠琴研究员一起参与"长江流域经济社会环境协调发展"研究，在长江流域地区进行了大量的调研，同时也亲身感受到老一辈研究员坚持深入实际、一丝不苟的工作精神，对她后来独自开展研究帮助很大。《长江流域经济社会环境协调发展》获得了中国发展研究一等奖，中国科技进步三等奖。跟随郑海航、江小涓研究员进行了"严重亏损国有企业形成的原因与解决途径"研究，深入工厂进行了大量的调研。史丹在《中国工业经济》（1995 年第 5 期、1996 第 5 期）先后发表关于国有企业亏损问题论文，史丹参与的《亏损国有企业的形成原因与对策》研究报告获得了蒋一苇改革发展研究奖和孙冶方经济学奖。这两项课题对史丹迈入科研大门起了重要的引领作用。1996 年，史丹参加了 IMF 在中国举办为期 3 个月的经济学理论培训班，她以较强的学习能力，在每次考试中名列前茅，获得了 IMF 全额奖学金，到澳大利亚国立大学学习发展经济学。1998 年史丹获得发展经济学研究生学位并回国。1999 年史丹考入华中科技大学管理系，师从张金隆教授在职攻读博士学位，2003 年获得管理学博士学位。2004 年工经所成立能源经济研究室，史丹任能源经济室第一届主任。2005—2010 年史丹先后主持完成了国家自然科学基金项目、国家社会基金项目、国家能源局委托项目等多项课题，在《经济研究》《管理世界》《中国工业经济》等期刊发表了一系列有关能源问题的论文，带动了工经所能源问题的研究，也引起国内外同行的关注。与此同时，她积极开展国际学术交流，在国内成功地举办了能源利用效率国际研讨会，到荷兰、英国进行访学等。2008 年，史丹担任工经所所长助理，作为具体运作人推动了工经所与工信部的深度合作，联合发布工业运行报告并在当时引起较大的社会反响，这一合作项目直接促进了工经所工业运行室的成立。2009 年史丹兼任中国与欧盟的政府间合作项目"中欧清洁能源中心"的中方主任。2010 年调到中国社会科学院财贸所任副所长，财贸所改为财经院后，转任副院长。在财经院期间，史丹积极协助主要领导工作，深入开展科研工作，完成了 2 项国家社科基金重大项目，多项中国社会科学院重大招标项目和国情调研项目。2013 年年底，史丹调回工经所任党委书记、副所长。史丹担任工经所创新工程首席管理，兼任能源创新项目的首席专家，中国社会科学院登峰战略优势学科产业经济学的学科带头人。自 2015 年起，她牵头组织举办一年一次的全国应用经济学和工商管理学博士后论坛，2017 年在天津滨海新区设立了工经所产业研究基地。2017 年起任中国工业经济学会理事长、法人代表。

史丹现为二级研究员、博士生导师和博士后合作导师。享受国务院特殊津贴，文化名家暨"四个一批"人才与国家"万人计划"哲学社会领军人才。兼任国家能源专家咨询委员会委员，国家气候变化专家委员会委员，国家能源投资集团公司外部董事，中国工业经济学会理事长、绿色发展专业委员会主任，《中国工业经济》副主编，中国石油学会石油经济专业委员会副主任，中国能源研究会能源监管委员会副主任，中国能源学会能源经济专业委员会副主任。中国成本研究会常务理事，中国价格协会专家委员。近年来，她的主要研究领域为能源经济、低碳经济、绿色发展与产业政策。主持完成国家社科基金重大与一般项目，国家自然科学基金重大与一般项目、中国社会科学院重大招标项目、重大国情项目以及有关部委和地方政府委托研究项目 100 项左右，在《经济研究》《管理世界》《中国工业经济》等期刊发表中英文论文近 200 篇，出版学术专著 30 余部，获得省部级及以上学术奖近 30 项。

一 关于能源问题的研究

主持完成了 6 项国家社科基金重大及一般项目、自然科学基金重大及一般项目；数项中国社会科学院重大项目、重大国情调研以及国家发改委、能源局等委托的重大课题，带动了工经所能源经济学科建设与发展。

（一）较早开展了能源效率问题的研究

史丹注重运用多学科理论知识研究能源问题，其中能源效率方面的研究成果比较突出。史丹发表在《经济研究》2002 年第 9 期的论文《我国经济增长过程中的能源利用效率改进》，针对当时国外一些学者对中国在能源消费水平下降的情况下实现经济增长的怀疑，从能源利用效率改进的角度进行了批驳，并分析了改革开放、产业结构变化、市场化程度对能源利用效率提高的促进作用。该文发表后被多次引用和转载。该文是国内较早地从宏观层面研究能源利用效率的论文。此外，史丹在《中国工业经济》（2009 年第 4 期）、《管理世界》（2008 年第 2 期）、《经济理论与管理》（2008 年第 3 期）、*China & World Economy*（2007 年第 1 期）等期刊上发展了多篇有关能源效率的论文，出版了《中国能源利用效率问题研究》（经济管理出版社 2010 年版）专著。主要学术贡献是比较了物理学、经济学和管理学关于能源效率的定义及其特点，分析了三者之间的联系，提出单要素与全要素能源效率潜力的分析方法的差异，指出区域差异尤其是自然因素的影响，使得各地区能源利用效率不可能趋于收敛，提出了绝对趋势与条件趋同的节能潜力分析方法和思路，据此提出优化产业布局改革能源利用效率等政策建议。发表在《管理世界》《中国工业经济》有关能源效率的 3 篇论文分别被引用 600 多次、500 多次和 300 多次（截至 2015 年），是国内能源效率论文被引用次数最多的作者之一。能源效率方面的论文、专著及政策建议分别获得中国社会科学院优秀科研成果二等奖、国家能源软科学二等奖和中国社会科学院优秀信息对策奖。此外，史丹还是较早开展节能发电调度问题研究的专家，她承担亚洲发展银行的技术援助项目，对中国电力资源优化，尤其是以节能减耗为目标的发电资源优化问题进行了深入的研究，该成果以中英文两种文字出版《中国节能发电调度研究》（经济管理出版 2012 年版，社科文献出版社 2013 年版）。

（二）关于中国能源供需问题的研究

史丹在《中国工业经济》（1999 年第 11 期）上发表《结构性变动是影响我国能源消费的主要因素》一文指出，用能源弹性系数变化的一般规律推算某个国家的经济增长具有局限性，主要原因是产业结构的变化会造成国家之间的区别，她指出中国能源消费集中在工业部门，工业在 GDP 中的占比变化会对能源消费产生较大的影响。该文通过一系列数据验证了上述观点。在《数量经济技术经济研究》（1999 年第 12 期）发表的《产业结构变动对能源消费需求的影响》一文通过计量测算得出两点结论：改革开放前 20 年，结构变动是高速经济增长、低速能源的重要影响因素；产业结构变动将使中国由以煤炭为主的能源消费结构向以电力石油为主的方向转变。

在《当代财经》（2014 年第 10 期）发表的论文《我国能源需求的驱动因素与节能减排政策效率分析》一文，通过比较发达国家单位 GDP 能耗和人均能耗的变化趋势，提出单位 GDP 能耗峰值与人均能耗峰值不同步的问题，发达国家一般是在单位 GDP 能耗达到峰值几十年后，人均能耗才达到峰值。人均能耗的增长也可理解为生产过程中能源对人力的替代。在近几十年，美国的人均能耗几乎没有大的增长，而中国则是陡升的。文中指出，与人均 GDP 相比，中国的人均能耗是偏高的。发表在《管理世界》（1999 年第 6 期）的论文《中国能源供需矛盾转化分析》指出中国能源供需由短缺到结构性短缺再到相对过剩的原因，文中指出，从长期来看，结构性短缺仍是中国能源供需的主要矛盾，并有针对性地提出政策建议，煤炭工业发展重点是转变经济增长方式，提高产出质量；电力工业要解决好当前需求减缓与长远发展的关系，重点建设电网，加强农村电网建设，转变电源结构。石油工业则重点防范价格风险，降低中国石油开采成本。该文的判断在后来出现的电力短缺被得到证明，其所提出的政策建议也是具有前瞻性的。2012 年在《中国能源》发表的《我国新能源产能"过剩"的原因与解决》指出，中国新能源产能"过剩"，总的看来是新能源市场开发与产业发展不协调造成的，但不同的新能源行业有不同的表现。并指出中国新能源产能"过剩"是体制性"过剩"，加快电力体制改革是重中之重。

（三）关于能源供应体系及能源工业发展的研究

史丹注重运用系统思维研究能源问题，提出从四个维度构建能源供给体系的思想。其所主持的社科基金项目成果《中国能源供应体系研究》（史丹著，2011 年）从供给侧角度分析了中国能源供应与安全问题。在深入分析中国能源供需现状的基础上，较早地提出从供给侧解决中国能源问题的意义与作用。提出能源供给要注意产业链协调，即能源开采、储运、加工转换的能力协调，能源品种的供需平衡及不同能源品种发展优先次序，能源产业链各环节的技术投入、环境保护投入与能源安全投入的协调，合理的能源价格及在上下游之间、能源品种之间的比价关系的思想。提出中国能源供应体系的架构及生产运输体系、安全保障体系、环境保护体系、价格体系的功能，打破仅关注能源供需总量平衡的思路，提出影响能源供需平衡的安全因素、环境因素和价格因素。其中关于能源安全体系建设与政策建议获得中国社会科学院优秀信息奖，关于能源价格承受力的分析转化到国家能源局能源发展战略规划研究之中。该书 2012 年获得国家能源软科学优秀成果奖三等奖。《我国能源行业财税政策及税费水平的国际比较》是在给国家能源局提供的研究报告基础上形成的专著。该书对了解中国能源行业税赋水平及推进能源行业体制改革和财税改革具有重要的参考作用。此外，史丹还带领学生翻译了《能源补贴改革》（东北财经大学出版社 2017 年版），该书利用来自 176 个国家的石油产品、天然气、煤炭和电力等领域的数据，对世界能源补贴作了迄今为止最为全面的分析，对中国能源财税改革具有重要的借鉴意义。史丹主持完成的《我国国有发电企业负债与资本运作问题研究》深入分

析国有企业负债高启的原因与解决对策，指出跑马圈地、规律竞争是国有电力高负债的重要原因，该报告获国家能源局软科学奖三等奖。

（四）关于新能源产业发展及能源价格的研究

史丹注重结合实际问题开展研究。在广泛调研的基础上，完成国家社科基金重大项目《新能源产业发展与政策研究》（史丹等著，2015年）。该课题针对新能源产业发展当时所遇到的市场消费、技术瓶颈和原材料短缺等问题，从财税、贸易、金融、创新与知识产权保护等角度深入开展研究，指出中国新能源产业政策存在的问题及其进一步完善的政策建议。在《中国社会科学院要报》发了13篇政策建议，其中3篇得到国务院总理与副总理的批示，并获得中国社会科学院优秀信息对策奖。所发表论文具有较高的引用率。史丹关于新能源的研究，涉及的内容比较系统全面，包括风光全产业链问题，也包括贸易、投融资、税收等问题，不仅包括大规模集中发展，也包括新能源的利用方式，如分布式电源与新能源汽车等。史丹对新能源的研究比较深入，出版了《新能源定价机制、补贴与成本研究》专著，该书研究了新能源的定价机制、补贴的理论依据及国外的做法，WTO规则下中国应采用的补贴方式，中国光伏发电与风力发电成本的变动趋势，补贴资源的来源及其优化等问题。史丹分别在 *China and World Economy*（2009年第3期）、《南京大学学报》（2009年第3期）发表论文，对中国可再生能源发展政策与实际效果进行分析评价，指出发展速度大大超出规划目标，发电装机实际利用不充分，利益相关者没有得到补偿，项目建设规律存在盲目性，国有企业非理性竞争等问题，提出过度竞争和竞争不充分，防止发展的盲目性，要注意发挥建成项目的利用率等建议。这些建议从当前出现的大规模的"弃风""弃光"问题来看，是有预见性的。

（五）关于能源安全问题的研究

自2006年以来，史丹主持多项国家能源局委托的有关能源安全问题研究，研究方法与研究内容与时俱进，完成了一系列研究报告，出版了

《中国能源安全的国际环境》《中国能源安全面临的新挑战、新问题》《中国能源安全结构问题》和《中国能源安全评论》《中国能源安全评论》（金城出版社、社会科学文献出版社 2017 年版），专著 4 部，所撰写的研究报告获得国家领导人的批示和中国社会科学院优秀信息对策特等奖。近几年每年都有相应的内部报告提供给政府有关部门。其主要学术观点是提出能源安全的主观性与客观性问题，在此基础上，测算能源价格承力反映能源价格波动的安全极限。根据国内外能源供需形势和生态环境问题，史丹提出了温室体排放和环境标准的提高、新能源发展形成的网络安全等是中国能源安全面临的新问题与新挑战，在《中外能源》发表的《全球能源格局的变化及对中国能源安全的挑战》一文指出，中国所在的亚洲地区是能源资源相对贫乏的地区，却是能源消费增长较快的地区，中国的能源安全有赖于全球的能源安全，而全球的能源安全需要有国际规则来保障。中国要在全球能源对话中倡导能源安全新理念，即要强调能源安全是全球公共产品，能源贸易要去政治化，要呼吁降低新能源产品的贸易关系。史丹还研究了能源转型对能源安全的影响，在《中国对能源转型的引领、风险演化与措施建议》一文中，史丹提出以国家总体安全观谋划能源安全战略，以战略思维处理好能源安全的国际关系，以系统思维做好能源转型，促进新旧能源产业的接替和清洁低碳、安全高效的能源供应体系，以底线思维做好能源安全保障。史丹与其博士后合作完成了能源安全评价指标体系，出版了对能源安全进行定量化研究。在能源安全研究的基础上，史丹扩展到经济安全问题的研究，2012 年她主持完成了中国社会科学院重大招标项目，其研究成果转化为专著《经济发展方式转变与中国经济安全》（经济管理出版社 2017 年版），该书讨论粗放式经济增长方式对中国健康可持续发展的影响，并运用底线思维方式指出中国经济底线问题的存在，然后分别就金融安全、粮食安全、能源安全、生态环境安全等方面进行研究。

（六）关于能源互联互通问题及其相关理论问题的研究

针对能源互联互通这一发展趋势，史丹对电力的互联互通进行了专门研究，并完成国家社科基金重大问题《中国与周边国家电力互联互通》（2013 立项，2016 年完成）。该研究较好地契合了中国"一带一路"倡议。该项对电力贸易的特殊性进行专门研究，提出了网络治理的新趋势、中国与周边国家开展电力合作的条件等。史丹指出，电力贸易涉及电力安全问题，相关国家都非常慎重，推进电力合作与电力贸易首先是要建立政治互信。在开展能源互联互通研究中，史丹感觉竞争理论已不能完全指导国际合作的研究，因此，她引入合作理论用于指导电力互联互通的研究。与博士后合作，在《经济学动态》（2017 第 1 期）发表了《社会合作的行为经济学解释评析》（该文被《新华文摘》摘转）。该文指出，强调人的"强"互惠特质对社会合作具有重要意义，人的"强"互惠特质是可能教育形成的，激发人的强互惠特质已是当前社会治理的一个重要主题。这篇论文从脑科学和人的行为学方面印证"人类命运共同体"的可行性和科学性。史丹还受邀在《中国电力企业管理》上发表了《能源互联网若干理论问题》，她提出了能源互联互通的本质还是能源的国际贸易问题，经济与贸易是国际合作的基础和前提。在"能源互联网热"面前，史丹比较客观地提出问题本质和当前应重点研究的问题。

（七）能源工业市场化改革研究

史丹较为系统地研究了能源体制改革问题，出版了专著《能源工业市场化改革研究报告》（经济管理出版社 2006 年版）。该书分为总论、世界篇、行业篇、专题篇，系统地论述了能源工业市场化的国际经验、中国的进展与改革的重点等。在《新视野》（2007 年第 4 期）发表的《能源工业发展与体制改革的互动关系》，在分析了改革开放后能源工业发展成就的基础上，提出了能源工业发展需要解决三大问题：一是如何解决能源生产与消费过程中的环境影响；二是如何保障能源安全稳定供应；三是如何提高能源生产效率和资源利用率。这三个问题现在看来更加突出，说明史丹对能源工业的发展的前瞻性和关键点的把握较准。针对上述问题，史丹提出了三条建议：一是能源政策由产业政策向公共政策上调整；二是改革的重点转向制度和法规上来；三是提高能源工业对外开放的层次。具体的改革措施包括完善能源价格体制，发挥价格税收的调节作用；要深化以控制污染为指向的制度改革；要建立技术进步和技术创新机制，转变能源工业增长方式；运用综合手段加强能源市场监督和管理；建立能源安全预警和防范机制。关于能源价格体制改革，史丹提出的政策建议在《中国社会科学院要报》发表，国家有关领导批示并得到有关部门的重视。在《中国工业经济》（2005 年第 12 期）发表的《产业关联与能源工业市场化改革》，提出不同能源行业之间的二种关联形式，即横向产品关系、纵向产品关系和国内外市场关联，指出这三种关系形式对能源价格、市场结构都会产生影响。中国能源工业改革方案基本上都是各行业独立制订的，较少考虑产业关联对改革效果的影响，该文提出要整体推动能源工业体制改革的建议。设立层次较高的宏观管理部门，统一制度能源产业政策，发展规划和改革方案。在《中国能源》（2014 年第 8 期）发表的《电力体制改革的目标选择》一文中，史丹提出以促进电力高效、低碳、环保为改革目标，实行电力独立调度和节能发电调度，建立以电力交易和电力调度一体的电力交易市场，取消计划电量和政府定价等，发电电价按边际电价，用户电价采用分时电价，大量直接交易只是作为改革的一个过渡措施。

二　关于绿色与低碳经济方面的研究

（一）率先开展自然资源资产负债表研究

在国内率先开展了自然资源资产负债表研究，出版了国内第一本《自然资产负债表的编制理论与实践》专著，发表了一些前沿性论文，成功申请到国家和北京市两个社科基金项目，为有关政府部门推动自然资产负债表的编制提供了有力的学术支持。在《中国工业经济》2016 年第 5 期发表的《基于生态足迹的中国生态压力与生态效率的测度与评价》一文对生态环境质量进行的测评，该文的主要贡献是对整体生态状况进行了综合评价。将生态效率分解为全要素生产率和要素替代效率，以此分析生态效率变化的原因。此外，史丹还主持了中国社会科学院重大国

情项目自然资源资产负债表和生态文明建设项目，出版了《生态文明建设的区域比较与政策效果分析》（经济管理出版社 2016 年版）专著。

（二）关于低碳发展的研究

史丹在低碳方面的研究也取得重大进展。她承担国家发改委低碳发展战略的研究任务，在研究报告的基础上整理出版了《低碳发展产业政策研究》（人民出版社 2017 年版）。该研究项目在数十项同类项目中被评为为数不多的优秀项目。史丹还主持了中国社会科学院重大国情调研项目，带领博士生和博士后进行较为广泛的调研，出版了《低碳发展试点城市现状》（经济管理出版社 2013 年版）。史丹主持了 WWF 能源转型与清洁能源发展的项目，提出了能源转型的定义与测度，能源转型的路径与措施等。史丹在一些报刊和期刊上如《人民日报》《经济日报》《光明日报》《中国国情国力》《价格理论与实践》《理论视野》《当代财经》发表了一系列论文，论述全球能源转型的特征与中国的选择问题，能源转型与中国经济的绿色发展，能源转型与低碳工业化道路开创、三次能源革命的共性与特性、经济增长与能源消费脱钩，等等。这些论文从不同侧面阐述当前世界能源转型及中国能源革命的深远影响，尤其是对工业发展的道路的影响，从能源利用与工业革命相互促进关系的角度，在新型工业化的基础上提出低碳工业化的概念，低碳工业化不仅适用中国，而且也适用其他国家，与构建"人类命运共同体"相呼应。史丹提出人类所利用的能源由高碳能源转向低碳能源是能源转型的核心问题，在这个核心基础上，人类要推进一场新的工业化——低碳工业化。从低碳工业化进程来看，中国与发达国家的差距远远小于传统工业化。

（三）对京津冀绿色发展的研究

史丹主持完成中国社会科学院京津冀智库的关于京津冀绿色协调发展的项目，与博士后合作发表了若干篇论文。在对京津冀绿色协调发展的研究发现，环境污染存在"溢出"效应，环境规制同样存在着空间关联，环境质量的改善需要打破行政分割，实现区域协同推进。

三 对中国工业转型升级问题的研究

除了能源行业外，史丹还对高技术产业及装备制造业的技术进步问题开展了研究。出版了专著《中国装备工业的技术进步》，主持完成了国家工信部、发改委关于产业转型升级的若干项目。在《中国工业经济》（2004 年第 12 期）发表的《高技术产业发展的影响因素及数据检验》，史丹通过问卷调查和统计数据分析两种方法，找出影响高技术发展的重要因素并对其重要性进行了排序。研究发现，科技投入具有边际效益递减的规律，大型企业对高技术产业发展具有主导作用，大多数科学家认为制度因素是影响高技术产业的重要因素。史丹指出，装备工业发展水平对国民经济的生产技术水平和生产手段有着决定性影响，若要在世界经济中处于领先地位，首先要拥有先进的装备工业。从技术进步的角度来看，装备工业具有较强的外部性，对于装备工业的技术进步问题不能像一般性产业技术进步看待，政府应该对装备工业的技术进步给予专门必要的政策支持。在装备工业发展方面要纠正以比较优势的理论观点，作为一个发展中国家，虽然在技术上比较落后，但如果长期以劳动密集型低技术产业为主，中国很难实现赶超发达国家的目标。史丹与博士后合作在《地方财政研究》2017 年第 2 期发表论文《固定资产投资、产业结构升级、就业与经济增长——基于辽宁面板数据的实证研究》提出，产业结构升级能有效地促进经济增长并平抑经济增长的波动，对东北要调整"输血式"的项目支持政策，政策重点要放在促进辽宁的产业结构升级，加大对外开放。另一篇与博士后合作完成的论文《中国制造业产业结构的系统优化》发表在《经济研究》（2017 年第 10 期），该文的研究结果指出，中国制造业产出结构具有较大的优化空间，可以支撑"经济增长与环境保护"双赢提供支撑，为降低要素资源错配，需要对资本存量进行调整。中国制造 2025 不应是全行业的盛宴，制造业的发展要有破有立，政府的有形手与市场的无形手的组合方式需要因"素"制宜。史丹关于装备制造业技术进步的研究报告曾获得机械科学技术进步一等奖。

代表性著作

序号	题　名	作者	刊　名	发表时间
1	《我国经济增长过程中能源利用效率的改进》	独著	《经济研究》	2002 年第 9 期
2	《国际油价的形成机制及对我国经济发展的影响》	独著	《经济研究》	2000 年第 12 期
3	《我国入世与能源工业的深层次变革》	独著	《管理世界》	2002 年第 8 期
4	《我国能源供需矛盾转化分析》	独著	《管理世界》	1999 年第 6 期
5	《中国能源效率的地区差异与节能潜力分析》	独著	《中国工业经济》	2006 年第 10 期
6	《产业关联与能源工业市场化改革》	独著	《中国工业经济》	2005 年第 12 期
7	《装备工业技术进步对我国经济发展的影响》	独著	《中国工业经济》	2000 年第 8 期
8	《结构变动是影响我国能源消费的主要因素》	独著	《中国工业经济》	1999 年第 11 期
9	《转轨时期我国能源瓶颈缓解的影响因素分析》	独著	《中国工业经济》	1998 年第 10 期
10	《国有企业陷入困境的新思考》	独著	《中国工业经济》	1996 年第 5 期
11	《我国当前油价机制的效果、缺陷及完善措施》	独著	《中国工业经济》	2003 年第 9 期
12	《我国能源工业与制造业关联关系的实证分析》	独著	《中国工业经济》	2001 年第 6 期
13	《产业结构变动对能源消费需求的影响》	独著	《数量经济技术经济研究》	1999 年第 12 期

续表

序号	题　名	作者	刊　名	发表时间
14	《发达国家新能源产业发展的新态势》	独著	《红旗文稿》	2010 年第 4 期
15	《推进中国能源转型的供给侧措施》	独著	*Chinese Economists*	2017 年第 1 期
16	《自然资源资产负债表：在遵循国际惯例中体现中国特色》	独著	*Chinese Economists*	2015 年第 4 期
17	Supply-side Solutions to China's Energy Transition	独著	*Chinese Economists*	2017 年第 1 期
18	Understanding China's Energy Strategy and Its Sustained Economic Growth	独著	*China Finance and Economic Review*	2012 年第 12 期
19	China's Renewable Energy Development targets and Implementation Effect Analysis	独著	*China and World Economy*	2009 年第 2 期
20	Regional Differences in China's Energy Efficiency and Conservation Potentials	独著	*China and World Economy*	2007 年第 1 期
21	China's Energy Policy：Past and Present，	独著	*Chinese Economists*	2007 年第 7 期
22	Structural Reforms in China Oil Industry：Achievements，problems and Measures for Future Reform	独著	*Journal of Renmin University of China*	2007 年第 2 期
23	Energy Industry In China：Marketization and National Energy Security	独著	*China and World Economy*	2005，Jul-Aug.
24	On the Skepticism Regarding China's Economic Growth——Viewed from Improvement of China's Energy Utilization	独著	*China and World Economy*	2003 年第 6 期
25	《我国能源发展应注意的问题与建议》	独著	《中国能源》	2004 年第 10 期
26	《我国是如何以较低的能源消费实现高速经济增长的》	独著	《中国能源》	2002 年第 11 期
27	《世界石油供需与隐蔽的资源竞争——兼析美国军事行动下的能源战略》	独著	《改革》	2002 年第 1 期

续表

序号	题　名	作者	刊　名	发表时间
28	《经济全球化：能源要素与能源工业的国际竞争——以中国为例》	独著	《改革》	2001 年第 3 期
29	《中国工业绿色发展的理论与实践——兼论十九大深化绿色发展的政策选择》	独著	《当代财经》	2018 年第 1)
30	《中国对能源转型的引领、风险演化及应对思路》	独著	《中国能源》	2017 年第 11 期
31	《能源转型与低碳工业化道路》	独著	《理论视野》	2017 年第 11 期
32	《我国天然气发展的战略目标及其实现》	独著	《中外企业文化》	2017 年第 1 期
33	《"十二五"节能减排的成效与"十三五"的任务》	独著	《中国能源》	2015 年第 9 期
34	《大数据引领能源领域新变革》	独著	《中国国情国力》	2014 年第 11 期
35	《中国电力体制改革的目标选择》	独著	《中国能源》	2014 年第 8 期
36	《我国新能源产能"过剩"的原因与解决途径》	独著	《中国能源》	2012 年第 9 期
37	《国际金融危机以来中国能源的发展态势、问题及对策》	独著	《中外能源》	2010 年第 6 期
38	《中国可再生能源发展目标及实施效果分析》	独著	《南京大学学报》	2009 年第 3 期
39	《能源工业改革开放 30 年回顾与评述》	独著	《中国能源》	2008 年第 6 期
40	《我国能源经济的总体特征、问题及展望》	独著	《中国能源》	2007 年第 1 期
41	《解决我国"十一五"能源供需矛盾的政策措施》	独著	《中国能源》	2006 年第 5 期

序号	题　名	作者	刊　名	发表时间
42	《影响我国对外开放的政策因素和市场因素——以能源工业为例》	独著	《经济管理》	2003 年第 23 期
43	《利用比较优势打造竞争优势——格兰仕成功的经验与启示》	独著	《经济管理》	2002 年第 20 期
44	《澳大利亚能源工业及其市场化》	独著	《经济管理》	1998 年第 8）
45	《我国能源结构性矛盾与油气储备对策》	独著	《经济管理》	1997 年第 1 期
46	《全球能源格局变化及对中国能源安全的挑战》	独著	《中外能源》	2013 年第 2 期
47	《当前能源价格改革的特点、难点与重点》	独著	《价格理论与实践》	2013 年第 1 期
48	《论三次能源革命的共性与特性》	独著	《价格理论与实践》	2016 年第 1 期
49	《中国制造业产业结构的系统性优化——从产出结构优化和要素结构配套视角的分析》	第一作者	《经济研究》	2017 年第 10 期
50	《中国能源效率地区差异及其成因研究——基于随机前沿生产函数的方差分解》	第一作者	《管理世界》	2008 年第 2 期
51	《基于生态足迹的中国生态压力与生态效率测度与评价》	第一作者	《中国工业经济》	2016 年第 5 期
52	《中国电力需求的动态局部调整模型分析——基于电力需求特殊性的视角》	第一作者	《中国工业经济》	2015 年第 10 期
53	《高技术产业发展的影响因素及其数据检验》	第一作者	《中国工业经济》	2004 年第 12 期
54	《电力贸易的制度成本与 GMS 电力合作中的中国选择》	第一作者	《财贸经济》	2014 年第 9 期
55	《我国能源需求的驱动因素与节能减排政策效果分析》	第一作者	《当代财经》	2014 年第 10 期

张耀辉
Zhang Yaohui

张耀辉，男，1978 年 12 月至 1982 年 7 月，辽宁工程技术大学（原阜新矿业学院）电气工程专业毕业并获学士学位；1985 年 9 月至 1988 年 7 月，辽宁工程技术大学采矿工程专业并获工学硕士学位；1995 年 9 月至 1998 年 7 月，中央财经大学国民经济学专业并获经济学博士学位。

1982 年 7 月至 1999 年 9 月于辽宁工程技术大学工商管理学院任教，其中，1982—1990 年任助教，1990—1995 年任讲师，1995—1998 年任副教授，1998 年起任教授，辽宁工程技术大学区域经济研究所所长；1999 年 9 月至 2003 年 6 月任汕头大学商学院教授、副院长、产业经济研究中心主任；2003 年 6 月始任暨南大学珠海学院教授，负责创业经济研究与实验中心工作；2006 年任暨南大学产业经济研究院副院长；2008 年兼任暨南大学管理学院企业管理系主任；2011 年任暨南大学管理学院党委书记兼创业学院院长；2016 年任暨南大学创业学院院长。

　　2000 年出版的博士论文《我国供给调控理论与政策研究》成为学术研究与教育活动的新起点。论文认为供给不只是一个自由的微观生产活动，也是一个可以调控的宏观对象。凯恩斯理论以供给由市场决定，需求可以受到政府政策干扰，通过需求拉动为供给创造条件，被认为是短期经济学。论文注意到需求调控可以产生供给效应，论证了只有把需求调控的供给效应发挥出来，使需求与供给调控结合起来，才可以形成长期需求调控，使供给调控可以纳入到宏观之中。由此形成了三个基本观念，一是财富创造是国家复兴之本，只能通过供给才可以实现财富创造；二是供给优化是财富创造之本，优化供给需要通过调控实现，而不只是制度设计与市场自发活动；三是政府适当强大并充分发挥需求调控的供给效应，才可以克服市场失灵，优化供给环境。1998 年的宏观调控，成功实践了这一调控思想，优化供给成为张耀辉的主要学术脉络，可以运用在当前的供给侧结构性改革中。

　　2001 年出版《消耗经济学》，这是中国较早从资源消耗角度研究经济持续发展。《消耗经济学》认为资源是知识的函数，放松资源约束的唯一出路是向资源投入知识。经过 2005 年前后世界能源价格大幅上涨，世界进入了资源约束宽松期，供给不再过度受到资源约束，主要的原因是全世界面临着资源价格上涨，形成了一波对资源科学投入浪潮，建立起资源知识存量。供给调控的重要方向是放松资源约束，该专著以放松资源约束限制知识投入，强调初次分配和二次分配可以引导资源投入方向，对宏观调控的财政政策的作用给予更多的肯定。

　　2001 年出版《产业创新的理论探索》，该专著将创新从企业行为扩展到产业行为，以技术扩散作为产业创新的主要考察对象，将产业视为企业创新突破、技术竞争、技术模仿、产业集群的过程，把整体的产业创新作为保证国家和地区创新能力的根本，产业创新成为国家和区域创新的政策对象和目标。2015 年以来，深圳摆脱山寨，成为世界创新第三极，一个重要原因是极其强大的产业创新能力。该专著进一步细化了供给调控目标，把产业创新作为实现供给优化的关键点，强调了技术扩散的作用。

2002 年出版《技术创新与产业组织演变》，该专著把技术创新与产业组织变动相结合起来，认为技术创新是推动供给优化的重要方面，深受产业组织的影响，产业组织的效率应该以技术创新为核心，把产业组织成为产业创新的保证，强调产业组织可以通过制度运行和政策影响实现，可以通过产业生态推动产业创新，让产业组织与产业创新互动，形成共生的生态。

2010 年，面对中国两高一低（高消耗、高污染、低附加值）的国内学术研究重点，意识到 WTO 条款对知识产权过度保护的本质是使用了帕累托福利原则，也过度使用了科斯产权理论，在《中国社会科学》上发表《知识产权优化配置》一文。该文认为科斯理论是一个黑箱理论，以此为基础构建的知识产权理论会影响技术对全球的扩散，否定了卡尔多福利原则，阻止了技术传播和技术利用，从而认识到 WTO 对中国不利影响的理论根源。该论文得出的两个重要结论，一是知识产权制度对知识资源配置有着重要影响，中国与西方国家形成极端化的分工是知识产权制度过度使用的结果；二是中国产业体系乃至世界产业体系会在这种制度下极度分工，导致陷阱式分布。论文还暗喻，低保护的知识产权下的产业体系对社会进步可能更有意义，供求互动的创新创业可能成为未来重要的经济运行方式。

在产业创新研究的后期，越来越重视创业的在产业转型中的作用，并且认为创业教育是创新创业浪潮形成的前奏。张耀辉自 2000 年开始投入创业教育，申请并获批了教育部新世纪教学改革工程课题，2003 年开始探索"创业实验"教育理论，把创业实验定义为"关于创业者项目模拟、团队磨合、行动试错的活动"，认为创业教育可以通过创业实验的平台推进学生创业准备与学生的自我甄别；创业教育是精英教育，也是风险教育，还是实践教育和道德教育，它把所有可能的学生都视为被教育对象，在其自我甄别中获得自我有可能成为精英的暗示，为社会寻找通过创业成为领导者。

自 2004 年主持召开第一届全国创业教育研讨会，连续多年每年至少召开一次全国创业教育研讨会，推动中国创业教育。在把创业实验教育理论推广到全国的同时，也在开展商业模型理论研究，形成了长期持续的、为企业成长服务的每月一期的"新商业模型论坛"，从 2009 年起连续出版了三辑《新商业模型评析》丛书，以需求搜集—盈利构造—成长资源的循环作为理论框架，用论坛方式进行几百个案例的验证，形成了重要的商业创新分析工具。丛书一贯的观点是，创新的最重要两种方式是技术创新和商业模式创新，前者决定业务，后者决定驱动力。

2004 年建成了经济学实验室，这是国内最早，也是国内最接近国际标准的经济学实验室；组织了《实验经济学教程》编写，列入"十一五"规划教材并荣获国家精品教材。

这些研究为获批 2009 年国家社会科学基金重大课题"迎接国际资源环境挑战与加快我国经济增长方式转变研究"奠定了基础。课题基于规制的视角，利用政府调控能力引导需求与优化供给相结合，对国际资源环境做出了预测，对未来资源价格上涨做出肯定的判断，由此进一步根据预规制理论和人们资源消费的心理特征，推测出节约型社会国家战略框架和政策，课题组依据消耗对称性原理提出的国家资源战略、节约社会构建对理解现实仍然有重要意义。

同时，张耀辉也开展下列研究。

1. 衰落地区振兴研究，以东北为对象开展区域经济研究

衰退是指产业周期进入连续负增长阶段，区域性整体衰退有别于产业衰退，在主持辽宁工程技术大学区域经济研究所期间，使用地区连续 7 年经济增长率指标低于国内经济增长率来确定地区的衰退性，对严格 7 年满足条件的地区称为衰落地区。东北，特别是在 20 世纪 90 年代的辽宁一直处于这样的状态，滑入衰落轨道。《衰落地区经济振兴战略》一书提出了文化衰退一说，认为根本的原因是政府引导出了衰落的文化，以等、靠、要的依赖文化为主，助长了东北传统中只说不做、做事不实的传统，长期依赖外部输血，丧失了当年的创业精神。此后，张耀辉在

2004 年发表的论文中提出了一个解释东北文化衰落的模型——局部垄断模型，实质是代理人寻租，与交易对方的代理人共谋，人为提升价格。东北的问题来自衰落文化挤压创业精神，导致了创业精神的缺失。2010 年以后，张耀辉不断去东北演讲关于创业精神的话题，开办创业训练营，发表文章，以期从创业精神上寻找重新振兴东北的策略。

2. 需求导向的创新理论研究

国内十分重视科技推动的创新，自 2005 年以后，越来越多的学者反思认为，中国成为世界工厂会给中国带来高污染、高消耗和低附加值的噩梦。后来，劳动力成本不断提高，污染治理让工厂不得不约束自己的负外部性，而中国市场对物质需求也进入相对饱和状态，需要针对中国人需求形成思维突破。互联网大潮的到来，为中国提供了一条满足新需求的捷径，新的商业模型层出不穷，形成了一波创业浪潮。张耀辉提出了有暨南大学特色的需求分析方法——国情分析，该分析方法认为，现实数据和现象多存在着发生的背景和原因，如果这些原因是基于国情的，就可以肯定这个数据是稳定的；如果数据代表普遍的现象，其市场需求潜力巨大的；如果长期存在并且没有得到满足的，说明需求是隐性的、存在着意识壁垒，创业者可以针对这些数据和现象进行需求假设。创业者依据数据独立进行国情定义，以此来构建商业逻辑的起点；需求被满足以后，会形成新的需求，持续改进的技术创新会根据需求变化不断修正自己，越是有效率的市场越会激发需求导向的创新；创新必须通过创业实现，以满足需求为导向的创新最重要的方法是自主创业，这意味着创新创业的主体不是在位企业，因为如果没有外部创业者的压力，在位企业不容易产生转型的动力，逐渐走垄断和保守，来自外部竞争压力和外部提供的新要素可以促使在位企业创新。这也解释中国转型的基本路径；创业不只要解决痛点，还要创造痒点和激发兴奋点，痒点和兴奋点是高收入弹性产业，也是未来产业，需要创业者探索发现。

3. 实验经济学研究

暨南大学在国内最早开展实验室经济学研究，其重要动力是要发扬百年商科传统。张耀辉把交易行为作为商科理论研究的重点，围绕市场交易活动,证明交易活动的有效性。在《市场交易制度与市场绩效关系的实验经济学研究——对 SCP 分析范式的修正》一文中,将 SCP 分析范式引入了交易制度,并使用实验经济学方法对交易制度所影响到市场行为进行分类,形成了修正后的 SCP 范式。此后又发表了《创新中企业家预期相关及实验研究》等文章,对企业家预期影响创新的机制进一步进行分析,发现了乐观是创新的重要影响因素。实验经济学方法可以被称为三大经济研究方法,但现在大量的研究只强调计量方法,导致了科学发现能力不足和揭示原理不够。受到国内一些高校邀请,张耀辉介绍实验经济学方法,出版《实验经济学教程》,遗憾的是至今国内高校开展的实验研究仍然较少。

4. 基础设施创新理论研究

供给调控是兼顾供给放松与优化的需求调控,其影响机制主要是财政政策投资于基础设施,基础设施影响供给成本,进而放松供给约束。基础设施有两个重要特征,一是投资吸纳性,它可以成为需求总量调控的对象,当政府有意扩大投资、拉动需求时,基础设施可以成为投资对象;二是供给放松性,不论是基础设施数量投入,还是新型基础设施投入,都可以对整体经济,特别是对供给产生重要的放松和引导作用。第二个特征表明,社会整体的创新创业浪潮往往是由于基础设施出现了重大创新,而创新提升效率又是放松供给的根本。基础设施创新的方向是节约社会成本,特别是交易成本,降低交易成本可以放松交易约束、提高交易频率、不断促进市场化,从而挖掘资源潜力,新型基础设施也可以降低生产成本。生产成本可以改变要素禀赋结构,比如电力的基础创新,可以让电价更低,从而动力使用更加普及,代替价格日益上升的劳动力。张耀辉提出了基础设施创新概念,认为在日常财政开支中,需要将对新型基础设施的研究列入预算,政府组织的重大科技创新应该是为需求扩张周期中的新型基础设施投资提供知识和技术支持,一旦国家采取扩张的需求政策,需要基础设施投资,新型基础设施建设可以立即启动。这些思想体现在《高铁研究》一文中,该文定义了大国技术,把基础设施看成满足需求、扩张需求的手段,从而也是放松供给的途径,不

仅可以形成一波建设期的投资需求，也可以引导和放松与优化供给，最终人民福祉得到真实的增长。

2000 年前，张耀辉开展了宏观经济研究与优化研究，对信息在宏观经济和微观经济中的作用做过一些探索。1998 年开展宏观政策的实证研究并获得教育部人文社会科学二等奖，主张减税和简税下的严税，不能轻易使用优惠政策，也不能对偷逃税给予宽容，不能因为惧怕资本外逃而放弃了严税。简税是为了让征税成本下降，因为征税成本影响着全社会整体经济运行，是阻碍经济效率的无形门槛；增值税是一个过渡税种，不可以因分税制而使之长期存在，应该快速向以所得税和财产税为主税收体制过渡，把税收作为调整公平的基本手段。减税是为了减轻经济运行的税负，但中国需要通过税收提高社会福利，后期研究注意到过度减税会激励低质量增长，只能适当减税。

张耀辉是一位强调知识转化的学者，他认为大学的重要责任是成为经济发展的第一车间，通过助推对人的转变，发现能够运用知识、让知识造福于社会的精英，引导他们转化知识造福人类才是大学之本。作为大学教授，既要创造，更要利用新的知识进展提升自己、教导学生。多年来，他主持并开展"三创"教育，即创意、创新、创业教育，把创意作为创新和创业的源头，认为没有新构想，不可能发现全新的市场，也无法谈到创业；没有新想法，也不能构造新假说，理论创新也无从谈起。张耀辉认为创新及其能力是中国现在和未来的核心目标，提升整体创新能力，需要将创新与创业结合在一起，用能力形成利益激励的创业推动创新。创业是实实在在的市场行为，并且是经济的增量活动，创业者根据自己对市场的判断做出决策，建立自我约束，鼓励创业与创新结合不仅可以提升经济质量，也可以动员和挖掘要素潜力，降低失业、形成在位企业转型的外部压力。中国已经形成了有效率的创业促进机制，多层次资本市场通过股票溢价预期来吸引创业投资基金去发现和培育新意转化为创业项目，市场化的孵化器也在寻找和培育并参与组织创新创业，中国的双创大潮是在这样的机制下运行的。"三创"作为一个整体，借助体制的进步，可以有助于中国经济社会转型。

多年来，张耀辉坚持"三创"整体教育，以三创能力培育创建了一系列的思维工具，以"爱赢商信"的中华智慧为核心构建起了创业哲学思想，把学生作为知识转化的载体，以为学生种下一粒未来可以成就事业种子作为教育目标，以学生创新创业能力为保证，构建起了具有暨南大学特色商业理论与三创教育体系，其国家公开视频课——《大学生创业基础——知识创业》和 MOOC《创业基础》均上线运行，《创意与创新》《国情分析与商业设计》《创业哲学》MOOC 化，其三创教育理论全面指导暨南大学创业教育实践，也因此成为全国万人计划教学名师。

学术感悟

我只想做一名老师，却没有想到能够做成名师，而且还在科学上做了一点工作，形成了自己认为前后一致的脉络。作为一个科研工作者，研究的选题应该以概念领先、逻辑为据、观察入手、实践以证，以获得突破为乐事，只要能够自圆其说，不论外部如何评论，也要敢于面对，及时加以运用，或者建议。十多年来，每天一篇的博客《天天观察》，把这些心得表达出来，也有一些已经在教育实践中加以运用，觉得还算对得起老师这个职业。

代表性著作

（一）国家级奖励、主持国家级（含教育部）基金项目情况

1. 1997 年获教育部人文与社会科学二等奖。

2. 2018 年获中组部"万人计划"教学名师。

3. 主持国家社会科学重大项目——"应对国际资源环境变化挑战与加快我国经济发展方式转变研究——基于政府规制视角"（09&ZD021），2009—2013 年。

4. 主持国家社会科学基金项目——"发展我国劳动力密集型产业的结构与政策"（04BJY031），2004—2005 年。

5. 主持国家自然科学基金项目——"中国先进文化发展与文化产业化战略"（70241025），2002—2004 年。

6. 主持教育部新世纪高教改革工程项目——"以创业、创意素质培养为目标的电子商务专业人才培养模式改革及质量保证研究"（12704023），2000—2004 年。

7. 主持国家社会科学基金重大项目"贯彻科学发展观实施知识产权战略研究"子项——"知识产权管理与创新研究"（08@zh003），2008—2012 年。

8. 主持国家社会科学基金重点项目"构建中国特色区域协调互动发展机制研究"子课题——"区域协调机制研究"（07AJL009），2007—2010 年。

9. 主持教育部重大攻关课题"中国现代产业体系研究"子项"现代产业体系与技术创新——'低技术锁定'的破解"（08JZD0014），2008—2012 年。

10. 主持国家自然科学基金重点项目"推动经济发达地区产业转型升级的机制与政策研究"（71333007）子课题——"产业转型升级的理论范式研究"，2014—2018 年。

（二）主要成果（核心期刊论文、重要专著、全国统编工经领域教材）

1. 张耀辉：《知识产权的优化配置》，《中国社会科学》2011 年第 5 期。

2. 张耀辉、陈红兰：《需求诱致下的客户参与创新的激励研究》，《中国工业经济》2010 年第 8 期。

3. 张耀辉、燕波：《消费契约的双重特性与大企业危机》，《中国工业经济》2007 年第 12 期。

4. 张耀辉、牛卫平、韩波勇：《需求诱导、技术独立与产业环境——中国短信产业透视》，《中国工业经济》2007 年第 4 期。

5. 张耀辉：《包含交易费用的市场绩效模型》，《中国工业经济》2004 年第 1 期。

6. 张耀辉、卜国琴：《市场交易制度与市场绩效关系的实验经济学研究——对 SCP 分析范式的修正》，《中国工业经济》2005 年第 12 期。

7. 何小钢、张耀辉：《技术进步、节能减排与发展方式转型——基于中国工业 36 个行业的实证考察》，《中国工业经济》2012 年第 3 期。

8. 李玲玲、张耀辉：《我国经济发展方式转变测评指标体系构建及初步测评》，《中国工业经济》2011 年第 4 期。

9. 张耀辉：《基础设施、大国技术与高铁效应》，《广东社会科学》2011 年第 3 期。

10. 张耀辉、张兴：《创新中企业家预期相关及实验研究》，《财经问题研究》2007 年第 2 期。

11. 张耀辉：《技术模仿的外部障碍与内部障碍》，《暨南学报》2005 年第 2 期。

12. 张耀辉、周轶昆：《自主创新外溢效应与产业群的形成及转移——以硅谷创业环境激励为例》，《学术研究》2006 年第 6 期。

13. 张耀辉、陈海滨：《知识创业下生产函数生成机制——创业计划大赛机理分析》，《暨南大学学报》2008 年第 4 期。

14. 张耀辉：《资源型城市转型与创业精神培育》，《辽宁经济》2015 年第 3 期。

15. 张耀辉、尹硕：《产业体系配套、政策体系保障与资源立国的可行性》，《改革》2014 年第 5 期。

16. 燕波、张耀辉：《企业捐赠行为与公司价值重构》，《财贸研究》2009 年第 2 期。

17. 张耀辉、何小钢：《推进区域创新体系建设与区域协调发展》，《宏观经济管理》2010 年第 10 期。

18. 张耀辉、丁重：《服务业创新与现代产业体系构建》，《暨南学报》（哲学社会科学版）2011 年第 2 期。

19. 张耀辉：《传统产业体系蜕变与现代产业体系形成机制》，《产经评论》2010 年第 1 期。

20. 张耀辉：《区域经济协调的自然过程与政府调节》，《产经评论》2010 年第 5 期。

21. 张耀辉：《地区间竞争影响、形成原因与化解》，《工业技术经济》2004 年第 6 期（中国人民大学复印资料 2005 年 2 月转载）。

22. 张耀辉：《收入差距消除与城市化及产业结构选择》，《中央财经大学学报》2002 年第 3 期。

23. 张耀辉、齐玮娜：《互联网背景下专业镇企业的转型机制、障碍及破解研究——兼对揭阳军埔"淘宝村"跨行业转型案例分析》，《产经评论》2015 年第 4 期。

杨蕙馨

Yang Huixin

  杨蕙馨，女，中共党员，1976 年参加工作。1978 年考入山东大学，1982 年 7 月、1985 年 7 月先后在山东大学政治经济学专业本科和国民经济管理专业研究生毕业，获经济学学士和经济学硕士学位后留校任教。1986—1987 年被教育部（原国家教委）派往法国巴黎第二大学做访问学者，主攻工商管理。怀着质朴的爱国热情，于 1987 年年底按期回国从事教学科研和研究生培养工作至今。1992 年被山东大学破格晋升为副教授，同年被评为山东大学首批青年骨干教师，1996 年被评为青年学科带头人，1998 年被破格晋升为教授。1996 年 9 月考入南开大学经济研究所，师从著名经济学家谷书堂教授攻读博士学位，1999 年 7 月毕业并获经济学博士学位。2004—2013 年任山东大学管理学院副院长，2013 年 12 月至 2018 年 4 月任山东大学管理学院院长。

  杨蕙馨现为山东大学特聘教授，产业经济学和企业管理专业博士生导师，山东大学产业组织与企业组织研究所所长、山东大学社会科学学部学术委员会委员；国家哲学社会科学基金重大招标项目首席专家和评审专家，兼任中国工业经济学会常务副理事长、中国工业经济学会产业组织专业委员会主任委员、山东省比较管理研究会会长；先后获得下列荣誉称号：全国五一巾帼标兵、2017 年入选文化名家暨"四个一批"人才、第三批国家"万人计划"哲学社会科学领军人才、山东省政府泰山学者特聘教授、山东省有突出贡献的中青年专家、享受国务院政府特殊津贴专家、教育部"创新团队发展计划"首席专家、山东大学人文社会科学杰出学者奖励基金获得者、2004 年度入选教育部"第五届高校青年教师奖"和新世纪优秀人才支持计划、山东省优秀教师、"齐鲁晚报杯"山东省高校十大优秀教师、全国社科联优秀学会工作者、山东大学优秀教师、山东大学三八红旗手等。作为负责人主持国家社科基金重大项目 1 项、重点项目 2 项、一般项目 2 项，国家软科学重大项目 1 项及省部级项目 20 余项。先后获得孙冶方经济科学奖 1 项，教育部中国高校人文社会科学研究优秀成果一等奖、二等奖和三等奖 4 项，山东省社会科学重大成果奖 1 项、一等奖 3 项，研究成果《经济全球化条件下产业组织研究》入选国家哲学社会科学成果文库。由于在产业组织与企业成长方面获得的系列重大成果，作为首席负责人的团队 2013 年入选教育部"创新团队发展计划"、2017 年获得滚动资助支持。

　　杨蕙馨的主要研究领域为企业进入退出、产业组织、中间性组织、企业成长、产业竞争等，从经济学、管理学的视角进行跨学科的交叉研究。产业组织是现代经济理论研究的一个重要领域，是管理学战略研究的重要理论基础。中国经济体制改革的进程，尤其是 20 世纪 90 年代以建立现代企业制度为目标的国有企业的改革和创新，已深深触及产业组织与企业成长这个核心问题。为此，杨蕙馨 1996 年在南开大学攻读博士学位时毕业论文就选择了这一研究方向，1999 年其博士学位论文《企业的进入退出与产业组织政策——以汽车制造业和耐用消费品制造业为例》以优异的成绩通过答辩，博士论文的主要结论和学术贡献是提出了"国有企业应该有进有退，政府应尽快降低国有企业退出壁垒"的观点和政策建议，2000 年由上海三联书店、上海人民出版社列入"当代经济学文库"出版，2001 年分别获第九届孙冶方经济科学奖和山东省社会科学优秀成果一等奖，2003 年获教育部普通高校第三届人文社会科学优秀成果二等奖。2001 年获得了国家社科基金资助，继续研究加入WTO 后开放经济条件下中国企业进入退出以及产业组织优化问题。此后，杨蕙馨一直秉持从现实重大问题出发，创新和产学研结合，致力于"研有创新，研以致用"，面向改革和产业、企业发展的实际需求，立足解决中国经济和企业的实际问题，不断拓展和凝练研究方向的理念，一直从事产业组织、企业组织、企业成长领域的研究，在《中国工业经济》《管理世界》《新华文摘》《经济学动态》《南开管理评论》等期刊发表论文百余篇。正因 20 余年持续地研究产业组织与企业成长方面的重大问题，并获得系列重大成果，作为首席专家所带领的团队 2013 年入选教育部"创新团队发展计划"，因建设成效突出该团队 2017 年获教育部滚动支持。

一 关于企业进入退出与产业组织政策的研究

20 世纪 90 年代以建立现代企业制度为目标的国有企业的改革，深深触及产业组织与企业成长这个核心问题。从国企改革遇到的问题出发，自 1996 年起就展开了企业进入退出及产业组织的研究，并结合国有企业改革以及国企进入退出问题提出了政策建议，获得了开拓性的研究成果。代表性成果是 1999 年 5 月完成的《企业的进入退出与产业组织政策》（上海三联书店、上海人民出版社出版），提出了"国有企业有进有退，政府应尽快降低国有企业退出壁垒"的观点和政策建议，具有开拓性和很强的创新性，在经济理论界和经济工作部门引起很大反响，成为推进国企改革的重要决策依据。1999 年 9 月十五届四中全会《关于国企改革和发展若干重大问题的决定》指出：要对国有经济和国有企业进行战略性调整和改组，有所为有所不为，建立现代企业制度。《光明日报》《经济研究》《中国工业经济》《宏观经济研究》《南开经济研究》《中国经济时报》等纷纷发表评介文章，一些该领域的专家学者认为，"这部书从进入退出角度对中国产业组织进行了开创性的实证研究，其结论对于产业组织理论研究具有重要理论价值，对于中国产业组织优化和国有企业战略调整具有重要现实意义，填补了我国这一研究领域中的空白和缺陷"。（南开大学著名经济学家谷书堂、北京大学武常岐、国家发改委常修泽等的评论）该成果分别获第九届孙冶方经济科学奖（中国经济学最高奖）、山东省社会科学优秀成果一等奖和教育部普通高校人文社会科学优秀成果二等奖，还被上海财经大学、南开大学、山东大学、暨南大学、中南财经政法大学、江西财经大学、南昌大学等高校产业经济学专业列为硕士生和博士生的主要参考阅读书。

二 关于中间性组织的研究

产业组织与企业成长是任何国家经济发展中的核心问题，对于经济转型国家来说更是如此。不同的市场结构类型，产业组织形态是不同的，从而企业的成长也有不同。较为理想的状态是既有较为充分的竞争，又能获得规模效率，大中小企业合理分布、分工协作；大而强、小而专、小而精。自 2001 年起陆续调研了近 3000 家企业，较早系统开展了企业（尤其中小企业）成长具体模式研究，针对不同产业中不同企业的特点，弄清适合采用虚拟企业、产业集群、企业集团、产业园区、战略联盟、特许经营、企业网络中的哪一种具体模式，并把这些具体模式概括在"中间性组织"这一理论概念下。目的是帮助企业依产业演进变革组织结构，并将变革与中国经济发展的整体利益协调，提高中国企业的国际竞争力。相关成果正式发表前曾多次应邀在国内外国际学术会议上报告，正式发表后被广泛引用。在《中国工业经济》《经济学动态》《南开管理评论》等发表有关论文 10 余篇，代表性成果《中间性组织研究》（经济科学出版社出版）2013 年获教育部普通高校人文社会科学优秀成果二等奖。

三 关于产业集群与产业链的研究

为帮助一些地方政府解决在鼓励兴办产业集群、产业园区中有始无终、集而不群等问题，经过大量调研，从"产业链纵向关系与分工制度选择"的角度考察了产业链作用发挥的微观机制，倡导政府时刻铭记以成本—收益比较为基础的原则，使产业集群、产业园区具有分工协作优势和持续性，才能使产业链越做越长。调研中还为百余家企业进行培训、咨询和辅导，收效显著。代表性成果《产业链纵向关系与分工制度安排的选择及整合》（《中国工业经济》）发表后在学界、政府相关部门引起较大反响，被《新华文摘》《高等学校文科学术文摘》《中国经济时报》《经济研究参考》《新华日报》等转载或摘登，被国务院发展研究中心信息网、中国经济新闻网、中国财经网、新浪财经网、人大经济论坛、新华报业网、金融界等 10 余家网站转载。认为该项成果的主要贡献在于：以分工为切入点，根据产业链纵向关系的不同作用及分工制度安排的不同特点，首次建立了产业链纵向关系（纵向一体化、纵向契约关系、纵向分离）和分工制度安排（企业分工、准一体化契约分工和市场分工）之间的内在逻辑联系，拓展深化了产业链理论研究；立足成本收益的比较，从静态和比较静态角度建立了分工制度安排的选择及整合模型，分析了不同分工制度安排的优缺点及适用范围，对产业链纵向关系与分工制度安排的选择及整合进行了全面论证。

四 关于经济全球化条件下的产业组织的研究

将产业组织与企业成长研究视野拓展到经济全球化条件下，明确提出了研究企业成长的"G－SCP"（全球化—结构—行为—绩效）范式，深入研究了经济全球化条件下中国产业竞争状况、规模结构的调整变化情况，为政府决策部门提供具有借鉴意义和针对性的产业结构转型对策和产业组织政策。代表性成果《开放经济与产业组织研究》（商务印书馆出版）获山东省社会科学优秀成果一等奖。另一代表性成果被国家社科成果文库收入（《经济全球化条件下产业组织研究》中国人民大学出版社出版）。该成果提出的 G－SCP 范式"便于更准确地把握经济全球化对市场结构、企业行为和产业绩效产生的影响"（天津财经大学于立在《财经问题研究》上的评论），该成果"是当前国内相关领域优秀研究成果的代表之一，反映了经济全球化条件下产业组织研究的最新进展"（北京大学武常岐在《光明日报》上的评论），"对经济全球化条件下产业组织的理论和实证研究为政府制定有效有用的产业政策奠定了良好基础"（中国社会科学院经济学学部委员吕政研究员在《中国工业经济》上的评论）。该成果2012年获山东省社会科学优秀成果重大成果奖、2015年获教育部普通高校人文社会科学优秀成果三等奖。基于此，2012年成功申请国家社科基金重点项目"国际金融危机后中国产业组织的重大问题与对策研究"，继续跟踪研究金融危机后中国产业组织领域的重大问题；2013年投标成功国家社科基金重大项目"构建现代产业发展新体系研究"，关注新的国际竞争背景下中国经济转型与现代产业体系构建的重大问题，为中国经济和产业、企业的持续发展出谋划策。

五　产业组织与企业组织的交叉研究

自 20 世纪末进行产业组织、产业关联、产业发展问题的研究，21 世纪初又尝试进行产业组织与企业组织的交叉研究，取得一些有影响的成果，创新性地提出了"新产业生态系统"概念，相关成果发表后有 2 篇被《新华文摘》全文转载。先后在《管理世界》《人民日报》《中国工业经济》《经济学动态》《南开管理评论》《南开经济研究》等期刊发表论文近 10 篇。代表性成果《网络效应视角下技术标准的竞争性扩散》（《中国工业经济》2014 年第 9 期）2016 年第三次获山东省社会科学优秀成果一等奖。这是主持的国家社科基金重大项目"构建现代产业发展新体系研究"的重要阶段性成果，是在产业发展新体系构建这一宏大主题下，对标准竞争问题进行持续思考、跟踪研究得到的原创性成果。论文发表后被多家报刊转载引用，体现出较高的学术价值和社会效益。该研究不仅有助于把企业竞争、战略、企业组织管理的各项决策落在实处，且有助于使企业组织结构变迁与产业演进符合中国经济发展的整体利益，有助于提高中国企业的国际竞争力。

六　关于现代产业发展新体系的研究

2013—2017 年杨蕙馨承担完成国家社科基金重大招标课题《构建现代产业发展新体系研究》，取得了一系列成果，提出构建现代产业发展新体系需要做好四方面工作。

第一，现代产业发展新体系要强调"现代"和"发展"。构建现代产业发展新体系实质上是对当前产业发展理念、产业结构、产业组织、驱动动力和市场范围进行重构，形成以"现代"科技支撑产业发展、以"现代"理念（低碳、可持续）引导产业发展，培育形成具有"新"的结构关系和内容构成的"体系"，体现产业"结构"与"组织"的高级化和新型化特征的现代产业发展新体系，谋求长期健康发展。

第二，立足内生比较优势分阶段推进产业协调发展。构建现代产业发展新体系，不是回避已形成的产业体系和比较优势，而是在现行产业体系上的优化升级，构建现代产业发展新体系要遵循循序渐进、不断升级、内生比较优势不断强化的演化路径。构建现代产业发展新体系不是推倒重来，亦不是简单由颠覆性创新就能完成。即使是颠覆性创新，要发展形成产业体系仍需较长时间。因此，构建现代产业发展新体系，一定是立足已有比较优势，分阶段强化内生比较优势。当前要继续发挥劳动力低成本优势，即劳动密集型产业及其产品仍发挥重要作用，同时逐渐向高端装备制造业转型，工业在产业体系中仍占主导地位；在劳动力成本优势逐渐丧失之后，基于精密制造和数字技术的产业体系逐步形成，技术密集型产业及其产品将发挥重要作用，第三产业逐步成为主导产业。与此同时，在全球分工深入调整和经济发展方式转型背景下，分工价值链重新布局的要求日益迫切，区域产业协调发展面临难得的机遇。东部地区加快产业转型升级，中西部地区资源禀赋优势日趋明显，交通、基础设施等劣势不断弱化，制度、政策等投资环境日益完善，为区域产业转移和协调发展及结构优化升级提供了难得的机遇。构建现代产业发展新体系就是要立足区域产业布局不合理的现实，抓住区域产业转移及协调发展的历史机遇，发挥不同地区的比较优势，推进发达地区的产业向欠发达地区逐步转移，延长产业生命周期，带动相对落后地区发展，为国内产业转型升级及结构优化赢得时间和资金。

第三，创新驱动要拓宽"创新"本身。创新驱动是构建现代产业发展新体系的核心动力。调研发现，社会各界都知道创新驱动战略的重要，创新驱动的关键是技术创新，要与世界一流技术强国看齐就必须拥有世界一流的技术，现实中却大有把创新驱动简单等同于技术创新之嫌。可以肯定，现代产业发展新体系需要一大批科学技术创新成果支撑，但创新驱动本质上是一项复杂的系统工程，除了技术创新，还需组织创新和制度创新相配合。组织创新强调管理、商业模式、战略等方面的创新。如传统家电制造企业海尔依靠企业组织的破坏性创新已顺利转型为创新创业平台企业，为创业企业提供研发、供应链、生产、市场、渠道和金融等必要的资源，帮助创业企业成长，这种组织创新实现了资源配置效率的提升，同样能带来巨大的生产力。再如服装生产企业红领借助互联网技术，解决了个性化定制与大规模生产的矛盾，找到了服装个性化定制解决之道，是技术创新和组织创新共同作用的结果。本质上讲，阿里巴巴、京东、滴滴都是通过商业模式创新实现市场进入和企业成长，进而推动新业态的形成，而这些互联网企业又通过商业模式创新和战略创新实现跨界经营，以互联网和大数据为核心的新产业生态系统正在形成。技术创新和组织创新还需制度创新保驾护航，制度创新不直接作用于现代产业发展新体系，而是通过宏观层面改变经济主体的行为规则，对微观经济主体的技术创新和组织创新行为产生影响，从而间接作用于现代产业发展新体系的演进。以色列1992年创立的政府创业引导基金，通过制度创新对微观经济主体的创新行为进行补贴，激发微观主体的创新热情，引导微观创新主体进行技术创新和组织创新。这一制度创新吸引了许多国际知名风险投资机构投资于以色列的高科技创业企业，有效解决了创新型企业资金不足的问题，推动了以色列高科技产业的发展。研究发现，以全要素生产率衡量的中国创新驱动水平在1978—2012年有不断恶化趋势，主要原因并非技术创新没有进展，更重要的是组织创新和制度创新的缺位。可见，构建现代产业发展新体系在强调创新驱动的同时，更需要拓宽"创新"本身，强化技术创新、组织创新和制度创新的整体提升，三者不可偏废。

第四，以新产业生态系统建设作为重要实现形式。随着信息技术的广泛使用，产业分工与协作不断深化，促进了传统产业链重构和产业群落重组或聚合，由此催生出新业态。这些新业态依托平台型核心企业，通过整合上游支撑性产业或企业群落与发展下游应用性产业或企业群落，形成以最终用户需求为导向的"新产业生态系统"。在这个系统中，众多上下游产业或企业群落围绕平台型核心企业，以提供具有最佳用户体验的最终消费品或服务为目标，实现多产业的跨界经营，平台型核心企业与上下游产业或企业群落间打破传统企业科层或供应链管理关系，形成共生协作关系。新产业生态系统以最佳用户体验为根本出发点，将门类众多的专业化经济组织吸纳到共享的生产服务平台，在平台核心型企业主导下实现高效分工协作，通过跨越多个产业的上下游关系，将产业链变粗，将产业集群拉长。新产业生态系统的出现改变了原有产业发展业态。在互联网、大数据、云计算等技术的驱动下，各产业的市场、用户、产品、价值链的内在关系发生改变，通过生产模式、商业模式和创新模式的革新，重构产业内和产业间的组织关系，打破传统产业的界限实现互联互通，产业发展业态将发生巨大变化。当前，智能手机、智能汽车、民用无人机和太阳能光伏产业正不断向新产业生态系统演变，未来将会有更多的产业向新产业生态系统演进。这是产业体系演变的基本规律，立足目前的技术发展趋势和相关产业的实践判断，现代产业发展新体系将以新产业生态系统作为最终的实践形式而存在。因此，政府相关部门应重视绘制不同产业的新产业生态系统图，准确识别系统边界，对各功能模块进行划分，围绕核心平台将分散的功能模块组织成价值网络，这有助于从宏观上把握产业发展全貌，有的放矢制定产业政策，推进现代产业发展新体系的构建。

代表性著作

1.《企业的进入退出与产业组织政策》，上海人民出版社、上海三联书店 2000 年版。

2.《开放经济与中国产业组织研究》，商务印书馆 2004 年版，2006 年修订版。

3.《中间性组织研究——对中间性组织成长与运行的分析》，经济科学出版社 2008 年版。

4.《经济全球化条件下产业组织研究》，《2011 年国家哲学社会科学成果文库》，中国人民大学出版社 2012 年版。

5.《产业组织与企业成长——国际金融危机后的考察》，经济科学出版社 2015 年版。

6.《网络效应视角下技术标准的竞争性扩散——来自 iOS 与 Android 之争的实证研究》，《中国工业经济》2014 年第 9 期。

7.《中国产业关联的实证分析与产业政策》，《管理世界》1993 年第 5 期。

隋广军
Sui Guangjun

　　隋广军，男，1983 年 6 月毕业于暨南大学，获学士学位；1986 年 6 月毕业于暨南大学获硕士学位，留校任教；1996 年 6 月获经济学博士学位。1997 年 12 月任经济学教授，2000 年 6 月任博士生导师。曾两次被列为广东省"千百十工程"省级培养对象。先后赴泰国朱拉隆功大学、荷兰阿姆斯特丹大学、美国斯坦福大学、英国牛津大学、美国马里兰大学等高校留学、研修、访问。

　　1986 年 7 月至 1992 年 5 月，暨南大学特区港澳经济研究所教师。1992 年 5 月至 2004 年 8 月，在暨南大学工作，历任特区港澳经济研究所副所长（其间，1993 年 4 月任副教授；1997 年 12 月任教授），企业管理系主任兼特区港澳经济研究所副所长，管理学院副院长（主持工作）（其间，2000 年 6 月起任博士生导师），管理学院副院长（主持工作）兼 MBA 教育中心主任，管理学院院长兼 MBA 教育中心主任。2004 年 8 月至 2008 年 7 月，广东外语外贸大学党委常委、副校长。2008 年 7 月至 2010 年 3 月，广东外语外贸大学党委副书记、校长（其间，2009 年 10 月起兼任广东国际战略研究院常务副院长）。2010 年 3 月至 2017 年 6 月，广东外语外贸大学党委书记，广东国际战略研究院常务副院长。2017 年 6 月至今，广东外语外贸大学党委书记、校长，广东国际战略研究院常务副院长。

　　隋广军是国务院特殊津贴专家，现为教育部工商管理教学指导委员会委员，中国工业经济学会副会长，广东省社科联兼职副主席，广东省、广州市政府决策咨询顾问委员会专家委员，广东省、广州市经济社会发展研究中心特约研究员，广东省、广州市应急管理专家，广东经济学会理事会副会长，广东省低碳发展促进会副理事长，广东省贸促会（广东国际商会）特邀顾问，广东公共外交协会常务理事。2017 获得广东省社科成果一等奖。

　　隋广军倡议建立并领导的广东国际战略研究院，在政策研究、国际战略研究等方面做出了突出贡献，成为"外交部政策研究重点合作单位""一带一路"智库合作联盟理事单位、金砖国家智库合作中方理事单位、中国—东盟思想库网络广东基地、中联部重点支持单位，同时还是广东省软科学重点研究基地。2018 年美国宾夕法尼亚大学"智库研究项目（TTCSP）"编写的《全球智库报告 2017》在全球发布，广东国际战略研究院列亚洲大国智库第 87 位。此次共有 27 家中国智库上榜亚洲大国智库排行榜。

隋广军主要研究领域为产业经济学、创新与危机管理、战略管理等。隋广军在自然灾害防治、全球经济治理、高校智库建设等方面的相关思考和有关建议极具前瞻性和启发性，在相关学术领域做出了重要贡献。

一　新型市场结构理论的构建

隋广军发表于《中国工业经济》的《单寡头竞争性垄断：新型市场结构理论构建》一文基于互联网经济的本质特征，导出了技术进步与商业模式创新的市场不相容定律。在不同厂商网络不兼容与平台开放策略的约束下，文章发现市场将出现单寡头竞争性垄断结构。这种结构的内在逻辑在于强烈的网络效应，使得消费者在产品同质、厂商较多的情况下仍自觉地聚焦于特定的一家厂商，导致市场集中度非常高；同时，零运输成本令消费者被集中到虚拟的统一市场当中，既为主导厂商最大限度地扩大市场、实现规模经济创造条件，又有利于专门满足细分需求的厂商实现规模经济，让市场足以容纳多个厂商。市场出现了单寡头平台厂商与多个厂商共生的网络生态现象，单寡头厂商负责构造网络生态体系并具有市场势力，多个厂商负责满足消费者多元化需求、进入细分市场并做大规模。自由进入的环境、快速的技术和商业模式创新、特殊的定价模式导致互联网市场的包容性竞争，垄断在竞争中产生，又在竞争中被打破，周而复始推动产业的高速发展。该文的现实意义在于创新性地提出了单寡头竞争性垄断结构本身并不会妨碍竞争效率这一观点，为互联网反垄断诉讼给出了理论解释。

二　自然灾害与危机管理

作为著名危机管理专家，在台风灾害应急管理研究方面取得突出成果。隋广军的专著 *Typhoon Impact and Crisis Management* 由国际知名出版社 Springer 出版，《台风灾害评估与应急管理》由科学出版社出版。专著对台风的影响和自然灾害的危机管理进行了系统梳理和分析。隋广军先后多次指出台风灾害的经济评估的研究方向和研究重点，明确指出台风灾害的研究中进行经济损失的评估、灾害的经济社会效应的分析和台风等自然灾害的危机管理和相关社会保障与救助体系构建有助于实现自然科学与社会科学研究的交叉和结合，有助于取得较大创新性和重大现实意义的关键成果。自然灾害防治的经济评估等研究在积极响应沿海地区政府对自然灾害防治工作所做出的重点布置的同时，也为政府相关部门的政策决策提供了极具参考价值的研究成果。隋广军的相关学术研究在推动台风灾害的减灾防灾工作的基础理论研究的同时，也极大地促进了自然科学和社会科学的交叉结合，有助于推动环境生态的应用研究和危机管理研究。

三　参与全球经济治理

隋广军在《改革》《人民日报》等具有重要影响力的期刊、报刊上对中国参与全球经济治理等问题进行了系统阐述和分析。他指出，全球经济治理是国家和非国家行为体按照一定制度规范对全球或跨国经济领域内共同问题的治理。从理论渊源来看，全球经济治理脱胎于全球治理。全球治理的理论来源于建立国际秩序、解决全球性问题的实践行动。在全球治理的早期实践基础上，随着环境、能源、恐怖主义、跨国犯罪等各个领域全球问题日益凸显，传统主权国家的治理能力难以应对，全球治理的概念应运而生。冷战结束之后，学术界逐步将其推向理论研究范畴。隋广军指出，跨"十三五"和"十四五"两个五年规划，是中国全面深化改革取得关键成果并继续发展的重要时期。在新的重要战略机遇期内，中国经济发展实力和未来国际经济格局变化，是中国参与全球经济治理战略选择的基础条件。在对世界主要国家经济、金融、贸易、科技等指标进行分析后，隋广军认为，继续崛起的中国将从全球性经济大国提升为经济强国，贡献全球公共产品的能力和参与全球经济治理的影响力将得到强化。根据中国经济的发展态势和全球经济治理体系调整、改革现实需求，中国应作为国际制度体系的深度参与者、重要建设者和共同改善者，按照参与进程的渐进性、参与方式的合作性和参与层面的国内外统筹性原则融入全球经济治理体系。隋广军明确指出，在参与国际经济组织中各种国际规则的制定和执行时，要循序渐进，首先要了解和熟悉国际规则的制定和执行情况，在此基础上既要尊重规则，但是也不能拘泥于现有规则，要积极推动规则的合理化和公平化。对于国际经济组织制定的有损中国和发展中国家利益的规则，基于成本—收益的综合考虑，要注意有选择性地敢于说不、善于说不，必要时要积极联合广大亚非拉发展中国家和新兴市场经济体，以此来牵制和抗衡西方发达国家或集团基于自身利益而采取损害全球利益的政策和行为，从而使全球经济治理能够更加符合发展中国家的利益。其目标是构建一个与综合实力相适应、权力和责任基本对称、发展共同利益和促进本国利益相结合的参与全球经济治理的战略框架，提升中国的国际形象和全球经济治理机制的合法性、有效性，最终推动建立更加公正合理的国际经济新秩序。

四　推动高校智库建设

隋广军还在积极推动高校智库建设方面做出了重大贡献。他倡议建立的广东国际战略研究院，连续多年承接外交部重大外交政策课题，研究报告得到外交部高度肯定，并被相关部门采纳。广东国际战略研究院凭借在政策研究、国际战略研究等方面做出的突出贡献，被列为"外交部政策研究重点合作单位"，近年来向省委省政府提交调研和决策咨询报告 88 份，受到省委省政府的高度重视和肯定，成为具有一定影响力的新型智库。在接受中央级媒体多次采访时，隋广军对中国高校智库建设的基本设想、具体运作、发展方向等做出了详尽的描述。他指出，政治性是智库发展的生存之基。高校智库要发挥为国家治理集智出策的作用，必须坚定政治立场，紧跟世界科技、国际政治外交发展演进的趋势，围绕党和国家重大战略需求，着眼改革发展重点难点，回答百姓重大关切，以问题导向和预见导向为原则，抓住关键，突出决策支持，使高校智库出引领性思想、出趋势预判、出战略思路、出政策建议。独立性是智库发展的立足之本。高校智库要为政府或社会提供公正客观的情况研判、实事求是的对策建议，这是其根本价值所在。高校智库要坚持科学求真、唯实创新的原则，要具有全局性、系统性和战略性创造能力，积极搭建学术界与公共政策之间的桥梁，超越各种利益影响，保持独立自主的研发精神，培养研究人员的职业精神，健全独立研究机制，营造独立研究的环境文化，提供原创客观的思想产品。中国日渐融入经济全球化之中，并具有日益广泛的海外利益，高校智库需要独立客观地开展研究工作，在此基础上形成公信力和国际影响力，为民族复兴和软实力提升贡献智慧。专业性是智库发展的动力之源。高校智库兼具基础研究与应用研究、长期研究与应急研究相结合的特征。这就需要着力打造高水平的专业研究团队、建构专业研究理论与方法、创新专业运作模式，走出当前中国"库多智少"的困境。研究课题与项目建设既要"通天"，关注世界经济、国际关系、全球治理等重大问题；又要"接地气"，聚焦人民实践开展研究工作，不做"书斋式""经院式"研究，密切关注社会各界和广大人民群众的现实需求，努力多出经得起实践、人民、历史检验的研究成果。与此同时，要引进和培养一批人才，包括智库运营人才、研究人才等，融汇各方智慧，为智库专业建设奠定坚实人才保障。隋广军表示，高校一定要不断深化高校智库管理体制改革，创新组织形式，整合优质资源，着力打造一批党和政府信得过、用得上的新型智库。

作为产业经济、创新与危机管理、战略管理领域的权威专家，隋广军在全球经济治理、自然灾害防治的经济评估、高校智库建设等方面均取得了较大的影响力并做出了突出贡献。他积极推动学科建设、大力提倡跨学科融合研究，具有创新性和前瞻性，为中国相关学科的发展和未来的进一步研究指明了方向。

学术感悟

　　广大经济管理学科科研人员既要志存高远，又要脚踏实地。前者要求大家在科研工作中肩负起国家和时代赋予我们的光荣使命，将学术研究与国家的长远发展及现实需要相结合，关注具有前瞻性、全局性、战略性的现实问题，为国家的重大决策提供具有时效性、针对性的政策建议；后者需要我们时刻关注相关学术问题的国内外最新发展动态和研究前沿，能够静下心来做研究，全力提高自身学术成果的边际贡献，体现研究成果的开拓性和原创性。

代表性著作

一　国家级奖励、主持国家级（含教育部）基金项目情况

　　已结项或在研国家社科基金重大项目、重点项目、一般项目 3 项，教育部创新团队项目、教育部中欧合作项目各 1 项，外交部委托课题 3 项，各类省部级项目和横向课题共 40 余项。主要项目如下：（1）2012 年国家社科基金重点项目"中国对外贸易战略转型研究"；（2）2013 年外交部政策规划司项目"中国企业境外投资风险防控机制研究"；（3）2014 年外交部重大委托项目"对落实 21 世纪海上丝绸之路的看法和建议"；（4）2015 年国家社科基金重大项目"'一带一路'战略与中国参与全球经济治理问题研究"。

　　获得相关国家级奖励如下：（1）2012 年提交的《新形势下我实施"走出去"战略的机遇、挑战及对策建议》被外交部采纳，并获得 2012 年度外交部"重大外交政策研究课题"优秀课题组称号；（2）2014 年 4 月和 6 月，广东国际战略研究院承接外交部任务，由隋广军率团，会同外交部赴马来西亚、印度尼西亚、新加坡、南非、肯尼亚、埃塞俄比亚开展"21 世纪海上丝绸之路建设"调研，这是外交部首次同国内智库进行合作调研。调研成果获得外交部领导认可和专函表彰，提交的《对落实 21 世纪海上丝绸之路的看法和建议》研究报告获中共中央政治局常委、国务院副总理张高丽的批示，并被中央相关部门采纳。

　　奖励还包括：2014 年获《改革》服务中央决策优秀论文奖，2012 年获"2010—2011 年度广州市哲学社会科学优秀成果奖"，2010 年获"纪念广东省社会科学界联合会成立 50 周年优秀决策咨询成果奖"，2009 年获中国国际贸易学会"中

国外经贸改革与发展"征文特别奖等。

二 主要成果（核心期刊论文、重要专著、全国统编工经领域教材）

隋广军出版《广东处于转折点》、《广东产业发展研究报告》、*Typhoon Impact and Crisis Management*、《台风灾害评估与应急管理》等 10 多部学术著作，在《管理世界》《经济学动态》《改革》等学术刊物发表论文 90 多篇。

（一）论文

1. 《贸易条件恶化与我国比较优势分析》，《当代财经》2003 年第 8 期。

2. 《经营者隐形人力资本与股权激励的经济学分析》，《经济问题探索》2003 年第 8 期。

3. 《区域产业生成的动力因素》，《广东社会科学》2004 年第 2 期。

4. 《基于契约理论的产业网络形成模型：综合成本的观点》，《当代经济科学》2004 年第 9 期。

5. 《基于创业投资资本利得的税收激励政策研究》，《中央财经大学学报》2004 年第 8 期。

6. 《产业集聚生命周期演进的动态分析》，《经济学动态》2004 年第 11 期。

7. 《基于专利水平差异的高科技产业化问题研究》，《管理世界》2005 年第 8 期。

8. 《高科技创业环境与区域发展循环悖论》，《科研管理》2005 年第 12 期。

9. 《反倾销争端与对外国对华的歧视待遇——基于博弈论视角的解析》，《当代财经》2006 年第 5 期。

10. 《企业自主技术创新环境研究——基于长三角与珠三角的评价》，《甘肃社会科学》2006 年第 9 期。

11. 《中国创业投资国有模式的缺陷及政策建议》，《科学学与科学技术管理》2006 年第 10 期。

12. 《产业演进下的企业组织的形式及抉择》，《国际经贸探索》2007 年第 1 期。

13. 《产业演进下的企业组织问题探讨》，《广东社会科学》2007 年第 3 期。

14. 《中国经济的动态效率——基于修正黄金律的研究》，《山西财经大学学报》2007 年第 3 期。

15. 《使用权理论研究前沿探析》，《外国经济与管理》2007 年第 7 期。

16. 《我国高新技术产业制度演进的路径选择》，《工业技术经济》2007 年第 8 期。

17.《问责制度、产权变迁与国企改革：基于代理成本的分析》，《当代经济科学》2007 年第 9 期。

18.《中心城市经济结构转型与区域产业结构优化升级》，《改革》2008 年第 1 期。

19.《贸易自由化模式与中国的比较优势》，《改革》2008 年第 2 期。

20.《基于领导企业行为的产业网络及其动态性研究》，《经济问题》2008 年第 5 期。

21.《基于代理理论与管家理论视角的家族企业的公司治理选择》，《改革与战略》2008 年第 5 期。

22.《广州空港产业选择与空港经济发展的探讨》，《国际经贸探索》2008 年第 6 期。

23.《人力资本密集型企业研究：一个挑战传统理论的话题》，《中国工业经济》2008 年第 7 期。

24.《东部发达城市产业转移的角色定位：广州证据》，《改革》2008 年第 10 期。

25.《产业转移必须考量"成本"——对吴安研究员争鸣观点的回应》，《改革》2009 年第 2 期。

26.《后危机时期广东外经贸发展的机遇与挑战》，《广东经济》2010 年第 1 期。

27.《台风灾害的经济影响及其防御系统建设——以台风"莫拉克"为例》，《国际经贸探索》2010 年第 2 期。

28.《产业结构演变与三次产业发展的关联度》，《改革》2010 年第 3 期。

29.《经济环境变迁与外贸发展策应：粤省证据》，《改革》2010 年第 8 期。

30.《合伙制人力资本密集型企业研究：一种古老治理模式的复兴》，《南京社会科学》2011 年第 6 期。

31.《从控制到协调：企业治理目标的演进》，《产经评论》2011 年第 9 期。

32.《沿海地区受台风影响的易损性指标体系与应急管理策略》，《改革》2012 年第 3 期。

33.《利润分享：一种协调人力资本的治理手段》，《管理学报》2012 年第 4 期。

34.《热带气旋登陆概率的 Logistic 模拟》，《数理统计与管理》2012 年第 5 期。

35.《广州建设国际商贸中心城市研究——国际大都市发展转型的经验与启示》，《国际经贸探索》2012 年第 5 期。

36. 《广东台风灾情预测系统研究》,《自然灾害学报》2012 年第 6 期。

37. 《台风灾害与地区经济差距:粤省证据》,《改革》2012 年第 6 期。

38. 《利用 Elman 神经网络模型评估广东热带气旋灾情》,《数学的实践与认识》2013 年第 8 期。

39. 《国际经济形势发展、影响及对策建议》,《国际经贸探索》2013 年第 12 期。

40. 《基于 SVR 的广东省台风灾害损失评估》,《海洋环境科学》2013 年第 12 期。

41. 《单寡头竞争性垄断:新兴市场结构理论构建——基于互联网平台企业的考察》,《中国工业经济》2014 年第 1 期。

42. 《中国参与全球经济治理的战略:未来 10—15 年》,《改革》2014 年第 5 期。

43. 《改革的复杂性需要新型智库》,《改革》2014 年第 5 期。

44. 《基于聚类与回归方法的台风灾情统计评估》,《数理统计与管理》2014 年第 6 期。

45. 《专业服务企业研究:知识经济背景下的重要议题》,《社会科学》2014 年第 11 期。

46. 《中欧服务贸易竞争力比较研究》,《国际经贸探索》2015 年第 1 期。

47. 《全球经济治理新格局与我战略应对》,《人民日报》内参 2016 年第 3 期。

48. 《高校智库建设:政治性、独立性和专业性有机融合》,《光明日报》2016 年第 7 期。

49. 《中国对外直接投资、基础设施建设与"一带一路"沿线国家经济增长》,《广东财经大学学报》2017 年第 1 期。

(二)著作

1. 《广东处于转折点》,广东人民出版社 1997 年版。

2. 《广东外经贸蓝皮书:广东对外经济贸易发展研究报告(2009—2010)》,广东经济出版社 2010 年版。

3. 《广东对外经济发展研究报告(2010—2011)》,广东经济出版社 2011 年版。

4. 《广东开放经济发展战略研究报告》,中国商务出版社 2011 年版。

5. 《广州建设国际商贸中心的实践与探索》,广州出版社 2013 年版。

6. *Typhoon Impact and Crisis Management*,Springer,2014.

7.《广东国际战略决策咨询报告（2012—2013)》，经济科学出版社 2014 年版。

8.《台风灾害评估与应急管理》，科学出版社 2015 年版。

（三）咨询报告

1.《对落实 21 世纪海上丝绸之路的看法和建议》研究报告，得到国家级领导人批示，2014 年 9 月。

2.《激发高校潜力　驱动广东创新》调查研究报告，得到国家级领导人批示，2015 年 4 月。

3.《广东对外开放新格局：挑战与应对》调查研究报告，得到国家级领导人批示，2015 年 5 月。

4.《国内外自由贸易（园、港）区的运作模式、政策法规和营商环境研究》，被副省级市政府部门采用，2016 年 6 月。

5.《软实力建设应与基础设施建设同时推进、构建多边机制促进区域合作》，得到国家级领导人批示，2016 年 6 月。

王明友
Wang Mingyou

　　王明友，男，1963年1月出生，辽宁黑山人，经济学博士，二级教授，博士生导师，享受国务院政府特殊津贴专家。现任沈阳大学党委副书记、沈阳大学生产力研究中心主任。兼任中国工业经济学会常务副理事长、国家社会科学基金项目同行评议专家、国务院学位委员会学位点同行评议专家、中国博士后科学基金评审专家、辽宁省政府学位委员会学科评议组成员、辽宁省普通高校经济类专业教学指导委员会副主任委员、辽宁省委省政府决策咨询委员、沈阳市委市政府决策咨询委员等社会学术职务。主要研究领域与研究方向为产业经济与技术创新、区域经济与现代服务业、生态经济与工业旅游。

一 学习经历

王明友出生在辽宁省黑山县胜利村的一个普通农民家庭。1971年入小学开始读书，1976—1979年，就读于黑山县胜利乡初级中学。1979年8月，以全乡第一名的成绩考入黑山县第一高级中学，他也是当年胜利乡初中唯一一名被县重点高中录取的学生。

1981年7月，王明友参加全国统一高考，并被辽宁大学工业经济专业录取，1985年7月毕业并获得经济学学士学位。1985年9月，考取辽宁大学工业经济专业硕士研究生，师从时任中国工业经济研究与开发促进会（中国工业经济学会前身）副会长的戴伯勋。在攻读硕士研究生期间，先后在《辽宁大学学报》《沈阳大学学报》上发表学术论文。1986年10月第一次参加中国工业经济学会学术会议并成为正式会员，之后被聘为学会的理事、副理事长、常务副理事长，由此沈阳大学也成为中国工业经济学会常务副理事长成员单位中全国唯一的市属地方大学。1988年7月，完成全部研究生课程顺利毕业并获得经济学硕士学位，毕业论文为《论我国国有企业改革》。

1995年9月，已经走上工作岗位的王明友回到母校辽宁大学，继续拜戴伯勋为师，攻读产业经济学专业博士研究生，研究方向为产业技术创新，1998年7月毕业并获经济学博士学位。在博士论文答辩期间，他的论文《企业技术创新机制与模式研究》得到中国社会科学院工业经济研究所研究员、中国工业经济学会理事长吴家骏的高度评价，并被建议作为中国工业经济研究与开发促进会立项课题进行深入研究，研究成果形成后作为著作出版。在吴家骏的极力推荐和中国工业经济研究与开发促进会的全力支持下，他的首部专著《知识经济与技术创新》于1999年由经济管理出版社出版，在全国各地新华书店发行，并于翌年进行了第二次印刷，深受学者欢迎。他还陆续出版了《中国企业技术创新研究》《现代产业经济学》等多部著作。

1999年12月，王明友进入辽宁大学应用经济学博士后科研流动站，师从国民经济学学科创建人张今声，开展博士后研究工作。2002 年 8 月，完成流动站研究任务并举行出站工作报告会顺利出站，出站报告为《辽宁老工业基地振兴与自主创新生态系统研究》。

二　工作经历

1988 年 9 月，王明友作为引进人才来到沈阳财经学院任教，至今从事高等教育工作整整 30 年。先后主讲了"企业管理""市场营销学""组织行为学""企业诊断学""工业经济管理学""产业经济学""产业组织学""制度经济学"等课程。1991 年 6 月，任沈阳财经学院工业经济系教研室主任。1993 年 7 月，任沈阳财经学院国际贸易系主任。1996 年 5 月，沈阳财经学院并入沈阳大学，任沈阳大学贸易经济系副主任；1998 年 11 月，任沈阳大学经济研究所所长。

2000 年对于王明友来说是值得记忆的一年。2000 年 5 月，申报国家社科基金项目成功获批，实现了沈阳大学建校 20 年来国家基金项目零的突破，他也由此被学校授予科技工作特殊贡献奖。2000 年 6 月，被任命为沈阳大学工商管理学院院长。2000 年 8 月，从副教授被破格晋升为教授。在担任院长期间，提出"两个积极探索"的办学理念，即积极探索对外开放办学和积极探索建设教学研究型学院。2001 年 8 月，在沈阳大学率先开展校企合作，成立沈阳大学和田国际商学院。2002 年 6 月，正式通过辽宁省教育厅批准，成为辽宁省首家国际商学院。2001 年 3 月，他在辽宁省高校中率先开设自学考试人力资源管理专业，沈阳大学为主考学校，在全省开创了自学考试本专科同时开考的先河，至今人力资源管理仍是辽宁省自学考试的第二大专业。在教学研究型学院建设上，他始终坚持教学与科研并重发展，并提出教学和科研是驱动学院发展的两个轮子，缺一不可。2001 年，沈阳大学工商管理学院获批省市级各类科研立项数量列全校第一，全院科研经费进款额占全校文科学院全年科研经费总额的近 90%。到 2001 年年底，工商管理学院拥有博士学位教师居全校各学院之首，占全校博士学位教师的一半。

从 2002 年 2 月起，王明友历任沈阳大学党委常委、副校长、常务副校长、党委副书记兼纪委书记、党委副书记等职务。2002 年，他担负起了申办研究生教育的重任，为沈阳大学获得硕士学位授予权做出了重要贡献。2003 年，经国务院学位委员会批准，沈阳大学成为第九批硕士学位授权单位，实现了办学层次从本科到研究生的历史性突破。

在分管外事工作期间，王明友把开展国际交流与合作作为学校对外开放办学的重中之重，积极寻求与国外高等教育的合作途径。2002 年，沈阳大学与俄罗斯伊尔库茨克国立交通大学成功合作，共同举办"3＋2"中俄双学历（经济学专业）办学模式，先后接收并培养了 25 名俄罗斯留学生，开启了沈阳大学国际合作办学的新阶段。同年，在他亲自参与和组织下沈阳大学创办了辽宁省首家国际商学院，并与澳大利亚史文本大学积极开展校际合作。2006 年 8 月，参加了由辽宁省教育厅组织的大学校长培训班，赴英国牛津大学进行为期一个月的访问学习。2011 年，已不分管外事工作的他主动发挥自身优势，又促成了沈阳大学与德国的海德堡应用科技大学、埃森经济管理应用科技大学两所大学的合作，先后举办"工业工程"和"自动化"两个本科专业的中外合作办学项目，并于 2013 年正式通过教育部审核，彻底结束了沈阳大学没有中外合作办学项目的历史。同时，沈阳大学还被辽宁省教育厅确立为辽宁省教育科学规划重点研究基地，他担任基地负责人。

在学科建设和人才培养方面，王明友也做出了应有的贡献。2003 年，在沈阳大学获批的 3 个硕士点学科当中，产业经济学硕士点之前并没有开设本科专业，在他的积极努力和中国工业经济学会诸多专家的大力支持下才得以创建成功，他也由此成为沈阳大学产业经济学学科的创始人。2004 年，成为沈阳大学首批硕士研究生导师。至今已指导硕士研究生 34 人，其中全日制硕士研究生 20 人，在职 MBA 研究生 5 人，全日制 MBA 国际研究生 9 人。在已毕业 18 名全日制硕士研究生中，有 11 人分别考取了上海交通大学、南开大学、厦门大学、深圳大学、西北大学、辽宁大学、上海大学等"985""211"院校的博士研究生。2010 年，他成为沈阳大学至今唯一的辽宁省政府学位委员会学科评议组成员。2011 年，开始招收指导博士后，并享受国务院政府特殊津贴。2014 年，被聘为辽宁省高校经济学类专业教指委副主任委员。2015 年，成为沈阳大学应用经济学学科带头人，被聘为沈阳大学首批"服务国家特殊需求人才"博士研究生导师。

在科学研究上，王明友始终聚焦中国经济体制改革的重点问题和辽沈区域经济社会发展的热点问题，开展了大量卓有成效的研究工作。从1985 年考取硕士研究生到 1998 年博士研究生毕业，在与导师戴伯勋亦师亦友相处中，不仅从戴伯勋渊博的学识中收获了学术营养，提升了研究能力，戴伯勋"执着探索、求真求实"的科学精神和"学高为师，身正为范"的高尚品格更对他后来在学术生涯中一路攀登产生了深刻的影响，使他始终秉承"科学、严谨、务实、求精"的态度投入到科学研究工作中。10 余年间，他先后参与完成了辽宁省哲学社会科学研究"七五"规划重点项目"社会主义经济联合的理论与实践"、国家教育部人文社会科学"九五"规划重点项目"老工业基地产业结构调整与优化研究"和沈阳市政府"十五"规划招标课题"面向二十一世纪，沈阳工业发展的战略取向研究"等科研项目的研究。同时，在《吉林大学学报》《辽宁大学学报》《社会科学辑刊》等学术期刊上发表了 10 余篇学术论文；参加撰写了《经济联合·企业集团·企业兼并》《中国股份制》《企业诊断学》《沈阳经济概论》《现代企业哲学》等多部学术著作。

在 1999—2002 年的博士后研究阶段，王明友作为主持人先后承担了国家社会科学基金项目"国有企业技术创新机制与多元化的支撑体系研究"（2000 年 5 月至 2001 年 9 月）、国家教育部重点研究项目"我国装备制造业技术协同创新战略研究"（2002 年 12 月至 2003 年 12 月）、辽宁省社科基金项目"国有企业制度创新及国有资产管理体制改革研究（2001 年 11 月至 2002 年 11 月）"、辽宁省科技厅软科学研究计划项目"应对入世的有关热点问题研究"（2002 年 12 月至 2003 年 12 月）、辽宁省"新世纪中青年社科理论人才培养工程"基金项目"辽宁省技术创新激励机制与支持体系研究"、辽宁省教育厅高校科学研究项目"辽宁省国有企业技术创新战略对策研究"（2000 年 11 月至 2001 年 3 月）、沈阳市经贸委课题"用高新技术和先进适用技术改造传统产业"等 10 余项国家、省市科研课题项目的研究工作。同时,他还在《经济管理》《经济与管理研究》《首都经济贸易大学学报》《辽宁大学学报》等学术期刊上发表了近 10 篇学术论文;编著《知识经济与技术创新》《中国企业技术创新研究》《技术创新与科技产业化》《现代产业经济学》《经济结构三维模式——东北地区经济结构优化与调整战略研究》等多部学术著作。

从 2003 年至今,王明友先后主持完成了国家社会科学基金重大项目"辽宁工业城市生态环境可持续发展研究"子课题、国家社科基金项目"我国软件产业链整合优化研究"、教育部人文社科规划基金项目"我国高新技术产业自主创新与产业集群协同发展研究"、辽宁省财政科研基金项目"辽宁省能源税制改革的福利分析"和"支持辽宁县域经济倍增发展财政政策研究"、辽宁省科技厅科学技术计划项目"辽宁省高新技术产业自主创新能力评价研究"、辽宁省社科联研究项目"辽宁装备制造业产业安全研究"、辽宁省教育厅高等学校科研项目"应对入世辽宁支柱产业选择与发展对策研究"和"辽宁老工业基地振兴与自主创新生态系统研究"、沈阳市专项研究课题"沈阳市工业经济'十一五'发展规划研究"等 20 余项国家、省市科研项目的研究工作,先后获得辽宁省哲学社会科学成果三奖(政府奖)、辽宁省社科联立项研究项目一等奖、辽宁省教学成果二等奖等奖励。其中,"我国软件产业链整合优化研究"项目使他成为沈阳大学截至目前唯一一名两项国家社科基金获得者。在各类学术期刊、学术会议(论坛)上,他先后发表学术论文近百篇,其中有 10 余篇学术论文被 EI、CSSCI、CPCI – S 收录或全文转载;编写《中国工业旅游研究》《推动国有企业改革,增强企业活力和市场竞争力》《沈阳市服务业发展战略对策研究》和《经济学》等 10 多部学术著作和专业教材。2001 年,他被聘为沈阳大学首批学术带头人。2007 年,兼任《沈阳大学学报》(社会科学版)主编,2008 年被聘为中国工业经济学会常务副理事长。2010 年,在学校条件不够充分的情况下,经他的不懈努力,沈阳大学博士后科研工作站成功获批。2013 年,经辽宁省教育厅批准,他担任了辽宁省心理健康教育研究基地负责人。2014 年,晋升为国家二级教授。

2015 年 7 月，时任沈阳市市长潘利国到沈阳大学调研，提出沈阳大学作为地方大学，要为服务沈阳做出贡献，建议成立生产力研究中心。2015年 9 月，沈阳大学生产力研究中心正式成立，由王明友兼任主任。翌年，沈阳大学与沈阳市社会科学院联合成立沈阳市生产力研究所，他担任所长。中心成立不到两年半的时间，先后为沈阳市委市政府提供《市长专报》《决策参考》《决策咨询》《沈阳社科对策建议》等资政建议 11 份，其中有 8 份获得辽宁省委常委、沈阳市委书记易炼红，两任沈阳市长潘利国、姜有为，以及王翔坤、马占春、连茂君、张景辉等市领导的肯定批示，并全部被市政府有关部门采纳使用。沈阳大学生产力研究中心已逐渐成为服务政府决策咨询的重要"智囊团"和"思想库"，也为沈阳大学积极推进以"服务区域经济社会发展、服务区域产业振兴"为宗旨的转型发展发挥了重要作用。

三　主要荣誉

2001 年 4 月，被沈阳市委、市政府评为"沈阳十大杰出青年知识分子"，并授予沈阳市"五四"奖章；2001 年 6 月，被辽宁省教育厅评为"辽宁省普通高校优秀青年骨干教师"；2001 年 9 月，入选"辽宁省首批中青年社科理论人才"；2002 年 2 月，被沈阳市科协评为"沈阳市优秀科协工作者"；2002 年 6 月，被沈阳大学授予"科技工作特殊贡献奖"；2005 年 1 月，沈阳市优秀政协委员；2006 年 12 月，被评为"沈阳市'四个一批'哲学社会科学优秀人才"；2010 年 1 月，被评为"沈阳市优秀专家"；2011 年 3 月，享受国务院政府特殊津贴；2014 年 4 月，被评为"沈阳市劳动模范"；2017 年 9 月，被评为"沈阳市领军人才"；2017年 12 月，被评为沈阳市"四尊"优秀领导干部。

代表性著作

1. 《经济联合·企业集团·企业兼并》，辽宁大学出版社 1990 年版。

2.《中国股份制》，中国检察出版社 1993 年版。

3.《现代企业哲学》，辽宁人民出版社 1995 年版。

4.《技术创新与科技产业化》，中国经济出版社 1999 年版。

5.《产业经济学理论与实践问题研究》，经济管理出版社 2000 年版。

6.《知识经济与技术创新》，经济管理出版社 1999 年版。

7.《中国企业技术创新研究》，辽宁大学出版社 2000 年版。

8.《经济与管理》，东北大学出版社 2000 年版。

9.《现代产业经济学》，经济管理出版社 2001 年版。

10.《经济结构三维模式——东北地区经济结构优化与调整战略研究》，经济管理出版社 2002 年版。

11.《经济学》，东北大学出版社 2003 年版。

12.《沈阳市现代服务业发展战略对策研究》，辽宁大学出版社 2012 年版。

13.《中国工业旅游研究》，经济管理出版社 2012 年版。

14.《如何进一步完善大中型国有企业经营机制》，《辽宁大学学报》1988 年第 1 期。

15.《德鲁克及其管理理论评述》，《社会科学辑刊》1997 年第 5 期。

16.《技术创新——产业结构演变的根本原因》，《辽宁大学学报》1998 年第 3 期。

17.《国有企业技术创新的基本对策思路》，《经济与管理研究》1999 年第 5 期。

18.《国有企业技术创新面临的主要问题及对策》，《辽宁大学学报》2000 年第 4 期。

19.《关于国有企业民营化的几点认识》，《经济管理》2000 年第 2 期。

20.《国有企业技术创新的主要障碍剖析》，《经济与管理研究》2000 年第 3 期。

21.《证券市场流动性研究的理论与方法综述》，《首都经济贸易大学学报》2002 年第 4 期。

22.《加入 WTO 后我国产业结构调整的方向与对策》，《经济问题探索》2002 年第 11 期。

23.《辽宁工业遗产旅游开发优势、问题及对策》，《首都经济贸易大学学报》2014 年第 4 期。

24. 美国 CPCI – S 收录，The Research of the Chinese Enterprise Transnational Operations Strategic，2009.6。

25. 美国 CPCI - S 收录，Research on the Public Policy Against Financial Crisis based on AD - AS Mode，2009. 11。

26. 美国 CPCI - S 收录，Analysis of the Phenomenon of ka fu ding gorge in Regional Economic Development Based on the Industrial Cluster Theory，2009. 11。

27. EI 检索，Optimal Allocation of Testing Resources based on Component Testability and Marginal Test Utility，2010. 1。

28. CSSCI 收录，《工业遗产旅游资源价值评价体系的构建及应用——以辽宁为例》，2014. 3。

29. EI 检索，Safeguard Mechanic Research for Effective Implementation of Energy Tax Policy Reform，2014. 5。

30. 全文转载，《彼得·德鲁克及其管理理论——〈管理：任务、责任、实践〉评介》，管理科学（中国人大书报资料中心），1998 年 2 月。

31. "辽宁工业城市生态环境可持续发展研究"，国家社科基金重大项目（子项目），2010 年 1 月—2012 年 12 月。

32. "我国软件产业链整合优化研究"，国家社科基金项目，2013 年 6 月—2015 年 12 月。

33. "创新社会管理，构建和谐劳动关系"，国家外专局海外高层次人才交流基金项目，2012 年 12 月—2013 年 12 月。

34. "我国高新技术产业自主创新与产业集群协同发展研究"，国家教育部人文社会科学研究规划基金项目，2012 年 2 月—2015 年 2 月。

35. "辽宁产业集群及产业链整合发展战略研究"，辽宁省科技厅科学技术计划项目，2011 年 9 月—2012 年 9 月。

36. "辽宁省高新技术产业自主创新与产业集群协同发展的对策研究"，辽宁省社科联研究项目，2011 年 6 月—2012 年 6 月。

37. "加快推进辽宁省县域经济发展的对策研究"，辽宁省社科规划基金项目，2010 年 12 月—2012 年 9 月。

38. "辽宁省'十二五'缩小居民收入分配差距与扩大消费对策研究"，辽宁省教育厅高校科研项目计划，2010 年 5 月—2011 年 5 月。

39. "辽宁省'十二五'减少居民收入分配差距，扩大消费需求和目标任务、政策措施研究"，辽宁省社科规划基金项目，2010 年 1 月—2010 年 12 月。

40. "辽宁省装备制造业产业安全研究"，辽宁省社科联立项研究项目，2008 年

1 月—2009 年 12 月。

41. "辽宁省自主创新能力研究——以高新区和装备制造业为例"，辽宁省教育厅高等学校科研项目，2007 年 1 月—2008 年 2 月。

42. "辽宁老工业基地振兴与自主创新生态系统研究"，辽宁省社科联立项研究项目，2007 年 1 月—2007 年 12 月。

43. 《经济联合·企业集团·企业兼并》获国家教育部人文社会科学优秀成果二等奖，1995 年 12 月。

44. 《辽宁装备制造业产业安全研究》获辽宁省社科联优秀研究项目一等奖，2009 年 6 月。

45. 《中国工业旅游研究》获辽宁省自然科学学术成果奖（著作）一等奖，2012 年 12 月。

46. "辽宁省高新技术产业自主创新与产业集群协同发展的对策建议"获辽宁省社科联优秀研究项目一等奖，2012 年 12 月。

47. "沈阳市国有企业改革问题研究"获沈阳市社科联优秀研究课题一等奖，2016 年 12 月。

48. 《关于进一步吸引高校毕业生留沈服务的对策建议》获沈阳市副市长王翔坤批示，2016 年 10 月 31 日。

49. 《关于进一步深化我市国有（控股）企业改革的对策建议》获沈阳市长潘利国批示，2016 年 6 月 21 日

50. 《我市装备制造业服务型制造发展模式与对策研究》于 2016 年 9 月 1 日获沈阳市长潘利国批示。

51. 《关于建设沈阳人力资源服务产业园的对策建议》获沈阳市委秘书长连茂君和副市长张景辉批示，2017 年 1 月 4 日。

52. 《发挥商会在国际化营商环境建设中的作用的对策建议》获沈阳市委秘书长连茂君批示，2017 年 4 月 19 日。

53. 《促进自贸区沈阳片区发展的人才开发对策建议》获沈阳市长姜有为批示，2017 年 6 月 29 日。

54. 《优化沈阳民营经济发展环境的对策建议》获沈阳市委书记易炼红、市长姜有为批示，2017 年 10 月 31 日。

55. 《关于激发沈阳民营企业活力的对策建议》获沈阳市委书记易炼红、市长姜有为、常务副市长马占春批示，2017 年 12 月 6 日。

黄志刚
Huang Zhigang

　　黄志刚，男，汉族，中共党员。1963 年 1 月出生在江西省余干县瑞洪镇莲池村。恢复高考的第二年即 1978 年他参加了高考，成绩达到重点线，但因体检时才发现眼睛色弱（当年是先报志愿后体检，他主要志愿恰恰都报了医科），最终被录取到上饶师专数学系。15 岁的他从此立志发奋图强改变现状。毕业后，本应留校任教，又因种种原因分配到江西省珠湖农场子弟中学任教并入伍（该农场当时隶属江西省公安厅）。

　　虽然分配到十分偏僻的劳改农场工作有违心愿，但 4 年的中教生活燃烧了青春岁月，他体验到拼搏生活的快乐并终生难忘。1983 年他想报考研究生，但因交通不便、信息不通，错过了去鄱阳县报考的时间。1984 年他报考山东大学数学系研究生，自认考得不错但英语差了几分，未被录取，这对他打击很大，一度想放弃继续考试。就在这时，他收到山东大学数学系著名教授尤秉礼的亲笔信，大意是：志刚同学，你今年的专业课程都考得不错，仅英语差了几分，不要灰心，只要坚持，明年一定能考取。这使他深受感动和鼓舞，在他人生陷入困境的关键时刻，与他素昧平生的尤秉礼，大爱如春风，复活了他奋斗之心！尽管后来他一直没有机会见到尤秉礼并当面致谢，但尤秉礼的大师风范和博爱精神深深地影响了他一生。

　　1985 年 5 月他收到武汉市武昌区水果湖邮电局的加急电报，通知他尽快赶赴华中师范大学数学系进行研究生录取面试，这是他22岁人生记忆中最快乐的事情！多年后，他还总是提起这要感谢他的两位恩师邓宗琦和廖晓昕，没有当年他们的破格录取，就没有他的今天。1988年7月，他顺利通过运筹学与控制论专业研究生毕业论文答辩并获得理学硕士学位。为了专注经济学的研究，夯实理论基础，2005年早已是教授的他，决心再拜著名经济学家李建平为师攻读经济学博士学位，当年9月他如愿以偿，2008年6月他如期毕业并获经济学博士学位。李建平的为人和治学为他之后的发展打下了深深的烙印。

1988年9月研究生毕业后，黄志刚被分配到江西省社会科学院工作，先后从事人口学、科学社会主义、港澳台经济和区域经济学的研究，先后任社会学研究所人口研究室主任、港澳台经济研究所副所长和经济研究所副所长等职。12年间，他几乎跑遍了江西各县。江西省社会科学院"接地气"的研究方式，铸就了他务实的学术风格和工作风格；跨学科的研究开阔了他的学术视野，为他后来的研究工作打下了坚实基础。1996年他破格晋升为经济学副研究员，1998年又破格晋升为经济学研究员，成为当时江西全省最年轻的经济学研究员之一，以至于在高评会上，有专家感叹：这么年轻评上正高，以后他干什么？

1998年中国高等教育进入了快速发展阶段，在这一大趋势的感召下，也源于他对学术的不懈追求，2000年5月黄志刚放弃处级职务、二级医保等待遇被福州大学引进到管理学院财金系任教。当年他是铁了心只当教授做学问不干行政的，但命运总是跟他开玩笑，后来他又先后担任了福州大学科技处副处长、管理学院院长、计划财务处处长、校长助理兼经济与管理学院院长，2015年6月至今任福州大学副校长。他2008年结缘中国工业经济学会，很感恩学会的培养，2009年开始兼任中国工业经济学会副理事长（期间2017年开始任中国工业经济学会服务业专业委员会副主任）。2010年他开始兼任国家社科基金学科规划评审组专家；2012年开始兼任福建省中青年经济研究会会长；2017年开始兼任中国人民银行货币政策委员会咨询专家。

黄志刚治学严谨，兢兢业业，研究成果有着广泛的社会影响。他的学术生涯主要分为三个阶段：第一阶段是研究生毕业前后（1985—1988年），主要研究领域是常微分方程的稳定性问题，先后在《数学杂志》和《华中师范大学》等刊物发表论文 5 篇。第二阶段是在江西社会科学院期间的工作（1989—2000 年），主要研究区域经济、人口经济和贫困问题，先后在《社会学研究》《经济研究参考》《人口与经济》等刊物发表论文 67 篇，在《江西日报》《粤港信息报》等报刊发表论文 20 余篇。主持承担国家社科青年基金项目 1 项，国际合作项目 2 项。先后获得江西省社科优秀成果奖一等奖 1 项、二等奖 2 项、三等奖 3 项。第三阶段是引进到福州大学的工作（2000 年至今），主要研究金融问题和区域产业发展规划等，先后主持承担国家基金项目（含自然基金和社科基金）3 项、国家发改委招标项目 1 项、科技部软科学项目 1 项、世界银行项目 1 项、省级各类项目 20 余项。2011 年获福建省第九届社科优秀成果奖一等奖；2015 年获得第七届高等学校科学研究成果奖三等奖；累计获得福建省优秀社科成果二等奖 4 项，先后在《经济研究》《数量经济技术经济研究》《国际金融研究》和 *Information Sciences* 等刊物发表论文 80 余篇，出版专著 3 部。良好的学术声誉使他在 2004 年成为福建省"百千万"人才，2006 年被评为福建省第四届优秀青年社科专家，2008 年被授予国务院特殊津贴专家称号，2009 年评为二级教授，2014 年被授予福建省哲学社会科学领军人才称号，2017 年被评为中宣部"四个一批"（理论界）人才，同年被评为国家"万人计划"哲学社会科学领军人才。

黄志刚的主要经济思想，可以概括为以下几个主要方面。

一 关于宏观调控效应与汇率制度

黄志刚敏锐地注意到长期以来中国宏观调控效应与汇率制度存在不

协调问题，为此，他进行了大量创新性的研究。

一是构建了包括汇率制度在内的宏观调控效应分析新框架，通过建立数学模型，科学地证明了中间汇率制度存在的空间和条件。这一研究成果证伪了理论界有广泛影响的汇率制度"两极论"，为选择中间汇率制的国家提供了必要的理论依据。

二是系统地分析了中国汇率制度完善的核心问题和管理的本质问题。根据上述理论分析，他提出中国不断完善有管理的浮动汇率制度的核心工作，就是在不断变化的经济环境下确定与之相适应的汇率波动弹性空间。

三是在中间汇率制度下，拓展了经典的 M－F 模型并深入讨论了中间汇率制下基于利率管制和不对称资本管制条件下财政货币政策的有效性及其比较问题。这是在中间汇率制的存在空间和条件被证明后必然要推进的工作，否则实行中间汇率制的国家就缺少了必要的比较、分析财政货币政策有效性的基本工具。

二　关于汇率波动弹性空间的研究

黄志刚在"三元悖论"理论基础上构建了完善中间汇率制的分析框架，提出了汇率波动弹性空间的概念，将中间汇率制度完善聚焦到汇率变动弹性空间的测度上，因此，中间汇率制将可兼备固定汇率制和浮动汇率制的优点。为此，他主要专注于两个方面的开创性研究。

一是汇率波动弹性空间的评估，即特定条件下的汇率波动弹性空间是否满足需要。为此，他应用脉冲响应函数和方差分解等计量经济方法对中国汇率波动弹性空间进行了评估，科学地证明了 2007 年中国将汇率波动幅度由 0.3% 调整到 0.5% 是合适的，也是合理的。2002 年之后的一段时间，人民币面临越来越大的升值压力，发达国家也频频在汇率问题上对中国施压。他的相关系列论文，对中国汇率波动幅度的确定提供了科学依据，对来自西方的各种指责给予了有的放矢的回应。

二是汇率波动弹性空间的测度。前面的研究只是评估汇率波动弹性空间是否合理，但并没有指明汇率波动幅度的调整方向和力度，显然这更具有学术价值和决策意义。为此，他利用风险管理中的 VaR 方法，通过构建调整型 EWMA 模型，初次探讨了汇率波动弹性空间的科学测度问题。随后，他又对人民币汇率波动弹性空间进行 GABP 神经网络模型的测度，实证研究人民币汇率弹性空间（波动区间）的动态调整方向和调整力度，继而他将此基于复杂性视角下的区间估计方法的测度效能与相应的调整型 EWMA 模型做对比，确立其为最优测度方法，为外汇市场实现科学管理和宏观经济调控政策的有效实施提供科学的决策依据。

三　关于货币政策组合非对称传导效应的研究

黄志刚认为宏观货币政策的选择须建立在对微观主体行为的正确判断之上，因此不同于传统的研究视角，他构造了一个从货币政策到微观经济主体行为传导机制的研究框架，从企业产出与风险承担两个维度分析货币政策及其组合非对称传导效应，从货币政策与企业两个角度深入剖析引致货币政策及其组合的非对称传导效应的原因。

他领导的研究团队注意到现有货币政策风险承担渠道理论的研究主要集中于货币政策对银行风险承担的影响，而企业的风险承担更直接影响着货币政策的实施效果。因此，他们首先通过构建数理模型分析货币政策对企业风险承担的影响，证明了不同规模企业对货币政策的风险敏感程度存在差异；然后采用面板门限回归模型检验货币政策对企业风险承担影响存在门限效应，即宽松货币政策背景下企业风险承担水平上升，紧缩货币政策背景下企业风险承担水平下降，而且小企业对货币政策的风险敏感性强于大企业，对非国有企业的风险传导效益强于对国有企业的风险传导效应。因此，他提出，央行在制定货币政策时应纳入微观企业风险感知及响应的考量，避免企业因过度承担风险导致货币政策实际效力与理论效力的偏离。

四 关于金融危机判据的研究

他以独特的视角提出了金融危机预警的新思路新方法。他认为一国经济状态的演进，本质上取决于两股力量的交互作用，即经济本身的自运动和宏观经济政策的干预。因此，观察此矛盾运动的轨迹可以很好地分析经济或金融危机的演变方向。他通过考察各国经济演变的历史，发现货币政策的效应可以用来作为判定一国经济是否走出危机或是否即将发生危机的判据。为此他构建了这样一个分析框架：在其他条件不变的情况下，如果一国经济的常规调控措施（如货币政策）失效或效应严重衰减，则该国经济有发生危机的可能或仍未走出危机。他以美国为例进行了实证研究，结果表明此判据有效：非金融危机期间，美国货币政策基本是有效的，特别是在经济扩张时期。但美国 2004 年 7 月至 2007 年 8 月货币政策效应严重衰减乃至失效是其次贷危机爆发的前兆。十个向后连续平移的时间框内货币政策效应的起伏变化，表明 2008 年 12 前后是次贷危机的"毒素底"，美国经济正处在经济危机的最严重时期，至 2009 年 6 月，次贷危机的"毒素"基本消化，美国经济的衰退基本停止（触底）并有走出危机的前兆，但经济体的活力并未得到较好恢复。该研究开辟了金融危机预警理论新的研究领域。

五 关于深化国有企业改革的研究

20 个世纪 80 年代末 90 年代初国有企业改革进入关键时期，理论界的讨论十分活跃，作为一名生活在基层并经常深入企业调查研究的青年学者，黄志刚也积极投入到这场大讨论之中，1994 年他在《管理现代化》杂志撰文指出：改革呼唤更深层次的突破。他认为，国有企业的活力问题是具有中国特色的大问题，也是中国经济体制改革要攻克的顽固堡垒。其时中国经济体制改革的症结是未触及所有制本身，只有在所有制这个问题上进一步作重大改革——就像由计划经济改革到社会主义市场经济一样，才是中国经济体制改革的唯一出路。他进一步指出，在社会主义初级阶段，所有制实现形式的改革为什么不能进行呢？所有制改革也是解放生产力的手段。首先，公有制企业的成分多一点还是私有制的企业多一点，不是社会主义与资本主义的主要区别；其次，历史地去看，马克思主义认为建立公有制是为了解放生产力，因此，公有制是手段而不是目的；最后，所有制作为经济手段，广泛地被许多国家用于调控经济。那么，如何对国有企业进行所有制改革呢？他认为，首先涉及的是思想观念的变革。"公有制经济为主体"应体现在公有制企业对有关国计民生的重要产业部门的控制，而不是对各行各业的控制；"国民经济的主导作用"应体现在国有经济不丧失对中国经济运行的调控作用上，而不能用比重来衡量。对经济的调控，有时不一定事先介入，而只要通过资本的进入或增加来实现。其次才是所有制改革的具体问题。

关于国有和国有控股企业进行现代企业制度改革的问题，他认为，我们面临的并非是"委托—代理"问题，而是"再委托—再代理"问题。可以肯定地说，只要有委托—代理关系存在的地方就会产生委托—代理问题。委托—代理的主要问题之一是所谓的"激励不相容"。委托—代理关系和"再委托—再代理"关系分别会产生委托—代理问题和"再委托—再代理"问题。两者的主要区别是："再委托—再代理"扩大了委托—代理问题的范围，使每一级委托人、再委托人，甚至"再再委托人"与每一级代理人、再代理人，甚至"再再代理人"之间均存在委托—代理的全部问题；"再委托—再代理"关系使委托—代理问题更加严重更加复杂。因此，"再委托—再代理"关系往往使公司治理结构中无法形成真正的委托—代理关系。如何解决"再委托—再代理"问题呢？他认为，唯一有效的办法是对国有及国有控股企业进行到位的产权改革，使"再委托—再代理"问题转化为基本的委托—代理问题。

六　关于区域经济发展战略研究

黄志刚总是把自己的科研论文写在他所生活的土地上，既关注树木

（金融专业）也关注森林（宏观经济）。早在江西省社会科学院工作期间，他密切地关注改革开放 20 年后的东中西部经济发展的演变趋势，对东中西部发展差距的不断扩大忧心忡忡，大胆提出了三大目标、三大战略的思想。他认为，十一届三中全会以后，中国经济发展确立了分三步走的战略方针：第一步是消灭绝对贫困实现温饱；第二步是进入小康社会；第三步是达到中等发达国家的水平，使人民过上比较富裕的生活。为了使这三个发展阶段的经济发展目标顺利实现，区域经济发展战略也应该相应地分三步实施：第一步是启动经济高速发展的车轮，实行不平衡发展战略；第二步是进一步加速经济发展，实行全局较平衡但局部不平衡的发展战略；第三步是保持协调发展、实现共同富裕，实行平衡发展战略。据此，他提出，区域经济发展战略分三步走的具体实现形式应分别是单极战略、多极战略和均衡开发战略。三步战略将推动中国经济实现三次飞跃。他进一步提出，中国跨世纪的区域经济发展战略选择是：多增长极战略。该战略既吸收了水桶理论中平衡发展有利于总体发展的思想，也吸纳了梯度理论中不平衡发展有利于经济扩散和集中力量扶助重点的理念。

近年来，国家提出的 10 大城市群发展战略实际上印证了他的这一区域经济战略思想。海峡西岸城市群是国家 10 大城市群之一，他先后主持并完成了《海峡西岸城市群规划思路研究》和《海峡西岸城市群空间格局和一体化发展体制机制研究》项目的研究，明确了海峡西岸城市群的功能定位，即海峡两岸人民交流合作先行区，服务统一的对台合作战略平台；21 世纪海上丝绸之路核心区战略支点，对外开放自由贸易的重要门户；贯通南北的东南沿海经济增长极，未来科技创新与先进制造聚集高地；服务周边地区和相邻省份城市的综合通道，吸引国际要素资源的聚集区；国家海洋文明建设示范区，生态文明建设试验区。为建设"优美、协同、集聚、引领、开放"的能够彰显海洋文明精神、凸显生态文明内涵的国家示范城市群，他认为重在构建"一带五圈五轴"空间格局，着力国家中心城市与五个都市圈建设，突出沿海城市成带及网络化发展，形成北承温州南接潮汕的两翼齐飞格局，打造沿海（海丝）与内陆呼应结网的五大战略轴线。

代表性著作

1. 《人民币汇率波动弹性空间评估》，《经济研究》2010 年第 5 期。

2. 《人民币汇率波动弹性空间测度》，《东南学术》2013 年第 4 期。

3. 《基于 GABP 神经网络汇率波动弹性空间测度》，《当代财经》2013 年第 9 期。

4. 《人民币汇率波动弹性空间研究》，科学出版社 2013 年版。

5. 《我国宏观调控效应的汇率制度分析》，经济科学出版社 2008 年版。

6. 《关于 Robert Mundell 模型和 T. swan 模型的修正与拓展》，《数量经济技术经济研究》2001 年第 11 期。

7. 《社会指标体系与江西小康目标构想》，《数量经济技术经济研究》1992 年第 9 期。

8. 《城市反贫困的财政金融方法研究》，《经济学动态》2002 年第 11 期。

9. 《改革呼唤更深层次的突破》，《管理现代化》1994 年第 3 期。

10. 《再委托—再代理：我国国有及国有控股企业的核心问题》，《企业经济》2002 年第 3 期。

11. 《财富创造与供给侧改革》，《中国社会科学院研究生院学报》2017 年第 2 期。

12. 《基于货币政策效应的经济走势判据的有效性检验——以次贷危机中的美国经济为例》，《数量经济技术经济研究》2010 年第 11 期。

13. 《基于企业微观的货币政策风险承担渠道理论研究》，《国际金融研究》2015 年第 6 期。

14. 《基于微观视角的货币政策风险传导效应研究》，《国际金融研究》2014 年第 9 期。

15. 《论区域经济发展战略的再选择》，《江西社会科学》1997 年第 11 期。

刘友金

Liu Youjin

刘友金，男，1963 年 5 月出生在湖南省浏阳县（现浏阳市），1979年考入湘潭师范学院化学专业学习，1987 年考入中南大学社科系科技哲学专业攻读硕士研究生。1992 年进入湖南大学工业外贸专业硕士研究生班学习，1995 年到日本东京大学留学。1999 年考入哈尔滨工程大学经济管理学院攻读管理科学与工程博士学位，2003—2006 年在中国社会科学院工业经济研究所应用经济学博士后流动站从事博士后研究。

刘友金长期从事教学与科研，2001 年被评为经济学教授，2003 年任湖南科技大学商学院院长，2008 年任湖南科技大学校长助理，2010 年任湖南科技大学副校长。2001 年受聘为湖南省产业经济研究基地首席专家，2002 年入选"湖南省新世纪首批社会科学研究人才百人工程培养对象"，2004 年入选教育部"新世纪优秀人才支持计划"，2008 年入选"新世纪百千万人才工程"国家级人选，2009 年 9 月 9 日作为国家教学成果一等奖获得者在人民大会堂金色大厅受到时任总书记胡锦涛、总理温家宝、副主席习近平等党和国家领导人亲切接见。2010 年被授予"享受政府特殊津贴专家"，2012 年获得徐特立教育奖，2015 年获全国文化名家暨"四个一批"人才荣誉称号并入选国家"万人计划"哲学社会科学领军人才，2016 年入选湖南省优秀社会科学家。刘友金系湖南科技大学应用经济学一级博士点负责人、湖南省高校首批科技创新团队负责人、湖南省重大决策咨询专家、湖南省应用经济学重点学科带头人、国家社科基金重大招标项目首席专家、中国工业经济学会副会长。

刘友金主要从事企业技术创新、产业集群、产业转移、区域经济和企业战略等一系列问题研究，提出了"集群式创新""集群式产业转移"和"企业可持续多元化发展"等具有独到见解的理念和观点，为新时期产业经济和区域经济的理论发展与政策制定做出了贡献。

一 关于企业技术创新理论

刘友金对企业技术创新问题的研究跳出"熊彼特假设"的争议，提出了中小企业集群式创新的新概念，对集群式创新的内涵、特征、一般模式、演化过程及其理论与实践意义进行了较为深入的分析。他1999年就提出，要解决技术创新组织中的"创新规模经济性与创新活力不能两全问题"，必须构造一种以集群为基础的中小企业技术创新组织模式——集群式创新。这种创新组织模式是以专业化分工和协作为基础的同一产业或相关产业的企业，通过地理位置上的集中或靠近，产生创新聚集效应，从而获得创新优势的一种创新组织形式。这种以集群为基础的创新组织形式既不损害单个中小企业技术创新的独立性和灵活性，又可以获得大企业的资源优势，这种"小企业、大群落"的技术创新组织形式，可以实现"行为优势"和"资源优势"的有机结合。

刘友金较早地将产业链与创新链结合起来研究。2006年刘友金发表了《集群式创新与创新能力集成》一文，认为现代中小企业自主创新能力的提升，不仅有赖于其自身创新能力的提升，而且越来越多地依赖于其产业链创新能力的整体提升。以产业集群为载体的集群式创新可以实现中小企业创新能力的集成，并逐渐成为提升中小企业自主创新能力的重要组织形式。因此，刘友金提出了以集群式创新为路径构建创新链来培育中小企业自主创新能力的战略思路，并认为该战略的实施要把握两个关键：一是加强产业集群规划，引导具有较好产业集群基础，或明显地方特色，或相对资源优势（包括区位优势）的产业集群的成长。二是坚持以分工协作、本地结网形成产业集群来安排招商项目，努力形成大中小企业密切配合、专业分工与配套协作的相互依存的产业体系，构建技术创新链。

刘友金研究了要素市场的发展状况对创新效率和创新绩效的影响问题。他认为，作为创新要素流动和配置的平台，要素市场的扭曲状况对创新资源的利用效率会产生直接且重要的影响。要素市场扭曲会显著地抑制企业或产业创新效率的提高，市场化程度的提高不仅能够优化高技术产业的资源配置，还能促进技术进步，进而提高创新效率，并且在技术密集度较低、外向度较高的行业中，市场化进程对创新效率的积极影响更大，因此，各地区需要依据自身的实际情况，有所侧重地持续推进要素市场的改革，不断健全要素市场的制度规范。

二　关于产业集群理论

刘友金从 20 世纪 90 年代在日本东京大学留学期间开始从事产业集群的理论和实际问题的研究，早在 2005 年就在《管理世界》发文论述了产业集群的演进机制。他认为，产业集群演进包括集群萌芽、集群成长、集群成熟、集群层级化四个阶段，而焦点企业之间的关联性与互补性、集群网络的完整性与系统开放性、集群水平与企业家能力的适应性，是集群良性快速演进的重要条件。

刘友金在《基于焦点企业成长的集群演进机理研究》一文中阐述了产业集群的演进机理，他的主要观点是：第一，焦点企业是集群形成与演化的核心，焦点企业对集群发展的主导作用是不可替代的。第二，焦点企业成长和集群演进是一个互动的过程。在焦点企业主导下集群演进到不同的阶段，表现出不同的组织形态和组织能力。焦点企业的成长模式和成长阶段决定着集群的发展程度与运行绩效。第三，焦点企业成长与集群的演进过程，也是企业家能力特质和水平不断改变和提升的过程。在这个过程中，焦点企业的角色和任务是不断变化的，并对集群的发展起着持续强化作用。第四，发展集群经济，形成特色产业集群，关键在于培育焦点企业。为此，政府应当营造良好的环境，激励企业家能力特质的提升，促进焦点企业的健康成长，从而引导集群经济的发展。

刘友金将产业集群与技术创新理论相结合，率先提出了"集群式创新"概念。他认为，创新是产业集群成长的引擎，要长期保持集群的竞争力就要培育创新型产业集群。他指出，创新型集群并不是无关联的企业在地理位置上"扎堆"，而是那些以分工协作为基础、具有内在关联性能够产生知识溢出效应的企业和相关机构在地理空间上的有机结合形成创新群落。加速创新型集群形成与发展的关键在于，根据创新型集群演进内在规律和阶段性特征，结合地域资源产业基础，培育龙头企业、发展集群单元、完善设施、激励创新精神、营造文化、引导风险投资、构建网络关系和延伸产业链条。

刘友金将产业集群理论与产业园区建设问题相结合，率先提出用构建产业集群建设产业园区的思路，逐渐形成了围绕打造园区产业集群生态系统为核心的园区建设理论，并应用于园区建设战略规划与园区发展政策设计中。他认为，产业集群类型不同，其"生态位"也不同，产业集群成长有其自身的资源适配性要求，建设产业园区就是打造与特定产业集群发展资源要求相适配的产业承载系统。关于园区集群化发展，刘友金提出：一是加强规划引导。通过科学规划和配套设施完善，有目标地吸引那些具备产业带动优势和有产业关联效应或配套协作功能的项目进入园区。二是核心企业带动。首先是创造条件吸引产业链中核心企业进入园区，然后发挥核心企业关联作用与示范作用，带动配套企业、研发机构、服务机构向集群集中，做到以商招商、产业链招商。三是本土化整合。通过构建产业链，使转移过来的企业与机构进行本地化整合，形成创新空间，再造区位优势，带动本地企业向产业链高端攀升，实现整体升级与跨梯度发展。

三 关于产业转移理论

刘友金先后主持了两项有关产业转移问题的国家社科基金重大项目，

提出了产业集群式转移与承接新模式。刘友金通过分析新一轮产业转移的特点，认为产业集群式承接是中西部地区承接产业转移的有效模式，该模式可以创造"局部区域优势"，跨越承接产业转移过程中的"梯度陷阱"，实现反梯度发展。集群式产业承接能够充分利用自身的劳动力成本优势、资源条件优势、产业基础优势、区域政策优势等，通过科学规模和配套设施完善，构建产业转移承接平台，吸引产业链上的核心企业和配套企业集体转移，主动承接东部沿海地区产业转移，通过构建产业链，使转移过来的企业与机构进行本土化整合，实现整体升级与跨梯度发展。刘友金提出，中西部地区要充分发挥综合比较优势，实施外源性发展与内源性发展有机统一的承接战略。这一战略要求：在技术水平承接上，做到梯度承接与反梯度承接相统一，制定与不同承接转移路径相适应的引导政策，避免单纯依赖外生比较优势承接而陷入"比较利益陷阱"；在空间布局承接上，做到适度竞争与差异布局相统一，培育和集中优势资源，实现局部跨越式发展，制定与空间合理布局相适应的协调政策，避免陷入"同构化竞争陷阱"；在产业结构承接上，做到产业扩容与适度升级相统一，制定与结构调整相适应的优化政策，避免盲目追求技术创新和产业结构升级而陷入"赶超困境"；在配套能力承接上，做到外源性发展与内源性发展相统一，全面提升综合配套能力，制定与此相适应的综合配套与保障政策。

刘友金在《梯度陷阱、升级阻滞与承接产业转移模式创新》一文中强调，中西部地区承接产业转移要避免过分注重经济技术水平梯度差异、单纯依赖外生比较优势承接而陷入梯度陷阱，导致产业升级阻滞。刘友金认为中西部地区应当注重产业转移承接模式创新，实现以下几个突破：一是突破点式承接。往往中西部地区承接沿海产业转移，大多承接的是制造业中的某个加工环节，是一种点式承接。点式承接使得发达地区居于价值链系统集成者地位并相互嵌套，落后地区则被分割而处于价值链的孤立环节，从而形成环节（落后地区）对链条（发达地区）的竞争，甚至是环节（落后地区）对网络（发达地区）的竞争，难以摆脱弱势地位。二是突破低端承接。全球产业分工与跨国公司主导产业内迁的结果，会分割承接地本土产业的内部联系，俘获落后地区低端产业，弱化产业转移的前后向关联效应，技术在地区间外溢的作用被阻隔，形成落后地区对发达地区的新型依附关系，造成承接地本土企业在产业链中被低端锁定，陷入一种低级生产要素对高级生产要素的竞争，导致地区差距的扩大。三是突破被动承接。梯度转移是高梯度地区的产业得到较充分发展以后向低梯度地区转移，这个过程往往转出方是主动的，而承接方则是被动的。这就形成承接地对转出地的依赖，承接地因被动接受转出地转入的产业而打乱原有的产业规划与产业布局，久而久之导致产业的无序发展、盲目发展、低效发展。

关于如何解决产业转移过程中出现的污染产业转移问题，刘友金提出：一是建议中央政府运用负面清单严控污染产业转移，即采用负面清单管理模式，变"行业准入"为"行业禁入"，变"指导目录"为"禁止目录"，制定《产业转移项目负面清单》和《环保失信企业负面清单》，对污染产业转移实施双重管控。二是建议中央政府完善产业转移的相关制度安排，成立产业转移协调管理机构，出台产业转移管理条例，引入以绿色GDP为导向的地方行政绩效评价体系，建立承接产业转移生态红线，加强跨区域政策协调等措施，应对国内区际产业转移空间错位问题。三是建议防止地方政府过度举债建设承接产业转移基础设施，通过摸清地方政府承接产业转移债务的总量和结构，严格规范地方政府举债行为，创新融资手段等措施，治理地方政府盲目承接产业转移的债务风险。

四　关于区域发展理论

刘友金积极主张依靠产业集群理论和技术创新理论指导区域经济发展，提出了以发展产业集群和构建集群创新网络提升区域国际竞争力的基本路径，为区域经济发展规划提供了新思路。

刘友金认为，发展区域经济，提升区域国际竞争力，应当实行以集群为导向的发展模式。第一，产业集群是市场经济条件下一种有效的区域产业组织模式，产业集群导向发展是中部崛起的现实可行的战略选择。利用产业集群中企业群体在区际、区内产业网络中形成的相互依存与协作关系，可以突破中国长期以来地区行政区划对市场的分割，实现高效率的资源配置，并通过发展特色产业集群与优势产业集群，吸纳与黏附国内外品牌企业、先进技术、优秀人才和流动资金，带动整个区域产业地位的提升，从而打破中国东部、中部、西部三大地带不平衡发展的梯度，形成新的竞争格局。第二，产业集群的形成是以分工发展为基础的，在区域产业分工机制上不应该只依据现存的静态资源禀赋来主观规定区域分工的框架。在经济全球化、信息化与网络化的新的历史条件下，区域产业分工格局的形成应主要由地区优势产业在国际产业分工体系中的地位和竞争优势来决定。第三，产业集群的成长是以创新作为引擎，包括体制创新和创新平台建设。产业集群发展的关键在于宽松的制度环境，中西部地区最大的发展障碍是体制的束缚，要加快体制创新，使企业具有灵活适应市场变化的体制保证。技术创新平台建设包括创新中心的建设，高校、科研院所、企业合作机制的建立，信息服务网络、人才服务网络的建立，有效的投融资体系建设等。第四，产业集群的发展需要政府的引导。政府引导的主要职能在于搭建产业集群公共平台，营造良好的产业发展软硬件环境，特别要为已成雏形的产业集群提供全方位的公共服务，鼓励集群内企业的合作和网络化，提供更好的公共计划和投资，帮助集群内企业建立交流的渠道和对话的模式。

刘友金认为，产业集群创新网络是形成区域国际竞争优势的基础，基于集群创新网络的区域国际竞争力是一种系统能力，基于集群创新网络的区域国际竞争力是可持续发展的。集群创新网络的创新优势来源于交易费用节约、价值链共享、资源互补、知识外部性、外规模经济。集群创新网络在技术创新过程中具有乘数效应，由于技术创新溢出和扩散的存在，获得溢出效应的产业（企业）可以减少创新成本，加快技术更新，提高技术水平，从而带动集群内相关企业整体绩效提高，进而提高区域竞争力。刘友金强调，政府部门要以产业集群为导向通过产业链的构建以及创新网络的培育提升企业自主创新能力、加快区域经济发展。

但同时，刘友金也认为，中国经济体制改革过程中各地区普遍存在要素市场扭曲这一特殊现象。要素市场扭曲显著地抑制了区域创新效率的提高，推进要素市场改革有利于产业创新效率的提高，从而有效提升区域国际竞争力。因此，政府制定产业创新促进政策时，要考虑要素市场扭曲对创新效率的影响。为了提升自主创新能力，各地区必须持续推进市场化改革，加快要素市场一体化建设，构建合理的要素市场体系，重点是发展和完善高技术人才自由流动的市场体系。

五　关于企业发展战略理论

刘友金针对传统多元化理论与实践中存在的矛盾与困惑，提出了可持续多元化概念，构建了比较系统的企业可持续多元化经营战略理论框架。他的主要理论观点有：多元化是企业可持续成长的重要路径，企业多元化经营的内在深层动因是保持企业的延续；企业是一个知识生命体，企业生命延续和拓展所依靠的资源是知识，企业长寿的秘密在于企业不断学习和掌握新的知识以适应变化；企业核心能力的基础是企业的核心知识；企业的适应性成长是企业对知识的不断优化的过程；相关多元化"相关性"的本质在于企业现有业务与多元化业务之间的核心知识三个维度的关联性，非相关多元化分为"假非相关"多元化与"真相关"多元化，"相关多元化悖论"之谜就在于"假非相关"多元化——一种独特的基于核心运作知识的相关多元化；企业可持续多元化经营决策的关键在于对企业多元化经营适应性的正确判断；多元化风险控制是一种适应性调整。

刘友金认为，对于企业可持续多元化经营的战略选择，应当从企业"要不要"多元化、"可不可"多元化、"可多大程度"多元化等方面进行诊断，并设计一系列相对应的判据，以确保"做正确的事情"。对于企业可持续多元化经营的路径选择，应当从进入的业务选择、进入的时机选择、进入的模式选择、进入的策略选择等方面进行把握，同样需要设计一系列相对应的判据，以确保"把事情做正确"。对于企业可持续多元化经营的风险控制，应当从多元化风险防范、多元化风险化解等方面着手，设计一系列相对应的方法手段，以确保"稳步发展"。

在区域发展战略研究方面，刘友金在《区域发展理论与中部崛起的产业集群战略》一文中提出了产业集群导向的区域发展战略，并概括了与传统区域发展战略的区别：第一，与以往政府通过大量计划项目推进产业技术创新的观点不同，文中强调政府通过扶植企业集群来推动产业技术创新（从自上而下到自下而上）；第二，与主张打造"航空母舰"的发展战略思路不同，文中主张组建"联合舰队"（从培养单个企业竞争优势到培养企业集群竞争优势）；第三，与以往的"抓大放小"思路不同，文中主张"抓大先扶小"（实现"小企业、大集群"的发展战略，或者说是抓大的一种新思路）；第四，与主张通过跨国公司的跨国界经营实现国际化的思路不同，文中主张通过"本地化"实现"国际化"（培养地方优势产业群，参与国际分工）。刘友金认为，集群导向发展战略的实施要把握以下几个关键：第一，加强产业集群规划，引导具有较好产业集群基础，或明显地方特色，或相对资源优势的特色产业集群成长。第二，坚持以分工协作、本地结网形成产业集群来安排招商项目，努力形成大中小企业密切配合、专业分工与配套协作的相互依存的产业体系。第三，选择技术关键企业或创新主导厂商作为产业集群的龙头企业，鼓励就地协作配套，培育技术创新链和技术创新网络。第四，加强基础设施建设特别是产品研发公共基础设施建设以及与产业发展配套的基础设施建设，构筑知识共享平台。第五，制定系统的推动产学研合作政策，整合创新资源。第六，培养区域创新文化、产业集群文化、合作与信任文化，促进组织间的学习和知识扩散。

代表性著作

1. 《中部地区承接沿海产业转移：理论与政策》，人民出版社 2016 年版。
2. 《集群创新网络与区域国际竞争力》，中国经济出版社 2010 年版。
3. 《企业可持续多元化经营战略》，中国经济出版社 2007 年版。
4. 《中小企业集群式创新》，中国经济出版社 2004 年版。

5. 《我国沿海产业转向东盟的隐忧及对策》，《人民论坛·学术前沿》2014 年第 8 期。

6. 《梯度陷阱、升级阻滞与承接产业转移模式创新》，《经济学动态》2012 年第 11 期。

7. 《集群式创新与创新能力集成—— 一个培育中小企业自主创新能力的战略新视角》，《中国工业经济》2006 年第 11 期。

8. 《集群式创新：中小企业技术创新的有效组织模式》，《经济学动态》2004 年第 5 期。

9. 《产业群集的区域创新优势与我国高新区的发展》，《中国工业经济》2001 年第 2 期。

10. 《关于集群创新优势的研究及其启示》，《经济学动态》2003 年第 2 期。

11. 《要素市场扭曲如何影响创新绩效》，《世界经济》2016 年第 11 期。

12. 《要素市场扭曲与创新效率——对中国高技术产业发展的经验分析》，《经济研究》2016 年第 7 期。

13. 《集群式创新形成与演化机理研究》，《中国软科学》2003 年第 2 期。

14. 《产品内分工、价值链重组与产业转移——兼论产业转移过程中的大国战略》，《中国软科学》2011 年第 3 期。

15. 《论集群式创新的组织模式》，《中国软科学》2002 年第 2 期。

16. 《基于焦点企业成长的集群演进机理研究——以长沙工程机械集群为例》，《管理世界》2005 年第 10 期。

17. 《污染产业转移、区域环境损害与管控政策设计》，《经济地理》2015 年第 6 期。

18. 《基于产品内分工的国际产业转移新趋势研究动态》，《经济学动态》2011 年第 3 期。

19. 《共生理论视角下产业集群式转移演进过程机理研究》，《中国软科学》2012 年第 8 期。

20. 《产业集群竞争力与知识价值链关系研究》，《上海经济研究》2008 年第 10 期。

21. 《产业集群式转移行为的实证研究》，《中国软科学》2015 年第 4 期。

22. 《基于区位视角中部地区承接沿海产业转移空间布局研究》，《经济地理》2011 年第 10 期。

沈坤荣

Shen Kunrong

沈坤荣，男，1963 年 8 月出生于江苏省苏州市吴江区。1986 年毕业于南京大学数学系，获理学学士学位；1991 年毕业于南京大学商学院，获经济学硕士学位；1996 年 7 月毕业于中国人民大学经济系，获经济学博士学位；博士毕业后进入中国社会科学院工业经济学研究所从事博士后研究（1996—1998 年），其间由国家公派在荷兰蒂尔堡（TILBURG）大学经济系担任访问学者，2002—2003 学术年度在美国斯坦福（STANFORD）大学经济学系担任高级研究学者。1998 年 9 月起先后任南京大学商学院教授，博士生导师，经济学系主任、经济学院院长。2015 年起担任南京大学商学院院长，教育部长江学者特聘教授，教育部经济学教学指导委员会委员，南京大学—霍普金斯大学中美文化研究中心兼职教授。沈坤荣入选首批教育部"新世纪优秀人才支持计划"，是"新世纪百千万人才工程"国家级人选，国家教学名师奖获得者，第三批国家"万人计划"教学名师，全国优秀博士学位论文指导教师，孙冶方经济科学奖获得者，张培刚发展经济学奖获得者；兼任中国工业经济学会副理事长；享受国务院专家特殊津贴。沈坤荣的主要研究领域包括经济增长、工业经济、宏观经济、资本市场。近年来著有《新增长理论与中国经济增长》《中国资本市场开放研究》《经济发展方式转变的机理与路径》《自主创新与经济增长》等专著与合作著作 10 多部；在《中国社会科学》《经济研究》《中国工业经济》《管理世界》《求是》及 *China & World Economy*、*Journal of Asian Economics*、*Review of Development Economics* 等刊物发表学术论文 120 余篇。

沈坤荣的学术研究围绕中国的体制转型与经济增长、工业经济发展等领域展开，较早用定量与定性相结合的方法研究技术进步与中国工业发展，并系统分析了地方政府行为、外商直接投资、贸易发展、资本市场开放等因素对经济增长的影响，取得了一系列成果，产生了良好的社会反响。

一　体制转型与经济增长研究

沈坤荣十分关注中国现实经济问题，把体制转型与增长理论研究相结合。以经济增长理论的最新发展为基本框架，在统计数据的支持下，构造经济计量分析模型，研究各种不同类型变量对经济增长的影响，并把中国经济增长与有关国家的相应发展阶段进行国际比较，形成一系列阶段性成果，专著《体制转型期的中国经济增长》，在大量计量分析的基础上，得出富有新意的结论。例如，（1）从时间进程方面分析了中国经济增长的阶段和特征。（2）通过对中国的体制转型在时间上和空间上的渐进性特征的分析，得出"地区发展差异除了自然条件、人口因素等客观条件外，应该由经济体制改革的力度不同和开放的程度不同来说明"的结论。（3）对中国的经济增长方式进行深入的分析，认为它属于传统的政府推动型经济增长，在向市场经济体制转型的体制过渡时期，推动中国经济增长的主要行为主体由原来的中央政府逐渐转变为各级地方政府。为此提出，转变经济增长方式的一个重要方面就是要转变政府职能，尤其是要规范地方政府的经济行为。该专著被认为理论上有创新，如经济增长内生化分析框架；体制转型时间上和空间上的渐进性对区域经济增长非平衡性的影响；宏观经济不稳定的关键因素不在于速度的高低，而在于增长方式的转换，等等，从而推进了中国经济增长理论的研究，对中国的经济改革和经济发展具有重要的理论价值和实践意义。该项成

果荣获第三届江苏省人文社会科学优秀成果一等奖。专著《中国经济增长论》曾获第四届江苏省人文社会科学优秀成果一等奖；专著《新增长理论与中国经济增长》先后获得江苏省第九次哲学社会科学优秀成果一等奖、教育部第四届中国高校人文社会科学研究成果二等奖，对推进中国经济稳定协调可持续发展具有重要现实意义。

二 地方政府行为与经济增长研究

沈坤荣从政府行为尤其是地方政府行为与经济增长的关系入手，对影响中国经济增长和宏观经济波动的主要因素进行了深入研究。沈坤荣发表在《中国社会科学》2004 年第 6 期的《投资效率、资本形成与宏观经济波动》认为，体制转轨过程中，各级地方政府的权力不但没有弱化，反而在财政等其他分权化的改革中得到强化，各级地方政府成为推动本地区经济增长的主体，为追求政绩而进行恶性竞争，引发投资的超常规增长，对中国经济的持续稳定协调发展构成了威胁；而地方政府在与中央政府的多次博弈中形成"学习效应"，地方政府"非理性"投资扩张的背后是各级地方政府的"理性预期"行为。因此，看待中国的宏观经济运行既要看到有关数字的表象，也要了解发生经济过热的机理与背景，更要寻求解决问题的理论基础。

关于地方政府推动经济增长的动因，沈坤荣在《管理世界》1998 年第 2 期发表《中国经济转型期的政府行为与经济增长》一文，他认为随着分权化改革的推进，中国的投资主体从中央政府单一主体过渡到多元投资主体，在这多元投资主体中，地方政府投资行为在推进经济增长过程中的作用十分显著，事实上地方政府推动本地区经济增长从而整个国民经济增长有其自身的动因。首先，加快增长速度可以缓解地方政府的各种经济压力，其中包括就业压力、物价水平、收入水平、基础设施建设等，所有这些指标的改善都取决于一个地区的经济发展水平，为此必须达到或维持一定的经济增长速度。其次，可以增加财政收入。在现行的中央与地方的分税体制（包括以前的财政包干体制）中，地方政府的可支配财力取决于本地区的经济发展水平。本地区的经济增长速度越快，可增加的地方财力就越多，从而保障地方政府的财政支出。因此，地方政府有着强烈的速度冲动。最后，中央政府采取不同的地区政策造成区域间增长反差明显，在中央政府"政策供给"的诱导下，各级地方政府形成了强烈的产值速度意识、速度攀比情绪和旺盛的投资冲动。

关于财政分权与经济增长，沈坤荣在《管理世界》2005年第1期发表《中国的财政分权制度与地区经济增长》，他认为财政分权化的体制安排可以调动地方政府发展经济的积极性，因而一般财政分权有助于促进经济增长，对中国这样一个曾经财政高度集权的发展中的大国而言，公共产品投资建设中赋予地方政府更大的自主权，进行一定程度的分散化决策，应当可以增进经济效率。此外，市场发育程度、对外开放水平对中国经济增长具有促进作用；而目前中国各地方市场化进程还很不平衡，对外开放水平也有较大差距，因此在推进西部地区经济大开发过程中，中央政府在加大对西部地区资金投入的同时，要努力加强市场环境建设，特别是要尽可能减少政府对经济活动的直接参与，更多地利用市场经济手段，吸引民间资本、国外资本投资西部地区，提高落后地区的市场化水平，推进全国统一大市场的建立。最后，劳动力、资本等要素投入与省区 GDP 增长率之间存在正向关系，人力资本增加也可促进 GDP 增长，但贡献率比较低。反映目前中国经济增长对物质性要素投入的依赖程度还很高，人力资本积累、技术进步对经济增长的作用仍然较小。

关于税收竞争理论，沈坤荣在《经济研究》2006年第6期发表《税收竞争、地区博弈及其增长绩效》，他认为，中国的财政分权改革激发了地方政府推进本地区经济发展的积极性，但不恰当的分权路径也加剧了地区间的税收竞争。目前某些地方政府对公共产品偏好还比较低，但省际竞争格局正在向公共基础设施、服务水平等竞争方式转化，而这可能正是近年来政府税收收入节节攀升的重要原因之一。从促进地区经济增长来看，单纯的税率竞争手段已不具有必然优势，相反，公共服务竞争对经济增长所起的作用正在加大，地方政府通过税收手段进行公共服务融资，改善地区经济发展环境，可明显加快本地区经济增长。此外，地方政府的征税努力与其财政充裕状况直接相关，经济增长越快的地区，地方政府可用财力越丰富，会因此降低征税努力。地区间过度的税收竞争会引发投资的超常性增长，降低整体投资区域配置绩效，导致宏观经济过度波动，对经济长期的持续性发展带来损害，特别是会造成竞争失败一方的财政资源外流。论文《税收竞争、地区博弈及其增长绩效》荣获第十三届（2008 年度）孙冶方经济科学奖。

三 外商直接投资与经济增长研究

《外国直接投资、技术外溢与内生经济增长》（《中国社会科学》2001 年第 5 期）以中国数据为样本，在详尽的计量检验与实证分析后认为，外国直接投资（FDI）已成为国际资本流动的主要方式，对东道国经济发展产生愈来愈重要的影响。FDI 的大量流入不仅缓解东道国经济发展过程中的资本短缺，加快国民经济工业化、市场化和国际化的步伐；更为重要的是，FDI 可以通过技术外溢效应，使东道国的技术水平、组织效率不断提高，从而提高国民经济的综合要素生产率。他的主要理论观点包括：第一，作为一个发展中大国，要充分利用技术落后的后发优势，通过跨国公司的直接投资这一渠道积极主动地吸收其先进技术。第二，跨国公司的唯一目的是获得最大利润，这一动机决定其技术转移在促进东道国技术进步方面有着不可避免的局限性。第三，吸收外国直接投资带来的先进技术，必须要有足够的人力资本存量。第四，外国直接投资的增长导致了经济增长率的增加。第五，由于地理位置以及人为政策上的原因，中国的中西部地区长期以来很少能吸收到国外的直接投资，这种 FDI 在区域间的不平衡分布加剧了地区间的不平衡发展。这篇论文作为外资研究领域的经典论文，被引次数已经达一千余次。

关于技术外溢的测度，沈坤荣在外资和技术外溢领域中获得突破性成果，建立了新的度量方法。在《经济研究》2009 年第 4 期发表《企业间技术外溢的测度》，分析了技术外溢对私人收益率和社会计划者收益率之间差异的影响，并从三个方面测度技术外溢导致研发收益外溢的比例。

研究发现，外溢导致企业的研发收益率下降，降低研发的积极性，这意味着分散决策经济的长期增长率偏离了帕累托最优状态。对中国数据的分析表明，分散决策均衡和帕累托均衡之间的收益率差距约为13%，分散均衡中技术外溢导致私人研发收益率外溢的比例约为23%。在非均衡条件下，技术外溢造成分散决策经济对计划集权经济的偏离，这种偏离程度与物质资本的产出弹性不相关，只与技术外溢强度正相关，研发收益溢出接近30%。此外，中国内外资企业间技术外溢的方向是从内资到外资，发生这种现象的原因可能有：内资企业技术人员被三资企业所吸纳、跨国公司的垄断遏制以及外资对内资企业的并购。论文《企业间技术外溢的测度》因成功解决技术外部性测度之国际难题而荣获安子介国际贸易优秀论文奖，该结果不仅具有重大的理论意义，而且具有良好的政策应用前景。"Measuring Knowledge Spillovers：A Non-appropriable Returns Perspective"进一步将该结果拓展到一般化的知识外溢框架下，在国际范围内首次发现了不依赖于企业具体生产函数形式的知识外溢度量方法。因此在无法获得企业私有信息的情况下，该方法具有极大的优越性和适用性。

关于FDI与企业自主创新，沈坤荣在《管理世界》2009年第1期发表《市场竞争、技术溢出与内资企业R&D效率》，他认为随着中国经济日益融入世界经济体系，中国能否充分利用开放性的资源迅速提升本国企业的自主创新能力以及产业竞争水平已成为一个迫在眉睫的问题。从短期看，外资企业进入对内资企业的市场份额产生一定的冲击，但外资企业与内资企业生产率差距进一步缩小以及激烈的市场竞争会促进内资企业研发效率的提升。随着内资企业对外资企业产品的模仿和对新产品的研制，正面的技术溢出效应会慢慢显现出来。外资企业市场份额的增大，促使内资企业模仿更多种类的产品，吸收先进的技术和管理经验提高内资企业的研发水平，进而产生更多的研发外溢效应。在市场竞争较为激烈的行业中，内资企业研发受到外资企业的冲击更强，较小的技术差距有助于内资企业对新技术的吸收消化。而在外资企业占据市场份额较大的行业中，外资企业的市场冲击效应相对较大，对外资企业新技术

的模仿和竞争压力会扩大技术溢出效应。

关于 FDI 与经济增长质量，沈坤荣在《中国工业经济》2010 年第 11 期发表《外资技术转移与内资经济增长质量——基于中国区域面板数据的检验》，他认为 FDI 企业生产本地化过程包括两种效应，一是技术转移与扩散效应，二是竞争效应、联系效应。外资企业生产本地化程度的提高反映了技术转移与扩散效应，实际上促进了内资企业的发展；外资参与度反映了溢出效应，仅当外资参与程度达到较高水平，溢出效应主要是 FDI 转移与扩散更多的中间产品技术时，FDI 企业生产本地化的技术转移与扩散效应趋近，才能提高经济增长质量。这说明 FDI 企业生产本地化的两种效应通过促进本地企业不同层面技术的进步，对经济增长质量产生不同的影响。当技术差距扩大、外资聚集水平上升、增加值率差距缩小时，FDI 企业生产本地化对经济增长质量的正向效应不断提高。

四　贸易发展、资本市场开放与经济增长研究

沈坤荣在《经济研究》2003 年第 5 期发表《中国贸易发展与经济增长影响机制的经验研究》，对 1978—1999 年贸易和人均产出之间的影响机制进行了分析。他发现，国际贸易比重和人均产出呈现显著的正相关性，但国内贸易比重和人均产出呈现显著的负相关性，国际贸易和国内贸易对人均产出具有相反的影响。中国的资本产出比和人均产出之间并没有一种显著的相关性，对中国的人均产出有显著贡献的变量是人均资本、制度变化、技术和人力资本。人均资本和制度变革是贸易（国际贸易和国内贸易）影响人均产出的显著渠道，国内贸易影响人均产出的渠道除了人均资本和制度以外，还有技术进步。人力资本对人均产出的贡献比较显著，但贸易对人均产出的影响较少地通过人力资本积累实现，这也说明中国的人力资本积累在统计上看并没有享受到开放所带来的益处。

关于资本市场开放研究，沈坤荣在《管理世界》2001 年第 5 期发表《中国银行业开放的理论依据与预期效应研究》，他认为中国银行业开放

的市场背景和许多发展中国家一样，是在银行业的整体改革和过渡阶段中逐步推进的。中国与世界的利率水平以及中国银行业市场结构的现状使中国满足了市场开放的理论条件；加入世贸组织对于中国银行业的开放将起到催化剂的作用，这正是中国银行业开放的现实条件。从宏观经济层面分析，外资银行的大举进入和由此造成的大规模资本流动必将对中国货币政策的有效性产生负面影响，可能加剧国内宏观经济的失衡、增加国际收支调节的难度。对于银行业而言，则会在人才、优质客户上展开全方位的激烈竞争，甚至会对中国银行业的监管提出严峻的挑战。虽然负面效应不可低估，但是正面效应更为重要，中国可以在市场开放的过程中获取更大的利益。总之，中国银行业现阶段进行全面开放既有理论上的依据，也有强大的现实基础，预期效应总体乐观，时机已经基本成熟。

此外，沈坤荣于 2005 年出版《中国资本市场开放研究》一书，系统探讨了经济处于转型期的中国资本市场开放问题。他认为，资本市场开放实质上是一个市场化、法治化和国际化的过程。从资本市场自身发展的角度来看，迫切需要通过资本流动、国内外金融机构之间的互相竞争来发现自身存在的各种严重问题，并走上规范发展道路，减轻金融开放的风险。资本市场的开放不仅是一个证券市场的开放问题，同时还需要银行系统的配套改革。应该说，国有商业银行改革步伐的缓慢是影响资本市场开放的关键因素。在资本市场开放过程中，需要格外关注防范金融风险，在开放路径选择上应当更加谨慎行事。

五　新阶段经济增长质量研究

沈坤荣近期重点关注经济增长质量问题，他认为，随着经济发展进入新常态，资源环境约束不断强化，主要依靠大量要素投入的增长方式已经难以为继。需要在适应新常态中培育增长新动力。

沈坤荣在《求是》2013 年第 8 期发表《如何应对国际经济格局新变化》，他认为，在应对国际金融危机挑战中，发达国家相继提出"再工业化"战略，突出抢占先进制造业发展制高点，突出制度创新与科技创新的持续互动，突出发展先进制造业。"再工业化"战略力图以高新技术为依托，通过发展高附加值制造业来重建具有强大竞争力的新工业体系。这一战略的实施，将对世界经济竞争格局产生重要影响，中国经济将承受高端技术引进难度加大、直接投资引入难度提高、制造业竞争优势降低等巨大冲击。当前，中国经济正站在新的历史起点上，唯有实施创新驱动发展战略，推动结构转型升级与制度创新齐头并进，才能在全球产业分工格局中实现由"追随者"向"领跑者"的转变，在国际经济竞争中保持战略主动权。

关于如何适应新常态，沈坤荣在《求是》2015年第5期发表《在适应新常态中培育增长新动力》，他指出，主动适应经济发展新常态，必须进行思想观念的解放，解决好发展理念、发展思维、发展战略问题。在发展理念上，要将增长与发展统一起来；在发展思维上，要正确处理政府和市场的关系；在发展战略上，要坚持立足长远与着眼当前并重。从实际出发，引领新常态的关键要以改革为先导，在充分发挥市场决定性作用的同时更好发挥政府作用，激发企业和社会活力，培育增长新动力。坚持简政放权，全方位释放市场潜力；优化投资结构，增加有效供给；加快实施创新驱动战略，提升国家创新能力；主动顺应全球化发展趋势，加快构建开放型经济新体制。

关于供给侧结构性改革与经济增长，沈坤荣在《求是》2016年第7期发表《供给侧结构性改革改什么怎么改?》，他认为供给侧结构性改革的根本目的是形成经济增长新机制，必须保持战略定力，既要确立必胜信念，又要充分估计所面临的困难，从实现"两个一百年"奋斗目标的高度理解和把握供给侧结构性改革的实质，确保改革沿着正确方向深入推进。供给侧结构性改革的底线目标是在保持中高速增长的同时改善民生，既要尽量解决供给与需求的"错配"问题，也要适当扩大总需求，以确保稳增长和保民生的底线。供给侧结构性改革成功的关键是提高改革措施的整体协同性，一是加强供给侧与需求侧管理的协同性，二是加强短期和中长期政策的协同性，三是加强解决重点领域突出问题与全面深化改革的协同性。在《求是》2017 年第 10 期《以供给侧结构性改革夯实中国经济增长基础》一文中，沈坤荣进一步指出，深化供给侧结构性改革，必须正确处理好四个关系，从四个方面着力。一是处理好短期稳增长与长期增潜力的关系，着力在去杠杆和补短板上见成效。二是处理好减少资源配置扭曲与创新驱动的关系，着力挖掘经济长期增长潜力。三是处理好"五大任务"与全面深化改革的关系，着力增强经济发展活力。四是处理好对内开放与对外开放的关系，着力拓展经济增长的外部空间。

代表性著作

1. 《体制转型期的中国经济增长》，南京大学出版社 1999 年版。

2. 《中国经济增长论》，人民出版社 2001 年版。

3. 《新增长理论与中国经济增长》，南京大学出版社 2003 年版。

4. 《中国资本市场开放研究》，人民出版社 2005 年版。

5. 《经济发展方式转变的机理与路径》，人民出版社 2011 年版。

6. 《自主创新与经济增长》，南京大学出版社 2013 年版。

7. 《江苏乡镇工业增长因素研究》，《中国工业经济研究》1993 年第 5 期。

8. 《中国经济转型期的政府行为与经济增长》，《管理世界》1998 年第 2 期。

9. 《中国的国际资本流入与经济稳定增长》，《中国工业经济》1998 年第 10 期。

10. 《外国直接投资、技术外溢与内生经济增长——中国数据的计量检验与实证分析》，《中国社会科学》2001 年第 5 期。

11. 《中国银行业开放的理论依据与预期效应研究》，《管理世界》2001 年第 5 期。

12. 《中国经济增长的"俱乐部收敛"特征及其成因研究》，《经济研究》2002 年第 1 期。

13. 《中国贸易发展与经济增长影响机制的经验研究》，《经济研究》2003 年第 5 期。

14. 《投资效率、资本形成与宏观经济波动——基于金融发展视角的实证研究》，《中国社会科学》2004 年第 6 期。

15. 《中国的财政分权制度与地区经济增长》，《管理世界》2005 年第 1 期。

16. 《大规模劳动力转移条件下的经济收敛性分析》，《中国社会科学》2006 年第 5 期。

17. 《税收竞争、地区博弈及其增长绩效》，《经济研究》2006 年第 6 期。

18. 《市场竞争、技术溢出与内资企业 R&D 效率》，《管理世界》2009 年第 1 期。

19. 《企业间技术外溢的测度》，《经济研究》2009 年第 4 期。

20. 《外资技术转移与内资经济增长质量——基于中国区域面板数据的检验》，《中国工业经济》2010 年第 11 期。

21. 《如何应对国际经济格局新变化》，《求是》2013 年第 8 期。

22. 《在适应新常态中培育增长新动力》，《求是》2015 年第 5 期。

23. 《供给侧结构性改革改什么怎么改?》，《求是》2016 年第 7 期。

24. 《以供给侧结构性改革夯实中国经济增长基础》，《求是》2017 年第 10 期。

李海舰
Li Haijian

李海舰，男，汉族，1963 年 11 月生于山东烟台。

1984 年 6 月于山东大学获经济学学士学位，1987 年 6 月于中国社会科学院研究生院获经济学硕士学位，1992 年 6 月于中国社会科学院研究生院获经济学博士学位。其间，1990 年 1 月—1991 年 1 月由福特基金会赞助选派美国伊利诺伊大学作为高级访问学者。

1987 年 6 月分配至中国社会科学院工业经济研究所工作。在学术研究上，1989 年 8 月任助理研究员，1994 年 8 月被评为副研究员，1999 年 8 月晋升为研究员。2002 年 6 月被聘为中国社会科学院研究生院教授、博士生导师，同年被评为享受国务院颁发的政府特殊津贴专家。2005 年 8 月起担任中国社会科学院工业经济研究所博士后合作导师。2011 年 1 月被评为中国社会科学院工业经济研究所二级研究员，2012 年 1 月被评为中国社会科学院哲学社会科学创新工程"长城学者"。

在编辑工作上，1994 年 6 月担任《中国工业经济》编辑部副主任，1998 年 1 月主持中国工业经济杂志社的日常工作，任副主编、副社长；2000 年 5 月至 2014 年 10 月任中国工业经济杂志社社长、副主编兼编辑部主任。2013 年 1 月至 2016 年 12 月任职中国社会科学院哲学社会科学创新工程首批试点学术期刊《中国工业经济》总编辑岗位。2014 年 9 月被国家新闻出版广电总局评为全国新闻出版行业领军人才。2014 年 11 月至 2016 年 11 月任中国工业经济杂志社社长、常务副主编。

自 2000 年 10 月起，任工业经济研究所学术委员、高级职称评定委员会委员。2004 年 11 月起任工业经济研究所党委委员，2010 年 6 月至 2015 年 12 月任工业经济研究所所长助理。2016 年 1 月起任工业经济研究所副所长、党委委员，分管中国社会科学院京津冀协同发展智库（加挂雄安发展研究智库），任《智库专报》常务副主编；分管 China Economist，任副主编；分管《经济管理》，任副主编。2017 年 11 月起，任中国社会科学院管理科学与创新发展研究中心主任。其间，1998 年 6 月至 2010 年 6 月曾任工业经济研究所第三党支部（三刊编辑支部）书记。

目前，兼任中国企业管理研究会常务副理事长，中国工业经济学会常务副理事长，中国区域经济学会副会长；国家社会科学基金项目同行评议专家。此外，1994 年 1 月至 1995 年 1 月，任河北省安平经济技术开发区管委会主任助理；1999 年 4 月至 7 月，借调中共中央办公厅调研室三组工作；2010 年 10 月至 2015 年 10 月，任北京邦讯技术有限公司独立董事。

一、学术获奖

1. 《沿海开发城市的技术经济发展预测》（作者之一），中华人民共和国机械电子工业部科学技术进步二等奖，1989 年 12 月。

2. 《市场经济与现代企业制度》（作者之一），该书被经济日报社评为 1994 年全国十佳经济读物，1995 年 3 月。

3. 《中国经济特区体制创新思路研究》，中国经济特区未来与发展国际研讨会优秀论文奖，1995 年 7 月。

4. 《严重亏损国有企业亏损问题原因分析》（作者之一），蒋一苇企业改革与发展学术基金首届优秀研究报告奖，1998 年 2 月。

5. 《顺义县"二次创业"发展战略策划与研究》（作者之一），北京市第五届哲学社会科学优秀成果二等奖，1998 年 12 月。

6. 《严重亏损国有企业的亏损原因剖析》《严重亏损国有企业的对策和出路》（作者之一），孙冶方经济科学论文奖，1999 年 7 月。

7. 《工业增长质量研究》（作者之一），第三届中国社会科学院优秀科研成果奖三等奖，2000 年 10 月。

8. 《21世纪中西部工业发展战略》（作者之一），第四届中国社会科学院优秀科研成果奖三等奖，2002年9月。

9. 《中国流通创新前沿报告》（作者之一），中华人民共和国商务部全国商务发展研究成果奖二等奖，2006年12月。

10. 《跨国公司进入及其对中国制造业的影响》（独著），中国社会科学院工业经济研究所2006年优秀科研成果一等奖，2006年12月；第六届中国社会科学院优秀科研成果奖三等奖，2007年4月。

11. 《大国之途——二十一世纪初的中国经济安全》（课题主持人之一），第十一届云南图书二等奖，2008年3月。

12. 《论无边界企业》（第一作者），第三届蒋一苇企业改革与发展学术基金论文奖，2008年5月。

二、期刊获奖

在李海舰担任社长、（常务）副主编兼编辑部主任期间，《中国工业经济》荣获：

1. 中国社会科学院第二届优秀期刊奖一等奖，2002年9月。

2. 中国社会科学院第三届优秀期刊奖一等奖，2005年12月。

3. 中国社会科学院第四届优秀期刊奖一等奖，2008年9月。

4. 中华人民共和国第三届国家期刊奖（国家最高奖项），2005年1月。

5. 2012—2016年中国最具国际影响力学术期刊。

6. 国家社会科学基金首批资助期刊，2012年1月。

7. 中国社会科学院哲学社会科学创新工程首批试点学术期刊，2013年1月。

8. "中国人文社会科学综合评价AMI"权威期刊，中国社会科学院中国社会科学评价中心，2014年12月。

9. 按照影响因子排名，自2003年以来，《中国工业经济》在全国经济类学术刊物中一直位居前列，2016年排名第二。

一　学术观点

长期以来，李海舰实行研究、讲学、编辑、咨询"四位一体"发展，即"写字"（研究）、"说字"（讲学）、"改字"（编辑）和"造字"（咨询）。以"玩字"为生涯，围绕着"字"，如何把"字"变成财富。主要研究领域：产业经济、企业管理；主要研究方向：数字经济与转型升级、公司战略与组织创新。

主要学术观点包括：（1）宏观层面，新开放观、新安全观、新流通观、新财富观、新发展观、新经济观；（2）微观层面，新产品观、新员工观、新顾客观、新成本观、新利润观、新战略观、新管理观、新企业观；（3）方法层面，新辩证观、新思维观（互联网思维）、新研究观。

此外，企业市场相互融合发展、文化经济相互融合发展、现代企业脑体分离发展、从竞争范式到垄断范式、从 SCP 到 DIM、从经营企业到经营社会、企业市场化说、企业无边界说、客户内部化说、客户价值理论、工匠精神界定、"三大法则"、"四个代表"、"五做理论"，以及经济学的三个层次理论、管理学的第二系统理论，在学术界产生了一定的深刻影响，在企业界引起了广泛的实际应用。

二　办刊观点

1. 打造期刊文化

期刊文化包括：（1）使命：致力中国本土理论构建，引领学术领域"中国创造"；（2）愿景：从国内一流到国际知名；（3）宗旨：理论顶天，实践立地；（4）目标：学术影响力、决策影响力、社会影响力、国际影响力；（5）标准：思想前瞻性、内容原创性、论证严谨性、结论实用性；（6）特色：思想和方法融为一体，理论和应用融为一体，国际化和本土化融为一体，战略思维和工匠精神融为一体。

2. 健全期刊制度

（1）全面深化用稿制度：三大评价，首先做对。三大评价，包括政治评价、道德评价、学术评价。关于政治评价，不仅发挥坚守阵地作用，更要发挥引领创新作用；关于道德评价，不仅强调引用他人文献规范标注问题，也强调引用自己文献字数限制问题；关于学术评价，涵盖总体要求、内容要求、形式要求。

（2）全面深化编校制度：六审八校，层层把关。六审：包括编辑部主任初审、责任编辑审稿、编辑部集体讨论审查、匿名专家外审、编辑部主任中审、主编终审；八校，包括折校、读校、责任编辑校对、作者一校、作者二校、技术校对、审校、出版终校。

（3）全面深化外审制度：三向匿名，封闭制约。三向匿名：作者不知外审专家是谁，外审专家不知作者是谁，责任编辑不知外审专家是谁。封闭制约：外审专家制约作者、编辑，编辑制约作者、外审专家，作者制约外审专家、编辑，任何一方不能任性；不仅如此，编辑和编辑之间相互制约。

（4）全面深化数字建设：传播为王，打速度战。丰富官网内容，新建青年学者群和微信公众号，实行线上线下一体化发展。即从 2015 年起，形成了"电子版发行快于纸质版发行、碎片化传播与整刊化传播并重、线上投稿审稿和线下投稿审稿并重"的格局。

3. 谋划期刊未来

（1）奉行天地之道。包括：理论顶天，实践立地；自强不息，厚德载物；内方外圆，无为而治。

（2）从编辑 1.0 到编辑 4.0。编辑 1.0：编辑与作者分离，编辑重在"动手"；编辑 2.0：编辑与作者融合，编辑重在"动嘴"；编辑 3.0：引入匿名审稿专家，借用外部资源，编辑重在选稿，"大浪淘金""点石成金"；编辑 4.0：从选稿为主转向选题为主，引领选题，把冷点做成热点。

（3）从期刊 1.0 到期刊 4.0。期刊 1.0：致力内部资源，选稿、审稿、改稿、校对、出版、发行，中国社会科学院的期刊中国社会科学院来办。期刊 2.0：整合外部资源，中国社会科学院的期刊全社会来办。不仅如此，从就期刊做期刊转向跳出期刊做期刊。期刊3.0：从纸质版到数字版，包括网络（PC）版、移动版（Pad版、手机版）；从中文版到国际版，包括国际编委、国际审稿、国际作者、国际范式，以及英文版本等；从做期刊到做平台，包括破界、跨界、无边界发展。期刊4.0：即全方位、高水平迈向"数字化、国际化、平台化、卓越化"。

学术感悟

1. 理论顶天

中国社会科学院作为"中国社会科学最高殿堂"，应致力于中国本土理论研究，引领学术领域"中国创造"，打造"中国理论"，发出"中国声音"，形成"中国气派"。而且，要与国际前沿理论对接，不仅融入全球社会科学研究大潮之中，还要抢占国际社会科学领域的制高点，即话语权。因此，通过引领创新、持续创新，实现"理论顶天"，这是中国社会科学院及其学者的崇高使命。

2. 实践立地

中国社会科学院作为"党中央国务院的思想库、智囊团"，需要具备国际视野，立足中国国情，解决中国现实问题作为己任，即问题导向、经世致用、服务社会。因此，必须紧紧围绕前沿问题、难点问题、重点问题、热点问题展开深入研究，为党和国家高层部门在重大决策时提供理论支撑和政策参考。另外，理论来自实践，通过实践创新进一步推动理论创新，旨在形成理论创新和实践创新之间互动、互补、互助的良性循环发展格局。

"理论顶天"是中国社会科学院区别于国家部委研究机构的重要特征，"实践立地"是中国社会科学院区别于高等院校研究力量的重要标志。而将"理论顶天"和"实践立地"两者融为一体，即将求是、求实有机结合，既是中国社会科学院的核心能力，又是中国社会科学院的价值所在。

3. 兼收并蓄

要想完成"理论顶天，实践立地"的崇高使命，中国社会科学院必须拥有开放、包容的心态，海纳百川，汇集天下学问、学者、学派，集大成者，成大器也。在内容上，实现术道打通，古今打通，中外打通；在形式上，思想和方法融为一体，理论和应用融为一体，国际化和本土化融为一体，战略思维和工匠精神融为一体；在运行上，不仅要"引进来"，更要"走出去""走进去""走上去"。

4. 淡泊明志

中国社会科学院以学为本、学术立院，尊重知识、尊重人才。踏入中国社会科学院的大门，一要不求发财，二要不求权力。必须做到：一心一意做学问，全心全意出思想。唯此，才有可能成为真学者、大学者。因此，淡泊明志，既是学问人生的一贯心态，也是学问人生的至高境界。淡泊明志，这在一个充满浮躁、追求奢华、偏好功利、权力至上的社会里，难能可贵。淡泊明志，意在首先"立德"，然后"立言"。

"兼收并蓄"是中国社会科学院学者的"做事"原则，"淡泊明志"是中国社会科学院学者的"做人"原则，而将"做事"和"做人"两者有机统一起来，这是中国社会科学院学者的最高追求。

代表性著作

（一）重要课题

1. 国家海关总署重点课题项目"进出口企业通关风险研究"，项目主持人，1998 年。

2. 原对外贸易经济合作部重点项目"'十五'期间我国外经贸发展中的经济安全问题研究"，项目主持人，2000 年。

3. 中国社会科学院重大课题项目"中国对外开放和国家经济安全研究"，项目（共同）主持人，2001 年。

4. 国家软科学研究项目"重大战略技术创新联盟研究"，项目主持人，2003 年。

5. 中国社会科学院重点课题项目"战略管理思维创新及其案例研究"，项目主持人，2007 年。

6. 国家科技支撑计划课题"跨区域经济发展动态仿真模拟技术开发"（编号

2006BAC18B03），发展方式转变的体制和政策研究，分项目主持人，2007 年。

7. 中国社会科学院国情调研重点项目"中国创意产业企业盈利模式现状调研"，项目主持人，2008 年。

8. 国家社会科学基金重大项目"应对国际资源环境变化挑战与加快我国经济发展方式转变研究——基于政府规制视角"（编号 09∝ZD021），与暨南大学张耀辉联合申报，分项目主持人，2010 年。

9. 国家社会科学基金资助项目，《中国工业经济》杂志，项目主持人，2012—2016 年。

10. 中国社会科学院哲学社会科学创新工程"长城学者"项目"现代企业管理创新研究"，项目主持人，2012—2016 年。

11. 中国社会科学院哲学社会科学创新工程资助项目，《中国工业经济》杂志，项目主持人（总编辑），2013—2016 年。

12. 中国社会科学院哲学社会科学创新工程资助项目"新经济与中国企业管理创新研究"，首席研究员，2017 年。

（二）重要论文

1.《对外经济活动中的几个关系》，《中国社会科学》1992 年第 6 期。

2.《走向平衡式开放——中国对外经济开放结构研究》，社会科学文献出版社 1999 年版。

3.《企业市场化研究：基于案例的视角》，《中国工业经济》2008 年第 8 期。

4.《三大财富及其关系研究》，《中国工业经济》2008 年第 12 期。

5.《从经营企业到经营社会——从经营社会的视角经营企业》，《新华文摘》2008 年第 15 期。

6.《客户内部化研究——基于案例的视角》，《中国工业经济》2009 年第 10 期。

7.《文化与经济的融合发展研究》，《新华文摘》2010 年第 23 期。

8.《企业无边界发展研究——基于案例的视角》，《新华文摘》2011 年第 19 期。

9.《发展方式转变的体制与政策》（第一作者），社会科学文献出版社 2012 年版。

10.《战略成本管理的思想突破与实践特征——基于比较分析的视角》，《高等学校文科学术文摘》2013 年第 3 期。

11.《互联网思维与传统企业再造》，《中国工业经济》2014 年第 10 期。

12. "The Spirit of Craftsmanship and Industrial Civilization", *China Economist*,

No. 4，2016.

13.《重新定义员工——从员工 1.0 到员工 4.0 的演进》，《中国工业经济》2017 年第 10 期。

14.《产品十化：重构企业竞争新优势》，《经济管理》2017 年第 10 期。

15.《国有企业控制力、影响力的实现方式》，《光明日报》2018 年 1 月 2 日。

（三）重大评价

1.《我国跨世纪经济发展进程中的国际投融资战略问题研究》，项目成员兼分报告执笔。由成思危任主任、魏礼群任副主任组成的国家软科学成果评审委员会认为，该课题提出的有些观点思路及政策建议为起草"十五大"报告，为制定中发〔1998〕3 号文件和中发〔1998〕6 号文件提供了重要参考，并引用了本课题的部分观点及建议（摘自《评审意见》）。

2.《进出口企业通关风险分析研究报告》，课题主持人。该课题运用神经网络分析方法，通过对天津、石家庄、上海、拱北、九龙和黄埔 6 个海关 2452 家企业近 30 万个调查数据进行分析后，提出了适用全国海关对企业风险评估的数学模型，通过选择苏州、南通和厦门海关实地验证，其结果与各地海关对企业的实际分类情况基本相符，总体准确率达 80%。海关总署稽查司认为，企业风险分析数学模型的建立初步解决了在各种复杂因素的多维指标体系中评估企业信誉度的科学判别问题。时任海关总署署长钱冠林批示："此项研究成果很大，意义深远，现代海关制度其他课题的研究，也可以借鉴这一方法"。一并通过《海关要情》第 130 期（1996 年 9 月 27 日）上报党中央和国务院有关领导和部门。

3.《走向平衡式开放——中国对外经济开放结构研究》（专著），作为优秀学术理论著作收入中国社会科学院青年学者文库。全国政协委员、著名经济学家周叔莲认为"本书为建立'开放结构学'这门学科打好了基础"；时任中国社会科学院工业经济研究所所长、《中国经营报》总编辑金碚认为，"本书对促进中国进一步对外开放具有一定的理论价值和现实意义"。书中部分观点引起有关部门高度重视，已在《人民日报》（内部参阅）和《中国社会科学院要报》刊载。

4.《国有资产出资人代表——大型集团公司成为国家授权投资的机构实施研究》，项目成员兼分课题主持人。该项研究成果在东联公司、中信公司付诸应用并加以丰富完善，它对深化国有资产管理改革，落实国有资产出资人代表，保证国有资产保值增值，已经发挥并将继续发挥重要作用。

（四）重大咨政

1. 1999 年 4—7 月，借调中共中央办公厅调研室工作，作为报告起草人，独立完成《中央关于国有企业改革与发展的政策要点》等 3 个报告，得到有关领导同志高度评价。

2. 2001 年 3—12 月参加由胡启恒、李京文院士主持的中国工程院《新世纪如何提高和发展我国制造业》咨询研究重大课题，为提出加强中国制造业发展的政策建议奠定理论基础。

3. 2004 年 6 月参加"关于《国家中长期科学和技术发展规划战略研究》咨询报告"的总撰工作，即在 17 个专题咨询报告的基础上，代表中国社会科学院起草了咨询总报告，为总报告咨询组的核心成员。

4. 2005 年 6 月参加由中共中央组织部（领导干部考试与测评中心）主持的国资委面向海内外公开招聘中央企业 25 家高级经营管理者的考试命题工作。

5. 2005 年 11 月在薛小和记者访谈的基础上，由《经济日报》以《情况反映》（机密件）的形式将李海舰提出的全新的国家经济安全理念和国家经济安全机制上报国家发改委主任和商务部部长。

6. 2005 年 11 月参加由吴仪副总理在中南海主持召开的外贸专家座谈会，会议邀请了中国人民大学、中国社会科学院、商务部、国务院发展研究中心和国家发展改革委 5 位专家发言，李海舰代表中国社会科学院提出了转变外贸增长方式的意见。

7. 2009 年 9 月参加由国务院国资委董事会试点工作办公室主持召开的《董事会有效运作相关制度研究》课题专家评审会，就加快中央企业董事会制度建设问题提出重要建议。

8. 2017 年 7 月参加由中央军民融合发展委员会办公室主持召开的"军民融合发展智库座谈会"，李海舰就"多层面深化军民融合发展"问题提出重要建议，一并书面上报有关高层领导。

卢福财
Lu Fucai

　　卢福财，男，江西资溪人，中共党员，经济学博士，江西财经大学二级教授、博士生导师，现任江西财经大学校长。先后被评为全国模范教师，财政部跨世纪学科带头人，江西省高校中青年学科带头人，江西省"百千万人才工程"人选，江西省首届十佳青年教师，江西省级教学名师，享受江西省人民政府特殊津贴。担任教育部高校工商管理类专业教学指导委员会委员、中国工业经济学会副会长，中国企业管理研究会常务副理事长，中国人力资源管理教学与研究会常务理事等社会职务。研究领域主要集中在产业发展理论与政策，新型产业组织形态，劳动经济与人力资源管理等方面。

　　卢福财于 1963 年 11 月出生在江西省抚州市资溪县的一个普通农民家庭，通过自己不懈努力，于 1979 年 9 月考入洛阳工学院机械工程系机械制造工艺及设备专业，1983 年 7 月以优异的成绩毕业获工学学士学位，同年进入江西财经学院任教。1987 年 9 月，卢福财考入中国人民大学工业经济系工业经济学专业硕士研究生班，1989 年 1 月毕业后继续回到江西财经学院任教并担任工业经济系教研室主任，1992 年 10 月开始担任工商管理系副主任。其间，于 1994 年作为宏观经济政策专业高级访问学者在世界银行总部经济发展学院（EDI）进行了为期半年的访学。1997 年 9 月，卢福财考入中国社会科学院研究生院产业经济学专业，师从中国产

业经济领域著名学者吕政攻读博士学位，2000 年 7 月获经济学博士学位。
1996 年江西财经学院升格为江西财经大学，卢福财在 1999 年 1 月至 2001
年 9 月期间担任江西财经大学科研处处长，2000 年起享受江西省人民政
府特殊津贴。2001 年 9 月至 2006 年 1 月，卢福财担任工商管理学院院
长。其间，作为企业管理专业高级访问学者在清华大学经济管理学院访
学一个学期。由于教学科研成果突出，卢福财先后被评为江西财经大学
"教学十佳""科研十强""先进工作者"，荣获全国模范教师、财政部跨
世纪学科带头人、江西省高等学校中青年学科带头人、江西省教学名师、
江西省优秀研究生导师、江西省首届十佳青年教师、江西省高校"优秀
共产党员"等一系列荣誉称号，入选江西省新世纪百千万人才工程第一、
二层次人选，"赣鄱英才 555 工程"人选。2006 年 1 月至 2008 年 5 月担
任江西财经大学校长助理，2008 年 5 月至 2013 年 3 月任江西财经大学党
委委员、副校长。2013 年 3 月调入江西省科学技术厅任党组成员、副厅
长，2017 年 5 月调回江西财经大学任校党委副书记、校长。

卢福财长期耕耘在产业经济和企业管理教学科研第一线，理论功底深厚、研究视角开阔，针对产业经济和企业管理领域的一些重要问题展开了深入研究，取得了一系列高水平且具有广泛学术影响的科研成果，为新时期中国经济管理理论的探索和繁荣做出了重要贡献。

一　企业融资与公司治理理论

卢福财早期较为关注企业融资和公司治理方面的问题，他认为，企业选择何种融资方式来获取生产经营所需的资金不是一个简单的企业行为问题，它受许多复杂因素的影响，由诸如经济发展水平、社会经济制度、本国在世界经济中所处地位、经济发展战略、政策目标、社会文化传统以及一国经济本身所具有的特定素质等各种因素综合影响共同决定。对于企业融资与法人治理机制的关系，卢福财认为，企业融资从一开始就是和法人治理机制紧密联系在一起的，其中的关键因素是如何保证投资者或资金提供者的利益和资金安全，融资方式的选择决定企业融资结构，融资结构决定企业的资本结构，资本结构又进一步决定企业法人治理机制，因此，融资方式的选择实质上就是法人治理机制的选择。在此基础上，卢福财进一步提出解决中国公司治理机制失效问题的根本途径在于改变企业融资模式，并对如何从改变融资模式入手来完善公司法人治理机制进行了深入思考，提出了相关政策建议。此外，卢福财也是国内较早关注企业融资效率问题的学者，从微观和宏观两个层次全面分析了企业融资对经济各方面的作用和影响，建立了企业融资效率分析框架体系。这些研究和对公司治理方面问题的独到见解对于推进和完善中国现代企业制度建设具有深远的影响。

二　网络组织理论

经济全球化时代，随着市场竞争日趋激烈，企业外部环境变得更加复杂，企业间的协作日益频繁且不断深入，企业组织外部网络化趋势开始凸显。卢福财较早意识到对网络组织的认识不能只是停留在交易费用的层面上，还要关注网络组织所具备的基本功能——生产与创新，提出对网络组织的研究应该从单一的交易成本视角转向交易成本与交易收益并行的双重视角，并从"网络组织可以弥补单个企业的能力缺陷""网络组织满足了企业从外部构造持续竞争优势的需要""网络组织的独特资源可以产生协同效应"三个方面阐述了网络组织交易收益的形成机制。尽管企业网络化可以带来巨大协作效应等价值增值现象，但网络组织成员的机会主义行为倾向是影响网络合作的主要障碍。针对这一问题，卢福财从网络组织成员之间合作的博弈关系角度构建了成员的声誉模型，分析了声誉对网络组织成员的激励效应以及声誉与网络组织治理绩效之间的关系，提出在有利于经济连续稳定的合作环境中，声誉效应是网络组织成员合作的重要激励机制，并针对中国企业网络组织成员存在的机会主义等问题给出了解释，对声誉机制发挥作用的条件提出了建议。在综合考虑交易费用的节约与网络成员核心资源共享形成的交易增值效应即交易收益基础上，卢福财提出了"网络租金"的概念，认为网络租金是在网络组织制度条件下，通过网络资源与能力的提高和整合，形成垄断性的网络组合式资源与能力，这种资源和能力使得所有网络成员所创造的总利润在抵消了他们单干利润的总和或其一体化经营利润后的一个正的剩余，从而形成一种超额利润性质的垄断租金，而追求网络租金的最大化是网络组织的本质特征，它既是网络成员结网的动机，也是网络稳定和治理的原则。网络租金的概念使我们对网络组织的性质有了全新的理解，这一概念得到了学术界的普遍认同和广泛运用。此外，卢福财还对企业网络成员及网络组织人力资源管理中的一些问题进行了研究，指出企业间网络是合作创新的有效组织形式，通过信息和知识在网络中迅速地传播和流动，成员企业互相学习、密切配合、共同合作，可以共同提高技术创新能力，大大提高创新成功率；提出了网络组织成员间的竞争与合作所产生的知识溢出效应可以使得成员企业认识自身的知识状况、改变知识结构，并提高其知识竞争力；借鉴战略人力资源管理和人力资源优势理论，从人力资本优势和人力过程优势两方面，系统地提出了一个基于网络组织人力资源管理的理论分析框架。卢福财在网络组织方面的研究对于拓宽国内学者在该领域的研究思路，转变研究视角，丰富研究内容都起到了非常积极的推动作用。

三　全球价值链分工理论

卢福财长期关注中国产业的发展和转型升级，尤其是进入 21 世纪之后，面对资源环境约束的日益凸显和"人口红利"的逐渐消失，中国原来粗放式的经济增长方式难以为继，迫切需要转变经济发展方式和实施产业的转型升级。卢福财较早提出了突破"低端锁定"，加快经济发展方式转变的观点，认为全球价值链分工为发展中国家的工业化进程和产业升级提供了良好机遇，但也会形成不利影响，"低端锁定"使得发展中国家的产业升级和经济增长方式转变十分艰难。跨国公司通过获取长期的网络租金中知识垄断租金，以及通过核心能力或知识的壁垒，不断提高中国企业参与全球价值分工与合作的成本，从而实现跨国公司长期收益最大化和对中国企业的"低端锁定"。面对跨国公司主宰的全球价值网络体系，中国企业要突破这种"低端锁定"并非易事，卢福财通过研究发现，中国企业仅仅依靠自身努力难以实现突破"低端锁定"的目标，还需要政府和社会等外部环境的支持。卢福财进一步从"培养国内市场，为企业成长扩展市场空间""完善金融市场，为企业成长提供融资服务""改变企业心智模式，促进企业创新能力形成""改造企业文化，提升企业能力"四个方面为中国企业成功突破"低端锁定"开出了"良方"，指明了方向。

四 产业环保化与环保产业化理论

在党的十八大报告提出要"大力推进生态文明建设""把生态文明建设放在突出地位"的大背景下，卢福财从产业发展的角度提出环保产业化是建设生态文明的有效途径，强调要努力做到"产业环保化和环保产业化"，指出环保产业化开发、运作及经营过程是发展壮大环保产业的基础，是环保产业发展壮大的根本保障，而增强环保产业活力的根本出路就是尽快构建一个系统的环保产业发展支持体系，即政策支撑体系、产学研结合体系、投融资体系、人才保障体系等。卢福财还重点关注了工业废弃物循环利用及其网络成员间关系协调相关问题，认为围绕工业废弃物循环利用形成的企业间合作其本质是利益驱动的，但这种共生关系的实现并不是完全的市场行为，需要有效的政府激励。促进工业废弃物循环利用网络发展，政府部门不仅需要从宏观层面对其进行合理设计与规划，提供良好的政策环境，还要着力于帮助企业加强相关能力的建设，促进企业间信任关系不断积累。此外，卢福财以鄱阳湖生态经济区为主要研究对象，分析了工业生态效率相关问题，以国家自然科学基金项目为依托，出版了《循环经济研究——以鄱阳湖生态经济区为例》《工业废弃物循环利用网络：形成、演变与运行》《工业废弃物循环利用网络企业间利益协调机制》等一系列专著，对循环经济和工业废弃物循环利用网络相关问题进行了系统深入的研究。

五 基于和谐劳动关系的人力资源管理理论

基于中国转型时期特殊的劳动关系，卢福财探讨了中国人力资源管理学科发展的特殊历程。他认为，重视"和合"是中国传统文化的重要特点，中华和合文化对于现代企业管理而言具有重要的现代价值和借鉴意义。卢福财依据和谐社会的必然要求和企业管理的目的与宗旨，提出构建基于和谐劳动关系的中国人力资源管理新体系必须从法律、人力资源管理和观念意识三个层面着手。特别是观念意识层面，这是最重要最高要求的层面，即中国人力资源管理学科的发展，一定要符合中国人的传统文化心理结构，而要做到这一点，单纯从管理的角度着手是远远不够的，还必须从历史的、文化的、社会心理乃至伦理道德的角度对员工的实际需求进行研究，力图达到"以和为贵"的管理高度。卢福财提出的构建基于和谐劳动关系的中国人力资源管理新体系的总体思路，对新时期中国人力资源管理的发展具有重要启迪作用。

卢福财始终把服务地方经济社会发展作为自己的一项重要职责，多年来不忘初心，笔耕不辍，相继主持承担了《鄱阳湖生态经济区工业废弃物循环利用网络成员企业间利益协调机制研究》《区域产业发展对生态环境的影响机理与调控政策研究：以鄱阳湖生态经济区为例》等国家自然科学基金项目，《促进鄱阳湖生态经济区循环经济发展研究》《促进江西新能源产业发展支持体系研究》《促进鄱阳湖生态经济区循环经济发展研究》等一系列国家和省级项目的研究，为江西地方经济社会发展提供了重要的智力支持。

学术感悟

自20世纪80年代从事教学科研工作以来，本人有幸见证了国家在经济社会方面的一系列重大变革，也对其中一些问题进行了思考与探索。对于一个学者而言，能够经历一个充满活力的伟大时代并融入其中，无疑是幸运和值得骄傲的。当前，中国各项改革已经进入攻坚期和深水区，正如习近平总书记在十九大报告中所言，"行百里者半九十"，站在"新时代"的历史起点上，广大同仁唯有不忘初心，砥砺前行、臻于至善，才能不负时代使命。

代表性著作

一 期刊论文

1.《建立国有控股公司，完善国有制实现形式》，《理论与改革》（人大复印资料全文复印）1998 年。

2.《恶性价格大战的经济学解释》，《当代财经》（人大复印资料全文复印，《新华文摘》全文转摘）1999 年。

3.《关于企业国际股权融资与国内产业保护的几个问题》，《山东财政学院学报》（人大复印资料全文复印）2000 年。

4.《论企业融资与法人治理机制》，《中国工业经济》2001 年。

5.《信任扩展与家族企业创新发展》，《中国工业经济》2002 年。

6.《从美国公司财务丑闻看独立董事制度的功效》，《经济管理》2003 年。

7.《中华和合文化与现代企业管理》，《光明日报》（理论版）2003 年 11 月 5 日。

8.《外部网络化与企业组织创新》，《中国工业经济》2004 年。

9.《网络组织成员合作的声誉模型分析》，《中国工业经济》2005 年。

10.《基于交易收益的网络组织效率分析》，《管理世界》2005 年。

11.《交易成本、交易收益与网络组织效率》，《财贸经济》2005 年。

12.《促进中部崛起的六大战略重点》，《光明日报》（理论版）2005 年 4 月 20 日。

13.《网络租金及其形成机理分析》，《中国工业经济》2006 年。

14.《构建基于和谐劳动关系的我国人力资源管理新体系》，《经济管理》2006 年。

15.《基于竞争与合作关系的网络组织成员间知识溢出效应分析》，《中国工业经济》（人大复印资料全文复印）2007 年。

16.《中国工业改革发展 30 年：1978—2008》，《当代财经》（人大复印资料全文复印）2008 年。

17.《全球价值网络下中国企业低端锁定的博弈分析》，《中国工业经济》2008 年。

18.《基于竞争与合作关系的网络组织成员间知识溢出效应分析》，《企业管理研究》（人大复印资料全文复印）2008 年。

19. 《一个分析网络组织人力资源管理的理论框架》，《当代财经》（人大复印资料全文复印）2009 年。

20. 《政府行为如何促进创业活动》，《经济管理》2009 年。

21. 《全球价值链下分工条件下产业高度与人力资源的关系》，《中国工业经济》2010 年。

22. 《全球价值链分工对中国经济发展方式转变的影响与对策》，《江西财经大学学报》（人大复印资料全文复印）2010 年。

23. 《全球价值链分工条件下产业高度与人力资源的关系——以中国第二产业为例》，《中国工业经济》2010 年。

24. 《国际金融危机背景下我国促进就业增长政策效应影响因素的实证分析》，《当代财经》2011 年。

25. 《工业废弃物循环利用中企业合作的演化博弈分析——基于利益驱动的视角》，《江西社会科学》（人大复印资料全文复印）2012 年。

26. 《知识员工心理契约、组织信任与知识共享意愿》，《经济管理》2012 年。

27. 《环保产业化是建设生态文明的有效途径》，《江西财经大学学报》2013 年。

28. 《发展环保产业　建设生态文明》，《经济日报》2013 年 4 月 15 日。

29. 《鄱阳湖生态经济区工业生态效率研究——基于区域差异及其典型相关视角》，《华东经济管理》2013 年。

30. 《产业转型与环境保护良性互动影响因素研究——以江西为例》，《江西社会科学》2014 年。

31. 《科研投入、成果转化与环保产业发展》，《江西社会科学》2014 年。

32. 《农业龙头企业生态化成长能力的结构模型与实证检验》，《江西财经大学学报》2015 年。

33. "Exploring the Upgrading of Chinese Automotive Manufacturing Industry in the Global Value Chain", *Sustainability*, 2015.

34. "Study on Interest Coordination Mechanism of Green Supply Chain based on Dynamic Game", *International Journal of U- and E-Service*, *Science and Technology*, 2015.

35. 《工业废弃物循环利用：网络运行绩效及其影响因素》，《经济管理》2015 年。

36. 《高速铁路对沿线城市工业集聚的影响研究——基于中部城市面板数据的实

证分析》,《当代财经》2017 年。

37.《基于环境约束条件下的欠发达省域工业发展路径分析——以江西省为例》,《江西社会科学》2017 年。

二　重要著作

1.《企业融资效率分析》,经济管理出版社 2001 年版。

2.《核心竞争力与企业创新》,经济管理出版社 2002 年版。

3.《二十一世纪民营企业发展方略》,经济管理出版社 2003 年版。

4.《产业集群与网络组织》,经济管理出版社 2004 年版。

5.《和谐社会与管理》,经济管理出版社 2005 年版。

6.《循环经济研究——以鄱阳湖生态经济区为例》,经济管理出版社 2015 年版。

7.《工业废弃物循环利用网络:形成、演变与运行》,经济管理出版社 2015 年版。

8.《工业废弃物循环利用网络企业间利益协调机制》,经济管理出版社 2015 年版。

三　主编教材

1.《人力资源管理》（第一、第二版）,主编,高等教育出版社 2006 年版、2012 年版。

2.《人力资源管理》,主编,湖南大学出版社 2009 年版。

3.《产业经济学》,主编,复旦大学出版社 2013 年版。

4.《创业通论》（第一、第二、第三版）,主编,高等教育出版社 2007 年版、2012 年版、2017 年版。

四　主持国家基金项目

1.“国际金融危机背景下我国促进就业与增长政策的效应研究——基于产业发展的视角”,教育部人文社科研究规划项目,2009 年 9 月。

2.“鄱阳湖生态经济区工业废弃物循环利用网络成员企业间利益协调机制研究”,国家自然科学基金项目,2011 年 8 月。

3.“区域产业发展对生态环境的影响机理与调控政策研究:以鄱阳湖生态经济区为例”,国家自然科学基金项目,2014 年 8 月。

五　成果获奖

1.《恶性价格大战的经济学解释》,江西省第九次社会科学优秀成果奖,二等奖，2000 年。

2.《网络组织成员合作的声誉模型分析》，江西省第十二次社会科学优秀成果奖，一等奖，2000 年。

3.《一个分析网络组织人力资源管理的理论框架》，江西省第十四次社会科学优秀成果奖，二等奖，2011 年。

4.《"创业基础"课程系统化构建的探索与实践》，江西省第十三批高等教育省级教学成果奖，一等奖，2013 年。

5. "Exploring the Upgrading of Chinese Automotive Manufacturing Industry in the Global Value Chain"，江西省第十七次社会科学优秀成果奖，二等奖，2017 年。

王稼琼

Wang Jiaqiong

　　王稼琼，男，1981 年 9 月从山西大同考入南开大学物理系本科学习。物理学科缜密的逻辑思维的系统训练为他以后的学习和研究工作打下了一个良好的基础。本科读大三的时候，多年偏好的积累诱导他开始在经济系大量听课，兴趣使然是他以后"转行"的前提。

　　1985 年，南开大学聘请联合国华裔经济学家桑恒康先生回母校筹办交通经济研究所，并开始举办研究生班，招收第一批交通经济专业的研究生，王稼琼就是其中的第一批学生，并于 1988 年获得硕士学位。桑先生渊博的学识和丰富的联合国工作经验，特别是宽广的国际化视野使他的学生受益匪浅。在桑先生那里，王稼琼第一次听到了创新（innovate）的概念，初步学习了创新经济学的理论；学习了运输经济学、项目评估和成本效益分析的理论和方法。研究生毕业后留校工作了 4 年，参与了一些交通项目的调研工作，讲授过相关的课程。

　　1992 年 2 月，王稼琼脱产考入北方交通大学（现北京交通大学），师从许庆斌，攻读经济学博士学位，集中精力学习和研究运输经济问题。1995 年 3 月博士毕业后留在北方交通大学经济学院工作，承担教学和科研任务。20 世纪八九十年代中国交通运输状况严重不适应国民经济发展的需求，是国民经济发展的主要瓶颈之一。因此在北方交通大学学习和工作期间，王稼琼的学术重点主要围绕交通运输与国民经济的关系、多式联运以及铁路运输业发展的相关政策问题展开。后期研究领域随着产业经济学在国内的兴起又进一步扩展到产业组织、区域与主导产业发展问题的研究中，为一些城市和企业做了不少产业发展战略和企业规划的研究课题。

在北方交通大学期间，王稼琼逐步担任了一些行政职务，先后担任过北方交通大学经济学院副院长、校长办公室主任、经济管理学院院长和北京交通大学副校长等职。在北京交通大学学习和工作期间，他的导师许庆斌对他的教诲让他终生难忘和受益。学习期间导师要求王稼琼按"板凳要坐十年冷、文章不写半字空"标准严格要求自己，风物长宜放眼量；担任校院领导后，许庆斌又特别提醒他，"权力的威严是表面的和短暂的，人格的魅力才是深厚的和长远的"，鼓励他永远以师生的利益为中心，为大家服好务。这几乎成了王稼琼以后工作的座右铭。

2008年3月，王稼琼调到北京市属的北京物资学院担任院长。此后，他将很大精力集中在行政工作方面，但也一直持续着一定的学术工作。在物资学院近两年的工作中，他关注和研究的领域集中在物流学科中，这实际上也是他硕士和博士论文研究课题的延续。

2010年3月，王稼琼被调到首都经济贸易大学担任校长。首经贸在应用经济学学科很有基础和特色，其中流通经济学是一大亮点。在首经贸期间，他的研究也将物流纳入到大流通领域中去，从供应链和价值链的角度研究物流、流通和经济的关系，发表了一些成果。在此期间，受科技部的委托，也参与了人力资源、特别是高层次人才的评价工作的调研和分析工作，另外，作为研究工作的扩展，他还参与了国家"十二五"人才发展规划和"十三五"科普规划的研究工作。

2016年9月，王稼琼的工作再次发生变动，担任对外经济贸易大学校长。对外经济贸易大学是入选国家"双一流"战略的财经外语类高校，主要围绕开放型经济学科群来进行"双一流"建设。其中开放型经济学科群中的经济结构与政策、国际运输与物流和产业组织等与王稼琼的研究领域相吻合，他将在这些领域继续一些研究工作。

一 关于交通运输与国民经济的关系

20 世纪 80 年代以来，交通运输不适应国民经济发展需求的现象越来越严重，许多学者从运输中的经济问题或经济中的运输问题多个角度分析二者之间的关系。北方交通大学荣朝和提出了"运输化"理论，受到学术界的关注。作为他的同门师弟，王稼琼赞同荣朝和的观点，并在此基础上对各国交通运输的发展战略以及对中国的影响进行了分析，他在《科技导报》1992 年第 12 期上撰文指出各国经济发展不同阶段的交通运输需求和供给都有不同的特点，其战略大致分为两种类型，一是供需适应型战略，二是速度效率型战略，每种战略在不同国家又有不同的表现形式，并随着经济的发展逐步由供需适应型战略向速度效率型战略转变。中国近 30 年来交通运输的发展也验证了这一规律。此外，针对当时交通运输战略研究中存在的一些问题，对交通运输战略与经济发展战略的关系、交通运输战略研究应包括的主要内容和主要方法进行了一些探讨，并把相关理论和方法应用到对公路运输与社会经济发展关系的分析中。

二 关于多式联运、综合物流等问题

从做硕士论文开始，王稼琼持续关注联运、物流等相关理论与政策问题。在他以博士论文为基础出版的专著《联运发展论》中探索性地将当时国内比较新的交易成本理论和耗散结构理论的一些基本思想、方法引入到对联运问题的研究中，分析了运输代理制和集装箱运输对联运发展的驱动作用，澄清了当时一些有关联运范畴的混乱和模糊的认识，提出了联运发展的阶段论，指出联运体现着物流业的基本特征，综合物流是联运发展的必然方向。作为曾经的物流与采购联合会的副会长，他主持和参与了许多地区和行业的物流规划和发展报告的研究工作。

三 关于铁路行业和铁路运输企业的发展问题

20 世纪 90 年代中后期，在作为主要执笔人参加铁道部课题《铁路法修改的政策研究》的研究工作中，对铁路运输行业的政策进行了系统研究。其成果体现在他和荣朝和发表在《铁道学报》第 20 卷第 1 期（1998年）的《关于铁路运输行业政策的若干问题》中。认为推进铁路运输有效供给的增长是行业政策的根本目标，铁路运输行业要尽快改变"政企合一"的状况，充分发挥铁路运输企业的市场主体作用，实现行业政策由管理型向协调型的转化；结构高度化是铁路运输行业结构调整的重点，特别是客运的高速化和货运的专业化。他还认为，铁路等基础设施建设的自然属性已经异化为投资进入障碍，建立一种多元化的铁路投融资结构的诱导机制非常必要，市场化融资的比重应不断扩大。《铁路法修改的政策研究》还对加快铁路行业经营管理模式的重构进行了深入分析，为以后铁路行业体制的改革作了些理论铺垫和探讨。

进入 21 世纪后，中国交通运输呈现出大发展的强劲势头，铁路等轨道交通的投融资理论与实践问题成了这个时期学术界研究的一个重点，王稼琼和他的团队对相关问题也进行了较为深入的研究。对大量兴起的城市轨道交通建设而言，政府在这一投资领域一直发挥着主导作用，但随着建设规模的不断扩大，政府主导作用越来越不适应市场的需要。王稼琼和王玉国在《城市轨道交通融资模式比较及演变》[《北京交通大学学报》（社科版）2004 年第 12 期] 一文中结合国内外城市轨道交通产业发展的案例，总结出处于不同市场化阶段的四种基本的投融资模式，并就各种模式的特征、优缺点和模式间的演变进行了分析。关于铁路运输行业的投融资问题，在他和赵洪武发表在《中国流通经济》（2010 年第 6期）论文《铁路产融资本的理论结构探析》中提出了铁路产业资本收益模型，同时借鉴金融资本收益模型，最终构建出铁路产融资本融合收益模型，用来全面分析金融资本与产业资本相结合后所呈现的内在逻辑和循环增值。在此基础上利用历史和预测数据论证了只有铁路产融资本融

合模式才是解决铁路投融资难题、有效改善铁路财务状况和经营业绩、实现铁路跨越式发展的最佳选择。

在此期间，王稼琼和他的团队还对民间资本参与铁路建设的相关问题、铁路运输企业的竞争战略问题以及中国铁路建筑企业国际化发展问题进行了专题研究，相关结论和建议提供给政府部门和企业参考。

四 关于重大装备业、粮食产业等 战略产业的相关问题研究

2005 年王稼琼主持了国家软科学项目"我国税收政策对我国重大装备工业自主创新的影响研究"，他和团队成员一起对当时中国的 R&D 税收政策以及对重大装备业创新的影响等重要问题进行了系统分析。通过大量的实证和计量分析，认为当时中国增值税与 R&D 投入存在明显的负相关关系，再通过对增值税转型影响企业收益及 R&D 投入进行的理论分析，结果表明与生产型增值税相比，消费型增值税能够增加企业收益，提高企业 R&D 投入能力。在此基础上，重点研究了影响中国装备制造业自主创新的税收因素。对当时中国装备制造业与全国大中型工业企业的税负进行比较，认为中国装备制造业大中型企业与其他大中型工业企业相比，其增值税税负水平和整体税负水平都不高，而且在设定条件下装备制造业增值税转型对其 R&D 投入影响也不大。因此促进中国重大装备工业自主创新的税收激励政策需要加强其针对性、便利性和可预见性，政府通过税收政策促进装备制造业企业作用的发挥需要创造更加公平的市场竞争环境，解决好国内工程项目采购对国内重大技术装备产品存在的"逆向歧视"问题，增强装备制造业企业自主创新的积极性。

21 世纪，对中国经济安全和产业安全的讨论和研究是学术界的一个热点。王稼琼和他的团队对中国战略性的粮食产业和矿产资源进行了较为深入的分析。

对于粮食产业，他们的研究成果是相对严格地界定了战略性粮食产品的内涵及外延，重点探讨了战略性粮食产品流通控制力的问题，指出

了战略性粮食产品外资控制的严峻性。提出了战略性粮食产品流通控制力的政策建议，如要加强对战略性粮食产品的质量监控和品牌培育，加大对各地区粮油龙头企业的支持力度；完善战略性粮食产品流通市场准入政策，进一步明确粮食收购、粮食和植物油等产品的批发、零售、配送等限制类产业的具体实施细节；加强对战略性粮食产品中薄弱品种和薄弱环节的监管；大力培育有国际竞争力的粮食流通企业，支持国有粮食流通企业"走出去"，在全球市场配置资源，实现国内、国际市场互动等。

关于矿产资源。他们认为矿产资源的可持续发展是中国可持续发展的重要组成部分，中国已经成为矿产品净进口大国。可供储量对消费需求的满足程度只是一个理论上的最大限度，可供储量对国民经济的实际保障能力通常要低于理论上的保障能力，实际上可供储量的保障能力还必须通过供应能力来实现。现阶段矿产资源的综合利用率低、狭隘的功利主义和地方保护主义、生态伦理观的缺失、矿产资源开发成本过高等，制约着矿产货源可持续发展。必须通过加强法制，促进管理、利用外汇储备进行国际矿产资源收购等措施，实现矿产资源的可持续发展。

五 应用贝克儿家庭生产函数对产业发展模式的深化研究

把现代经济学的一些经典理论应用到分工经济系统的研究中去拓展了产业经济学的理论基础和学术依据。王稼琼和肖永青等团队成员通过对诺贝尔经济学奖得主加里·贝克儿和合作者近半个世纪以来的主要文献进行梳理，说明了家庭生产函数正是其学术成就的共有理论基础。在此基础上，为家庭生产函数和传统消费者选择理论构建了统一的坐标分析系统。该系统不仅直接地显示了家庭生产函数对传统消费者选择理论的包容与改进之处，而且也清晰地揭示了家庭生产函数可以方便地推广到分工经济系统的研究中去。

家庭生产函数不仅包括了传统消费者行为理论所强调的产品消费数

量关系，而且也将时间配置关系、产品生产效率关系、消费效率关系和基本物品的替代关系包括在内，因此，它所能揭示的经济含义更为丰富。

关于家庭生产函数与时间配置以及储蓄率等关系问题，王稼琼和肖永青等团队成员在《家庭生产函数视角下的时间偏好与储蓄率决定》（《经济研究》2012年第10期）一文中利用从多种途径所获得的面板数据，以拉姆齐方程（Ramsey model）和贝克尔在时间偏好内生决定方面的研究成果为基础，对传统经济理论中常常归因于时间偏好差异的国别间储蓄率差异，从收入和价格角度进行了经验检验。检验结果表明：中美之间储蓄率的差异，可以在一个统一的、无须依赖偏好假设的逻辑框架内得到解释。

代表性著作

（一）主持或作为主要参加者的国家和部级项目

1. "株洲市技术创新体系研究"，国家软科学研究项目，1998年。

2. "集装箱多式联运与综合物流系统的形成机理及评价方法"，国家自然科学基金项目，1997年。

3. "《铁路法》修改的政策研究"，铁道部基金项目，1998年。

4. "淮南市新世纪产业发展战略研究"，国家软科学研究项目，1999年。

5. "兰州市产业发展战略研究"，国家软科学研究项目，2000年。

6. "公路交通与社会经济发展的适应性研究"，交通部研究项目，2004年。

7. "我国税收政策对我国重大装备工业自主创新的影响研究"，国家软科学研究项目，2005年。

8. "农产品物流现代化专项研究"，商务部研究项目，2008年。

9. "鼓励社会力量参与科普工作的若干重大问题研究"，国家软科学研究项目，2013年。

10. "'十三五'科普发展建设思路研究"，国家软科学研究项目，2015年。

（二）主要相关学术著作和论文

1. 王稼琼主编：《特大城市治理研究》，首都经济贸易大学出版社2015年版。

2. 王稼琼、祝合良主编：《城乡一体化与商品流通体系建设》，经济管理出版社2012年版。

3. 王稼琼、黎群主编：《企业经营战略》，中国铁道出版社 1997 年版。

4. 王稼琼：《联运发展论》，中国民航出版社 1995 年版。

5. 《北京市道路交通外部成本衡量及内部化研究》，《管理世界》2014 年第 3 期。

6. 《家庭生产函数视角下的时间偏好与储蓄率决定——兼论中美的储蓄率差异》，《经济研究》2012 年第 10 期。

7. 《产业生态视角下的经济规模演化规律——一个基于全球长程历史数据的经验检验》，《北京交通大学学报》（社科版）2013 年第 7 期。

8. 《对产业生态理论基本假设的国别检验》，《经济与管理研究》2013 年第 6 期。

9. 《战略性粮食产品的界定及其控制力》，《中国流通经济》2012 年第 8 期。

10. 《家庭生产函数对传统消费者行为理论的改进及其拓展方式——一个基于统一坐标系统的分析》，《北京交通大学学报》（社科版）2012 年第 4 期。

11. 《家庭生产函数视角下的交易效率的经济解释》，《中国流通经济》2011 年第 4 期。

12. 《铁路产融资本的理论结构探析》，《中国流通经济》2010 年第 6 期。

13. 《建设高水平行业特色型地方财经类大学的思考》，《中国高等教育》2010 年 5 月。

14. 《创意产业链的价值与知识整合研究》，《科学学与科学技术管理》2008 年第 11 期。

15. 《我国装备制造业自主创新的税收因素研究》，《科学学与科学技术管理》2008 年第 6 期。

16. 《我国增值税与研发投入关系的实证与理论分析》，《北京交通大学学报》（社科版）2008 年第 4 期。

17. 《我国装备制造业自主创新与税收政策》，《中央财经大学学报》2008 年第 3 期。

18. 《神华集团铁路及港口发展战略的再思考》，《综合运输》2006 年第 2 期。

19. 《我国公路交通与社会经济发展的适应性刍议》，《交通运输系统工程与信息》2005 年第 6 期。

20. 《城市轨道交通投融资模式比较及演变》，《北京交通大学学报》（社科版）2004 年第 12 期。

21. 《物流规划中的需求与潜在需求分析》,《中国软科学》2004 年第 2 期。

22. 《我国民间资本参与铁路建设的法律障碍》,《北京交通大学学报》(社科版) 2003 年第 9 期。

23. 《我国铁路运输企业的基本竞争战略与实施》,《铁路运输与经济》2000 年第 11 期。

24. 《城市主导产业选择的基准与方法再研究》,《数量经济与技术经济》1999 年第 5 期。

25. 《区域创新体系的功能与特征分析》,《中国软科学》1999 年第 2 期。

26. 《关于铁路运输行业政策的若干问题》,《铁道学报》1998 年第 2 期。

27. 《联运的重新认识与界定》,《北方交通大学学报》1996 年第 3 期。

28. 《多式联运:中国运输业的战略新视点》,《科技导报》2006 年第 1 期。

29. 《发展运输代理业 降低运输交易成本》,《铁道经济研究》1995 年第 4 期。

30. 《国际现代联运发展的几大阶段》,《综合运输》1995 年第 6 期。

31. 《交通运输发展战略研究若干问题的探讨》,《北方交通大学学报》1993 年第 3 期。

32. 《世界交通运输发展战略的演变与中国的选择》,《科技导报》1992 年第 12 期。

高长春
Gao Changchun

    高长春，男，1964 年 8 月出生于吉林省桦甸市桦树乡富太村密山队的一个农民家庭。1972 年入本村小学读书，当时在队上的一个破旧房子里有三个年级一起读书，只有一位老师教书。1975 年到隔壁村继续读小学。1977 年到富太村读初中。1979 年到桦树乡读高中。1981 年到桦甸县（现桦甸市）三中继续读高中，1983 年考入哈尔滨师范大学历史系读书。

    1987 年大学毕业后，被分配到黑龙江财政专科学校（现为哈尔滨商业大学）政教部任教，讲授"政治经济学"和"中国社会主义建设"课程，1992 年在这里被聘为讲师。1995 年被破格聘为副教授，1994 年在政教部任支部书记和部副主任。在这期间，1993 年考入哈尔滨工业大学政治经济学专业读在职硕士研究生。1996 年 3 月硕士毕业后，考入吉林大学攻读世界经济博士研究生，1999 年 6 月于吉林大学获得经济学博士学位。

    1999 年 9 月到哈尔滨工业大学人文学院工作，任经济系主任、院长助理。2000 年任人文学院副院长、院学术委员会副主任、硕士生导师。2000 年被评为教授。2000 年获宋庆龄基金会孙平化学术奖励基金二等奖，全国政协副主席罗豪才和周铁农参加了在全国政协礼堂的颁奖活动。2001 年任哈尔滨工业大学人文学院学术委员会常务副主任、院常务副院长。2004 年作为东华大学引进人才，调入东华大学管理学院工作。2004 年任学院院长助理，博士研究生导师。2004 年获得"教育部新世纪优秀

人才"和"上海曙光学者"人才称号。2004 年起任校学术委员会委员。2005 年任管理学院副院长。2006 年获"上海领军人才"和"宝钢全国优秀教师"称号。2008 年至今任学院教授委员会副主任。2008 年任上海市理论经济学科评议组成员。2015 年任上海市人民政府—东华大学"城市创意经济与创新服务"研究基地（省部级智库）主任。2015 年被聘为东华大学二级特聘教授。

2008 年以来，主要从事"时尚创意产业"问题研究工作。在该研究领域获得国家自然科学基金项目 2 项、教育部重大项目 1 项、上海市科技创新重大项目 1 项、上海市人民政府重点项目 2 项等各类项目 50 余项。2014 年任上海市教委"2011 协同创新项目"平台负责人。

高长春的研究领域主要是世界经济（日本经济）和时尚创意产业发展问题，密切结合中国及全球各阶段的经济背景，深入研究不同时期宏观经济增长的一系列重大问题，提出了许多开辟性和创新性的观点。近年来，在时尚创意产业领域取得了突出的学术成果，为中国经济全面转型发展提供了重要的理论依据。围绕研究领域，高长春主持"国家社会科学基金项目"4 项（含重大项目 2 项），"国家自然科学基金项目"面上项目 3 项，"教育部重大攻关项目"1 项、"上海市科技创新重大项目"1 项、"上海市科委重点项目"1 项、"上海市文化创意产业办重点项目"1 项和"上海市人民政府重点项目"2 项。从 2010 年以来，每年科研经费都超过 100 万元。2004 年曾获得"教育部新世纪优秀人才"项目支持、"上海领军人才"和"上海曙光学者"等人才项目支持。2009 年以来，在时尚创意产业方向发表学术论文 100 余篇，出版学术专著 12 部。

一 关于日元升值的理论

对于 1994 年出现的日元急剧升值事件，高长春在 1995 年发表文章深度剖析了这一事件产生的原因以及对日本和中国的重大影响。

高长春认为，形成日元升幅达到四年以来最高的原因主要包括：一是经济实力的差异；二是巨额的贸易顺差；三是欧共体和美国的纵容；四是欧洲货币体系的动荡不定。

除了日元升值原因的研究外，高长春还对日元升值的影响提出了自己的观点。他认为，日元升值对日本经济的影响主要包括：一是日元的迅猛升值引起日本产品在国际市场的相对价格上升，竞争力下降，出口受挫；二是由于出口受挫，使经济增长率下降；三是日元升值虽然有助于降低日本对外贸易顺差，但这种效果的显现具有一定时滞性，而且作用十分有限；四是日元升值后，造成"产业空洞化危机"，日本的生产率两极分化的结构仍然存在；五是日元升值使日本债券市场的股票市场价格下跌；六是失业率增加。日元升值对中国经济的影响主要包括：一是日元升值在一定程度上影响中日之间贸易往来；二是日元升值后，日本对中国投资数量呈增长趋势。该项研究成果获得国家社会科学基金项目青年项目支持。

二　关于小岛清"对外直接投资"的理论

对于日本著名经济学家小岛清提出的"对外直接投资理论"，高长春从西方经济学理论的视角进行了综合分析和评价。

第一，"小岛理论"突破了传统H-O-S模型只有劳动和资本两个自变量因素的严格假设，成功建立起一个融国际贸易和对外直接投资于一体的宏观分析框架。该理论从宏观经济发展的角度，系统地分析了生产要素跨国界移动而带来的新的生产函数的组合，尤其注重分析新的生产函数建立后的经济效益，这种较早地着眼于世界经济发展且具有一定未来前瞻的目光，应该说在当时日本经济学界具有较强的洞察力。

第二，"小岛理论"具有鲜明的时代特色，是在认真反思西方国际直接投资理论基础上，着眼于日本20世纪六七十年代国内经济发展的现实，提出的一个具有创见性的"日本式"的对外直接投资模式。但是，该理论只能片面地解释日本战后对外投资的一段历史，无法解释80年代后日本对外直接投资的事实，毕竟从80年代后日本对外直接投资的主体是大型跨国公司。

第三，"小岛理论"将国际贸易和国际直接投资有机结合起来进行研究，能够启迪我们今天更好地认识国际直接投资在推动国际贸易发展中所起到的作用。然而，由于时代的局限，该理论没能摆脱新古典经济学理论范式的羁绊，片面地认为只有市场方可引导经济决策，市场组织是配置生产要素的最佳组织，故无法认识跨国公司这一特殊企业在世界经济发展的特殊时代所起到的特殊作用，由此不可避免地造成其理论的狭隘和缺陷。该项研究成果获得国家社会科学基金重大项目支持。

三 关于第二次世界大战后日本财政政策效应的理论

高长春于 2001 年发表文章，以政策博弈效应分析为切入点，研究财政政策的经济增长效应和财政政策选择的最优次序问题，并从财政政策责任角度深入研究数量财政政策向质量财政政策转移的问题。

高长春提出，第二次世界大战后日本财政政策的宏观调控绩效主要表现在：一是政策协调的经济增长效应；二是技术进步的经济增长效应；三是劳动力素质普遍提高的经济增长效应；四是政策博弈的经济增长效应。

高长春进一步指出，第二次世界大战后日本选择投资型的财政政策支持了日本经济增长，但财政政策在选择最优次序时必须注意以下几个问题：第一，在政策时效性上必须排除"国家主体"的非理性冲动，注重政策制定的科学性；第二，要正确处理好主导产业的扶持与经济均衡增长之间的关系；第三，密切注意各种政策之间的协调关系。

随着日本经济发展的成熟化，在实现数量财政政策向质量财政政策转移时，高长春认为有必要注意以下几个方面的问题：第一，在"次优经济"中建立政策的综合评价体系，并设定政策评价函数；第二，健全、完善政策责任制约系统，保证政策调控质量；第三，建立财政政策的有效协调和积极传导机制。该项研究成果获得国家社会科学基金项目一般项目和国家自然科学基金面上项目支持。

四 关于服务业外包的理论

基于 21 世纪全球产业转移、中国经济迅速发展的背景，高长春于2005 年和 2008 年发文指出，相较于国内，国外学者对服务外包的研究较为系统和深入，他们对服务外包进行了大量的案例和实证研究，开发了理论研究模型、框架和研究方法，在理论和实践上为服务外包的运用提供了不少科学的见解。但这些研究仍然存在一些不足之处，主要表现在：

第一，缺乏对服务外包与相关经济与管理理论内在联系的系统研究，还未形成一个完整的、科学的、清晰的服务外包体系；第二，未形成一个正式、规范的外包运作与管理框架。

针对这些问题，高长春提出观点：如何利用现有的服务外包理论成果，针对中国承接国际服务外包的经济属性以及中国这一领域发展现状和问题，通过对比较优势、规模经济、学习效应、成本结构改变和生产网络化等理论问题的研究和中国企业在承接国际服务外包实证分析，为中国企业在承接国际服务外包的过程中，能够降低成本、增加灵活性以及自身赢利模式的构筑、进入壁垒等方面带来利益和竞争优势提供借鉴，是该领域需要着重加以研究的课题。

五　关于创意经济的理论

随着社会生产力的提高和物质财富的日益丰富，人们的审美情趣、精神追求以及健康娱乐需求在消费过程中逐渐体现出来，创意经济应运而生。对于不同于传统经济形式的创意经济，高长春给出了概念的界定和特征的分析。

高长春提出，创意是人们在实践中产生的具有想象力的、创造性的主意、立意、观念和思想。从狭义而言，创意指思想、观念、立意、想象等新的思维成果。创意具有独立性、灵活性和深刻性三个特征，这些特征决定了具体的创意活动没有固定的、一成不变的发生模式，但通过对创意活动的深入持续研究，可以发现创意活动仍有突出的阶段性特点。

最终，创意产业会引致创意经济的形成，这种转换的背景在于：第一，注意力经济的到来；第二，"体验"成为新兴经济形态；第三，消费者审美需求增长。因此，创意经济形态具有以下显著特征：第一，知识中的创意性、文化性内容成为生产要素；第二，创意经济迥异于传统经济；第三，创意经济对制度性要素的要求进一步深化。该项研究成果获得国家自然科学基金面上项目和教育部重大项目支持。

六 关于创意产业贸易竞争力的理论

高长春通过对中国、日本、韩国、印度等国创意产品技术复杂度的实证研究，提出论点：中国2002—2010年的创意产品贸易出口技术复杂度呈上升趋势，但创意产品贸易相对出口技术复杂度持续下降，这与中国以劳动密集型产品为主、技术密集型产品缺乏竞争力的出口结构有关。

为了进一步提升中国创意产品出口国际竞争力，高长春给出了具体的工作方向：第一，增加科研投入，提升创意产品贸易出口技术复杂度；第二，挖掘中国传统文化，增加设计类、工艺类产品的技术含量；第三，融合各种文化因素，提高视听类产品国际竞争力。该项研究成果获得国家自然科学基金面上项目和教育部重大项目支持。

七 关于时尚产业价值增值的理论

时尚产业是目前竞争激烈的市场中利润较为丰厚、销售规模较大、发展速度较快的产业，高长春对时尚产业价值增值机制进行了深入的分析。

高长春认为，时尚产业价值增值可以从文化知识和产业价值链两个维度来考虑。基于文化知识维度而言，时尚产业的价值增值过程是由时尚产业的知识输入、转化生产与时尚文化的传播过程来实现的。基于产业价值链维度而言，时尚价值链可定义为以人的时尚为根本，以实现时尚产品及相关产品价值增值最大化为目的，以时尚产品为核心，确保时尚价值、信息、资金等资源在整个价值链上畅通流动。

高长春给出了中国时尚产业的发展趋势：第一，人才技术、管理、信息、资金注入资源；第二，可定制化趋势满足市场需求多样化；第三，时尚消费趋于理性；第四，全球供应链系统整合；第五，电商平台的运用加速了时尚产业的发展。该项研究成果获得国家自然科学基金面上项目支持。

八 关于生态学视角分析创意产业的理论

根据生态学理论，自然界中的生态群落由具有不同生命特征的生物体组成，各种不同的种群、族群以及生物体与自然环境之间有着各种复杂的有机联系。自然界生态群落存在的这种生态演化现象，在创意产业组织发展过程中也同样存在。高长春基于生态学视角，从多个方面对创意产业进行了研究。

第一，从生态学视角构建创意产业竞争力评价体系。综合组织生态学的环境因素原理，高长春将环境对组织的影响作用抽象为 6 个影响因子，即非生物因子、生物因子、耐受性因子、选择性因子、抗性因子、营养最小因子，并提取了 7 个影响城市创意产业竞争力的因素，构成创意产业竞争力的生态学评价体系。

第二，从生态学视角研究创意产业创新生态系统演化机制。高长春提出，创意产业创新生态系统演化的实质是创意产业生态系统内部，因子与生态位各因子相互影响、相互促进的动态变化过程，是创意产业发展演化过程中的一种地缘现象。创意产业创新生态链包括横向产业生态链和纵向产业生态链，其演化规律包括创意的产业化与产业的创意化。决策部门在推动创意产业发展时，需要考虑如下生态因子：第一，政府是创意产业创新生态系统形成的强有力的推手；第二，城市是创意产业创新生态系统形成的载体；第三，强大的消费需求是创意产业创新生态系统形成的必要条件；第四，现代高科技的发展是创意产业创新生态系统形成的技术基础。该项研究成果获得国家自然科学基金面上项目和教育部重大项目支持。

九 关于模块化视角研究时尚创意产业的理论

高长春以模块化思想和理论为依据，对时尚产业发展路径和创意产业集群知识创新和价值网络进行分析，得到了一些有意义的结论和观点。

第一，从模块化视角探讨时尚产业发展路径。高长春以模块化相关理论为基础考察了伦敦、米兰、巴黎、纽约和东京的时尚产业及其模块化组织发展状况，提出时尚产业模块化组织价值创新的发展路径：组织发展初期为一体化的企业组织模式；发展逐渐成形为核心企业协调下的网络组织；组织走向成熟为模块集群化的网络组织。

第二，从模块化视角构建创意产业集群知识创新系统模型。高长春认为，创意产业集群知识创新系统可分为创意构思模块、创意成果的研发模块、创意成果的商业化模块及创意成果的市场反馈和评价模块四个子系统。

第三，从模块化视角构建创意产业集群价值网络复杂系统。运用扎根理论的研究方法，高长春对创意产业集群价值网络模块进行解构分析，得到创意产业集群价值网络的六大基本模块，即效用机制、产业支持、信息技术、创意生成、创意传播和创意消费。该项研究成果获得国家自然科学基金面上项目和教育部重大项目支持。

十　关于创意产业经济效应的理论

创意产业对一国或地区经济增长的影响逐渐成为研究热点，高长春从经济结构变迁的机制出发，从短期和长期两个角度分析创意产业在宏观层面对传统产业结构的作用机制。

短期来看，创意产业作为服务业的组成部分能直接拉动服务业部门的产值，或通过提升居民消费结构带来对差异化、个性化的服务业产品或服务的需求，减少对制造业部门相对标准化产品的需求，间接拉动服务业部门的产值，故创意产业在短期内更能拉动服务业的发展。长期而言，随着创意产业的进一步发展，可以充分发挥其对传统低附加值制造业的融合渗透，优化传统制造业内部结构，进而增加制造业在国民经济中的份额，提升中国制造业的国际竞争力。该项研究成果获得国家自然科学基金面上项目和上海市科技创新重大项目支持。

代表性著作

1. 《日元升值的原因及影响》，《世界经济与政治》1995 年第 3 期。

2. 《评小岛清对外直接投资理论》，《现代日本经济》1997 年第 5 期。

3. 《论日本经济增长中的财政政策责任》，《世界经济》2001 年第 4 期。

4. 《服务业外包对外包国就业的影响》，《企业经济》2005 年第 12 期。

5. 《服务外包理论演进研究综述》，《国际商务研究》2008 年第 4 期。

6. 《组织生态学视角的城市创意产业竞争力影响因素分析与应用》，《当代财经》2009 年第 5 期。

7. 《创意产业创新生态系统演化机理研究》，《科技进步与对策》2010 年第 11 期。

8. 《创意经济新思维》（专著），经济管理出版社 2011 年版。

9. 《日本创意产业国际贸易竞争力分析》，《现代日本经济》2012 年第 5 期。

10. 《模块化视角下上海时尚产业发展路径研究》，《人文地理》2012 年第 6 期。

11. 《基于模块化理论的创意产业集群知识创新系统运行机制及协同发展评价研究》，《科技进步与对策》2012 年第 8 期。

12. 《中国创意产品贸易出口技术复杂度变化趋势研究》，《研究与发展》2015 年第 6 期。

13. 《时尚产业价值链增值能力研究》，经济管理出版社 2015 年版。

14. "Clothing Standards Compliance Assessment: The Modeling and Application of Clothing Standards Compliance Index", *International Journal of Clothing Science and Technology*，（SCI）2014.

戚聿东
Qi Yudong

  戚聿东，男，1966年9月生于吉林省东丰县。1985年7月高中毕业于吉林省东丰县第二中学，考入北京财贸学院（现首都经济贸易大学）工商行政管理专业，1989年7月毕业获经济学学士学位。1989年10月考入北京商学院（现北京工商大学）商业经济专业硕士研究生，研究方向为市场理论与营销，导师为周明星，硕士学位论文为《论社会主义经济垄断》，1992年7月研究生毕业获经济学硕士学位。硕士研究生毕业后，他回到北京财贸学院财政系任教，主要从事国有资产管理专业教学和研究工作。1995年，考取了中国社会科学院研究生院工业经济专业博士研究生，师从汪海波研究员，1998年完成了博士学位论文《中国现代垄断经济研究》，顺利通过了答辩，获得了经济学博士学位。

  在攻读博士学位期间，1995年8月至1996年3月，戚聿东被国家教育委员会选派为公派高级访问学者，赴荷兰奈恩若德大学（Nijenrode University）参加中国工商管理学院师资进修班。这是他第一次出国学习，而且是第一次接触工商管理专业。在7个月的留学过程中，专业收获颇丰，那时国内大学还没有开设工商管理专业，当然也没有这个正式名称，这为他博士毕业后转向企业管理教研工作奠定了较为扎实的基础。2000年1—4月，戚聿东被中共北京市委组织部选派为访问学者，赴美国辛辛那提大学工商管理学院进修工商管理专业，尽管只有4个月的时间，但接触到了很多专业前沿和热点问题，收获很多。2016年11—12月，他被

中共北京市委组织部选派为访问学者，到加拿大多伦多大学进修公共政策专业，对发达国家公共政策特别是产业政策状况有了进一步的深入了解。

戚聿东从 1992 年 7 月至 2017 年一直在首都经济贸易大学任教，期间，1994 年 1—7 月，被借调到国务院发展研究中心宏观经济研究部工作；1994 年 8 月至 1995 年 5 月被借调到国家经济贸易委员会经济政策协调司工作；2011 年 10 月至 2012 年 12 月，被中组部和团中央遴选为第十二批博士服务团成员，担任云南省财政厅党组成员、副厅长。

戚聿东 1992 年任助教，1994 年任讲师，1997 年破格晋升为副教授，2000 年被遴选为企业管理专业硕士生导师，2002 年晋升为教授，2005 年被遴选为企业管理专业博士生导师，2006 年晋升为二级教授。2001 年以来，他指导博士后、博士生和硕士生共计 120 余人。

戚聿东还在不同的管理岗位上担任管理职务。1999 年任《首都经济贸易大学学报》常务副主编。2002 年 5 月，任企业管理系副主任。2003 年，开始兼任 MBA 教育中心常务副主任。2005 年 3 月，学校整合企业管理系、商务管理系、经济研究所等单位，成立了工商管理学院，戚聿东被任命为院长。在担任了两届院长职务后，2011 年 3 月开始担任首都经济贸易大学校长助理兼杂志总社总编辑，主编《经济与管理研究》《首都经济贸易大学学报》《当代经理人》3 本期刊，同时兼任中国产业经济研究院院长和北京新经济组织发展研究院院长。2011 年 3 月至 2017 年 10 月期间，作为校长助理，曾分管过学校期刊出版、继续教育、外事、科研、学科建设、研究生教育等工作，联系财税学院、金融学院、经济学院、法学院等。

2017 年 10 月，戚聿东被北京师范大学作为领军人才引进，在经济与工商管理学院担任二级教授、博士生导师。

戚聿东长期耕耘于产业经济与企业管理领域，在垄断行业改革、国有企业改革等领域成果突出。主持国家社科基金重大项目、重点项目等国家级项目 4 项。2001 年，主持国家社科基金重点项目"经济运行中的垄断与竞争问题研究"（01AJY006）。2004 年，主持国家社科基金一般项目"自然垄断产业改革模式的国际比较研究"（04BJL035）。2007年，主持国家社科基金重大项目"贯彻落实科学发展观与深化垄断行业改革研究"（07&ZD016）。2013年，主持国家社科基金重点项目"深化国有企业改革问题研究"（13AJY012）。论文《我国国有企业战略性改组目标刍议》（《中国工业经济》1997年第6期）2001年获第二届蒋一苇企业改革与发展学术基金论文奖。专著《中国现代垄断经济研究》（经济科学出版社1999年版），2003年获第三届教育部人文社会科学研究优秀成果三等奖。专著《自然垄断产业改革：国际经验与中国实践》（中国社会科学出版社2009年版），2012年获第十二届北京市哲学社会科学优秀成果一等奖。论文《深化垄断行业改革的模式与路径：整体渐进改革观》（《中国工业经济》2008年第6期），2011年获第四届蒋一苇企业改革与发展学术基金论文奖。专著《中国垄断行业市场化改革的模式与路径》（经济管理出版社2013年版），2017年获第十四届北京市哲学社会科学优秀成果一等奖。内部研究成果《进一步推进我国垄断行业改革的建议》，被中央宣传部社科规划办《成果要报》2009年第67期（总第577期）刊发，呈报中央政治局委员和相关部门领导，获中央领导同志重要批示，全国哲学社会科学规划办公室2009年12月4日予以通报表彰。2015年入选国家百千万人才工程，被授予"国家有突出贡献中青年专家"荣誉称号，2008年享受国务院政府特殊津贴。

一　关于垄断理论

戚聿东在国内较早进行了垄断理论的研究，他 1992 年的硕士学位论文题目为《论社会主义经济垄断》，1998 年的博士学位论文题目为《中国现代垄断经济研究》。他把垄断分为经济垄断、自然垄断和行政垄断三种类型，认为垄断的成因不同，资源配置效应不同，反垄断的指向也就不同。就经济垄断而言，他在《经济研究》1997 年第 2 期发表的论文《资源优化配置的垄断机制——兼论我国反垄断立法的指向》，把垄断区分为垄断结构和垄断行为两个方面，认为二者没有必然联系，适度垄断结构有助于企业规模经济、范围经济、技术创新等经济效应，也有助于实现政府宏观经济目标；垄断行为是指价格协议、划定地域、公开联合和隐蔽串通等活动。反垄断立法应该指向垄断行为而不是垄断结构。这一思想观点不仅为 2007 年出台的《中华人民共和国反垄断法》所吸收，而且也为当时中国拟实施的大公司大集团战略提供了理论依据。戚聿东 1998 年的博士学位论文《中国现代垄断经济研究》，1999 年由经济科学出版社出版。著名经济学家汪海波研究员在该书序言中，认为该书是一部既有重大理论意义又有重要实践意义的富有创新的著作，在中国垄断经济研究方面构筑了一个很好的研究框架，研究成果在 10 个方面有理论上的新贡献。中国社会科学院学部委员、时任工业经济研究所副所长金碚研究员在《财贸经济》2000 年第 2 期发表书评《中国垄断现象研究的创新之作》，认为"该书的主题思想无论在理论上还是在实践上都具有重大意义，是一本专门研究中国垄断现象的创新之作"，"近年来我所见的水平最高的博士论文之一，研究成果居国内领先地位"。首都经济贸易大学副校长郑海航在《管理世界》2000 年第 1 期发表书评《一部研究中国垄断经济的创新之作》，认为该书提出了关于垄断这个值得深入探讨的重要课题，提出了一些有新意的学术观点，对中国的市场结构进行了实证分析，得出了很有价值的政策结论，"是一部既有较高学术价值，又有重要现实意义的创新之作"。2004 年 7 月，人民出版社出版了戚聿东的著作《中国经济运行中的垄断与竞争》，他对经济集中型垄断、自然垄断和地方市场分割垄断分类进行了理论和政策研究。中国社会科学院副院长陈佳贵研究员在《中华读书报》2006年2月15日发表书评《对垄断的经济学认识》，指出了该著作"整体框架和总体思路有所建树和创新"，并从七个方面阐述了具体创新之处。此外，围绕中国垄断现象，戚聿东发表了很多论文，被《新华文摘》、中国人民大学书报资料中心《理论经济学》《国民经济管理》《工业经济》等广泛转载，被学术界广泛引用，产生了较大的学术反响和政策影响。张卓元主编的《中国经济学60年：1949—2009》、陈东琪主编的《中国经济学史纲：1900—2000》、龚维敬所著的《垄断理论的争议：经济学家精彩对话》等著作以及江小涓的论文《90年代中国产业组织理论研究综述》等史料性文献都提及了戚聿东在垄断理论和政策研究上的创新和贡献。2005年1月至2007年7月，戚聿东被全国人大法工委和国务院法制办聘为反垄断立法专家顾问委员会成员，全程参与了《中华人民共和国反垄断法》的起草修改工作。之后，他经常参与国家发展和改革委员会、商务部、国务工商行政管理总局3家反垄断执法机构众多相关配套法规和细则工作的论证工作。时代的发展呼唤着各类市场主体的公平竞争，特别是中央提出了市场对资源配置起决定性作用后，公平竞争审查制度至关重要。他担任商务部WTO新一轮多边贸易谈判（竞争议题）专家咨询组成员，中国工业经济学会常务副理事长兼竞争政策专业委员会副主任委员，中国世界贸易组织研究会竞争政策与法律专业委员会专家。他就公平竞争审查制度发表了一些论文，主持承担国务院反垄断委员会办公室委托课题《中国市场总体竞争状况评估研究》，多次参与国家发展和改革委员会关于公平竞争审查制度及其实施细则的专家论证工作，同时组织相关学术会议进行研讨。2015年12月30日，《人民日报》发表记者访谈文章《越是下行压力加大，越要强调竞争政策》，文章题目就是直接引用戚聿东提出的观点之一。2016年6月，国务院出台《关于在市场体系建设中建立公平竞争审查制度的意见》，2017年10月，国家发展和改革委员会等5个部委联合印发了《公平竞

争审查制度实施细则（暂行）》。中国反垄断法体系的不断完善，业内人士都承认戚聿东在其中做出了不少贡献。

二　关于垄断行业改革

在深化垄断行业改革研究方面，戚聿东较早进行了系统研究，取得丰硕成果。他主持完成了 2007 年度国家社会科学基金重大项目《贯彻落实科学发展观与深化垄断行业改革研究》，出版《自然垄断产业改革：国际比较与中国实践》《中国垄断行业市场化改革的模式和路径》《垄断行业改革报告》等著作，发表相关论文 50 余篇。他在《中国工业经济》2008 年第 6 期发表了论文《深化垄断行业改革的模式与路径：整体渐进改革观》，提出了产权模式、治理模式、运营模式、竞争模式、价格模式、规制模式"六位一体"及"三阶段"构成的整体渐进改革观，得到中央领导的重要批示，全国哲学社会科学规划办为此予以通报表扬。论文《中国垄断行业引入竞争机制的国际背景、进程和模式选择》，被时任国家发展和改革委员会主任、现任全国人大常委会副委员长张平主编的《中国改革开放：1978—2008》全文收录。2008 年，在纪念改革开放 30 周年之际，他有 3 篇论文被收录于中央宣传部和国家新闻出版总署组织的"强国之路——纪念改革开放 30 周年重点书系"的相关著作中。他认为垄断行业具有"四独"特征，即国有独资、独治、独占、独享。产权结构上，垄断国企母公司层面几乎是清一色的国有独资公司。治理结构上，国有股"一股独大"必然造成"一股独霸"。市场结构上，国有独占、寡占现象普遍。分配结构上，垄断行业收入及利润集中度很高，造成行业间分配不公以及不同所有制企业间竞争不公平现象。垄断行业改革的总体目标在于市场化，为此需要在竞争、运营、产权、治理、价格、规制等方面整体设计，坚持"整体渐进式"的改革思路，坚持"六位一体"改革模式，坚持"三阶段"改革路径，即运营和竞争改革先行，其次是产权和治理改革，最后是价格和监管改革。运营模式上，最好采取网运一体的综合运营商模式。竞争模式上，最好采取多家综合运营商之间的寡头竞争模式。产权模式上，国有相对控股公司的综合效率比国有独资公司高得多，应作为产权改革的目标。治理模式上，采取重大利益相关者参与的共同治理模式。价格模式上，逐步减少政府定价，不断扩大市场定价。规制模式上，不断放松投资、价格等经济性规制，同时强化质量、安全、环境、健康等社会性规制。

三　关于国有企业改革

戚聿东较早对国有企业改革领域进行了研究，他发表在《中国工业经济》1997年第6期的《我国国有企业战略性重组目标刍议》，较早提出并阐述了国有企业战略性改组的具体目标，该文2001年获得了第二届蒋一苇企业改革与发展学术基金论文奖。戚聿东等合著的《国有经济战略调整与国有企业改制研究》，由经济管理出版社2003年出版，该书实证研究了国有经济规模与经济绩效的关系，提出了国有经济发展的总量目标定位、产业结构目标定位、产业组织目标定位和资本结构目标定位。2013年，戚聿东开始主持国家社科基金重点项目《深化国有企业改革问题研究》，就国有企业改革发表了10余篇论文。

戚聿东在《开放导报》2013年第6期发表论文《国企改革需要"去行政化"》，阐述了国有企业泛行政化主要表现，即企业及企业家的行政级别化、"商而优则仕"现象、"旋转门"现象、同行间"高管对调"现象、资源配置的行政化、行政性垄断严重等，提出了国有企业"去行政化"的具体改革建议。

针对国有企业改革过程中的"碎片化"现象，他在《中州学刊》2015年第2期发表《中国国有企业改革的未竟使命与战略设计》，提出了需要加强国企改革的战略设计：第一，在政治经济体制整体框架内设计国有企业改革的新使命，国有企业改革的顶层设计一定要将改革置于中国经济发展的总体框架下进行，实现"三个结合"，即将国有企业战略调整与体制机制改革有机结合起来，将国有企业改革力度、发展速度与社会承受度结合起来，将国有企业改革与非国有企业发展结合起来；第二，让市场起决定性作用来切实推进国有企业改革的进程；第三，对国有企业分类改革、分类治理并分类监管；第四，垄断行业改革是国有企业改革的"主战场"；第五，从去"六化"入手，明确国有企业改革的具体指向，即去行政化、去独资化、去独治化、去独占化、去独享化、去刚性化。

四 关于产业组织与规制改革

戚聿东在《管理世界》1998 年第 4 期发表论文《中国产业集中度与经济绩效关系的实证分析》，首次揭示了中国 39 个具体工业部门的集中度状况，就集中度与产业经济绩效关系进行了实证研究，实证分析了二者一定程度正相关关系的驱动因素。马克思在《资本论》中提出了行业利润率平均化趋势的论断，戚聿东在《改革》2015 年第 1 期发表论文《行业利润率平均化判别：垄断型行业与竞争性行业》，通过对比垄断行业与竞争性行业的长期利润率，发现竞争性行业的利润率趋于平均化，而垄断行业由于资本和劳动力进入壁垒并没有趋于平均化，并就后者进行了原因分析，提出了利润平均化规律需要以有效竞争市场为前提，实现利润平均化规律必须坚持市场化改革方向。针对国内几乎"一边倒"的加强规制的声音，戚聿东从 2004 年开始不断发文，主张放松规制。2009 年，他在《中国工业经济》第 4 期发表论文《放松规制：中国垄断行业改革的方向》，提出了垄断行业改革的方向应该是放松规制而不是强化规制，并指出了放松规制的具体路径。2016 年，他在《管理世界》第 10 期发表论文《垄断行业放松规制的进程测度及其驱动因素分解》，对国际和中国垄断行业放松规制进程进行了综合评价，对放松规制进程的驱动因素进行了贡献度分解分析。研究发现，无论是分国别、分行业，还是整体，国际垄断行业放松规制水平均呈持续上升趋势。其中打破进入壁垒是各垄断行业放松规制进程变化的主要驱动因素，平均贡献度达到 45% 以上。2008—2013 年中国垄断行业放松规制进程水平也呈上升趋势，但多数行业的放松规制水平不仅低于发达经济体，甚至显著低于其他金砖国家和新兴经济体，进入壁垒、公共产权、市场结构等驱动因素依具有较大的改革空间。面对第三次工业革命浪潮，戚聿东在《财经问题研究》2014 年第 1 期发表论文《第三次工业改革趋势下产业组织转型》，认为以分布式发散式新通信技术与社会化民主化新能源体系有效融合为本质的第三次工业革命，将使得产业组织模式出现规模经济效应弱化、产业集中度和规模起点降低、市场进入壁垒下降、中小企业优势显现、可竞争市场结构形成等特征，第三次工业革命将驱使制造业的生产方式由大规模标准化制造向个性化大规模定制转变，并推动垂直结构、中央集权、自上而下、企业巨头的组织模式向扁平化结构、分散分布式、社会化、竞合化的网络状组织模式转换。

学术感悟

读书教书著书，"三书"人生轨迹。一路书香陪伴，千虑偶有一得。耕耘不计收获，追求宁静致远。

代表著作

（一）主要著作

1. 戚聿东：《中国现代垄断经济研究》，经济科学出版社 1999 年版。

2. 戚聿东、边文霞、周斌：《国有经济战略调整与国有企业改制研究》，经济管理出版社 2003 年版。

3. 戚聿东：《中国经济运行中的垄断与竞争》，人民出版社 2004 年版。

4. 戚聿东、柳学信等：《自然垄断产业改革：国际经验与中国实践》，中国社会科学出版社 2009 年版。

5. 戚聿东主编：《垄断行业改革报告》，经济管理出版社 2011 年版。

6. 戚聿东等：《中国垄断行业市场化改革的模式与路径》，经济管理出版社 2013 年版。

此外，戚聿东作为主要作者参与编写的著作主要有：郑海航主编《中国企业理论 50 年》（经济科学出版社 1999 年版）；王俊豪主编《管制经济学原理》（高等教育出版社 2007 年版）；张卓元、郑海航主编《国有企业改革 30 年回顾与展望》（人民出版社 2008 年版）；郑海航、戚聿东等著《国有资产管理体制与国有控股公司研究》（经济管理出版社 2010 年版）。

（二）代表性论文

1990 年以来，戚聿东在《经济研究》《管理世界》《中国工业经济》等期刊发表论文 150 余篇，被《新华文摘》、中国人民大学书报资料中心相关专题、高级内参等全文转载 40 余篇。其中，代表性论文主要有：

1. 《资源优化配置的垄断机制——兼论我国反垄断立法的指向》，《经济研究》1997 年第 2 期。

2. 《我国国有企业战略性改组的目标刍议》，《中国工业经济》1997 年第 6 期。

3. 《中国产业集中度与经济绩效关系的实证研究》，《管理世界》1998 年第 4 期。

4. 《自然垄断管制的理论与实践》，《当代财经》2001 年第 12 期。

5. 《我国自然垄断产业分拆式改革的误区分析及其改革出路》，《管理世界》2002 年第 2 期。

6. 《我国自然垄断产业改革的总体指导思想》，《经济学动态》2002 年第 8 期。

7. 《中国自然垄断产业改革的现状及政策建议》，《经济学动态》2004 年第 6 期。

8. 《自然垄断产业治理模式改革：国际经验及启示》，《改革》2007 年第 1 期。

9. 《中国自然垄断产业改革的产权模式》，《财经问题研究》2007 年第 3 期。

10. 《深化垄断行业改革的模式与路径：整体渐进改革观》，《中国工业经济》2008 年第 6 期。

11. 《改革开放以来我国国有经济总量和结构的演变》，《当代财经》2009 年第 2 期。

12. 《放松规制：中国垄断行业改革的方向》，《中国工业经济》2009 年第 4 期。

13. 《"十二五"时期垄断行业改革的主攻方向：竞争化改造》，《学术月刊》2011 年第 9 期。

14. 《第三次工业改革趋势下产业组织转型》，《财经问题研究》2014 年第 1 期。

15. 《中国国有企业改革的未竟使命与战略设计》，《中州学刊》2015 年第 2 期。

16. 《垄断行业放松规制的进程测度及其驱动因素分解》，《管理世界》2016 年第 10 期。

干春晖
Gan Chunhui

干春晖，男，1968 年出生于江苏省常熟市碧溪乡。1986 年，干春晖从当时的常熟县高中毕业，考入河北省秦皇岛市燕山大学管理工程系（原东北重型机械学院），学习工业管理工程专业。

1990 年免试推荐到上海理工大学攻读系统科学与工程专业的硕士。

来到上海攻读硕士学位后，发现上海财经大学工业经济领域和自己多年来孜孜以求的专业相符，随即决定报考。他 1993 年考入上海财经大学攻读博士学位，师从工业经济学专家杨公朴，毕业后留校任教。两年后评为副教授，又过 3 年被破格评为教授，之后又被聘为二级教授。干春晖注重发挥自身专业知识结构优势，对中国经济发展中的热点、难点问题，对当前产业经济学的前沿课题以及国家经济生活中若干重大现实问题，都有比较深入的研究，取得了一系列颇有理论建树和创新观点的研究成果，这些都在学术界、企业界和政府部门产生了广泛影响。

1996 年干春晖在上海财经大学任教，先后为本科生讲授了产业经济学、工业经济管理等课程，为博士生、硕士生、MBA 和 EMBA 学生讲授了高级产业组织学、高级微观经济学、产业结构与政策、管理经济学、企业并购等课程，并先后指导博士、硕士研究生学位论文 100 多篇，其中指导的博士学位论文《国际外包承接与中国产业结构升级和转型》还获得了"全国百篇优秀博士学位论文"荣誉。

1998—1999 年干春晖在美国雷鸟国际管理研究生院访问研究，1999 年被评为财政部产业经济学跨世纪学科带头人，2000 年任上海财经大学国际工商管理学院产业经济系主任，2001 年任国际工商管理学院副院长，2004 年任上海财经大学科研处处长，2005 年当选为"上海十大青年经济人物"，2007 年入选教育部"新世纪优秀人才支持计划"，2011 年当选上海市经济学会副会长，2015 年当选中国工业经济学会副会长，2014 年任上海海关学院副院长，2018 年调任上海社会科学院副院长兼任应用经济研究所所长。

干春晖负责国家社会科学基金重大项目"中高速增长阶段经济转型升级研究"和"'十二五'期间加快推进我国产业结构调整"、国家社会科学基金项目"经济全球化背景下中国产业结构的战略性调整和升级"和"'十一五'我国产业结构的优化与升级的自主创新战略研究"、上海市哲学社会科学基金项目、上海市政府发展研究中心重大决策咨询研究课题等研究项目 30 多项。

干春晖在《经济研究》《中国工业经济》等重要刊物上发表论文 100 余篇，其中，《中国产业结构变迁对经济增长和波动的影响》（《经济研究》2011 年第 5 期）获上海市哲学社会科学优秀成果一等奖，《改革开放以来产业结构演进与生产率增长研究——对中国 1978—2007 年"结构红利假说"的检验》（《中国工业经济》2009 年第 2 期）获上海市第十届哲学社会科学优秀成果奖二等奖，论文《"九五"上海产业结构优化与产业转移研究》（《财经研究》1998 年第 11 期）获 2000 年上海市第五届哲学社会科学优秀成果论文类二等奖。

干春晖的主要著作有《中国经济转型与产业升级研究：结构、制度与战略》（2016 年）、《产业经济学：教程与案例》（2015 年）、《企业策略性行为》（2005 年）、《并购经济学》（2004 年）、《并购实务》（2004 年）、《并购案例》（2004 年）、《管理经济学》（1998 年）、《资源配置与企业兼并》（1997 年）、《公司兼并与收购》（1995）等 30 多部，主编《中国产业发展报告》（2006—2017 年）、《中国产业经济评论》（第 1—4 辑）、《产经文库》（2016 年）、《中国（上海）自由贸易试验区海关监管与制度改革发展报告》（2016 年）、《新视野下海关监管机制创新研究》（2016 年）等数十份报告和丛书。翻译《并购中的企业文化整合》（2004 年）。其中，《中国经济体制改革 30 年》（2008 年）获上海市第八届邓小平理论研究和宣传优秀成果奖。

干春晖长期致力于中国经济转型、产业结构调整和升级问题的研究，在此领域形成了完整且富有特色的研究体系，并完成了一系列具有很高理论和实践价值的研究成果，干春晖主持了与此相关的国家社科基金重大项目 2 项和一般项目 2 项，发表和出版了一大批有价值的论文和著作。干春晖的学术研究极大地丰富了中国经济转型与产业升级理论的研究。

一 产业结构升级与经济转型的关系研究

在理论界，产业结构对经济增长的作用问题一直没有得到一致性的结论，而且产业结构对经济波动的影响也鲜有深入的研究。干春晖发表于《经济研究》的《中国产业结构变迁对经济增长和波动的影响》一文引起学术界的广泛关注。该研究在测度产业结构合理化和产业结构高级化的基础上，深入探讨了产业结构变迁与经济增长的关系。研究结果表明：产业结构合理化和高级化进程均对经济增长的影响有明显的阶段性特征。相对而言，产业结构合理化与经济增长之间的关系具有较强的稳定性，而高级化则表现出较大的不确定性。产业结构合理化和高级化对经济波动的影响主要表现在不可预测的周期性波动方面。产业结构高级化是经济波动的一个重要来源，产业结构合理化则有助于抑制经济波动。总体上，现阶段中国产业结构合理化对经济发展的贡献要远大于产业结构高级化。研究的实际指导意义在于，政府在制定产业结构政策时，应在强调产业结构高级化的同时，积极突破制约产业结构合理化效应的限制条件，有效推进产业结构的合理化，充分发挥产业转型与升级对经济增长的持续推动作用。该项研究获得了上海市第十一届哲学社会科学优秀成果奖论文类一等奖，也成为研究产业结构方面的高引文献。

二　中国产业结构的战略性调整和升级的研究

对于经济全球化背景下中国产业结构的战略性调整和升级，干春晖认为应充分利用全球化机遇与挑战，顺应产业结构调整与优化的全球化趋势，积极承接国际产业转移和国际技术转移，并和本国资源禀赋优势相结合，加强技术创新过程中的引进技术的吸收与消化能力，形成具有动态特征的相对比较优势的产业，并逐渐发展成为具有恒久国际竞争力的产业，是中国以较低成本、较低风险的实现产业结构调整与升级，从而立足于全球化的根本。该项成果获得了上海市哲学社会科学内部探讨优秀成果奖。

干春晖较早关注了中国产业结构优化与升级的自主创新战略，提出了中国产业创新的适宜技术观点，认为提升中国人力资本结构对于正在实施的自主创新战略具有重要的意义，人力资本政策应该成为中国产业政策的一部分甚至是核心部分；应根据产业发展的不同阶段和技术特性采取差异化的自主创新策略；未来的重点应是加快制度创新建设，为形成自主创新的合力创造良好的环境。该成果在国家社科基金的结项鉴定中被评为"优秀"，同时获得了第七届上海市决策咨询研究成果奖。在重塑产业发展的创新源方面，干春晖认为首先要重塑并强化国有企业、民营企业的创新动力；其次要严格保护知识产权，吸引创新型企业和要素；再次要重视广阔市场的差异需求，推动企业增加研发创新投入；最后要妥善解决财富驱动与创新驱动的承接问题。

"十二五"期间，干春晖主持并完成了国家社科基金重大项目"'十二五'期间加快推进我国产业结构调整研究"。提出了开发国内大市场、发展服务业、价值链升级、发展战略性新兴产业、区域产业布局调整、放松产业规制、构建动态比较优势等产业升级的战略选择。提出了以新一轮的改革开放促进产业升级的思路，针对上海自贸区如何推进制度创新促进产业升级方面，干春晖提出三方面建议：（1）加快完善"负面清单"的管理模式，优化"负面清单"的制定方法；（2）创新自贸区监管制度，掌握"管"与"放"的平衡;(3)加快推进人民币国际化和利率市场化改革,掌握人民币海外定价权。对于自贸试验区的深化改革,干春晖提出遵照"暂时调整或暂时停止适用"的先例是破解法律依据瓶颈最现实的路径;通过探索"政府购买服务"机制,破解协同创新瓶颈;贸易创新与投融资便利化应以提升企业感受度为核心目标。这些观点受到了上海市主要领导的肯定,还获得上海市第十一届决策咨询成果奖。在以改革推进产业升级方面,干春晖认为一些基础性产业的壁垒的降低能够显著促进产业整体效率的提高,是产业升级的重要动能来源。重点分析了中国铁路体制改革模式,结合中国铁路运营的现实,提出了在运营体制方面,中国宜采用以"网运分离"模式为主的组合型运营模式。在投融资模式方面,实行公益性铁路和经营性铁路区别对待的方式。在公益性补贴方面,建议遵循"谁需求谁补贴"原则,建立公益性补偿机制,协调好铁路经营性与公益性的关系。在定价机制方面,建议在国家指导定价下,建立反映市场供求、有涨有跌的票价制定机制。一些研究成果被通过国家社科规划办上报至中央,为中国相关领域的改革提供了重要的参考。

三 中国产业升级过程中重大现实问题的研究

针对产能过剩,干春晖系统提出了治理产能过剩问题的思路,认为产能过剩具有绝对过剩和结构性过剩并存的特征。解决产能过剩,政府行政干预应从经济性管制为主转变为社会性管制为主,发挥市场机制在调节产能过剩中的基础性作用;增加"需求类政策",优化"供给类政策",增强化解产能过剩的政策着力点;以减少社会性成本为导向健全过剩产能的援助退出机制,完善市场化并购重组的配套措施,发挥市场整合过剩产能的效应;改革地方政府的考评制度,解决地方政府投资扩张冲动、执法不严背后的机制性问题;提高中国金融机构的国际化服务水平,完善风险评估预警体系,为以资本输出向海外转移过剩产能的战略提供支撑。针对中国产业的新旧动能转换,干春晖认为六个方面存在着产业动能的空间和潜力:一是区域产业升级孕育着巨大的动能;二是优化要素投入从而增强经济动能的空间依然较大；三是市场的对内对外开放能够提高产业的整体发展效率，释放产业的新动能；四是通过改革降低制度性成本、释放经济动能的潜力巨大；五是新技术、新商业模式、新业态对经济的融合、渗透会不断衍生出新的动能；六是企业创新组织方式的变化也是未来中国经济很重要的内生动能之一。

对于金融市场改革对产业结构调整的影响，干春晖的研究发现，银行部门的市场化促进了企业层面的重构和全要素生产率的改善，银行体制的变化在推动盈利能力较强的企业的重构和全要素生产率增长的同时，加剧了产业内不同企业之间生产效率的分化，进而激发了产业层面的重组和跨企业的资源再配置。这个创造性破坏的过程中，产出创造率远远高于产出破坏率，并且跨企业的资源配置效率呈现明显改善的趋势。银行部门的市场化推动了中国工业部门的增长和全要素生产率的提高。这一研究表明，在中国工业部门面临产能过剩和潜在增长率下降的情况下，进一步推动银行部门的改革对于工业部门的结构调整、增长和全要素生产率的改善具有重要意义。

产业关联是产业结构理论中的重要研究方向。干春晖利用投入产出技术，提出了新的结构分解方法，其研究表明中国产业的溢出效应、乘数效应和反馈效应的重要性呈依次递减的特征。对于产业发展而言，提升产业的自身发展能力，优化产业关联是推动中国产业转型的根本。干春晖认为产业融合发展是中国产业升级的重要战略方向，并从创新的推动力、市场需求的拉动力、企业间竞争合作的压力以及政府放松管制等方面阐述了产业融合发展需要解决的体制机制问题。

四　国家级基金项目、奖励情况

1. 国家社科基金重大项目"中高速增长阶段经济转型升级研究"

2014 年 7 月，承接国家社科基金重大项目"中高速增长阶段经济转型升级研究"。课题在全面深化改革的战略下，深入探讨要素升级、结构优化、制度创新等经济转型的新动力。沿着以改革促转型的思路，阐述中国告别投资刺激的单一驱动，实现增长动力多元化、均衡化的目标，重点论证新改革与经济转型的最佳耦合机制，探讨重塑中国在世界经济中强国地位的战略框架。

2. 国家社科基金重大项目"'十二五'期间加快推进我国产业结构调整研究"（2011年1月至2014年2月）

2011年1月，承接国家社科基金重大项目"'十二五'期间加快推进我国产业结构调整研究"。课题研究立足于中国产业发展面临的主要问题，从需求因素、要素供给因素、技术等外部冲击以及制度保障等方面系统地构建了影响产业结构调整与升级的分析框架。同时，课题建立了产品内分工、全球价值链以及外包影响产业结构转型与升级的分析框架，并深入分析了其中的作用机制，阐述了相应的发展战略，这对中国加快推进产业结构调整无疑具有重要的实践意义。

3. 国家社科基金一般项目"经济全球化背景下中国产业结构的战略性调整和升级"（2002年6月至2004年10月）

2002年6月，承接国家社科基金一般项目"经济全球化背景下中国产业结构的战略性调整和升级"。经济全球化是建立在市场经济基础上的，通过全球发达国家主导，以先进科技和生产力为手段，以最大利润和经济效益为目标，通过分工、贸易、投资、跨国公司和人员自由流动等，实现各国市场的分工、协作和相互融合的过程，课题对经济全球化背景下的中国产业结构进行了详细研究，并对中国产业结构调整面临的问题逐一分析。

4. 国家社科基金一般项目"'十一五'我国产业结构的优化与升级的自主创新战略"（2006年6月至2009年8月）

2006年6月，承接国家社科基金一般项目"'十一五'我国产业结构的优化与升级的自主创新战略"。"十一五"时期是中国新世纪战略机遇期的关键时期，要实现经济社会全面、协调、可持续发展，就必须进行产业结构调整和升级、转变经济增长方式。课题考察了中国产业结构的发展现状和变动趋势，分析中国产业结构中存在的主要问题，并提出中国产业结构调整和升级的策略选择。

5. 论文《中国产业结构变迁对经济增长和波动的影响》（2012 年）获上海市第十一届哲学社会科学优秀成果奖一等奖

论文在测度产业结构合理化和产业结构高级化的基础上，构建了关于产业结构变迁与经济增长的计量经济模型，进而探讨了二者对经济波动的影响。论文认为，政府在制定产业结构政策时，应在强调产业结构合理化的同时，积极突破制约产业结构高级化效应的限制条件，有效推进产业结构的高级化，充分发挥产业转型与升级对经济增长的持续推动作用。

6. 论文《提高自主创新能力，加快发展高技术产业，为上海经济振兴和发展转型注入新的动力研究》（2012 年）获第八届上海市决策咨询研究成果奖

论文分析了在国际金融危机的背景下，未来国内外高新技术领域发展的新趋势、新特点，分析判断当前上海创新体系的现状、存在的主要瓶颈问题，总结国外发达国家、国内先进省市在促进高新技术产业发展、创新能力提升方面的经验和模式，同时对"十二五"期间及"十三五"上海完善创新体系、提高自主创新能力以及上海高技术产业发展做出对策建议。

7. 论文《改革开放以来产业结构演进与生产率增长研究》（2010年）获上海市第十届哲学社会科学优秀成果奖

论文在估计三次产业资本存量的基础上，分析了中国 1978—1992年、1992—2001 年、2001—2007 年三个阶段生产要素构成的变化和产业结构演进以及要素生产率水平和增长率的差异，并利用偏离—份额法分析了产业结构的生产率增长效应。论文通过分析数据发现劳动力和资本的结构变动度在加快，而产业结构的变化则较为平滑；生产率的增长主要来自产业内部，尤其是第二产业内部；劳动力要素的产业间流动具有"结构红利"现象，资本的产业间转移却并不满足结构红利假说，反而存在"结构负利"。

8. 论文《我国轿车工业的产业组织分析》（2004 年）获上海市哲学社会科学优秀成果奖

论文以产业组织理论中哈佛学派的 SCP 范式为基本分析框架，考察

中国轿车工业的产业组织状况。认为其市场结构是基于政府规制的寡占型结构，纵向一体化程度较高；市场行为体现为更多的合作性而非竞争性，但是，在加入 WTO 后竞争有加剧的趋势；而相应的市场绩效为相对效率低下，技术进步和产品创新乏力，但是各寡头厂商仍可以维持较高的利润率。论文在此基础上，提出产业组织政策建议。

9. 专著《中国经济体制改革 30 年》（2010 年）获上海市第八届邓小平理论研究和宣传优秀成果奖

专著总结了中国改革开放 30 年经济体制改革方面的各项成就，对农村经济体制改革、财税体制改革、社会保障体制改革、金融体制改革、投资体制改革、流通体制改革、企业管理体制改革等领域研究进行详细的讨论与梳理，为下一个 30 年提供经验、教训和启示。30 年，对于中国几千年的历史而言，犹如弹指一挥间；但就是这 30 年，中国通过经济体制改革，使中国经济和社会发生了巨大的变化，惊诧于这种"经济奇迹"的同时，研究和探寻其中的经济体制原因就变得尤为重要。

代表性著作

（一）专著（主编）

1.《中国经济转型与产业升级研究：结构、制度与战略》，上海人民出版社 2016 年版。

2.《企业策略性行为研究》，经济管理出版社 2005 年版。

3.《中国经济体制改革 30 年》，上海财经大学出版社 2008 年版。

4.《产业经济学：教程与案例》，机械工业出版社 2015 年版。

5.《管理经济学》，上海财经大学出版社 2007 年版。

6.《并购经济学》，清华大学出版社 2004 年版。

7.《资源配置与企业兼并》，上海财经大学出版社 1997 年版。

（二）论文

1.《中国产业结构变迁对经济增长和波动的影响》，《经济研究》2011 年第 5 期。

2.《地方官员任期、企业资源获取与产能过剩》，《中国工业经济》2015 年第 3 期。

3. 《银行部门的市场化、信贷配置与工业重构》，《经济研究》2013 年第 5 期。

4. 《中国构建动态比较优势的战略研究》，《学术月刊》2013 年第 4 期。

5. 《中国产业结构的关联特性分析——基于投入产出结构分解技术的实证研究》，《中国工业经济》2011 年第 11 期。

6. 《中国地区经济差距演变及其产业分解》，《中国工业经济》2010 年第 6 期。

7. 《转型期中国经济增长的产业结构和制度效应——基于一个随机前沿模型的研究》，《中国工业经济》2010 年第 2 期。

8. 《适宜技术、制度与产业绩效——基于中国制造业的实证研究》，《中国工业经济》2009 年第 10 期。

9. 《中国工业生产绩效：1998—2007——基于细分行业的推广随机前沿生产函数的分析》，《财经研究》2009 年第 6 期。

10. 《改革开放以来产业结构演进与生产率增长研究——对中国 1978—2007 年"结构红利假说"的检验》，《中国工业经济》2009 年第 2 期。

11. 《规制分权化、组织合谋与制度效率》，《中国工业经济》2006 年第 4 期。

任保平
Ren Baoping

　　任保平，男，1987 年从陕西凤县考入陕西师范大学政治经济学院政治教育专业，1991 年毕业后留校担任辅导员。出于对学术研究的兴趣与热爱，在 1994 年考取了政治经济学专业的硕士研究生，师从白永秀，开始了经济学的研究与教学工作。由于科研成果显著，在 1999 年破格晋升为副教授，同年考取了西北大学经济管理学院政治经济学专业的博士研究生，师从王忠民，并于 2002 年博士毕业当年再次破格晋升为教授，被遴选为博士生导师，成为当时陕西省最年轻的教授和博士生导师之一。

　　2003 年，任保平由陕西师范大学政治经济学院调入西北大学经济管理学院，进入学术研究和教学工作的另一阶段。西北大学经济管理学院是国内理论经济学研究的重镇，其首任院长是有经济学界"西北王"美誉的何炼成，学院曾经培养出张维迎、魏杰、刘世锦等一大批在国内具有影响力的经济学家，被称为"经济学家的摇篮"。在西北大学工作期间，任保平先后围绕新型工业化、经济发展与转型等理论和现实问题发表了一系列研究成果，在国内学术界形成了相当的学术影响力。

　　2003 年，任保平进入南京大学理论经济学博士后流动站，师从中国著名经济学家洪银兴从事博士后研究工作，在洪银兴的指导下进行经济发展转型和新型工业化研究，形成的专著《中国 21 世纪的新型工业化道路》于 2005 年在中国经济出版社出版，获得了 2009 年教育部第五届人文社会科学研究优秀成果三等奖。

2006 年，任保平进入德国富特旺根经济技术大学做访问学者，并主持了欧盟国际合作项目"衰退工业区的产业重建与政策选择"，同年入选教育部新世纪优秀人才支持计划。2009 年，任保平作为首席专家获得教育部重大课题攻关项目，2014 年，任保平的著作获得国家社会科学成果文库奖励，同年，任保平入选教育部"长江学者"特聘教授，成为西部地区理论经济学领域唯一的入选学者，同时入选享受国务院特殊津贴专家。2015 年，任保平作为首席专家获得国家社科基金重大项目，同年入选"百千万人才工程"国家级人选、国家有突出贡献中青年专家。2017年，任保平入选中宣部文化名家暨"四个一批"人才、国家"万人计划"哲学社会科学领军人才。

任保平在西北大学经济管理学院工作期间，历任经济系主任、副院长，并于 2011 年担任经济管理学院院长，2015 年兼任教育部人文社会科学重点研究基地——中国西部经济社会发展研究中心主任和陕西省首批哲学社会科学重点研究基地——陕西宏观经济与经济增长质量协同创新研究中心主任。同时兼任教育部经济学教学指导委员会委员，中华外国经济学说研究会理事、中国发展研究会常务理事、全国综合大学资本论研究会理事，中国政治经济学年会总干事，当代中国马克思主义政治经济学创新智库学术委员，复旦大学中国特色社会主义政治经济学研究中心学术委员，南京大学中国特色社会主义政治经济学研究中心学术委员，陕西省外国经济学说研究会会长，陕西省区域经济研究会副会长。

任保平的研究领域主要包括中国新型工业化和工农业协调发展理论，并围绕这些领域的一系列重大理论和现实问题，形成了一些成果，做出了比较重要的学术贡献。

一 关于中国新型工业化理论

研究了新型工业化的理论内涵。任保平研究了中国新型工业化相比于西方发达国家工业化的具体特征。表现在：（1）中国新型工业化是以信息化带动的跨越式发展的工业化；（2）中国新型工业化是在可持续发展基础上的工业化；（3）中国新型工业化是以充分就业为先导的工业化；（4）中国新型工业化要把公有制经济和非公有制经济结合起来，强调民间投资对新型工业化的推动作用。同时，任保平也研究了中国新型工业化相比于中国传统工业化的具体特征。表现在：（1）中国新型工业化在实现机制上强调市场机制的作用；（2）中国新型工业化道路以政府职能得到切实转变为前提；（3）中国新型工业化以可持续发展为基础；（4）中国新型工业化以集约型经济增长方式为主；（5）中国新型工业化的目标具有二重性，一是完成工业化的任务，二是完成工业的现代化；（6）必须处理好城市与农村、工业与农业的关系，把农业的工业化作为新型工业化不可缺少的内容；（7）对外开放是新兴工业化的典型特征，要提高工业化的对外开放水平。

任保平提出，应当以发展战略创新推动中国新型工业化的实现：（1）实施信息化带动工业化的战略创新，一是要在产业政策上促进产业信息化，优先发展信息产业，同时用信息技术改造传统产业，实现工业产业结构的高级化和合理化；二是要在宏观上推进国民经济信息化，在国民经济各个领域广泛应用信息化技术，实现劳动工具的信息化、社会生产力系统的信息化和社会生活的信息化；三是在新型工业化的微观企业信息化过程中要加快生产过程和营销过程的信息化，最终实现企业的全面信息化。（2）实施可持续发展的战略创新，一是走资源节约和环保型的工业化发展道路；二是以经济效益、社会效益和生态效益的结合作为新型工业化的目标；三是在工业发展中要处理好工业化与人口、资源、环境之间的关系，增强工业发展的持续能力；四是促进工业产业制度和产业结构的变革。（3）实施科教兴国和以自主创新为主的科技战略创新，一是以科技进步为动力推动新型工业化；二是通过政策引导鼓励科技创新；三是把科技产业化放在新型工业化的突出地位；四是把国家创新体系建设与新兴工业化相结合；五是实施以自主创新为主的科技创新战略。（4）实施人力资源开发的战略创新，一是要推进教育创新，深化教育体制改革，为新型工业化培养人才；二是要提高教育质量，提高工业劳动者素质，为新型工业化提供人力资源保障；三是进行分配体制和人事体制创新，加强人力资源的开发和利用，为新型工业化提供人才激励；四是以充分就业为先导，促进劳动力资源的充分利用。

二 关于新常态下中国再工业化理论

研究了新常态下中国的再工业化问题。任保平认为，新常态的核心不是经济增长速度的降低，而是结构调整和经济发展方式转变，中国经济发展方式转变出现的路径依赖和锁定效应导致了经济发展方式转而不动，路径依赖的形成原因在于新旧经济发展方式转换的通道没有建立起来，经济发展方式的转变缺乏实施机制。依据世界工业化发展的趋势和中国经济发展的阶段性特征，中国新常态背景下经济发展方式转变的通道应该是再工业化，通过再工业化的改善供给和刺激需求的双重效应加快经济发展方式转变。通过再工业化促进经济发展方式转变的路径在于：传统制造业的现代化、老工业基地的产业振兴、资源枯竭型城市的转型、实体经济的转型发展；在政策目标的转型上，要回归实体经济；在政策范围转型上，明确界定再工业化发展的政策范围；在政策方向转型上，财政政策从公共领域的投资转向再工业化领域；在政策重点转型上，建立和完善民间资本进入再工业化的政策。

任保平提出了新常态下以工业化开发经济增长潜力的理论逻辑和实施路径。他提出，中国经济进入新常态以后，新常态并不是指低增长，而是要通过结构升级和发展方式转变进而开发经济增长的潜力。工业化可以通过制造业的结构变化和水平提升扩大生产可能性边界，带动结构转变、需求增加和技术创新，促进经济增长潜力的开发，因此，工业化是新常态背景下开发中国经济增长潜力的主要动力。在新常态背景下以工业化的逻辑开发中国经济增长潜力的路径，应是将传统产业的改造和新兴产业的发展有机结合，以制造业的发展和现代化为核心，以回归实体经济为思路，构建现代产业体系；振兴装备制造业，改造传统产业，发展现代制造服务业。其政策取向上应处理好传统产业与现代产业的关系，拓宽传统产业技术创新的融资渠道，完善技术创新的社会服务体系。

三 关于中国工业发展阶段的演进和特征理论

任保平研究了中华人民共和国成立以来工业发展演进的特征和任务，他提出，中国工业化的发展经历了计划经济时期和改革开放年代两个阶段的演进。其演进特征是：路径由一元向二元转变；推动因素由单一因素向多元因素转变；结构由传统结构向现代结构转变；环境由封闭向开放转变。针对中国工业化的约束因素，中国工业化发展的任务要由初次工业化向初次工业化与再次工业化的协调发展，方式要由资源和资本驱动型向技术驱动型转型，路径要由规模扩张型向效率提高型转型，形式要由传统工业化向现代新型工业化转型，途径要由二元工业化向一元工业化转型，模式要从外生型工业化模式向内生型工业化模式转型。

任保平认为，在 21 世纪初期工业结构水平下的中国工业化水平大约只处于中期阶段，产业的走向可以概括为再工业化进程。在目前中国的工业化任务还没有完成又遇到世界信息化挑战的背景下，走新型工业化道路是必然选择。新型工业化的实现，既要发展信息产业以推动产业融

合，又要促进农业的工业化，加速完成工业化的任务，同时还要通过再工业化，改造传统工业，提高工业化的质量，增强工业化的竞争力。

四 关于世界工业发展特征和老工业区转型理论

任保平研究了世界各国工业发展的特征，他提出，由于世界各国经济发展的阶段不同，各国工业化道路也各有其特点。目前在新工业革命的推动下，发达国家正在由旧工业经济时代向新工业经济时代转变。在这一转变过程中，世界工业化发展出现了信息化、全球化、市场化、生态化的趋势。从中国工业化的现状出发，总结世界各国工业化和中国传统工业化发展中的经验教训，针对世界工业化发展的新趋势及其对中国工业化发展的挑战，努力做好中国新型工业化的战略定位十分重要。

任保平深入研究了德国鲁尔区的转型，他认为，德国鲁尔区是世界上老工业基地成功转型的典范，鲁尔区结构转型之前的特征是：产业结构单一、技术结构传统化、单一垄断性的企业结构、产业的空间结构集中。鲁尔工业区的经济结构的转变经历了再工业化、新型工业化、区域经济一体化、网络化和集群化四个阶段。通过转型取得了显著的成绩：通过培植有竞争力的新兴替代产业拉动了产业结构的转型，解决了由大规模工业衰退带来的难题，使鲁尔区由单一的煤钢结构发展成陶瓷加工、机械制造、金属加工等多样化结构，形成了具有特色和影响的信息与通信、纳米材料、医学技术及新能源、新材料和旅游等有爆发力的新产业体系。德国鲁尔区的转型对中国老工业基地的振兴具有重要的启示。

五 关于工农业协调发展理论

任保平提出，中国存在着比较明显的"二元经济结构"和"双重演进"的制度变迁特征，形成了农村工业化和城市工业化同时并存的城乡二元工业化格局。城乡二元工业化格局在促进经济发展的同时，也形成了对经济发展的延迟效应。在新型工业化的实现过程中，既要实现以信息化带动工业化，又要推进城乡工业的协调发展，促进农业工业化的发展，加速完成经典工业化的任务。

特别是针对西部地区而言，在改革年代，存在着严重的"二元经济结构"，形成了以乡镇企业为核心的农村工业和城市现代工业同时并存的二元工业化格局。在西部地区新型工业化的实现中，为了消除西部二元工业化引起的一系列负效应，必须要加强基础设施建设，促进生产要素的流动；制定合理的产业政策，推动城乡工业结构调整。建设小城镇，推动西部城镇化与城市化的协调发展；进行制度创新，最终实现城乡工业的协调发展。根据国外许多国家的经验，进入工业化中后期阶段以后，依靠工业提高农业现代化水平是一个普遍的规律。中国目前从总体上已经进入了工业化的中期阶段，从工农关系和城乡关系上来看已经进入了工业反哺农业、城市带动乡村的发展阶段。在新型工业化背景下实现"工业反哺农业"和"以城市带动乡村"的发展战略转型，必须进行相关的制度创新，建立以农村为本的发展战略，使工农业关系由过去的农业哺育工业的关系转向工农业平等发展的关系。

依据对于中国二元结构特征的分析，任保平认为，在中国已经进入工业化中期阶段的背景下，实施工业反哺农业战略转型有利于改善农业在国民经济格局中的不利地位，加快农业由传统农业向现代农业的转变。因此，他运用发展经济学的理论与方法对工业反哺农业的阶段性、工业反哺农业的实施步骤、实施机制政策反哺、资金反哺、技术反哺、人才反哺、体制反哺多种反哺方式进行了分析。从中国面临的各种制约因素出发，提出在政策取向上调整国民经济关系格局，促进农业由辅助型农业向现代新型农业转变；推进农业产业化经营和农业组织化；大力发展城镇化，促进农村剩余劳动力的转移。

六 关于改善工业结构和提升工业效益理论

任保平分析了以产业链整合提升工业经济效益的路径。他提出，经济效益的提高是新型工业化的核心内涵，而产业链的整合是提高工业经济效益的关键。从产业链视角来看，中国传统制造业和高新技术产业以及引进外资而形成的制造业的特征是产业层次低，缺乏核心技术，附加值低，形成了高产出、低效益的现象。在走新型工业化道路的过程中，要提高工业经济效益，就必须进行产业链整合，为经济效益的提高奠定产业链基础，使制造业的产业结构向产业利润的上游转化，加快新型工业化的进程，促进产业结构的高度化和经济效益的提高。

任保平从改善工业市场结构的角度研究了提升工业企业技术创新效率的理论和路径。他提出，市场结构是影响技术创新的关键因素，不同市场结构的竞争度差异，垄断势力大小将影响到企业技术创新的动力与能力。中国工业行业的市场结构缺陷突出地表现为过度竞争和行政垄断并存，这种市场结构严重影响中国企业的技术创新。要加快中国企业技术创新步伐，必须消除市场结构的缺陷。积极抑制行政性垄断、规范企业竞争行为、完善企业技术创新的激励机制、提高企业的科研开发规模、完善促进工业技术创新的产业组织政策。

围绕着中国新型工业化的相关理论与实践研究，任保平形成了诸多成果，具体如下：（1）独著《中国 21 世纪的新型工业化道路》于 2005 年在中国经济出版社出版以后，获得了教育部第五届人文社会科学优秀成果三等奖。（2）主持了 2006 年欧盟国际合作项目"衰退工业区的产业重建与政策选择"，形成的最终成果《衰退工业区的产业重建与政策选择：德国鲁尔区的案例》于 2007 年由中国经济出版社出版。（3）主持了国家发改委重点专项项目"西北老工业基地调整改造专题研究"、国家发改委西部大开发重点项目"大西北老工业基地再工业化项目"和"丝绸之路经济带贸易物联网建设项目"、陕西省工信厅重大课题"陕西省工业投资与工业增长的相关性研究"，形成的研究报告被陕西省发改委、陕西省工信厅等多个部门采用。（4）主持了陕西省软科学研究计划重点项目"陕西省电子信息行业技术供需对接机制研究"，形成的最终研究报告获得了 2017 年西安市科技进步二等奖。（5）围绕新型工业化的理论与实践问题，在《经济学家》《财经科学》等期刊发表相关论文 30 余篇，成果被多位学者引用。

代表性著作

（一）论文及专著

1. 《中国 21 世纪的新型工业化道路》，中国经济出版社 2005 年版。

2. 《衰退工业区的产业重建与政策选择：德国鲁尔区的案例》，中国经济出版社 2007 年版。

3. 《新常态下以工业化逻辑开发中国经济增长的潜力》，《社会科学研究》2015 年第 2 期。

4. 《新型工业化背景下工业技术创新的市场结构分析》，《福建论坛》（人文社会科学版）2010 年第 3 期。

5. 《中国工业化的阶段性与新型工业化中的再工业化》，《社会科学辑刊》2005 年第 4 期。

6. 《论新型工业化道路的总体战略定位》，《社会科学辑刊》2004 年第 5 期。

7. 《发展经济学的工业化理论述评》，《学术月刊》2004 年第 4 期。

8. 《新型工业化与城乡二元工业化的协调发展》，《当代财经》2004 年第 3 期。

9. 《西部二元工业化及其协调发展》，《财经科学》2004 年第 1 期。

10. 任保平、洪银兴：《新型工业化道路：中国 21 世纪工业化发展路径的转型》，《人文杂志》2004 年第 1 期。

（二）国家级奖励和项目

1. 教育部长江学者特聘教授，教育部，2014 年。

2. "百千万人才工程"国家级人选（国家有突出贡献中青年专家），人社部，2015 年。

3. 文化名家暨"四个一批"人才，中宣部，2017 年。

4. 国家"万人计划"哲学社会科学领军人才，中宣部，2017 年。

5. 享受国务院政府特殊津贴专家，人社部，2015 年。

6. 教育部新世纪优秀人才，教育部，2006 年。

7. 国家社科基金成果文库奖励，全国哲学社会科学规划领导小组，2015 年。

8. 教育部第六届高校人文社会科学二等奖，教育部，2013 年。

9. 教育部第五届高校人文社会科学三等奖，教育部，2009 年。

10. 商务部全国商务发展优秀成果二等奖，商务部，2015 年。

11. 商务部全国商务发展优秀成果三等奖，商务部，2013 年。

12. 欧盟国际合作项目"衰退工业区的产业重建与政策选择"，2016—2017 年。

13. 国家社科基金重大项目"新常态下地方经济增长质量的监测预警系统与政策支撑体系构建研究"（15ZDA012），2015—2018 年。

14. 教育部重大课题攻关项目"城乡统筹视角下的我国城乡商贸流通体系研究"（09JZD0029），2009—2012 年。

15. 国家社科基金成果文库项目"经济增长质量的逻辑"（14KJL002），2014—2015 年。

16. 教育部哲学社会科学发展报告项目"中国经济增长质量发展报告"（13JBGP014），2013—2017 年。

17. 国家社科基金西部项目"资源富集区社会主义新农村建设研究"（06XJL014），2006—2008 年。

18. 教育部新世纪优秀人才支持计划项目"经济转型时期的经济发展质量与和谐发展"（NCET-06-0890），2006—2010 年。

肖兴志
Xiao Xingzhi

　　肖兴志，男，1973 年出生在四川省邻水县，在农村度过了 5 年的小学时光，1985 年进入四川省邻水中学初中部读书，1988 年在四川省邻水中学高中部就读，1991 年 9 月考入东北财经大学计划统计系，1995 年 7 月获经济学学士学位，本科毕业之后保送攻读东北财经大学硕士研究生，1997 年 9 月成为东北财经大学首届硕博连读研究生，攻读工业经济学博士学位，1998 年 4 月获经济学硕士学位并留校任教，2000 年晋升为副教授，2003 年获产业经济学专业博士学位，2004 年进入中国社会科学院工业经济研究所博士后流动站工作，同年晋升为教授，2007 年博士后出站，2008 年起担任东北财经大学产业经济学博士生导师。

　　肖兴志 1998 年 4 月至 2003 年 11 月在东北财经大学担任经济学院产业经济教研室副主任，2003 年 11 月至 2006 年 12 月担任东北财经大学经济与社会发展研究院副院长，2006 年 12 月至 2009 年 12 月担任东北财经大学杂志社主任兼党支部（直属）书记，2009 年 5 月至 2012 年 12 月担任东北财经大学经济与社会发展研究院院长兼书记，2009 年 12 月至 2012 年 12 月兼任教育部人文社科重点研究基地——东北财经大学产业组织与企业组织研究中心主任，2013 年 1 月至 2014 年 12 月担任东北财经大学研究生院院长、2014 年 9 月至 2014 年 12 月兼任东北财经大学党委研究生工作部部长，曾赴美国、德国、日本等国及中国香港、中国台湾等地区进行学术交流，2014 年 11 月起任东北财经大学党委常委、副校长。

肖兴志 2007—2009 年担任《财经问题研究》《东北财经大学学报》常务副主编，2010—2016 年任《产业组织评论》主编，2017 年 8 月起任《财经问题研究》《东北财经大学学报》主编；兼任中国工业经济学会副会长、产业经济学学科建设专业委员会主任委员、辽宁省委省政府决策咨询委员等。2005 年肖兴志入选教育部新世纪优秀人才，2007 年入选辽宁省"百千万人才工程"百人层次，2010 年入选百千万人才工程国家级人选，荣获霍英东青年教师基金奖励，2012 年入选辽宁省第一批"特聘教授"，2013 年荣获国务院政府特殊津贴以及蒋一苇企业改革与发展学术基金奖，2010 年和 2016 年两次获得辽宁省哲学社会科学成果奖（政府奖）一等奖。2013 年和 2015 年两次获得教育部高等学校科学研究优秀成果奖（人文社会科学），2016 年入选国家"万人计划"哲学社会科学领军人才、全国文化名家暨"四个一批"人才。

肖兴志的研究领域主要是政府规制与新兴产业发展问题，密切结合中国政府规制实践与产业发展，深入研究经济规制与社会规制、战略性新兴产业等领域问题，提出了一些富有理论和应用价值的学术观点。

一　关于现代规制经济理论

肖兴志长期从事规制经济学研究，先后在 2000 年获批国家社会科学基金项目"自然垄断型企业的改革与规制政策设计"、2002 年获批国家自然科学基金项目"市场化取向的城市公用事业规制模式研究"、2006 年获批教育部人文社科重点研究基地重大项目"中国煤矿安全规制研究"、2007 年获批国家社会科学基金项目"中国垄断产业规制效果评价研究"、2011 年获批霍英东教育基金会青年教师基金项目"转型期中国工作场所安全规制效果的实证研究"等多项规制领域课题。

肖兴志紧密围绕规制经济学发展的前沿和重点问题开展学术研究，研究涉及新规制经济学、规制效果评价、自然垄断产业规制、工作场所安全规制、规制实证方法及应用等，于 2011 年在中国社会科学出版社出版《现代规制经济分析》一书，对 11 年间从事规制经济学研究的成果进行了总结，分为规制理论、经济规制、社会规制和规制实证等篇章。

在规制理论部分，从规制动机、非对称信息与规制效果、规制标准制定与规制效果、规制标准执行与规制效果、规制成本收益分析等方面进行了研究；在经济规制部分，对自然垄断的"三位一体"（规模经济、范围经济和网络经济）理论、自然垄断型国有企业与规制、纵向一体化网络的接入定价、中国垄断性产业规制机构的模式选择、中国铁路产业规制模式、中国银行业规制效果等进行了研究；在社会规制部分，涉及工作场所安全规制的经济分析、中国煤矿安全规章制度的经济解释、中国煤矿安全规制效果的实证研究、中国煤矿安全规制的经济效应、中国食品安全规制机制分析、中国建筑安全规制的博弈分析；在规制实证部分，包括规制效果评价的理论与方法、规制经济学的实证研究方法、中国水务产业规制改革效果研究、对中国电价规制效果的一种验证、中国电力产业规制效果的实证研究、中国燃气产业规制效果的实证研究等内容。肖兴志 2010 年在科学出版社出版的《中国煤矿安全规制：理论与实证》一书获得第六届教育部高等学校科学研究优秀成果奖（人文社会科学）二等奖。

二 关于规制波动理论与实证

肖兴志认为，转型期过度的经济增长激励与硬化的社会稳定约束使得地方政府目标存在明显双重性，地方政府必须通过权衡实现其收益最大化；发生事故之前，矿难的偶发性以及与中央政府之间的信息不对称强化了地方政府的投机倾向，规制治理漏洞的存在又给其操作提供了空间，地方政府与煤矿企业之间形成了一个不牢固的利益联盟；发生事故之后，中央政府的强力干预改变了地方政府的外部约束，使得地方政府与煤矿企业之间的利益联盟解体。上述因素的耦合作用最终导致规制波动现象的出现。

肖兴志针对中国煤矿安全规制波动进行了深入的研究，2011 年获批国家自然科学基金项目"中国煤矿安全规制波动的形成机制、实证影响与治理研究"，并在《经济研究》2011 年第 9 期发表《安全规制波动对煤炭生产的非对称影响研究》。肖兴志认为，中国煤矿安全规制对煤炭产量具有显著的非线性特征：当开关函数等于 1 时，安全规制对煤炭产量的影响较大，而当开关函数变为 0 时，安全规制对煤炭产量的影响明显变小，并且模型在非线性和线性两种状态之间的转换速度很快；安全规制对煤矿生产的非对称影响将造成煤矿企业生产效率的损失以及安全违规现象的增多。为稳定煤炭供应并避免重特大煤矿安全事故的发生，肖兴志认为，可以从短期和长期两个方面进行改革，政策的核心在于切断地方政府与煤炭生产企业之间的利益联系，使地方政府和煤矿企业成为独立决策的行为主体。短期内，中央政府应在把握地方政府安全规制波动规律的基础上，对冲规制水平波动所带来的风险。在未发生安全事故时，根据不同地区的情况，加强中央政府对地方煤矿安全规制执法的隐性介入频率，避免规制水平下降；同时，根据介入情况，对地方政府的安全生产进行弹性补偿，并不断提高补偿额度，鼓励地方政府保持高水平规制。发生安全事故之后，要尽可能避免大范围停产整顿，提高事故问责制的精确水平，以减小事故的负外部性，防止停产整顿演变成变相鼓励这些煤炭生产企业为弥补成本而进行违规生产的负向激励。

三　关于规制影响评价理论与实证

针对现有政府规制投入多、效率低、效果差的问题，肖兴志探索建立了规制效果评价的理论与经验分析框架，提出了评价规制效率和效果所需考虑的关键因素及影响机制，研究并提出了规制效果评价的原则、标准、指标选取与评价方法，构建了规制效果评价指标体系，并对中国电力、电信、民航、燃气、煤炭、银行、水务等产业的规制效果进行了实证分析和评价。

肖兴志较早地开展了中国规制效果评价研究，在《中国工业经济》2008年第5期发表《中国煤矿安全规制效果实证研究》，通过对煤矿企业中煤矿工人的理性选择对于规制效果的潜在重要影响的研究，肖兴志认为，煤矿安全最终决定于煤矿工人的工资—安全权衡，而工人的逆向行为很可能会使得旨在提高煤矿安全水平的规制行为起到相反效果，即煤矿安全规制中有可能存在佩尔兹曼效应。在短期内，中国的煤矿安全规制存在佩尔兹曼效应；而在长期，佩尔兹曼效应趋于消失，中国煤矿安全规制的加强可以在长期有效降低死亡率。但是，短期内佩尔兹曼效应的存在意味着规制机构在煤矿安全规制中面临短期效果和长期效果之间的权衡，这给予了规制机构的短期行为激励。即使规制机构的官员不存在寻租行为，其短期行为倾向也仍然可能使规制偏离长期最优。从动态角度看，煤炭产量同煤矿安全水平之间并不存在明确的正相关或负相

关关系，短期内，煤炭产量增加会降低死亡率，而在长期则会提高死亡率。该文被 *The Chinese Economy* 2010 年第 8 期翻译发表。

四 关于自然垄断产业规制改革模式

自然垄断产业由于其自身性质，一般均需要政府对其进行治理，治理方式从大类上划分有国有化和规制两种，推进中国自然垄断产业的发展，必然需要改革早期的政府垄断经营的规制体制，肖兴志在《中国工业经济》2002 年第 4 期发表了《中国自然垄断产业规制改革模式研究》。

肖兴志认为，中国过去治理自然垄断产业的方式主要是建立国有企业垄断经营，政府设立产业主管部门进行管理，管理的法律依据是原有的产业主管部门主导下的立法规章。从改革的层次上大体可划分为政府层面和企业层面，而不仅仅是政企分开的问题。不对政府机构进行改革和重组，就不可能真正实现政企分开。机构改革包括组建规制机构与反垄断机构两个方面，自然垄断产业改革的法律构建主要包括新型规制法律和反垄断法律的确立，其中针对自然垄断产业中的国有企业还可采取特殊法人组织形态，自然需要确立专门的特殊法人法。从自然垄断产业规制改革的企业层面来看，主要包括产权改革和结构改革。通过产权制度改革重塑自然垄断产业规制改革的微观企业基础，通过结构改革形成原有自然垄断产业中非自然垄断业务的有效竞争。在自然垄断产业中、自然垄断业务中，规制机构对其进行激励性规制。肖兴志认为，中国自然垄断产业规制改革模式可考虑设置独立规制机构并合理选择与反垄断机构的合作模式；发挥规制法律、反垄断法律与特殊法人法的作用；加快自然垄断产业中国有企业产权制度改革，进一步扩大股份制改造规模，构建激励性规制改革的微观企业基础；发挥竞争机制、产业分割与非对称规制的作用。相关研究作为国家社会科学基金项目"自然垄断型企业的改革与规制政策设计"的阶段性成果，2002 年 9 月被全国哲学社会科学规划办公室主办的《成果要报》刊发。2010 年获批的教育部人文社科规划基金项目"产权、竞争与规制：中国垄断产业改革次序优化研究"

进一步探讨了中国自然垄断产业改革次序和政策组合问题。

五　关于战略性新兴产业成长与支持政策

伴随着国家战略层面的支持与引导，战略性新兴产业发展面临着重大机遇与挑战，肖兴志积极在战略性新兴产业研究领域开展相关研究工作，2010年获批教育部人文社科重点研究基地重大项目"中国战略性新兴产业发展理论与政策研究"、2011年获批教育部发展报告培育项目"中国战略性新兴产业发展报告"、2012年获批国家社会科学基金重大招标项目"世界产业发展新趋势及我国培育发展战略性新兴产业跟踪研究"等多项课题。

战略性新兴产业由于技术突破、市场需求与商业模式存在较大的不确定性，对其成长规律的研究具有重要的现实意义。肖兴志以战略性新兴产业企业为样本，探究了企业能力积累和扩张行为对持续生存时间的影响。相关成果以论文《能力积累、扩张行为与企业持续生存时间——基于我国战略性新兴产业的企业生存研究》发表在《管理世界》2014年第2期。通过构建能力—行为—绩效的研究框架，运用超越对数生产函数的随机前沿模型测算企业能力积累，运用企业规模、成长率变量反映企业扩张行为，并将企业能力积累、扩张行为与以持续生存时间为测度的企业绩效共同纳入分层Cox风险模型进行分析，以解答企业如何持续生存的问题。

肖兴志认为，企业能力积累显著影响持续生存的时间，且内部存在较大差异，研发能力的积累是影响企业持续生存最为关键的因素，企业运营能力和市场能力的单独提高并不能有效延长企业生存时间，这两种能力的交互则会起到正向的作用。这一结论拓展了企业资源基础观中对企业能力的认知，差异性的企业能力组合构成了产业成长机制的重要部分。企业扩张行为影响持续生存时间，伴随着产品生命周期的不同阶段，企业当前规模扩张降低了企业退出风险，但企业过快的扩张则对持续生存构成了威胁。

由于战略性新兴产业发展具有技术复杂度高、投入与创新风险大等特征，采取合适的支持政策显得尤为重要。肖兴志将进入战略性新兴产业的企业分成传统转型企业和新生企业来考察两者不同的创新特点，肖兴志认为，在同一时点进入战略性新兴产业的传统转型企业与新生企业相比具有更小的研发创新激励，传统转型企业和新生企业对于战略性新兴产业的发展发挥着不同的作用，政府需要重视这两种类型企业的创新激励特点与差异，并根据其不同的激励特点合理把握政府创新基金的投向和投资方式的选择。肖兴志认为，对于需要在传统产业基础上通过技术融合形成的战略性新兴产业来说，为了弥补传统转型企业的研发不足，政府创新基金投向重点应是传统转型企业；而对于需要通过技术跨越形成与发展的战略性新兴产业来说，政府创新基金投向重点应是研发激励较大的新生企业。

六 关于中国最优产业结构理论

基于中国转变经济发展方式和实现经济高质量增长的现实关切，政府部门始终高度重视产业结构的调整与优化工作，国内外学者针对产业结构的研究通常以产业比重近似作为产业结构优化与升级的代理指标。基于此，肖兴志对产业结构的最优标准和测算模型作了初步探索，肖兴志认为，最优产业结构就是能够同时实现以下目标的产业结构：各个产业在生产过程中都对生产要素进行了充分有效的配置；各个产业对生产要素的需求和使用量都达到了利润最大化目标所要求的最大限度；各个产业所选择的产量都能实现自身利润的最大化；代表性行为人按照跨期效用最大化原则来安排每一种产品的消费和投资；每一个产业的产出在被消费和用于再生产之后没有剩余。

通过对生产者的利润最大化目标和要素供给者的跨期效用最大化目标进行联合求解，肖兴志推导出了一个关于各个产业最优名义产出增长率的方程。该方程的解释变量包括各产业资本增长率、勒纳指数和资本市场随机贴现因子。另外，该方程还包含了三个待估计参数：各产业劳动产出弹性以及消费者的主观效用贴现因子和风险规避系数。肖兴志基于三次产业消费、价格和收入的省际面板数据估计了中国三次产业产品的需求价格弹性；然后基于人均资本、人均产出等投入产出变量和受教育程度、制度、地理环境等技术非效率解释变量的省际面板数据，用随机前沿分析方法估计了三次产业的劳动产出弹性；基于社会商品零售总额、沪深股指、定期存款利率等数据估计了中国全社会的主观效用贴现因子和风险规避系数，并据此计算了中国资本市场随机贴现因子。基于产业层面的最优名义产出增长率方程对中国三次产业最优名义产出增长率和最优产业结构进行了测算。测算结果显示，三次产业实际增长率同最优增长率之间差距的变化趋势与中国经济发展中重大事件带来的影响高度一致，最优产业结构理论模型较好地拟合了中国经济发展实践。肖兴志关于中国最优产业结构的理论成果发表在《经济学》（季刊）2012年第12卷第1期，并被 China Economist 2014年第1期翻译发表，获得教育部高等学校科学研究优秀成果奖（人文社会科学）三等奖。

代表性著作

1. 《安全规制波动对煤炭生产的非对称影响研究》，《经济研究》2011年第9期。

2. 《能力积累、扩张行为与企业持续生存时间》，《管理世界》2014年第2期。

3. 《规制改革是否促进了中国城市水务产业发展?》，《管理世界》2011年第2期。

4. 《中国最优产业结构：理论模型与定量测算》，《经济学》（季刊）2012年第10期。

5. 《企业自建牧场模式能否真正降低乳制品安全风险》，《中国工业经济》2011年第12期。

6. 《政府补贴与企业社会资本投资决策——来自战略性新兴产业的经验证据》，《中国工业经济》2014年第9期。

7. 《战略性新兴产业政府创新基金投向：传统转型企业还是新生企业》，《中国工业经济》2013年第1期。

8. 《中国煤矿安全规制效果实证研究》，《中国工业经济》2008年第5期。

9.《中国自然垄断产业规制改革模式研究》,《中国工业经济》2002 年第 4 期。

10.《中国服务业扩张模式:平推化还是立体化?》,《数量经济技术经济研究》2013 年第 11 期。

11.《战略性新兴产业政府补贴是否用在了"刀刃"上?》,《经济管理》2014 年第 4 期。

12.《规制影响评价的理论、方法与应用》,《经济管理》2007 年第 6 期。

13.《规制经济学理论研究前沿》,《经济学动态》2009 年第 1 期。

14.《规制遵从行为研究综述》,《经济学动态》2011 年第 5 期。

15.《对中国电价规制效果的一种验证》,《统计研究》2005 年第 9 期。

16.《中国电信产业改革评价与改革次序优化》,《经济社会体制比较》2013 年第 2 期。

17.《自然垄断产业规制体制改革的战略思考》,《改革》2002 年第 12 期。

18. "Empirical Study of Coal Mine Safety Regulation in China", *The Chinese Economy*, 2010. 8.

19. "China's Optimal Industrial Structure:Theoretical Model and Econometric Estimation", *China Economist*, 2014. 1.

20. "An Event Study of the Effects of Regulatory Changes on the Food Industry:The Case of the Food Safety Law of China", *China Agricultural Economic Review*, 2017. 1.

21.《现代规制经济分析》,中国社会科学出版社 2011 年版。

22.《中国煤矿安全规制:理论与实证》,科学出版社 2010 年版。

23.《中国垄断产业规制效果的实证研究》,中国社会科学出版社 2010 年版。

24.《中国老工业基地产业结构调整研究》,科学出版社 2013 年版。

25.《公用事业市场化与规制模式转型》,中国财政经济出版社 2008 年版。

26.《中国战略性新兴产业发展研究》,科学出版社 2011 年版。

27.《中国战略性新兴产业发展报告 2012》,人民出版社 2013 年版。

28.《中国战略性新兴产业发展报告 2013—2014》,人民出版社 2014 年版。

29.《创新、产业动态与结构变迁》(译著),经济科学出版社 2013 年版。

30.《两岸新材料产业发展比较研究》,南开大学出版社 2015 年版。

31.《产业经济学》,中国人民大学出版社 2012 年第一版、2016 年第二版。

宋马林
Song Malin

宋马林，男，1972 年 10 月生于安徽省蚌埠市，二级教授，博士（后），博士生导师，中国工业经济学会常务理事，安徽财经大学研究生处（党委研究生工作部、学科建设办公室）处长（部长、主任）、生态经济与管理协同创新中心主任。宋马林致力于资源环境约束下产业的可持续发展问题研究，从基于数据包络分析（Data Envelopment Analysis，DEA）的环境效率评价理论入手，构建包含离散变量以及有限样本的资源经济统计模型，开发面向微观巨量数据的复杂环境经济分析系统，针对环境偏向型技术进步开展定量测度和空间计量，提出了资源与环境约束下产业绿色发展的集成方案，被教育部采用并上报中央领导同志参阅，获得肯定性评价。

近年来，他以第一作者、通讯作者在国内外高水平期刊公开发表学术论文近 200 篇，其中在 SCI、SSCI 收录期刊发表 96 篇、中文期刊论文发表 36 篇、在 CSSCI 来源期刊发表 33 篇；独撰或排名第一出版专著 3 部；主办或承办相关学术会议 6 次，受邀参加学术会议并做大会报告 20 多次；他以第一完成人获得各类科研奖励 19 次，其中省部级科研奖励 8 次，包括"经济开发区生态化改造模式及其评价系统研究"等两项科研成果分别获 2012 年和 2013 年度全国商业科技进步一、三等奖，研究报告"中国入世以来的对外贸易与环保效率——基于分省面板数据的实证

分析"获国家商务部三等奖，关注资源环境与可持续发展的科研成果分获安徽省第六、七、八届自然科学优秀学术论文二等奖 4 次和三等奖 1 次，以第一完成人完成关于空间计量分析的成果于 2014 年获安徽省社会科学文学艺术出版三等奖、学术论文"环境规制、技术进步与经济增长"于 2015 年获教育部第七届高等学校科学研究优秀成果奖（人文社会科学）三等奖，等等。

宋马林于 2015 年 11 月入选国家百千万人才工程，并被授予"有突出贡献中青年专家"称号；2015 年 5 月成为安徽省全省宣传文化领域拔尖人才；2015 年 3 月获批安徽省学术和技术带头人；2015 年 1 月入选国务院政府特殊津贴名单；2014 年 9 月获共青团安徽省委与安徽省科技厅等部门联合颁发的安徽省青年科技创新奖；2012 年 12 月入选教育部"新世纪优秀人才支持计划"。宋马林还作为安徽省教学名师领衔"卓越人才教育培养计划"。

近年来，宋马林与德国 Hamburg University of Applied Sciences 签署 Inter-University Sustainable Development Research Programme（IUSDRP）合作备忘录并任 Scientific committee；作为韩国 Inha University 环境经济与管理研究方向的 Guest Professor、英国 Adjunct Research Fellow at the China Research and Development Centre 以及印度 Institute of Technology Delhi 的 PhD thesis Examiners Board；长期担任 *Operational Research*、*Decision Support Systems*、*European Journal of Operational Research*、《中国社会科学》、《经济研究》等 50 多种期刊审稿人；是 *Energy & Environment*、*Journal of Cleaner Production* 和 *Journal of Chinese Management* 等期刊编委，先后担任 *Technological Forecasting and Social Change* 等期刊的客座主编共计 8 次；现为国际期刊 *Management of Environmental Quality：An International Journal* 主编。

　　针对资源与环境约束下产业的可持续发展理论及方法存在的无法对复杂研究对象进行充分质性和量化分析的现象，宋马林对传统的综合评价理论进行了拓展，构建了更加普适的方法体系，通过对收集和实地调查得到的基础数据进行检验并进一步完善评价模型，将新的系列模型运用于新时期资源节约与环境治理的实证分析中，定量考察了污染源精细化管理，并提出生态保护政策优化方案。相关的论文、著作和研究报告被教育部、商务部、山东省人民政府、国家统计局以及安徽省环境保护厅、安徽省商务厅、天津市、河北省和安徽省统计局等政府部门采纳和推广；国家发展和改革委员会经济体制和管理研究所、国务院发展研究中心发展战略和区域经济研究部与国土资源部中国国土资源经济研究院来函予以认可并建议开展科研合作。主要学术创新和学术思想概述如下。

一　基于数据包络分析的资源环境效率评价

　　宋马林提出，在求解方法和变量相互关系的处理上，传统的基于DEA 的环境效率评价模型往往无法采用常见的数学软件实现精确求解，退而采用的近似求解结果存在系统误差。此外，在实践中投入的增加是有限的，降低非期望产出将伴随着期望产出的减少，所以需要计算出它们之间的均衡状态，提出效率最优化的方案。因此采用了二阶锥规划技术建模，解决环境效率 DEA 方法的非线性问题，给出决策单元（Decision Making Units，DMUs）更精确效率值的算法及统计检验方法，分析了求解方法的无偏性问题，并将其运用到实践中。主要成果包括：考虑生产流程链式结构的两阶段环境效率计算方法（获安徽省第八届自然科学优秀学术论文二等奖）；基于 LR 模糊数的环境效率评价 F – SBM 模型及举例；提出改进的考虑非期望产出的资源环境效率评价方案用以实现更好的资源管理；提出非期望产出、影子价格与无效决策单元改进的协同

方案（入选科技部"精品期刊顶尖论文平台——领跑者5000"）；分析了环境效率评价方法的统计属性问题。

国内外不少学者还依据宋马林的其他相关成果，开展了相应的后续研究。例如，Segarra-Oña 等（*Science and Engineering Ethics*）认为，宋马林等建立的新模型实现了环境效率评价结果的完全排序；Zhang（*Journal of Cleaner Production*）肯定了宋马林等定量分析的逻辑性。

二　离散型变量和有限样本下的资源环境评价

受限于技术等方面的原因，既往的资源经济综合评价往往放弃了对非连续型变量和有限样本问题的讨论，不过在现实中，非连续型变量广泛存在，将其忽视而进行的简单近似计算使所得结果无法反映现实情况，甚至不具有可比性。另外，在样本量较少、误差项分布不明确等情形下，传统的建模方法仅根据原始数据进行统计推断的置信水平较低，据此进行的定量分析结果精度不高。宋马林及其团队致力于突破以往研究中各项指标均为连续型变量的假定，针对现实中普遍存在的具有离散型变量特性的指标数据开展分析，拓展了定量测度的有效性和适用范围，而且鉴于可持续发展研究领域中一些基础数据的可得性问题，提出了在小样本条件下确定系统可靠性参数的方法，从而实现基于有限样本的综合评价。上述成果及其应用陆续发表在 *Applied Energy* 和《管理科学学报》（2014年第11期，第69—78页，CSSCI）等期刊。进一步地，宋马林提出了一种针对小样本数据的香农熵 DEA 模型，它可以考虑所有可能的指标子集情况，弥补了传统模型仅仅依据某一特定的指标集合进行评价的不足，且通过一个小样本算例与传统模型、博弈交叉模型以及超效率模型计算结果对比可知，该模型还能实现 DMUs 的完全排序。2012年和2013年，教育部"新世纪优秀人才支持计划"和国家统计局"全国统计科研计划重点项目"分别对与之相关的深入研究进行了资助。

对于宋马林及其合作者在 *Applied Energy* 的成果，Apergis 等（*Energy Economics*，2015，51：45 – 53）加以推介，并专门将其命名为 Super-SBM

Bootstrap DEA；Khan 等（*Renewable and Sustainable Energy Reviews*，2014，29：63 - 71）则认为，宋马林的评价结果可以计算"value of the environmental efficiency"并判定"distinct differences"；等等。

三　面向微观巨量数据的资源环境复杂系统动态分析

宋马林及其团队系统整理了历年来所收集到的微观基础数据，进行具有巨量和复杂大数据特征的非期望产出组成成分分析以及成分间的关联分析，估计误差和置信区间，并通过假设检验得到不同显著性水平下的临界值，把研究重心转向微观，再综合分析宏观和中观，在资源—经济—环境这一复杂系统中，考虑空间秩序、时间序列和动因机制等因素的交互作用，构建可操作性强的指标体系，再付诸实践验证系统的科学性。已经开展的工作主要涉及巨量 DMUs 的甄别和完全排序、（非）期望产出及其与投入的关系分析、非结构化和动态信息处理、非精确和欠稳定数据测度、非同质 DMUs 的同质化、针对可多次利用投入的组合评价。宋马林提出，在大数据环境下，由于 DMUs 投入产出指标数据巨大，需要构造更为科学和抽象的方法寻找分组映射。首先列出包含 DMUs 及投入产出的 {0，1} 增广矩阵；然后利用相似变换将矩阵变换为一个分块上三角阵，得到等价类及等价类内的元素；再考虑使 DMU 产投对的数量扩大到无穷多个，从而将有限情形下的效率评价方法推广到无穷的情形。

这些论述发表在 *Computers & Industrial Engineering*、*Annals of Operations Research* 等期刊。面向微观巨量数据的资源—经济—环境复杂系统动态分析得到相关部门的重视和肯定。相关研究报告分获国家商务部一、二、三等奖；2014 年，安徽省委宣传部委托进行"资源环境约束下的我省战略性新兴产业和传统优势产业融合发展研究"；2015 年，宋马林被安徽省授予"全省宣传文化领域社科理论类拔尖人才"称号。

四 环境偏向型技术进步的定量
测度与空间计量分析

测度环境偏向型技术进步，需要考虑生产包络面和DMUs在总体中的偏移，但传统的全要素生产率及其扩展模型往往仅测度两种投入要素，难以处置主观因素的影响，且如果从多维视角综合考虑节能与减排型技术进步，计算难度还会大幅增加。另外，需要从空间异质性视角对处在不同发展阶段的DMUs讨论环境偏向型技术进步，才能分别制定和完善有效的贴近现实的环境政策体系。

宋马林和他的团队成员重新定义环境偏向型技术进步，考察效率变动受规模或技术变化的影响，针对多投入、多产出以及技术效率的测度等问题，拓展了传统模型并衡量偏向型技术进步对产出的影响，再考虑到现实中存在的空间异质性问题，计算帕累托最优目标下的技术转移，为非同质DMUs的环境管理提供依据。相关成果包括绿色技术进步对生产"拥挤"现象的影响、民营企业的政治联系、融资约束与创新效率优化的关系以及对外贸易与环境效率的关联分析等，分别发表在 *Technological Forecasting & Social Change* 等期刊。Škarea（*Technological and Economic Development of Economy*，2014，20：133 – 153）等一些学者进行了引用和推荐。

发表在《经济研究》的相关论文《环境规制、技术进步与经济增长》获教育部第七届高等学校科学研究优秀成果奖（人文社会科学）三等奖。以上述相关成果为主体的两份研究报告分别获2012年度、2013年度全国商业科技进步一等奖和三等奖。中国商业联合会指出，这些成果"基于环境技术的省际环境管制成本分析、环境管制成本与环境全要素生产率测度等研究，分别从不同视角取得了重要创新，具有广泛的应用范围"。

五 资源环境约束下产业可持续发展分析与集成方案

宋马林及其团队通过揭示不同产业直接和间接相互影响的机制，剖析其关键影响因素，计算产业之间动态互动的数量关系，厘清资源环境约束下产业经济系统的动态耦合关系，模拟不同发展情景的成本与效益，为国家相关规划的制定提供参考。系列成果包括地区碳排放及其影响因素分析、低碳经济模式下的制造业产业竞争力分析、Cap-and-trade 系统中考虑环境绩效和偏好的生产优化等，分别发表在 *Computational Economics* 等期刊。

宋马林及其团队骨干采用集中分配 DEA 模型，测算了中国碳排放初始额度分配情况，提出"十二五"时期效率低的省份碳排放额度分配小于实际排放的应该减少排放，而效率高的省份则应该增加排放；北京、上海和山西处在前沿面上，碳排放额度没有发生变化，其他发达省份的碳排放额度应该增加，但中西部省份的碳排放额度应该减少；对各省份产出最大化下的碳排放额度进行分配，发现不发达省份的碳排放额度在减少，而发达省份的碳排放额度有所增加，各省份的经济增长速度应适度降低。通过比较分析，发现采用公平、效率等单指标分配碳排放额度时，公平原则效果不好，而单指标效率分配与集中分配 DEA 模型结果类似，但却没有后者的分辨能力强，这些对指导中国未来碳交易市场的初始额度分配具有重要的参考意义（《中国工业经济》2015 年第 9 期）。

关于绿色物流与产业结构间数量关系及模型拟合和残差分析的论文发表在 *Supply Chain Management：An International Journal*（2012；17；5 – 14，SSCI），这是自该刊 1996 年创刊以来，中国大陆学者为通信和第一作者的第 5 篇学术成果。Chiarini（*Business Strategy and the Environment*，2013，23；493 – 503）等学者对此给予正面评价，该文 2016 年还获得安徽省第八届自然科学优秀学术论文二等奖。

宋马林在《经济研究》（2016 年第 12 期）发表的论文，证明区域环境治理问题存在高度紧密的空间关联性和"治则两利"的典型特征，继而提出降低地方保护和市场分割水平、充分发挥市场在资源配置中的决定性作用对提升区域环境福利绩效有着重要的现实意义。咨询报告《发展绿色经济、优化生态环境》和《以强化改革意识为突破口积极稳妥推进资源类"僵尸企业"职工安置》分别于 2013 年和 2016 年被教育部采用上报，供有关领导同志参阅，前者并被评为教育部优秀专家建议稿。相关研究"中国入世以来的对外贸易与环保效率——基于分省面板数据的实证分析"于 2012 年 11 月获国家商务部三等奖。

绿色发展综合评价及集成解决方案已被地方管理部门采用。安徽省统计局指出，这对"盘活自然资源和生态资产，最终使得青山绿水变成金山银山具有重要参考意义"；蚌埠市环境监测站认为，"上述成果将为我单位现阶段和将来一段时期的环境管理提供重要的技术支撑"。宋马林因此于 2014 年获"安徽省优秀青年科技创新奖"。

以推动实践应用为目标的上述研究，其意义主要表现在：（1）论证可持续发展复杂现象总体的综合评价方法并逐步拓展其适用范围，增强资源环境效率评价系统的精确性和可操作性；（2）针对非常规数据的特征提出和论证了 Super-SBM Bootstrap DEA 理论与方法，实现了有限样本下的可持续发展系统建模、分析和统计检验；（3）开展微观层面数据库建设，采用巨量数据分析空间秩序、时间序列和动因机制等因素及其交互作用对考虑资源环境约束的绿色发展系统的影响，为大数据分析提供案例；（4）依据统计调查的数据源展开计算，提出不同场景下最优环境偏向型技术进步结构；（5）将居民健康等因素纳入微观分析框架，考察地方保护及资源错配对环境福利绩效的影响，系统论证环境保护综合解决方案，为绿色发展提供定量依据。

———————————— 学术感悟 ————————————

　　环境保护时不我待、只争朝夕，绿色发展惠及当代、造福子孙，伏案抒写家国情怀，凭窗眺望绿水青山。

代表性著作

（一）国际期刊（SCI & SSCI）

1. "Environmental Regulations, Staff Quality, Green Technology, R&D Efficiency, and Profit in Manufacturing", *Technological Forecasting and Social Change*, 2018, 133: 1 – 14.

2. "Economic Evaluation of the Trilateral FTA among China, Japan, and South Korea with Big Data Analytics", *Computers & Industrial Engineering*, 2018.

3. "Energy Constraints, Green Technological Progress and Business Profit Ratios: Evidence from Big data of Chinese Enterprises", *International Journal of Production Research*, 2018.

4. "Market Competition, Green Technology Progress and Comparative Advantages in China", *Management Decision*, 2018, 56 (1): 188 – 203.

5. "Environmental Efficiency and Economic Growth of China: A Ray Slack-based Model Analysis", *European Journal of Operational Research*, 2018, 269 (1): 51 – 63.

6. "A Theoretical Method of Environmental Performance Evaluation in the Context of Big Data", *Production Planning & Control*, 2017, 28 (11 – 12): 976 – 984.

7. "Measuring Green Technology Progress in Large-scale Thermoelectric Enterprises Based on Malmquist-Luenberger Life Cycle Assessment", *Resources, Conservation and Recycling*, 2017, 122: 261 – 269.

8. "Interregional Differences of Coal Carbon Dioxide Emissions in China", *Energy Policy*, 2016, 96: 1 – 13.

9. "Computational Analysis of Thermoelectric Enterprises' Environmental Efficiency and Bayesian Estimation of Influence Factors", *The Social Science Journal*, 2016, 53 (1): 88 – 99.

10. "Review of the Network Environmental Efficiencies of Listed Petroleum Enterpri-

ses in China", *Renewable and Sustainable Energy Reviews*, 2015, 43: 65 – 71.

（二）国内期刊（CSSCI）

1. 《地方保护、资源错配与环境福利绩效》，《经济研究》2016 年第 12 期。

2. 《"十二五"时期我国碳排放额度分配评估及效率研究》，《经济科学》2015 年第 5 期。

3. 《"十二五"时期中国碳排放额度分配评估——基于效率视角的比较分析》，《中国工业经济》2015 年第 9 期。

4. 《中国经济增长对环境污染影响的异质性研究》，《南开经济研究》2013 年第 5 期。

5. 《环境规制、技术进步与经济增长》，《经济研究》2013 年第 3 期。

中国工业经济学会大事记

1. 1978 年 10 月 23 日，中国工业经济管理研究会在北京成立，马洪担任会长，会议决定编写《中国工业经济管理》教材。

2. 1979 年 6 月，在上海召开第一届年会暨"中国工业经济管理"教材讨论会。

3. 1980 年 8 月，在北京召开《中国工业经济问题研究》（专著）讨论会，由中国社会科学出版社出版，共计 23 万字。

4. 1980 年 10 月，中国工业经济管理研究会编写组编写的《中国工业经济管理》（上、下册），由中国社会科学出版社正式出版，这是改革开放后第一本在全国公开出版发行的教材，全书共计 37 万字。这部教材先后出版了四版，发行 36 万册，得到社会的好评，于 1991 年获国家"光明杯"荣誉奖。

5. 1981 年 8 月，在北京总参通信兵部召开第二届年会。

6. 1983 年 10 月，在安徽泾县召开第三届年会。

7. 1985 年，中国工业经济管理研究会改组，办事机构转至辽宁大学，戴伯勋担任理事长。

8. 1986 年 7 月，马洪主编的《中国工业经济管理》（上、下册）（经教育部审定为高等学校文科通编教材），由经济管理出版社正式出版，全书共计 43 万字。

9. 1986 年 10 月，在南京大学召开第四届年会。

10. 1987 年 10 月，在江西中国人民解放军九江企业管理学校召开第五届年会。

11. 1991 年 3 月，中国工业经济管理研究会换届改组，办事机构又由辽宁大学转到中国社会科学院工业经济研究所，吴家骏担任理事长。

12. 1991 年 11 月，在云南财贸学院召开第六届年会。

13. 1992 年 10 月，在中国人民大学召开第七届年会，决定将"中国工业经济管理研究会"更名为"中国工业经济研究与开发促进会"。

14. 1993 年 4 月，经民政部批准，"中国工业经济管理研究会"正式更名为"中国工业经济研究与开发促进会"，马洪和房维中任会长，吴家骏任理事长。

15. 1993 年 11 月—1996 年 11 月，马洪和房维中主编的《中国经济开发——现在与未来丛书》（全国卷与地方卷，共计 26 部），由经济管理出版社正式出版，共计 1900 万字。

16. 1994 年 10 月，在杭州大学召开第八届年会。

17. 1994 年 10 月，李贤沛、戴伯勋和吕政主编的《工业经济学》一书，由经济管理出版社正式出版，共计 36 万字。书中借鉴西方产业经济学的理论和方法，研究了新形势下中国的工业经济发展规律。这是一次新的尝试，对工业经济理论体系有一定的突破。

18. 1995 年 7 月，戴伯勋主编的专著《老工业基地的新生》，由经济管理出版社正式出版，共计 43 万字。在教育部第二届人文社会科学优秀成果评定中，专著荣获经济学一等奖。

19. 1996 年 10 月，在北京召开第九届年会。

20. 1997 年 1 月，吴家骏等主编的《世界著名企业管理精华》丛书，由辽宁人民出版社正式出版。丛书共 8 本：《品牌永存》《险中生辉》《追求卓越》《欲广必廉》《后发先至》《挑战未来》《争天下先》和《以变求新》，共计 120 万字。

21. 1998 年 4 月，吴家骏和吴照云主编的《增强企业活力与完善社会保障制度》一书，由经济管理出版社正式出版，共计 20 万字。

22. 1998 年 10 月，史忠良和吴家骏主编的《国有企业战略性改组研究》一书，由经济管理出版社正式出版，共计 18 万字。

23. 1998 年 10 月，在北京召开 20 周年年会。

24. 1999 年 4 月，吴家骏等主编的《知识经济》丛书，由经济管理出版社正式出版，丛书共 3 本：《知识经济与产业变革》《知识经济与技术创新》和《知识经济与管理创新》，共计 50 万字。

25. 1999 年 10 月，在北京召开第十届年会。

26. 2000 年 5 月，于立主编的《产业经济学理论与实践问题研究》一书，由经济管理出版社正式出版，共计 34 万字。

27. 2000 年 10 月，在上海财经大学召开第十一届年会。2001 年 7 月，夏大慰主编的《面对新经济时代的产业经济研究》一书，由上海财经大学出版社正式出版，共计 48 万字。

28. 2001 年 5 月，在暨南大学召开产业经济学学科建设与发展专题研讨会。

29. 2001 年 10 月，在首都经济贸易大学召开年会暨"面对 WTO 的中国产业经济"研讨会。2002 年 8 月，张理泉等主编的《面对 WTO：中国产业经济》一书，由首都经济贸易大学出版社正式出版，共计 44 万字。

30. 2002 年 7 月，在大连东北财经大学召开《产业经济学系列前沿问题研究》编委会会议。2004 年 6 月至 2005 年 5 月，于立主编的《产业经济前沿问题研究》丛书，由经济管理出版社正式出版。丛书共 10 本：《产业兴衰与转化规律》《技术创新与产业组织演变》《企业策略性行为研究》《资源枯竭型国有企业退出问题研究》《21 世纪初中国的产业政策》《产业转型：经验、问题与策略》《产业组织与信息》《产业分析与产业策划方法及应用》《信息时代的企业组织变革》和《产业生态理论与实践》，共计 150 万字。

31. 2002 年 10 月，在辽宁大学召开第十二届年会。

32. 2003 年 11 月，在浙江财经学院召开年会暨"产业经济前沿问题"研讨会。

33. 2004 年 10 月，在哈尔滨商业大学召开年会暨"东北地区等老工业基地振兴理论"研讨会。2005 年 9 月，曲振涛等主编的《东北地区等老工业基地振兴研究》，由黑龙江人民出版社正式出版，共计 86

万字。

34. 2005 年 1 月 1 日，中国工业经济学会网站（http：//www. gjxh. org）正式开通。网站由中国工业经济学会主办，东北财经大学产业组织与企业组织研究中心承办。

35. 2005 年 5 月会长扩大会议决定，将"中国工业经济研究与开发促进会"更名为"中国工业经济学会"。2006 年 4 月 14 日，民政部批复，同意更名。

36. 2005 年 10 月，在东北财经大学召开年会暨"产业组织与政府规制"研讨会。2006 年 5 月，于立等主编的《产业组织与政府规制》一书，由东北财经大学出版社正式出版，共计 51 万字。

37. 2006 年 5 月，在中南财经政法大学召开更名后第一次会长扩大会议暨"中部崛起·产业经济理论与实践"高层论坛。

38. 2006 年 7 月，在中国海洋大学召开"全国产业经济学博士点、重点学科及研究基地建设经验交流会"，国务院学位办发来贺信。

39. 2006 年 9 月，在天津商业大学召开年会暨"自主创新与创新政策"研讨会。2007 年 3 月，刘书瀚等主编的《创新与产业组织、企业组织研究》一书（共计 51 万字）和《产业自主创新与创新政策选择》（共计 69 万字），由中国商务出版社正式出版。

40. 2007 年 5 月，王俊豪主编的《管制经济学原理》一书，由高等教育出版社正式出版，共计 53 万字。

41. 2007 年 10 月，在湖南科技大学召开年会暨"产业政策：反思与评价"研讨会。

42. 2008 年 4 月，在深圳大学召开"中国产业经济发展回顾与展望"研讨会。

43. 2008 年 5 月，经民政部同意，学会法定代表人由吴家骏变更为吕政。

44. 2008 年 10 月，在首都经济贸易大学召开 30 周年年会。2009 年 7 月，郑海航等主编的《中国产业经济发展回顾与展望》一书，由经济管理出版社正式出版，共计 58 万字。

45. 2009 年 11 月，在暨南大学召开年会暨"产业转型与产业发展"研讨会。2010 年 10 月，胡军等主编的《产业转型与产业发展》，由经济管理出版社正式出版，共计 87 万字。

46. 2010 年 10 月，在江西财经大学召开年会暨"产业结构调整：中国经验与国际比较"研讨会。2011 年 9 月，卢福财等主编的《产业结构调整》一书，由经济管理出版社正式出版，共计 70 万字。

47. 2011 年 11 月，在中南财经政法大学召开年会暨"中国战略性新兴产业发展"研讨会。2012 年 10 月，汪海粟等主编的《中国战略性新兴产业发展研究》，由经济管理出版社正式出版，共计 65 万字。

48. 2012 年 10 月，在中南大学召开年会暨"资源、环境与工业发展"研讨会。2013 年 10 月，黄健柏等主编的《资源、环境与工业发展研究》一书，由经济管理出版社正式出版，共计 180 万字。

49. 2013 年 10 月，在浙江财经大学召开年会暨"深化经济体制改革与转变经济发展方式"研讨会。2014 年 9 月，王俊豪等主编的《深化经济体制改革与转变经济发展方式》，由经济管理出版社正式出版，共计 93 万字。

50. 2014 年 10 月，在湖南科技大学召开年会暨"产业转型升级与产能过剩治理"研讨会。2015 年 10 月，刘友金等主编的《产业转型升级与产能过剩治理》，由经济管理出版社正式出版，共计 107 万字。

51. 2015 年 11 月，在厦门国家会计学院召开年会暨"经济新常态下的中国产业发展"研讨会。2016 年 10 月，张军等主编的《经济新常态下的中国产业发展》，由经济管理出版社正式出版，共计 193 万字。

52. 2016 年 9 月，在西安交通大学召开年会暨"供给侧结构性改革与产业发展"研讨会，12 名作者获得本次年会优秀论文奖。

53. 2017 年 2 月，在上海国家会计学院召开会长会议，确定学会会长和理事长调整事宜，决定编写和出版《中国工业经济学会知名学者学术概览》。

54. 2017 年 4 月，中国工业经济学会产业监管专业委员会成立，王俊豪担任主任委员；工业布局与区域经济发展专业委员会成立，刘友金担任主任委员。

55. 2017 年 5 月，中国工业经济学会竞争政策专业委员会成立，于立担任主任委员。

56. 2017 年 5 月 15 日，经民政部同意，学会法定代表人由吕政变更为史丹。

57. 2017 年 6 月，中国工业经济学会现代服务业专业委员会成立，刘书瀚担任主任委员；产业组织专业委员会成立，杨惠馨担任主任委员；产业经济学学科建设专业委员会成立，肖兴志担任主任委员。

58. 2017 年 9 月，中国工业经济学会绿色发展专业委员会成立，史丹担任主任委员；工业发展专业委员会成立，杜传忠担任主任委员。

59. 2017 年 10 月，在上海财经大学召开会长工作会议，讨论并通过《学会专业委员会管理办法》，讨论学会网站建设，筹办《产业论丛》和《工作通讯》。

60. 2017 年 11 月，在南京财经大学召开年会暨"中国产业发展新动力"研讨会，8 名作者获得本次年会优秀论文奖。

61. 2017 年 12 月，中国工业经济学会互联网与产业创新专业委员会成立，卢福财担任主任委员。

62. 2018 年 1 月，在福州大学召开会长工作会议，讨论并通过《学会网络平台管理办法》；确立今年年会在对外经济贸易大学召开，主题：纪念改革开放 40 周年和学会成立 40 周年暨"中国经济高质量发展"学术研讨会。

63. 2018 年 3 月，中国工业经济学会主办的《产业论丛》和《工作通讯》第一期内部编辑出版。

中国工业经济学会团体会员单位

华北地区

中国社会科学院工业经济研究所

北京师范大学经济与工商管理
学院

中国人民大学商学院

中国人民大学经济学院

中国人民大学汉青经济与金融高
级研究院

对外经济贸易大学

首都经济贸易大学工商管理学院

中央财经大学

北京交通大学经济管理学院

北京航空航天大学经济管理学院

北京工业大学经济管理学院

北京科技大学东凌经济管理学院

北京邮电大学经济管理学院

北京物资学院经济学院

北京工商大学经济学院

北方工业大学经济管理学院

北京协同创新研究院

南开大学经济与社会发展研究院

天津财经大学

天津商业大学

天津工业大学经济学院

河北经贸大学工商管理学院

华北理工大学经济学院

河北工业大学经济与管理学院

河北大学经济学院

山西省社会科学院《经济师》
杂志社

内蒙古大学经济管理学院

内蒙古科技大学

东北地区

辽宁大学

大连理工大学管理与经济学部

东北大学工商管理学院
东北财经大学经济学院
东北财经大学产业组织与企业
　组织研究中心
鞍山师范学院商学院

沈阳大学
沈阳化工大学经济与管理学院
渤海大学民营经济研究院
哈尔滨商业大学

华东地区

上海国家会计学院
上海财经大学
上海社会科学院
上海对外经贸大学国际经贸学院
中共上海市委党校
复旦大学经济学院
复旦大学管理学院
东华大学旭日工商管理学院
华东政法大学商学院
上海理工大学管理学院
南京大学商学院
东南大学经济管理学院
南京工业大学
南京财经大学
南京邮电大学
安徽财经大学
安徽大学经济学院
山东大学经济学院
山东大学管理学院
中国海洋大学经济学院
山东财经大学工商管理学院

聊城大学商学院
浙江大学公共管理学院
浙江财经大学
浙江理工大学经济管理学院
浙江师范大学工商管理学院
浙江工业大学
宁波大学商学院
温州商学院
浙江工商大学经济管理学院
江西财经大学
南昌大学经济管理学院
江西师范大学商学院
南昌航空大学经济管理学院
江西科技师范大学
江西理工大学商学院
九江学院
景德镇陶瓷大学
福州大学经济与管理学院
福建师范大学经济学院
厦门国际会计学院
华侨大学经济与金融学院

华中地区

中南大学

湖南科技大学

湘潭大学商学院

湖南大学工商管理学院

湖南师范大学商学院

湖南省社会科学院

长沙理工大学经济学院

武汉大学经济与管理学院

中南财经政法大学

武汉理工大学经济学院

中国地质大学（武汉）经管学院

华中师范大学经济学院

河南省社会科学院

河南省社会科学院工业经济研究所

河南财经政法大学

商丘师范学院经济管理学院

郑州信大先进技术研究院新产业战略研究所

华南地区

广东外语外贸大学

暨南大学产业经济研究院

广东工业大学经济与贸易学院

东莞理工大学

深圳大学管理学院

哈尔滨工业大学经济管理学院（深圳）

汕头大学商学院

西南地区

西南财经大学工商管理学院

西南民族大学经济学院

重庆大学经济与工商管理学院

云南大学发展研究院

云南财经大学金融学院

云南师范大学经济与管理学院

贵州财经大学

贵州师范大学经济与管理学院

西北地区

西安交通大学经济与金融学院

西北大学经济管理学院

西安邮电大学产业经济研究所

西安石油大学经济管理学院

兰州财经大学

新疆财经大学